租税正義と国税通則法総則

木村弘之亮・酒井克彦 編

租税正義と国税通則法総則

信山社

は し が き

　本書は，実質的租税法律主義を定礎している，正義を指向する法実証主義に立ち返り，租税法の憲法化と民法の準用とにより，日常生起している社会問題を法的問題として把握し直し，法的に解決せんと試みている（目次参照）。
　第2次国税通則法答申とその直後に制定された国税通則法を比較すると，法律の欠缺は，明白である。その当時，法の欠缺に深刻な影響を与えた日本税法学会の意見書は，時期が来れば，法の欠缺部分を立法するにやぶさかではない，という趣旨を含んでいるとされていた。それから半世紀の年月が徒過してしまっている。その後，日本税法学会も租税法学会の所属メンバーはその意見書などを直接に再検討してこなかったのではなかろうか。本書は，立法を見合わされた諸問題を研究課題とする。
　人間によって作成される制定法が，法制史に照らしても，完全無欠な法規範から構成されているわけでは決してない。日本国憲法84条の規定する租税法律主義が想定する法律も又，不完璧な法規範群であり法秩序である。ある法律制定後に，立法が，社会状況の変動に応じた人々の新法又は法改正の要求にことごとく即応しうるわけではない。
　現行の国税通則法もまたその例外ではあり得ない。国税通則法は，不可避的に，様々な態様の「法律の欠缺」を包含する。可能な語義の限界を超えたところ，又は，類推のできないところでは，法律規定が明確に法定されていない限り，法的問題は存在せず又法的解決はできない，という主張は心地よい響きであり，いうに優しい。しかし，それでは，現に社会に生起する諸問題は，適時に法的に解決し得ない。とりわけ，立法能力の不足している社会では，そうである。
　かといって，そうした諸問題を外国の判例法理を引用して解決しようとする，アプローチは，租税法律主義を担っている法律留保の原則を満たし得ないばかりでなく，日本国憲法及び私法とどのように適合しているか，そして法秩序全体において整合しているかについても，疑わしい。
　閉じられた税法学から開かれた租税法学に転回しよう。それには，厳格な実

はしがき

証主義から正義を理念とする実証主義へと確実に手をたずさえて向こう岸にわたることが必要であろう。

　多数の読者の皆様方が共感・賛同してくださることを，そして，心温まるご意見を寄せてくださることを念じている。

　2018年7月10日

木村弘之亮
酒井　克彦

目　次

はしがき

第1章　租税正義——序文に代えて 〔木村弘之亮〕…3

1　法実証主義の桎梏：悪法も法なり …………………………………3
2　法実証主義からの転換：正義の復権 ………………………………8
3　法の3理念 ……………………………………………………………10
　(1)　正　　義（10）　(2)　合目的性（12）　(3)　法的安定性（14）
4　租税正義：平等としての正義 ………………………………………24
　(1)　序　　説（24）　(2)　形式的平等と実質的平等（24）
　(3)　租税行政手続法上の正義（26）　(4)　法適用の平等としての正義（47）
5　立法による租税正義 …………………………………………………48
　(1)　正義と租税正義（48）　(2)　現在の方法論（49）
　(3)　裁判官法の正義機能（49）　(4)　租税正義の諸原則（49）
　(5)　租税優遇措置について（50）　(6)　家族のための租税正義（50）
　(7)　社会保障年金に係る課税（50）
6　司法による租税正義：法律と良心 …………………………………51
　(1)　日本国憲法84条の意義（51）
　(2)　日本国憲法76条3項に定める「良心」及び「憲法と法律」（52）
7　実質的租税法律主義と租税正義 ……………………………………53
　(1)　形式的法治国の原則から実質的法治国の原則へ（53）
　(2)　形式的租税法律主義から実質的租税法律主義へ（54）
8　結　　語 ………………………………………………………………55

第2章　租税法における遡及効立法の限界 〔首藤　重幸〕…59

1　はじめに ………………………………………………………………59
　(1)　アメリカにおける租税遡及立法の動向（60）
　(2)　遡及的損益相殺廃止規定（平成16年）の登場までの遡及立法
　　　禁止が問題とされた若干の事例（62）

目　次

　　2　遡及立法の定義 …………………………………………… *65*
　　3　ドイツ連邦憲法裁判所 2010 年の 3 決定 ………………… *67*
　　4　損益通算の遡及的廃止規定と二つの最高裁判決 ………… *70*
　　　(1)　訴 訟 提 起（*70*）
　　　(2)　判決で認定された立法までの経緯と立法目的（*71*）
　　　(3)　判決の結論（多数意見）（*73*）　(4)　補 足 意 見（*75*）
　　　(5)　二つの平成 23 最判の検討（*76*）
　　5　結　　語 ………………………………………………………… *81*

第 3 章　権 利 濫 用 …………………………………〔木村弘之亮〕… *83*

　　1　租税回避と濫用 ………………………………………………… *83*
　　　(1)　租 税 回 避（*83*）　(2)　立ち入り禁止（*103*）
　　2　租税回避と濫用の法理：スイス学説の紹介 ……………… *109*
　　　(1)　租税回避と経済的観察法の相互関係（*109*）
　　　(2)　目的的解釈論の運用（*112*）　(3)　法適用における制度濫用論（*114*）
　　　(4)　法律行為の解釈と法律の解釈との識別（*129*）
　　3　制度濫用の法理 ………………………………………………… *131*
　　　(1)　問題提起：外国税額控除余裕枠利用（大和銀行＝りそな銀行）
　　　　 事件判決（*131*）
　　　(2)　公権の不存在を前提とする，制度濫用論（*136*）
　　　(3)　制度濫用の法理：内在説（*141*）　(4)　本件への適用（*152*）
　　　(5)　最二判平成 17 年 12 月 19 日の位置づけと評価（*162*）
　　4　結　　語 ……………………………………………………… *188*

第 4 章　公序良俗と強行法規の違反 ……………〔岸田　貞夫〕… *197*

　　1　公序良俗に反する行為とは ………………………………… *197*
　　　(1)　公徐良俗に反する行為とは（*197*）
　　2　公序良俗等に反する行為の税法上の効果
　　　　──所得等及び費用等の一般論を中心として ……………… *198*
　　　(1)　公序良俗等に反する行為による経済的利益が課税対象所得
　　　　 になるか（*199*）

(2)　違法行為に係る支出の費用性等 ——一般論を中心として（*201*）
　3　公序良俗，強行法規に反する行為にかかる支出の扱い ……………*203*
　　　(1)　損金算入説（*203*）　(2)　損金性否定説（*205*）
　4　現在のあるべき対応，解釈論 ……………………………………………*215*

第5章　無効な法律行為
　　　——租税法上の所得概念との関係　…………〔山下　学〕…*219*

　1　はじめに ……………………………………………………………………*219*
　2　無効な法律行為 ……………………………………………………………*219*
　　　(1)　民法の規定する無効な法律行為（*219*）
　　　(2)　無効と取消し（*220*）　(3)　無効と取消しの差異（*222*）
　3　無効な行為による所得の租税法上の解釈 ………………………………*222*
　　　(1)　租税法上の所得概念の解釈（*222*）
　　　(2)　不法原因等による利得 ——貸金業法の改正（*223*）
　　　(3)　窃盗や横領等による所得（*225*）　(4)　主な学説の展開（*226*）
　4　無効な所得に対する理論の成熟と実務の乖離 …………………………*229*
　　　(1)　無効な所得に対する課税理論（*229*）
　　　(2)　無効な行為による所得を現実に把握しうるか ——実務上の問題点（*229*）
　5　租税法を現行法体系の中で解釈すること等の困難 ……………………*235*
　　　(1)　税 地 政 学（*235*）　(2)　税地政学とは（*236*）
　　　(3)　法人税法を例として（*238*）
　6　おわりに ……………………………………………………………………*242*

第6章　通謀虚偽表示　………………………………〔手塚　貴大〕…*245*

　1　検討の視角 …………………………………………………………………*245*
　　　(1)　通謀虚偽表示と課税関係 ——真実の法律関係を指向する課税——（*245*）
　　　(2)　私法と課税理論 ——私法関係準拠主義の意義——（*246*）
　2　通謀虚偽表示と租税法解釈論との関係 …………………………………*247*
　　　(1)　租税法解釈論における通謀虚偽表示の位置づけ（*247*）

目　次

　　（2）契約の解釈に係る射程
　　　　　──私法上の法律構成による否認論も含めて──（248）
　3　通謀虚偽表示と課税に係る実例 ……………………………………255
　　（1）通謀虚偽表示の認定に係るもの（255）
　　（2）契約の解釈──通謀虚偽表示と隣接するもの──（262）
　4　結　　語 ………………………………………………………………266

第7章　帰　　属 ……………………………………〔木村弘之亮〕…269

　1　問 題 提 起 ……………………………………………………………269
　　（1）は じ め に（269）　（2）基礎概念の概略（271）
　2　所得税法12条等の歴史的・比較法的解釈 …………………………273
　　（1）1919年独ライヒ租税通則法80条（273）
　　（2）1934年独租税調整法11条（281）
　　（3）1977年独租税通則法39条（287）　（4）資産は権利者に帰属（295）
　　（5）事実上の支配の基準性（特則のメルクマール）（295）
　3　実質所得者課税説の誕生 ……………………………………………297
　　（1）杉村章三郎（訳）『獨逸租税法論』（297）
　　（2）杉村章三郎『租税法学概論』（299）
　　（3）国税通則法の制定に関する昭和36年答申（300）
　　（4）条文見出しの迷走（303）　（5）金子宏「市民と租税」（307）
　　（6）通　説　化（313）
　4　所得税法12条等の意義 ………………………………………………317
　　（1）資産の人的帰属にかかる現行租税法の規範構造（317）
　　（2）本　　則（343）　（3）特　　則（344）
　　（4）合有関係の場合における持分割合に応じた資産の帰属（345）
　　（5）固定資産税の場合における資産の帰属：特別法は一般法を廃す（345）
　5　資産帰属原則の例 ……………………………………………………349
　　（1）資産帰属本則の例（349）　（2）資産帰属特則の例（350）
　6　資産の帰属原則の及ぼす派生効果 …………………………………388
　　（1）原　　則（389）　（2）リース借主が実質的権利者（390）
　　（3）リース貸主が実質的権利者（393）　（4）立 証 責 任（396）

7　結　　語 ……………………………………………………… *397*
　　　　(1)　本考察の帰結（*397*）　(2)　資産の帰属ルールの純化案（*398*）
　　　　(3)　その提案理由（*400*）

第 8 章　租税回避否認規定と民法規定
── 一般的租税回避否認規定と包括的租税回避否認規定 ── 〔酒井　克彦〕… *405*

　　1　はじめに ………………………………………………………… *405*
　　2　租税回避否認と濫用論 ………………………………………… *406*
　　　　(1)　私法制度の解釈適用と租税回避（*406*）　(2)　私法制度の濫用問題（*409*）
　　　　(3)　租税法制度の濫用問題（*411*）　(4)　小　　括（*413*）
　　3　同族会社等の行為計算の否認規定 …………………………… *414*
　　　　(1)　一般的租税回避否認規定か包括的租税回避否認規定か（*414*）
　　　　(2)　同族会社等の行為計算の否認のターゲット（*420*）
　　　　(3)　租税回避否認規定の機能（*423*）
　　4　一般的租税回避否認規定と信義誠実の原則 ………………… *424*
　　　　(1)　信義誠実の原則（*424*）
　　　　(2)　信義誠実の原則と租税回避否認規定（*425*）
　　5　諸外国における GAAR ………………………………………… *426*
　　　　(1)　一般的租税回避否認規定：世界の潮流（*426*）
　　　　(2)　各国における一般的租税回避否認規定（*427*）
　　　　(3)　我が国へのインプリケーション（*431*）
　　6　結びに代えて …………………………………………………… *431*

第 9 章　租税法解釈原理の再検証
──最高裁判例を素材として── 〔山本　敬生〕… *435*

　　1　問題の所在 ……………………………………………………… *435*
　　2　通説の解釈原理の再検証 ……………………………………… *437*
　　3　租税法解釈に関する最高裁判例の検討 ……………………… *439*
　　　　(1)　はじめに（*439*）　(2)　レーシングカー事件最高裁判決（*439*）

目　次

　　　(3)　ガイアックス事件最高裁判決（447）
　　　(4)　ホステス報酬計算期間事件最高裁判決（450）
　　　(5)　養老保険契約保険料控除事件最高裁判決（455）
　　　(6)　総　　括（460）
　4　仕組み解釈の可能性 …………………………………………461
　5　結　　語 ………………………………………………………463

第10章　租税法律関係と行政行為 ……………〔塩入みほも〕…465

　1　序　　論──租税法律関係論の歴史的背景 ………………465
　2　租税権力関係説 ………………………………………………469
　　　(1)　ライヒ租税通則法制定前の理論──旧学派（471）
　　　(2)　ライヒ租税通則法制定後の理論──新学派（474）
　3　租税債務関係説 ………………………………………………478
　　　(1)　ヘンゼルの理論（479）　(2)　その他の租税債務関係論者（486）
　4　ドイツ行政法学における法関係論の展開と行政行為概念の変革
　　　──権力関係から権利義務関係への転換── ………………489
　5　わが国における行政法律関係及び租税法律関係に関する理論 ………493
　6　「権力」概念の多義性 …………………………………………499
　7　国税通則法の債務関係的構成と現状 ………………………501
　8　総　　括 ………………………………………………………505

あとがき（509）

執筆者紹介

木村弘之亮（きむら　こうのすけ）
　Dr. 木村国際税理法律事務所：弁護士
　慶應義塾大学大学院法学研究科教授，日本大学大学院教授，フンボルト Visiting Fellow（ケルン大学租税法研究所，フルブライト Visiting Fellow（ハーバード大学 LS 国際税法研究所）を経て現職。法学博士
　〈主要著作〉『租税法基本判例集』（ぎょうせい，1980 年），『租税証拠法の研究』（成文堂，1987 年），『租税過料法：租税法研究双書 2』（弘文堂，1991 年），『多国籍企業税法：移転価格の法理』慶應義塾大学法学研究会叢書 55（慶應義塾大学法学研究会，1993 年），『法律学における体系思考と体系概念：価値判断法学とトピク法学の懸け橋 <原著者> クラウス－ウィルヘルム・カナリス』慶應義塾大学法学研究会叢書 63（慶應義塾大学法学研究会，1996 年），『租税法総則：現代法律学体系』（成文堂，1998 年），『家族と税制 租税法研究双書 4』（弘文堂，1998 年），『租税法学』（税務経理協会，1999 年），『国際税法』（成文堂，2000 年），『2001 年行政事件訴訟法草案』（信山社，2001 年），『Hp 12 c によるときめきひらめき金融数学〔増補第 2 版〕』（パレード，2010 年），『所得支援給付法〔増補版〕』学術選書 69（信山社，2016 年）

首藤重幸（すとう　しげゆき）
　早稲田大学法学学術院教授
　1950 年生まれ，早稲田大学大学院修了。
　〈主要著作〉「原子力規制の特殊性と問題」環境法研究 1 号（2014 年），「科学と裁判と原発訴訟」法の科学 46 号（2015 年），「資産税と再分配」租税法研究 44 号（2016 年），「公物をめぐる近時の諸問題」早稲田法学 92 巻 2 号（2017 年）

岸田貞夫（きしだ　さだお）
　聖学院大学大学院客員教授，弁護士
　慶應義塾大学大学院法学研究科博士課程単位終了退学。
　〈主要著作〉『民商法と税務』（ぎょうせい，1984 年），『現代税法解釈──手続法・実体法・争訟法における課題と考察』（ぎょうせい，1992 年），『税法としての所得課税』（税務経理協会，2001 年），『現代税法の基礎知識』（共著，ぎょうせい，2009 年），『判例法人税』（税務経理協会，2009 年）

山下　学（やました　まなぶ）
　立正大学法学部教授（立正大学大学院法学研究科教授兼任）
　日本大学大学院法学研究科博士前期課程修了（法学修士）。Ph.D（アラスカ大学アンカレッジ校）。東京国税局大蔵事務官，運輸大臣秘書官（政務），法務大臣政務官秘書官，参議院議員政策担当秘書，東京経営短期大学教授，同ビジネスマネジメント学科長等を経て，2004 年 4 月より現職。

執筆者紹介

〈主要著作〉『税理士の使命』（清文社，2009年），『租税実体法の解釈と適用』（共著，中央経済社，1993年），『租税実体法の解釈と適用2』（共著，中央経済社，2000年），『租税行政と納税者の救済』（共著，中央経済社，1997年），「適正手続と税務調査」税務弘報51巻1号（2003年），「税制と政策」税務弘報50巻4号（2002年），「「税地政学」の提唱」税経通信70巻2号（2015年），「中小企業の事業承継――事業承継税制の乖離と技術の伝承への転換（上・下）」月刊税理60巻10号，11号（2017年），「仮想通貨と税務を巡る諸問題の考察（上・下）」税務事例49巻8号，9号（2017年）

手塚貴大（てづか　たかひろ）

広島大学法学部教授

慶應義塾大学大学院法学研究科後期博士課程単位取得退学

〈主要著作〉『法人・企業課税の理論』（弘文堂，2017年），『租税政策の形成と租税立法――ドイツ租税法学に見る租税政策論』（信山社，2013年），「消費税制のダイナミズム――その生成と展開」租税法研究45号（2017年），「日本における財産評価法制定の可能性」日税研論集68号（2016年），「ドイツのネゴシエーション」日税研論集65号（2014年）

酒井克彦（さかい　かつひこ）

中央大学商学部教授

中央大学大学院法学研究科博士後期課程修了。博士（法学）。

〈主要著作〉『クローズアップ課税要件事実論〔第4版改訂増補版〕』（財経詳報社，2017年），『クローズアップ保険税務』（編著監修，財経詳報社，2017年），『クローズアップ租税行政法〔第2版〕』（財経詳報社，2016年），『スタートアップ租税法〔第3版〕』（財経詳報社，2015年），『所得税法の論点研究』（財経詳報社，2011年），『ブラッシュアップ租税法』（財経詳報社，2011年），『フォローアップ租税法』（財経詳報社，2010年），『ステップアップ租税法』（財経詳報社，2010年），『裁判例からみる法人税法〔第2版〕』（大蔵財務協会，2017年），『裁判例からみる所得税法』（大蔵財務協会，2016年），『通達のチェックポイント――所得税裁判事例精選20』（編著監修，第一法規，2018年），『通達のチェックポイント――法人税裁判事例精選20』（編著監修，第一法規，2017年），『アクセス税務通達の読み方』（第一法規，2016年），『「正当な理由」をめぐる認定判断と税務解釈』（清文社，2015年），『「相当性」をめぐる認定判断と税務解釈――借地権課税における「相当の地代」を主たる論点として』（清文社，2013年），『プログレッシブ税務会計論Ⅰ――法人税法と会計諸原則』（中央経済社，2018年），『プログレッシブ税務会計論Ⅱ――収益・費用と益金・損金』（中央経済社，2018年），『プログレッシブ税務会計論Ⅲ――公正処理基準』（中央経済社，2018年），『レクチャー租税法解釈入門』（弘文堂，2015年），『税務調査の法律問題』（ファルクラム出版，2011年），『新しい加算税の実務 税務調査と資料情報への対応』（編著監修，ぎょうせい，2016年），『附帯税の理論と実務』（ぎょうせい，2010年），その他論文多数

執筆者紹介

山本敬生（やまもと　たかお）
　鹿児島県立短期大学准教授
　慶應義塾大学大学院法学研究科後期博士課程退学，法学修士（早稲田大学）
　〈主要著作〉「オットー・マイヤーの法治国家観」鹿児島県立短期大学商経学会『商経論叢』第61号（2010年），「行政行為の附款論の再構成」木村弘之亮先生古稀記念論文集『公法の理論と体系思考』（信山社，2017年），「行政行為の効力発生の研究」鹿児島県立短期大学商経学会『商経論叢』第69号（2018年）

塩入みほも（しおいり　みほも）
　駒澤大学法学部准教授
　慶應義塾大学大学院法学研究科博士課程単位取得満期退学。ドイツ・ケルン大学法学部博士課程（Promotion）。
　〈主要著作〉『行政法演習（I）（行政手続法）』（共著，成文堂，1997年），『法律学における体系思考と体系概念』（共著，慶應義塾大学法学研究會叢書，1996年），『知っておきたい市民社会における行政と法』（共著，信山社，2002年），『文化科学の観点からみた立憲国家――ペーター・ヘーベルレ 1999年日本における講演』（共訳，尚学社，2002年），『保護義務としての基本権』（共訳，信山社，2003年），「公権の生成と歴史的展開――ドイツ公権論考察（一）（二・完）」民商法雑誌112巻2号，3号（1995年），「公権論の新たなる発展――理論的新傾向とその実践的機能の考察（一）（二）（三・完）」自治研究71巻10号（1995年），72巻1号，4号（1996年），「ドイツ建設法における隣人の公権――保護規範説，基本権援用論，隣人配慮要請の適用関係について――（上）（下）」自治研究75巻4号，7号（1999年），「公権論における基本権の放射的効力」慶應義塾大学大学院法学研究科論文集39巻（1999年），「個人情報保護法制の体系と地方公共団体における個人情報保護の現状」駒澤大學法學紀要第76号（2018年）

租税正義と国税通則法総則

第 1 章　租税正義──序文に代えて

木村弘之亮

1　法実証主義の桎梏：悪法も法なり

　日本における租税法学の特質は，租税法律主義の名の下において，正義なき法実証主義の定着にある。不幸なことに，実体的正義の内実である応能負担原則（フランス人権宣言 13 条 2 文参照）についての位置づけに照らし，主要な教科書及び学術論文がそれを例証している。このような正義なき法実証主義[1]の傾向は，第二次大戦前の大日本帝国及びドイツ第三帝国で観察されたことである[2]。

　第二次大戦の戦前及び戦中における歴史を振り返れば，法実証主義[3]及び

---

(1) エーミル・ブルンナー（原著）・寺脇丕信（訳）『正義──社会秩序の基本原理』（聖学院大学出版会，1999 年）52 頁（西洋における正義の崩壊。「実証主義によって正義の理念は，一切の神聖な権威をはぎ取られ，法は人間の恣意に委ねられることとなった。……こうしてひとびとはもはや，一切の人間的制定を越える永遠の正義の規範を信じなくなった。……このようにして 20 世紀の初頭には，法が徹底的に形式化されるにつれて，正義の理念は完全な空洞を体験することとなる。」）

(2) 例えば，青井秀夫『法理学概説』（有斐閣，2007 年）279 頁；服部寛「日本の法律学方法論の史的展開に関する批判的検討──昨今のドイツの論争・議論状況を手がかりに──」法哲学年報 2013（2014 年）244-256 頁（248 頁）。

(3) ナチス時代における自然法とは人種的自然法を指していた（青井（2007 年）『法理学概説』270 頁註 6 とそれに対応する本文参照）。さらに，「カトリシズムが法と正義に関する壮大な，キリスト教に基礎づけられた教義を発展させたのに対して，プロテスタンティズム，少なくともルッター派は，そのような教義を提示しようとしなかった。これが不幸であることは，ナチス時代に証明された。法の見せかけの自立性，法実証主義が，当時，全体主義国家とその法律とをやむを得ず承認する結果となったことは論理上当然であり，プロテスタンティズムは，超制定法的に根拠づけられた法という見解をもって，これら全体主義とその法律に対抗させることができなかったのである。……プロテスタンティズムの伝統的な倫理学の……中では，正義は全然地位を占めないか，占めるとしても単に第二次的な地位を有するにとどまる。」（グスターフ・ラートブルフ（原著）・村上淳一（訳）「正義と恩寵」所収：グスターフ・ラートブルフ（原著）・尾高朝雄ほか（訳）『ラートブルフ著作集 第 4 巻 実定法と自然法』（東京大学出版会，1961 年）231 頁）。他方，純粋な法実証主義者の見解はこうである。形式的に正規に成立している法律はすべて，いかなる内容を有するとしても，また，いかなる規則が法律の基礎にされていようとも，拘束力を有する。法実証主義者は，合

第1章　租税正義——序文に代えて

自由法学が多大な不正義をこの世にもたらした事実は，覆い隠せない[4][5][6]。

　「法律は法律」という原則は，何らの制限もなかった。それは何十年もの間ほとんど反対もされずドイツの法律家たちを支配した法実証主義の思想の表現である[7]。したがって，実定法の不法とか，実定法を超越する法とかは，いずれも自己矛盾とされていたのである[8]。
　起こりうる全ての場合を考え，ナチスの立法の悪用に対する抵抗力を全く奪い去った実証主義を，根本的に克服することによって，あのような不法国家の再来に対し，十分に備えておかなければならないのである[9]。

ラートブルフは，「実定法の不法と実定法を超える法」[10]において，形式的な正義の価値が形式的な法的安定性に対して優越することを初めて高らかに明言した[11]。

法性（Legalität）にのみ関心を抱き，正当性（Legitimität）に無関心である。彼らは，「法を政治抜きの晩餐会」として理解している。したがって，法律は政治の格好の手段である。裁判所による制定法の再審査は拒絶されている。制定法をその倫理的基礎付けから切り離す，このような法実証主義は，憲法と合致しない。Klaus Tipke, Steuergerechtigkeit in Theorie und Praxis. Vom politischen Schlagwort zum Rechtsbegriff und zur praktischen Anwendung, Köln 1981 S. 28 及びそこに掲げられた文献参照。

(4)　Voß, Reimer, Steuern im Dritten Reich, München, 1995.
(5)　ナチズムと法哲学・法理論について，例えば，青井（2007 年）『法理学概説』266-285 頁及び 286 頁に掲げる文献。
(6)　ナチス国家の法現実について，青井（2007 年）『法理学概説』276-285 頁。ナチ体制下での法律について，同書 291 頁（著しく簡素な法律，一般条項と著しい不確定概念の多様，白紙に近い政省令委任規定）。司法実務について，同所（欠缺補充，反制定法的訂正・無制限の解釈・一般条項の大胆な援用など）。
(7)　グスターフ・ラートブルフ（原著）・村上淳一（訳）「五分間の法哲学」所収：グスターフ・ラートブルフ（原著）・尾高朝雄ほか（訳）『ラートブルフ著作集　第 4 巻　実定法と自然法』（東京大学出版会，1961 年）225 頁。
(8)　G. Radbruch, Gesetzliches Unrecht und Übergesetzliches Recht Süddeutsche Juristenzeitung Nr. 5（Aug. 1946）；グスターフ・ラートブルフ（原著）・小林直樹（訳）「実定法の不法と実定法を超える法」所収：グスターフ・ラートブルフ（原著）・尾高朝雄ほか（訳）『ラートブルフ著作集　第 4 巻　実定法と自然法』（東京大学出版会，1961 年）251 頁。
(9)　ラートブルフ（1961 年）「実定法の不法と実定法を超える法」251 頁注 1 とそれに対応する本文参照。
(10)　ラートブルフ（1961 年）「実定法の不法と実定法を超える法」249 頁。グスターフ・ラートブルフ（原著）・田中耕太郎（訳）『ラートブルフ著作集 第 1 巻 法哲学』（東京大学出版会，1961 年）9 頁。
(11)　ラートブルフ（1961 年）『法哲学』87 頁。

1　法実証主義の桎梏：悪法も法なり

いわゆるラートブルフ・テーゼは，ナチ司法における堕落と汚点の主たる責任を法実証主義に帰するという法実証主義断罪説を中核としている(12)。

　　実証主義は，自らの力で法律の妥当性を基礎づけることは全くできない。法律の妥当性はむしろ，法律に内在する価値によってのみ，基礎づけられるのである。どんな法律でも，少なくても法的安定性を作り出すが故に，常に法律なき状態には勝っている。だが，法的安定性は決して，法が実現すべき唯一の価値ではないし，又決定的な価値でもない。むしろ，法的安定性と並んで，他の二つの価値，すなわち合目的性と正義が現れる。これらの諸価値の序列において，我々は，公共の福祉のための法の合目的性に，究極の地位を与えなければならない。法的安定性は，あらゆる実定法規にとって，合目的性と正義との間に，注目すべき中間的地位を占める(13)。われわれは，正義を求めなければならないし，同時に法的安定性にも配慮しなければならない。法的安定性は，それ自体，正義の一部分だからである(14)。

このようにして，ラートブルフは，超法律的な法を弁護するに至ったのである。

ナチス時代の恣意的裁判や法の歪曲に方法論的基礎を提供した，もう一つの法学方法論は，自由法学であるとされている(15)。無制限な解釈が跋扈していたのである。

　　無限解釈論を主張したのは牧野英一である(16)。牧野自らが「法律の解釈は無限である」と説いた(17)。法解釈の無限解釈を主張しつつ，罪刑法定主義の解

---

(12)　青井（2007 年）『法理学概説』288-289 頁。
(13)　ラートブルフ（1961 年）「実定法の不法と実定法を超える法」260 頁。
(14)　ラートブルフ（1961 年）「実定法の不法と実定法を超える法」267 頁。
(15)　青井（2007 年）『法理学概説』263 頁。
(16)　服部（2014 年）「日本の法律学方法論の史的展開」244-256 頁（248 頁）。さらに，服部寛「20 世紀の日本における法律学方法論の史的展開に関する一考察(1)(2)（3・完）」東北学院法学 70 号（2010 年）176-254 頁，72 号（2011 年）345-390 頁，72 号（2011 年）101-174 頁。服部寛「1953 ――日独の法律学方法論の転換点とその意義の再検討」松山大学論集 23 巻 6 号（2012 年）179-226 頁。
(17)　牧野英一「刑法における自由法運動（上）（中）（下の 1）（下の 2・完）」警察研究 5 巻 5 号（1934 年）1-18 頁，6 号 1-22 頁（22 頁），7 号 1-22 頁（14 頁），8 号（1934 年）1-22 頁（従来の概念的形式的な法律学に批判を向け，刑法における自由法的立場をとり，その機能と使命を主唱する）。牧野英一「法律の解釈の無限性――『科学的自由探究と進化的解釈』のレジュメ」法学協会雑誌 55 巻 7 号（1937 年）48-60 頁，牧野英一「悪法論議について――『法律の解釈は無限である』ということの意義(1)（2・完）」警察研究 26 巻 1 号（1955 年）3-17 頁（5 頁），2 号（1955 年）3-18 頁。牧野英一は，ファシ

第1章 租税正義——序文に代えて

消[18]を示唆したのである[19]。この牧野の主張は,第2次大戦後ドイツの法律学者,リュタースがナチス的方法論の特質として定式化した「無制限の解釈」に相当するであろうとされている[20]。

牧野のテーゼによれば,「解釈は理論的に無限であり進歩する」,「悪法は解釈によって良法とされる」という。牧野の無限解釈論は,治安維持法1条1項の解釈・運用に顕著である。同条項における「國體の変革を目的とする結社」として立法当時に想定されていたのは日本共産党(及び関連団体)とされていたが,これが拡張解釈され,朝鮮での民族運動・類似宗教団体などへ適用されるに至った[21]。

牧野の悪法論・無限解釈論について,その問題性はおろか存在すら今日まで明確に認識されているとは言いがたい,と指摘されている。「解釈は理論的に無限である」とする牧野の無限解釈論のテーゼを否定することが必要である。解釈の名による法形成に歯止めをかけ,牧野に反して,「解釈は理論的にも無限ではない」と確認する必要がある。そのためには,「解釈と爾後の法形成(発展的法形成)」についての法理論の考察が必要である[22]。

その反省を踏まえて,第二次世界大戦後に,自由法学に「たが」をはめる有力な方法が,体系思考である。体系思考と目的論的解釈とを併用した見解[23]が,現在,ドイツ法学界で支配的である。ティプケの『租税法』の体系論及び正義論は,カナリス『価値判断法学』を踏まえて,理論構築されている。

ドイツ憲法(ドイツ基本法)は,法律家を制定法(法律)に服させ,制定法の正義についての問題を法律家に提起させないそうした形式的法治国に代えて,

---

ズム期のみならず,戦後の昭和30年にあっても無限解釈論をくり返し主張する。参照,木村弘之亮「無限解釈論と租税法(上)(下)——東京高判平成28年2月26日判タ1427号133頁」税務弘報65巻8号(2017年)155-164頁,9号(2017年) 158-164頁。
(18) 牧野英一「罪刑法定主義の解消」(1935年)所収:牧野英一『刑法研究 第6巻』(法律学叢書 第34編(有斐閣,1936年))90頁以下。
(19) 内藤謙『刑法理論の史的展開』(有斐閣,2007年)292-293頁(牧野英一の主張した罪刑法定主義の解消,思想犯保護観察法の積極的支持,治安維持法における予防拘禁の無批判的受容,犯意など主観的要素の行為への発現があれば,原則にひろく犯罪の成立を認める解釈論の展開,及び濃厚な国家主義的・権威主義的側面を指摘。個人の権利・自由にとって危険であった)。
(20) 服部(2014年)「日本の法律学方法論の史的展開」248頁。
(21) 服部(2014年)「日本の法律学方法論の史的展開」248頁。
(22) 服部(2014年)「日本の法律学方法論の史的展開」251頁。
(23) クラウス・ウィルヘルム・カナリス(原著)・木村弘之亮(代表訳)『法律学における体系思考と体系概念——価値判断法学とトピク法学の懸け橋——』慶應義塾大學法学研究会叢書(63)(慶應義塾大学出版会,1996年)。

実質的法治国に転換している(24)。憲法制定者は，立法を合憲な秩序へと拘束し，そして，執行権と司法権を「法律と法」へと拘束している（ドイツ憲法20条3項）。基本権・正義を指向する原則（特に1条，2条，3条2項・3項）は，制定法に優先し，そして，上位に位置づけているので，制定法による不法は，阻止されうる(25)。

日本国憲法も又，その第9条において，「正義と秩序を基調」とし，そして，裁判官は，憲法76条3項に基づき，裁判に当たり「その良心」に従い「憲法と法律にのみ拘束される」。ここで従うべき「良心」とは，個人的信条ではなく，他でもなく「正義」を指している(26)。

重要なことは，憲法76条3項に規定する「良心」とは，個人的な主観的な正義を指しているのではなく，刑事訴訟法397条及び411条の規定との関連においても，「客観的正義」を意味するということである。

> 次の条文がその例証である。「原判決を破棄しなければ明らかに正義に反すると認めるときは，判決で原判決を破棄することができる。」（刑事訴訟法397条1項），及び「原判決を破棄しなければ著しく正義に反すると認めるときは，判決で原判決を破棄することができる。」（刑事訴訟法411条1文）。司法は，刑事裁判のみならず民事裁判も又，正義によって，常に評価を受けるのである。

同様に，租税法に係る裁判も，正義によって，常に評価を受けるのである。租税正義は，実定租税法にとって，不可欠な法理念である。

---

(24) Tipke（1981），Steuergerechtigkeit S. 5 f.
(25) Tipke（1981），Steuergerechtigkeit S. 29.
(26) 良心問題について，斉藤朔郎「悪法再論議」ジュリスト85号（1955年）38-43頁（41-42頁），服部（2010年）「20世紀の日本における法律学方法論の史的展開(1)」191-190頁。伊達秋雄は，座談会において，良心に関して，「私個人としては，もし真に根本的な問題について，自己の信念が憲法と法律と異なる場合には，裁判官をやめるべきだと考えている。」と発言する。大岡昇平＝阿部知二＝安倍恕＝斉藤朔郎＝伊達秋雄「（座談会）裁判官の人間味」法律時報31巻12号（1959年）24頁。それによれば，良心とは，裁判官個人の信念を指す。しかし，法律と裁判官の良心との間に矛盾・不調和・葛藤が生じる場合に，裁判官は，当該事件の担当を辞退する（参照，服部（2010年）「20世紀の日本における法律学方法論の史的展開(1)」191-190頁）のではなく，むしろ，その裁判官は，実定憲法及び制定法を評価する「正義」にこそ依拠すべきである。その正義こそが，日本国憲法にいう良心である。

第1章　租税正義──序文に代えて

2　法実証主義からの転換：正義の復権

　カントの定立した命題から始めよう。「正義が滅びるなら，人間が地上に生きることには，もはやなんの価値もない[27]」であろう。

　同様に，師曰く，正義が租税法において何の役割をも演じるべきでないとすれば，我々が法律家として租税法の素材に携わることは，意味をなさず目的をも失ってしまうであろう[28]。

　租税法の領域において法実証主義に拘泥する限り，憲法の要請する，公正[29]（前文　第2段1文）及び良心（76条3項）をはじめとする，正義（9条1項）が抜け落ちてしまう恐れが多分にある。

　租税法学が，正義なき租税法実証主義の弊に陥らないためには，われわれは，租税法における正義（これを「租税正義」という。）を法理念として租税法の立法，司法，行政及び学説の形成につとめる必要がある。正義が一度も訴求されないところでは，人は法について語ることはできない[30]。

　日本国は，ドイツ連邦共和国と同様，法治国である。しかも，現下の法治国は，正義を指向する実質的法治国であり，正義の国（ein Gerechtigkeitsstaat）である。正義の保障は，憲法の定める基本権から明らかになる。憲法は，個

---

(27)　Kant, Immanuel, Metaphysik der Sitten, 3. Aufl., hersg. Karl Vorländer, Leipzig 1959, S. 159; 樽井正義，池尾恭一（訳）「人倫の形而上学」所収：『カント全集』第11巻（岩波書店，2002年）179頁。

(28)　Tipke (1981), Steuergerechtigkeit, S. VIII.

(29)　公正について，ジョン・ローズ『正義論』（改訂版　紀伊國屋書店，2010年）（公正としての正義）。ジョン・ロールズ（原著），エリン・ケリー（編集）・田中成明・亀本　洋・平井亮輔（訳）『公正としての正義　再説』（岩波書店，2004年）（実体的正義としての「正義」と純粋な手続的正義としての「公正」の概念を明確に区分し，さらに，「公正としての正義」として規範的な正義論を構築）。ローズは，政治的リベラリズムとの関連において「公正としての正義」を強調するに至る。参照，田中成明「カント，ローズ，ハーバマス──カント研究の周辺で」所収：カント全集月報14第11巻（岩波書店，2002年）6-7頁。ロールズのいう正義の第一原理（権利の平等）が日本国憲法12条と13条，19条，20条に相当し，第二原理（格差是正のための再分配の原理）が憲法25条，29条などに相当するであろうか。

　　　さらに，公正と正義について，ロナルド・ドゥオーキン（原著）・宇佐美誠・濱真一郎（編訳）『法哲学と政治哲学』（勁草書房，2011年）（手続的正義としての「公正」と実体的正義としての「正義」について，それぞれの概念の独自性を認めて「公正としての正義」論も「正義としての公正」論も排斥）。

(30)　Tipke (1981), Steuergerechtigkeit, S. 7.

2　法実証主義からの転換：正義の復権

人（人間）の尊厳を不可侵としている（日本国憲法11条2文，13条I文，24条2項；ドイツ憲法2条1項）[31]。人格権・幸福追求権（日本国憲法13条2文）は，公共の福祉に反しない限り，人格の自由な発展を求める権利を保障している。職業選択の自由（日本国憲法22条）及び思想・良心の自由（日本国憲法19条）もこれに含まれる。財産権は，公共の福祉に適合する態様で保障される（日本国憲法29条2項）。

ただし，国民は，日本国憲法が国民に保障する自由及び権利を，濫用してはならないのであって，公共の福祉のためにこれを利用する責任を負う（日本国憲法12条2文）。同条2文は，国民と国の間に信頼保護の原則が妥当していることを前提として，国民は自由及び権利を濫用してはならない，と規定する。人格権・幸福追求権から派生する契約自由の原則の枠内において当事者間における法律構成の選択権（形成権）についても，国と国民の間で信頼保護の原則の裏面としての権利の濫用が問題となり得る。

さらに，日本国はドイツと同様に，社会的国家（福祉国家ともいう。）（日本国憲法25条2項・1項）であり，憲法秩序は社会的法治国の原則に適合しなければならない。法治国を社会的法治国として規定するためには，正義を指向する思考の実現を試みる，方向がとられなければならない[32]。

> 新自由主義の主張が，日本国憲法の要請する社会的国家（福祉国家）のもとでさえも，流布している。新自由主義は経済的困窮者に社会的扶助義務はおろか社会的扶助の恩恵をも最小限にしか給付しないであろう。したがって，新自由主義は，福祉国原則と価値適合的であるわけではない。新自由主義の政治スローガンは，日本国憲法の価値秩序の観点から，厳格に評価されなければならない。類似したことは，新自由主義に親密な「公平・中立・簡素」スローガンについても当てはまるであろう。「公平・中立・簡素」の3要素について，日本国憲法の視点から分析し理論構築する学術論文は，管見の限りでは，未読である。

租税法においては，租税法律主義のみならず，一つに，平等原則（日本国憲法14条1項，ドイツ憲法3条1項），二つに，社会的法治国の原則（日本国憲法25条，ドイツ憲法20条1項，28条1項I文）及び，三つに，法的安定性の原則（日本国憲法31条・32条，ドイツ憲法10条2項）が，主要な役割を演じている。それら諸原則は，憲法レベルにおいて緊張関係にあり，具体のケースにおいて

---

[31] Tipke (1981), Steuergerechtigkeit, S. 22.
[32] Tipke (1981), Steuergerechtigkeit, S. 22.

第1章　租税正義——序文に代えて

最適解を得られるように利益衡量（Balancing）されるべきである。正義，合目的性及び法的安定性が，それぞれにとって法理念であり，究極の価値である。租税法律主義だけが，憲法原理・諸原則・規則に比し，常に優越するわけではありえない。

3　法の3理念

ティプケは，ラートブルフの法哲学を引用[33]して，法は正義によって評価を受け，正義に適わない法律は法ではない，と表明する。すなわち，立法者は，正義に適うように価値判断して，法律を制定すべきである。「法は，正義に適っている意味を有するからこそ，法である。」（原著91頁）「法の理念は，正義以外の何ものでもあり得ない。」（原著119頁以下）「法とは，法理念に奉仕することを本来の使命とするものであるべく規定されているものである。我々は法理念を正義の中に見いだす。」（原著164頁）「なぜなら，法は，正義である意味を有するものだからである。」（原著285頁，123頁）

法は，法価値，法理念に奉仕するという意味をもつ現実である[34]。

(1)　正　　義

ラートブルフは1945年以後，法的安定性の価値から正義の価値へと重点を移した[35]。

正義1　ある法の適用又は遵守：法律に忠実な裁判官の正義

法律に忠実な裁判官の正義は，実定法によって測られる正義が問題なのではなくて，逆に実定法を測る正義こそが問われているのである。このような意味の正義は，平等を意味する[36]。

---

(33) Tipke (1981), Steuergerechtigkeit, S. 7 FN. 13において，G. Radbruch, Rechtsphilosophie, 8. Aufl., hrsg. Von E. Wolf und H.-P. Schneider, Stuttgart 1973を引用する。
(34) ラートブルフ（1961年）『法哲学』147頁。
(35) ラートブルフ（1961年）『法哲学』10頁；グスターフ・ラートブルフ（原著）・尾高朝雄ほか（訳）『ラートブルフ著作集 第4巻 実定法と自然法』（東京大学出版会，1961年）67頁
(36) アリストテレス『ニコマコス倫理学』の正義論（アリストテレス（著）・高田三郎（代表訳）『ニコマコス倫理学 他』（ワイド版 世界の大思想 02（河出書房新社，2004年）第5巻 H 正義99-123頁）によれば，正義は，配分的正義（austeilende Gerechtigkeit），と調整的正義（調整的正義・平均的正義・矯正的正義ともいう。

正義2　実定法を測る正義：平等＝調正的正義⁽³⁷⁾＋配分的正義⁽³⁸⁾

法理念としての正義（広義）は，法が法として妥当するためにその達成に向けて努力されるべき法の目標である。

法理念は，究極的には，3つの基本的側面へと分類される。平等（狭義の正義），合目的性及び法的安定性である。ラートブルフは，一つの法理念が三つの作用方向へと展開されている，と認識する⁽³⁹⁾。

---

　ausgleichende Gerechtigkeit）に区別される。前者では，種々異なる人間の取り扱いにおける比例的平等が問題であり，例えば，負担能力を標準とする課税，困窮の度合いに応ずる扶助・功労に従って与えられる報酬，他の人と同等に責任に従って課せられる科刑は，配分的正義に適っている。前者では，財貨に関係して絶対的平等又は相対的平等が問題であり，例えば，労働の価値に比例する賃金は正しく，又，損害を被った価額に見合うように調製・矯正する賠償は調正的正義に適っている。配分的正義は少なくとも三人の人間を要し，平均的正義は少なくともふたりの人間を要する。前者の最小限三人の場合は，他の二人に負担を課し，又は，利益を与える一人は他の二人の上位に置かれているが，後の二人の人間は相互に平等の権利を有する。調正的正義は並列関係における正義であり，配分的正義は上下関係において妥当する（ラートブルフ『法哲学』（1961年）149頁）。

　　アリストテレスは調正的正義について，さらに，任意の契約関係（購入，売却，貸付，保証，用益，寄託，賃貸借など）における交換的正義（iustitia commutativa）と任意でない流通関係（窃盗，強盗，不法監禁，虐待，故殺，撲殺など）における矯正的正義（iustitia regulativa sive correctiva）に細分する。

　　配分的正義は，die austeilende Gerechtigkeit 幾何学的比例（eine geometrische Proportionalität）を尺度にし（請求，位階又は功績による分配），これに対し，調正的正義は，算術的的比例（eine arithmetische Proportionalität）を尺度とする（人を問わず）。

(37) 調整的正義／矯正的正義ともいう。これは，法の前で平等とされる市民の間に現実に存在する不均等を矯正する調正の正義であり，社会に生じた不正や歪みを調正することである。犯罪により不当な利益をあげた場合，その利益はそもそも不正なのだから調正されなければならない。現代の社会では所得の不平等は，基本的に才能の差，生まれた環境の差，運・不運など，本人の責任ではない部分が大きい。それが政府による累進課税を正当化する根拠となっている。そう考えるなら，累進課税は調整的正義ととらえることができる。

(38) 種々異なる人間の取り扱いにおける比例的平等。財産や名誉をどう配分するのが正義にかなっているかを問題にする。アリストテレスは各人の有する能力や業績に応じた比例的分配が正義であるとする。

　　たとえば能力や努力に応じて異なる報酬を認めるべきであると考えるのが，配分的正義（iustita distributiva）にかなっている。

(39) アルツゥール・カウフマン「法と正規の図式による解説」所収：A・カウフマン・W・ハッセマー（編）・浅田和茂・竹下賢・永田真三郎・福滝博之・真鍋俊二・山中敬一（訳）『法理論の現在』（ミネルヴァ書房，1979年）336頁。

第1章　租税正義——序文に代えて

　個人の尊厳及びこれを防禦するに不可欠な基本的人権を除く，権利（財産権・所有権を含む）と自由に対し，日本国憲法は，公共の福祉による内在的制約を肯定する。その限りにおいて，超個人主義が個人主義と超人格主義に比べ優先する。不可侵の人権は，法を相対的に制約している[40]。日本国憲法は，譲り渡すことのできない人権を承認することによって，その核心において法哲学的相対主義を克服している。したがって，日本国憲法は，その12条において，濫用禁止の対象となる「権利と自由」の対象をこのように縮減しているのである。

　広義の正義の主柱の一つの頂点に立つ公共の福祉は，個人の尊厳及びこれに直接かかわる人権を除いて，権利及び自由を制約する（日本国憲法12条）。その限りにおいて，憲法の明記する公共の福祉は，契約自由の原則，法律行為による法律構成及びその選択権の自由を内在的に制約する。

　　　例えば，したがって，当事者が合意して実行した法律行為に基因する稼得所得について，その所得に対する課税が不当に軽減される結果又は税法上の便益が不当に騙取される結果となる場合には，租税法は，憲法12条及び民法1条を例として，そのような法律構成（複数又は単数）を全体として権利自由の濫用として評価しうる。そのような場合には，不当な軽減課税又は税法上の不当な便益が，「それが事物の正義（条理）にかなっておらず，合目的でない場合であっても，実定法の正義に反する矛盾が耐えられないような程度に達し，その法律構成の選択権・自由が「不当な（軽減税負担又は税法上の不当な便益の）騙取」として正義に反するに至ったのでなければ」，そのような法律行為や契約は全体として租税回避の否認を受けない[41]。

(2)　合目的性

「正義はただ法の形式をのみ規定する。それゆえ，法の内容を獲得するためには第二の思想が付け加わらねばならない。合目的性がすなわちこれである。」[42]

　ラートブルフは，合目的性として公共の福祉に究極の地位を与える[43]。

---

(40)　カウフマン（1979年）「法と正義の図式による解説」337頁，327頁。
(41)　参照，カウフマン（1979年）「法と正規の図式による解説」340頁。
(42)　ラートブルフ（1961年）『法哲学』177-178頁。
(43)　ウィルヘルム・ザウァ（原著）峯村光郎（訳）『法哲学序説』（勁草書房，1958年）14頁，63頁は，法の理念として正義，公共の福祉及び法的安定性を把握する。合目的性に代え公共の福祉が前面に打ち出されている。これと類似して，ラートブルフ

3 法の3理念

　我々は，公共の福祉のための法の合目的性に，究極の地位を与えなければならない。法的安定性は，あらゆる実定法規にとって，合目的性と正義との間に，注目すべき中間的地位を占める[44]。

　日本国憲法は，その12条，13条，22条，29条において「公共の福祉」という法概念を，そして，民法はその1条においてそれを明確に法定する[45]。基本的人権を除く権利及び自由並びに私権は，いずれも，公共の福祉によって内在的制約を受ける。権利と自由の濫用は，公共の福祉によって制約をうける。
　「公共の福祉」概念は，権利と自由を内在的に制約する受動的機能だけではなく，社会国家（福祉国家）において全ての国民に生存権及び幸福追求権を保障し，全ての国民のための福祉と幸福を推進・擁護する能動的機能をも有する。「公共の福祉」論で語られる「公共」は，公共団体を指しているのでは決してない。
　法領域ごとにそれぞれの実定法は独自の法目的を有しており，合目的性に関係づけられた法制度を構築する。各実定法の目的は，正義と合目的性により方向づけられ，立法者によって具体的に創造されている。
　したがって，実定法を解釈するに当たり，法の目的を実現すべく，目的論的解釈を行うべきだとする解釈方法論は，ドイツにおいて確立されている。
　ティプケは，形式的正義（平等）にとどまらず，内容豊かな実体的正義を求める。正義のさまざまの異なった形式は，例えば，租税法において最高位の正義に位置づけられる応能負担原則（1789年フランス人権宣言13条2文）において例証されよう。私法上無効な行為に基因して生じる経済的利得であっても，租税法は，その経済的給付能力に着眼して，これを捕捉して平等に課税しようとする。配分的正義がここでの問題である。けだし，私法上有効な法律行為に

　　　は，究極の合目的性を公共の福祉と解している。他方，峯村光郎『法哲学』（慶應通信，1955年）147-163頁は，正義，目的合理性，社会的安定性を究極的法理念とする。
(44)　ラートブルフ（1961年）「実定法の不法と実定法を超える法」260頁。
(45)　トマス・アクィナスは，正義のアリストテレス流の二分化に加えて，さらに法的正義（iustita legalis）という第三の柱を加えた。それによると，個々人の社会的義務の思想が強調されるべきこととなる。公共の福祉がそれである。カウフマン（1979年）「法と正義の図式による解説」338頁註3及びそれに対応する本文参照。日本国憲法は，その12条，13条，22条，29条において「公共の福祉」という法概念を用いる。木村は，新トマス主義に与しない。ラートブルフの見解にしたがい，合目的性の究極には「公共の福祉」が位置すると解する。結論同旨，ザウワァ（1958年）『法哲学序説』63頁。

基因して稼得される経済的利益（これを稼得所得という。）であっても，私法上無効な法律行為に基因して稼得される経済的利得（稼得所得）であっても，その有効・無効の差異を問わずに，所得税法及び法人税法は全ての稼得所得を課税客体として捕捉（ほそく）する。けだし，経済的給付能力は，人が経済的に税を国に支払うことのできる能力を指し，そして，応能負担原則は，経済的給付能力に応じて，所得に課税する原則を指すからである。

(3) 法的安定性

正義と合目的性及び法的安定性は互いに緊張関係にある。混乱期には法的安定性が，安定期には正義が，転換期には合目的性（公共の福祉）が優先される。

(a) 法律適合性による法的安定性

法的安定性は，正義と同様に，恣意の排除を求める。その他に，法的安定性は，法の明確性，透明性，計算可能性，予見可能性，信頼保護をも目指している。

租税法における法的安定性にとっての基本的前提要件は，租税行政庁が税を恣意的に賦課徴収するのではなく，制定法に基づいてのみ賦課徴収することである。課税の法律適合性は，法治国においては，憲法から明らかになる（日本国憲法84条）。課税の法律適合性に代えて，ひとは課税の法律要件について語ることがある。しかし，この名称は，租税法にとって短すぎる。けだし，法律要件のみならず，法律効果も又，法的に安定していなければならないからである。立法者は，前提たる法律要件のみならず，法律効果をも明確に規定しなければならない。法律効果の安定性は，租税行政庁の恣意的な選択権によって毀損されうるからである[46]。課税の法律構成要件と並んで，徴税の法律構成要件もまた，法的安定性に資する。

(b) 類推適用の禁止？，遡及適用の禁止？

ドイツ連邦憲法裁判所は，租税法について，遡及適用の原則禁止を発展させてきている。裁判所は，法治国における法的安定性の要請をベースとして用いている[47][48]。

---

(46) Tipke (1981), Steuergerechtigkeit S. 122 f.

(47) Tipke (1981), Steuergerechtigkeit S. 123.

3　法の3理念

遡及適用の禁止も又，類推適用の場合と同様に，法的安定性にその根拠を有する。遡及適用の禁止原則については，ドイツ連邦憲法裁判所がめざましく判例を形成している。租税法に関わる遡及適用の判定基準日は，財産権の処分権行使日と法律の公布日である。日本の最高裁判例は，その判定基準日を，アクション日（例えば，政府税制調査会の答申日，税法改正案の報道日）と租税債権の成立日（例えば，課税年度の末日）に求めている。

(c)　類推適用は民主主義に合致？

租税法律主義の構成要素である法律留保の原則は，法的安定性だけに基づいて根拠づけられるのではなく，議会制民主主義にもその根拠を求めることができる。

すべての市民は，みずから，またはその代表者によって，公の租税の必要性を確認し，それを自由に承認し，その使途を追跡し，かつその数額，基礎，取立て，および期間を決定する権利を有する（フランス人権宣言14条）。これと類似して，日本国民は，「正当に選挙された国会における代表者を通じて」（日本国憲法前文　第1段1文），いかなる租税によって自ら税負担を引き受けるかについて，自ら決定すべきである。行政及び司法は，国民代表者の意思を実現に移すことに限定されるべきである。これが権力分立の観念である。

　　法律が例外的に欠缺しており（法律の欠缺），判断されるべき事態に対して「完成された」法規範がない場合にのみ，裁判官は法律と法の拘束の下で「爾後的法形成（又は法発見行為）」を　　いわば代理の立法者として　　活動すべきである。この意味において，スイス民法典1条は次のように規定する。裁判官は，法律及び慣習法が沈黙する場合には，「仮に彼が立法者であったなら制定するであろうような規則に従って決定す」べきである[49]。

しかし，議会制民主主義の構成要素は，場合によっては，法律の類推適用に反対していない。類推は，故意による法律の欠缺と故意によらない法律の欠缺

---

(48)　木村弘之亮「真正遡及効の禁止に反する税法規定は違憲・無効——ドイツ連邦憲法裁判所2013年12月17日決定——」税法学571号（2014年）241-249頁；木村弘之亮「ドイツ連邦憲法裁判所2010年7月7日3決定は遡及租税立法を一部違憲——予測可能性ではなく法律公布日を基準時に——」税法学565号（2011年）17-34頁；木村弘之亮「（翻訳）ヨアヒム・ラング（原著）租税法規遡及立法の禁止法理と新展開——信頼保護による法的安定性」税法学563号（2010年）189-202頁。

(49)　カウフマン（1979年）「法と正規の図式による解説」344頁。

第1章　租税正義——序文に代えて

の補塡にみられる。一つは，故意によらない法律の欠缺は，多くの場合，立案上の見落としである。二つは，立法者が知りながらそして望んだことではあったが規定を置かなかった場合に，故意による法律の欠缺が問題となる。三つは，立法者が知りながら，しかし，（広義の）立法者間で合意が成立せずに，問題を当面未解決にしておき，将来において，その欠缺を司法及び学説の発展に委ねようとしたことによる欠缺である。けだし，立法者がその欠缺を自ら解決できず，司法及び学説に委ねようと表明したからである。第1の類型の欠缺は，本来，立法府により立法でもって補塡されるべきであろうところ，裁判所は，紛争を前にして，適用しうる法律規定に法的意味を付与し（すなわち目的論的拡大又は縮小を施し）爾後的法形成を行うことによって，法的紛争を解決する（内在説）。第二の類型の欠缺は，他の法領域（例えば民法，民事訴訟法）で確立又は規定されている一般法原則又は規則（ルール）が係争の特殊法領域（例えば，税法，行政事件訴訟法）において事物の本性に適合する形で準用されて，補塡される。ここでは体系的解釈の手法が適用され，他の法領域において類似する事象に適用される当該他の法律規定に準じて適用（類推適用の一形態）する。第3の類型の欠缺は，法適用者が，当該法領域（例えば税法，社会保障法）における評価規準[50]に基づいて，私法上有効・適法に形成されている法律構成を法的に再評価することのできる授権する法的規定について，立法者がそのような授権規定を自ら議決できず，司法に委ねる等の事由により，生じたタイプの法律の欠缺である。脱法行為を防止する法規（法律要件と法律効果から成る法命題）が，かかる根拠規定の例である。ドイツ租税通則法42条が好例である。

　　国税通則法は，1962（昭和37）年4月2日法律第66号として公布されている。その立法過程において，租税回避の禁止規定について，「判例学説の一層の展開をまつ方がより適当である」と大蔵主税局は判断した[51]。

(50)　末川博「権利濫用禁止の理論的考察」（初出，1925年）所収：同『権利侵害と権利濫用』（岩波書店，1970年）138-154頁（145-146頁）。
(51)　「大蔵省主税局の国税通則法制定に関する要領」。同要領は中川一郎・清永敬次（編）『コンメンタール国税通則法』（税法研究所　3号追録　昭和57年）A51頁より引用。
　　　第40回国会　［参議院］大蔵委員会　第16号（昭和37年3月20日）
　　　「政府委員（［大蔵政務次官］天野公義君）　次に，国税通則法案につきまして御説明申し上げます。
　　　御承知のように，現行の税法体系は複雑難解なものになっておりますが，これを納税者の理解しやすいものに整備するための基礎として，各税法を通ずる基本的な法律関係及び共通の事項を取りまとめて定めるとともに，あわせて，納税者の利益に着目

しつつ，各種加算税や争訟等の諸制度の改善合理化をはかることが，かねてから要望されていたのであります。

政府は，これらの要望にこたえるためには，新たに各税法を通ずる共通法を定める必要があると考え，税制調査会に諮問してその検討を求めてきたのでありますが，先ごろその答申を得ましたので，これを基礎としてさらに慎重な検討を加えて参りました。その結果，答申された事項のうち，若干の項目につきましては，これを制度化するかどうかは，なお，今後における判例，学説等の一そうの展開を待って，さらに慎重検討にゆだねることが適当であると考えられましたので，前に申しました趣旨からこの際立法することを必要とする事項に限りまして，ここに本法案を提案した次第であります。」[そこにいう若干の項目には，租税回避行為の一般否認ルールが含まれている。]

第40回国会　［参議院］大蔵委員会　第23号（昭和37年4月2日）
「木村禧八郎君　私の理解しているところでは，そんな簡単なものではないように理解しているのでございます。それは日本税法学会におきまして「国税通則法制定に関する意見書」というものを出しております。この意見書によりますと，「国税通則法を緊急に制定する必要はない。学説，判例の発展を待ち，機熟してから，むしろ租税基本法を制定すべきである。」，こういう意見を述べて，その理由としまして，この国税通則法は税制調査会の答申に基づいて立案された，しかし税制調査会の答申はドイツ法の条文を参考にして答申が作成された，ということになっていますね。いわゆるナチスの租税適用法です。このナチスの租税適用法は1934年に制定されている。御承知のように，ナチスのファッショ体制に税制を適用させる，そういう法律なんです。非常にファッショ的な法律であると思うのです。そういうわざわざナチスの租税適用法を参照して，それに基づいて制定されたというわけですね。そうすると，その精神がどこにあるかということは，こういう点からもわかってくると思うのです。ナチスの租税適用法は，憲法に規定された法規を軽視して，税法が憲法に規定された規定よりも優先する，こういう精神になるのです。」（［…］内および下線加筆は木村）

以上の如く，日本税法学会を代表する中川一郎は，租税回避行為の一般否認についての規範を判例・学説によって蓄積し，機が熟することを期待したのである。

その上，中川一郎・清永敬次（編）『コンメンタール国税通則法』（税法研究所　3号追録，1982年）A53頁 |日本税法学会意見書は，租税回避禁止規定を設けてはならないとまでは提唱していない。税務官庁が租税回避を理由として否認権を濫用しないように立法上の防止策を講ずる必要があると主張したに過ぎない。| 旨を回想する。

国税通則法の制定の経緯について，『国税通則法の解説』（国税庁，昭和37年）は，「その三　3　答申と通則法との関係」において，「政府において，この答申［国税通則法の制定に関する答申（税制調査会第二次答申　昭和36年7月）；税制調査会答申最終答申（昭和36年12月）］につき逐一検討が行われた……今後における判例学説の一層の展開に待つ方がより適当と判断されたものもあった。」その1つに，「租税回避の禁止に関する規定」が含まれている（武田昌輔（編）『DHコンメンタール　国税通則法　第1巻　沿革I　総論』74頁（第一法規）。

さらに，志場喜徳郎・荒井勇・山下元利・茂串俊（編）『国税通則法精解』〔初版〕（大蔵財務協会，1963年）51-52頁（［租税回避行為の禁止など実質課税の原則は］考え方として目新しいものではなく，むしろ，現行税法の則にあるとみられる以前からの考え方を抽象的に表現したものといえるであろう。［改頁］問題は，まさに「抽象的，

第1章 租税正義——序文に代えて

　故意による法律の欠缺がある第2類型の場合には，判例・学説のいずれにしたがっても，法律の欠缺は準用により補塡されうる。敷衍すれば，私法又は刑法の領域に顕現している「一般に承認されている法命題(52)」が別な法領域の実定法に欠缺している場合に，その別な法領域においても先の法命題が一般に承認されるときその限りにおいて，当該法の欠缺は，例えば民法1条2項の規定を準用して，補塡することは許容されうるし又補塡しなければならない。この準用は類推（類比推論）の一形態である。実定税法などにおいて，同一又は類似の法命題を重ねて規定する場合，両者の間に論理的矛盾が生じることがあり得る。立法者が，（共通（又は類似）の法律構成要件に適用されうる）共通の法規範について，或る法体系と別な法体系のあいだに統一性及び無矛盾性を維持しようとする場合に，そのような共通の法規範（一般に承認された法命題）を重ねて規定しないときには，その意図された法の欠缺は，類推（類比推論）によ

　　一般的に」表現するところにある。……なかんずく租税回避行為の禁止に関しては，予測不可能な巧妙な手段に対処する意味からして，抽象表現そのものに意義があるといえる。）
　　税法学者・中川一郎らは租税回避行為の否認規定を設けることに反対するのでなく，否認権の濫用を危惧しており，他方，大蔵官僚・志場喜徳郎らは濫用券の防止のための法規の立法態様に難渋する。「抽象過ぎず，一般過ぎず」。立案によれば，防止策としては，前掲国税通則法の制定に関する答申（税制調査会第二次答申　昭和36年7月）は「その二　租税回避行為」において，「立法に際して，税法上容認されるべき行為まで否認する畏れの内奥に配慮するものとし，たとえば，その行為をするについて他の経済上の理由が主な理由として合理的に認められる場合等には，税法上あえて否認しない旨を明らかにするものとする。」と説明している。すなわち，納税者側がその事実を具体的に主張立証する場合，租税行政庁側は，それを覆すことのできないとき，否認権を行使できない。
　　当時（1972年）の国会審議において，参議院議員は，答申による租税回避行為の一般否認規定がナチス期の独租税調整法1条2項（独租税通則法2条）に由来する（武田昌輔「租税回避行為の意義と内容」日税研論集14巻（1990年）41頁注1）がゆえ，ファシズムに近い規定故に，絶対反対だと主張した。しかし，2017年現在，独租税通則法42条は，数次の法改正を経て，その内容を一新している。したがって，ドイツ租税回避行為の包括否認規定が，ファシズム法学から断絶され，むしろ正義を指向する実質的租税法律主義のもとで立法されている。
(52)　私法又は刑法において一般に承認された法命題とは，法の一般原則と異なる法律構成要件であり，法律要件とその法律効果から成る法規を指す。
　　法の一般原則は，法源の一つとして承認されている。そして，日本国憲法は84条と並んで98条2項を規定している。したがって，法適用者は租税法の領域においても法の一般原則及確立した国際法規（例えば，条約法に関するウィーン条約31条＜解釈に関する一般的な規則＞）を法源として適用しうることになる。

り補塡されなければならず，又補塡することができると解される。

　国税通則法は，民法総則の規定のうち他の法領域でも一般に妥当してしかるべきであろう法規範を，重ねて明文をもって規定していない。この場合，国税通則法の立法者は，実定税法の領域において，そのような一般に妥当してしかるべき総則規定の例により準用することができると価値判断をしたものと，解すべきである。さもなければ，国税通則法はじめ実定税法は，その法適用を施しがたくなる。これは，法律の欠缺の第2類型の例である。

　第3類型について，租税回避行為の一般否認規定について，国会が国税通則法の立法過程において，審議を行い，その規定を将来の学説と判例の蓄積に期待する旨を確認した（同旨，内閣総理大臣に提出された日本税法学会意見書）[53]。これは第3類型である。

> 　もっとも，租税法律主義の観点から，実定税法の欠缺は，個別の制定法によらない限り，補塡してはならないという主張がみられる。しかし，日本国憲法は，「個人の尊厳」，「基本的人権」，「権利」，「自由」，「平等」，「生存権」，「財産権」，「人権」その他複数の憲法価値を定立し，さらには権利・自由の濫用禁止という原則をも明記しているのであって，租税法律主義（憲法84条）が憲法価値レベルに存する最高の原理（Prinzipien）であるわけではない。租税法律主義がその他の憲法価値と衝突する局面において，最適解を得られるように衡量がなされるべきである。それにもかかわらず，租税法律主義を原則として優先すべきだとする，主張は受容し難い。

　例えば，不当な脱法行為を防止する目的のための，私法上有効かつ適法な法律構成について，特殊法（例えば，税法，社会保障法）がその固有の評価規準に基づく再評価を許容する法的根拠を定立しうると解すべきであろう。正義なき法実証主義及び無制限な解釈若しくは目的的解釈による内在説の復活は阻止されなければならない。

　翻ってみるに，「欠缺なき」「完成した」制定法など存在しない。法規範の「単なる適用」もまた，規範創造の行為であることがほとんどである。その際，法律が完全無欠でないということは，むしろ，法自体の本質に根拠をもつ。法律は，一方で，現実に対して妥当せねばならない。他方，現実は限りなく多様であり，絶えず変転を繰り返す。生活事実がこのように多様で変転を繰り返す

---

(53) 第40回国会 ［参議院］大蔵委員会　第23号（昭和37年4月2日）（木村禧八郎発言）。国税通則法は，1962（昭和37）年4月2日法律第66号として公布されている。

第1章 租税正義――序文に代えて

のである[54]。そのため，法律は，閉ざされた体系ではなく，開かれた体系でなければならない。法律の内的体系は，決して究極的に一義的に定式化されてはならない。その内的体系は，絶えず，その都度の歴史的状況において変動する可動的体系として理解されなければならない。この関連において，或る法律制定の爾後に，社会事情の変遷を斟酌して，裁判官が裁判時にみずからの政策的価値判断（立法者の客観的意思ともいう。）と法解釈によって規範を創造する。これが裁判官法（爾後的法形成・発展的法形成・法の爾後的形成）である。裁判官法は，立法者意思（主観説）に基づく解釈方法と区別される爾後的法形成に基づいている。

このように，法の欠缺は，不可避的であり，その場合に，可能な語義の限界[55][56]を超えるところでは，類推がいかなる要件の下において行われ得るか

---

(54) カウフマン（1978年）「法と正規の図式による解説」344頁。
(55) 可能な語義の限界に相当する最高裁判例上の定式は「みだりに規定の文言を離れて解釈すべきものではない」（最二判昭和48年11月16日民集27巻10号1333頁・譲渡担保と不動産取得税（みだりに拡張適用すべきでないから，類推適用すべきではない。）；最二判平成22年3月2日民集64巻2号420頁・ホステス報酬事件（租税法規はみだりに規定の文言を離れて解釈すべきものではなく，原審のような解釈を採ることは，……文言上困難である）；最二判平成27年7月17日集民250号29頁・固定資産税の納税義務者（憲法は，国民は法律の定めるところにより納税の義務を負うことを定め（30条），新たに租税を課し又は現行の租税を変更するには，法律又は法律の定める条件によることを必要としており（84条），それゆえ，課税要件及び租税の賦課徴収の手続は，法律で明確に定めることが必要である（最高裁昭和55年（行ツ）第15号同60年3月27日大法廷判決・民集39巻2号247頁参照）。そして，このような租税法律主義の原則に照らすと，租税法規はみだりに規定の文言を離れて解釈すべきものではないというべきであり（最高裁昭和43年（行ツ）第90号同48年11月16日第二小法廷判決・民集27巻10号1333頁，最高裁平成19年（行ヒ）第105号同22年3月2日第三小法廷判決・民集64巻2号420頁参照），このことは，地方税法343条の規定の下における固定資産税の納税義務者の確定においても同様であり，一部の土地についてその納税義務者を特定し得ない特殊な事情があるためにその賦課徴収をすることができない場合が生じ得るとしても変わるものではない。）；長野地判平成16年3月26日（「租税法の規定はみだりに拡張適用すべきものではなく（最高裁判所昭和48年11月16日第二小法廷判決……参照），租税法規については租税法律主義の見地から，その解釈にあたっては法的安定性を重視すべきであるから，恣意的に納税者の有利になるように解釈することは許されないと解される」）は「法的安定性」というメルクマールを追加することにより，正義（又は司法実務上社会的正義）に適うように法律と憲法に拘束されると言うよりも，法的安定性を重視して，正義なき法実証主義・正義なき形式的租税法律主義に加担する裁判例と評しうる。

上記の定式「みだりに規定の文言を離れた解釈」は，何を意味するかについて，理論分析されているわけではない。

どうかが問われる。その際、ある法規範についての解釈は無制限に可能であると主張する無限解釈論は拒絶されるべきである。けだし、無限解釈論にあっては、類推（類比推論）を飲み込んでしまっており、類比推論を許容する法的根拠とその法律効果を斟酌しないからである。

この可能な語義の限界は、解釈と類推との縫い目と呼ばれている。小林直樹のいう「法解釈の射程には越えがたい限界がある」[57]がそれである。

次の言明は、類推と解釈を識別しない、克服された表現「類推解釈」でもって、その見解を表明する。しかし、法律の欠缺が存するところで、したがって、法解釈の射程を超えたところ（可能な語義の限界を超えたところ）ではじめて、欠缺の補填のために爾後的法形成又は類推が始まりうる。法の欠缺の類型が種々存在する（§3.3.3.）。爾後的法形成又は類推が許容される類型の法の欠缺の場合には、したがって、類推は、法の欠缺を補填する一つの手法である。

> 「類推解釈は、納税者の利益になる場合であっても不利益になる場合であっても認められるべきではない。……納税者の利益に類推解釈をした場合にも、法令上の根拠なしに税負担を軽減するのと同じことになるのみでなく、納税者間の公平を害することとなろう[58]。」

上段落の言明は（結論から解釈推論を導く）目的的解釈に対する警鐘と位置づけるほかない。法律の欠缺についての分類、法律の欠缺を補填する方法とその限界が上記（3(3)(c)）で考察されている。類推（類比推論）の許容される法律の欠缺は、類比推論により補填しうるし、補填されるべきである。その際、体系的解釈論はその類比対比に資する。外国判例法理が日本税法の欠缺を補填するために引証されることがあるが、その引用は論者のいう類推適用と径庭はないと思料される。

---

(56) 「法解釈の射程には越えがたい限界がある」（小林直樹「悪法について」法律のひろば7巻5号（1954年）13頁；さらに、小林直樹「悪法の理論（下）」法学協会雑誌71巻4号（1954年）65-66頁）がドイツ法解釈論にいう「可能な語義の限界」に対応する表現であろう。

(57) 小林直樹「悪法について」法律のひろば7巻5号（1954年）13頁；さらに、小林直樹「悪法の理論（下）」法学協会雑誌71巻4号（1954年）65-66頁。

(58) 金子宏「租税法解釈論序説──若干の最高裁判決を通して見た租税法解釈のあり方」所収：金子宏（編）『租税法と市場』（有斐閣、2014年）3、24-25頁。

第1章　租税正義——序文に代えて

(d)　類推適用は法的安定性に合致

　法律によって保障される法的安定性は，納税者の正当な利益だと承認することに吝かではない。

　法的安定性が，単なる法律文言だけの適用を許容し，又は，明瞭な文言の適用だけを許容する，との見解は，前述の通り，正しくはない。法律は目的の創造物であり，目的に対する手段である。立法者は，その者の言葉を用いて，彼の目的とすることを表現しようとする。用語の可能性には限界がある。数字を除いて，全ての概念は，多かれ少なかれ多義的である。その解釈は，法律とその規定の目的を指向しなければならない。類推（類比論論）は，目的論的解釈と体系的解釈とに両脇を固められて，類比されうる法条項を準用（又はその例により適用）される。

　法律の欠缺が何等かの事由により見いだされる場合において，その立法過程に照らし，欠缺補充が禁じられ又は補充立法が近く期待される等のときを除いて，その法律の欠缺は，一定の手続に基づいて（例えば，目的論的解釈と体系的解釈とに両脇を固められて）準用により補塡することができ，又，そうすべきである。このような手法による準用は欠缺のための一つの道具であると同時に，法律の欠缺による浮動性と不安定性は，欠缺補塡によって法的安定性を回復しうる。

　有力説によれば，租税法における法適用は，法的安定性のために，さもなければより重い税が課せられることになる場合，その限りにおいて，可能な語義の限界内にと止まっていなければならない。

　　　法規範の文言を超えず，その可能な語義を限定することを**縮小解釈**といい，法規範文言を超えてその適用範囲を拡大することを**拡張解釈**という。それに加えて，**目的論的縮減**がある。法規範の中核領域さえも限定することは，もはや「解釈」ではなく，類推と同じように，法規範の補充，爾後的法形成（法の継続的形成）である。目的論的縮減はいわば規範変更的縮小を意味する[59]。

　解釈は，文言の語義にいつも拘束されており，文言の意味を付与・理解することに努力する。他方，類推は，可能な語義の限界を超えたところで，行われ得る。可能な語義とは，用語法によれば多義的な表現に結びつきうるそうした意味を指す[60]。

---

(59)　カウフマン（1978年）「法と正規の図式による解説」332頁。

3 法の3理念

(e) 法実証主義の反対説

フルーメとクルーゼの見解によれば，租税法は全体としてかつ全く厳格な法実証主義であって，事物の正義にかなう規則や，類推可能な規則を全く含んでいない[61]。

しかしながら，事物の正義にかなった規則により租税法を方向づけることが可能でないならば，租税法には事物の正義は存在しないであろう[62]。

(f) 小 括

かくして，租税法の領域において，類推適用は，厳格な法実証主義にしたがう限り，法律文言の語義の可能な限界を超えて許容されない。ただし，具体の類推が，正義及び憲法上の評価規準に適合し，かつ，法律と法規定の目的とに整合的に合目的的である限りにおいて，その類推適用は，類推禁止の解除規定に基づいて，適法であり許容される。類推適用の可能性は，例外的に，類推禁止の解除規定に基づいて，正当化され，承認されうる。他方，コルマンは，つとに，私法の準用による公法の一般的原理を打ち立てようとしたのである[63]。

租税回避行為の一般否認規定（ドイツ租税通則法42条）の適用を避ける傾向がみられためか，行き過ぎた不当な解釈又は類推適用が散見される。租税回避行為の一般否認規定（ドイツ租税通則法42条）は，納税者の権利保護のために規律された法規定であるという歴史的事実が忘れ去られている。一方で，納税者は，経済取引に相応な法律構成を選択・形成する権利・自由を有することを同規定は，含意する。他方で，同法42条は，経済取引に不相応な法律構成を選択・形成する権利・自由について，税法固有の評価規準に基づきその選択権を権利濫用だと評価する権限を租税行政庁に付与し，さらに，独租税通則法42条は，脱法行為（いわゆる租税回避行為）の否認により生ずる法律効果を明

---

(60) Tipke (1981), Steuergerechtigkeit S. 129. 類推禁止を解除する法規定が，独租税通則法42条である。

(61) Tipke, Steuer-rechtsordnung Bd. 1 (2. Aufl., 2001) S. 189 Fn. 294-296 の引用するW. Flume, H.W. Kruse 及びそれに対応する本文参照。法適用における諸原理と諸規制の衡量について，Alexy, Rober と Dic Abwägung in der Rechtsanwendung, 明治学院大学法律科原研究所年報17号（2001年）60-75頁。

(62) Tipke (1981), Steuergerechtigkeit S. 141.

(63) 田中二郎『行政法総論』法律学全集 6（有斐閣，1957年）183頁註4。さらに，独租税通則法42条は，脱法行為（いわゆる租税回避行為）の否認により生ずる法律効果を明確に法定する。

第1章　租税正義——序文に代えて

確に法定する。

　（選択・形成された不相応な法律構成から帰結する，）税負担の不当な軽減又は税法上の便益の不当な騙取がみられる場合に限って，租税行政庁は，その不当な脱法行為（いわゆる租税回避行為）を否認できるのであって，恣意や裁量により係争の脱法行為（いわゆる租税回避行為）を否認してはならない。租税回避行為の一般否認規定（ドイツ租税通則法42条）は，行為規範及び裁判規範として重要な役割を果たしている。

　日本では，実定税法は，私法上有効・適法な選択権を税法上の評価規準を以て評価し，その選択権行使を一般に否認する権限を法定していないから，やむを得ず，司法は，目的論的解釈（内在説）により制度濫用論を前面に打ち出している（最二判平成17年12月19日民集59巻10号2964頁・外国税額控除余裕枠大和銀行事件）。内在説が具体の事案ではたらかない場合には，（実質的租税法律主義の下において立法不作為を補完するため，）脱法行為（租税回避行為など）を一般に否認する明確な法律構成要件（法律要件と法律効果）について爾後的法形成（判例法）が必要であろう。

4　租税正義：平等としての正義

(1)　序　　説

　日本国憲法14条（ドイツ憲法3条）は「法の下に平等」と規定することによって，平等なき正義又は等しい取扱いなき正義は考えられないことを保障している[64]。たしかに，正義は等しい取扱に尽きている，と言う見解もみられる。しかし，正義に合わない等しい取扱は，正義に適っていない。けだし，正義に反する等しい取扱が，同じ態様ですべて行われているからである。

　不平等な法は正義に適っていないか又は不法である。不平等な制定法は，制定法による不法である[65]。

(2)　形式的平等と実質的平等

　正義は形式的平等と実質的平等に区分される。

---

(64)　参照，Tipke (1981), Steuergerechtigkeit S. 24.
(65)　Tipke (1981), Steuergerechtigkeit (1981) S. 24.

4 租税正義：平等としての正義

(a) 形式的平等

形式的平等は，規則の存在を前提とし，規則の首尾一貫した貫徹を求める。

平等は，普遍的性格を有する。それは，法規（法命題）の普遍性を求める。普遍的な法命題が論旨一貫してすべての人々に適用される。

> ティプケはラートブルフ及びハンス・ケルゼンを引用して，「正義を指向する規範はすべて普遍的性格を有する。正義を指向する規範はすべて，人々は一定の条件の下で一定の態様で取り扱われるべきだと規定しているので，等しいものは等しく取り扱われるべきであるという原則は，正義を指向する規範すべての普遍的性格の論理一貫性を示すものである。」[66]
> 一般にある法領域，例えば租税法の領域において，多数の規則が基底にある規則の体系が，問題である。基本規則から，下位規則又はサブ原理が明らかになる。下位規則又はサブ原理は，ある種の判断余地を残して，基本規則から導き出しうる[67]。

規則という用語に代えて，原理，原則，尺度又は評価尺度という用語を用いることもできる。これらがなければ，適切な法又は適切な租税法の構造は存在しない[68]。

規則は存在しなければならず，規則によって評価規準が定立され規則が欠けていれば，立法者又は法令制定者は，安定した規則によらずに，自由な恣意により命令する危険がある。

規則は，立法者によって首尾一貫して適用されなければならない。このような規則も又，正義の一つである。首尾一貫しないことは，正義に方向づけられた思考という一般性に対する背反である。首尾一貫性を堅持しないときには，別な規則による正当化が必要である[69]。

(b) 実質的平等

立法者には，区別・差別取扱を任意に行う自由があるのかどうか（もしあるとしてどの程度か），あるいは，むしろ，立法者を内容的に拘束する特定の原理，規則又は平等や正義の判定規準が存在するかどうかかについての問題が，争われている[70]。

---

(66) Tipke (1981), Steuergerechtigkeit S. 24 FN 38.
(67) Tipke (1981), Steuergerechtigkeit S. 24 FN 39.
(68) Tipke (1981), Steuergerechtigkeit S. 24 FN 40 及びこれに対応する本文参照．
(69) Tipke (1981), Steuergerechtigkeit S. 26 f.

第1章 租税正義——序文に代えて

租税法の領域における実質的平等は，まず，応能負担原則をその内実とする（1789年フランス人権宣言13条2文）。租税法は，納税者の経済的給付能力に比例して，これを捕捉して実質的平等に（超過累進所得税率または線形累進税率表シェジュールにより）所得課税しようとする。配分的正義がここでの問題である。

(3) 租税行政手続法上の正義
(a) 租税行政手続法における不対等説と対等説の系譜

租税手続法（または租税行政手続法もしくは旧称・租税行政法）における国と納税者との関係について，1に，納税者が租税行政手続法上法的主体として手続法上の権利を有するか否か，2に，国と納税者は，不対等（支配服従）の関係にあるのかまたは対等（平等）の関係にあるのかをめぐって見解が対立している[71]。

(i) 不 対 等 説
① 行政法関係説：美濃部達吉説

美濃部達吉[72]は，昭和11年（1936年）発行の日本行政法（上）において次のような見解を表明していた。

> 行政法関係は，私法関係と異なり，不対等者間の関係であることにその特色がある。公法関係にあっては，国家は優勝な意思の主体（potentior persona[73]）として人民に対するものであって，その関係は不対等なる関係である[74]。
> 警察権や課税権の作用のように，国家が一方的に命令し相手方がこれに服従する義務を負う関係は，公法的特色の最も著しい場合である[75]。

---

(70) Tipke (1981), Steuergerechtigkeit S. 27.
　参照，木村弘之亮「抗告訴訟の廃止(1)(2・完)——行政法コンセプトに対する租税法の影響」自治研究91巻7号（2015年）30-52頁，8号（2015年）24-49頁。
(71) 木村・同上（2015年）自治研究91巻7号30-52頁，8号24-49頁。
(72) 美濃部達吉（遺稿）『行政法序論』（有斐閣，1948年）序にかへて3頁以下（かつて発売禁止されたのは，憲法撮要のみならず，その著書の多くであった。執筆者は美濃部亮吉）。
(73) このラテン語は，persona potentior とも表記され，die mächtigere person（権力者）または権威者（Obrigkeit, lat. superioritas）を指す。
(74) 美濃部達吉『日本行政法（上）』（有斐閣，1936年）84頁；参照，美濃部達吉『行政法撮要』改訂増補再版（有斐閣，1927年）45頁（警察権，財政権をはじめ，国家と臣民との関係が公法的なること最も明瞭なる場合は，国家が支配権者として臣民を支配する関係にある。国家は優勝なる権力の主体として臣民を支配し，これに権利を与え義務を命ずるものである。）。

4　租税正義：平等としての正義

　行政法関係は，対等なる公共団体相互のあいだの関係を除いて，不対等の関係であり，その一方の当事者は，優勝な意思の主体［権力者］としての国家・公共団体・国家的公権を付与された者であり，その他方の当事者は，劣弱な意思の主体としての個人または団体である。そのため，行政法関係の内容をなす権利は，当事者のいずれの一方がその主体であるかに応じて，その種類を異にする。国家等に属する権利を国家高権といい，個人または団体に属する権利を個人的公権という(76)。法治国家における国家は，行政法関係の主体として，法規に従って規律されているので，法規の定めるところに従い，人民に対し各種の権利を有する。これと類似して，公共団体・国家的公権を付与された者は，法規の認める範囲内においてのみ人民に対し権利を主張しうる(77)。

　国家高権のうち下命権は，私法上の債権に相当し，相手方たる個人または団体に対し特定の作為・不作為または給付を要求する権利である。ことにその内容が財産的価値の給付にある場合は，私法上の債権にもっとも類似しているが，その請求が相手方の同意を要せず一方的にこれを命ずるものであること(1)，その請求が強制力を有し，もし受命者がこれに従わない場合には，自ら実力をもってその履行を強制し得べきこと(2)において，私法上の債権と異なっている。下命（禁止を含む。）には，警察下命・財政下命（ことに租税の賦課）・軍政下命・公用負担たる下命などの各種がある。他方，下命権に対応して，その相手方たる個人または団体の側は遵守義務（遵由義務，服従義務）を負う。その命ぜられた内容に従って，あることを為しもしくは為さずまたは或る物を給付すべき公法上の義務を負う。その義務に違反すれば，処罰の制裁を受けたり，または，行政上の強制執行に服さねばならない(78)。

　行政法関係は，一方で行政権の主体としての国家または国家から国家的公権を与えられた者と，他方でその相手方としても個人または団体とのあいだの法律関係である。したがって，行政法関係の主体としては，一方には行政権の主

---

(75)　美濃部（1936 年）『日本行政法（上）』85 頁。
(76)　美濃部（1936 年）『日本行政法（上）』117 頁；類旨，美濃部（1948 年）『行政法序論』57 頁（国家とその相手方たる個人または法人とが相互に権利を有し義務を負うが，国家が優越な意思の主体として有するところの権利は，個人または法人の側で有する権利とはその性質を異にする。）。個人公権を有する個人について，「劣弱な意思の主体としての個人」という修飾語は，遺稿において，削除されている。
(77)　美濃部（1936 年）『日本行政法（上）』117-118 頁。
(78)　美濃部（1936 年）『日本行政法（上）』119 頁；同旨，美濃部『行政法序論』(1948 年) 58 頁。

体と，他方には行政権の相手方とをあげなければならない[79]。行政法関係の一方の当事者が国家・公共団体またはその他国家的公権を与えられた者であるのに対し，その相手方たる当事者は一般私人たる自然人・法人または時としては法律上の人格なき社団である[80]。さらに。私法上において権利義務の主体たり得べき者は，同時に公法上においても権利義務の主体たり得べき者である[81]。

② 権力関係説：田中二郎・金子宏・村井正の提唱

村井正は，租税実体法については租税債務関係的構成を，租税手続法については租税権力的構成というように2元的構成を展開する[82]。

> 上述の2元的構成は，現行実定法を照らしたものにすぎず，理論構成を積極的に示したものではない。租税法律関係の法的構成は，理論構成の問題であるから，理論的に整序された法的構成を積極的に展開することが望まれる[83]。

田中二郎は詳論する。租税手続法とは，租税債権の具体的確定及び租税債権の実現確保のための手続を定めた法である。このような租税手続法の分野においては，租税権力関係説の考え方が支配している[84]。租税手続法の規制する法律関係は，法律の定める所に依り，行政権の介入によって，その手続が進められ，その効果が発生するものとされている。現行租税法も，広く行政権の介入を認めているのであり，行政権の発動は，多くの場合，公定力をもった処分の形式をもって行われるのであるから，その依るべき基準を定めた行政手続法の規制する法律関係は，対等の当事者間の関係とは異なり，法律の認める範囲において，租税権力の発動を認めた関係であるということができる（不対等説，服従関係説）[85]。

だが，しかし，「行政権の発動は，多くの場合，公定力をもった処分の形式をもって行われるのであるから，その依るべき基準を定めた行政手続法の規

---

(79) 美濃部（1936年）『日本行政法（上）』97頁。
(80) 美濃部（1936年）『日本行政法（上）』106頁；同旨，美濃部（1948年）『行政法序論』49頁。
(81) 美濃部（1936年）『日本行政法（上）』107頁；同旨，美濃部（1927年）『行政法撮要』49頁。
(82) 参照，村井正『租税法——理論と政策』（青林書院，1999年）29頁。
(83) そうするものに，参照，村井（1999年）『租税法』29頁。
(84) 田中二郎『租税法』（法律学論集 第11巻 有斐閣，1968年）133頁。
(85) 田中（1968年）『租税法』136頁。

4 租税正義：平等としての正義

制する法律関係は，対等の当事者間の関係とは異な[る]」という言明は，説得力を欠く。なぜなら，たとえば，婚姻関係を取り消す場合，取消判決の確定をまってはじめて，婚姻関係は消滅するのであって，一方当事者がその取消を他方当事者に求めても，直ちに既存の法律関係が覆るわけではない。公定力が認められる場合であっても，論理必然的に，両当事者が不対等の関係にあるわけではない。けだし，婚姻関係は，現行民法の下で，夫婦という対等当事者によって形成される。それにも拘わらず，婚姻関係の存続力は取消判決確定時まで成立している。ここでは行政処分と婚姻関係との場合の上記相違は，当事者についての不対等性と対等性に基因している。さらに，婚姻関係は両当事者の自由意思により形成され，行政法関係は法律に基づき形成される。このような意思表示の相違は，存続力（確定力または公定力）理論に大きな影響を与えない。請求する権利と給付する義務は民法上の債務関係でも公法上の債務関係でも同じだからである。債務不履行の場合の法的効果についても，原則として同じである。すなわち，履行のために国家的強制が行われる[86]。賦課処分が自力執行権を有する[87]のは，国税徴収法が別段の定めをおいているからである[88]行政処分の取り消しを求める権利救済の途が，行政庁における不服審査及び行政事件訴訟に限定されているのは，行政事件訴訟法等において，民事訴訟と異なる規定を置いているからである。これらの特別規定は，租税債務関係を具体

---

(86) Nawiasky, Hans, Steuerrechtliche Grundfragen, Muenchen : Pfeiffer 1926, 34ff.; 参照，須貝脩一『租税債務関係論とその展開』（増補版　三晃社，1969 年）77 頁（税法上の債権の主体たる国家は，法規範が国家に認めたところのものを請求しうるにすぎない。）。

(87) 参照，須貝（1969 年）『租税債務関係論』8 頁，26-27 頁（実体的租税債務関係についても，国家は租税債権の主体として，債権者たる地位と自力による強制執行権との併有の中に決定的な優越性が存する。これが国家をして実体法的な見地においても，一層強力な人格［権力者ここでは課税権者 persona potentior= die mächtigere Person］たらしめるものである。このようにビューラーの見解が紹介されている。）
［……］内加筆は木村；村井正「租税法律関係の性質」所収：金子宏・新井隆一・広木重喜・渡部吉隆・山田二郎（編）『租税法講座　第 1 巻　租税法基礎理論』（帝国地方行政学会，1974 年）村井（1974 年）『租税法』178 頁（ビューラーの見解を紹介）。persona potentior について参照，Soler Roch, María Teresa（Alicante 大学，スペイン），TAX ADMINISTRATION VS. TAXPAYER. A NEW DEAL? Webcite, at 2: EATLP Hp; http://www.eatlp.org/uploads/public/Reports%20Rotterdam/Moessner%20lecture.pdf

(88) Nawiasky (1926), Steuerrechtliche Grundfragen, 34ff.; 参照，須貝・前掲注(9)（1969 年）75-76 頁。

第 1 章　租税正義——序文に代えて

的に確定する行政行為が発給されるときに，国（行政庁）と国民（納税者）が本源的に不対等の関係にあるという法理を導き出しえない。それらの特別規定は，徴税処分から派生してくる法律効果であって，課税処分（行政行為）の発給時前の租税手続法における当事者間の関係について，触れているわけではない。最後に，手続的権限たとえば質問検査権，書面報告を求める権利[89]は，広く第3者にも及ぶとしても，租税債権を確定するという主目的に資する，副次的手段であり，租税法律関係の特質を示しうるものではない[90]。

　この点，金子宏は，実定法上の構成と原理的なそれとを区別する。前者については二元的構成を採用し，後者については「原理的には，債務関係として構成することができる。その意味で，学問としての租税法は『租税債務』の観念を中心として体系化するのが適当であろう[91]。」と説く[92]。

　　なるほど，日本の国税通則法は，行政手続法と同様に，金銭債権を除いて，国民の国または行政に対する権利（これを「行政法上の個人的公権」という。）を明示して肯定的に法定していない。そもそも，国民は，行政法上の権利主体の一方当事者と位置づけられているかどうかさえ極めて不確かである。しかし，実定法の構成は，日本国憲法の価値秩序（国民主権の原則）によって法的評価を受けるのであって，そのような憲法の観点から，ひとは実定租税法の規定に憲法価値に適合する法解釈をなすべきであり，それをしない法解釈は解釈の名に値しないのではなかろうか。租税手続法関係の認識と憲法価値の照射効に基づく法解釈は，日本国憲法の下では常に必要不可欠である。

　実定租税法によって，このように行政法上の主体は，「国又は公共団体」であって[93]，国民（人民）はその相手方と位置づけられている。国民は行政法上，主体でなければ，客体として位置づけられるのであろうか。その通りであると論じられることもある[94]。

---

(89) 参照，村井（1974 年）178 頁（ビューラーの見解を紹介）。
(90) 参照，Hensel (1933), Steuerrecht, 15 FN. 1；須貝（1969 年）『租税債務関係論』74 頁。
(91) 金子宏『租税法〔第 19 版〕』（弘文堂，2014 年）26 頁。
(92) その他の学説について，参照，村井（1999 年）『租税法』29-31 頁。
(93) （権利の主体となることができる資格をいう。たとえば，鉱業法 17 条にいう鉱業権者は行政法関係において権利の主体である。）したがって，所論によれば，「行政過程における私人」は常に行政法上の主体の一方であるのではなく，一定の場合に限って権利能力を有する。
(94) 田口精一「公法と反射的利益」所収：田口精一『行政法の実現』田口精一著作集 3（信山社，2002 年）57 頁（行政の客体として，その受け身の立場にある各人の側にも

30

4　租税正義：平等としての正義

たとえ行政法学であれ，人間を主体でなく，客体として取り扱うことには，イマヌエル・カント[95]（Immanuel Kant, 1724 年 – 1804 年）をはじめ欧米人なら何人も異議を唱えることであろう[96]。人（公民，国民）は，行政法上，つねに法「主体」・権利「主体」であって，「客体」に貶（おとし）められてはならない[97],[98]。

「法主体は，特定の歴史的に与えられた法によって自己目的の意義において認められる存在であり，これに対して法客体は，同じ状態において制約された目的の単なる手段として扱われる存在である」[99]。奴隷制度が示しているように，何人も自然に生まれながらにして法人格ではない。法人格の本質をなす法的平等，平等な権利能力は，人間及び人間の団体に内在するわけではなく，法秩序

公権が成立することを認めるのが現在の実情である。法治国原理のもとでは，行政の客体として国・公共団体の支配に従うべき各人の側にも，行政主体に対する権利が認められている。その結果，国・公共団体と国民・住民との関係は相互間の法関係として成立することになり，個人的公権の観念成立を認識することができる）。

[95]　「個人は，自己目的として手段の段階に落とされてはならないというカントの主張」。同主張は，Radbruch, Gustav, Rechtsphilosophie, 8. Aufl. Stuttgart 1975, S. 266; ラートブルフ（1961 年）『法哲学』349 頁より引用。

[96]　ドイツ連邦行政裁判所 1954 年 6 月 24 日判決は次のように説示した。すなわち，「ボン基本法のもとでは，第 1 に，個人は国家行為の客体ではなく，独立の倫理的責任主体として法的主体性を承認されるべきであり，とくに生活の必要・生存の確保に関し個人を国家行為の客体に留めておくことは人間性の尊厳に反する。第 2 に，主権者として国家権力の形成に参与すべき市民が，自己の生存に関する権利を享受しないとするのは，民主性の理念に反する。第 3 に，社会国家の理念とその基底をなす共同体思想は，共同体の構成員がすべて法的に対等なものとして，平等に生存を維持する法的権能をもつことを要請する。第 4 に，法治国では，市民と国家との関係は，原則として権利義務の関係とみるべきであり，したがって，公権力行為も市民の訴えに基づいて裁判審査に服する建前としなければならない。」原田尚彦「行政法における公権論の再検討」『訴えの利益』初版（弘文堂，1973 年）50 頁より引用。

[97]　第三帝国のナチス政権下における行政法理論として，例えば，渡辺宗太郎『ナチスの行政法理論──國家觀の推移と其の展開──』（有斐閣，1933 年）；宮崎良夫「ナチズムと行政法学」所収：東京大学社会科学研究所編『ファシズム期の国家と社会 5・ヨーロッパの法体制』（東京大学出版会，1979 年）65 頁。

[98]　原田尚彦『行政法における公権論の再検討』『訴えの利益』初版（弘文堂，1973 年）55 頁（日本の行政の理論・実務は，秩序維持行政の分野における私人の地位には依然として主体性を承認しようとしていない）；59 頁（積極的請求権の存在を確認し，公権力行為に対する国民の主体的地位を実体法上に確保すべきである）。この正当な批判は，秩序維持行政の分野に限らず，租税法の領域，社会保障法の領域，その他の行政分野にもあてはまる。

[99]　Stammler, Rudolf, Unbestimmtheit des Rechtssubjektes, Giessen 1907, S. 28 f.; Stammler, Rudolf, Theorie der Rechtswissenschaft, Halle a. d. S. 1911, S. 194. いずれも，ラートブルフ（1961 年）『法哲学』294 頁より引用。

第 1 章　租税正義──序文に代えて

によって初めてその者らに賦与されるのである。自然人たると法人たるとを問わず，人格はすべて法秩序の産物である。このように，法主体の概念は，法経験によって基礎づけられ，制限されたものではなくて，思惟必然な普遍妥当的な法的考察の範疇と考えられなければならない[100]。

個人主義が，個々の人間をかような法秩序の自己目的とみる場合には，自己目的は上下の順位秩序を排斥する[101]。日本国憲法の定める国民主権の下において，公民は，行政法・租税法の領域において，決して行政目的のための手段であってはならないのであって，「行政の客体」や Untertan（行政法上権利を有しない臣民・人民）であってはならない。

> ひとは，彼彼女が公法上の権利義務の担い手であり，かつ，自ら公権力の担い手でない限りにおいて，公民（Zivilpersonen, civil person）と呼ばれる（Stober in Wolff/Bachof/Stober/Kluth, Verwaltungsrecht I 13. Aufl., München 2017, §32 Rz. 13, S. 366）。

その意味において，先に紹介した，日本の行政法学の基本的枠組みは，欧州人権条約[102]によっても，受け入れられないであろう。

個人は公法関係において行政主体[103][104]の客体（またはその構成分子）とし

---

(100)　ラートブルフ（1961 年）『法哲学』294 頁。

(101)　ラートブルフ（1961 年）『法哲学』294 頁。

(102)　The relevant articles in the ECHR that have been applied related to tax cases are: 6 (right to remain silent and others), 8 (privacy), 14 and Protocol 12 (non discrimination), Protocol 1 (right to property) and Protocol 7 (ne bis in idem).

(103)　藤田宙靖「行政主体の概念について──その理論的前提をめぐる若干の考察」所収：『行政法学の思考形式』増補版第 2 刷（有斐閣，2003 年）65 頁（「行政主体の概念は，我が国行政法学上一般に，"行政上の権利・義務の主体"言い換えれば，"行政を行う権能を与えられた法主体"の意において用いられている。」），67 頁註 2，101 頁（「行政主体」と「私的法主体」とを区別する。）同書は，行政主体概念の成立しうる理論的前提を分析されるが，行政法上の権利主体のもう一方については詳述されていない（参照，藤田宙靖『行政法 I（総論）』改訂版（青林書院，2005 年）15-17 頁；藤田宙靖『行政法入門』第 7 版（有斐閣，2016 年）9 頁（通常の会社や個人のように，行政主体としての性質を認められていない者（法主体）のことを，私的法主体又は私人という。））。ただし，行政主体の概念について，杉村敏正『行政法講義　上巻』全訂版（有斐閣，1969 年）53 頁（行政法上の権利能力者のうち，行政をおこなうもの）。

本章では，行政組織法が前提とする行政主体（塩野宏「特殊法人に関する一考察──行政組織法の観点からみた」所収：竹内昭夫（編）『現代商法学の課題（上）』鈴木竹雄先生古稀記念（有斐閣，1975 年）389 頁。）ではなく，行政作用法及び行政手続法上登場する法主体・権利主体（「行政法関係上の行政主体」の用語が使われることもある。塩野（1975 年）「特殊法人に関する一考察」383 頁以下）が問われている。塩野宏「行

4 租税正義：平等としての正義

て位置づけられており，行政手続法上の権利利主体として認識されていない[105]。これが，美濃部達吉（後述）と異なり，田中二郎の行政法の特色であ

政における権力性」所収：塩野宏『公法と私法』（有斐閣，1989年）276-277頁は行政法における権力性を強調する。

しかし，「君主主権から国民主権への変革により」，国民が行政法上国に対し権利を有するように行政法も変わるとみるべきである。「答えは簡単である。」国民が行政法上国に対し権利を有すべきものであることは，国民主権の下では，権力の態様に依存しない。行政手続法が，聴聞権や弁明権を明文でもって国民に付与せず，かえってそれらを剥奪している。受益処分について，その名宛人には，聴聞の機会さえ付与しうるとは，行政手続法は法定していない。行政法学が，行政法の権力性を根拠に，公正な行政手続基本権を否定しさることは，許されない。

(104) 村上順「ブシュネ・ルフェールの行政主体論」所収：兼子仁・磯部力・村上順『フランス行政法学説史』（岩波書店，1990年）185-194頁（192頁）。フランス行政法では強制主体とは，ブシュネ・ルフェールによる公的人格論さらにはモーリス・オーリュの行政人格論へと発展していく。

ブシュネ・ルフェールの行政主体論によれば，<u>行政法は行政主体と国民間の権利義務関係を規律するものである</u>（同書192頁注1）。しかし，その権利義務関係は双方向ではなく一方通行である。すなわち，オーリウの見解によっても「法的観点から見た場合，行政は行政主体による権利の行使過程として理解される。行政法は他の法領域と同様に，権利主体の享有する権利とその権利の行使過程を規律する方として存在する。」磯部力「『制度』としての行政と行政法の構造」所収：兼子仁・磯部力・村上順『フランス行政法学説史』（岩波書店，1990年）350頁。オーリウ行政法学では，権利義務関係に代わり，法主体・法主体間の法律関係，主観的権利などのカテゴリーが登場する（同書344頁）。

ただし，フランス行政法学は，国民を行政実体法・行政手続法上の法的主体・権利主体）として把握することは未だにない。

(105) 田中二郎『要説 行政法』（1970年，弘文堂）29頁（行政上の法律関係は，優越的な意思の主体と相手方たる人民との間の命令強制の関係又は直接公共の福祉と密接に結びついた関係であることが多い）；同旨，田中（1974）『新版 行政法 上巻』74頁。所論においても，なお，国民（人民）は行政手続において権利主体として位置づけられていない。さらに，行政主体の優越性について，高柳信一「公法と私法」所収：高橋勇治・高柳信一（編）『政治と公法の諸問題』東大社研創立15周年記念論文集（東京大学出版会，1963年）10-14頁；36頁（行政主体の意思力の優越性）。

だがしかし，行政権の相手方としての主体について，参照，美濃部達吉『日本行政法上巻』（1936年）106頁（「行政法関係の一方の当事者が国家・公共団体又は其の他国家的公権を与へられた者であるに対して，其の相手方たる権利主体は一般私人たる自然人・法人又は時としては法律上の人格ない社団である。」）；同107頁（「法律関係の主体たり得べき者に付いては，公法と私法とに依って差別あるべき理由なく，私法上に於いて権利義務の主体たり得べき者は，同時に公法上に於いても権利義務の主体たり得べき者である。」）。さらに，日本国憲法下において，美濃部達吉（遺稿）『行政法序論』初版（有斐閣，1948年），3版（1950年）49頁（別段の定めなき限り，私法上の権利主体は，公法上にも権利主体たりうることを原則とする）。

第 1 章　租税正義——序文に代えて

る。「行政主体」と「それ以外の法主体（「私人」ないし「私的法主体」）」との二元的思考方法がそれである(106)。

> 私人（Privatpersonen, private individual: private person）とは，私法上の権利義務の担い手である限りにおける，者をいう（Stober, a. a. O., §32 Rz. 13, S. 366）。

行政主体と私人との対立関係を前提として，行政の「うち」と「外」との区別を基本的な出発点とする(107)。日本国憲法の関係規定から導出される，行政手続法における公民の手続基本権は，田中学説の承継者によっても，認識されていない(108)。これを例示すれば，行政手続法は，「聴聞」について，「行政庁

---

(106) 藤田宙靖「行政と法」所収：藤田宙靖『行政法の基礎理論 上巻』（有斐閣，2005年）24 頁以下；藤田宙靖『行政法総論』（青林書院，2013 年）16 頁以下（行政主体概念のもとで，行政活動が行われる全過程は，基本的に，行政を行う主体である行政主体(1)と，その外にあって，これと対峙し，争い，あるいはまた合意に達し，取引関係に立つような，私人ないし私的法主体(2)とのあいだの法関係として把握される）。

(107) 藤田『行政法総論』（2013 年）17 頁（そこでは，国家行政に対抗して国民の権利・利益を保護する，ことが基本的関心事である。国民・私人は保護の対象として位置づけられている）。行政主体概念の有用性について，参照，藤田宙靖『行政組織法』（有斐閣，2005 頁）21 頁以下。

(108) 高柳信一「公法，行政行為，抗告訴訟」公法研究 31 号（1969 年）101 頁（118 頁〈公法をこのように市民法を前提にして考えるということは，公法と私法との区別関係を，通説のように，平面的二律背反的に考えるのではなく，立体的重層的に考えるということである。ことに，公法と私法（市民法）とは，常に必ず異質の法益の保全を追求するものと考えるべきではない。〉）；類旨，田中二郎『行政法上巻』（有斐閣全書，1953 年）99 頁（民法の規定のうちに規定されているというだけの理由で，公法関係とまったく無関係だとはいえない。民法の規定のうち，法の全体に通ずる原理〈たとえば民法 1 条 2 項・3 項〉または一種の法技術的約束ともいうべき規定〈たとえば，民法 138 条ないし 143 条〉は，公法関係に適用すべき場合が決して少なくない。）。異説，田中（1957 年）『行政法総論』216 頁（「[具体的の行政] 法が，権力関係として規定している場合においては，具体的な法の規定に欠缺がある場合においても，私法的規律の類推適用は許されない（例えば行政行為について民法の法律行為に関する規定の類推は許されない）のであって，権力関係の特殊性を考え，これを定めた法の趣旨に照らして，特殊の法原理を解釈論的に導き出さなくてはならない。」）；同旨，田中（1953年）『行政法上巻』95 頁以下（支配権者としての国家又は公共団体と私人との間の関係については，その支配権者としての地位の特殊性に基づき，特殊の法が妥当するのであって，一般的には，私法の適用は認めるべきではない。支配関係は，私法的規律の親しまない特殊の領域であり，明文の規定があると否とに拘わらず，特殊の公法的規律又は公法的原理が妥当する。その特殊の法的規律又は法的原理の明瞭でないことも少なくないが，それは，全法律秩序の構造から，解釈論的に導き出されるべきで，私法的規律の類推は，原則として，許されない〈行政行為の特殊性の如し〉）。行政活

は，不利益処分をしようとする場合には，相手方に聴聞の機会を与えるか否かについて裁量により判断することができ，そして，聴聞の機会を与える場合に限って，[一定の要件のもとで]，当該不利益処分の名あて人となるべき者について，当該各号に定める意見陳述のための手続を執らなければならない。」

動に関する法関係は支配関係（権力関係），公法上の管理関係，私法関係とに区分されるところ，支配関係では「法の全体に通ずる一般的な原理または一種の法技術上の約束ともいうべき規定が民法典に含まれているような場合（たとえば，民法1条2項・3項に定める信義誠実則，権利濫用の禁止とか，民法138条ないし143条に定める期間の計算に関する規定等）」を除き，一般私法の適用はまったく排除され，独自の公法原理（行政法原理）が妥当する（参照，藤田『行政法総論』（2013年）34頁）。だがしかし，田中二郎自身が「公法と私法の区別は，自然法的な絶対的なものではなく，その区別は，実定法上の相対的な区別であり，むしろ，多くの点において共通の性質をもつものであることが強調されるようになった。」田中『行政法総論』（1957年）201頁；同旨，田中（1953年）『行政法上巻』93頁として，美濃部達吉他著名な学者の見解を引用されている（同書202頁注4）。また，公法と私法の区別は，「ひとえに，歴史的・政治的・便宜的な理由に基づいた。その理由の具体的な内容に立ち入って検討すれば，フランスとドイツでも異なるし，わが国のそれも，また異なるものがあるであろう。」（田中『行政法総論』（1957年）208頁）かえって，「法律関係を全体として，公法関係とか私法関係とか断定することはできず，個々具体的の関係に還元して，それがどういう法の規律の対象となっているかを判断する必要があることである。」（同書212頁）。さらに，公法と私法について，参照，田中『新版 行政法 上巻』（1974年76頁注(1)，(2) 77頁注(3)；田中二郎「公法に於ける私法法規適用の限界」公法雑誌1巻5号，原竜之助「公法関係における私法規定の適用」民商法6巻2号。さらに，参照，田上穣治『行政法総論』（春秋社，1950年）51頁（課税権は近世における国及び地方公共団体の財政の必要により，相手方の承諾を待たず，一方的に命令し強制できる統治権であるから，このような公権力の主体としての国又は地方公共団体と人民の関係には，私法を適用できない）。

以上に，先に引用した「（例えば行政行為について民法の法律行為に関する規定の類推は許されない）」という言明には何等確かな論拠を見いだすことはできない。所論に金縛りに遭っている論者は，いつになれば自由になれるのであろうか。結論同旨，高柳信一「公法，行政行為，抗告訴訟」公法研究31号（1969年）123頁。さらにまた，参照，藤田宙靖「裁判規範と行為規範──高柳教授の行政法学の理論構造に関する疑問」所収：『行政法学の思考形式』増補版（木鐸社，2002年）19頁，24頁（市民相互間の契約も，実は民法の具体的執行なのであって，その限りで，決して行政行為と本質的に異ならない）；藤田宙靖『行政法Ⅰ（総論）』第4版改訂版（青林書院，2005年）44頁以下（法解釈技術の立場からみれば，一元論に対比して二元論に固執しなければならない理由はない。行政の各分野についての個別的な法原理を詳細に検討すべきである。）。原田尚彦『行政法要論』全訂第7版補訂2版（学陽書房，2012年）32頁（公法・私法二元論が成立する基盤は制度上も理論上もはたまた実務の上でもほとんど失われてきているのである），同26頁。宇賀克也『行政法概説Ⅰ 行政法総論』第5版（有斐閣，2013年）65頁（公法私法二元論を否定），しかし，67頁（民事法を一般法として，行政法を特別法として把握）。

第1章　租税正義——序文に代えて

（13条1項）として，行政庁は不利益処分を受ける当事者に聴聞の機会を付与することができ，それ以外のものについては，弁明の機会を付与することができるとしている。行政庁は，裁量に基づき聴聞の機会を与えることとした場合には，行政手続法上所定の義務を負うが，他方，名あて人たる国民は手続法上の権利を実定法（ここでは行政手続法）により付与されていない。受益処分を求める行政手続においては何人も行政手続法によって聴聞権を保障されていないばかりでなく，聴聞の機会をも供与されていない。さらに，所轄処分庁が対応する聴聞義務を負っている，とは法定されていない。特則として，受益処分の求めに対する拒否処分については，その名あて人は聴聞を受けうる地位にある。

　　「行政手続における適正手続の内容について，とりわけ「告知・聴聞，文書閲覧，理由付記，処分基準の設定・公表がいわば適正手続四原則とでもいうべきものとして普遍化していることが注目される。」［第一引用文］[109]　そして，たとえば「告知・聴聞とは，……相手方に処分内容および理由を知らせ，その言い分を徴することによって，処分の適法性，妥当性を担保し，公権力の侵害から国民の権利利益を保護しようとするものである。」［第二引用文］[110]

ここでの第一引用文は，1に，欧州各国では聴聞権，文書閲覧権，理由付記請求権等が行政手続法に法定されているのであって[111]，他方，日本の行政手続法は，それらを権利に昇華させず四原則にとどめていることに注意を払わなければならない[112]。第二引用文では，「国民の権利利益」のもとで何が理解

---

(109) 塩野（2009年）『行政法Ⅰ』270頁。
(110) 塩野（2009年）『行政法Ⅰ』270頁。
(111) 参照，たとえば，塩野（2009年）『行政法Ⅰ』273頁注1に掲げられた文献。
(112) 参照，塩野（2009年）『行政法Ⅰ』273頁以下，300頁；最大判平成4年7月1日民集46巻5号437頁（憲法31条の定める法定手続の保障は，行政手続にも及びうるが，行政目的に応じて多種多様であることから，常に必ず告知，弁解等の機会を与えることを必要とするものでないとし，新東京国際空港の安全確保に関する緊急措置法に定める工作物使用禁止命令（法3条1項）に適正手続に関する規定がなくとも，憲法31条違反にならない）；最判平成15年11月27日民集57巻10号1665頁（像のオリ訴訟）；最判平成4年10月29日民集46巻7号1174頁（申請許可手続に関する原子炉設置許可処分手続訴訟）；最判平成5年3月16日民集47巻5号3483頁（教科書検定手続訴訟）。いずれの判決も，「告知，弁解等の機会を与えること」を憲法31条から導出される基本的手続権として把握すべきところ，それがいまだなされていない。聴聞権，告知権などの手続基本権は日本国憲法及び行政手続法上原則として保障されているが，例外的に，特殊な行政目的に照らし，適正手続保障の枠内で聴聞権の行使を

4 租税正義：平等としての正義

されているのか説明されていないので不明であるとはいえ，少なくとも聴聞権などの行政手続法上の権利ではなく，民事実体法上又は（場合によっては）行政実体法上の権利利益が理解されているにとどまるのであろう。

類似のことは，国税通則法にもあてはまる。平成23年11月30日に成立し，同年12月2日に公布された改正国税通則法は，前叙の通説に従って，国民に手続法上の権利を付与するとは法定していない（同法1条）[113]。

(ii) 対　等　説
① 権利義務関係説：美濃部達吉の新説

美濃部達吉は，第2次世界大戦後ほどなく，国家も国民も日本国憲法と行政法の前では等しく権利主体であり，「その間の法律関係は，権力服従の関係ではなくして，法規に依って規律された<u>権利義務関係である</u>」（下線強調は木村）と以下のように改説した[114]。美濃部は，1946年11月3日に公布された日本国憲法に適合するよう学説を基本的に改めた。

> 「従来の学説は動(どう)もすれば公法関係を以て権力服従の関係であり私法が対等者間の関係であるのとは全然性質を異にするものであると為す傾向があった[115]。しかし，その学説は極端に失する。公法関係に於いて国家が優越な意思の主体として相手方に対する者であることは真実であるが，国家は行政権の主体として決して無制限の権力を以て人民を支配するものではなく，法規の定める限度に於いてのみ人民に対しその権利を主張でき，人民も亦法規の定むる所に依り国家に対しその権利を対抗することができる。その間の関係は権力服従の関係ではなくして，法規に依って規律された権利義務関係であることに於いては，私法関係に於けると同様である。」[116]（ルビおよび傍点加筆は木村）

制約しうると解すべきであろう。なお，参照，田中二郎『行政法の基本原理』（勁草書房，1949年）200頁以下（基本的人権を自由権的基本権と生存権的基本権に大別する）。同書は手続的基本権を認識しておらず，憲法31条（法定の手続）を自由権的基本権のもとで把握している。

(113) 木村弘之亮「租税手続法に依存する裁判外権利救済制度の実効性：租税法の憲法化」租税訴訟学会（編）租税訴訟6号（2012年）86頁脚注11およびそこに掲げられた文献ならびにそれに対応する本文。
(114) なぜか，美濃部達吉博士の弟子達は，いまだに対等説および権利義務関係説を承継していない。
(115) 美濃部（1927年）『行政法撮要』50頁。
(116) 美濃部達吉（遺稿）『行政法序論』初版（有斐閣，1948年）3版（1950年）30頁以下。

第 1 章 租税正義——序文に代えて

② 行政法律関係説：木村弘之亮の提唱

いつまでもオットー・マイヤーもしくはビューラーの学説またはヘンゼルの見解にこだわるべきではない[117]。日本行政学者の多くは，いまなお，ビューラーの公権論の影響下で，行政手続法上金銭請求権のみを個人的公権として国民に許容し，そのほかに，国民の利益となる行政手続法上の手続権を肯定していない。国税通則法はもとより行政手続法もまた，行政実体法上の権利を除いて，法文中に手続法上の「権利」という表現を用いていない。

実質的法治主義が行政訴訟・行政争訟全般に及ぶ[118]のみならず，行政手続，ここでは租税行政手続全般に妥当することから，実質的法治主義からみた行政手続そのものを検討する必要がある[119]。租税行政過程における裁判外権利救済制度の実効性は，その権利救済制度自体のみならず，租税行政手続法の規定の在りようにも依存する。

日本国憲法は，個人の尊厳を出発点として，基本的人権・自由・平等，生存権，幸福追求権，財産権などの各種権利を保障するとともに，一方で，租税法の領域では，納税者の手続基本権として(1)聴聞権[120]，(2)公正手続請求権，(3)情報自己決定権[121][122]，(4)権利救済をうける権利[123]を，他方で，租税行政

---

(117) 村井（1999 年）『租税法』31 頁。

(118) 高田敏『憲法裁判と行政訴訟』（園部逸夫先生古稀記念／佐藤幸治・清永敬次編）（有斐閣，1999 年）397 頁。

(119) 宇賀克也『行政手続と行政情報化』（有斐閣，2006 年）4 頁（行政手続法の適用除外とされた分野においても，憲法の適正手続の要請が及ぶものがあるといえよう。），18 頁（同法の適用されない領域においては，憲法の適正手続の理念に基づく手続的統制を立法論，解釈論として展開する必要性がたかい。）参照，東京地方税理士会（編）・宇賀克也（監修）『税務行政手続改革の課題』（第一法規，1996 年）；金子秀夫『税務行政と適正手続』（ぎょうせい，1993 年）；石村耕治『先進諸国の納税者権利憲章——わが国税務行政手続の課題』（中央経済社，1993 年）。

(120) 日本でも，行政聴聞の手続を憲法的要請と見ることは解釈上十分に可能である。参照，芦部信喜・小嶋和司・田口精一『憲法の基礎知識 ［質問と解答］』（有斐閣，1966 年）114 頁，116 頁およびそこに掲げられた文献（芦部信喜）；高柳信一「行政手続と人権保障」所収：清宮四郎・佐藤功（編）『憲法講座 2』（有斐閣，1963 年）273 頁，276-279 頁およびそこに掲げられた学説判例；さらに，参照，高柳（1963 年）「公法と私法」3-42 頁；鵜飼信成『憲法』（岩波書店，1956 年）83 頁，104 頁；佐藤功『憲法（上）』新版（有斐閣，1983 年）515 頁；南博方『行政手続と行政処分』（弘文堂，1980 年）18 頁；手島（1967 年）「行政聴聞の法理」621 頁（622 頁）；金子秀夫（1993 年）『税務行政と適正手続』164 頁。

(121) 参照，木村弘之亮「行政手続及び行政訴訟法における手続基本権の保障——聴聞請求権，情報自己決定権，公正手続請求権を中心に——」法学研究（慶應義塾大学）62

4 租税正義：平等としての正義

庁の基本的手続権限として(1)賦課権（租税債権の確定権），(2)徴税権および(3)職権探知権を付与している(124)。

さらに，日本国憲法は，納税義務（租税債務）のみならずそれにかかわる協

巻12号（1989年）81-134頁；手島（1967年）「行政聴聞の法理」621頁。
(122) 金子宏「税務情報の保護とプライバシー——納税者番号制度を視野に入れて」租税法研究22号（1994年）33頁（45頁）。自己情報管理権，閲覧権＝自己情報開示請求権，適正請求権などに言及。これらの基本権は，日本国憲法秩序のもとにおいて，納税者番号制度にのみならず，租税行政手続，裁判外の権利救済手続（行政不服審査手続），裁判手続にも妥当する。その妥当する態様は均一というより，「場」ごとに相応しいものではあろう。
(123) 髙田（1999年）『憲法裁判と行政訴訟』398頁（行政不服審査を狭義の「前審としての裁判」と把握して論を展開する）；401頁（行政不服審査制も実質的法治主義を具体化する制度であるが，しかし，行政不服審査制におけるこの要請は，「裁判所において裁判を受ける権利」からではなく，実質的法治主義を基礎づける諸種の基本権保障規定から導き出される。この要請は憲法レベルで導出される）。
(124) 異説，高柳信一「行政の裁判所による統制」所収：岩波現代法講座iv『現代の行政』266頁（公法規範がなければ，公法上の権利義務は存在しえない。［公法規範が具体的になければ］義務や権利は存在しえない）。しかしながら，日本国憲法の制定後，形式的法治主義から実質的法理主義への変遷に鑑み，憲法価値が陽光のごとく実定行政法ないし実定租税法に照射しているから，したがって，憲法13条及び又は31条の規定する憲法価値（ここでは人格権及び又は適正手続基本権）は租税行政手続法にも照射し反映しているように，租税行政手続法は法解釈されるべきである。同旨，鵜飼信成『憲法』（弘文堂，1957年）83-84頁；鵜飼信成『新版憲法』（弘文堂，1968年）104頁（本条［日本国憲法31条］は，しかし刑罰についてだけの規定ではない。行政的処分についても，その手続と実体とが，正当な法律の規定によることが要求される。手続上の正当な法律の要件は，主として自己に不利な証拠に対してこれを反駁する手続きを保障されるところにある）とされている）；高柳（1963年）「公法と私法」24頁；杉村敏正『続・法の支配と行政法』（有斐閣，1991年）142頁（145頁）；兼子仁『行政法総論』（筑摩書房，1983年）74頁以下；園部逸夫「行政手続法総説」所収：雄川一郎・塩野宏・園部逸夫（編）『現代行政法大系3』（有斐閣，1984年）16頁（園部逸夫）；杉村敏正（編）『行政法概説　総論』改訂版（1979年）167頁（園部逸夫）；宇都宮地判昭和34年12月23日行集10巻12号2597頁；東京地判昭和38年9月18日行集14巻9号1666頁（憲法13条と31条を根拠に実体的・手続的権利利益の尊重を要請）；東京地判昭和38年12月25日行集14巻12号2255頁；松山地決昭和43年7月23日行集19巻7号1295頁；甲府地判昭和52年3月31日判タ355号225頁。異説，成田頼明『行政法序説』（有斐閣，1984年）185-186頁；樋口陽一・佐藤幸治・中村睦男・浦部法穂『注釈日本国憲法　上巻』（青林書院新社，1984年）307頁（告知・聴聞権の根拠は憲法13条（幸福追求権）にある））（佐藤幸治）；京都地判昭和30年12月28日行集6巻12号3003頁；仙台高判昭和35年2月26日行集11巻2号455頁；浦和地判昭和40年3月24日行集16巻3号508頁。基本文献として，熊本信夫『行政手続の課題』（北海道大学図書刊行会，1975年）136-215頁およびそこに掲げられた文献および判例参照。

第1章　租税正義──序文に代えて

力義務（憲法30条）を国民に課している。国税通則法は協働義務として，(1)納税申告義務，(2)立証義務をときに国民に課す。さらに，日本国憲法は，租税行政庁の基本的法令順守義務（憲法84条）として，賦課徴税権者に(1)法律に基づく租税行政義務（これを「法律適用義務」という。）および(2)職権探知義務を課している。

日本国憲法では，行政の適正手続の原則は，手続的法治国家原則[125]および憲法31条から導きだされる[126],[127]。憲法は租税行政手続法における手続基本権の保障を強く要請している。租税手続においても，聴聞請求権（防御権の亜種），公正手続請求権，情報自己決定権，理由附記請求権および権利救済請求権といった手続基本権はそれぞれ日本国憲法32条[128]，31条，13条，34条を根拠に保障されている[129]。

③　小　括

租税手続法（租税行政手続法）の領域において，課税権者たる国家が，国民に対し優越的な地位をもって対峙するとする見解（不対等説）は，ドイツ租税法学ではすでに克服されている。権力関係説も同様である。この学説に代わり，租税手続法（租税行政手続法）の領域において，課税権者たる国家は，国民に対し対等な地位をもって対峙するとする見解（対等説）が確立した支配的学説・判例である。国・行政庁が国民に対し「公権力をもって」行政行為を発給するとしても，実質的法治国家原則がその行政手続を支配しており，国と国民はともに行政手続における権利主体として対等の関係にある。そして，双方の法主体は，憲法の要請する公正手続基本権から派生する諸手続権を行政手続（租税行政手続）において享受する。これと類似して，双方の法主体は憲法の定める納税義務から派生する租税手続法上の諸義務を負う。租税行政手続法にお

---

(125) 塩野（2009年）『行政法Ⅰ』276頁。
(126) 最大判昭和37年11月28日16巻11号1593頁；最大判昭和41年12月27日・民集20巻10号2279頁；最大判平成4年7月1日・民集46巻5号437頁（憲法31条は刑事手続に限らず，税務調査のような行政手続にも適用される。）。参照，木村（1989年）「行政手続及び行政訴訟法」法学研究62巻12号86頁注5に掲げる文献。
(127) 大西芳雄「人権と民事裁判」公法研究35号（1973年）134頁（憲法31条は行政手続にまで拡張適用されうることについては，異論がない）。参照，木村（1989年）「行政手続及び行政訴訟法」法学研究62巻12号86頁注6に掲げる文献。
(128) 参照，手島（1967年）「行政聴聞の法理」645頁は，聴聞権の根拠を憲法31条および13条に求める。
(129) 木村（2012年）「租税手続法」84-141頁。

4 租税正義：平等としての正義

ける手続権と手続義務が，租税債務の履行とあいまって納税者の権利義務を構成している。

　行政手続法（および租税行政手続法）において人民を「［権利なき］臣民（Untertan）」として位置づける見解が，21世紀初頭に東京でなおみられる(130)(131)。これは，国民主権・主権在民に照らし，と謬見以上のものでも以下のも

---

(130) 小早川光郎『行政法 上』（弘文堂，1999年）10頁（人民との関わりについて，人民とは subject, sujet, Untertan の訳語又はそれに対応する用語である。）。Untertan とは臣民を指す。立憲君主制的法治行政における君主・官吏と臣民の関係について，参照，高田敏（編著）『新版行政法──法治主義具体化法としての──』（有斐閣，2009年）23頁図4とそれに対応する本文。ドイツ立憲主義国家の文脈において，臣民（Untertan）は，市民的自由を享受するものの，国家権力の行使に参与しない，と説明される概念である（藤田宙靖『行政法学の思考形式』増補版第2刷（有斐閣，2003頁）91頁）。さらに，大日本帝国憲法下の行政法理論の基本枠組みを戦後も主張する田中二郎説について，参照，塩野宏『行政法Ⅰ〔第6版〕』（有斐閣，2015年）29頁およびそこに掲げる文献。田中説および小早川説は行政法上国民（人民）を国（行政主体）とならぶ法的主体・権利主体と位置づけていない（不対等説）。

　Bühler, Ottmar, Altes und Neues über Begriff und Bedeutung ders subjektiven öffentlichen Rechte, S. 269（1952年9月23日ドイツ連邦行政裁判所法第19条において「取消訴訟（die Anfechtungsklage）は，行政行為によって自己の権利を侵害されていると主張する者のみが提起することができる。」この規定の定式において，国家権力の行為に対する訴えのための基礎が明らかにされた。）；Henke, Wiklhelm, Das subjektive öffentliche Recht, Mohr Tübingen 1968（憲法上の国民の権利及び行政法上の国民の権利を包括的に叙述）。他方，日本の行政事件訴訟法は，その取消訴訟の定義規定（3条2項）においても原告適格の規定（9条においても「権利」の用語を使わず，その代わりに「法律上の利益」（9条1項）という表現を用い，国に対する国民の権利を剥奪している。さらに，行訴法は当事者訴訟の定義規定において「この法律において「当事者訴訟」とは，当事者間の法律関係を確認し又は形成する処分又は裁決に関する訴訟で法令の規定によりその法律関係の当事者の一方を被告とするもの及び公法上の法律関係に関する確認の訴えその他の公法上の法律関係に関する訴訟をいう。」と定めることによって，行政行為によって創定される法律関係については抗告訴訟の対象とすると規律しているのであろうか。行政法における国民と国との関係が対等の当事者でなく，国民が国に対し権利を有しないとするコンセプトが，現行行訴法上の抗告訴訟において採用されているとすれば，現行行訴法と前記条項は，日本国憲法の定める国民主権・主格在民の原理に明らかに違反する。

　ナチス時代における体制順応的法哲学の主張者が，客観法の立場に立ち，基本権への重大な干渉を肯定し，権利能力・権利主体性も万人に平等には認めないなど，権利（主観法）は，自由主義の遺産又か個人主義の産物として否認された。青井（2007年）『法理学概説』271頁。ちなみに，現下の行政事件訴訟法は，客観的法秩序の維持をその主要目的としており，訴訟物は行政行為（処分）の違法性の排除にある，と通説は説く。

　ドイツの今日の基本権の最初のカタログは，19世紀の初頭以来，したがってド

41

第 1 章　租税正義——序文に代えて

のでもない。アナクロニズム（anachronism）の極みである。1945 年以降, 国民を［権利なき］服従する者（Untertan）として位置づけるドイツ公法学（憲法学・行政法学を含む。）の文献は, 管見の限りでは, 見いだしえない。

　国民は, 実質的法治国のもとにおいて, 行政手続法（租税行政手続法）上, 国家等（行政庁）との関係において対等な権利主体であり, 様々な権利を有しそして様々な義務を負っている。国家等（行政庁）が「公権力をもって」行政行為を発給し, その行政行為が公定力を有するとしても, その公定力が権力関係説および不対等説を正当化できるわけではない。

　　　最高裁判決[132]によれば, 行訴法 3 条 2 項にいう「処分」とは, 公権力の主体たる国又は公共団体が法令の規定に基づき行う行為のうち, その行為によって直接国民の権利義務を形成し, 又はその範囲を確定することが法律上認めら

　　イツ法治国成立以前の時代には「臣民の権利と義務 "Die Rechte und Pflichten der Untertane"」という表題を付していた。しかし, 主観的公権はまだ発明されていなかった。それの発展については, Sachs in Stern, Staatsrecht, Bd. III/1, 1988.
(131)　「人民（subject, sujet, Untertan）」とは, 国・地方公共団体の活動とは区別された自己固有の生活を営み, しかも, 国・地方公共団体の権力に服すべき立場にある個人及び団体を指す, との主張（小早川光郎『行政法 上』初版（弘文堂, 1999 年）10 頁参照）にもみられる。その主張は, 昭和 11 年当時の美濃部達吉説をそのまま承継するものである。すなわち,
　　昭和 11 年発行の美濃部（1936 年）『日本行政法（上）』84-85 頁において次のような見解を示していた。
　　行政法関係は, 私法関係と異なり, 不対等者間の関係であることにその特色がある。公法関係にあっては, 国家は優勝な意思の主体（potentior persona）［正しいラテン語は, persona potentior であり, die mächtigere person（権力者）又は権威者（Obrigkeit, lat. superioritas）をさす。］として人民に対するものであって, その関係は不対等なる関係である。：参照, 美濃部（1927 年）『行政法撮要』45 頁（警察権, 財政権をはじめ, 国家と臣民との関係が公法的なること最も明瞭なる場合は, 国家が支配権者として臣民を支配する関係にある。国家は優勝なる権力の主体として臣民を支配し, これに権利を与え義務を命ずるものである）。
　　警察権や課税権の作用のように, 国家が一方的に命令し名宛人がこれに服従する義務を負う関係は, 公法的特色の最も著しい場合である。
　　行政法関係は, 対等なる公共団体相互の間の関係を除いて, 不対等の関係であり, その一方の当事者は, 優越な意思の主体としての国家・公共団体・国家的公権を付与された者であり, その他方の当事者は, 劣弱な意思の主体としての個人又は団体である。
　　小早川（1999 年）『行政法 上』10 頁にいう Untertan とは, 明治憲法下における「臣民」を指し, 権力に服従する者（subject）を意味する。
(132)　最一判昭和 30 年 2 月 24 日民集 9 巻 2 号 217 頁・農地境界査定処分無効確認請求上告事件および最一判昭和 39 年 10 月 29 日民集 18 巻 8 号 1809 頁・自動車所有権確認請求上告事件。

れているものをいう。この定義は,「公定力」を「処分」(行政行為)の構成要素に含めていない。

これと類似して,行政が行う自由裁量に対する法的統制および司法統制が仮に不十分だとしても,それが権力関係説を正当化しうるわけでもない。

このような対等説は,次の節で説明するように,欧州人権条約および欧州人権裁判所判決において支持されている。

(b) 欧州人権宣言
(ⅰ) 権利主体としての納税者

1980年代以降,租税法律関係の当事者をより対等・平等な地位におく目的をもって,「カウンターアタック」が行われている。そのキー・ポイントは,保障されなければならない特定の諸権利(そして,租税行政がその行政権を行使するとき租税行政によって尊重されなければならない諸権利)を付与された公民(市民)として,納税者を考慮に入れなければならないことであった[133]。このアイデアは,国民に課された納税の強制性と国民の基本権の防禦とのあいだバランスを見いだす必要性から生じたものである。国民の権利義務の両方に枠組みを設定しようと目指している。日本では,租税行政手続上の手続基本権はじめその他の諸権利さえもが,未だに多くの学説・判例によって肯定されていない。さらに,現今の戦場は,租税行政手続(とりわけ税務調査手続)であり,そして,戦いは税法の解釈と適用に燃え広がっている。租税立法の改正も有意義であったけれども,欧州諸国の判例法によってとられた指導的役割が,租税手続の特色を明らかにしている[134]。

日本国において,行政手続・租税行政手続において,国民は行政主体の客体であり,あるいは,権利主体としての地位を有さず,その結果,手続基本権や手続権を有し得ない,とする通説・判例は21世紀現在,人権感覚の乏しい偏見である。欧州において国民が行政手続において権利主体として各種の基本権および権利を有することは,以下に略述するとおりである。彼我の法思想を比較すれば,日本の通説・判例がいかに時代倒錯の見解であるかは,明白である。

---

(133) Soler Roch, Maria Teresa (2012), TAX ADMINISTRATION versus TAXPAYER. A NEW DEAL?, WORLD TAX JOURNAL, Vol. 4, No 3, (2012), p. 284.
(134) 参照,Soler Roch (2012), WORLD TAX JOURNAL, 284.

第1章　租税正義――序文に代えて

(ii)　行政手続法上の手続基本権の保障

　納税者憲章の重要さは，それが納税環境の変更方向をはっきり指し示し，そして納税者の地位を強化する動向を指摘していることにある(135)。日本国憲法の下では，納税者は，国民として，憲法に保障されている手続基本権を有しており，実質的法治行政の原則のもとにおいてその手続基本権を租税行政手続においても様々な形態で保有している。もっとも，納税者の手続権もまた，権利濫用の禁止原則（日本国憲法12条）のもとで，内在的に制約を受ける。

　このような納税者の租税行政手続法上の手続権は，国家の課税権に対する制約を意味する。租税行政手続における関係者（国家・租税行政庁・租税債権者および納税者・租税債務者など）がそれぞれに権利主体としてそれぞれの諸権利を有し，憲法上のみならず各自法律に基づく権利（手続権）を有するので，それぞれ反対方向の権利が衝突し，その結果，自ずと内在的に制約をうけ，相対峙する権利（複数）のあいだで新たなバランス（均衡）が利益衡量されることとなる。

　租税を支払う義務と納税者の権利とのあいだの相剋は特定の国にのみもっぱらに現れるのではなく，世界中の問題である。

　EUレベルでは，司法裁判所は，納税者の権利の実効性を保障するドクトリンを（特にVATケースにおいて）確立しているし，そして，また，租税行政庁の権限行使を比例原則に服させるドクトリンも確立している(136)(137)。

　　EU司法裁判所は，その判決において，自己の理由づけのために欧州人権条約(138)に言及し参照することがあるが，しかし，それに対して管轄権を有して

------

(135)　Soler Roch (2012), WORLD TAX JOURNAL, 285.

(136)　Soler Roch (2012), WORLD TAX JOURNAL, 285　FN. 12に掲げるECJの判例と学説及びその脚注に対応する本文を参照。ECJ decisions: 18 December 1997 (Joined Cases C-285/94, C-340/95, C-401/95and C-47/96, Molenheide and others), 12 January 2006 (Joined Cases C-354/03, C-355/03 and C-484/03, Optigen Ltd. and others), 6. July 2006 (Joined Cases c-439/04 and 440/04, Kittel and other), 27 September 2007 (C-409/04, Teleos PLC), 21 February 2008 (C-271/06, Netto Supermarket). M. T. Soler Roch, The principle of proportionality and the prevention of fraud in VAT in: VAT in an EU international perspective (Essays in honours of Han Kogels) IBFD 201 1.同脚注より引用。

(137)　参照，中西優美子『EU法』（新世社，2012年）133頁以下，162頁以下；庄司克宏『新EU法　基礎編』（岩波書店，2013年）246頁以下。

(138)　人権及び基本的自由の保護のための条約（ヨーロッパ人権条約），213 U. N. T. S. 222, 効力発生　1953年9月日。

4 租税正義：平等としての正義

いない。欧州人権条約の解釈については，欧州人権裁判所が管轄権を有する（欧州人権条約32条1項）。

　欧州人権裁判所（ECHR）1985年12月11日決定[139]などによれば，「人権と基本的自由の保護のための条約」（欧州人権条約）第8条はプライバシー権を扱っており，租税事案に引き合いにだされ適用されてきた。その第2項は「当局による侵害行為 interference by the public authority」に適用される。租税行政庁の権限が，特に税務調査手続における租税行政庁の調査権が納税者のプライバシーに影響を及ぼす限り，同条項が当該租税行政庁に適用しうることは，明らかである。

　同条約第1議定書によって保護された財産権について，同裁判所は，納税義務者個人の権利（財産権）と公益（課税の公益）とのあいだの公正なバランスを達成するため，比例原則に基づくドクトリンを確立した。二つの保護法益は，いずれも，それぞれ第1条1項と2項において，同議定書によって保護されている。同裁判所1994年10月12日決定[140]は，当該賦課処分が当該納税者にとって「過大な負担 an excessive burden」であるべきでないと判示し(1)，そして，租税行政権の行使に関する本事案に当該原則を適用した(2)[141]。

---

(139) Soler Roch (2012), WORLD TAX JOURNAL, p. 286　FN. 19 に掲げる ECHR 判例及びその脚注に対応する本文を参照。Decisions: 11 December 1985 (Tom Lundwall v. Sweden, application 10473/1983), 24 April 1990) Huvig v. France, application 11105/1984), 1 July 1991) K. v. Sweden, application 13800/1988), 27 November 1996 (F. S. v. Germany, application 30128/1996), 14 April 1998 (Winfried Hildebrand v. Germany, application 31513/1996, 8 Februaty 2000 (Joham Fontanesi v. Austria, application 30192/1996), 2 November 2006 (Volokhy v. Ukraine, application 23543/2002), 12 January 2012 (Feldman v. Ukraine, application 42921/2009), 14 February 2012 (Romet v. The Netherlands, application 7094/2006). 同脚注より引用。

(140) Soler Roch (2012), WORLD TAX JOURNAL, p. 287 FN. 20 に掲げる ECJ の判例及びその脚注に対応する本文を参照。Decisions: 12 October 1994 (Vorgenberger v. Austria, application 21294/1993), 16 January 1995 (Travers v. Italy, application 15117/1989), 9 November 1999 (Spacek v. Czech Republic, application 26449/1994), 16 July 2002 (Daganville v. France, application 36677/1997), 22 January 2009 (Bulves v. Bulgaria, application 3991/2003), 9 0ctober 2009 (Moon v. France, application 39973/2003). 同脚注より引用。

(141) Soler Roch (2012), WORLD TAX JOURNAL, p. 287 FN. 20 に掲げる ECJ の判例及びその脚注に対応する本文を参照。

第1章 租税正義——序文に代えて

(iii) 基本的人権の保障

新行政法学・新租税法学は，国民主権の見地にたち（日本国憲法前文第1段1文），国家・租税行政庁が（行政組織法上だけとは限らず一般に）行政法上唯一の権利主体であり，国民が行政客体(142)である，との誤謬・誤導を解放しなければならない。旧来の日本行政法学・日本租税法学のシビライゼイション Civilisation が，図られなければならない。国家・租税行政庁は行政手続法における一方の権利主体であり，そして国民・納税者等（公民）が他方の権利主体である。この対等性が日欧米法における「議論の出発点」であるべきである。日本行政法学・日本租税法学もまた「議論の出発点」として対等性を採ってしかるべきである。この出発点は欧州人権条約により確認されている。ヘンゼルが1926年にミュンスターで債務関係説と対等説とを主張したときから，ようやくたどり着いた「終着駅」であり，同時に「出発点」である。日本の行政法学と租税法学は果たしてスタートラインを駆け出すか否か。「天は人の上に人を造らず人の下に人を造らず，といえり。」（福沢諭吉『学問のすゝめ』（1872年））。国家・行政機関の長が人の上に造られているわけではない。

(iv) 小 括

欧州人権条約にみる法思想は，欧州に限定して妥当するというわけではない。その法思想は，1789年フランス人権宣言と同様に，各国の実定憲法の憲法価値と整合する場合には，その人権思想は憲法レベルにおいて妥当しうる。そうすると，その人権思想は，例えば，国税通則法の定める租税行政の領域において，別段の障碍規定がない限り，照射効(143)によって憲法適合的に解釈され，

---

(142) 村上順「ブシュネ・ルフェールの行政主体論」所収：兼子仁・磯部力・村上順『フランス行政法学説史』（岩波書店，1990年）90-191頁（「私［ブシュネ・ルフェール］は行政客体の呼称には何か市民を貶しめる思想が，表現としてまつわりついているように思えることを告白しよう。」「わたしはむしろ，われわれ［市民］は……行政の客体では決してない，と考えたい。」）（下線強調及びルビは原文，［…］内加筆は木村）。
(143) 照射効について，参照，シュテルン（原著）井上典之／鈴木秀美／宮地基／棟居快行（編訳）『憲法Ⅱ』（信山社，2009年）§ 69 Ⅲ；栗木壽夫「『憲法の優位』という考え方について」上智法學論集30巻1号（1987年）1-40頁；小山剛『憲法上の権利』の作法』新版（尚学社，2011年）137頁（合憲限定解釈）；小山剛「私法関係と基本的人権——三菱樹脂事件」憲法判例百選Ⅰ 別冊ジュリスト217号6版（2013年）24-25頁（「基本権の間接適用は，ドイツでは照射効と呼ばれている。これは，基本権という陽光に照らして私法規定を解釈せよという趣旨であり，その限りでは，間接適用説の手法は行政法や刑法の基本権適合的解釈と変わるものではない。」）。

適用されうるのである。

　課題は，欧州人権条約にみる法思想の全部または一部が日本国憲法の諸規定と整合し合致しうるかどうか，そして，より重要な課題は，現行の行政手続法及び国税通則法に依る国に対する国民の権利（金銭債権を除く。）の剥奪が欧州人権条約とその法思想に適合するかどうかを検討すべきであり，それを踏まえて，早急に両法律を改正すべきことである。

　行政手続法15条1項は「行政庁は，聴聞を行うに当たっては，聴聞を行うべき期日までに相当な期間をおいて，不利益処分の名あて人となるべき者に対し，次に掲げる事項を書面により通知しなければならない。」と規定しているとおり，聴聞を行うかどうかについて行政庁が裁量権を有し，かつ，通知義務を行政庁が負っているに過ぎず，不利益処分の名宛人が聴聞権を付与されていない。まして，受益処分（給付行政行為）の名宛人は全く聴聞の機会すら認められていない。国・行政庁は，行政手続において聴聞義務を負わない，と法定されている。

　これと類似して，改正国税通則法はその第1条の立法過程において国民に権利を付与しなかった[144]。

　以上の説明から明らかなように，国は行政手続法上権利を有し，国民は義務を負い制裁を課される，という非対称の法的地位が顕著である。

　憲法の要請する手続基本権はもとより公正手続の原則から導き出されており，日本の上記法律規定は正義に反すると評価されざるをえない。

(4) 法適用の平等としての正義

　事物の正義にかなう規則が成立し，かつ，法律の中で最後まで首尾一貫して考え抜かれているだけでは，まだ十分でない。この規則は，平等に益するように実際にも適用されなければならない。さもなければ，そうあるべしという当為と現実にそうあるという存在との間に乖離が生じてしまう。一般的には次のように述べることができる。規則が事物の正義に適っていればいるほど，その規則は法律の中で最後までより一層一貫して考え抜かれるであろう[145]。

---

[144] 山本洋一郎（日弁連税制委員長）「立法経緯とその教訓：本改正における日弁連のかかわり」自由と正義63巻4号（2012年）43-53頁，ことに46-47頁右欄（権威ある租税法学者が平成23年度税制改正における納税環境整備小委員会審議の過程において納税者権利憲章の策定問題について徹底的に抵抗し，その結果，国税通則法第1条から「権利」という文言そのものを流し去った）。

以上を要するに，法律は，次のときに，正義に適っている[146]。

(ア) 法律が，規則（原理又は価値判断若しくは評価規準）を基礎にしているとき。

(イ) この規則が事物の正義に適っているとき。ここでいう事物の正義 (Sachgerechtigkeit) とは，それが事物に即した正義を指し，実際に正鵠を射ていることをいう。通俗的には，適切さ・条理をいう。

(ウ) 事物の正義にかなう規則が首尾一貫して貫徹されているとき。

(エ) 事物の正義にかなう規則が現実にも適用されているとき。

このようにして手順が踏まれているとき，ひとは法文化について語ることができる[147]。法は，文化科学である。

法律学の科学性は，一貫性と統一性を自明なものとして常に前提とされている[148]。

> コーイングが述べているように，「究極的には，法体系とは，社会生活の特定の形態を考慮して正義の全体を合理的な諸原則の総体として把握する試みである。しかも，合理的な，思考によって把握しうる構造が精神界及び物質界を支配するということが，全ての科学にとって欠くことのできない大前提である。」これによれば，法学方法論は又，その公準として，法の統一性が原則的に存在するということを前提とする。例えば，その法学方法論の，殊にその法の統一性は「体系的解釈」の要請又はいわゆる法の類推による「普遍的法原則」の発見ということに関係している[149]。

5　立法による租税正義

(1)　正義と租税正義

現在の法治国はその憲法において，正義の客観的秩序付けを具体化している。課税は憲法25条，14条1項に基づいて，そしてフランス人権宣言13条2文に鑑み，応能負担主義により構築されなければならない。これに対し，国家給付サービスは，憲法25条2項，14条1項により必要即応の原則を指向しなければならない。このような社会国家（福祉国家ともいう。）における正義に即し

---

(145) Tipke (1981), Steuergerechtigkeit S. 43.
(146) Tipke (1981), Steuergerechtigkeit S. 43.
(147) Tipke (1981), Steuergerechtigkeit S. 43.
(148) カナリス（1996年）『法律学における体系思考と体系概念』7頁。
(149) カナリス（1996年）『法律学における体系思考と体系概念』7頁註17とそれに対応する本文参照。

た再分配は，納税者がその租税債務を支払うことに国家が配慮することを前提とする(150)。

(2) 現在の方法論

不正義な法についての古代ローマの標語によれば「究極の正義は究極の不正義 summum ius summa iniuria」。多数の納税者が租税法を不正義だと考えている。

> 価値相対主義の立場に立てば，多数決原理が次善の策である(151)。そこで民主主義，殊に議会制民主主義が重要となる。

現代の方法論は，民主的に成立する法律の目的を指向する（目的論的法学）。このようにして，立法者によって意図された正義が実行・貫徹されうる(152)。

(3) 裁判官法の正義機能

不適用法律によって，裁判官法の正義機能は，相当に侵害される(153)。

(4) 租税正義の諸原則

租税正義の諸原則は，主として，合法性の原則（法律に基づく課税，課税の法律適合性）と応能負担原則である。応能負担原則は，租税正義のうち，実質的に最も有意義な原則である。応能負担原則は，経済的給付能力に基づく課税を要請する。応益負担原則又は受益者負担原則は，国税通則法上の「税」概念に矛盾する。国税通則法によれば，「税」は，反対給付を伴わない金銭給付だからである。

社会的法治国（福祉国家）から導き出される，原則は，福祉国家に相応しい課税を要請するので，最低生活費（das Existenzminimum）を社会的扶助の金額（参照，生活保護給付の金額）まで，課税標準の金額から差し引くこと（①）（又は０税率ゾーンの設定により最低生活費を所得税課税から除外すること（②））を，要請する。このことは，①の場合，基礎控除額（課税標準からの基礎控除額は，

---

(150) Lang, Joachim, Steuergerechtigkeit, StuW 2016, 101 ff. (116).
(151) 原秀男『価値相対主義法哲学の研究』（勁草書房，1968年）。
(152) Lang (2016), Steuergerechtigkeit, 116.
(153) Lang (2016), Steuergerechtigkeit, 116.

第1章　租税正義──序文に代えて

納税者一人当たり 8,652 €，103.8 万円　（1 € = 120 円；1 € = 128 円；110.7 万円弱）及び児童控除額は，児童一人当たり 2,304 €，27.6 万円　（1 € = 120 円；1 € = 128 円；29.5 万円強）である。最後に，線形代数を用いた，累進税率シェジュールは社会的法治国の原則によって正当化される[154]。

(5) 租税優遇措置について

最低生活費を斟酌する基礎控除額は，現行所得税法上要請される租税政策のひとつである。国際二重課税の回避のための規範も必要である。けだし，国際的な経済取引を絞め殺さないためである。これに対し，特別減価償却の廃止は考慮に値する。なぜなら，それは経済的に不合理な投資を誘引するからである[155]。

(6) 家族のための租税正義

家族に係る租税正義についての最も重要な要求は，家族の最低生活費を斟酌せよというものである。家族法上の扶養給付義務は，夫婦合算制度から家族構成員を斟酌するフランス方式に類似する制度（Familienrealsplitting）へと拡大することによって完全に斟酌されなければならないと説かれることもある[156]。

しかし，所得控除（Personal Income allowance）に代えて所得支援給付（Tax Credits）を導入し，かつ[157]，これと線型代数を用いた所得税率（これをスマート累進税率という）とを組合せ，所得税と社会保障を統合する方式が，もっとも生存権保障と所得再分配に適した政策であり，実現可能な方法である[158]。さらに，すべての国民に生低生活費（最低限の生存権）の保障をするには，私法上の配偶者概念に拘泥することは，日本国憲法 25 条 1 項に適合しない。

(7) 社会保障年金に係る課税

ドイツ連邦憲法裁判所は，2002 年に，社会保障年金及び公務員年金に係る異なる課税を平等原則に合致しない旨，判断を示した。加えて，同裁判所は，

---

[154] Lang (2016), Steuergerechtigkeit, 116；木村弘之亮『所得支援給付法』〔増補版〕（信山社，2016 年）645-675 頁.
[155] Lang (2016), Steuergerechtigkeit, 116.
[156] Lang (2016), Steuergerechtigkeit, 117.
[157] 木村（2016 年）『所得支援給付法』645-675 頁
[158] 木村（2016 年）『所得支援給付法』445 頁以下（第 3 部）.

二重課税の禁止についても判示した。この裁判により、公の高齢者年金制度は、2005年から2040年までに、完全な繰り延べ課税に移行され、いわゆる第一種公務員年金に調製される。これに対し、企業年金の4部門は、今後も、繰り延べ課税のシステムから隔たっている[159]。

他方、日本の社会保障年金制度、ことに国民年金は、賦課年金制度へ転換され、初回保険料は第2の税として性格づけられている[160]。第2の税金たる国民年金制度及び生活保護法による生活扶助給付金は、所得支援給付（Tax Credits）の一部に含め、所得税と統合する。所得支援給付は負の所得である、従前の国民年金をはじめとする社会保障年金及び生活扶助手当は、所得支援給付に吸収統合されるから、全廃して差しつかえない。

6 司法による租税正義：法律と良心

参　照：Rene Matteotti, Steuergerechtigkeit und Rechtsfortbildung. Ein Rechtsvergleich zwischen der Schweiz und den Vereinigten Staaten von Amerika unter besonderer Berücksichtigung der wirtschaftlichen Betrachtungsweise, Bern 2007.

同書の著者は、スイスの教授であり、同連邦国議会の立法能力不足に鑑み、裁判官による法の継続発展（爾後的法形成、裁判官法）に多くを期待し、かつ、オーストリア税法上の経済的観察法とUSA税法上の実質主義を比較検討する。両国ともそれぞれの法理を肯定しているのである。日本の立法能力不足は、スイスと比肩しうる程度であるから、これを補うには、裁判官法に期待するほかなさそうである。

(1) 日本国憲法84条の意義
「形式的租税法律主義から実質的租税法律主義へ」

　　イ）法律留保の原則
　　ロ）法律優位の原則

---

[159] Lang (2016), Steuergerechtigkeit, 117.
[160] 木村弘之亮「国民年金は第2の税金か：標準報酬と課税標準の統合（下）＜租税法務学会理論研究＞」税務弘報57巻3号（2009年）172-183頁、4号（2009年）106-112頁。

第1章　租税正義——序文に代えて

　ハ）国会議決留保の原則
　　　＋
　ニ）正義
　ホ）社会国家（福祉国家）の原則

　憲法84条は，明治憲法62条2項と異なり，負担金及び収納金（手数料）を「租税」概念から除外していない。憲法学者の通説は，租税概念にそれらを含めている。租税法学者の多数説と判例は，租税概念からとくに負担金（社会保険料）を除外して租税法律主義に服させない（縮小解釈）。

　日本国憲法84条の規定は，法律留保の原則，法律優先の原則，国会議決の原則を明確に定立しているから，その範囲において既に，法治行政の原則を暗黙裏に肯定し，そのうえで，租税法律主義を鮮明に規定している（法律留保の原則）。けだし，憲法は，用語「法律」を政令，条例，規則，条約等の法規範から慎重に区別して表現している。したがって，安易に「法律」を「政省令」に拡大解釈することは許されない。又，法律は，政省令及び行政行為（処分）に優先するから，後者は法律に反してはならない（法律優先の原則）。他方，法律は憲法に反してはならない。用語「法律」が制定法を指す以上，84条は，国会議決の原則を前提としていると解すべきである。憲法84条は，第7章「財政」の下において，国会議決の原則を明確に謳った憲法83条及び国会の議決を求める第85条との間にはさまれた位置において，規定されており，国会議決の原則を除外しているわけではない（国会議決の原則）。

　形式的租税法律主義は正義の理念を戴冠してはじめて，実質的租税法律主義へと転換しうる。正義を戴く実質的租税法律主義の下で，法解釈方法論は，目的論的解釈を実効的に展開しうる。正義も法の目的も指向せずに法解釈しょうとすれば，それは形式法学であり概念法学の墨守を指すにとどまり，悪しき法実証主義への陥落を意味する。

　実質的租税法律主義は，個人の尊厳を中核として，自由と平等（形式的正義）並びに生存権及び基本的人権の保障（合目的性，公共の福祉）を実現しようとする法思考である。

(2)　日本国憲法76条3項に定める「良心」及び「憲法と法律」
　憲法と法律は正義によって評価を受ける。
　裁判官は，「その良心に」従い，「この憲法と法律」に拘束を受けて裁判を行

うべきところ，究極的には，正義がその司法裁判を評価する。

裁判官は，判決を下す前に，「正義」を斟酌して，憲法と法律の目的を斟酌し，事物の正義（事物の本性）にかなうように法律を法解釈方法のカノン（準則）によって例えば目的論的に解釈し，法適用すべきである。裁判官は，究極的には正義理念への拘束を，そして，立法者の価値判断への拘束及び法律の評価への拘束を受ける(161)。もとより，立法者もまた，裁判官と類似して，究極的には正義理念への拘束を，そして，上位法（憲法など）の評価規準と法規範への拘束を受ける。

ただし，もし立法者の価値判断が，憲法制定者の価値判断に反している場合，及び又は，正義理念に反している場合には，裁判官は，その立法者の価値判断への拘束及びその法律の評価規準への拘束から免れることができる。

裁判官は，立法者と同様に，けっして正義なき法実証主義者に堕落してはならないのである。

7　実質的租税法律主義と租税正義

(1)　形式的法治国の原則から実質的法治国の原則へ

大日本帝国憲法の要請した形式的法治国の原則の下において，行政裁判所が行政組織内部に設置され，国民は，天皇主権の下で，国に無条件に服すべき臣民（Untertan）として把握されており，そのため，国民は，行政法の領域において，国に対して権利（ただし，金銭債権を除く。）を有さず，権利主体ではなかった。

このようなアンシャンレジームの大部分は日本国憲法の下で崩壊した。例えば，日本国憲法の要請する実質的法治国の原則の下では，国民は，個人として尊厳と尊重を受ける法主体として憲法上位置づけられ（憲法13条1文，24条2項），生存権を保障する社会的法治国（福祉国家）の原則（憲法25条）の下で全ての国民が幸福追求権を享有することとなり（憲法13条2文），行政裁判所制度は撤廃され（憲法76条2項），司法裁判制度が全ての法領域において整備され確立されている（76条1項）。

---

(161)　ヴェスターマンの方法論において中核を占める規範の3階層説」について，服部寛「1953――日独の法律学方法論の転換点とその意義の再検討――」松山大学論集23巻6号（2012年）226-179頁（182-187頁）。

第1章　租税正義——序文に代えて

　しかし現実には，行政法の領域において，とりわけ，行政手続法の下において，国民は国・地方団体に対して，（金銭債権を除いて）権利を有することなく，権利主体・法主体として位置づけられていない。例えば，聴聞権は，給付行政行為についてのみならず，侵害行政行為についても付与されていない。給付行政法の領域において，受給者が聴聞権を有し得ない，という憲法上の根拠はあり得ない。社会的国家（福祉国家）原則の下において，受給権者は国からの恩恵として給付サービスを受けるのではなく，生存権保障の枠内で権利として受益権を有するのであるから，受給権者は，国による受給権の行使前（したがって，給付行政処分の前）に聴聞権を行使し得てしかるべきである。他方，国は，国民に対して権利を有する。行政手続法の領域では，未だに権力関係説が跋扈している。権力関係説に代えて行政法律関係説が行政法を支配すべきであり，租税法律関係が租税法で妥当すべきである。

　日本の行政法学の通常科学では，正義は妥当しておらず，行政手続法は，正義並びに憲法の定める国民主権に明白かつ重大に背反する。

　同様に，行政事件訴訟法は，抗告訴訟の類型を定めているが，この抗告訴訟では，明治憲法下の天皇主権と同じく，国民は国に服従すべき，行政の客体・行政の相手方として位置づけられており，国民は，行政目的に対する手段・道具と位置づけられているに等しい。国民は，抗告訴訟において国と対等な法主体でも権利主体でもないと位置づけられている。

　ここでも，正義は妥当しておらず，行政事件訴訟法は，正義並びに憲法の定める国民主権に明白かつ重大に背反する。

(2)　形式的租税法律主義から実質的租税法律主義へ

　類似のことは，国税通則法にも当てはまる。

　日本の大部分の学説と判例は，実質的租税法律主義へといまだに移行するに躊躇しており，租税正義を顧みず，法実証主義と形式法学の域から脱し得ていない。

　租税正義なくして租税法なし。正義なき租税法律主義は，日本国憲法の下では，克服さるべきである。

8 結　語

「法律は法律だ」とする実証主義は、「悪法も法である」である。もっとも、悪法か否かは、正義及び憲法規範並びに問題の悪法の上位にある制定法又は国際法により評価される。法適用者（裁判官など）の個人的な信条や良心が、悪法か否かの評価基準となるわけではない。正義が究極的にはその任に当たる。

悪法と評価されない制定法の場合であっても、不都合な制定法の一例は、法律の欠缺に現れる。それを解決する手法が、一つに、類推適用であり、二つに、普遍的に妥当するとされる「法の一般原則」で、他の制定法に規定されている評価規準の準用である。類推について、関係当事者（ことに国民）にとって不利に働く類推は禁じられ、有利又は中立に働く類推は、許容されるというのが、ドイツ連邦憲法裁判所の判例である。類推は、法解釈と異なり、いわば法の空白地帯における、裁判官による継続的法形成（これを「爾後的法形成」、「法の爾後形成」ともいう。）を意味する。類推を可能な限り防ぐには、したがって、類推が必要でないように、法律の欠缺を数少なくするため、法律は整備されなければならないであろう。

民法に明記された総則規定の多くは法の一般原則に属するという理由により、それらが公法の領域においても準用されうることは、昨今、一般に承認されている。私法上の一般原則が、租税法に適切に妥当しうるように、法の欠缺が補填されうることは、一般に承認されるであろう。これも又、法の欠缺が補填されることを意味する[162]。この文脈において、他方、類推に関するドイツ連邦憲法裁判所のテーゼにもかかわらず、有利不利は関係当事者の立場に応じて、異なってくる。そのため、類推は、ことに脱法行為のケースについて、類推を許容する根拠規定（独租税通則法42条など）に基づいて、一般的に許容されうる、とティプケは説く。

---

(162) 法の一般原則が制定法の成立する前から存在する、という見解によれば、ここには、法の欠缺は存在しない。法の一般原則の存否及びその内容について、多くの場合、見解の相違がある。法に一般原則が適用される、と簡単に論証を済ませることは、困難である。神谷昭「フランス行政法における法の一般原理」所収：神谷昭『フランス行政法の研究』（有斐閣、1965年）297-331頁（300頁）。日本国憲法84条は、「法律」概念の外に「法」及び「法の一般原則」を法定していない。ただし、裁判所は、法律と並んで「法」や良心（正義）に拘束されるから、法の欠缺がある場合に、「法の一般原則」を以てその欠缺を補填する余地は残されている。

第1章　租税正義──序文に代えて

　　国税通則法は，1962（昭和37）年4月2日法律第66号として公布されている。立法過程において中川一郎をはじめとする日本税法学会は，租税回避の一般的否認規定（ことに不確定概念「不当」）に対し強く批判を行った。

　　他方，参議院大蔵委員会は，同法律を可決するに先だち，租税回避行為の一般否認規定について将来の判例と学説の蓄積に期待する，旨を確認した（同旨，内閣総理大臣に提出された日本税法学会意見書）。

　　同委員会審議に照らし，司法が租税回避行為をめぐる法的紛争において，法的解決のため判例法を築くことは禁じられていないばかりでなく，むしろ立法府によって判例の蓄積が期待されている。

「法解釈の射程には越えがたい限界があることは，ナチスのような残酷な支配がまざまざと思い知らせたところであって，解釈さえ適正ならば『法に悪法なし』というのは，どうみてもオプティミスティックにすぎるといわざるをえません[163]」。この言明は小林直樹から牧野英一に対する批判である。

　　ドイツの法哲学者リュタースがナチ的方法論の特質として定式化したのが，「無制限の解釈[164]」である。これに相当するであろう「無限解釈論」が同時期に，牧野英一によって主張されていたのである[165]。小林直樹の定式「法解釈の射程には越えがたい限界」に対応するドイツの定式が，「可能な語義の限界」であり，判例学説において確立している。

　　1925年に施行された治安維持法の拡張解釈[166]ないし無限解釈[167]が，日本において実際に第二次世界大戦前から理論として存在していた事実[168]を忘れてはならない。無限解釈論は，戦前において，治安維持法の解釈に適用された，という苦い歴史が残されている[169]。

　　牧野英一の主唱した無限解釈論は，罪刑法定主義原則の弛緩と綻び（ひいては解消）へと導いたと説かれている[170]。「解釈は理論的に無限である」とする

---

[163] 小林直樹「悪法について」法律のひろば7巻5号（1954年）13頁；さらに，小林直樹「悪法の理論（下）」法学協会雑誌71巻4号（1954年）65-66頁。
[164] 青井（2007年）『法理学概説』279頁。
[165] 服部（2014年）「日本の法律学方法論の史的展開」248頁。
[166] 伊達秋雄「治安維持法の拡張解釈にゆいて　裁判所側から」ジュリスト14号（1952年）4-9頁。
[167] 牧野英一『民法の基本問題』（有斐閣，1924年）64-89頁；牧野（1937年）「法律の解釈の無限性」48-60頁。
[168] 服部（2012年）「1953」197頁。
[169] 服部（2012年）「1953」196-208頁。2016年現在において，しのびよるファシズム法学の再来について，参照，木村弘之亮「無限解釈論と租税法（上）（下）──東京高判平成28年2月26日判タ1427号133頁」税務弘報65巻8号（2017年）155-164頁，9号（2017年）154-164頁（罪刑法定主義の解消）。

8 結　語

牧野の無限解釈論のテーゼは否定されなければならない[171]。

　第二次大戦後においても破壊活動防止法といわゆる教育二法に関連して悪法問題を統一テーマとしてとりあげ，日本法哲学会が1953年4月25日に開催された。

　このような無限解釈論の歴史的評価を顧みるとき，租税法の領域における解釈方法論は，無限解釈論に陥らないように，定式「可能な語義の限界内」を堅持する必要がある。さらに，正義・法の一般原則並びに憲法と法律の内的体系を認識して，法適用者は，法律の体系的解釈を客観的に律すること（体系思考）によって，無限解釈を避けることができよう[172]。さもなければ，租税法律主義の弛緩と綻びと解消が，やがて到来するであろう。

　佐藤英明『脱税と制裁』[173]は租税ほ脱罪の保護法益を解明した点に功績を認めることができないわけではないがしかし，犯罪構成要件である「偽りその他不正な行為」について法解釈を展開していないことは指摘しておかねばならない[174]。詐欺罪に類似すると言及されているにとどまる（同339頁）。牧野英一の轍を踏むべきではない。無限解釈の正夢は御免こうむる。

　このような悪夢を防止するには，例えば，国税通則法が，その総則規定を明確に立法すべきであろう。法解釈方法論を正常な方法に回帰するには，事物の正義（事物の本性）にかなった，適切な立法が早急に不可欠である。

　しかし，国税通則法が，その総則規定を整備し立法するに至るまで，日本国憲法の要請する正義及び基本的人権と権利，平等と自由を指向する目的論的法解釈論に基づいて，憲法と法律に内在する評価規準の枠内において客観的に体系的に法解釈を行わざるを得ない。この解釈方法論は，決して，正義を置き忘れた法実証主義でもなく，法解釈の主観説に立つものでもない。

　可能な語義の限界内における法解釈では，懸案の事例が事物の正義にかなっ

---

(170) 横山晃一郎「刑事法解釈論批判――罪刑法定主義と刑法の解釈――」所収：天野和夫ほか（編）『マルクス主義法学講座 第Ⅶ巻 現代邦楽批判』（日本評論社，1977年）135頁以下；服部（2012年）「1953」197頁。

(171) 服部（2014年）「日本の法律学方法論の史的展開」251頁。

(172) カナリス（1996年）『法律学における体系思考』。

(173) 佐藤英明『脱税と制裁』（租税法研究叢書　弘文堂，1992年）339頁，347-348頁。

(174) 租税犯の構成要件および租税犯の特別構成要件について，参照，松沢智『租税処罰法』（有斐閣，1999年）20頁；斎藤明・廣瀬正志『租税刑事制裁の法理』（中央経済社，1997年）75-144頁；渡辺吹子「不法な所得の不申告と租税ほ脱犯」警察学論集44巻48頁以下。

第1章　租税正義——序文に代えて

た態様で（sachgerecht）法的に解決できない場合においては，無限解釈論[175]によらずに，前述した，（類推を許容する根拠規定又は国会附帯決議もしくは国会審議の確認に基づいて，かつ，）体系的な目的論的解釈方法論に基づいて，懸案の問題群を類推により解決すべきである。それができない場合には，相応の立法を待つのが原則である。

最後に，租税法の領域において，故意による法の欠缺の場合，一群のルールを立法によって整備し得ない事態が長年にわたって継続するときに，司法は，事物の正義（事物の本性）にかなった態様で，民法に顕現している法の一般原則を準用することによってか，又は，憲法の要請する正義並びに権利と自由の濫用禁止条項（憲法12条。民法１条を含む。）を税法に照射して，憲法適合的に解釈することによってか，或いは，国会が脱法行為防止のための規範創造を判例・学説の蓄積に期待する旨を確認している場合には，この国会審議の確認に基づいて，可能な語義の限界を超えたところにおいて，類推によって法を爾後形成（これを法の継続形成・発展的法形成・裁判官法ともいう。）しうる，と解する。法律の無制限な解釈は試みられるべきではない。

立法府が法律の欠缺を放置している場合，裁判官だけが租税法の正義機能を確保できる。弁護士や税理士も又，憲法と法律と法（正義）を貫徹することに積極的に力を尽くす課題を有している。このようにティプケは期待している[176]。租税法の研究者及び立法者並びに法務省訟務局法曹担当者・検事もまた期待される。

---

(175) 無制限の解釈及び無限解釈論について，服部（2010年）「20世紀の日本における法律学方法論の史的展開(1)」232頁。無限解釈論を主張するものとして，例えば，牧野英一「『悪法も亦法なり』の格言（『法に悪法なし』）」所収：牧野英一『法律に於ける意識的と無意識的』（有斐閣，1925年）146-195頁（初出：法学志林22巻5号（1920年））；牧野（1924年）『民法の基本問題』64-89頁；牧野（1937年）「法律の解釈の無限性」48-60頁。

(176) Tipke (1981), Steuergerechtigkeit S. Ⅷ.

第 2 章　租税法における遡及立法の限界

首藤　重幸

1　はじめに

　遡及立法の限界が問題となる領域は主として租税法分野であり，このことは世界に共通している。租税法は，国の歳入状況や経済変化に対応するため，さらには，人の生活構造の変化や租税回避対策等のために，法領域のなかでも最も頻繁な法改正がなされる本来的な性格を有しており，場合によっては遡及立法的な性格を有する租税法の定立が正当に要請される場面もでてくる。しかし，既存の租税法が定める課税要件を前提に選択された経済活動や身分的選択（贈与や相続，さらには離婚等にかかわるものを含む）に対して，すでに当該選択が確定して変更ができない事後的段階に至って，当該選択に対する租税負担を増加させる租税法改正がなされた場合，この改正は租税法律主義のもつ信頼保護，法的安定性や予測可能性への脅威であり，そもそも人間の自由権そのものへの侵害という要素を有することになる[1]。

　さて，世界各国での，刑事罰にかかわる立法を除く遡及立法の問題への裁判所や学説の対応は，それぞれの国の三権分立のあり方や，その具体的展開である法治主義や信頼保護原則，さらにはデュ・プロセスの考え方によって様々である。さらに，遡及立法は刑罰に関する立法については一様に厳しく禁止されるとしても，その他の法領域では，一律に禁止されるということではなく，さらに法領域別に遡及立法の許容性について差異があり，たとえば環境法にかかわる領域と租税法における領域では，遡及立法の禁止の限界について異なる考

---

(1)　ドイツ連邦憲法裁判所は，法治国家的法的安定性の観点から遡及立法の制限を述べるのみでなく，遡及立法の自由権にもとづく限界を強調していた。たとえば，1997年12月3日の連邦憲法裁判所決定（BVerfGE97.67）は，「公権力が個人の行為，もしくは，それに関係する状況に後から，その法的に重要な行為の時点で適用されていたよりも重い法効果を結びつけることが許されることになれば，個人の自由は重大な危険にさらされるであろう」と判示して，遡及立法禁止原則の自由権保護機能を強調する。このドイツの自由権保護機能に注目するものとして，三木義一「租税法における不遡及原則と期間税の法理」（『納税者保護と法の支配』（2007年）所収）284 頁がある。

第2章　租税法における遡及立法の限界

え方も存在しているようである。

(1)　アメリカにおける租税遡及立法の動向

　フランスなどでは租税法領域での遡及効が深刻な問題とされる事態はほとんどないようである[2]。アメリカでも租税法は課税年度の期間中でも改正されるのが当然であり，それが遡及効を有する場合でも議会の租税にかかわる立法権の完全性（Vollständigkeit）から，当該遡及効を持つ租税法が憲法に違反する事態は生じないし，生じえないと考えられる傾向が存在しているようである。しかし，アメリアにおいて租税法の遡及効の憲法適合性が問題とされた判例が存在しないわけではない[3]。租税法の遡及効の違憲性は，アメリカ憲法修正5条のデュ・プロセス条項（「……何人も，法の適正な手続によらずに，生命，自由または財産を奪われない。何人も，正当な補償なく，私有する財産を公共の用のために徴収されない」）との関係で問題とされることになる。

　デュ・プロセス条項の適用の全盛期といえる時代状況のなかでさえ，アメリカ連邦最高裁判所は Brushaber v. Union Pacific 事件（1916年）において，デュ・プロセス条項は議会の課税権に対して，いかなる制限も課すことはないと判示していた。これによれば，ほぼすべての課税以外の立法領域（憲法で明示的に規定されているものを含め）がデュ・プロセス条項によって拘束されているにもかかわらず，アメリカ議会の非常に広範な課税権の行使は，デュ・プロセスによってほとんど防護できないということになる[4]。事実，1916年以来，経過した年度への遡及効（アメリカでは，法律の可決前の行為に，法律の可決がなければ生じていたであろう効果とは異なる法律上の効果を法律が与えるとき，法律は遡及効を持つと定義される）は憲法に違反する財産権侵害ではないことが認められてきた。それは，納税者が，可決前に行った法律行為を新法律の規定を考慮して変更できない，もしくは取り消すことができないときも，そして納税者が変更を予想していればおそらく他の行為を選択したであろう場合でも，原則

---

(2)　Hahn, Neues zur Rückwirkung – die Europäische Menschenrechtskonvention, eine übersehene Rechtsquelle, IStR 2011, S. 443.

(3)　アメリカでの租税法領域における遡及立法をめぐる判例と学説の状況については，高橋祐介「租税法律不遡及の原則についての一考察」（総合税制研究11号，2003年）85頁以下参照。

(4)　Vorwold, Die Rückwirkung von Steuergesetzen im amerikanischen Verfassungsrecht, StuW 2004, S. 372.

1 はじめに

として遡及効をもつ新法律はデュ・プロセス条項に違反することないとされてきた[5]。

しかし，租税法律が裁判所の統制から完全に解放される事はあり得ず，上記のような状況を前提としながらも，最高裁判所は，争いのある租税法規定があまりにも恣意的であり，もはや課税権の行使などではなく財産の没収であると判定される場合や，法的区分の基礎があまりにも不十分で，極端で明白な不平等を生み出す場合に，租税法（の立法権）への裁判所の介入を認めるとの一般的な租税統制法理にもとづき，租税法の遡及効の違憲性を検討する方法をとっている。このような検討方法のもとで，アメリカでの遡及効を有する租税法律の合憲性審査の論理は，以下のような内容で構成されると整理されている[6]。

① 連邦最高裁の理解によれば，租税は納税者に科せられる刑罰でもなく，契約上の拘束でもなく，国家の運営経費を，その保護やサービスを享受する国民に分担させる手段である。それゆえ，いかなる国民も租税負担を免れることはできず，その遡及的な負担は，必ずしも憲法に違反するものではない。

② 租税負担の分担の変更は原則として，その変更が個々の納税者にとって厳しくて過酷（harsh and oppressive）でなく，又は恣意的で不合理（arbitary and irrational）でない限りで，事後的に遡及しておこないうる。もちろん，遡及効についての合理的な立法目的の存在が必要（合理的基礎テスト rational basis test）とされ，たとえば，遡及立法によって正当な歳入の増加，課税の公平性の実現，租税の抜け穴を塞ぐというような目的を実現するものでなければならない。

③ そして上記の②に示した基準による審査では，いかなる場合にも租税の性格と，遡及立法がなされる具体的状況が考慮されなければならない（ケースバイケース分析）。

④ 過去において完結した行為に対して認められる租税上の利益を，将来においても維持することに対する憲法上の信頼保護は存在しない[7]。国民は，いつも将来における改正を計算に入れておかなければならない。

---

[5] ibid. S. 374.
[6] ibid. S. 380.
[7] アメリカにおける遡及効についての裁判所や学説は，ドイツにおけるような租税法律の遡及効に関する真正遡及効と不真正遡及効の区別を認識しない。

第2章　租税法における遡及立法の限界

⑤　しかし，アメリカ議会は，しばしば「公正」という理念のもとで，過去になされた行為への遡及的な課税を，祖父条項（granndfather clause）[8]や経過規定によって免除する政治的配慮を行ってきている。

　以上のアメリカの遡及立法に関する考え方からすれば，議会の遡及規定の立法権への憲法的制約は極めて弱いものであると結論づけられるが，しかし，「公正」という理念のもとに，祖父条項や経過規定を定めることで，遡及効の緩和措置が考慮されている状況がうかがえる点は注目しておく必要がある[9]。

(2)　遡及的損益相殺廃止規定（平成16年）の登場までの遡及立法禁止が問題とされた若干の事例

　法律の遡及効に関する学説や判例には，たとえば環境法領域と租税法領域というような，遡及立法がなされる法領域の差異によって遡及立法の許容基準や，基準が同じでも評価の程度が異なる点が見られる。

(a)　環境法領域における遡及立法の一事例

　日本における環境法領域で，遡及立法の許容性が問題となった代表的な事例の一つに，公害防止事業費事業者負担法3条をめぐる問題がある。同法3条は，公害防止事業に要する費用を負担させることのできる事業者の範囲につき，「公害防止事業に係る公害の原因となる事業を行い，又は行うことが確実と認められる事業者とする」と定めていた。ここにいう事業者には，この規定が汚染原因者負担原則（PPP）によるものであることから，同法の施行の前に当該公害の原因となる事業活動を廃止している事業者を含むと解すべきという理解が妥当であるとしても，その理解は同法施行前に終了した行為に対して遡及的に負担を課すものであるから遡及立法禁止原則に違反するのではないかが問題とされた。学説からは，法律の遡及適用の禁止原則は，例外的に「社会通念上，

---

[8]　祖父条項とは，一定の条件がある時点以前に存在したことを理由に，法律や規則についての例外扱いを認めるとする条項のことをいう。これについては，田中英夫（編集代表）編『英米法辞典』（1991年）388頁参照。
[9]　アメリカにおける遡及立法において，遡及効による負担の事後的増加が祖父条項や経過規定によって緩和されている事実は，その祖父条項等の存在の量や質についての実証分析しだいでは，強力な議会の立法権のもとで原則として遡及立法に憲法上の制約がないという，一般的に指摘される憲法的制約は弱いとするアメリカの遡及立法の理解を一部，修正しなければならない可能性もでてくる。

客観的合理性をもつと認められる場合」や,「必要不可欠の公益」が信頼保護・法的安定性・予測可能性を凌駕する場合には遡及立法が認められるとし[10],本法の持つ公害防止事業の緊急で効果的な実施のための負担金という必要不可欠の公益性が,公害原因となった事業活動をおこなった事業者の信頼保護を凌駕するものであり,遡及立法の禁止の例外が認められるとの理解が示されていた[11]。この問題が主要な争点とされた事案での名古屋地裁昭和61年9月29日判決(判例時報1217号46頁)は,実質的に上記の学説と同様の考え方にたち,公害原因を作った事業者に公害防止費用の負担を求めることは正義・公平の観念に適合し,この法によって可能となる公害防止事業の財政的基礎の強化と円滑な遂行には信頼保護等を凌駕する公益が認められとするとして,同法3条は遡及立法禁止の原則に違反しないとした。

この事例における遡及立法を,後に言及する真正と不真正の遡及効の二分法であえて区分すれば,立法前に事業を廃止している事業者との関係では真正遡及効の立法と分類できようが,同法の事業費負担の遡及的負担を認める学説・判例は,当該環境法分野での遡及立法の目的がもつ公益性を強調する点に特徴があり,当該事業廃止者の信頼(保護)の具体的内容の分析には,ほとんど踏み込んでいない(事業費負担が汚染原因者負担的性格を有することから,公害原因となる事業活動を同法施行前に廃止している事業者の信頼保護を十分に考慮するまでもなく,遡及負担の公益性が著しく高いということにされる)。

(b) 租税法領域における遡及立法の一事例

後に検討するところの,日本での遡及立法をめぐる議論の一つの転換点となった平成16年の租税特別措置法による所得税の損益通算の遡及的廃止が問題とされる事例が登場する前にも,租税法領域でも注目すべき遡及立法が問題とされた事例が存在する。

---

(10) 室井力「行政法令不遡及の原則——公害防止事業費事業者負担法三条に関連して——」(『行政の民主的統制と行政法』(1989年)所収)44頁。
(11) 原田尚彦「公害防止事業費事業者負担法」(『註釈公害法体系 第一巻』(1972年)所収)も,同法は公害の回復事業についてその原因行為が法の施行前に行われたものでも原因者である事業者に負担させることを意図するものであり,このように理解しなければ費用負担制度を設けた意味は失われるとして,同法の施行前に事業を廃止した事業者も同法3条の公害防止事業に要する費用を負担させることのできる事業者に含まれると解すべきとしていた。

第 2 章　租税法における遡及立法の限界

　その一つが，昭和 63 年 12 月の税制改正によって導入された，いわゆる相続税の「3 年特例」と呼ばれる規定をめぐるものである。そこでは相続開始前 3 年以内に取得等をした土地・建物等についての相続税の課税価格を，原則的な路線価等を基礎とした相続税評価額によらず，取得価額によって算定することとされた（平成 8 年改正により廃止される前の租税特別措置法 69 条の 4）。この 3 年特例創設の立法目的は，バブル経済のもとでの急激な地価の上昇による不動産の高額な実勢価格と低額のままの相続税評価額との乖離を利用して，借入金（これを後の相続開始時の相続債務として利用する）により不動産を取得することで相続税の負担を軽減・回避しようとする行為を抑制しようということであった。問題は，この 3 年特例を定めた法律の施行前に被相続人が取得していた不動産について施行後 3 年以内に相続が開始されたという場合，3 年特例の規定の施行前に完結している不動産の取得という経済行為について，遡及的に 3 年特例を適用することになり遡及立法禁止原則に違反するのではないかということである。

　この問題が争点とされた事例で東京地裁（東京地裁平成 10 年 12 月 25 日判決・税務訴訟資料 239 号 681 頁）は，まず「租税法規不遡及，遡及課税立法禁止の原則は，過去の事実や取引を課税要件とする新たな租税を創設し，あるいは過去の事実や取引から生ずる納税義務の内容を納税者の不利益に変更するいわゆる遡及立法を許さないとする趣旨のものである。そして，相続税において，納税義務を生じさせる過去の事実に当たるのは，被相続人の死亡等及びこれらに伴う財産の取得という事実であると解される」と述べる。そのうえで，3 年特例規定の「効力発生前に被相続人が死亡」したことにより財産を取得した相続人に課される相続税について，本件特例を適用するという場合は，行政法規不遡及，遡及課税立法禁止の原則に反することになり許されないと解されるとする。しかし，3 年特例規定の「効力発生後に被相続人が死亡」した本件において，本件 3 年特例の効力発生前に「被相続人が一定の財産を取得したという事実は，相続税法における納税義務を生じさせる過去の事実には該当しないのであって，相続人に課される相続税の課税価格の算定に当たって，右財産に本件特例を適用することが直ちに行政法規不遡及，遡及課税立法禁止の原則に反するということにはならないというべきである」と判示した（後に紹介するドイツ連邦憲法裁判所の 2010 年 7 月 7 日の決定は，この 3 年特例の事例に類似しており，この決定の基準によれば本件 3 年特例の事案は遡及租税立法（不真性遡及効）

という性格を有することになる)⁽¹²⁾。

本判決は，納税義務（租税債務）の法的確定後に，その納税義務の内容を納税者の不利益に変更する法律のみが憲法に違反する遡及立法とし，3年特例を定める法律規定の施行後に発生した相続による相続税の確定（申告もしくは決定処分等による）への3年特例の適用は，そもそも遡及立法の問題を生じないとしている。同法の施行前の取引等で被相続人が取得した相続財産が，同法施行後の相続において3年特例の適用対象になるというような場合でも，遡及立法禁止原則の根拠である納税者の信頼保護，法的安定性，予測可能性と立法目的の公益性との衡量が要請されるとの考え方の本格的展開は，日本では，平成16年の損益通算の遡及的廃止規定の成立と，それをめぐる裁判の登場をまつ必要があった。

2 遡及立法の定義

上記では，遡及立法という用語を，その意義を確定することなく使用してきた。もちろん一般的な意味での遡及立法とは，「法律の施行日よりも前に行われている行為」につき，遡って不利益な結果をもたらす適用がなされる立法のことである。そして，租税法領域における遡及立法の禁止については日本の憲法に明文はないが，租税法律主義を定める憲法84条には納税者の信頼を裏切る遡及立法の禁止の趣旨が含まれていると解されている。

さて，1960年代以降のドイツの裁判実務では，この「法律の施行日よりも前に行われている行為」という基準の理解につき二つの態様を区分して，遡及法律の遡及効の意義と憲法上の評価を論じてきた（遡及効二分説）。それが，真正遡及効と不真正遡及効という区分である。法規範が，すでに行われて完結している過去に属する事態を事後変更的に侵害する場合の遡及立法（遡及効）を

---

(12) この東京地裁判決の問題点については，拙稿「租税法における遡及立法の検討」（税理47巻8号，2004年）2頁以下参照。本件の控訴審，上告審でも3年特例が遡及立法禁止原則違反するとの原告の主張は認められていない。昭和51年4月22日に市条例を改正して市民税の均等割税額を増額し，これを当該年度の1月1日に遡及して適用することが，憲法84条にもとづく遡及立法禁止原則に違反するものではないとした名古屋高裁昭和55年9月16日判決（行集31巻9号1825頁）にも多くの関心が寄せられたが，これについては，木村弘之亮・租税判例研究（ジュリスト757号，1982年）129頁以下に詳細な検討がなされている。

第2章　租税法における遡及立法の限界

真性遡及立法（真性遡及効）とよび，憲法上禁止されるものとする[13]。これに対して，法規範が，現在まだ終わっていない事態について将来的に影響を与え，それによって法的地位が影響を受ける場合の遡及立法（遡及効）を不真性遡及立法（不真性遡及効）として，憲法上許容されるものと理解してきた。この遡及効二分説は，そもそも具体的遡及立法がいずれの区分に属するものか不明確という場合があることはさておき（この点にも遡及効二分説への批判がある），これを遡及立法の問題が集中して登場する租税領域にあてはめれば，相続開始の時点（相続等による財産の取得の時）で納税義務が成立すると定められている相続税（随時税）について，その相続開始後に税負担を増加させる相続税法改正は真性遡及立法（真正遡及効）である。これに対して，たとえば課税年度である暦年の終了時に納税義務が成立すると定められている所得税のような租税（期間税）につき，当該暦年の終了時前の年度途中で税負担を増加させる法改正をおこない，その適用開始を法改正の前の時点（当該暦年の始まる最初の日以降）まで遡及させるものが不真性遡及立法（不真正遡及効）となると理解されてきた。

　この遡及効二分説は，遡及立法の態様に様々なものがあることを認識させる点では有用な点もあるが，ドイツの学説の大勢は，早い段階から遡及効二分説が不真正遡及効立法に憲法上の許容性を安易に付与する装置として機能しているとして，この区分に厳しい批判を続けてきたことは周知のところである[14]。

---

(13) ただし，既存の法規範に対する信頼が保護に値しない性格を有する場合には，真正遡及効を有する法律も例外的に憲法違反とされない。その具体的場合として，法規範が不明確で支離滅裂な状態にある場合と，法規範が違憲無効であり廃止が一般的に予想される場合には，真正遡及立法であるとしても信頼を保護するに値せず憲法に違反しないとされる。この点については，木村弘之亮「ドイツ連邦憲法裁判所2010年7月7日3決定は遡及租税立法を一部違憲──予測可能性ではなく法律公布日を基準時に──」（税法学565号，2011年）19頁参照。

(14) 日本においても参照されることの多い，ティプケ・ラング編『租税法』のほか，Hey, Die rückwirkende Abschaffung der Sonderabschreibungen auf Schffsbeteiligung, BB 1998., 1444ff., Micker, Rückwirkungsfragenn im bereich der Besteuerung von Wertzuwächs des Privatvermögens, BB 2002, S. 120ff., Birk, Verfassungsfragen im Steuerrecht, DstR 2009. Heft18 S. 877ff. たとえば手元で確認できる2002年版のティプケ・ラング編『租税法』（第17版）では，遡及概念にとって基準となるのは2つの時点であり，それは納税者による「処分が経済的かつ法効果という意味で終了した時点」と「立法府の措置によって（納税者への）信頼保護がなくなる時点」であるとする。そして，一般的な遡及禁止の対象は，最終的な新法律の決議（もしくは法律の公布）の前に終了しているとみなしてよいところの，既存の旧法を信頼しておこなわれた行

3 ドイツ連邦憲法裁判所2010年の3決定

　2013年に公刊されたティプケ・ラング編『租税法』(21版) は, 2009年の同書の20版[15]での租税法における遡及効に関する叙述を大幅に改訂している。

　その改訂の主要な理由は同書の21版の叙述内容からして, ドイツ連邦憲法裁判所の2010年7月7日の3つの決定の登場によるものであると思われる。

　ドイツにおける遡及効二分説は, 遡及立法の公益目的と納税者の信頼保護との衡量という場面で, 常に遡及効による公益の実現の側に有利に機能してきたことは否定できない。そして, この遡及効二分説のもとで不真正遡及効を有する規定であると判定された事例において, それが信頼保護原則に違反して違憲であるとする裁判所の判断は, 州裁判所の段階や連邦財政裁判所は別として, 連邦憲法裁判所の段階では存在しなかった[16]。しかし, ドイツ連邦憲法裁判所は2010年7月7日の3つの決定において, 遡及効二分説の枠組みを維持しながらも, 不真正遡及効を有する租税法を違憲とする判断を初めて示すところとなった[17]。

　その3つの決定の事例の一つが,「投機期間の遡及延長」[18]にかかわる事件である。不動産の売却益を原則非課税とするドイツではあるが, 投機的な不動産売買を抑制する等の観点から, 不動産の取得から2年以内の売却による譲渡益 (日本的イメージとしては (超) 短期譲渡所得) については課税対象とする定めがなされていた。この非課税措置の例外としての取得後2年以内の売却を課税対象とする規定を, 取得後10年以内までの売却を課税対象とする法改正が1999年3月4日に連邦議会で可決, 同月19日には連邦参議院が法改正に対して同意, そして同月24日に連邦大統領の認証という立法手続を経て, 同月31日に公布されるところとなった。この改正法は, 当該改正前に取得していた土地の譲渡についても適用されるものとされた。本事件の原告は, 不動産を

　　為の法効果を変更する場合に向けられているとしていた (Tipke/Lang, Steuerrecht, 17 Aufl, 2002. S. 106.)。この点が, ティプケ・ラング編のテキストの現在でも変わらぬ結論的核心部分であり, 遡及効二分説を批判する多くの論者の共通基盤である。

(15)　この20版における遡及効に関する叙述部分は, 木村弘之亮「租税法規遡及立法の禁止法理と新展開」(税法学563号, 2010年189頁以下) において, その翻訳が公表されている。

(16)　木村・前掲注(13) 28頁。

(17)　Tipke/Lang, Steuerrecht, 21 Aufl., 2013., S. 123.

(18)　この命名は木村・前掲注(13) 20頁による。

売却する契約を 1999 年 4 月 22 日付けで締結している。改正前の規定であれば取得してからすでに 2 年を経過している譲渡であることから本件売買の当該譲渡益については非課税となるはずであったが，期間が延長された改正後の取得後 10 年という要件を充足していないことから譲渡益が課税対象とされるところとなった。この事態に対して，当該不動産の原告（売主）は，改正法は遡及立法禁止原則に反して違憲であると主張するところとなった[19]。この事件は，前述した日本の 3 年特例の事案と類似するものといえ，その点でも興味深いものである。

この改正法につき，当該遡及租税立法の一部を違憲とした連邦憲法裁判所の判示事項[20]を，若干，平易な表現で要約すれば以下のようになる。

① 本事案の改正法による遡及効は，不真正遡及効である。不真正遡及効は原則として不適法ではないが，憲法・法治国家原則から要請される信頼保護原則に合致していなければならない。この信頼保護原則に合致すると評価されるためには，(i)不真正遡及効が当該法律目的の促進のために適切かつ必要であること，(ii)期待を裏切られる信頼の重要性と法改正を正当化する理由の重要性・緊急性との総合的衡量のもとで，後者が優越し，かつ納税者の期待可能性の範囲内にあると考えられること，の二つが必要になる。

② 取得から 2 年以上を経過している不動産の売却が，もし 1999 年 1 月 1 日から本件改正法の公布日の同年 31 日までになされている場合には，この売却に適用される範囲で遡及効を有する改正法は信頼保護原則に違反し違憲・無効である。

③ 本件のような不動産の売却が改正法の公布後になされている場合にも，遡及効を有する改正法を経過措置なしに適用することは信頼保護原則に適合しない。

④ 譲渡益の課税につき，改正法の公布日までの価格上昇分と，それ以降の価格上昇分を区分する必要がある。公布日の前の段階までの，改正前の既存の法的状況のもとでは有効に非課税とされる価格上昇分を改正法で遡及的課税対象とすることは，その範囲内で，当該改正遡及租税法は信頼保護

---

(19) この事案の事実経過と判示事項の理解については，木村・前掲注(13) 20 頁以下のほか，松原有里「租税法規の遡及効と信頼保護原則」（自治研究 90 巻 12 号，2014 年）153 頁以下を参照した。

(20) 判示事項の詳しい内容は，木村・前掲注(13) 20 頁以下，松原・前掲注(19) 154 頁以下を参照。

原則に違反して無効である。

　以上の連邦憲法裁判所の判示において，③の経過措置と信頼保護原則の関係の判示は，遡及立法への裁判的統制が極めてゆるいアメリカにおいても，議会が遡及立法を定める際に経過措置の設置を配慮することが少なくないという点との関係も含め興味深いものである。そして，なによりも④の考え方は，従来の租税領域での遡及立法をめぐる議論では，ほとんど登場してこなかったものであり，特に注目をすべき部分である。そして，④にかかわる問題では，この④の判示を前提にした場合，遡及租税立法の公布後に不動産を売却した場合に，当該法律の公布前までの価値上昇分と，公布後から売却までの価値の上昇分を振り分ける必要が出てくる。この振り分けについて，木村弘之亮教授は，ドイツ税務行政が次のような対応策を考えているようだとして，簡単な一つの株式譲渡を使ってのモデル計算例を紹介されているが，興味深い内容であり，それを以下に紹介させていただく[21]。

　Aが01年1月1日に株を100で購入したが，当時の租税法では株式売却益は非課税とされていた。しかし，05年3月の租税法改正によって，株式譲渡益は課税対象とされるところとなった。Aは当該株式を08年に200で売却したが，05年改正の新租税法が適用されることになれば，100（＝200－100）の譲渡益に対して課税がなされることになる。しかし，上記の連邦憲法裁判所の④の考え方からすれば，01年から05年の価額の増加部分については非課税ということでなければならない。そこで，01年から08年の間の価額の年平均価額増加分を「$100 \div 8$」という計算式で算出し（これによる年平均価額増加分12.5になる），これに譲渡益が非課税であった年数を乗じて非課税部分の価額上昇額を算出する。これによれば，12.5×4.25（年）＝53.125が非課税分の価額上昇分であるから，08年の本件株式譲渡については46.875（100－53.125）が譲渡益として課税対象になる。

　遡及効二元説を維持しながら，不真正遡及効の性格を有する遡及立法の一部違憲・無効を判示した2010年7月7日の連邦憲法裁判所の3つの決定のうちの残りの2つの紹介については省略させていただくが，その論理構造は上記の決定と基本的に同様のものである。上記で紹介した決定の③の経過措置に関するもの，さらに④の価額上昇分の区分に関する考え方は，極めて注目すべきもの

---

(21) 木村・前掲注(13) 32頁。

である。ドイツの鉄壁と思われた「不真正遡及立法は原則として合憲」とするドグマが修正された事実は、日本での遡及立法の合憲性に関す議論にも大きな影響を与えるものとおもわれる。

4　損益通算の遡及的廃止規定と二つの最高裁判決

　日本における従来とは異なる次元での遡及立法禁止原則に関する検討がおこなわれるきっかけとなったのが、平成16年の損益通廃止規定を遡及的に適用する租税特別措置法の成立であり、また、この規定の適用を違憲とする訴訟が提起されたことで、遡及立法の持つ問題が具体的に提示されるところとなった。

(1)　訴訟提起

　平成23年9月22日（判例時報2132号34頁）と同年9月30日（判例時報2132号39頁）に、租税法領域での遡及立法禁止原則にかかわる二つの最高裁判決が出されるところとなった。

　二つの事案は、平成16年2月3日に国会に提出された後、同年3月26日に成立して同月31日に改正法として公布され、同年4月1日から施行された改正租税特別措置法31条が、改正前に認められてきた所得税の長期譲渡所得にかかる損益通算を、同年1月1日にさかのぼって廃止する（以下、本件損益通算廃止という）と定めたことから生じた事件である。

　最高裁平成23年9月22日判決における事案（①事件という）は、次のようなものである。

　原告（控訴人・上告人）は、平成5年4月から所有する土地を譲渡する旨の売買契約を同16年1月30日に締結し、これを同年3月1日に買主に引渡した（約2,500万円の売却損の発生）。原告は、平成17年9月、平成16年分の所得税の確定申告書を所轄税務署長に提出したが、その後、上記譲渡によって長期譲渡所得の金額の計算上生じた損失の金額については他の各種所得との損益通算が認められるべきであり、これに基づいて税額の計算をすると還付がなされるべきことになるとして更正の請求をおこなった。これに対し所轄税務署長から更正をすべき理由がない旨の通知処分がなされ、これに対する異議申立て・審査請求も棄却されたことから、原告は本件通知処分の取り消しを求める取消訴訟を提起したというものである。

最高裁平成23年9月30日判決における事案（②事件という）では、その取消訴訟の提起に至る経緯は基本的に①事件と同様であるが、昭和55年ないし同57年以来所有していた土地・建物を譲渡する旨の売買契約を締結したのが平成15年12月26日で、これを原告らが買主に引き渡して代金を受領したのが平成16年2月26日であった（約5億2,000万円の売却損の発生）。このことから、②事件は売買契約の成立時期が平成15年度の所得税の暦年（課税年度）に属する時点であった点で、平成16年度の暦年（課税年度）の属する平成16年1月30日に売買契約が締結された①事件と異なる。

以上の二つの事案において、税務署長がそれぞれの原告らによる更正の請求を認めないとの通知処分の法的根拠としたのは、もちろん平成16年2月3日に国会に提出された後、同年3月26日に成立して同月31日に改正法として公布され、同年4月1日から施行された改正租税特別措置法が、それまで認められてきた長期譲渡所得にかかる損益通算を、同年1月1日にさかのぼって廃止すると定めたことである。

そして、二つの事件で原告らが税務署長の通知処分を違法として主張する理由は、改正法の施行日より前にされた土地等の譲渡についても損益通算を認めないことが納税者に不利益な遡及立法であり、憲法84条等に違反するというものである。

この二つの事件に関する最高裁判決の理論的枠組みは同じもので、遡及禁止原則に違反するものではないと結論づけているが、②事件の最高裁判決に付された補足意見は重要であり、この補足意見は、これからの遡及立法をめぐる議論を進展させる内容を含んでいる。

(2) 判決で認定された立法までの経緯と立法目的

二つの最高裁判例の事案が発生する原因となった遡及立法の改正経緯が、改正前の改正情報に関するマスコミ報道や租税実務の動向・対応なども含めて裁判所に詳細に認定されている点は、従来とは異なる点であり、最高裁が遡及立法や予測可能性などの用語を使用していないとしても、認定した経緯が信頼保護等と遡及を必要とする公益とを衡量するための不可欠の考慮要素と評価していることを示している。

第2章　租税法における遡及立法の限界

(a)　立法までの経緯

①　平成12年以降，政府税制調査会や国土交通省の「今後の土地税制のあり方に関する研究会」等において，操作性の高い投資活動等から生じた損失と事業活動等から生じた所得との損益通算の制限，地価下落等の土地をめぐる環境の変化を踏まえた税制及び他の資産との均衡を失しない市場中立的な税体系の構築等について検討の必要性が指摘されていた。

②　平成15年12月15日に公表された政府税制調査会の平成16年度の税制改正に関する答申には，長期譲渡所得に係る損益通算という項目は盛り込まれていなかったが，他方，同月17日に取りまとめられた与党の平成16年度税制改正大綱では，平成16年分以降の所得税につき上記損益通算を廃止する旨の方針が決定され，翌日の新聞で上記大綱の要旨が報道された。報道した新聞のうちの一紙は当該廃止に係る定めが平成16年分以後の所得税について適用される旨を具体的に報じた。

③　平成16年分以降の所得税につき長期譲渡所得に係る損益通算を廃止する旨の方針を含む上記大綱の内容についての新聞報道がされた直後から，資産運用コンサルタント，不動産会社，税理士事務所等が開設するホームページ上に，値下がり不動産の平成15年中の売却を勧める記事が掲載されるなどした。

④　平成16年1月16日には上記大綱の方針に沿った政府の平成16年度税制改正の要綱が閣議決定され，これに基づいて本件損益通算廃止を改正事項に含む法案として立案された所得税法等の一部を改正する法律案が，同年2月3日に国会に提出された後，同年3月26日に成立して同月31日に改正法として公布され，同年4月1日から施行された。

(b)　判決の認定した立法目的

①　損益通算の廃止目的

長期譲渡所得の金額の計算において所得が生じた場合には分離課税がなされる一方で，損失が生じた場合には損益通算がなされることによる不均衡を解消し，適正な租税負担の要請に応え得るようにするものである。

②　遡及適用にした目的

本件損益通算廃止に係る改正後特別措置法の規定を平成16年の暦年当初から適用することとされたのは，その適用の始期を改正法施行後とした場合，本件損益通算廃止の方針を報道や法案の審議過程等を通じて知った納税者によっ

て，損益通算による租税負担の軽減を目的として改正法施行前に土地等又は建物等を安価で売却する駆け込み売却が多数行われ，上記①の立法目的を阻害するおそれがあったことから，上記の駆け込み売却の防止を図るものであったと解される。

(3) 判決の結論（多数意見）

①事件と②事件の多数意見は，以下のような理由をもって，損益通算の廃止を定めた法律の公布前の平成16年1月1日にまで遡って適用することが憲法に反するものではないと判示してた。

(i) 遡及立法の憲法適合性基準

暦年途中の租税法規の変更及びその暦年当初からの適用によって納税者の租税法規上の地位が変更され，課税関係における法的安定に影響が及び得る場合の当該変更の憲法適合性（憲法84条）については，「財産権の内容を事後の法律により変更する場合と同様」であり，当該財産権の性質，その内容を変更する程度及びこれを変更することによって保護される公益の性質などの諸事情を総合的に勘案し，その変更が当該財産権に対する合理的な制約として容認されるべきものであるかどうかによって判断すべきものである（参照：最高裁大昭和53年7月12日判決）。

(ii) 遡及適用の公益の要請

平成16年分以降の所得税に係る本件損益通算廃止の方針を決定した与党の平成16年度税制改正大綱の内容が新聞で報道された直後から，資産運用コンサルタント，不動産会社，税理士事務所等によって平成15年中の不動産の売却の勧奨が行われるなどしていたことをも考慮すると，具体的に駆け込み売却のおそれが認められる状況にあったというべきである。そうすると，長期間にわたる不動産価格の下落により既に我が国の経済に深刻な影響が生じていた状況の下において，本件損益通算廃止に係る改正後措置法の規定を暦年当初から適用することとしたことは，公益上の要請に基づくものであったということができる[22]。

---

[22] 損益通算の遡及的廃止の立法目的は「駆け込み売却」の阻止ということであったが，ドイツで遡及立法の関係で「駆け込み契約」が問題とされた興味ある事例を紹介しておこう。ドイツでは商船，漁船，航空機に対する特別減価償却制度が1965年に時限的

第2章　租税法における遡及立法の限界

(iii)　納税者の信頼保護

　法改正により事後的に変更されるのは，納税者の納税義務それ自体ではなく，特定の譲渡に係る損失により暦年終了時に損益通算をして租税負担の軽減を図ることを納税者が期待し得る地位にとどまるものである。そして，納税者にこの地位に基づく上記期待に沿った結果が実際に生ずるか否かは，当該譲渡後の暦年終了時までの所得等のいかんによるものであって，その地位は不確定な性格を帯びるものである。

(iv)　遡及適用による納税者の負担の増加

　暦年の初日から改正法の施行日の前日までの期間も暦年当初の3か月間に限られている。納税者においては，これによって損益通算による租税負担の軽減に係る期待に沿った結果を得ることができなくなるものの，それ以上に一旦成

に導入され，その後も適用の期間延長が繰り返されてきた。しかし，この制度については，船舶購入会社への出資者は歓迎していたが，造船業界は批判的であった。この批判は，当該制度の対象船舶はドイツで建造される必要はなく，当時の造船不況に効果はないというものであった。1996年にドイツ政府は本制度の廃止の検討を開始し，同年4月25日に，この制度を「同年4月30日以降」に廃止すると「予告」し，同年11月6日に廃止のための法律の草案が連邦議会に提出された。しかし，この廃止のための法律は予告の同年4月30日ではなく，「同年4月25日以降」の造船契約に適用することとされ，同年11月7日に連邦議会で可決，同年12月20日に公布されるところとなった。しかし，特別減価償却廃止措置を4月30日以降の造船契約に適用するとの政府の予告に驚いた多数の会社は，同年4月25日から4月30日の間に多数の造船契約を締結したが，廃止のための法律を4月25日以降の契約に適用するとの遡及立法がなされたことで，この多数の契約が特別減価償却の適用から排除される結果となった。このような事態のもとで，政府の予告を信頼して4月30日に造船契約を締結した（約5,000万マルク）会社が，当該廃止法は法治国家原理と，そこから導かれる法的安定性・信頼保護に違反する遡及立法であるとして憲法異議を申し立てた。この事件に対して連邦憲法裁判所は，一方で，すでに特別減価償却制度を維持する社会的基盤が失われていることで種々の弊害がでてきており，立法者はこの弊害の除去のための緊急の対応をする必要があったと認定した。他方で，信頼保護の関係の関係では，会社は特別減価償却に経済的意味のないことを認識していながら，4月25日に政府の廃止計画を知って驚き，4月30日までにあわてて造船契約をしたものであると認定したうえで，結論として本件契約をした者の信頼を保護する必要はないとした（この事件は，前述の注(1)で引用した決定の事案である）。この決定に対して，議会での可決の前の既存の法状況を信頼してなされて完結したとみなされる行為の法効果を変更する場合には，それは遡及効が問題とされるケースであるとの判断を示した点に，暦年の最終日を信頼保護の基準とする期間税的な考え方の放棄に途を開く決定であるとして学説からは高い評価が与えられた。しかし他方で，遡及適用に関する公益（公共の福祉）を過大評価しているとの批判もなされている。

立した納税義務を加重されるなどの不利益を受けるものではない。

(4) 補足意見
①事件と②事件の最高裁判決につき，注目すべきは，②事件の千葉勝美裁判官の補足意見である。この補足意見の結論は多数意見と同様であるが，遡及立法の禁止原則に反するか否かを具体的事例にあてはめて検討する場合に必要とされる，公益と信頼保護・信頼保護・予測可能性との衡量内容がより明確に示されているからである。少なくとも，この補足意見に示されている思考様式こそが，さらに進化・精密化の必要はあるとしても，これからの遡及（租税）立法の違憲性を検討する場合に要請されるものであると思われる。この千葉裁判官の補足意見の概要を簡略にまとめれば，以下のようになろう。

(i) 本件の納税者の信頼保護の性格
(イ) 行為時点での法規範への信頼
納税者は，通常，売却処分時点で施行されている税制を前提にして，課税対象所得を計算し，損益通算による利益を考慮の上で経済活動を選択するのであり，損益通算の制度が売却処分より前の暦年当初に遡って廃止されることは，このような納税者に予期せぬ損害を被らせることになり，その額も多額に及ぶこともあり，その点で財産権を事後的に立法によって変更された場合と類似した状況となる。
(ロ) 期間税における信頼
所得税がいわゆる期間税であり，暦年終了時に課税額が確定することから，本件損益通算廃止は，法律に基づき一旦成立した財産権を事後的に変更する場合と全く同じとはいえない。
(ハ) 法改正の予測
長期譲渡所得の損益通算の制度は，その時点の社会的，経済的諸情勢，特に，不動産の価格の動向等の変動する諸要素により影響を受けるものであり，本来，恒常的なものではないのであるから，この制度が改廃されることは予想され得るところであり，それが年度途中に改廃がされることもあり得るところであって，想定の範囲を超えるものとはいえない。

(ii) 公益の評価
租税法規の適用は，客観的，形式的，画一的に平等に行うことが基本的に要

請されるところであり，事案ごとに駆け込み売却かどうかを個別に判断して適用の有無を決めるといった判断が求められるような事態が生ずるのは避けるべきものである。また，所得税は期間税としての性格を有し，暦年の全体を通じた公平を図るという要請もある。これらの点を考えると，暦年当初から本件損益通算廃止を適用したことに合理性，必要性がないとはいえないであろう。

(iii) 立法上の（緩和措置等の）配慮の必要

納税者が不動産の長期譲渡を行うに際しては，その際の税制を前提に譲渡所得に対する課税額等を考慮するのは当然の経済活動であり，特に，本件のように，売買契約自体は既に法改正前年（本件②事件では平成15年12月26日）に締結され，代金等の授受と登記移転・土地の引渡し等が法改正年度（本件②事件では平成16年2月26日）になったようなケース（すなわち，売買契約の締結が法改正の前年度中にされているケース）についてまで，年度途中の本件損益通算廃止を年度当初に遡って適用させることは，不測の不利益を与えることにもなり，また，必ずしも駆け込み売却を防止するという効果も期待し難いところである。本件改正は，このようにいわば既得の利益を事後的に奪うに等しい税制改正の性格を帯びるものであるから，憲法84条の趣旨を尊重する観点からは，「上記のようなケースは類型的にその適用から除外するなど，附則上の手当てをする配慮が望まれるところであったと考える」。

(5) 二つの平成23最判の検討

(a) 最高裁大昭和53年7月12日判決（民集32巻5号946頁）

二つの最判の多数意見は，暦年の途中での租税法規の改正法を当該暦年の当初から適用することの性格を，「財産権の内容を事後の法律により変更する場合と同様」として，最高裁大昭和53年7月12日判決を参照判例としてあげている[23]。この昭和53年最大判の事例は，自作農創設特別措置法（自創法）にもとづく買収済み農地で国が管理しているものにつき，同法を廃止して昭和27年に新たに制定された農地法80条が，自作農の創設等の目的に供しないことを相当とする事実が生じた場合に，その農地を買収の対価相当額で売払いを求める権利を旧地主に認めたことに関連するものである。昭和27年の廃止

---

[23] この判決の評価については，戸波江二・憲法判例百選Ⅰ（第3版，1994年）200頁以下，小泉良幸・同（第5版，2007年）200頁以下等参照。

4 損益通算の遡及的廃止規定と二つの最高裁判決

前の自創法による買収価格は政策的に極めて低く設定されていたことから、その後に旧所有者に売り払う時点での高騰している地価を考慮すると、買収時の極めて低い対価相当額のままで売り払うのは不合理であるとして、昭和46年に農地法80条の買収の対価相当額での売払う旨の規定の部分を削除し、同時に売払価額を時価の7割とする特別措置法が制定された。そして、この農地法の改正と特別措置法制定（以下、この二つを本件改正法という）前に、すでに改正前の農地法による売払いの申し込みをしている旧所有者にも本件改正法が適用されることになったことから、これが遡及立法禁止原則に違反して違憲ではないかが問題とされた。昭和53年最大判は、本件改正法の成立前に売払いの申し込みがなされているとしても、本件改正法の時点で、いまだ国からの売払いの意思表示（農林大臣の認定）がなされていなかったことから、この改正法の成立時点では、買収の対価相当額で売り払いをうける売買契約は成立していないとする。そして判決は結論として、本件改正法は旧地主の売払いの「権利を剥奪」するものでなく、売払いの対価を旧所有者に不利益に「変更するにとどまる」ものであるとしたうえで、この買収の対価相当額で売払いを受ける権利が害される程度の権利の侵害は憲法上容認され、公共の福祉に適合するものと判示した。

この昭和53年最大判については、その結論には賛成するとしても、その論理構成には疑問があるとする批判が学説からなされるとともに、この昭和53年最大判の補足意見においても多数意見の論理構成に強い批判が展開されている。遡及立法の限界という観点からすると、高辻正巳裁判官の補足意見に注目すべき点がある。高辻裁判官の補足意見は、法律に定められている権利の内容を変更することと、その変更をした法律を既に国との間に設定されている個別の法律関係に適用して旧所有者の財産的利益を害することとは、その性質を異にしており、多数意見がいう「権利自体が剥奪されるような」場合のほかは「権利の内容を変更するにとどまるものである」との考え方は、社会政策上の一般的見地を主眼とした公共の福祉に適合するものである限り、財産権侵害が常に是認される旨をいうにほかならないことになりかねないとし、次のように指摘する。

「多数意見において、前記現存の法律関係の法の作用の成果として現実に収受される財産的利益を害することが財産権の不可侵を定める憲法に適合するも

のとみられるためには，その侵害が社会政策上の一般的見地を主眼とした公共の福祉に適合するものであるとすることについてではなく，その侵害によって被る損失を当該個人に甘受させるのが相当とされるような公益上の必要性があり，その侵害が右の必要性にこそ即してされるものであるとすることについて，合理的な理由が明らかにされなければならない」。

以上の高辻裁判官の指摘は，多数意見では法律の遡及でうける個人の不利益の評価が不十分とする，正当な内容を含んでいるものと思われる[24]。平成23年の二つの最判が参照する昭和53年最大判については，その遡及立法の一般的判断枠組みによることを是とするとしても，それを基礎にしてなされた実際の判断・評価方法は，公共の福祉・公益の実現という点に一方的に重点をおくものであり，平成23年最判が審理対象とする事案の評価にさいして依拠することのできないものであると思われる。

(b) 損益通算の遡及的廃止規定と二つの最高裁判決

まず，二つの平成23年最判は典型的に遡及立法禁止原則にかかわる事案が審査対象でありながら，遡及立法という用語ばかりか，遡及立法問題のキーワードとなる，予測可能性[25]，信頼保護原則という用語が登場しない点が目を引く（法的安定という用語は見られる）。この点は，当該最判が遡及立法という用語を使用せず，昭和53年最大判を参照して前述のように「財産権の内容を事後の法律により変更する場合と同様」であるとのみ述べることで，遡及立法の合憲性の判断基準に対する（ドイツの判例・学説の進展を基礎にした）日本の学説による最新の議論の枠組みで事案を検討することを回避しているようにも解される。

本件最判は，遡及立法に関する真性遡及効と不真性遡及効の区分という観点からいえば，あえて明示的には遡及効二分説を採用せず，いずれであれ昭和53年最大判が示した判断枠組みでの審査をおこなうとしているようにみえる。

---

[24] ただし，高辻裁判官は，農地の旧所有者の申し入れに対して，遡及立法である農地法等の改正の段階では，いまだ農林大臣の認定がなされていないことから，そもそも本件において旧所有者が国に対して農地の売払いを求める権利を取得していないとの解釈をとっている。

[25] 最判中に予測可能性という用語が登場しない意味については，小林宏司・最高裁時の判例／民事（ジュリスト1441号，2012年）113頁以下参照。

しかし，多数意見のⅲとⅳにあるように，期間税である所得税において損益通算による税の軽減効果は暦年の終了時までは確定できず，それゆえ改正法の公布前の不動産取引で生じた売却損の損益通算による税の軽減は「期待」でしかないとして，結局は伝統的な遡及効二分説的思考に立つものであり，昭和53年最大判に依拠して設定した合憲性審査基準の具体的適用場面において，公益に対置すべき信頼保護の消極的評価を導く最重要根拠（要素）を，本件の事例が期間税たる所得税におけるものである点に求めている。

　暦年の途中で成立した損益通算を廃止する法律をどの時点まで遡及させるかについては，国会の審議過程で，暦年の開始日（平成16年1月1日），国会への法案提出日（同年2月3日），改正法の公布日（同年3月31日）等の選択肢があったはずである。また，裁判所も，その遡及する日の期間的限界について，以上のような複数の時点の検討がなしえるはずである。遡及立法の制定については，納税者の財産権保護，さらには自由権の擁護という観点から，この点の選択に関する検討が十分に国会でなされていない点が問題である。前述の千葉裁判官の，一定のケースについては適用除外を立法的に配慮すべきであったとの指摘は重要なものであり，遡及立法の合憲性判断基準に適用除外や経過措置をもうける検討が立法過程で十分になされていたかを加えるべきであろう。千葉裁判官の適用除外等の立法的配慮という補足意見は，売買契約自体は既に前年度（平成15年12月26日）に締結され，代金等の授受と登記移転・土地の引渡し等が当該年度（平成16年2月26日）になったという②事件のケース（売買契約の締結が改正法により遡及する平成16年1月1日よりも前の平成15年中にされている）を想定したものであるが，契約日が遡及する日よりも前の時点でなされているというような狭い条件に限定することなく，もっと広く適用除外や経過措置の配慮がなされるべきである。

　さて，②事件関連して，平成16年8月4日付で「契約ベースにより平成15年分所得税の期間後申告書等が提出された譲渡所得事案の処理について」とのタイトルの事務連絡が国税庁から発遣されている[26]。この事務連絡（通達）は，譲渡所得の総収入金額の収入すべき時期につき，原則として資産の引渡し

---

(26) TAINS検索システム：TAINSコード・事務連絡Ｈ　160804（TAINS収録日：平成16年10月8日）。この事務連絡は，TAINSの管理事務局（日税連税法データベース事務局）の情報公開請求によって初めて，広く租税実務関係者に認知されたもののようである。

第2章 租税法における遡及立法の限界

があった日とする（引渡し日基準）が，納税者の選択により，譲渡契約の効力発生日（契約の効力発生日基準）に総収入金額に算入して申告があったときは，これを認めるとした従来からの所得税基本通達 36-12 の運用にかかわるものである。そして，この同 36-12 の契約効力発生日基準の選択は，契約の効力発生日の属する年の翌年 3 月 15 日（確定申告期限）までとされているが，その選択が確定申告期限後になったことについて，やむをえない事情がある場合には期限後申告書の提出による契約の効力発生日基準（契約ベース）の選択を認める扱いがおこなわれてきた。この契約ベースの期限後申告書等の提出に関する税務行政上の取り扱いにつき，上記の平成 16 年の事務連絡は，長期譲渡所得の損益通算の廃止等の土地に税制に関する大幅な改正がおこなわれたことから，「当該改正に基因して，契約ベースによる平成 15 年分の期限後申告書等が提出されたと認められる場合には，当該期限後申告書等の提出による契約ベースの選択を認めて差し支えない。」とし，事務処理上の留意点として，平成 15 年度中の契約の実態がないものについて認めることのないように十分に注意することと付け加えている。この平成 16 年の事務連絡通達は，本件遡及租税立法が国会で可決された約 4 か月後に出されたものであるが，当該遡及立法により納税者に発生する可能性のある不利益を，極めて狭い範囲であるが税務行政の段階で緩和しようとするものである。しかし，このような緩和措置は，遡及立法の国会での審議過程においてこそ検討されるべきものである。上記のように，②事件では，昭和 55 年ないし同 57 年以来所有していた土地・建物を譲渡する旨の売買契約を締結したのが平成 15 年 12 月 26 日で，これを引き渡して代金を受領したのが平成 16 年 2 月 26 日であった。このケースの場合には，すでに引渡し日基準での申告がなされていたことから，直接的には事務連絡による緩和措置は適用されないということにならざるをえないが（この取扱いに問題がないわけではない），②事件の最高裁判決の千葉裁判官の補足意見にあるように，少なくとも契約が平成 15 年度中に成立しているものについては，遡及規定の適用を排除する措置が立法的に必要であったと思われる。千葉裁判官も述べるように，②事件のようなケースについてまで本件遡及立法を年度当初に遡って適用させることは，本件遡及立法の最も重要な目的である駆け込み売却を防止するという効果も期待し難いのであるから，本件立法に当たって②事件のようなケースを遡及適用の除外対処とするべきであったと思われる。それゆえ，②事件においては，当該事案に本件遡及立法の適用がおこなわれる限りに

おいて，その部分は違憲であるとの判断がなされるべきである[27]。

5 結　語

　納税者の信頼保護を消極的に評価する平成 23 年最判の多数意見の核心的根拠は，平成 16 年改正法による遡及効を，実質的には前述の伝統的（前述のドイツ連邦憲法裁判所 2010 年 7 月 7 日決定が出る前の同裁判所の考え方に代表される考え方）な遡及効二分説による不真正遡及効であるとする点にあるといえる。すなわち，不動産の譲渡時点に基礎とした改正前の既存の法による損益通算規定の適用（利用）による税負担軽減の可能性は，所得税のような期間税の場合，当該譲渡後の暦年終了時までの所得等のいかんによるものであるから，当該可能性は譲渡時点では不確定である。このことから遡及立法による廃止対象としたのは，譲渡後の将来の暦年終了時点で損益通算規定の適用により税額軽減を実現できるかもしれないという「期待」であり，その信頼保護のとしての価値は低いものでるとするのが最高裁の論理である。

　しかし，「純粋に技術的に作られた」賦課期間（暦年）の最終日の経過による租税債権の成立という基準は，納税義務者の経済行為等の完結がもつ意義と，整合的に対応しているものではない[28]。法的安定性，予測可能性，信頼保護を構成要素とする法治国家原理のもとでは，まず，特定の経済行為がなされて完結した時点での法規範への信頼が保護されるのが原則である。真正遡及効と不真正遡及効の区分に関係なく（遡及効二分説的思考の放棄），まずは経済行為完結時の法規範（法状況）への信頼保護が優先されるべきものであり，そのあとに当該優先性を修正する公益が例外的に存在しているかが具体的に検討されるべきものである。技術的に設定された課税期間（暦年という単位）という仕組みを絶対の前提とすることで，同一課税年度内での当該暦年の最終日前に完結した経済行為時点での既存の租税法による租税軽減への信頼を単なる期待で

---

(27) 損益通算の遡及的廃止立法にかかわる最高裁平成 23 年の二判例の検討については，渋谷雅弘・平成 23 年度重要判例解説（ジュリスト 1440 号，2012 年）221 頁以下，小林宏司・法曹時報 66 巻 6 号 2014 年）225 頁以下，髙橋祐介・民商法雑誌 147 巻 4 ＝ 5 号，2012 年）409 頁以下，田中良弘・自治研究 90 巻 7 号 2014 年）117 頁以下，増田英敏編著『租税憲法学の展開』（2018 年）11 頁以下のほか，多数の文献を参照させていただいた。

(28) Tipke/Lang, Steuerrecht, 21 Aufl., 2013., S. 123.

第2章　租税法における遡及立法の限界

しかなく，信頼保護の対象としては価値の低いものとする考え方を，遡及租税立法の憲法的許容性を検討するさいの出発点にしてはならない。そして，例外的に遡及立法を認めるとしても，さらに，経過措置・経過規定による遡及効の不利益を緩和する措置の必要性が，必ず考慮されなければならない。この措置を結論として採用しなかったとしても，その立法の国会での審議過程で当該措置の採用の可能性を全く検討していないとすれば，それのみで当該遡及立法は遡及立法禁止原則に違反するおそれが生じるようにも思われる。前述の千葉裁判官の補足意見では，租税法規の適用は，客観的，形式的，画一的に平等におこなうことが基本的に要請されるところであり，事案ごとに駆け込み売却かどうかを個別に判断して適用の有無を決めるといった判断が求められるような事態が生ずるのは避けるべきものであるとの考え方が示されている。しかし，遡及立法の審議動向に的確に対応できる能力を有する納税者と，そうでない納税者も存在していることは否定できない。そうであれば，事案ごとの駆け込み売却か否かの判断を求める立法は非現実的であるとしても，納税者の対応能力の格差等を考慮して，一定の場合に遡及効を緩和する対応を，国会は経過措置・経過規定で画一的に対応することが求められるように思われる。

第 3 章　権 利 濫 用

木村弘之亮

1　租税回避と濫用

(1)　租 税 回 避

(a)　憲法と民法上の根拠

通説[1]及びリーディング裁判例[2]は，租税法律主義に照らし租税回避の否認のためには根拠規定を必要とするとしてきた[3]。そこで，租税回避行為（本

---

[1] 中川一郎（編）『税法学体系〔全訂増補版〕』（三晃社，1977年）96頁〔中川一郎執筆〕；金子宏『租税法〔第22版〕』（弘文堂，2017年）126-133頁；北野弘久『税法学原論〔第4版〕』（青林書院，1997年）200頁；山田二郎『税法講義──税法と納税者の権利義務──〔第2版〕』（信山社，2001年）40頁；清永敬次「実質主義と租税回避」法律時報39巻10号28頁；清永敬次『税法〔第7版〕』（ミネルヴァ書房，2007年）46頁；水野忠恒『租税法〔第5版〕』（有斐閣，2011年）25頁。

[2] 東京高判昭和47年4月25日民集28巻6号1200頁＝行集23巻4号238頁（三越事件）（「右契約内容の経済的効果を達成するためには通常被控訴人が主張するような取引形式を選択することが多いであろうから，CがDとの間に前記認定のような内容の契約を締結したのはいささか異状であつて，そこに何らかの，おそらくは租税（当時の不動産取得税）負担の回避ないし軽減の意図がうかがえないでもない。はたして然らば右は一種の租税回避行為というべきであるが，同族会社の行為計算の否認（法人税法132条，所得税法157条，相続税法64条）のほか一般的に租税回避の否認を認める規定のないわが税法においては，租税法律主義の原則から右租税回避行為を否認して，通常の取引形式を選択しこれに課税することは許されないところというべきである。」）←東京地判昭和46年3月31日民集28巻6号1189頁＝行集22巻3号408頁。東京地判昭和46年3月31日及び東京高判昭和47年4月25日はともに租税回避行為及び通謀虚偽表示を認定していない。

[3] 租税回避対策にかかる一般規定を国税通則法制定に際し提言したものに，参照，1961年7月5日『国税通則法の制定に関する答申』税制調査会答申第2次答申4頁。これに対し，日本税法学会は1961年11月11日に学会意見書を総理大臣に提出した（参照，日本税法学会「国税通則法に関する意見書」国税通則法意見書特集号・税法学（1961年）1頁以下；中川一郎（編）『税法学体系(1)　総論』（三晃社，1968年）139頁〔中川〕；中川（編）（1977年）『税法学体系』98頁〔中川〕。さらに，参照，田中二郎・雄川一郎・加藤一郎ほか（座談会）「国税通則法をめぐって」ジュリスト251号（1962年）10頁（15-17頁，19-20頁）。その際，課税要件の事実認定に当たり，当事者の選択した法形式を無視して，租税法独自の立場から経済的実質に即する事実認定を行いうるかが問題であったといわれることがある。

83

第3章 権利濫用

章では「脱法行為」ということもある）を否認する一般原則の法的根拠が問われなければならない。

　日本国憲法は，その第11条において，国民に保障する基本的人権とその不可侵性を規定し，そして，第97条において，基本的人権を国民に信託する。したがって，国民は，その「信託」に応える態様で，基本的人権，ことに自由権的基本権を永久に保障されている。他方，その第12条2文は，自由及び権利の内在的制約を鮮明にし，その濫用を禁止する。第12条2文は，第97条の定める「信託」との意味関連において国民と国との間における「信頼保護の原則」を前提としており，自由及び権利を公共の福祉のために常に利用すべきものと規定する。

租税回避行為の一般否認原則は，憲法12条が自由及び権利の濫用を禁止し(1)，さらに解釈は可能な語義の限界(4)を超えたところで終了し(2)，その限界の外側では税負担を加重する類推適用の禁止原則がはたらく(3)ところで，妥当する，といわれている。これら3つの前提要件に照らし，この租税回避行為の否認についての一般原則は日本国憲法の下においても租税法上一般に承認され確立しうるものと解される。租税回避の試みが法規定における可能な語義の限

---

(4) 語義の可能な限界に相当する最高裁判例上の定式は「みだりに規定の文言を離れて解釈すべきものではない」（最二判昭和48年11月16日民集27巻10号1333頁・譲渡担保と不動産取得税（みだりに拡張適用すべきでないから，類推適用すべきではない。）：最二判平成22年3月2日民集64巻2号420頁・ホステス報酬事件（租税法規はみだりに規定の文言を離れて解釈すべきものではなく，原審のような解釈を採ることは，……文言上困難である）；最二判平成27年7月17日集民250号29頁・固定資産税の納税義務者（特殊な事情があるためにその賦課徴収をすることができない場合が生じ得るとしても変わるものではない））であろう。なお，東京地判平成24年12月7日判例時報2190号3頁・デリバティブ取引の有効性判定（租税法規は侵害規範であって，法的安定性の要請が強く働くものであるから，みだりに規定の文言を離れて解釈すべきではない。文言を離れて……と解すべき合理的理由は見いだすことができない。）；長野地判平成16年3月26日（「租税法の規定はみだりに拡張適用すべきものではなく（最高裁判所昭和48年11月16日第二小法廷判決……参照），租税法規については租税法律主義の見地から，その解釈にあたっては法的安定性を重視すべきであるから，恣意的に納税者の有利になるように解釈することは許されないと解される」）（下線強調は木村）は「法的安定性」というメルクマールを追加することにより，正義（又は司法実務上社会的正義）に適うように法律と憲法に拘束されると言うよりも，法的安定性を重視して，正義なき法実証主義・正義なき形式的租税法律主義に加担する裁判例と評しうる。

　上記の定式「みだりに規定の文言を離れた解釈」は，何を意味するかについて，理論分析されているわけではない。

界内において目的論的解釈などにより解決される場合には（内在説），租税回避行為の否認は未だ問題とならない。3つの前記要件がみたされる場合にはじめて，かかる納税者が，国との間の信頼関係を一方的に打ち破り，契約自由の原則のもととはいえ，当該経済取引に不相応な法律構成を選択し，租税債務を不当に軽減又は不当に租税法上の便益を騙取するときには，国は，当該納税者らの行使した法律構成の選択権について，権利と自由の濫用を租税法上責問し得てしかるべきだからである。不相応な法律構成に基因して税負担又は税法上の便益が，相応な法律構成の場合なら成立したであろう税負担（租税債務）に比し軽減されているか又は騙取されている場合，その差額に相当する金額が，追徴して課税される。これが，租税回避行為の否認から生じる法律効果である（独租税通則法42条1項）。憲法12条は，「国民は自由及び権利はこれを濫用してはならず，常に公共の福祉のためにこれを利用する責任を負う」と定めているところ，国税通則法をはじめとする個別税法律が租税法の領域において権利の濫用禁止規定を置いていないとしても，法適用者はその根拠として，憲法12条の租税法への照射効及び民法1条3項の類推適用を援用できないわけではない[5]。さらに，昭和37年4月2日，国税通則法案の国会審議において参議院大蔵委員会は，内閣総理大臣に提出された日本税法学会意見書[6]の提言した「租税回避行為の一般否認規定を将来の判例学説の発展にまつ」旨の見解を確認し，そして参議院はその直後に同国税通則法案を採決した。法適用者（裁判所，租税行政庁）は，その審議内容に基づき着実に租税回避行為の一般否認原則又はその規則（法律効果を含む）を爾後的法形成（判例法）するべきでありかつそうすることができる。

---

(5) 北川善太郎『民法総則（民法講要Ⅰ）』（有斐閣，1993年）23頁。
(6) 日本税法学会は，1961（昭和36）年11月11日総理大臣に提出した学会意見書について，次のような意見を公表した（中川一郎（編）『税法学体系(1) 総論』（三晃社，1968年）139頁；中川一郎（編）『税法学体系』〔全訂増補〕（ぎょうせい，1977年）91頁；さらに，中川一郎（編）『コンメンタール国税通則法』（追録第2号加除済 三晃社）A25頁以下。
　（意見）　租税回避に関する規定はこれを必要とすが，税務官庁が租税回避を理由として否認権を濫用しないように立法上防止を講ずる必要がある。
　「（理由）　同族会社の行為計算の否認に関する従来の税務行政の実績に徴するも，租税回避を理由とする否認権は濫用されるおそれがある。従って租税回避の成立要件を明確かつ制限的に規定する必要がある。納税義務者及び関係人の選択した形成形式または制限が異常であっても，それが節税以外の正当な事由に基づく場合，及び節税が顕著でない場合には，租税回避が成立しないことを明確にしておく必要がある。」

第 3 章 権利濫用

　国税通則法は，1962（昭和37）年4月2日法律第66号として公布されている。その立法過程において，租税回避の禁止規定について，「判例学説の一層の展開をまつ方がより適当である」と参議院大蔵委員会と大蔵主税局は判断した[7]。

　この租税回避行為の一般否認原則は，日本国憲法12条に適合し合憲であり，

---

(7)　「大蔵省主税局の国税通則法制定に関する要領」。同要領は中川一郎・清永敬次（編）『コンメンタール国税通則法』（税法研究所　3号追録　昭和57年）A51頁より引用。

　　第40回国会　［参議院］大蔵委員会　第16号（昭和37年3月20日）

　　「政府委員（[大蔵政務次官]天野公義君）　次に，国税通則法案につきまして御説明申し上げます。

　　御承知のように，現行の税法体系は複雑難解なものになっておりますが，これを納税者の理解しやすいものに整備するための基礎として，各税法を通ずる基本的な法律関係及び共通の事項を取りまとめて定めるとともに，あわせて，納税者の利益に着目しつつ，各種加算税や争訟等の諸制度の改善合理化をはかることが，かねてから要望されていたのであります。

　　政府は，これらの要望にこたえるためには，新たに各税法を通ずる共通法を定める必要があると考え，税制調査会に諮問してその検討を求めてきたのでありますが，先ごろその答申を得ましたので，これを基礎としてさらに慎重な検討を加えて参りました。その結果，答申された事項のうち，若干の項目につきましては，これを制度化するかどうかは，なお，今後における判例，学説等の一そうの展開を待って，さらに慎重な検討にゆだねることが適当であると考えられましたので，前に申しました趣旨からこの際立法することを必要とする事項に限りまして，ここに本法案を提案した次第であります。」［そこにいう若干の項目には，租税回避行為の一般否認ルールが含まれている。］

　　第40回国会　［参議院］大蔵委員会　第23号（昭和37年4月2日）

　　「木村禧八郎君　私の理解しているところでは，そんな簡単なものではないように理解しているのでございます。それは日本税法学会におきまして「国税通則法制定に関する意見書」というものを出しております。この意見書によりますと，「国税通則法を緊急に制定する必要はない。学説，判例の発展を待ち，機熟してから，むしろ租税基本法を制定すべきである。」，こういう意見を述べて，その理由としまして，この国税通則法は税制調査会の答申に基づいて立案された，しかし税制調査会の答申はドイツ法の条文を参考にして答申が作成された，ということになっていますね。いわゆるナチスの租税適用法です。このナチスの租税適用法は1934年に制定されている。御承知のように，ナチスのファッショ体制に税制を適用させる，そういう法律なんです。非常にファッショ的な法律であると思うのです。そういうわざわざナチスの租税適用法を参照して，それに基づいて制定されたというわけですね。そうすると，その精神がどこにあるかということは，こういう点からもわかってくると思うのです。ナチスの租税適用法は，憲法に規定された法規を軽視して，税法が憲法に規定された規定よりも優先する，こういう精神になるのです。」（[　]内および下線加筆は木村）

　　以上の如く，日本税法学会を代表する中川一郎は，租税回避行為の一般否認についての規範を判例・学説によって蓄積し，機が熟することを期待したのである（中川一郎（編）『コンメンタール国税通則法』（3号追録　三晃社，1982年）038頁以下。

課税の平等に資する一方，民法1条3項（権利濫用の禁止）が同条項に相当する規定を欠く法律を補充する手段とみなされ，明確に定式化されうるであろう(8)。

その上，中川一郎・清永敬次（編）『コンメンタール国税通則法』（税法研究所 3号追録 三晃社，1982年）A53頁「日本税法学会意見書は，租税回避禁止規定を設けてはならないとまでは提唱していない。税務官庁が租税回避を理由として否認権を濫用しないように立法上の防止策を講ずる必要があると主張したに過ぎない。」旨を述べる（中川一郎（編）『税法学体系〔全訂増補版〕』（三晃社，1977年）96頁〔中川一郎執筆〕）（下線強調は木村）。

国税通則法の制定の経緯について，『国税通則法の解説』（国税庁，昭和37年）は，「その三 3 答申と通則法との関係」において，「政府において，この答申〔国税通則法の制定に関する答申（税制調査会第二次答申 昭和36年7月）；税制調査会答申最終答申（昭和36年12月）〕につき逐一検討が行われた……今後における判例学説の一層の展開に待つ方がより適当と判断されたものもあった。」その1つに，「租税回避の禁止に関する規定」が含まれている（武田昌輔（編）『DHコンメンタール 国税通則法 第1巻 沿革Ⅰ 総論』74頁（第一法規）。

さらに，志場喜徳郎・荒井勇・山下元利・茂串俊（編），『国税通則法精解〔初版〕』（大蔵財務協会，1963年）51-52頁〔〔租税回避行為の禁止など実質課税の原則は〕考え方として目新しいものではなく，むしろ，現行税法の則にあるとみられる以前からの考え方を抽象的に表現したものといえるであろう。〔改頁〕問題は，まさに「抽象的，一般的に」表現するところにある。……なかんずく租税回避行為の禁止に関しては，予測不可能な巧妙な手段に対処する意味からして，抽象表現そのものに意義があるといえる。〕

税法学者・中川一郎らは租税回避行為の否認規定を設けることに反対するのでなく，否認権の濫用を危惧しており，他方，大蔵官僚・志場喜徳郎らは濫用権の防止のための法規の立法態様に難渋する。「抽象過ぎず，一般過ぎず」。立案によれば，防止策としては，前掲国税通則法の制定に関する答申（税制調査会第二次答申 昭和36年7月）は「その二 租税回避行為」において，「立法に際して，税法上容認されるべき行為まで否認する畏れのないように配慮するものとし，たとえば，その行為をするについて他の経済上の理由が主な理由として合理的に認められる場合等には，税法上あえて否認しない旨を明らかにするものとする。」と説明している。すなわち，納税者側がその事実を具体的に主張立証する場合，租税行政庁側は，それを覆すことのできないとき，否認権を行使できない。

当時（1972年）の国会審議において，参議院議員は，答申による租税回避行為の一般否認規定がナチス期の独租税調整法1条2項（独租税通則法2条）に由来する（武田昌輔「租税回避行為の意義と内容」日税研論集14巻（1990年）41頁注1）がゆえ，ファシズムに近しい規定故に，絶対反対だと主張した。しかし，2017年現在，独租税通則法42条は，数次の法改正を経て，その内容を一新している。したがって，ドイツ租税回避行為の一般否認規定が，ファシズム法学から断絶され，むしろ正義を指向する実質的租税法律主義のもとで立法されている。

(8) 参照，金子宏「市民と租税」所収：加藤一郎（編）『岩波講座現代法 8巻』（岩波書店，1966年）324頁（法律要件として，一に，利用された法律形式が異常であるこ

第 3 章　権 利 濫 用

　租税法律主義（憲法 84 条）を最大限尊重するとしても，憲法規定（12 条 2 文・14 条 1 項）に基づく租税回避行為否認原則は租税法上妥当し得る（租税法の憲法化）とする立場も成り立ちうるだろう。租税法律主義（憲法 84 条）は権利濫用の禁止原則（憲法 12 条）と両立しないわけではなく，むしろ権利濫用の禁止原則（憲法 12 条 2 文，14 条 1 項）は，憲法 11 条の保障する基本的人権を除いて，憲法の保障する権利と自由（憲法 12 条 1 文）に対し内在的に制約を課しており，また，国民は，これを濫用してはならないのであって，常に公共の福祉のためにこれを利用する責任を負うのである。憲法 12 条が，個人の尊厳（ないし尊重）及び幸福追求権を保障する第 13 条の直前に配置されている事実に照らし，権利濫用の禁止原則（憲法 12 条）は，平等原則（憲法 14 条）はじめ租税法律主義（憲法 84 条）と衡量（バランシング）され，租税法律主義に内在する制約原理として機能する。

　最二判平成 15 年 12 月 19 日・一括支払いシステム東京三菱銀行事件[9]は正義なき法実証主義と形式法学（概念法学）から脱却し，租税法律の欠缺する領域で，民法の規定［公序良俗違反規定・強行規定違反規定，信義則違反規定］を直接準用する手法を用いている（裁判官による法の継続形成，爾後的法形成）。さらに，私法上（又は少なくとも，税法上）無効な取引に基因する経済的利益に対し，所得税法は課税するための法律構成要件を法定していないにもかかわらず，判例・学説・実務は応能負担原則に適合するようにそれに対する課税を許容している（裁判官による法の継続形成）。

　租税法学は，租税法律主義（憲法 84 条）を尊重すべきであるとしても，前記のごとく形式法学（厳格な法実証主義）に陥ることなく，正義を指向する実質的租税法律主義を展開すべきである。そのような憲法適合解釈の観点から，租税事件を解決するために，法律の欠缺がある場合には，それを補填するために，前掲最二判平成 15 年 12 月 19 日は民法の規定を直接に準用する。これと同様に，民法 1 条 3 項（権利濫用禁止）もまた，租税事件に準用されてしかるべきであろう[10]。さらに，同じ経済的成果を稼得した納税者間で法律構成の選択

　　と，二に，異常な法律形式を用いた理由がもっぱら又は主として租税を回避することにあり，それ以上に正当な理由がないこと，三に，税法上要件の充足が回避されること，ならびに，法律効果としては，本来の租税法律要件が充足されたものと取り扱うことが定式化されている）。ただし，この見解は改説されていると思われる。

(9) 最二判平成 15 年 12 月 19 日民集 57 巻 11 号 2292 頁（一括支払いシステム東京三菱銀行事件）。

の違いにより税負担に著しい差異が生じる場合に，平等原則（憲法14条）もまた不当な租税回避行為を否認する根拠とされる[11]。

<u>比較法</u>　スイス連邦裁判所は，明文の法律根拠がなくても税法上許されざる租税回避を法の濫用として判断している[12]。税法上許されざる租税回避行為の一般否認原則を法定していないスイスで，連邦裁判所[13]は，次の要件をすべて満たす場合に，租税回避行為を否認している。

(1)　当事者によって選択された法律構成が異常であり，実体に反し，余りに奇妙若しくは風変わりであるが，いずれにせよ経済的所与に全く不相応であること，

(2)　租税を節約するために，その選択を濫用により行っていることが認定されること，及び

(3)　当該選択された行為が実際に著しく税負担を軽減することになること。

このスイス判例は，日本でも高名な E. Blumenstein 教授に遡る[14]。スイス民法2条2項（権利濫用規定[15]。）がその根拠とされている[16]。スイス民法2条2項によれば，明白な権利濫用は保護されない。同条項には，民事法を越える，一般的な法原則が見いだされる[17]。

<u>体系的解釈としての憲法適合解釈</u>　実定国税通則法はその第1条について文理解釈と歴史的解釈[18]を施しただけでは，納税者（国民）の国（その租税行政庁）に対する権利をその者から剥奪しているから，明白に違憲である。違憲を回避するためには，国税通則法及個別税法の租税手続に関する法規定は，日本国憲法全文第1段（国民主権）・31条（公正な手続基本権・防禦権・聴聞

---

(10)　北川（1993年）『民法総則』23頁（「明文の規定がなくても本来的な公権力関係を含め公法関係に民法規定が適用される局面はかなり多い。」）。

(11)　松沢智『新版　租税実体法〔補正版〕』（中央経済社，1999年）29頁以下，広瀬正『税法研究』（財経詳報社，1985年）98頁；参照，田中二郎『租税法〔第3版〕』（有斐閣，1990年）90頁；岡村忠生「税負担回避の意図と二分肢テスト」税法学543号（2000年）3頁。

(12)　同旨，K. Tipke, StRO Bd. 3, Köln 1993, S. 1348 f.

(13)　BG ASA Bd. 38 (1969/70), 497, 504 およびその他の裁判例について，参照，Tipke, StRO III, S. 1348 FN 109. スイス裁判例は http://www.bger.ch/ により閲覧できる。

(14)　Blumenstein, E. und I. System des Steuerrechts, 3. Aufl. Zürich 1971, 2.

(15)　スイスの法令は http://www.admin.ch/ch/d/sr/sr.html により閲覧できる。

(16)　同旨，Tipke (1993), StRO III, S. 1349.

(17)　参照，Tipke, StRO III, S. 1349 FN 112 に掲げられたスイス文献およびそれに対応する本文。

(18)　納税者権利憲章の立法不作為の経緯について，金子宏『租税法〔第20版〕』（弘文堂，2015年）76頁。

第 3 章　権 利 濫 用

権)・32 条(公正な裁判を受ける権利・双方審尋の原則)の規定に照らし,日本国憲法に定める憲法価値・憲法秩序に適合するように解釈されなければならない[19][20][21][22]。

---

(19) 最判平成 24 年 12 月 7 日平成 22(あ)957 号刑集 66 巻 12 号 1722 頁・国家公務員法違反被告事件＝世田谷事件(国家公務員法(平成 19 年法律第 108 号による改正前のもの) 110 条 1 項 19 号,国家公務員法 102 条 1 項,人事院規則 14 − 7 第 6 項 7 号による政党の機関紙の配布の禁止は,憲法 21 条 1 項,15 条,19 条,31 条,41 条,73 条 6 号に違反しない。裁判官千葉勝美の補足意見は,次のとおりである。「本件においては,司法部が基本法である国家公務員法の規定をいわばオーバールールとして合憲限定解釈するよりも前に,まず対象となっている本件罰則規定について,憲法の趣旨を十分に踏まえた上で立法府の真に意図しているところは何か,規制の目的はどこにあるか,公務員制度の体系的な理念,思想はどのようなものか,憲法の趣旨に沿った国家公務員の服務の在り方をどう考えるのか等々を踏まえて,国家公務員法自体の条文の丁寧な解釈を試みるべきであり,その作業をした上で,具体的な合憲性の有無等の審査に進むべきものである(もっとも,このことは,司法部の違憲立法審査は常にあるいは本来慎重であるべきであるということを意味するものではない。国家の基本法については,いきなり法文の文理のみを前提に大上段な合憲,違憲の判断をするのではなく,法体系的な理念を踏まえ,当該条文の趣旨,意味,意図をまずよく検討して法解釈を行うべきであるということである。)。」憲法合憲解釈が説示されている。

(20) 木村弘之亮「行政手続及び行政訴訟法における手続基本権の保障——聴聞請求権,情報自己決定権,公正手続請求権を中心に」法学研究 62 巻 12,号(1989 年)81-134 頁;木村弘之亮「租税行政手続上の情報開示請求権と文書閲覧」所収:慶應義塾大学産業研究所(編)『法と経済の基本問題　正田彬教授退職記念論文集』(慶應義塾大学産業研究所,1990 年)。

　　日本国憲法 31 条が,明文でもって公正な手続保障を規定しているのである。したがって,公正手続の前提としての権利の内容に関しても公正であることを保障することが憲法の内容に適合する。憲法 32 条(裁判を受ける権利)は実質的に公正な裁判そしてそのためには双方審尋の原則と立証責任の原則をも保障していると解される。そして,双方審尋の原則と立証責任の原則は,当事者の防御権(聴聞権など)を保障するに不可欠な要素である。憲法 31 条が公正な行政手続をも保障しているのであれば,その下位法である法律の内容が憲法価値と憲法秩序に適合しているべきである(照射効)。ことが権利の内容としては当然の前提となる。

　　このため,制定法が仮に憲法 31 条・32 条の要請する公正手続保障を明文で以て規定していない場合であっても,その欠缺を体系的解釈により補填して「防御権(聴聞権など)」を法律レベルでも肯定すべきであろう(憲法適合解釈)。

(21) 憲法適合解釈について,大西芳雄「『憲法に適合する解釈について』」所収:同『憲法の基礎理論』(有斐閣,1975 年)183 頁以下(初出 1972 年);阿部照哉「法律の合憲解釈とその限界」所収:同『基本的人権の法理』(有斐閣,1976 年)218 頁以下(初出 1971 年);宍戸常寿「憲法解釈論の応用と展開〔初版〕」(日本評論社,2011 年)305 頁;宍戸常寿「合憲・意見の裁判の方法」所収:戸松秀典・野坂泰司(編)『憲法訴訟の現状分析』(有斐閣,2012 年)64 頁(68-69 頁,72 頁)(合憲限定解釈と識別した上で,憲法適合解釈概念の導入を説く);山田哲史「ドイツにおける憲法適合的解釈の位

その限りにおいて，同族会社の行為・計算の否認に関する規定（所得税法157条，法人税法132条，132条の2）は，租税回避行為の一般否認原則から派生する(23)。

(b) 目的と適用範囲

納税者は，税負担をできるだけ軽くしうるように，又は，租税法上の便益をできるだけ多く攫取(かくしゅ)しうるように，経済的に取引（広くは行動）する自由と権利（基本的自由権）を，原則として有する。彼はその所得の生じる源を自由に処分できる。彼の財産と所得は原則として自由に処分でき，そして，彼の取引（行動）により，(1)租税を根拠づける法律要件の回避又は(2)税法上の便益の攫取は，達成される。

ただし，「国民は，これ［自由及び権利］を濫用してはならないのであって，常に公共の福祉のためにこれを利用する責任を負ふ。」（日本国憲法12条2文）。

　　自分が住んでいた家屋（居住用財産）を売って，一定の要件に当てはまるときは，長期譲渡所得の税額を通常の場合よりも低い税率で計算する軽減税率の特例を受けることができる。10年以上そのような不動産を所有すれば軽減譲渡所得税を支払うだけですみ，税法規定（租税特別措置法31条，31条の3，租税

相」岡山大学法学会雑誌66巻3・4号（2017年）131-177頁。さらに，原島啓之「ドイツ連邦行政裁判所の『憲法判断』の考察(1)・(2・完)：行政法の解釈・適用における憲法の機能」阪大法学64巻5号（2015年）1287-1310頁，64巻5号（2015年）1787-1822頁；毛利透「『法治国家』から『法の支配』へ」法学論叢156巻5・6号（2005年）330-357頁（憲法適合解釈の適用による「法の支配」型（実質的法治国）へのドイツ憲法裁判の変化を指摘する。）。
(22) 憲法適合解釈の概念は狭義の憲法適合解釈と広義のそれに区分される。前者は，複数の解釈が可能であり，その中に合憲のものと違憲なものとが成立しうるときに，合憲なものを選択する（これは合憲限定解釈に相当する。）。他方，広義の憲法適合解釈は，法体系の統一性などを理由に，下位法の解釈に際しては憲法価値・憲法秩序を反映すべく解釈をなすべきだと説く（これは憲法志向的解釈に相当する）。山田哲史「『憲法適合的解釈』をめぐる覚書——比較法研究のための予備的考察——」帝京法学29巻2号（2014年）277-322頁（285-289頁，注17，注30，302-303頁）；山田哲史「ドイツにおける憲法適合的解釈の位相」岡山大学法学会雑誌66巻3・4号（2017年）132-133頁及びそこに引用された文献参照。本章は，憲法適合解釈のもとで広義のそれを理解することとする。憲法適合解釈は体系的解釈として位置づけられ得る（山田哲史「『憲法適合的解釈』をめぐる覚書——比較法研究のための予備的考察——」帝京法学29巻2号（2014年）302頁）。
(23) 類旨，松沢（1999年）『租税実体法』44頁，48頁以下。

第3章　権利濫用

特別措置法施行令20条の3，租税特別措置法施行規則13条の4，復興財確法(24)13条）を前提とするとき，9年11ヶ月ではなく10年を越えて初めて家屋を売却してもよい。

2008年改正後のドイツ租税通則法42条は次のように租税回避行為の一般否認規定を定める(25)(26)。

　第1項：タックス・プラン・スキームのため法律構成の選択権を濫用して税法律を回避することはできないものとする。租税回避を防止するための個別税法律の規定の要件がみたされる場合には，当該規定によって法律効果が決定される。それ以外の場合には，第2項に規定する濫用があるときは，経済取引に相応しい法律構成の選択権が行使されたとすれば成立するであろうと同じように，租税請求権が成立する。
　第2項：相応な法律構成の選択と比較して，法律により想定されていない税法上の便益を納税義務者又は第三者にもたらす，そうした不相応な法律構成が選択される場合に，濫用があるとみなされる。納税義務者が，当該選択した法律構成について，事情の全体像からみて税法外の正当な理由を証明する場合には，濫用はないものとする。

---

(24)「東日本大震災からの復興のための施策を実施するために必要な財源の確保に関する特別措置法」（平成23年法律第117号）2011年12月2日公布。

(25)　同条項の公式英訳は，つぎのWebsiteで取得できる。http://www.gesetze-im-internet.de/englisch_ao/index.html#gl_p0239　下記翻訳はこの公式英文に基づいている。

(26)　2008年改正ドイツ租税通則法は，第1項において，「［第1文］租税法律は法の形成可能性［法律構成の選択可能性］の濫用によって回避することはできない。［第2文］（租税回避行為の防止に資する，）個別税法における規定の構成要件が充足される場合，その条文による法律効果が［本条による法律効果に優先して］特定される。［第3文］さもなければ，第2項にいう濫用が見られるとき，当該経済取引に相応しい法的形成［法律構成］がなされたならば成立したであろうと同じように，租税請求権が成立する。」と規定する。

　第2項において，「［第1文］（相応な法的形成［法律構成］の場合と比較して法律上予定されていない税法上の便益を納税義務者又は第三者にもたらす，そうした）法的形成［法律構成］が選択される場合，濫用が見られる。［第2文］当該納税義務者が当該選択された形成［法律構成］について，（当該事情の全体像に照らして）税法外の理由を立証する場合は，その限りではない。」と規定する。

　UKのGAARについて次の文献が代表的であろう。

Freedman, Judith Anne (Oxford Univ. Worcester College　税法教授), Interpretating Tax Statutes: Tax Avoidance and the Intention of Parament, 123 Law Quarterly Review (2007), 3 (UK); Avery Jones et all., Comparative Perspectuves in Revevenue Law, Cambridge 2008 : Gammie, 25 (UK), McMabon, 40 (USA/UK).

1　租税回避と濫用

　租税回避行為の個別否認規定（SAAR，特別規定）は，租税回避行為の一般否認原則（GAAR，一般法）に優先する（第1項2文）。租税回避行為の一般否認規定は，税法律（歳入目的規範）の回避による，税負担の軽減防止を直接の目的とする。第1項1文に定める濫用の形態は，法律構成の選択権の濫用である（第1項1文）。

　租税回避行為の一般否認原則は，このような選択権行使の濫用による①法律構成（法形成）の取引に基因する租税債権の減少防止を直接の目的とする（独租税通則法42条1項）。

　　契約自由の原則が妥当する私法と異なり，租税法は，私法上有効・適法な法律構成の選択権について，その選択権が公共の福祉に資するように行使（憲法12条2文，権利濫用）されない場合に，憲法12条・14条（平等）及び民法1条3項の適用及び準用に基づき，その選択権行使を税法上濫用と評価しうる（体系的解釈としての憲法適合解釈）。法適用者は具体的事案における租税回避行為の一般否認の可否について憲法上の利益衡量を行う。

　第2項は，税法上想定されている便益を超えたところで税法上の便益が騙取（へんしゅ）されることを一般的に否認する規定である。税法上の便益とは，租税優遇措置法（社会目的規範）上想定されている軽減税率，課税の繰越繰り延べ，租税債権の減免，節税・税額控除・隠れたる補助金交付等を指す。さらに，国境を超えて行われる経済取引に基因する，想定外の税法上の便益についてもまた，これが騙取されることを一般的に否認することができる。

　このような脱法行為（租税回避行為）の一般否認原則は，法律構成の選択権行使の濫用による②税法上の便益の騙取に基因する租税債権の減少防止を直接の目的とする（独租税通則法42条2項）。

　第2項に定める濫用要件の定義について，法形成（法律構成）の不相応性が判定規準とされている。不相応性の概念は価値概念であり，それ以上の法律上の定義は断念されている。もっとも，不相応性概念の解釈について手順が示されている。まず，経済取引（これは「経済的事象」と訳されることがある。）に相応しい法律構成（法形成）から成立する租税債権と，当該選択された法律構成（法形成）から成立する租税債権とが比較されなければならない。この比較の結果，租税債務者又は第三者の税法上の便益が明らかに確認される場合には，さらに続けて，その税法上の便益が，そもそも同経済取引のために法律により想定されているかどうかについて審査されなければならない。このことが肯定

第 3 章 権利濫用

されるのは，例えば，法律に定められている選択権の行使，および，租税法律上の嚮導規範と振興規範の活用から生じる，税法上の便益である。他方，その税法上の便益が同経済取引のために法律上想定されていない場合には，当該選択された法律構成（法形成）が不相応であるかどうかについて審査されなければならない。ことに，思慮深い第三者であれば，経済的事実関係又は経済的目標設定を考慮すると，税法上の便益を攫取できなければ当該法律構成（法形成）を選択していなかったであろう場合には，その法律構成（法形成）は，不相応であると評価される。これと類似して，国境を超える一連の経済取引による法律構成については，選択された法律構成（法形成）が全く技巧的であり国内租税債務の回避のみを目的とするときは，不相応性の存在が認定される。

独租税通則法42条2項1文の規定（濫用定義規定）は，「相応な法律構成の選択と比較して，法律により想定されていない税法上の便益を納税義務者又は第三者にもたらす，そうした不相応な法律構成が選択される場合，［選択権の］濫用が［税法上］あるとみなされる。」次に，同項2文は，第1文により認定される濫用について，これを税法外の意味のある理由を証明して覆す機会を納税義務者に与えている。納税義務者によって反証された税法外の理由は，事情の全体像からみて相当なものでなければならない。したがって，反証された税法外の理由が事情の全体像からみて本質的でない場合又はましてや副次的な意味しかない場合には，それは同第2項2文にいう相当な理由に当たらない。この場合には，同項1文による濫用の認定に戻ることとなる[27]。

この原則により，納税者は，法律構成（法形成）の選択権の濫用によって税法を回避できない[28]。税負担の平等（憲法14条参照）及び権利濫用の禁止（憲

---

[27] 谷口勢津夫「ドイツ租税基本法42条の意義と展開」所収：谷口勢津夫『租税回避論——税法の解釈適用と租税回避の試み——』（ミネルヴァ書房，2014年）273頁脚注24及びそれに対応する本文参照。
[28] 水野（2011年）『租税法』25頁（「私法上の選択可能性の自由を利用して租税負担を軽減するため，法形式の濫用という問題が起きる。これを租税回避という。」）。この言明は，私法上の選択可能性に限定していた過去のドイツ租税通則法の規定にいまだに依拠している点，および，税負担の軽減が直ちにそのまま法形式の濫用につながるのではなく，不当な負担軽減と事業目的の「不在」という要件を加重して（同26頁），租税回避を否認する点で，説得力を欠く。事業目的の存否というよりむしろ，税法外の意味のある正当な理由が立証されるか否か，及び，係争の経済取引が相応の経済取引に比し租税債務を軽減しているかどうかが重要である。法律構成の不相応性がドイツ法上問われている。

法12条参照）の理由から，①法律構成の選択権を濫用して租税債権の軽減をもたらす，そうした不相応な法律構成の選択及び②法律により想定されていない税法上の便益の騙取を納税義務者又は第三者にもたらす，そうした不相応な法律構成の選択は租税法上否定的な評価をうける（脱法行為の一般否認原則）。不相応の法律構成（法形成）とは，相応の法律構成（法形成）と比較して，租税債権の軽減又は法律の想定していない税法上の便益を納税者又は第三者にもたらすものをいう。

　むろん，納税者及び（取引先の）第三者は，私法上適法・有効な契約を実施している場合，原則として，その結果もたらされる節税は，税法上許容されると評価される。契約自由の原則の下において，適法かつ有効な法律行為を行いうるのであるから，納税者及び（取引先の）第三者は，租税債務の軽減及び税法上の便益の擱取を試みうる。しかし，例外的に，その単独の又は一連の経済取引の結果，租税債務の不当な軽減又は税法上の便益の騙取がもたらされる場合には，租税回避行為の一般否認原則がその事例に適用される。

そもそも納税者は，不相応な，彼又は第三者にとって税法上の便宜をもたらす法律構成（法形成）を選択することによる濫用を非難されないように，中止することもできる。納税者は，税法外の重要な事由を立証してこのような非難に抗弁して押さえ込むことができる。濫用がみられるとき，当該経済取引に相応な法律構成（法形成）の場合なら成立するであろう，そうした租税債権が成立する。

　日本の裁判例によれば，法律構成若しくは法形式（法律行為又は事実行為）が，契約目的（とりわけ事業目的。ただし業界自主規制又は行政指導を含む。）として本来的な意義のあるものというよりもむしろ，もっぱら税負担の軽減を意図し，その結果，税負担が著しく軽減する場合には，裁判所（場合によっては租税行政庁）は，当該取引関係全体の経済的実体を斟酌して（すなわち，ある取引がもっぱら租税回避目的だけのために行われており，税法以外の意味のある事由を有しない場合には），その租税回避行為を否認する。その場合には，当事者がその経済取引に相応しい法形成（法律構成）を行ったとすれば成立したであろう納税義務が成立する。ただし，多くの裁判例は，課税法律構成要件の充足の回避を問わず，租税回避のもとで税負担の著しい軽減と法律構成の不自然さを理解しているかのようであり，租税回避は原則として適法であるが例外的に不当であり許されないとする。

　しかし，日本の通説による租税回避論は，無効行為課税論及び殊に仮装行為論を明確に識別できず，かえって議論を混乱に招いている[29]。そこで，以下に

おいては，租税回避行為の定義をできる限り通説を踏まえつつ，2008 年改正ドイツ租税通則法 42 条の規定を斟酌して，脱法行為（租税回避行為）の一般否認原則に係る理論を展開することにしたい。

私的自治の原則及び契約自由の原則によって支えられている民事法体系においては，当事者は一定の経済目的を達成し又は経済成果を実現しようとする場合に，どのような法形式を用いて法形成（法律構成）するかについて選択の自由を有する（基本的自由権，取引自由の原則）。契約自由と法形式（法律構成）の選択による租税法律の回避は，脱法行為の亜種である。しかし，より一層透徹して思考するならば，脱法行為が問題ではなく，税法上の権利の濫用が問題である。民事法上の法律構成の選択権を利用し，私的経済取引だけの見地からはさしたる理由がないにもかかわらず，意図した経済目的ないし経済成果を最終的には実現しつつ，当該経済取引に相応しい法律構成から逸脱することによって，一方で，相応しい法律構成の場合に比較して租税債務を軽減すること①，他方で，税法上想定されている以上の税法上の便益を騙取すること②は，税法上選択権の濫用として評価される。租税債務の不当な軽減行為及び税法上の便益の騙取行為をあわせて（狭義の包括的）租税回避行為（脱法行為）という[30]。

---

(29) 例えば，水野（2011 年）『租税法』27 頁（「租税負担の不当な減少を意図した取引であっても，［租税回避行為の否認によらずに，］仮装行為の否認の方法によらざるを得ないことが多い。実際には，租税回避行為と仮装行為とはきわめて接近した取引である。」）。

しかし，通謀虚偽表示のケースでは，その隠匿行為（秘匿行為ともいう。）が両当事者の意図した真実の法律行為であり，この行為に基づいて真実の法律行為が認識されるべきである。国（その租税行政庁）が通謀虚偽表示の要件事実を具体的に主張・立証する責任を負う。租税回避行為の否認に関わる真実の法律関係説は，通謀虚偽表示の隠匿行為についての意義及び立証責任を看過しているため，租税回避行為と仮装行為（通謀虚偽表示及び心裡留保を含む。）とを識別せずに，議論と裁判例に混乱を招いたのである。最高裁判例は，その説を既に克服している。木村弘之亮「租税回避，節税，通謀虚偽表示についての，判例と実務の動向」租税研究 726 号（2010 年）166-173 頁；木村弘之亮「節税と租税回避の区別の基準」所収：小川英明・松沢智・今村隆（編）『新・裁判実務大系 18 租税争訟〔改訂版〕』（青林書院，2009 年）319-374 頁。

(30) 租税回避行為およびその否認について，清永敬次『租税回避の研究』（ミネルヴァ書房，1995 年）；谷口勢津夫『租税回避論――税法の解釈適用と租税回避の試み――』（清文社，2014 年）；松沢智「私法上の取引と租税回避行為」租税法研究 6 号 55 頁；金子宏「租税法と私法」租税法研究 6 号 17 頁以下；武田昌輔「租税回避行為の意義と内容」日税研論集 14 巻（1990 年）3 頁；渡辺徹也「英国判例における実質課税原則の変遷(1)(2)(3)」税法学 503 号 1 頁，504 号 1 頁，505 号 1 頁；渡辺徹也「租税回避否認原則に関する一考察――最近のイギリス判例を題材として (1) (2・完)」民商 111 巻 1

租税回避行為は原則として私法上も税法上も適法であるが，例外的に法律構成の選択権（形成権）の濫用が税法上見られるときその選択権の行使は不当であり許容されないと評価される。

国税通則法15条によれば，法律が納税義務を定めている，法律要件が実現すれば直ちに，納税義務（租税債務）は成立する。このことから，次の命題が逆推論される。法律が納税義務を定めている，法律要件が充足されない限りその範囲において，納税義務は成立しない。したがって，納税者は，課税法律要件の充足を避けることを目指して，法律構成を選択することによって，納税義務を避けることができる。例えば，所得を稼得しない者は，経済的給付能力に結び付いた課税法律要件を避け，その結果，租税債務を履行しないことができる。契約自由の原則に照らし，租税回避行為は原則として許され，適法である。しかし，例外的に，租税回避行為の一般否認原則が適用されることがある。

もう1つの範疇の租税回避の場合，相応な法律構成の選択と比較して，法律により想定されていない税法上の便益（租税利益ともいう）を納税義務者又は第三者にもたらす，そうした不相応な法律構成が選択される場合，その選択権行使が税法上濫用と評価される。ここでは法律の回避というより，むしろ，租税法律要件の不相当な充足が問題である。私法上その法律構成の選択が適法かつ有効である場合であっても，税法の観点から，係争の経済取引が「相応な法律構成の選択と比較して，法律により想定されていない税法上の便益を納税義務者又は第三者にもたらす」場合には，選択権の濫用がその経済取引について税法上認定される(31)。

号65頁, 2号258頁。なお, 租税回避の最広義説について, 参照, 北野弘久『現代税法の構造』（勁草書房, 1977年）87頁以下。

(31) 参照, 最一決平成28年2月18日・平成27年（行ヒ）304号税資266号12802順号・IBM・エイ・ピー・ホールディングス事件（不受理確定）（米国IBM社の100％子会社である外国法人A社によって全株を取得されたX（内国法人）は, A社を唯一の社員とする同族会社である中間持株会社であり, A社からB社（日本IBM）の発行済株式の全部の取得をし, のち, その一部を発行会社であるB社に（1株当たりの譲渡価額は本件株式購入における取得価額と同じ額）譲渡して, 譲渡損失額を所得の金額の計算上損金の額に算入し, 欠損金額に相当する金額を連結所得の金額の計算上損金の額に算入して確定申告をしたところ, 上記譲渡損失額の損金算入を否認する旨の更正処分等を受けたため, その取消しを求めた件につき, 原告の請求を認容した第一審の判断を支持した原判決に対し, 国が上告受理申立てを行ったが, 不受理とされた事例）←東京高判平成27年3月25日訟務月報61巻11号1995頁＝判例時報2267号24頁（「法人税法132条1項の「不当」か否かを判断する上で, 同族会社の行為又は計算

第3章 権利濫用

　租税法の領域にあっても，租税回避行為とは，ある人の行動が租税法律の目的に一致するか又は反するかにかかわらず，可能な語義による解釈の限界からみて，当該租税法律要件が適用されえないように，その者が行動することをいう。もう一つの型の租税回避行為は，租税債務の減免等（これを税法上の便益または税法上の経済的利益という。）をもたらす法規範が不当に充足されるように，法律構成が選択される場合に，見られる。

　　いわゆる租税回避の試みが内在説により，すなわち目的論的解釈（殊に目的論的縮限又は目的論的拡大）によって解決されない場合には，それにより露見した法律の欠缺が他の法規定の準用又は（納税者に不利とならない）法律の類推適用(32)などによって補填され得るときは，その爾後的法形成により問題は法

　　の目的ないし意図も考慮される場合があることを否定する理由はないものの，他方で，被控訴人が主張するように，当該行為又は計算が経済的合理性を欠くというためには，租税回避以外に正当な理由ないし事業目的が存在しないと認められること，すなわち，専ら租税回避目的と認められることを常に要求し，当該目的がなければ同項の適用対象とならないと解することは，同項の文理だけでなく上記の改正の経緯にも合致しない。
　　しかも，法人の諸活動は，様々な目的や理由によって行われ得るのであって，必ずしも単一の目的や理由によって行われるとは限らないから，同族会社の行為又は計算が，租税回避以外に正当な理由ないし事業目的が存在しないと認められるという要件の存否の判断は，極めて複雑で決め手に乏しいものとなり，被控訴人主張のような解釈を採用すれば，税務署長が法人税法 132 条 1 項所定の権限を行使することは事実上困難になるものと考えられる。そのような解釈は，同族会社が少数の株主又は社員によって支配されているため，当該会社の法人税の税負担を不当に減少させる行為や計算が行われやすいことに鑑み，同族会社と非同族会社の税負担の公平を図るために設けられた同項の趣旨を損ないかねないものというべきである。」）（下線強調は木村）。
　　同東京高判は，最一判平成 28 年 2 月 29 日民集 70 巻 2 号 242 頁・ヤフー事件（法人税法 132 条の 2）と異なり，法人税法 132 条の法文に明記されていないメルクマールを追加して，解釈をすることを避けている。けだし，租税回避以外の正当な理由ないし事業目的が存在しないと認められるという要件の存否の判断は，極めて困難であると説示する。しかし，処分庁が処分基準と具体的理由を政省令などにより処分に先だち納税者に提示し，かつ処分理由の中で具体的に立証したか否かの程度行ったかについて，さらに，公正な租税行政手続（日本国憲法 31 条）を履行していたかについて，同東京高裁の裁判官は，上記判断の放棄に先だち，審理する必要がある。むしろ，最二判平成 17 年 12 月 19 日平成 15 年（行ヒ）第 215 号・民集 59 巻 10 号 2964 頁・外国税額控除余裕枠大和銀行事件が「事業目的」をメルクマールとして斟酌していないことを先例として，同東京高判はその判断を理由づけることも可能であったであろう。同判示のような判断の放棄は，「正義にかなう事案決定への努力」（K・ラーレンツ（1991）『法学方法論』521 頁）不足を意味するにすぎない。悪しき法実証主義のもとにおける文理解釈による事案処理は，租税法の領域においてもとうてい支持を得られない。

的に解決するが，しかし，爾後的法形成によっても解決が得られえないときにはじめて，上記の二つの型の租税回避行為について，租税回避行為の一般否認ルールが適用されうると解する(33)(34)。

　以上を要するに，契約自由と法律（又は権利）の濫用に基づき選択された法形成（法律構成）について，その法律構成の選択権が租税法上濫用されていると評価される場合，当該経済取引に相応しい法律構成を選択したならば成立するであろうと同じように租税債権（納税義務）が成立する。これを租税回避行為の一般否認原則とその法律効果である(35)。

---

(32) 節税事例について法の類推適用を試みるものとして，参照，木村弘之亮「旺文社事件にみる国外逃散課税判決の問題点」税理 45 巻 4 号（2002 年）20 頁以下。

(33) 租税回避の定義について，同旨，金子（1966 年）「市民と租税」323 頁；金子（2017 年）『租税法』126-133 頁；山田（2001 年）『税法講義』39 頁；清永（2007 年）『税法』46 頁。租税法律要件の充足回避を含めない定義として，田中（1990 年）『租税法』178 頁。

(34) K. Tipke（2012），StRO² Ⅲ S. 1665（「可能な語義の解釈を超えるところで，法律の欠缺又は法の空白が始まる。法律の欠缺は類推によって補填される。」そして，A. Hensel, Zur Dogmatik des Begriffs Steuerumgehung in: Festgabe für Zitelmann, 1923, 224（「租税回避は，解釈技術が否定されるところでまさに始まる」），法文の可能な語義の限界を越えて税法の適用［内在説］ができない場合，又は，法律の欠缺が類推（いわゆる準用）によって補填できない場合にはじめて，独租税通則法 42 条の適用が行われるのである。だからこそ，A. Hensel (1923), Festgabe für Zitelmann, S. 227 は「真の租税回避は，法の類推によってではなく，特別の明文の法規定［独租税通則法 42 条など］に基づいてのみ，これを有効に排撃することができるのである。」（［…］内加筆，下線強調は木村）と言明する。比較参照，谷口勢津夫『租税回避論──税法の解釈適用と租税回避の試み──』（清文社，2014 年）16 頁註 36 及び 19 頁註 43 並びに同註に対応する本文参照。

(35) 結論類旨，田中（1990 年）『租税法』90 頁，松沢（1999 年）『租税実体法』47 頁。明文の規定なしに租税回避を否認しうるとする裁判例として，例えば，大阪高判昭和 39 年 9 月 24 日行集 15 巻 9 号 1716 頁（私法上許された法形式を濫用することにより租税負担を不当に回避し又は軽減することが企図されている場合には本来の実情に適合すべき法形式に引直してその結果に基づいて課税しうることも認められなければならない）；神戸地判昭和 45 年 7 月 7 日・訟月 16 巻 112 号 1513 頁；東京地判昭和 46 年 3 月 30 日行集 22 巻 3 号 399 頁→東京高判昭和 49 年 5 月 29 日税資 76 号 569 頁（法人税法は，法人が純経済人として経済的合理的に行為計算を行なうことを予定して，かような合理的行為計算に基づいて生ずる所得に課税し，租税収入を確保しようとするものであるから，法人が租税の回避若しくは軽減の目的で，ことさらに不自然，不合理な行為計算をすることにより，不当に法人税の負担を免れる結果を招来した場合には，税務署長は，［法律の明文の根拠規定がなくとも］かような行為計算を否認し，経済的合理的に行動したものとすれば通常とったであろうと認められる行為計算に従って課税し得るものと解する）（［…］内加筆は木村）；大阪高判昭和 52 年 3 月 31 日税資

第3章　権利濫用

　最後に，租税回避行為の一般否認原則の法的位置づけは，議論の余地がある。
　一部の学説では，この原則規定はなくても済む余計なものである。税法規定の適用可能性ないしは不適用可能性は，そもそも，一般に承認された解釈ルールによって明らかになる（内在説）。すなわち，解釈は，可能な語義の限界[36]で終わるわけではない。法律の目的は，解釈によって際限なく貫き通し実現させることができる（無限解釈論）。このようにすれば，回避の試みは，解釈を通して，徒労に終わるだろう。そうすれば，租税回避行為否認の一般原則はあっても内容が空疎になる。したがって，当該原則は必要ないであろうし，余計になろう[37]。

　　「法解釈の射程には越えがたい限界があることは，ナチスのような残酷な支配がまざまざと思い知らせたところであって，解釈さえ適正ならば『法に悪法なし』というのは，どうみてもオプテイミスティックにすぎるといわざるをえません[38]」。この言明は小林直樹から牧野英一に対する批判である。
　ドイツの法哲学者リュタースがナチス的方法論の特質として定式化したのが，「無制限の解釈[39]」である。これに相当するであろう「無限解釈論」が牧野に

91号654頁。

(36)　刑法の領域における可能な語義の解釈の限界について，増田豊「法発見論と類推禁止の原則──『可能な語義』の公式をめぐって」法律論叢53巻1＝2号（1980年）1-53頁：増田豊『語用論的意味理論と法解釈方法論』（勁草書房，2008年）（日本の刑事裁判では，類推禁止に関わる事案としては，旧刑法時代の電気窃盗事件がある。そこでは柔軟な解釈が行われ，罪刑法定主義違反とはならず，その後（現刑法では），電気は財物とみなすとする規定が置かれた。我が国では，とりあえず柔軟で自由な目的論的解釈を行い，その後法律を改正するといった手法が採られてきた。戦前のガソリンカー事件では，ガソリンカーは汽車の概念（又は類型）に含まれ，戦後の最高裁の旧狩猟法に関わるマガモ（クロスボー）事件でも，「捕獲」という概念に捕獲結果が生じなかった捕獲行為（未遂）も含まれるといった柔軟な解釈が採られた。その際，「可能な語義」に関するドイツ法の理論のようなものは展開されていない。ただし，明確性の原則に関わる最高裁の徳島市公安条例事件では，法規の明確性が否定されたわけではないけれども，一般人の理解可能性という基準が提示され，可能な語義の理念である自由主義の原理がそこに若干示された）。

(37)　租税回避に関する網羅的な学説状況について，参照，Tipke, StRO² III, S. 1661 ff, S. 16647 － S. 1672.

(38)　小林直樹「悪法について」法律のひろば7巻5号（1954年）13頁：小林直樹「悪法の理論（下）」法学協会雑誌71巻4号（1954年）65-66頁。

(39)　青井秀夫『法理学概説』（有斐閣，2007年）279頁。Rüthers, Bernd, Die unbegrenzte Auslegung : zum Wandel der Privatrechtsordnung im Nationalsozialismus, 7. Aufl., Tübingen 2012.ナチス第三帝国における私法における，法の継続形成を歴史的に考察した，教授資格論文である。無限解釈に対する批判と警鐘には，耳を傾けるべ

よって主張されていた(40)。小林直樹の定式「法解釈の射程には越えがたい限界」に対応するドイツの定式が,「可能な語義の限界」であり,確立している。

　1925 年に施行された治安維持法の拡張解釈(41)ないし無限解釈(42)が,日本において実際に戦前以来から理論として存在していた史実(43)を忘れてはならない。無限解釈論は,戦前において,治安維持法の解釈に適用された,という苦い歴史が残されている(44)。

　牧野英一の主唱した無限解釈論は,罪刑法定主義の弛緩(ひいては解消)へと導いたと説かれている(45)。「解釈は理論的に無限である」とする牧野の無限解釈論のテーゼは否定されなければならない(46)。

　第二次大戦後においても,日本法哲学会が 1953 年 4 月 25 日に開催され,破壊活動防止法といわゆる教育二法に関連して悪法問題を統一テーマとしてとりあげた。

　このような無限解釈論の歴史的評価を顧みるとき,租税法の領域における解釈方法論は,無限解釈論に陥らないように,定式「可能な語義の限界内」(47)を

きであろう。
(40) 服部寛「日本の法律学方法論の史的展開に関する批判的検討——昨今のドイツの論争・議論状況を手がかりに——」法哲学年報 2013(2014 年)248 頁。
(41) 伊達秋雄「治安維持法の拡張解釈について　裁判所側から」ジュリスト 14 号(1952 年)4-9 頁。
(42) 牧野英一『民法の基本問題』(有斐閣,1924 年)64-89 頁;牧野英一「法律の解釈の無限性——『科学的自由探求と進化的解釈』のレジュメ——」法学協会雑誌 55 巻 7 号(1937 年)48-60 頁。
(43) 服部寛「1953 ——日独の法律学方法論の転換点とその意義の再検討——」松山大学論集 23 巻 6 号(2012 年)197 頁。
(44) 服部(2012)「1953」196-208 頁。
(45) 横山晃一郎「刑事法解釈論批判——罪刑法定主義と刑法の解釈——」所収:天野和夫ほか(編)『マルクス主義法学講座　第Ⅶ巻　現代邦楽批判』(日本評論社,1977 年)135 頁以下;服部(2012 年)「1953」197 頁。
(46) 服部(2014 年)「日本の法律学方法論の史的展開に関する批判的検討」法哲学年報 2013,251 頁。
(47) 刑法の領域における可能な語義の解釈の限界について,増田豊「法発見論と類推禁止の原則——『可能な語義』の公式をめぐって」法律論叢 53 巻 1＝2 号(1980 年)1-53 頁:増田豊『語用論的意味理論と法解釈方法論』(勁草書房,2008 年)(日本の刑事裁判では,類推禁止に関わる事案としては,旧刑法時代の電気窃盗事件がある。そこでは柔軟な解釈が行われ,罪刑法定主義違反とはならず,その後(現刑法では),電気は財物とみなすとする規定が置かれた。我が国では,とりあえず柔軟で自由な目的論的解釈を行い,その後法律を改正するといった手法が採られてきた。戦前のガソリンカー事件では,ガソリンカーは汽車の概念(又は類型)に含まれ,戦後の最高裁の旧狩猟法に関わるマガモ(クロスボー)事件でも,「捕獲」という概念に捕獲結果が生じなかった捕獲行為(未遂)も含まれるといった柔軟な解釈が採られた。その際,「可能

堅持する必要がある。さらに，正義・法の一般原則並びに憲法と法律の内的体系を認識して，法適用者は，法律の体系的解釈を客観的に律すること（体系思考）によって，無限解釈を避けることができよう[48]。さもなければ，租税法律主義の弛緩と解消が，やがて到来するであろう。

しかし，この少数説（内在説）は，租税回避否認論における法的判定規準を問うことなく，関係税法規定の拡大解釈若しくは縮小解釈又は目的論的縮限若しくは目的論的拡大の手法によって，租税回避などをめぐる紛争を解決しようとしているのである[49]。

> 規範の文言が狭すぎるのではなく広すぎる場合には，目的論的縮限が問題となる。すなわち，法規範の中核領域さえも限定することは，もはや，「解釈」ではなく，── 類推と同じように ── 法規範の追加（補充），爾後的法形成・法の継続形成である。法適用者は，議会制民主主義のもとで正統性のある立法者に代わって登場するのではなく，そして立法者の価値判断を修正してはならない，という命題は常に妥当する。むしろ，法適用者は，立法者のプランを実現するに当たり，そして，立法者の価値判断を実効化するに当たり，立法者を支援しなければならない。

これに対し，裁判例と他の学説は，租税回避行為の一般否認原則が固有の規制内容を有しているから，具体的事例をこの法規範によって評価し第42条に包摂（当てはめ）なければならないと説く（外在説）。

租税回避行為の一般否認原則（GAAR）には，特定タイプの租税回避に対抗するための個別的否認規定（SAAR）が優先する（特別法＞一般法）。個別の税

な語義」に関するドイツ法の理論のようなものは展開されていない。ただし，明確性の原則に関わる最高裁の徳島市公安条例事件では，法規の明確性が否定されたわけではないけれども，一般人の理解可能性という基準が提示され，可能な語義の理念である自由主義の原理がそこに若干示された）。

(48) クラウス‐ウィルヘルム・カナリス（原著）・木村弘之亮（代表訳）『法律学における体系思考と体系概念──価値判断法学とトピク法学の懸け橋──』（慶應義塾大學法学研究会叢書(63) 慶應義塾大學出版会，1996年）。

(49) 木村弘之亮「租税回避防止規定に係る方法論」ジュリスト1231号（2002年）180頁。同じ傾向は，最三判平成18年1月24日判時1923号20頁（オウブンシャホールディング事件）→東京高判平成16年1月28日訟月50巻8号2512頁（明示的に当事者の締結していない契約を，法人税法22条に基づく無償によるその他の取引として認定。無限解釈の一例）。さらに，最二判平成17年12月19日民集59巻10号2964頁・外税控除余裕枠大和銀行事件（銀行の取引が外国税額控除制度の濫用に当たるとして，その適用を否定。目的論的縮小解釈）；最一判平成18年2月23日集民219号491頁＝訟務53巻8号2461頁 UFJ銀行事件（目的論的縮小解釈）。

法規定が租税回避に対し対抗措置を講じている場合（法人税法132条，132条の2，租税特別措置法40条の4から同法40条の6まで及び同法66条の6から同法66条の8までなど），これらの個別否認規定（SAAR）が租税回避行為の一般否認原則（GAAR）に優先して適用される。この場合，個別否認規定（SAAR）からのみ法律効果は生じる。しかしながら，具体の事案においてSAARの解釈・適用が一義的でない場合には，一般原則に立ち返るため，GAARの規定（又は租税回避行為の一般否認原則）が参照されなければならない。SAARを定礎する規範は，租税回避行為の一般否認原則から導き出されているからである（上位法＞下位法）。

(2) 立ち入り禁止

国税通則法及び行政手続法は，租税法上及び行政法上国（又は地方団体）に対する国民の権利（例えば，聴聞権などの防禦権）を肯定していない。行政手続法は，防禦権に言及することもなく(50)，その15条1文において，「行政庁は，聴聞を行うに当たっては，聴聞を行うべき期日までに相当な期間をおいて，不利益処分の名あて人となるべき者に対し，次に掲げる事項を書面により通知しなければならない。」と規定する。同規定は，行政庁が聴聞機会付与義務を負っておらず，まして，国民（公民）が不利益処分前にそれについて聴聞権を同法上有していないことを明確にする。聴聞の機会は，所轄行政庁の裁量により，与えられることもあれば与えられないこともある，という「籾殻のように，吹けば飛ぶような聴聞の機会」に過ぎない。受益的行政行為に係る聴聞権などはもとより侵害的行政行為(51)に係る公正な行政手続基本権も又，日本国憲法

---

(50) フランス法は，行政裁判所の機能を行政の行為を法に服させることに限定している（P.ウェール，D.ブイヨー（原著）。兼子仁・滝沢正（訳）『フランス行政法──判例行政法のモデル』（三省堂，2007年）20-21頁，25頁（「行政法はもはや評判が良くない」））とはいえ，国民に防禦権を付与している。皆川治広「フランスにおける行政の手続的統制──防御権（droit de la defense）を中心に──1，2，3，4完」自治研究59巻11号（1983年）125-138，60巻1号（1984年）125-138頁，4号（1984年）108-118頁，7号（1984年）120-130頁。

(51) 社会保障法における受給権者に対する聴聞権が否定されるべき理由は，一般的に存しない。けだし，その者は憲法25条により生存権を保障されており，その受給地位は恩恵により与えられているわけではないからである。木村弘之亮「障害者自立支援法に基づく介護給付費支給決定のうち重度訪問介護支給量の算定に裁量権の逸脱濫用があり，処分行政庁に介護給付費支給決定を義務付けた事例（平成24.4.25和歌山地判）＜行政判例研究618＞」自治研究91頁6号（2015年）116-132頁。

第3章　権利濫用

31条に規定する公正な手続基本権の保障規定に反して，否定されている。ただし，行政庁は，聴聞を行うに当たっては不利益処分の名宛人に「書面により通知しなければならない」義務を課されている（行政手続法15条1文）。このように国民は行政手続法上及び国税通則法上当事者として権利主体でなく法主体でなく権利（ただし，金銭債権を除く）を有しない。かえって，国民は行政の客体であって，行政目的のための手段として位置づけられている。

　　税法においても，そのような権利濫用の観念が成り立つ場合がある。すなわち，課税要件規定のうち課税減免規定は，一定の要件の下で，納税者に租税減免請求権（経費控除権，所得控除権，税額控除権，免除請求権等）を付与するものと解することができる。納税者が，当該規定の権利付与目的に反して，その権利を行使し租税負担の軽減若しくは排除を図り又は税法上の便益を騙取する場合，これを，「租税減免請求権の濫用」として，観念することができる。例えば，判例[52]で認められた「外国税額控除制度の濫用」は，外国税額控除制度が付与する外国税額控除権の濫用，と見ることができる[53]。

所論は，2つの解釈レベルに区分して議論されうる。1は，日本国憲法の定める国民主権の下において，国民（納税者）は租税法の領域において国に対し権利を有しうるしかつ有すべきだとする，憲法適合解釈がなされうる。だがしかし，国税通則法はじめとする現行の実定税法は，国に権利を付与する一方，国民（納税者）には義務と制裁を課すに過ぎない。厳格な法実証主義に定礎された形式的租税法律主義のもとでは，「悪法も法」である。このため，租税減免請求権は，これまで，私見[54]や谷口説[55]を除いて，通説及び判例によって

(52)　最二判平成17年12月19日民集59巻10号2964頁。
(53)　参照，谷口（2014年）「租税回避の基礎理論」15頁。
(54)　木村弘之亮「西ドイツにおける調査命令に基づく税務調査——調査命令の法的性質と意義」法学研究（慶應義塾大学）56巻9号（1983年）1-30号；木村弘之亮「特別償却の適用の否認と青色更正にかかる理由附記不備（昭和60.4.23最高三小判）」ジュリスト870号（1986年）109-112頁；木村弘之亮「西ドイツにおける税務調査」日税研論集9号（1989年）147-234頁；木村弘之亮「行政手続及び行政訴訟法における手続基本権の保障——聴聞請求権，情報自己決定権，公正手続請求権を中心に」法学研究（慶應義塾大学）62巻12号（1989年）81-134頁；木村弘之亮「租税行政手続上の情報開示請求権と文書閲覧」所収：慶應義塾大学産業研究所（編）『法と経済の基本問題　正田彬教授退職記念論文集』（慶應義塾大学研究所，1990年）89-126頁；木村弘之亮「租税裁判手続における文書閲覧請求権」所収：成田頼明・園部逸夫・金子宏・塩野宏・小早川光郎（編）『行政法の諸問題（上）——雄川一郎先生献呈論集』（有斐閣，1990年）473-502頁；木村弘之亮「租税過料手続における文書閲覧請求権」所収：

受容されていない。

　日本国憲法の定める国民主権の下において，国民は行政法上国と対等に法主体であり，かつ，国に対し法的権利を有するという法思想が，広く一般に承認されつつある。

　国民が行政法上国に対し権利を有し，国民の国に対する関係を対等と把握し，司法においても対等の訴訟当事者として把握する見解は，日本国憲法の定める実質的法治国家および国民主権のもとでは，実定税法への憲法の照射効に鑑み，否定しがたい。たとえ国と国民の間に一般的権力関係が社会学的にみて成立しているとしても，その一般的権力関係が行政法の領域において国民の国に対する法主体性を排除することは，できないし，その法的権利を無視すべきではない。法社会学の意味に於ける実力装置（Gewalt Apparat）を装備する国が行政過程において国民に対し「威力」を事実上発揮しうるとしても，しかし，そのような「威力」は行政法における法主体として国と国民との対等性を排除できないうえ，行政法における国に対する国民の権利を否定しうるわけでもない。したがって，現存のパラダイム[56]は日本国憲法前文第1段1文（主権在民，国民主権），13条1文（個人の尊厳）および人権条約にも適合していない。

　日本国憲法制定後いち早くこの新しいパラダイムを提唱されたのが，美濃部達吉であり，今日2015年に彼の遺稿（1948年）が再評価されているのである。

　　「権利主体についての原則は一般には公法と私法とに共通なるべきもので，私法上に権利能力を有する者でなければ公法上にも権利能力を有し得ないと共に，

　　板倉宏，吉田善明（編集）『納税者の権利──北野弘久還暦記念論文集』（勁草書房，1991年）401-439頁；木村弘之亮「租税行政手続における権利義務関係──出発点としてのシャウプ勧告」租税法研究28（2000年）52-60頁；木村弘之亮「日独墺瑞比較法による制度濫用法理の考察：外国税額控除制度の利用にかかる平成17年12月19日最高裁判決の位置づけ」税法学569号（2013年）43-83頁；木村弘之亮「〔租税判例研究〕外国税額控除繰越限度にかかる税額控除権の行使」ジュリスト1483号（2015年）120-123頁。

(55) もっとも，谷口（2014）「租税回避の基礎理論」18頁；谷口勢津夫「税法における取引の全体的・一体的観察法の意義と問題──税法に『税法秩序の自力防衛』原則は内在するか──」税法学561号（2009年）159頁，193頁は，課税減免制度濫用の法理を，租税法律主義の下で許容されないとする。

(56) パラダイム（paradigm）とは，一般に認められた科学的業績で，一時期の間，専門家に対して問い方や答え方のモデルをあたえるものと定義されている。トーマス・クーン（原著）・中山茂（訳）『科学革命の構造』（みすず書房，1971年）20頁。

第 3 章　権 利 濫 用

別段の定めなき限り，私法上の権利主体は，公法上にも権利主体たり得ることを原則とする。」(57)。

　この言明は，権利主体についての原則は一般には公法と私法とに共通なるべきものであるから，行政手続のみならず行政訴訟の領域においても，国と国民は対等の権利主体であり，行政法律関係の当事者であること，そして，国に対する国民の権利は金銭債権に限定されていないこと，および，「国民主権という観念は君主主権とは相反するもので，中略，主権が君主に属することを否定する趣旨にほかならないこと」(58)，に大きな特徴を有する。天皇機関説(59)を糾弾した天皇主権説は，国民主権の観念と相容れない。これが美濃部達吉（1948年）の見解である。ところが，日本国憲法制定以降，いまだに，国民をUntertan（その定訳は臣民である）として位置づける行政法学説が有力に説かれている(60)。

　美濃部達吉（1948年）の新パラダイムの趣旨を首尾一貫して展開するならば，行政手続法の領域においても行政訴訟法の領域においても，国民（公民）と国は対等の当事者であり，ともに法主体として権利を有してしかるべきである。そうすると，明治憲法下の行政裁判制度ではなく，日本国憲法に基づく司法裁判制度内部の1系統又は1部門として行政訴訟制度が設計され，そこでの訴訟当事者は対等であり，民事訴訟法と同様にいわゆる当事者訴訟の範疇が，新パラダイムのうえに構想されるべきであり，そうし得たことであろう(61)(62)。

(57)　美濃部達吉（遺稿）『行政法序論〔初版〕』（有斐閣，1948年）49頁。
(58)　美濃部達吉「私は思う」夕刊京都紙，昭和21年9月22日，再録：憲法研究会編『新憲法と主権』1947年：所収，高見勝利（編）『美濃部達吉著作集』（慈学社，2007年）244-245頁（「日本国憲法（1）――主権と人権」）。
(59)　國分典子「ゲッティンゲン七教授事件と天皇機関説事件――二つの国家法人説の比較分析――」法学研究68巻2号（1995年）359-382頁。
(60)　小早川光郎『行政法　上』（弘文堂，1999年）10頁（人民との関わりについて，人民とは subject, sujet, Untertan の訳語又はそれに対応する用語である。）。Untertan とは臣民を指す。立憲君主制的法治行政における君主・官吏と臣民の関係について，参照，高田敏（編著）『新版行政法――法治主義具体化法としての――』（有斐閣，2009年）23頁図4とそれに対応する本文。さらに，大日本帝国憲法下の行政法理論の基本枠組みを戦後も主張する田中二郎説について，参照，塩野宏『行政法Ⅰ』（第6版　有斐閣，2015年）29頁およびそこに掲げる文献。田中説および小早川説は行政法上国民（人民）を国（行政主体）とならぶ法的主体・権利主体と位置づけていない（不対等説）。
(61)　美濃部達吉「新憲法に於ける行政と司法」法律時報1946年8月号：所収：高見勝利（編）『美濃部達吉著作集』300頁，301頁；美濃部達吉「新憲法と行政裁判」自治

また，行政手続法においても，日本国憲法31条等の要請する手続基本権が国民に容認されてしかるべきであろう。

日本国憲法13条1文の宣言する「個人の尊厳」（24条2項）および人権条約に照らし，すべての国民のみならず日本の行政法学もこの新しいパラダイムをもはや異端視できるはずはない。2015年10月に同志社大学で開催された日本公法学会の総会テーマとその議論は，その例証ではなかろうか。

この新パラダイムが公表されてから67年後2015年7月にようやく再評価されたのである[63]。この間，『行政法序論』（1948年）は日本公法学界においてほぼ無視され[64]忘れ去られてしまっており，大学図書館でさえ閲覧することが困難である。

第2は，国民主権を顧みず，国民（納税者）は租税法の領域において国に対し権利を有しないとされ，かつ，実定税法（国税通則法はじめ所得税法・法人税法など）はそのような権利を付与していない。塩野宏[65]は，「憲法は滅びる，行政法は存続する」とのマイヤーの命題を出発点として『オットー・マイヤー行政法学の構造』を著作し，さらに，その弟子・小早川光郎[66]は，田中二郎[67]による「それ［権力関係］は，……，いわゆる本来的な公法関係において，行政権の主体に，法律上，優越せる地位が承認されていることを端的に表現する

研究23巻10号（1947年）：所収：同303-304頁（新憲法の下においては司法裁判所と行政裁判を併合して等しく司法裁判所の掌る制度においては，行政事件の争も訴訟手続上民事事件に準じて処理せられることを原則としている。新憲法は英米法主義に倣い両者を原則として同一に取扱わんとするものである。しかし，行政事件と民事事件の性質上の差異に基づき，訴訟法上にも両者を全然同一の規定に従わしむることは，不可能であって，或る程度に於いては行政事件に付き特別な規定を必要とする）。特別な事項として，行政訴訟事項（同304頁以下）と行政訴訟手続（同309頁以下）が論じられているが，原告被告を不対等な関係として想定する訴訟類型を論じていない。

(62) 木村弘之亮『2001年行政事件訴訟法草案』（信山社，2001年）1-249頁（抗告訴訟の類型を排し，当事者訴訟の範疇だけを用いる）。

(63) 木村弘之亮「抗告訴訟の廃止（1）（2・完）──行政法コンセプトに対する租税法の影響」自治研究91巻7号（2015年）30-52頁，8号（2015年）24-49頁。

(64) 立花隆『天皇と東大 Ⅲ 特攻と玉砕』（文春文庫，2013年）457-461頁（美濃部を見捨てた教え子たち。天皇機関説を支持したのは宮沢俊義教授一人である）。

(65) 塩野宏『オットー・マイヤー行政法学の構造』（有斐閣，1962年）序文7頁。

(66) 小早川光郎『行政法 上』（弘文堂，1999年）10頁（人民との関わりについて，人民とはsubject, sujet, Untertanの訳語又はそれに対応する用語である）。Untertanとは臣民を指す。

(67) 田中二郎『行政法総論』（法律学全集 第6）（有斐閣，1957年）217頁。

第3章　権利濫用

に過ぎない。」という言説に倣って，国民を臣民（Untertarnen　小早川はその教科書において「人民」という文言を用いる一方，そのドイツ語としてUntertarnenに相当すると説く。行政法上，臣民は権利を有しない国民を指す。）と法的に位置づける。所説によれば，国民は，行政法上行政の客体であり，したがって，行政目的のための手段として位置づけられており，せいぜい，行政の相手方であり，決して，行政法上権利主体として位置づけられていない。所論が日本の通説であり判例と目される。第2の見解が，日本の行政法及び租税法の領域では，遺憾ながら，現在のところ，通常科学[68]である[69]。

　国民（納税者）は行政法・租税法の領域において国に対し権利を有しないがゆえに，私法の領域で発達してきた権利濫用論は，公法領域の入口にて，「この先立ち入り禁止」の立て札によって，適用されていない（参照，後出2(3)「法適用における制度濫用論」）[70]。もとより，行政不服審査法は，その第1条において「権利利益の救済」を規定しているが，そこでいう「権利」は私法上の「権利」であり，違法な行政行為による私法上の権利（所有権や債権などの財産権）がそこでは問題とされているにすぎず，または，私法上の処分権の行使若しくは法律構成の選択権について行政不服審査法上の観点から問題とされるだけである[71]。（例外的に個別行政法が欄外で行政法上の国民の権利を定めている。）これと類似して，行政事件訴訟法は，国民主権（日本国憲法前文第1段1文）を顧みず，行政手続法又は国税通則法上の法定すべきであった防御権及び聴聞権

---

(68) Thomas S. Kuhn, The Structure of Scientific Revolutions, University of Chicago Press, 1962, p. 24；クーン（2971年）『科学革命の構造』7頁。

(69) それにもかかわらず，権利濫用アプローチから「外国税額控除制度」を曲解するものに，谷口勢津夫『租税回避論』（2014年）51頁以下，53頁（「「外国税額控除制度の濫用」は「外国税額控除権の濫用」と……言い換えることができる。」）。だがしかし，国民（納税者）は実定租税法上国・地方団体に対して権利を有さず（ただし，金銭債権を除く），義務と・制裁を負うにすぎず，行政の客体であって，租税行政法上の主体ではなく権利主体でもない，とするのが日本の判例・支配的学説である。そのため，最高裁判決の理論構成を論理内在的に理解するに当たり，権利アプローチは判例と整合・親和することはない。

(70) 末川博「権利濫用禁止の理論的考察」（初出，1925年）所収：同『権利侵害と権利濫用』（岩波書店，1970年）138-154頁（139頁）。

(71) 本章では，独租税通則法42条に基づいて，「法律構成の選択権」が税法上選択権の濫用として評価される場合がある，という理論構成をSieker教授（ハレ大學）及びDüeren教授（ミュンヘン大學）との討議のうちに示唆を得た。この選択権は本来私法上の性質であるから，「国民の国家に対する権利」が行政法上否定されている日本行政法学においてもなお，受容されうる。

はじめ，国に対する国民の権利を確認せず，これらの保護規定を明文でもって法定していない。もっとも，特別法が規定している「国民の行政に対する権利」は，例外的に散見される。しかし，それは欄外の事柄であるに過ぎない。

したがって，行政法の領域において国に対する国民の権利の濫用は問題とされえないのである。その結果，この問題は，せいぜい，制度の濫用又は法律の濫用の形で，議論されるにとどまるのである。

君主主権の時期に設置された立て札を墨守し，権利濫用論に代えて制度濫用論が国民主権の時代に最高裁判例（後述の外国税額控除余裕枠利用（大和銀行＝りそな銀行）事件判決）によって語られる所以である。租税法学説も又，その例外ではない[72]。

2　租税回避と濫用の法理：スイス学説の紹介

(1)　租税回避と経済的観察法の相互関係

租税回避と経済的観察法とのあいだに特別な，密接な関係があると，租税法学ではいわれることがある。租税法上の両方の論議の相互関係についての諸説は様々な内容である。要約すると，3つの見解を次のように紹介することができる[73]。

客観的有力理由説：民事法上の概念を用いて定式化されている租税規範が租税回避の法理と経済的観察法の両方に基づいて，（民事法とは異なって表示されているが，しかし，当該税法によって表現されている構成要件と経済的には同等である，そうした）事実関係に最終的には適用される限りにおいて，その両者は

---

[72] 例えば，岡村忠生＝渡辺徹也＝高橋祐介『ベーシック税法〔第7版〕』（有斐閣，2009年）52-53頁（「課税要件規定そのものが，乱用されている。」（岡村忠生）。慎重に権利濫用の用語は避けられており，租税減免請求権の濫用と親和性については，言明されていない。

しかし，あたらしいドイツ学説によれば，法（又は制定法若しくは法律規定）の濫用が問題ではなく，当事者による法律構成を形成する権利の行使が税法上濫用だとして評価されているのである。けだし，その私法上の権利が，税法上評価の対象とされる権利に性格転換されるからである。

[73] Dubs, Hans, Wirtschaftliche Betrachtungsweise und Steuerumgehung. Bemerkungen zur terminologischen Abgrenzung und zum gegenseitigen Verhältnis, in : Mélanges Henri Zwahlen : Recueil de travaux publiés à la mémoire du juge fédéral et professeur H. Zwahlen, Lausanne 1977, S. 569ff.（572ff.）.

結果的には一致している，とする見解がある⁽⁷⁴⁾。所論によれば，経済的観察法(1)と租税回避論の適用(2)は，民事法で刻印された租税規範の理解と純粋に民事法上の理解との乖離の2種類である。両者の乖離はいくつかの領域で正当な理由を有しうる。

スイス連邦憲法4条（恣意の禁止）の判例によれば，「当事者によって選択された民事法関係の形成がそのまま直ちに課税にとって決定的となるわけではない。むしろ，いくつかの前提要件のもとで経済的事実関係が対象とされる必要がある。カントン税法の解釈にとって，経済的観察法のための客観的に有力な理由が存在することだけが必要である。いずれにせよ，租税回避にかかる構成要件の充足が，民事法上の形式ではなく経済的事実関係を対象とすべき，客観的に有力な理由となる⁽⁷⁵⁾。

しかし，カントン税法の領域における経済的観察法が租税回避の事案に限定される必要のないことは，スイス連邦裁判所の他の裁判例から明らかである。

だがしかし，経済的観察法の適用に賛成しなければならない，客観的有力理由の判定規準について，従来の裁判実務から具体的な方針を引き出すことはできない。租税回避が経済的観察法の適用事例をなしているだけである⁽⁷⁶⁾。

租税回避なくして経済的観察法なしとの見解は次の通りである。租税回避の前提要件がみたされた場合に限って，民事法概念を用いて定式化された租税構成要件について，民事法的解釈から離れてよい。いわゆる経済的観察法，すなわち，民事法上の法律構成に代えて経済事象を対象としてもよいのは，本来的に，租税回避の事例に限られる。租税回避の否認法理が適用されないところに経済的観察法は働かない⁽⁷⁷⁾。

所論は，スイス連邦裁判所の行政裁判所判例から導きだしている。スイス連邦裁判所の判例と法理によれば，現在，租税回避の前提要件がみたされている場合に限って，連邦裁判所は，構成要件にかかる民事法上の意義から離れてもよい⁽⁷⁸⁾。

---

(74) Dubs (1977), Wirtschaftliche Betrachtungsweise und Steuerumgehung, S. 573 FN. 6 に掲げられた判例とそれに対応する本文。

(75) Dubs (1977), Wirtschaftliche Betrachtungsweise und Steuerumgehun, S. 573f. に掲げられた文献とそれに対応する本文。

(76) Dubs (1977), Wirtschaftliche Betrachtungsweise und Steuerumgehung, S. 573 FN. 6 に掲げられた文献とそれに対応する本文。

(77) Dubs (1977), Wirtschaftliche Betrachtungsweise und Steuerumgehung, S. 574.

2 租税回避と濫用の法理:スイス学説の紹介

しかし,租税回避なくして経済的観察法なしとの見解は,支持しえない,けだし,経済的観察法は,租税回避行為の問題に限らず,無効行為課税の問題にも適用される。その他,租税法のみならず民事法においても,経済的観察法は適用されている。

なお,日本税法学の一部論者が,経済的観察法に拒絶反応を示している所以は,上記スイスの所論と深いかかわりを有するのではなかろうか。日本の私法学は,広く,経済的観察法に親和的である。

最後に,経済的観察法を目的論的解釈法の一要素だとする見解を紹介する。スイス少数説によれば,経済的観察法は,租税法の正しい目的論的解釈であり,法解釈の一般原則である。法律の文言が経済用語を用いて構成要件を定式化しているため,経済的観察法をあてにしており,かつ,経済的観察法を明らかに排除していない限り,経済的観察法が最後の手段として常に適用されうるであろう。その際,特別な前提要件(意味のある正当な理由,租税回避)は立証される必要はない。経済的観察法を目的論的解釈の一要素として一般に承認する場合,租税回避について特別な議論はほとんど必要でなくなる。経済的事実を一般的に対象としそして判定規準を定立することによって,特異な民事法上の法律構成による租税回避の可能性ははじめから不可能になろう。それでもなお残っている課税の穴は,立法者によって埋められなければならない。法適用の枠内における租税回避にかかる特別な法理は,この第3の見解の場合,その余地がない[79]。

ドイツの有力説[80]もまた,この見解(目的論的法解釈 Teil teleologischer Gesetzesinterpretation)を採っており,そのため,経済的観察法は,法解釈に際してのみならず事実関係の認定に際して援用される。この意味での経済的観察法は,租税回避行為のみならず,私法上無効な法律行為にも適用される。

---

(78) Dubs (1977), Wirtschaftliche Betrachtungsweise und Steuerumgehung, S. 574.
(79) Dubs (1977), Wirtschaftliche Betrachtungsweise und Steuerumgehung, S. 574. 4f.
(80) M. Lehner, Wirtschaftliche Betrachtungsweise und Besteuerung nach der wirtschaftlichen Leistungsfähigkeit, Zur Möglichkkeit einer teleologischen Auslegung der Fiskalzwecknorm, in ä FS für K- Tipke, Köln 1995, SS. 237; Lang,in; Tipke/Lang, Steuerrecht[20], § 5 Rz. 77-82(租税法律の経済的解釈(経済的観察法)), SS. 157-159; Englisch, in: Tipke/Lang, Steuerrecht[22], § 5 Rz. 70-73(租税法律の経済的解釈(経済的観察法)), S. 203f. ドイツ租税法の学説は,内在説(目的論的解釈)と租税回避行為の一般否認規定(独租税通則法42条)を併用し,前者によって解決できないときにはじめて後者の条文を適用する。

(2) 目的論的解釈論の運用

近年における目的論的解釈の拡張（Ausdehnung der teleologischen Auslegung）に伴い，租税回避行為の留保は，その従来の大きな実務上の意義を著しく失ってきた。文言についてその意味を縮減する課題（いわゆる目的論的縮限）と，経済的観察法の拡大適用とが，たいていの許されざる租税回避行為をもっともらしく当てはめることを可能にし，しかも，当該法律の適用対象が過度に引き伸ばされることもない。今日では租税回避にかかる裁判が根拠づけられるとき，これが極めて迅速におこなわれ，そして，（回避されようと試みられたた規範を目的論的に解釈する）説得力のある理由付けが幾度も繰り返されている(81)。

> ドイツ及びオーストリアにおいても，目的論的解釈は可能な語義の限界を明らかに押しのけて拡張されている。本来，目的論的解釈方法では，可能な語義の限界を越えるところでは解釈ではなく類推が行われうるだけである。しかし，拡張された目的論的解釈は，目的論的縮限及び目的論的拡大の手法を認めている。法律で定礎されている租税回避否認条項は，同国では，一部の学説によって解釈道具として考えられている。この見解はいわゆる内在説に従っている。所論によれば，租税回避否認条項について，いわば外部から当該回避された規範に近づいてくる，固有の課税構成要件が問題なわけではなく，たんに，当該回避された規範そのものに含まれている解釈のヒントが問題である。その解釈のヒントが，同規範の意味内容に準じて拡張（若しくは縮小）又は縮減することを可能にしている(82)。したがって，租税回避否認の留保は，或る規範の適用対象を確認する際，尊重されなければならない。かくして，租税規範の回避は先験的に排除される。なぜなら，その規範自体が当該異常な事実関係をその対象としているからである。

スイスでも，租税回避に関する議論は，最近では，新しく考察され直されだしている。

Gächter（ゲヒタ教授）(83)はすべての憲法原則が同順位であるという理由で租

---

(81) 参照，Reich, Markus, Steuerrecht, 2. Aufl., Zürich・Basel・Genf 2012, §6 N42 FN50 に掲げられた文献およびそれに対応する本文。

(82) これに対し，外在的制約説によれば，租税回避の留保は解釈の道具ではない。スイス方法論における権利濫用の禁止を内在的制約および外在的制約による理由付ける見解について，詳細は，Matteotti, René, Der Durchgriff bei von Inländern beherrschten Auslandsgesellschaften im Gewinnsteuerrecht, Bern 2003, S. 93ff., 157; この点について，さらに，Locher, Peter, Rechtsmissbrausüberlegungen im Recht der direkten Steuern der Schweiz, ASA 75 (2007), 689ff. Locher の論文は高く評価されれいる。

2 租税回避と濫用の法理：スイス学説の紹介

税回避否認の留保を次のように根拠づけている。法律の優位は，法の適用に際して，たしかに，（憲法の別な目的がそれについて完全に無視されてならない，そうした）核心的な意義を有している。しかし，実行可能な最適理論によれば，すべての重要な憲法内容ができる限り最適に実現されなければならない。ある個別の事案において法律の優位を適用するに当たって，1つの憲法原則が完全に空洞化されることを余儀なくされる場合，法律から逸脱せざるをえない。

このような法律の修正のための論拠として，とりわけ恣意の禁止が適している。具体の事案における解釈の結果が，（極端な態様で一般的正義に矛盾する，そうした）受け入れがたい税法上の法律効果をもたらす場合，問題となっている法律ルールは個別の事案において修正される必要がありかつ修正されなければならず，そして，代替のルールが規律される必要がありかつ規律されなければならない。従来の租税回避ドグマと異なって，租税回避行為の否認は所論によれば当該事実関係の擬制をもたらすのではなく，代替ルールの規律[84]をもたらす。しかし，このことは，結論において同じである[85]。

Matheotti（マテオッチ教授）もまた，伝統的租税回避否認の法理を批判し，そして規範修正を恣意の禁止（スイス連邦憲法4条）及び権利濫用の禁止にその根拠を求めている[86]。権利濫用の禁止は，一般的恣意の禁止の刻印としてあらわれる[87]。権利を主張する者の視点からみると権利濫用であるものは，恣意の禁止を義務付けられている法適用者の視点からみれば，法適用者が当該解釈される法律を適用してはならず，かつ，いずれにしてもその法律を修正し

---

(83) Gächter, Thohmas, Rechtsmissbrauch im öffentlichen Recht. Unterbesonderer Berücksichtigung des Bundessozialversicherungsrechts. Ein Beitrag zu Treu und Glauben, Methodik und Gesetzeskorrektur im öffentlichen Recht, Schulthess Juristische Medien, Zürich et al. 2005, 338ff., 377ff., 419ff. 同書は，2002年にチューリッヒ大学法学部へ提出された教授資格論文である。

(84) zur Statuierung einer Ersatzregelung.

(85) Gächterの理論は，2005年8月31日チューリッヒ行政裁判所判決において規範修正の理由づけのために用いられている。Reich, Steuerrecht², §6 N45 より引用。

(86) Matteotti (2003), Der Durchgriff bei von Inländern beherrschten Auslandsgesellschaften im Gewinnsteuerrecht, S. 153ff., S. 190f.

(87) Matteotti (2003), René, Der Durchgriff bei von Inländern beherrschten Auslandsgesellschaften im Gewinnsteuerrecht, S. 156ff.; Matteotti, René, Steuergerechtigkeit und Rechtsfortbildung. Ein Rechtsvergleich zwischen der Schweiz und den Vereinigten Staaten von Amerika unter besonderer Betrücksichtigung der wirtschaftlichen Betrachtungsweise, Bern 2007, S. 536.

なければならない状況である⁽⁸⁸⁾。法治国家を保障する法律は限界を設定している。合法性の原則は，正義を最小限保障するために，恣意の禁止と権利濫用の禁止に席を譲って退かなければならない⁽⁸⁹⁾。最近あらたに，Matteotti は，裁判官による爾後的法形成・法の爾後形成をもはや規範修正と把握しておらず，そこに経済的観察法の枠内における解釈の出来事⁽⁹⁰⁾を見てとっている⁽⁹¹⁾。

(3) 法適用における制度濫用論

「権利の行使であると主張せられるが為には，権利が既に存在して居て一応は其れに基いて適法性を要求し得ると主張されるものがあるとことを要するものであるから，初めから全然権利が存在して居ない場合⁽⁹²⁾及び権利は存在して居ても其れが潜勢的な状態に於て休止して居る場合——即ち其れが行使せられて居ない場合——には権利濫用という問題は起き得ない訳である。そこで権利濫用論は勢ひ権利の本質や権利行使の意義を解明することにまで遡って行かねばならぬことになるのである。」⁽⁹³⁾

公法，ここで関心の的である実定税法では，国民が国に対し権利を有すると規定しているか否か，そして最高裁判所はそれを肯定して法解釈をしているか否⁽⁹⁴⁾かが，まず問われなければならない。

もし，上記に提起した問いがいずれも否定される場合，どのようにしていわゆる制度濫用論が構築しうるかについて，根源から理論構成する必要がある。

---

(88) Matteotti (2003), Der Durchgriff bei von Inländern beherrschten Auslandsgesellschaften im Gewinnsteuerrecht, S. 168.

(89) Matteotti (2003), Der Durchgriff bei von Inländern beherrschten Auslandsgesellschaften im Gewinnsteuerrecht S. 166, S. 168.

(90) Auslegungsvorgang.

(91) Matteotti (2007), Steuergerechtigkeit und Rechtsfortbildung. S. 538ff.

(92) フランス行政法では権利濫用論は，「権力濫用の行政行為」と形質を変えて，コンセイユ・デタの法創造的活動によって確立され展開されている（近藤昭三「フランス国務院と権力濫用の法理」所収：近藤昭三『フランス行政法研究』（信山社，1993 年）161-174 頁（161 頁，170 頁），ここで国務院とはコンセイユ・デタを指す（ii 頁））。国民は行政法上，訴権を除いて，実体法上及び手続法上の権利を有さないからである。

(93) 末川博「権利濫用禁止の理論的考察」（初出，1925 年）所収：同『権利侵害と権利濫用』（岩波書店，1970 年）138-154 頁（139 頁）。

(94) 木村弘之亮「外国税額控除繰越限度にかかる税額控除権の行使（平成 26. 3. 26 東京高判）＜租税判例研究 511 ＞」ジュリスト 1483 号（2015 年）120-123 頁。［上告審最一決平成 26 年 12 月 18 日税資 264 号 12575 順号（不受理決定）］←東京高判平成 26 年 3 月 26 日税資 264 号 12441 順号＝裁判所ウェブサイト掲載判例。

2　租税回避と濫用の法理：スイス学説の紹介

その際，国民が国に対し税法上権利を有するとは規定していないスイス連邦国が，一方で租税回避行為の一般否認原則を判例によりいち早く確立し，他方では，チューリッヒ大教授及びハレ大学教授が有力に制度濫用論および制度権利濫用論をそれぞれ提唱している。

　ドイツ連邦共和国においても，1934 年独租税調整法 1 条 1 項（ナチス世界観による税法解釈）・租税調整法 6 条（租税回避行為の一般否認規定）のうち，1977 年独租税通則法は調整法 1 条[95]を削除し，同 6 条を独新租税通則法 42 条に承継，さらにそのご数次の改正）により取って代わられることとなるが，その制定当時（ナチス期）において国に対する国民の権利が強く意識されていなかったこと及びローマ法に淵源を有する「法の濫用」という法思想とに依って立案されたといった事情をも斟酌したためであろうか，その法思想を改め，ハレ大学教授は 2001 年に有力に制度権利濫用論を提唱している（後述）。

この制度濫用論が，最二判平成 17 年 12 月 19 日[96]外国税額控除余裕枠利用

---

(95)　ドイツ租税調整法 1 条 2 項に対する悲観の詳解として，参照，中川一郎（編）『税法学体系』（全訂増補　ぎょうせい，1977 年）73 頁以下。

(96)　最二判平成 17 年 12 月 19 日平成 15 年（行ヒ）第 215 号・民集 59 巻 10 号 2964 頁＝訟月 53 巻 8 号 2447 頁　＝判時 1918 号 3 頁＝判タ 1199 号 174 頁・外国税額控除余裕枠利用（大和銀行＝りそな銀行）事件・破棄自判（「[1]　法人税法 69 条の定める外国税額控除の制度は，内国法人が外国法人税を納付することとなる場合に，一定の限度で，その外国法人税の額を我が国の法人税の額から控除するという制度である。これは，同一の所得に対する国際的二重課税を排斥し，かつ，事業活動に対する税制の中立性を確保しようとする政策目的に基づく制度である。
　[2]　ところが，本件取引は，<u>全体としてみれば</u>，本来は外国法人が負担すべき外国法人税について我が国の銀行である被上告人が対価を得て引き受け，その負担を自己の外国税額控除の余裕枠を利用して国内で納付すべき法人税額を減らすことによって免れ，最終的に利益を得ようとするものであるということができる。これは，我が国の外国税額控除制度を<u>その本来の趣旨目的から著しく逸脱する態様で利用して納税を免れ，我が国において納付されるべき法人税額を減少させた上</u>，この免れた税額を原資とする利益を取引関係者が享受するために，取引自体によっては外国法人税を負担すれば損失が生ずるだけであるという本件取引をあえて行うというものであって，我が国ひいては我が国の納税者の負担の下に取引関係者の利益を図るものというほかない。そうすると，本件取引に基づいて生じた所得に対する外国法人税を法人税法 69 条の定める外国税額控除の対象とすることは，<u>外国税額控除制度を濫用するものであり，さらには，税負担の公平を著しく害するものとして許されないというべきである。</u>」（[…]加筆および下線強調は木村）［コメント　本判決は原審と異なり，「限定解釈（より精確には目的論的縮限の判断規準である「事業目的」については」破棄しもはや言及していない。]）←大阪高判平成 15 年 5 月 14 日民集 59 巻 10 号 3165 頁＝税資 253 号 9341 順号←大阪地判平成 13 年 12 月 14 日民集 59 巻 10 号 2993 頁＝税資 251 号

第3章 権利濫用

9035 順号：最二決平成 17 年 12 月 19 日平成 14 年（行ツ）第 219 号および平成 14 年（行ヒ）第 257 号（三井住友銀行事件＝旧大和銀行事件）税資 255 号 10242 順号（棄却，不受理）←大阪高判平成 14 年 6 月 14 日平成 13 年（行コ）第 47 訟務月報 49 巻 6 号 1843 頁＝判例時報 1816 号 30 頁＝判例タイムズ 1099 号 182 頁・逆転判決（「本件の争点においては，原告がサブリタス社及びカデラ社から得たとされる貸付金利息が利子所得に当たるか否かが問題となるが，所得に対する課税は，所得自体に担税力を認めて課税するものであって，その原因行為の私法上の効力は原則として問題とはならない。利子所得に当たるか否かは事実認定の問題であり，事実認定の問題は法廷地法によるべきであるから，本件においては，準拠法を問題にする余地はない。」，「本件各取引から貸付金利息に係る所得，すなわち利子所得を得て，本件各外国源泉税を納付したのは，原告ということになるが，以下，法 69 条 1 項を限定解釈し，原告が同条項にいう本件各外国源泉税を納付したものではないとの認定判断をすることが可能か否かについて検討する。

租税法律主義の見地からすると，租税法規は，納税者の有利・不利にかかわらず，みだりに拡張解釈したり縮小解釈することは許されないと解される。しかし，税額控除の規定を含む課税減免規定は，通常，政策的判断から設けられた規定であり，その趣旨・目的に合致しない場合を除外するとの解釈をとる余地もあり，また，これらの規定については，租税負担公平の原則（租税公平主義）から不公平の拡大を防止するため，解釈の狭義性が要請されるものということができる。

したがって，租税法律主義の下でも，かかる場合に課税減免規定を限定解釈することが全く禁止されるものではないと解するのが相当である。」，「［法人税］法 69 条は，国際的二重課税を排除して，日本国企業の国際取引に伴う課税上の障害を取り除き，事業活動に対する税制の中立性を確保することを目的とすることにかんがみると，同条は，内国法人が客観的にみて正当な事業目的を有する通常の経済活動に伴う国際的取引から必然的に外国税を納付することとなる場合に適用され，かかる場合に外国税額控除が認められ，かつ，その場合に限定されるというべきである。

したがって，内国法人が，本来 69 条の適用の対象者ではない第三者に，外国税額控除の余裕枠を利用させ，第三者からその利用に対する対価を得ることを目的として，そのために故意に日本国との関係で二重課税を生じさせるような取引をすることは，前述した法 69 条の制度の趣旨・目的を著しく逸脱するものというべきであり，当該行為にはおよそ正当な事業目的がなく，あるいは極めて限局された事業目的しかないものであるから，内国法人が同取引に基づく外国法人税を納付したとしても，法 69 条の制度を濫用するものとして，同条 1 項にいう「外国法人税を納付することとなる場合」には該当せず，同条の適用を受けることができないとの解釈が許容されてしかるべきである。」（下線加筆は木村）←大阪地判平成 13 年 5 月 18 日訟務月報 48 巻 5 号 1257 頁＝判例時報 1793 号 37 頁（被告の法人税法 69 条の限定解釈による否認の主張も採用することはできない。」）。

前出二つの最二裁判例は，「税法外の理由（事業目的）」と「税法上の理由（国際的二重課税の排除と税負担の公平に対する著しい侵害）」とを峻別し，実定税法に明文の規定のない「事業目的」に加重せずに判断を行っている。比較参照，谷口（2014 年）『租税回避論』27-32 頁。

前出の最二決平成 17 年 12 月 19 日は「租税法律主義の見地からすると，租税法規は，納税者の有利・不利にかかわらず，みだりに拡張解釈したり縮小解釈することは許さ

(大和銀行＝りそな銀行）事件で判示された制度濫用論に影響を与えているかもしれない。スイスとドイツ税法学者による制度濫用論若しくは制度権利濫用論は検討に値しょう。検討の結果，日本の制度濫用に関する法理論が進展すれば幸いである。

(a) 公法上の権利濫用

公法には，民法１条３項に対応する規定が欠けている。同条項は権利濫用を直接に裏づけている。民事法学説及び実務の大多数によれば，同条項にみられる法思想は，非常に基本的なものであるから，それは法のすべての領域において，したがって公法にも妥当する(97)。権利濫用の前提要件とその法律効果に関する問題と並んで，公法ではさらに，その他の根拠が問われなければならない。スイス公法の実務と学説では，権利濫用の禁止を，非常にしばしば，信義則の一側面として理解している。信義則はさらに法の一般原則として理解されており，そして，国家作用に対する保護との関連では憲法原則として承認されている(98)。権利濫用禁止の根拠と内実について，次のように解されている。

れないと解される。」と説示する。「みだりに拡張解釈したり縮小解釈することは許されない」ことは，正義なき法実証主義が犯した無限解釈論を採らない以上，適切である。かえって，憲法 84 条の要請する実質的租税法律主義は正義を法理念としており，その下で法適用者は，制定法の目的に適合するように目的論的法解釈を施す。法適用者は，制定法の目的を実現すべく目的に適合するように体系的に首尾一貫して法文の語義の可能な限界内で拡張解釈又は縮小解釈しうる。

なお，無制限の解釈及び無限解釈論について，服部寛「日本の法律学方法論の史的展開に関する批判的検討——昨今のドイツの論争・議論状況を手がかりに——」法哲学年報 2013（2014 年）244-256 頁（248 頁）。さらに，服部寛「20 世紀の日本における法律学方法論の史的展開に関する一考察(1)(2)（3・完）」東北学院法学 70 号（2010 年）176-254 頁（232 頁），72 号（2011 年）345-390 頁，72 号（2011 年）101-174 頁；服部寛「1953 ——日独の法律学方法論の転換点とその意義の再検討」松山大学論集 23 巻 6 号（2012 年）179-226 頁。無限解釈論を主張するものとして，例えば，牧野英一「『悪法も亦法なり』の格言（『法に悪法なし』）」所収：牧野英一『法律に於ける意識的と無意識的』（有斐閣，1925 年）146-195 頁（初出：法学志林 22 巻 5 号（1920 年））；牧野英一『民法の基本問題』（有斐閣，1924 年）64-89 頁；牧野英一「法律の解釈の無限性——『科学的自由探求と進化的解釈』のレジュメ——」法学協会雑誌 55 巻 7 号（1937 年）48-60 頁。

(97) 参照，Gächter (2005), Rechtsmissbrauch im öffentlichen Recht, S. FN 7 に掲げる判例およびそれに対応する本文。
(98) 参照，Gächter (2005), Rechtsmissbrauch im öffentlichen Recht, S. 4 およびそこに掲げられた判例と学説。

第3章　権利濫用

権利濫用の禁止は，信義則の派生とみなされなければならず，そして，法律による法の目的に適合する態様で実現させることに資する(99)。権利濫用とは，<u>「或る法制度が保護していない利益を実現するために，当該法制度を目的に反して用いることをいう。」</u>（下線強調は木村）(100)(101)

　『本民法改正案』3条2項は「権利の濫用は，これを許さない。」と定め，現行民法1条（基本原則）3項から移動されている(102)。

(b)　公法の概念(103)

　公法と私法との基本的峻別は近年，様々な点で問題とされてきており，また，相対的になってきている(104)。両者の境界は鋭利でなくなったにもかかわらず，両領域の典型的特徴は，区別されうる。私法は私的自治によって刻印される。たいていの私法規範の場合，処分しうる権利（処分権）(105)がテーマである。私法上の法律関係からは，権利（主観的権利)(106)が明らかになる。公法(107)はたいてい強制的であり，かつ当事者の処分に服さない。公法上の法律関係は私的自治による合意により成立するのではなく，法規（法命題）に基づいている。この法規は行政処分（Verfügungen）によって具体化される。国家機関は，その活動に際し，これらの法規に羈束されている（合法性の原則）。権利保護は，客観的法の貫徹・実現(108)に資するのであって，主観的権利の主張行使(109)に資するものではない(110)。

---

(99)　Sameli, Katharina, Treu und Glauben im öffentlichen Recht, ZSR 1977 II, 287-390 (316.).
(100)　Sameli, Treu und Glauben im öffentlichen Recht, ZSR 1977 II, 315 （BGE 94 I 659 ff., 667 (Holzäpfel GmbH 事件). 参照. Gächter (2005), Rechtsmissbrauch im öffentlichen Recht, S. 4 FN13 およびそこに掲げられた判例と学説。
(101)　最二判平成17年12月19日（前出）。
(102)　民法改正研究会（代表 加藤雅信）『日本民法典改正案Ⅰ 第一編 総則──立法提案・改正理由──』（信山社，2016年）vii頁，6-7頁。
(103)　Gächter (2005), Rechtsmissbrauch im öffentlichen Recht, S. 11. 同書に本章は多くを依る。
(104)　詳細は，Gächter (2005), Rechtsmissbrauch im öffentlichen Recht, S. 13f.
(105)　dispositives Recht.
(106)　subjektive Rechte.
(107)　das öffentliche Recht.
(108)　Durchsetzung des objektiven Rechts.
(109)　Geltendmachung subjektiver Rechte.

2 租税回避と濫用の法理：スイス学説の紹介

私法から公法の区別が，まったく何も導きだされないわけではなく，公法の典型的な特徴が導きだされる。公法の特殊性と権利濫用との折り合いが，本節の中心にある。

公法のさまざまな領域が公法の特殊性によって占められている限りにおいて，ゲヒタの研究で得られる知識は，それら領域にも転用されるはずであろう。すなわち，租税法と並んで，行政法の他の領域すべて，訴訟法，及び憲法にも転用されるはずであろう。差の差異，この領域の構造的独自性が尊重されなければならない。

公法の特殊性，したがって典型的特徴とは以下に述べる事項である。

a) 合法性の原則

合法性の原則は，法治国原則，民主主義及び権力の分立に根ざしている。それは法律の優先ならびに法律の留保を含んでいる。行政庁はそのすべての活動において法に覊束されている。国家作用は，一般的に抽象的な法規範に基づいてかつその規準に基づいてのみ行使されうる（法規の必要性[111]）。さらに，重要な法規範は，形式的な意味での法律に含まれていなければならない（法形式の必要性）。合法性の原則は侵害行政にも給付行政にも妥当する。差の差異，法規範の明確性の要請及び法形式の必要性の要請は，一般に，侵害行政に比べ，給付行政の領域においては厳格でなくてよい。

民事法におけると異なり，国民と行政とのあいだの折衝・交渉は通常，当事者の自由な処分に任されていない。行政の法的拘束は当該行為の判断余地を決定的に制限している。

法的安定性と法的平等の保障は，合法性の原則の主たる機能である。権利濫用の禁止を論証するとき，それぞれの論拠は合法性の原則の上記機能と潜在的な緊張関係にある[112]。

b) 基本権の実現

公務員は，基本権に覊束され，かつ，基本権の実現に努める義務を負う。公法はまず国家の任務を果たすに資するものである。公法の執行を任された公務員はしたがって基本権に覊束されている。基本権にはとくに平等権が数え入れ

---

(110) Gächter (2005), Rechtsmissbrauch im öffentlichen Recht, S. 14f.
(111) Erfordernis des Rechtssatzes.
(112) Gächter (2005), Rechtsmissbrauch im öffentlichen Recht, S. 15f.

られる。公務員は判断余地を有している範囲において，公務員は最適な基本権実現という意味において判断余地を利用しなければならず，そして，平等な法適用を配慮しなければならない。権利濫用の問題にとって，このことは，公務員が基本権と平等原則を考慮に入れなければならないことを意味する[113]。

c) 権利濫用の禁止

権利濫用の禁止（参照，日本国憲法12条）は，すべての国家行為及び私人の権利行使と自由享受を覊束しかつ制約する。それは，すべての機能において，規範の定立（法律の定立）及び規範適用にも向けられる。それのみならず，権利及び自由は，権利濫用を禁じる内在的制約を含意する。

d) 公権概念の否定

スイスでは，日本[114]と類似して，参政権など憲法上の公権を除き，行政法上の公権の考え方は圧倒的に否定されている。公法上の義務（納税義務など）及び請求権（租税請求権など）について，国家の権利又は国家に対する権利は問題ではなく，客観的法の実現[115]がテーマとされる。これは，私法と公法とのあいだにおける，特異なかつ権利濫用の形姿にとって非常に意味のある相違である。私法における権利濫用の形姿は権利（主観的権利）の理解と非常に強く結びついているので，この結びつきが分析されなければならない。権利の形姿に結びついて権利濫用の禁止が一般に公法の文脈においても妥当するかどうかが，問われるべきである。

日本の公法，とりわけ租税法の領域において，公権，例えば租税優遇措置を求める請求権が否定されていると，本章では暫定的に仮定する[116]。

e) 公法の目的論的因果関係

公法規定は，少なくとも一部で，私法規範が処分可能である点で，区別されるという特徴を有する。公法規定は目的論的因果関係を有する。すなわち，公法規定は，一定の国家の目的の実現に資する。これに対し，私法は，権利主体

---

(113) Gächter (2005), Rechtsmissbrauch im öffentlichen Recht, S. 16.
(114) スイスにおいても，行政法の領域において公権は否定され，本文に叙述する議論が展開されている。Gächter (2005), Rechtsmissbrauch im öffentlichen Recht, S. 17.
(115) die Verwirklichung objektiven Rechts.
(116) 日本の確立した最判は，例えば，外国税額控除を求める法的地位を権利として認めていない。木村弘之亮「外国税額控除繰越限度にかかる税額控除権の行使（平成26.3.26東京高判）＜租税判例研究511＞」ジュリスト1483号（2015年）120-123頁。

2 租税回避と濫用の法理：スイス学説の紹介

間の利益相克を規律する課題を有しており，その相克の基礎となった私人活動の目標を規律する課題を有していない。確かに，私法規範もすべて一定の目的に基づいて整序されている。これは，同列の私人間における利益対立の解決の態様に係わっている。私法規範は，私的自治により設定される利益と目標をたんに調整するのに対し，公法規範は，公法上の利益（公益）と目標がはじめに規定されかつ具体化されている。公法ではしたがって常に，公益の追求と目標の追求を優先しており，したがって，典型的には私益を優先して調整していない[117]。

権利濫用にかかる前記の定義を「或る法制度が保護していない利益を実現するために，当該法制度を目的に反して用いることをいう。」と規定するにしても，公法規範の目的論的因果関係は権利濫用禁止の適用についてその意義を狭くしている[118]。

　ここで，権利濫用は，制度濫用に転義されているのである。制度濫用に転義された権利濫用が，信義則によって根拠づけられようとされている。すなわち，

信義則（信義誠実の原則）と権利濫用禁止との峻別は，スイス公法ではみられない。権利濫用の禁止は，常に，信義則と密接な関係において取り扱われている。おそらくは，信義則違反と権利濫用要件の違反は同一に位置づけられる。しかし，いずれにせよ，公法における権利濫用は通説によれば信義則の一内容としてみなされている[119]。信義則の発展と展開につれて，時間的には少しばかりずれているとしても，権利濫用禁止の普及が平行してあらわれた。

　「本民法改正案」3条1項柱書は「権利義務の発生並びに義務の履行は，信義誠実の原則に従うものとし，次に掲げる行為を許さない。」と規定し，次項，3条2項は，権利の行使について，「権利の濫用は，これを許さない。」と定める。これにより，「本民法改正案」3条は，現行民法1条（基本原則）2項を移動修正し，又，同3項から移動されている[120]。

---

[117]　参照，Gächter (2005), Rechtsmissbrauch im öffentlichen Recht, S. 18 FN 97（ただし，この公益が個人に請求権（を賦与していることもあることに注意しなければならない。この請求権社会保障保険金請求権，補助金交付請求権など）の賦与は受益者個人に直接に資する。しかし，この受益賦与によって，間接的には巡り回って公益が遡及されている。）およびそれに対応する本文。

[118]　Gächter (2005), Rechtsmissbrauch im öffentlichen Recht, S. 18.

[119]　参照，Gächter (2005), Rechtsmissbrauch im öffentlichen Recht, S. 113 FN3 に掲げる文献およびそれに対応する本文。

第3章　権利濫用

「本民法改正」は権利濫用に先だって，その前提として信義誠実の原則を位置づけている。これと類似して，憲法12条に定める権利自由の濫用は，信頼保護の原則を前提としているのである。

公法上の信義則の発展との関連において明らかになった諸問題は，様々な性質を持っていた。まず，信義則の妥当根拠が問われた。この原則が公法においてどこから導きだされるのか。公法には，民法1条2項に対応する法律根拠が欠けているからである。勿論，この原則がいかなる内容を有するかについても，さらに問われなければならない。

学説も裁判実務もこの問題を体系的に扱っていなかった。しかし，スイス連邦裁判所の昔の判例が，或る行政庁の矛盾する行動を克服し片づけるため，公衆に対する行政庁の関係にも妥当すべき，基本的信義則でもって根拠づけた（Erben Brandt 事件）。この判例のうえに，行政に対する（その後にさらに展開された）信頼の保護が築かれた。一般的には，行政に対する個人のための信頼保護の発達が，公法においては，信義則の議論の核心をなしている。しかしながら，信義則と信頼保護とは公法において同一視されてはならない。なぜなら，信頼保護は確かに（一部では）信義則に遡られるが，しかし，信義則としては特殊だからである。

日本国憲法12条は権利濫用の禁止を明文でもって規定する。この規定の前提として，基本的な法原則が妥当していると考えられる。日本の法的理解によれば，信義則（信義誠実の原則）は基本的な法原則であり，そして，国と個人とのあいだの関係のみならず，私人相互間の行為にとっての規矩準縄（指針）としても妥当する（民法1条2項）。憲法12条にいう権利濫用禁止はこの信義則（広義）を前提としており，国と個人は相互に「権利の行使及び義務の履行は，信義に従い誠実に行わなければならない」のであって信義則に反してその権利を行使してはならず自由を享受してはならないのみならず（これを「信頼保護の原則」という。），私人もまた相互に「権利の行使及び義務の履行は，信義に従い誠実に行わなければならない」のであって，信義則に反してその権利を行使してはならないのである（これを「（狭義の）信義則」という。）。[121][122]

---

(120) 民法改正研究会『日本民法典改正案Ⅰ』（2016年）vii頁，6-7頁。信義則と権利濫用について基本原則と原則の関係がわかりやすく微修正されている。

(121) 日本の民法：「第1条　私権は，公共の福祉に適合しなければならない。

信義則は私人間における関係に関する限り，それは判例と学説によって十分に展開されている。しかし，国家と私人のあいだにおける関係において信頼保護の原則に基づく行動の基本原則（日本国憲法97条（「信託」）・13条（「自由及び権利は，不断の努力によって，これを保持しなければならない。」））は精確に何を意味するであろうか？　国民は，信頼保護の原則に応じて，国家に対してどのように行動しなければならないか？　信義則を引き合いに出して，これまでに学説と判例で一般に承認されてきた法の一般原則は，私人が国家に対し（又はその逆）信頼保護の原則に基づき行動すべき責務を負っており，信頼保護の原則に反する私人の行動（又は国家の行動）は，租税法の評価の対象とされるとき，権利濫用だと評価されるべきであることを指す[123]。

(c)　規範段階構造における信義則と権利濫用禁止について

規範段階構造に即して構築される法体系において，或る規定が法秩序に編入される段階は，その妥当力と妥当範囲に影響力をもつ。より高い序列の規範は，より低い序列の規範にくらべ，後者が前者に内容的に矛盾するとき，原則として優先する。法律に対する憲法の優先は，確かに，原則として妥当する。けだし，立法もまた内容的に憲法に羈束されているからである[124]。しかし，この原則は裁判所によって貫徹されないこともある。

a)　公法における信義則（信義誠実の原則）及び権利濫用禁止原則の具体化

憲法原則の概念は，二重の側面を有する。一方で，それは，内容的に一般的法原則が問題であることを表現している。他方で，憲法段階における原則が問題であること，したがって国内の最高規範水準が問題であることが明らかにさ

  2　権利の行使及び義務の履行は，信義に従い誠実に行わなければならない。
  3　権利の濫用は，これを許さない。」
(122)　スイスの1999年連邦憲法は権利濫用の規定を定めていないけれども，連邦憲法9条（恣意からの保護と信義則の保障）は，「何人も，恣意によらずに信義に基づいて国家機関が行為することを求める請求権を有する。」と規定する。スイス憲法9条は，国家に対する正当な信頼の保護を求める請求権を私人に賦与すべきであろう（信頼保護）。参照，Gächter (2005), Rechtsmissbrauch im öffentlichen Recht, S. 118 FN34, 35 u. 36 に掲げる文献およびそれに対応する本文。
(123)　参照，Gächter (2005), Rechtsmissbrauch im öffentlichen Recht, S. 119 およびそこに掲げられた文献。
(124)　Gächter (2005), Rechtsmissbrauch im öffentlichen Recht, S. 123 およびそこに掲げられた文献。

第3章　権利濫用

れている。両方の要素が，信義則及び権利濫用禁止原則について，憲法そのものから引き出される(125)。

スイスでは，法原則に関する学説は，ドイツに比べ，ドグマとしてそれほど鋭く開拓されていない。スイスで法の一般原則の問題に携わった論者のあいだで，その内容と効力のありように関して若干の合意が成立している。まず，法の一般原則と規範（Normen）又は規則（Regeln）とのあいだには本質的な相違がある。それによれば，原則は，一般的な法思想を含んでおり，これは一般的に実現されるべきである。しかし，法の一般原則は，規範又は規則のようには，まだ具体的ではない。けだし，法律構成要件（法律要件と法律効果とからなる）はまだ明確にされていない。原則は，むしろ，その内容を或る基本的価値との関係から関係づけられ，その基本価値の実現に原則は資するのである。このことからさらに次が導きだされる。原則は，それ自体をとりあげても，まだ直接に適用できない。法の一般原則は具体化を必要とする。そのような具体化は，規範の定立された階層段階での新しい規範を構築する枠内において，又は（規範定立者によって比較的未解決なままにされている）規範の解釈若しくは適用の際に，行われる(126)。

法原則の価値関係は，規範としての不完全な構造と並んで，さらに特殊性をはらんでいる。法の一般原則は通常非常に抽象的に定式化されているにもかかわらず，それは或る実現されるべき価値関係を指し示している。この基本価値は，一部では，まさに信義則や権利濫用禁止の場合のように，実定法以外の価値体系に由来することもありうる。法の一般原則は他の価値体系との関係である程度まで法体系を開いたままにしている(127)。

このような未解決な開かれた状態は法律家をまずは不安にするかもしれない。けだし，そのような開いたままの未解決の状態はいつも確実さの欠如と法内容に対するコントロールできないほど常軌を逸脱する危険性とをもたらすかもしれないからである。しかし，諸原則について本質的な実り豊かな具体化が不完全ではなく，むしろ議会制民主主義による正統性をもった立法者によって，透

---

(125) 参照，Gächter (2005), Rechtsmissbrauch im öffentlichen Recht, S. 126.

(126) 参照，Gächter (2005), Rechtsmissbrauch im öffentlichen Recht, S. 127.

(127) 例えば，Canaris, Claus-Wilhelm, Systemdenken und Systembegriff in der Jurisprudenz, 2. Aufl., Berlin 1983, S. 61ff; カナリス（1996年）『法律学における体系思考と体系概念』51頁以下（第3章）. Gächter (2005), Rechtsmissbrauch im öffentlichen Recht, S. 128 FN 101 に掲げる文献およびそれに対応する本文。

124

明性の高い規範定立手続において行われることを思い浮かべるならば、このような未解決な開かれた状態は、多くの「驚き」をもたなくてすむものである。価値に関連した諸原則はこのプロセスにおいてむしろ方向付けの機能を果たす。なぜなら、規範定立に際し明白に指南されうる諸原則に立ち返るときその価値判断は透明化されかつおおいに議論されるからである。体系に必要な（まずは法律外の価値と尺度の）「インプット」は、これによって把握できるようになる。かくして、諸原則はまさに法体系を内部から掘りくずして軟化するのではなく、むしろ理性をもって法体系を基礎づけることに資する(128)。

その原則について法の一般原則がテーマである場合その法原則は法体系全体のなかで実現されるべきである。しかし、たいていの原則は或る分野に限定されているか、又は、少なくてもその重点を或る分野に限っている。多くの原則については、すでに文脈からも限定が明らかになる(129)。

法の一般原則が憲法レベルにおける憲法原則として位置づけられているということは、同様にいくつかの意義を有する。一方において、その一般的法原則が立法者を拘束する。他方で、しかし、この一般的法原則はまた憲法を解釈し憲法を具体化するときにも常に、それぞれ権限を有する行政庁によって裁断規準（処分規準ともいう）(130)として斟酌されなければならない。とりわけ、別な憲法原則又は基本権を具体化するに当たり、その一般的法原則は、同じ価値を有する原則として一緒に斟酌されなければならず、そして、その実現は価値衡量して最適にされなければならない(131)。

かくして、憲法原則は法の一般原則として定義されなければならない。憲法原則は、憲法の国内規範ヒエラルヒーにおける位置づけに鑑みに、立法及び法適用においてできるだけ広く実現されるべきである。これによって、憲法原則は直接適用可能な（成文の又は不文の）規則（ルール）のなかで具体化される(132)。

b) 憲法原則の機能

憲法原則の機能は先にその定義をみたとき若干概説した。しかし、その機能

---

(128) Gächter (2005), Rechtsmissbrauch im öffentlichen Recht, S. 128.
(129) 参照、Gächter (2005), Rechtsmissbrauch im öffentlichen Recht, S. 128 FN 101 に掲げる文献。
(130) Entscheidungselement.
(131) Gächter (2005), Rechtsmissbrauch im öffentlichen Recht, S. 128f.
(132) Gächter (2005), Rechtsmissbrauch im öffentlichen Recht, S. 129.

は完全に統一的に定義できない。なぜなら，それぞれの原則は，一定の，それぞれ別個に定立された目標を実現しようとしているか又は一定の保護を目指す役割を割り当てられているからである。そのうえ，その機能は，それぞれ選定された観点からみると様々である。

立法者にとって，憲法諸原則は，プラグマティックな内実を有する，行為準則をなしている。これら憲法諸原則は，別な（それぞれの分野にとって決定的に重要な）諸原則と規範と一緒になって調和を図りそして最適に意味を付与されなければならない(133)。

法適用をする行政庁にとって，憲法原則の意義は，それほど大きくはない。なぜなら，行政庁は，第1に，さきに立法者によってなされた（諸原則の）具体化に羈束されているからである。

　　日本では，行政庁（公務員）の制定法への羈束（拘束）はとりわけ日本国憲法73条1号，99条及び84条（同条の前提とする法治行政原則）からも明らかになる。

しかしながら，憲法原則は法適用の場合にも本質的な機能をいくつか果たしている。憲法原理は，開かれた規範の解釈及び具体化に当たり，法の欠缺の補塡に当たり，裁量権の行使に当たり，とくに斟酌されなければならない。殊に，憲法原則の一部内容が憲法に適合する権利に結晶されている場合（とりわけ憲法12条の前提とする信頼保護の原則，憲法84条の合法性の原則又は権力の分立），憲法原則は成文法に反しても公正な裁判（裁断）(134)を見いだすために引き合いに出すことができる。この場合，しかし，固有の解釈が問題なのではない。むしろ，一定の憲法内実が ── 衡量により ── 固有の解釈に優先する(135)。

国民の視点からすれば，憲法原則はとりわけ保護機能，とくに合法性の原則，公益，比例原則又は信頼保護の形での保護機能をこれまで有してきた。信義則に関しては，憲法12条（権利濫用禁止原則）の前提たる信頼保護の原則は，民法1条2項に照射されており（照射効），何人も信義則に拘束されている。信義則は，直接には民法1条2項に規定されているが，憲法レベルにおいてすで

---

(133) 参照，Gächter (2005), Rechtsmissbrauch im öffentlichen Recht, S. 129.

(134) Zur Entscheidfindung contra legem: Contra legem is a Latin phrase which means "against the law" The maxim is used to describe an equitable decision of a court or tribunal that is contrary to the law governing the controversy.

(135) 参照，Gächter (2005), Rechtsmissbrauch im öffentlichen Recht, S. 129.

に同12条において前提とされている憲法原則である(136)。

その他，法ドグマ，とくに，法典化されていない総則部分を埋め尽くす公法上のドグマについて，憲法原則が体系を構築する機能を強調しておかなければならない（体系的解釈）(137)。

c) 憲法原則の具体化

憲法原則は2つの課題をもっている。その1は，問題とされる原則は，別な，前者の原則と相反する内容の諸原則及び規則と衡量されかつ限定されなければならない。他方，その具体化の結果は，個別の事案に適用できる裁判規範（裁断ルール）でなければならない。したがって，そのルール（規則）は，法律要件と法律効果を備えていなければならない(138)。

課題の2は，規範を用意し準備しなければならないことである。規範は，たしかに，諸原則によって介される諸価値を再現しなければならないが，しかし，諸原則と対照的に，規則（ルール）として適用できるものでなければならない。すなわち，規範は，明瞭に輪郭を描いた法律要件及びそれに属する法律効果について情報を与えなければならない。このような具体化された規則（ルール）を構築することによってはじめて，諸原則は，実務での適用のため結晶される。諸原則が規則（ルール）に具体化されることによってはじめて，個々人と行政庁の行態もまた規律され，また，行政庁の行為が予見可能なものになりうる。最後に，諸原則の規則（ルール）への具体化は，平等な法適用の実現及び憲法上の平等取り扱いの要請にも資する(139)。

立法者によって憲法原則が最初に具体化された後でも，具体化の効果はそれに尽きているわけではない。たしかに，法適用を行う行政庁は，まず立法者の価値判断に拘束されるが，しかし，法適用の数多くの状況においてはなお，判断余地が残っている。そのようなところでは，法適用者は原則を用いることができる。とくに，不確定法概念の解釈や，裁量権の行使，憲法に関連する一般的な解釈，ならびに法の欠缺がその例である。

このような領域，とりわけ裁判所による法適用の場合，様々な事例群のために下位規則を構築するという意味において諸原則の具体化が再度必要となる。

---

(136) 参照，Gächter (2005), Rechtsmissbrauch im öffentlichen Recht, S. 129f.
(137) 詳細は，Gächter (2005), Rechtsmissbrauch im öffentlichen Recht, S. 130.
(138) Gächter (2005), Rechtsmissbrauch im öffentlichen Recht, S. 131.
(139) Gächter (2005), Rechtsmissbrauch im öffentlichen Recht, S. 130.

さらに，行政判断の予見可能性のための考量ならびに平等原則に基づいて，諸原則の具体化が求められる(140)。

　かくして，憲法原則の具体化は，（その程度や分野に違いはあるとしても）すべての国家機関に委ねられている課題である。その目標は，常に，別な決定的に重要なすべての諸原則と諸規範を衡量して，憲法原則に塗り込められている価値及び規制されるべき事実関係との関連においても，実務に堪えうる規則の形で実現するために役立てることである(141)。

d) 信義則の具体化

私法における信義則は，まずは，私人間における期待や予見できる権利取引（法的取引 Rechtsverkehr）の保護に資する。信義則を信義誠実の原則ともいう。

公法における信義則（ドイツ租税法学ではこれを「信頼保護の原則」という。）は，憲法に基づき，私人と行政庁とのあいだで法的に重要なコンタクトをする両者に妥当する。公法上の法律関係の特殊性のために，私法上の定義と概念定立を直接に承継できるかどうかは，検討しなければならない。

公法における信義則の内容は学説上非常に類似して定立されている。私人と行政庁とのあいだの法的取引は相互に信頼しあっていなければならず，かつ，正当な信頼は保護される(142)。信義誠実は，行政庁と私人によってそれぞれに良心的に（忠誠心をもってかつ信頼に値するように）彼らの公法上の義務の履行を果たし，かつ，その権限を濫用して行使してはならない(143)。広く理解するなら，信義誠実は，公法においても法的取引の保護をその本旨とする。その際，信義則は，個人とのコンタクトが問題である場合に限って，私人に対する国家作用の規矩準縄（指針）と判断尺度として適用されることを求められる(144)。

これらの定義は著しく私法上の学説によって刻印されている。私法の場合と似て，私人と行政庁間の法的取引が常にテーマである。

公法学説は信義則（信頼保護の原則）を，具体化を要する原則として把握している。学説は信義則について相異なるアプローチと相異なる判断規準を相互

---

(140) Gächter (2005), Rechtsmissbrauch im öffentlichen Recht, S. 132.
(141) Gächter (2005), Rechtsmissbrauch im öffentlichen Recht, S. 132.
(142) BGE 94 I 513ff., 520; Gächter (2005), Rechtsmissbrauch im öffentlichen Recht, S. 134 FN 139 に掲げる文献.
(143) Gächter (2005), Rechtsmissbrauch im öffentlichen Recht, S. 134 FN 140 に掲げる文献.
(144) Gächter (2005), Rechtsmissbrauch im öffentlichen Recht, S. 152.

に展開している。しかし，総じていえば，学説は信義則（信頼保護の原則）に関する具体化のドグマを3つのグループに分けてその判断規準を示している[145]。

　(ア)　当該当事者：だれに信義則に基づく行為の要請が向けられているか。行政庁か又は私人か？　だれが具体的状況においてこの行政庁又はこの私人に対峙しているか？　行政庁が問題となるのはいつか？　いかなる行政庁が当事者か？　いかなる機能をその行政庁が果たすか？

　(イ)　規範適用の際における信義則：具体の事例において，信義則が規範テクストといかなる関係を有するか？　信義則は，解釈を確認するために招致されるのか，解釈を補完するために招致されるのか，又は解釈を補正するために引き合いに出されるのか。そして，当該適用されうる規範が行為者に対し，（信義則が指向指針として引き合いに出されうるほどに）法律構成の余地に大きく負荷を課しているか？

　(ウ)　行政庁と私人の行為態様にとっての規準：当該当事者の一方がつじつまの合わない行為をしているか？　すなわち，その者が或るつじつまの合わない行為によって（信義則の規準に照らして）不明瞭を創り出しているか？　一方当事者が，不誠実又は不法と判断されうる行態から権利を導きだしたいのか？　一般的に，当該当事者の説明及び行為態様が双方向のコンタクトにおいて信義則にしたがってどのように判断・評価されうるか？

　信義則の具体化としての権利濫用禁止を検討しよう。法原則は実務で適用できるためには，法律要件と法律効果からなる規則（ルール）に具体化（又は結晶）する必要がある。通常は，1つの法原則から，複数の，（規制されるべき事例群の事情に適応した）下位規則が導きだされる。

(4)　法律行為の解釈と法律の解釈との識別

　実質的な意味での法律の解釈，したがって一般的抽象的な法規範の解釈の問題と，法律行為の解釈との問題は大幅に一致している。法規定が不確定多数の規範名宛人に等しく妥当する。規範名宛人はその成立に関与していなくてよい。このような場合に，「客観的」に平均的に何人にも当てはまる理解の判定規準が前面にあらわれなければならない。その都度の当事者の主観的理解は，決定

---

(145)　Gächter (2005), Rechtsmissbrauch im öffentlichen Recht, S. 153.

第 3 章　権利濫用

的な役割を演じ得ない。立法する人間の意図は，多数の解釈規準のあいだでその 1 つにすぎない。これに対し，法律行為の意思表示は，その当事者間でのみ妥当するものであり，その意思表示は，原則として，受領者の立場からのみ解釈されなければならない。すなわち，慎重な名宛人と同様に，法律行為の意思表示は，受領者の立場から認識しうる付随事情を含めあらゆる事情に基づいて理解することができる。当事者の理解と意思が一致している場合，「客観的な説明価値[146]」は全く役に立たない。当事者（複数）が同一のことを一致して望んでいるが，しかし錯誤により表示している場合，又は，表意者がその意思を錯誤により表現しているが，しかその表示を受けた者がそのことを認識しているか若しくは認識しなければならない場合，契約又は意思表示の既存状態及び有効性はその誤表記によって損なわれない（falsa demonstratio non nocet）[147]。

　実務上重要な相違が次にみられる。法律解釈の場合，歴史的解釈の枠内においても証人の証言が受け入れられる。或る法規範の公布にあたり訴求された意図についての当事者の意図に関する当事者の言明は受け入れられない。これに対し，契約その他の法律行為の解釈に当たり，人証は当事者の目的及びその意図を調査・確認するため人証は無制限に用いることができない[148]。

　以上に紹介したスイスの学説が，制度濫用論を論拠づける試みである。権利濫用が制度濫用と言い換えられている論拠及び合法性の原則（日本でいう法治主義・租税法律主義）と制度濫用（権利濫用）の禁止原則等の衡量が憲法解釈レベルにおいて必要であること，並びに，制度濫用の禁止原則はそれぞれの法領域においてその具体的内容を異にしうることの論拠が明らかにされている。なお，制度濫用論を公表した教授資格論文の提出者が同国の著名な大学教授に就任されていることは，かれの論考に対する評価を証左しているであろう。

　ただし，判例により確立されている租税回避行為の一般否認原則の外に，制度濫用論がスイス租税法にとって必要であるかどうかは，議論されている。日本では，租税回避行為の一般否認原則が判例により確立されるに先だって，制度濫用の禁止原則について裁判例が目的論的縮限の手法により登場したことに，

---

(146)　objekitive Erkrärungswert.
(147)　Bydlinski, Franz, Juristische Methodenlelhre und Rechtsbegriff, 2. Aufl. Wien/New York 1991, S. 465f.
(148)　Bydlinski (1991), Juristische Methodenlelhre und Rechtsbegriff², S. 475.

3 制度濫用の法理

特色がある。この点について，次節において考察したい。

3 制度濫用の法理

(1) 問題提起：外国税額控除余裕枠利用（大和銀行＝りそな銀行）事件判決

最二判平成17年12月19日（これを以下「本判例」という）(149)を手がかりとして，本節は，制度濫用の法理をスイス判例学説と比較検討する。

本判例は，後に詳説するように，租税回避行為の一般否認規定（独租税通則法42条(150)，墺連邦租税通則法22条）及び権利濫用アプローチ（本章第1節参照）に言及することなく，むしろ，制度（又は法）の目的に著しく反する制度の利用（制度濫用論，いわゆる内在説）に依拠して本事件を解決した(151)(152)。租税

---

(149) 見よ→前掲注(96)。
(150) 2008年改正独租税通則法42条の翻訳および改正経緯について，参照，谷口勢津夫「ドイツにおける租税回避の一般的否認規定の最近の展開」税大論叢40周年記念論文集（2008年）237頁，262-263頁；谷口勢津夫「ドイツ租税基本法42条の改正内容とその評価——濫用概念を中心として」税研149号13-19頁，16頁（法定の濫用定義に対する学説と評価）；松田直樹「実質主義と法の濫用の法理——租税回避行為の否認手段としての潜在的有用性と限界」税務大学校論叢55号（2007年）1頁，70-90頁（ただし，2008年前の租税通説法の沿革を説明）。なお，同法は，国税のみならず地方税法にとっての枠組み法であるから，同法をドイツ国税通則法と訳するのは，誤解を招く。ドイツ租税通則法42条は私法の濫用ではなく，広く公法私法の濫用を問題としている。

2008年1月1日に施行されたドイツ租税通則法42条の規定について，谷口勢津夫・税大論叢40周年記念262-263頁。
(151) 谷口勢津夫「司法過程における租税回避否認の判断構造——外国税額控除余裕枠利用事件を主たる素材として」租税法研究32号（2004年）57頁以下（前掲最二判平成17年12月19日・大和事件を制度の内在的論理によるものとして理解）；同旨，吉村政穂「判批」判例評論572号22頁，25頁；谷口勢津夫「課税減免規定に関する目的論的制限及び制度濫用の法理」所収：谷口（2014年）『租税回避論』46頁以下（第1章第1節）。
(152) 本判例を分析しうるアプローチの可能性について示唆に富むものとして，吉村典久・行政関係判例解説＜平成17年＞（2007年）113〜125頁（118頁以下（納税者の害意性を強調）およびそこに掲げられた文献）。ただし，本章はそれら分析に依拠するものではない。本判例は，法人税法69条1項が政策の負担軽減規定である（中里実『タックスシェルター』）（有斐閣，2012年）230-231頁）か否（水野忠恒『租税法〔第5版〕』（有斐閣，2011年）588-589頁註246）かについて，深刻な争点として扱っていない。けだし，立法者が価値判断を行い立法した法規定が，受益的内容の租税法規範だからである。

第3章　権利濫用

回避行為の一般否認規定（独租税通則法42条，墺連邦租税通則法22条）が日本に導入されていない現在，そして，租税回避行為の一般否認法理がスイス連邦裁判所判例のようには確立されていない現在において，本判例が，ドイツ語圏における判例学説，とりわけスイス判例学説と比較して，どのように位置づけられ，かつ評価されうるかが，問題である。

「租税回避の試み」と「真の租税回避（狭義の租税回避）」との峻別はヘンゼル[153]によって提唱され，そして，清永敬次[154]と谷口勢津夫[155]によって紹介されている。岡村忠生もまた同様の認識を表明されている[156]。ヘンゼルによれば，真の租税回避は，心裡留保又は通謀虚偽表示に隠れた秘匿行為に基づく所得課税の問題とも明確に区別されている。租税回避の試みは，個別の税法規定の解釈問題として解決される，擬似の租税回避であり，さらに，仮装行為の問題群とも異なる。その峻別によれば，本最二判平成17年12月19日は，「租税回避の試み」範疇に分類される。けだし，本事案は，租税回避行為の禁止原則に係る規範以外の，関係条文の法解釈によって法的に解決されうるからである。

平成27年3月31日に国会に提出された「民法改正法案」93条（心裡留保）は，「意思表示は，表意者がその真意でないことを知っていたときであっても，そのために，その効力を妨げられない。ただし，相手方がその意思表示が表意者の真意ではないことを知り，又は知ることができたときは，その意思表示は，無効とする。(2)前項ただし書の規定による意思表示の無効は，善意の第三者に対抗することができない。」と定める[157]。

当該第1項ただし書は，現行民法93条の規定[158]よりも，「真意でないこと

---

(153) A. Hensel, Zur Dogmatik des Begriffs Steuerumgehung in:Festgabe für Zitelmann, 1923, 244. 参照，清永敬次「租税回避論ノート(1)」税法学146号（1963年），147号；清永敬次『租税回避の研究』（ミネルヴァ書房，1995年）3頁以下，第1編第I章ないし第4章。
(154) 清永敬次『税法〔第7版〕』（ミネルヴァ書房，2007年）47頁註11。
(155) 谷口勢津夫『租税回避論』（清文社，2014年）16頁，27頁，28頁，194頁，199頁，240頁，280頁。
(156) 岡村忠生「租税回避研究の意義と発展」所収：岡村忠生（編）『租税回避研究の展開と課題　清永敬次先生謝恩論文集』（ミネルヴァ書房，2015年）313-314頁。
(157) 石崎泰雄（編著）『新民法典成立への扉——法制審議会の議論から改正法案へ——』（信山社，2016年）239頁。
(158) 民法典の立法当時の学説状況について，大村敦志『民法読解　総則編』（有斐閣，2009年）295-304頁。心裡留保による意思表示は原則として有効である（93条本文）。これは，真意を各意思表示は無効であるという大原則との関係では例外である。同条ただし書は93条本文の原則に対する例外である。意思表示に関する大原則からみれば，

を知り」と規定することによって，その内容をより一層鮮明にしており，かつ，後掲の「本民法改正案」43条の規定，「真意でないことを知っていたとき」（過去形又は過去完了形）に比し，相手方が，表意者の意思表示当時よりも後の時点に，表意者の意思表示を問題として質す場合には，より一層現実の問題を解決しうる。相手方が表意者の真意を知り又は知り得べき事情の有無は，相手方が表意者の意思表示を了知した時点を判定基準時とする[159]。

　当該第2項は，租税法の領域でも有意義である[160]。現行民法93条の規定は，相手方のある単独行為（取消し，契約解除，債務免除など）はもとより，相手方のない単独行為（寄付行為，遺言など）についても適用される。ただし，相手方のない単独行為の場合には，相手方が表意者の真意を知っているとか，知り得べきであったとかという要件は問題にならないから，現行民法93条ただし書（民法改正法案93条1項ただし書）の適用される余地がなく，したがって，有効とされる[161]。もっとも，その意思表示に基づいて，特定の者が権利義務を取得するときには，現行民法93条ただし書の適用又は類推適用を認めるべきだとする有力説がみられる[162]。有力説を展開して，その意思表示に基づいて，特定の者が権利義務を喪失・毀損するときには，民法改正法案93条2項の適用を認めるべきであろう。

　「本民法改正案」43条（真意留保）は，民法93条（心裡留保）の本文及びただし書を修正する。「表意者がその真意でないと知りながら意思表示をしたときは，これに基づく法律行為は，そのためにその効力を妨げられない。ただし，相手方が表意者の真意でないことを知っていたとき又は知らなかったことにつき重大な過失があったときは，その法律行為は無効とする。」本民法改正案では，

　　これは例外の例外である。すなわち，相手方が表意者の真意を知りたるとき又は過失によりてこれを知らざりしときは，一般の原則に復しその意思表示は無効とする。けだし，この場合においては，特に相手方を保護する必要がないからである（同書299頁）。
[159]　新井誠・岸本雄次郎『民法総則』（日本評論社，2015年）273頁。
[160]　租税法の領域において，居住者が出国に際し，住民票の異動届を提出し，非居住者に法的地位を変更する届け出をするとき，場合によっては，心裡留保規定が適用されることがあるからである。なお，現行民法93条は，本来の意思表示でない準法律行為についても，可能な限り類推適用すべきであろう（高森八四郎『民法講義　1　総則〔補訂版〕』（法律文化社，2003年）106頁）。さらに，準法律行為には，意思の通知により「法律に定められた効果」が発生する場合と，ある事実についての認識（観念）の通知により「法律に定められた効果」が発生する場合とがある（潮見佳男『民法総則講義』（有斐閣，2005年）73-74頁）。
[161]　新井・岸本（2015年）『民法総則』274頁註13に引用する文献及び註に対応する本文参照。
[162]　新井・岸本（2015年）『民法総則』274頁註14，15に引用する文献及び註に対応する本文参照。

真意留保による意思表示が無効となるのは，相手方が悪意又は善意・無重過失の場合に限定された。現行民法が，ただし書で，相手方が表意者の真意につき悪意又は善意・有過失のときは，例外的に無効であると規定している。この点が修正されている[163]。

ドイツ民法 116 条は，相手方を騙す意図の下に行った真意留保による意思表示は原則として有効であり，相手方が悪意の場合に限って無効となると規定する。

その結果，ただし書が，本民法改正案では，ドイツ民法に比し，1 つ要件を追加していることとなる。

本民法改正案」44 条（虚偽表示）は，民法 94 条（通謀虚偽表示）のⅠ項を移動し修正し，そして，ただし書（隠匿行為）を新設する。「表意者がその相手方と通謀して虚偽の意思表示をしたときは，これに基づく法律行為は，無効とする。この場合においても，法律行為の当事者が真に意図した他の法律行為としての効力が生ずることを妨げない[164]。」

現行民法ウ 94 条 1 項は，法律行為ではなく，意思表示の無効を規定しているが，この点を是正し，本民法改正案では「虚偽の意思表示をしたときは，これに基づく法律行為は，無効とする。」としている。けだし，虚偽表示においては，契約の申込み・承諾等の個別の意思表示の無効ではなく，法律行為の無効だけが問題となるからである[165]。

現行民法 94 条は，「虚偽表示の無効」のみを規定し，隠匿行為には明文をもって言及しておらず，法律行為の解釈一般に委ねている。「その結果，法に習熟していない者は，民法 94 条の規定によって，当事者がした法律行為のすべてが無効になると即断し，『隠匿行為』の効力について考察しないことが多い。

そこで，本民法改正案では，『新』44 条後段で，『隠匿行為』についてそれ自体——特有の無効・取消原因がないかぎり——は有効である旨を規定し，上記のような誤解を生じないようにした[166][167]。」

さらに，本民法改正案 50 条は，現行民法 94 条 2 項を改め，「外観法理」を新設する。けだし，現行民法 94 条 2 項は，その類推適用の範囲を判例によって広げられており，虚偽の外形を作出する「通謀」がみられない事例や，必ずしも「意思表示」を伴わない事例等にも及んでいる。学説は，このような類推適用の

---

(163) 民法改正研究会（2016 年）『日本民法典改正案 Ⅰ』411-412 頁。
(164) 民法改正研究会（2016 年）『日本民法典改正案 Ⅰ』vii 頁，28-29 頁。
(165) 民法改正研究会（2016 年）『日本民法典改正案 Ⅰ』413-414 頁。
(166) 民法改正研究会（2016 年）『日本民法典改正案 Ⅰ』414 頁。参照，同 414 頁註 202。
(167) 現行民法 94 条の立法史を探索し，隠匿行為に基づき取得される所得に課税すべきこととを明らかにした文献として，木村弘之亮「ノウハウ等譲渡契約が通謀虚偽表示だと立証されなかった事例——平成 17.9.29 名古屋地判＜租税判例研究会 438 ＞」ジュリスト 1378 号（2009 年）199-204 頁。

判例法理（爾後的法形成・法の継続形成）を「外観法理」として受容してきている(168)。

本判例の理論構成は，スイスの有力説に近似しているので，その見解を後に紹介する。それにより，本判例の理論構成，その特徴と射程距離を正当に理解しうるであろう。

なお，本判例は，租税回避行為の一般否認規定（独§42 AO，墺§22 BAO）を立法することについて(1)，及び，日本の実定税法上権利（例えば，法律構成の自由を税法上も求める権利(169)，外国税額控除権，仕入れ税額控除権）が肯定される場合に権利濫用アプローチをとりうるかどうかについて(2)，言及していない。さらに，本判例は，スイス連邦裁判所判例によって確立されているような租税回避行為の一般否認法理について言及していないが，最一判平成18年2月23日(170)・UFJ銀行事件＝旧三和銀行事件もまたスイス学説・制度濫用論に近似しているかもしれない。

---

(168) 民法改正研究会（2016年）『日本民法典改正案 I』415頁。
(169) das subjective Recht auf Gestaltungsfreiheit.
(170) 最一判平成18年2月23日平成16年（行ヒ）第326号集民219号491頁＝裁判所時報1406号8頁＝判例時報1926号57頁＝判例タイムズ1206号172頁＝金融・商事判例1253号30頁＝税資256号10330順号・UFJ銀行事件＝旧三和銀行事件。同判決の理由を引用する。「4　しかしながら，原審の上記3(2)の判断は是認することができない。その理由は，次のとおりである。

法人税法69条の定める外国税額控除の制度は，内国法人が外国法人税を納付することとなる場合に，一定の限度で，その外国法人税の額を我が国の法人税の額から控除するという制度であり，我が国の企業の海外における経済活動の振興を図るという政策的要請の下に，国際的二重課税を防止し，海外取引に対する課税の公平と税制の中立性を維持することを目的として設けられたものである。

ところが，本件各取引は，これを全体として見ると，本来は内国法人が負担すべきでない外国法人税について，内国法人である本件銀行が対価を得て引き受け，これを自らの外国税額控除の余裕枠を利用して我が国において納付されるべき法人税額を減らすことによって回収することを内容とするものであることは明らかである。これは，我が国の『外国税額控除の制度をその本来の趣旨及び目的から著しく逸脱する態様』で利用することにより納税を免れ，我が国において納付されるべき法人税額を減少させた上，この免れた税額を原資とする利益を取引関係者が分け合うために，本件銀行にとっては外国法人税を負担することにより損失が生ずるだけの取引をあえて行うものというべきであって，我が国ひいては我が国の納税者の負担の下に取引関係者の利益を図るものにほかならない。そうすると，『本件各取引は，外国税額控除の制度を濫用するもの』[i]であり，『これに基づいて生じた所得に対する外国法人税を法人税法69条の定める外国税額控除の対象とすることはできない』[ii]というべきである。」
（『　』の追加と［　］内の付番i, iiは木村）

第3章 権利濫用

　本判例は，制度濫用論の憲法（一般に承認された法原則を含む）及び実定法上の根拠を明らかにしていない。そこでその憲法上の根拠を次に考察する。

(2)　公権の不存在を前提とする，制度濫用論
(a)　法の目的に反する制度利用としての法適用濫用論：スイスの場合

　信義則（信義誠実の原則）の具体化としての制度濫用禁止を説明しよう。法原則は実務で適用できるためには，法律要件と法律効果からなる規則（ルール）に具体化（又は結晶）する必要がある。通常は，1つの法原則から，複数の，（規制されるべき事例群の事情に適応した）下位規則が導きだされる。

　Gächter（ゲヒタ教授）は事例群を5つに分けて，下記のように考察する[171]。
i）或る法をその目的に反して用いる

　制度の濫用を個別の，当事者に通常は利益を与える規範にも及ぼし，この受益規範が目的に反して道具として用いられる場合，その法的姿形は個別の事案についてはより詳細な輪郭がはっきりするが，しかし，同時に，独自の，規範全体に広がるメッセージを失う。制度濫用の考え方は，その場合，個別規範の目的違反の利用を指す。

　行政庁及び私人が或る法（ein Recht）又は或る法制度（Rechtsinstitut）をその目的に反して用いることを，学説及び裁判実務は禁じている[172]。このような目的に反した利用の場合，行政庁相互，行政庁と私人，又は私人相互が公法

　　　同最一判平成18年は，「制度の目的に著しく反する利用」要件と並んで，要件[i]と法律効果[ii]を追記していることから，前掲最二判平成17年12月19日民集59巻10号2964頁と理論構成を異にするとの見解がみられる（谷口勢津夫・民商法雑誌135巻6号（2007年）1077-1105頁，1095-1097頁（ドイツと同様の租税回避アプローチが採用されているとする）；谷口勢津夫「租税解釈と税法の解釈適用方法論──税法の目的論的解釈の「過形成」を中心に」所収：岡村忠生（編）『租税回避研究の展開と課題　清永敬次先生謝恩論文集』（ミネルヴァ書房，2015年）15-28頁。

　　　しかし，杉原則彦・法曹時報58巻6号（2006年）177〜192頁（189頁）は，「本件判決は，本件取引は，外国税額控除制度を濫用するもので，租税負担公平の原則に反するものであるから，これを外国税額控除の対象として法人税法69条1項を適用することはできないとしたものである」と解説しており（同判決［i］，［ii］の文言を挿入しているので），結局，両判決の論理構成に違いはないと解説していることとなる。
(171)　Gächter (2005), Rechtsmissbrauch im öffentlichen Recht. SS. 174-180. さらに，参照，木村弘之亮「日独墺瑞比較法による制度濫用法理の考察：外国税額控除制度の利用にかかる平成17年12月19日最高裁判決の位置づけ」税法学569号（2013年5月）43-83頁。
(172)　BGE 110 Ib 332ff., 337 (Elikon 事件).

3 制度濫用の法理

上の法律関係において相対峙しているかどうかは，重要でない。なぜなら，或る法又は法制度の目的への拘束はすべての法適用のケースにおいて等しく肯定されるからである。法的保護に関する相違は，しかし，処分行政庁の種類と機能に応じて明らかになる。

　或る法の目的又はある権限の目的は，——その法又は権限が一般的抽象的な規範によって容認されているかぎり——法解釈論を用いて調査確認される。その際，当該規範テクストが規範の目的を正確には表現していないことが明らかになることはありうる。法（又は権利）がその目的に反して用いられている場合，たいていは，規範の語義によればなるほどその規範によって保護されているが，しかし，よくよく確認された規範意味によれば保護されていない，そうしたケースが問題である。行政庁が或る権利の不存在を，いずれにせよ或る規範から直ちには明らかにならない目的を引き合いに出して，主張する場合において，他方で，私人の立場からみて，合法性の原則及び法的安定性に関する問題が提起される。この事例群については，合法性の原則と法的安定性の射程距離がとくに慎重に考察されなければならない[173]。

　法がその目的に反して利用されるときの係争行為の態様は，或る権利の存在がこの目的に反して主張されるところにみられる[174]。

ii) 不利益規範の回避

　大部分の学説は，不利益規範の回避の禁止を，私人の行為との関連においてのみ論じている。当該回避の構造を思い浮かべるとき，この多数説は論理一貫している。「忌みきらわれた法律効果[175]が技功的に（或る適切な法律構成によって）回避され，そして形式的には別な構成要件が実現されるようではあるが，しかし，それでもなお，実質的ないし経済的には当該忌みきらわれた法律効果が生じる。これにより，その回避者は，法律条文の文言をなるほど尊重しているが，しかし当該法律規範の意味と目的に違背している[176]。」私人は原則として自由な動機に基づき行為をなし得る。国家規範及びその目的は私人にとって —— とくに規範内容が不利益な負担を加重するものであるとき —— 行為の

---

[173] 規定の語義と規範意味（規範目的）との齟齬の原因について，参照，Gächter (2005), Rechtsmissbrauch im öffentlichen Recht, S. 56, S. 175.
[174] Gächter (2005), Rechtsmissbrauch im öffentlichen Recht, S. 175.
[175] ein gesetzlich verpönter Erfolg.
[176] Riemer, Hans Michael, Die Einleitungsartikel des Schweizerischen Zivilgesetsbucher, 2. Aufl., Zürich/Bern 2003, S. 119.

自由の限界(177)を意味するだけである。したがって，規範目的の違反は，私人の場合，いずれの個別事案についても，当該回避された規範をそれにもかかわらず適用できるためには，詳細に理由づけられなければならない(178)。

そのような特別な理由付けは，行政庁の場合，必要でない。行政庁の行為は原則として規範に従っているからである。行政庁はその行為に際し，法律の文言のみならず，その目的にも覊束されているので，或る規範を尊重せずに回避すれば，それはいずれにせよ規範の侵害及び法律規定の侵害である。したがって，行政庁による規範の回避は，行政庁による権限の目的に反した行使の事例群に該当する(179)。

或る規範を回避しようとする者の行為態様は，当該回避の判定の際，重要である。当該回避される規範の不利益な法律効果の回避に明らかに資する，そうした異常な行態だけが，通常，回避の間接証拠として用いられうる。それにもかかわらず，その行態は，目的に反しているとは限らない(180)。

iii) 矛盾行為禁止原則

矛盾行為禁止（Venire contra factum proprium, das Verbot widersprüchlichen Verhaltens）は行政庁と私人をその名宛人とする。私人が或る行政庁の具体的な，信頼を根拠づける行為態様（行態）に依拠して行為し，かつ，この行政庁がその後に当該信頼を根拠づける行態と矛盾する行為をする限りにおいて，（スイス連邦憲法9条（信義則）。日本国憲法12条の前提にもなっている）信頼保護の原則が適用される(181)。

iv) 権利の不誠実な取得(182)

次に，「法の目的に反する法の利用」と「法律の回避」との関係について説明する(183)。

公法上の権利濫用の事例群をここに述べると，法の（その目的に反する）利用の事例と法律(184)の回避（租税回避行為の一般否認規定；独租税通則法42条，

---

(177) die Grenzen der Handlungsfreiheit.
(178) Gächter (2005), Rechtsmissbrauch im öffentlichen Recht, S. 176.
(179) Gächter (2005), Rechtsmissbrauch im öffentlichen Recht, S. 176.
(180) Gächter (2005), Rechtsmissbrauch im öffentlichen Recht, S. 177.
(181) 参照，Gächter (2005), Rechtsmissbrauch im öffentlichen Recht, S. 177.
(182) 詳細は，Gächter (2005), Rechtsmissbrauch im öffentlichen Recht, S. 178.
(183) 参照，今村隆『租税回避と濫用法理——租税回避の基礎的研究』（大蔵財務協会，2015年）5頁（租税回避の本質は，租税法規の濫用であり，権利濫用から区別される。），170頁以下，第2編第3章。

墺連邦租税通則法 22 条）の事例が構造上本質的に親和関係にあることがわかる。両方の事例群は，広義において，或る規定の語義と規範意味との齟齬を問題としている。法律（又は制度）の目的に反する利用の場合，なるほど通常は規範テクストが形式的に尊重されるが，しかし，具体のケースにおいて追い求められる目標は，当該主張される法（又は当該主張される権限）の根底にある規範の目的に合致しない。これと類似して，法律規範を回避する個人もまた，通常，当該規範の意味や目的によってではなく，その文言に従って行動する(185)。

租税法解釈方法論について文理解釈を第一位に強調する主張は，法的安定性と租税法律主義の美名の下に，この乖離を不当に図利することを促すことにこそその実践意欲を秘めている。しかし，法律学は単純ではない。詳説する。

この 2 つの事例群の基本構造は，或る規範の文言に合致する（と主張されている）法的内容と，法解釈論によって確認される規範意味である当該規範の本当の意味との不一致に橋を架けることにある(186)。

或る規範の語義ではあれやこれやが明確でないにもかかわらず，個々人の解釈により義務が課され又は権利が否認（若しくは是認）される場合，常に或る規定の語義からの乖離に疑問が持ち上がる。そのような解釈が合法性の原則及び法的安定性と一致しうるであろうか。規範意味に立ち返ると，それに伴い，相当な不安定性がもたらされるのではないか。なぜなら，規範意味への立ち返りが，必ずしもいつも，規範テクストから直接に導きだされ得ないからである(187)。

語義の限定又は拡張のために，目的論的論証がもっとも頻繁に引き合いに出される(188)。そのため，とくに，いずれの目的（規範目的，法律目的，又は法秩

---

(184) 旧租税調整法 6 条では「民法」の形成可能性の濫用が問題とされたが，1977 年租税通則法 42 条では「法」の形成可能性と改められた理由は，「公法」の形成可能性が濫用されることがあるからである。濫用される対象は，「納税義務」でなく，「税法律」とされている。清永敬次「1977 年租税基本法」について」広岡隆・高田敏・室井力『現代行政と法の支配』（杉村敏正先生還暦記念　有斐閣，1978 年）349 頁註 7 及びこれに対応する本文参照。

(185) Gächter (2005), Rechtsmissbrauch im öffentlichen Recht, S. 217.
(186) Gächter (2005), Rechtsmissbrauch im öffentlichen Recht, S. 217.
(187) 参照，Gächter (2005), Rechtsmissbrauch im öffentlichen Recht, S. 217.
(188) 今村隆「外国税額控除制度の濫用――日米の判例を比較して」駿河台法学 20 巻 1 号（2006 年）58 頁（「立法政策がとられた理由に沿うようにという意味で，立法趣旨による限定解釈の余地があると考える。」）法規範の立法目的に沿う解釈方法こそが，目的論的解釈であって，限定「解釈」に限られるわけではない。；58 頁（類推は，拡

序全体の目的）が先の２つの事例群について持ち出されてもよいかどうかについて，立ち入って考察する[189]。

(b) 法の目的に著しく反する制度利用としての法適用濫用論：日本の場合

本最二判平成 17 年 12 月 19 日は，法制度をその本来の趣旨目的から著しく逸脱する態様での利用，すなわち，制度（又は法）の目的に著しく反する利用を，制度の濫用と称している。制度の法律要件をみたさないと税法上評価される。最二判平成 17 年 12 月 19 日は，租税回避行為の一般否認原則又は権利濫用の禁止原則（若しくは自由濫用の法理）を前提として，その原則を援用できない場合に限って，租税回避に急ブレーキをかける必要性が認められる場合に，同判例法理を「最後の砦[190]」としての機能に限定するために，「著しく反する制度利用」を強調しているわけではない。

「租税回避行為の一般否認原則」の適用される事例群（法の形成可能性にかかる事例群・選択権濫用の事例群）と，「制度の目的に著しくに反する利用法理」に適用される事例群（本件では国内税法ショッピングにかかる租税回避の試み事例）との相違を認識するならば，「著しく」のメルクマールは，「制度（又は法）の目的に反する利用」事例群（不真正の制度濫用）と比較して[191]，「制度（又は法）の目的に著しく反する利用」事例（真正の制度濫用）を特徴づけていると考えられる[192]。

張解釈と対照的に，「言葉の可能な意味の範囲外」で行われる。）。このため，類推は，租税法律主義のもとで，原則として禁止されており，税法が明文の規定を定めている場合に，そのかぎりにおいて，類推禁止が解除される。このように，類推は規定の可能な語義の限界を越えたところで推論されるので，法解釈作業とは一線を画されている。
[189] Gächter (2005), Rechtsmissbrauch im öffentlichen Recht, S. 217f. さらに，これと，公法においても公権の「内在的制約」Innenschranke der subjektiven öffentlichen Rechte が妥当するかどうかの問題が結びつく。したがって，内在説にいう私権 die subjektive Privatrechte に対応する，理論構成が公法上の公権にも妥当するか否かの問題が問われる（Gächter (2005), Rechtsmissbrauch im öffentlichen Recht, S. 218.）。
[190] 清水一夫「課税減免規定の立法趣旨による「限定解釈」論の研究——外国税額控除事件を出発点として——」税務大学校論叢 59 号（2008 年）245 頁，253 頁。
[191] 制度濫用の２つの類型を区別しないものとして，参照，今村隆・「最近の租税裁判における司法判断の傾向——外国税額控除事件最高裁判決を手掛かりとして——」税理 49 巻 7 号（2006 年）2 〜 11 頁，6 頁（本判例は，本件取引が形式的には法人税法 69 条の文言に該当するが，本件取引に同条を適用することが同条の趣旨に反することから，同条を適用しないとしたものと考えられる）。
[192] 本判例は，金子（1978 年）「租税法と私法」租税法研究 6 号 24 頁（その立法目的

したがって，本判例が法（又は制度の）「目的に著しく反する利用」，又は「制度の目的に著しく逸脱する態様での利用」という表現を用いる場合における「制度の目的に著しく反する」前提要件（メルクマール）が分析されなければならない。本判例はその点について詳細には言明していない。

(3) 制度濫用の法理：内在説
(a) 租税回避行為の一般否認規定を必要とする説：外在説

当該回避される規範を「内在的に」目的論的解釈によって，法律回避行為（脱法行為）に対抗する説は，今日，「内在説[193]」と呼ばれている。

> 「私のように権利濫用を禁止する法律規範は直接に行為自体を評価する事実規範に属しないで其の行為に付ての法律の適用を評価する適用規範［評価規準］に属すべきものであると解するならば［外在説］，其れを実質的に基礎づける所の格率も亦当然に法律の内に求められねばならぬことは言うを俟たない［内在説］[194]。」

> 「先づ権利濫用が問題となる場合に於ては当事者の一方（……）が他方（……）の行為に因って何等かの損害（……）を被ったと主張するのに対して他方は其の行為が権利行使であって法律の適用の下に適法であると評価せられ得る旨を主張するのである。而してそこに適用があると援用せられる法律規範は通常形式化せられた事実規範であって，機会的な理論的認識の立場から之を解釈するならば ── 法律に於ける論理的なものは其の内に包容せられて居るものを形式的に引き出すことに尽きているものであるならば ── 其の適用の下に於て当該の行為の適法性を一応是認し得るものであるが，其の法規の適用自体はさらに目的論的な立場から適用規範［権利濫用にかかる評価規準］によって批判され

とは無縁な租税回避のみを目的とする行為をその適用範囲から除外することを目的として，租税法規定の解釈にあたって，その中に立法趣旨を読み込むことによってその規定を限定的に解釈するという解釈技術は，日本でも用いる余地がある。）および，これをさらに展開した中里（2002年）『タックスシェルター』238頁（法人税法69条は，政策的見地から設けられた特別な課税減免規定であり，このような同条の趣旨・目的に反する取引は『納付することとなる場合』には当たらないと限定解釈すべきである。）を全面的に受け入れたのではなく，「納付することとなる場合」に限定解釈したのではなく，そのような作業を経ることなく，同法制度自体を適用すべきでないと判断している。同旨，岡村忠生『租税判例百選［第5版］』（2011年）41頁；今村（2006年）税理49巻7号6頁。

(193) Innentheorie.
(194) 末川（1925年）「権利濫用禁止の理論的考察」所収：同『権利侵害と権利濫用』（岩波書店，1970年）147頁。

第3章 権利濫用

ねばならぬのである。斯くして若し当該の行為に付ては援用せられて居るところの事実規範が適用せらるべきではないと評価せられるならば，其の行為は謂ふ所の権利濫用であって法律の適用の下に於て適法性を主張し得ないこととなるのである。だから具体的な実際上の取扱から観れば権利濫用の禁止は法律の目的［に］従って私の所謂法律の社会的機能の傾向[195]に於ての質量的考量と具体的に権利の行使であると主張せられて居る行為に付ての両方面から出発しなければならぬ訳である[196]。」

租税回避行為の一般否認規定（例えば独租税通則法42条，墺連邦租税通則法22条）を「外在的に」備えている「外在説」がその内在説に対置している[197]。外在説によれば，租税回避の紛争の場合，解釈の道具（解釈方法論）は問題でない[198]。

当事者が私法上有効・適法に法律構成を自由に選択し，そして，それを実行している場合であっても，租税法における法適用者（租税行政庁，裁判所）は，例えば独租税通則法42条，墺連邦租税通則法22条に基づいて，不当な租税回避行為（脱法行為）にかかる法律構成の選択権（形成権）行使が権利・自由の濫用だと評価する。

(b) 租税回避行為認定の一般規定を不必要とする説：内在説

ドイツの内在説[199]は租税回避にかかる一般的否認規定（独租税通則法42条）

---

(195) 適用規範［権利濫用にかかる評価規準］の具体的な適用は，法律の社会的機能の傾向（慣行）に従うべきことを命ずる。そうするものに，末川（1925年）「権利濫用禁止の理論的考察」153頁。ただし，慣行説には従え得ない。
(196) 末川（1925年）「権利濫用禁止の理論的考察」150-151頁。
(197) Hahn, DStZ 2005, 185; Damas/Ungemach DStZ 2007, 556; Fischer, Peter in HHSp, AO §42 Rz. 74ff., 140 u. Festschrift für Wolfram Reiß zum 65. Geburtstag, Köln 2008, S. 633.
(198) Reich (2012), Steuerrecht², §6 N43 FN52 およびそこに掲げられた文献。
(199) ドイツ連邦財政裁判所の第4部と第5部との見解は，一致していない（詳細は，Pezzer, Heinz-Jürgen, Neuere Entwicklungen in der BFH-Rechtsprechung zu §42 AO, StbJb 2000/2001, 68；木村（2002年）ジュリスト1231号183-185頁）。租税通則法42条の規定（当時）を適用するに当たり，いくつかの障碍があると判断されたため，同条の適用を避けて，内在説が頻繁に用いられている。ただし，同裁判所の別の法廷は外在説によって同42条を適用する。この点について，参照，木村（2002年）ジュリスト1231号180-185頁；谷口勢津夫「税法における取引の全体的・一体的観察法の意義と問題──税法に「税法秩序の自力防衛」原則は内在するか」税法学561号（2009年）159～194頁，188頁以下（ドイツの全体的企図法理との関連で内部説・外部説に言及）。ドイツおよびスイス税法学では内在説は少数説である。オーストリア税法学で

142

3　制度濫用の法理

を不必要だと考えている。解釈は，規定の可能な語義の限界で終わらない(200)。法律の目的は，解釈によって無制限に主張され実現させることができるからである。このようにして，法律の解釈によって，租税回避の試み（すなわち，法律目的を規定の文言によって巧みにかわして出し抜く試み）は，無駄となる(201)。租税回避行為にかかる一般的否認規定（独租税通則法42条）は不必要であり(202)，その内容も空疎となっている(203)。租税法についても他のすべての法領域におけると同様に「内在説」が適切であると主張されてきた。

　内在説（目的論的解釈）を再説・確認する(204)。租税法は他の分野の法秩序と同様に原則として目的論的解釈方法論に従って解釈しうる。実質的に正義に即した諸原則に従っていなければならないという見解，及び租税法律の根底にある原則は，それが明らかに認識しうる限りにおいて，法適用に当たり或る条文規定の可能な語義の限界を越えても妥当させられなければならないという見解を主張する者は，さらに，以上のことから，租税法には類推適用の禁止は存在せず(205)，そして，独租税通則法42条を原則として宣言規定（確認規定）と

　　　は，内在説が多数説である。同旨，Doralt/Ruppe, Steuerrecht, Bd. II 6. Aufl., Wien 2011, §5 N. 109 およびそこに掲げられた文献。
(200)　Die Auslegung ende nicht an der Grenze des möglichen Wortsinns.
(201)　参照，E. Becker, StuW 1924, 145, 151, 154, 443; A. Spitaler, StbJb, 1956/57, 105, 115; R.Thiel, StbJb. 1963/64, 198, 371, 414; H. Paulick, StbJb. 1963/64,371, 391f., 414; Walz, Wolfgang Rainer, Steuergerechtigkeit und Rechtsanwendung : Grundlinien einer relativ autonomen Steuerrechtsdogmatik, Heidelberg 1980, S. 224, 226; Danzer, Jürgen, Die Steuerumgehung,Köln 1981, S. 83ff., 95; P. Kirchhof, DStJG Bd. 33 (2010), S. 22f. Teichmann, Arndt, Die „Gesetzesumgehung" im Spiegel der Rechtsprechung, JZ 2003, 761, 764（独自の法制度としての法律回避），767（民事法上の裁判例においても，法律回避論は必要でなく，裁判官が係争事案を法律の解釈だけによって，とりわけ法律の類推適用によって裁判しなければならないという見解が，支配的である。独自の法律回避論は（憲法上設定された）法律適用の限界を越えているであろう。）；異説，Benecke, Martina, Gesetzesumgehung im Zivilrecht : Lehre und praktischer Fall im allgemeinen und Internationalen Privatrecht,Tübingen 2004, 211, 217. 同書はゲッテインゲン大学教授資格論文である。
(202)　P. Kirchhof, HStR V3, §118 Rz. 35.
(203)　E. Becker, StuW 1924, 151, 154, 443; Spitaler, StbJb. 56/57, 115; Thiel StbJb. 63/64, 198; Paulick StbJb. 663/64, 391f., 414; Danzer (1981), Steuerumgehung, S. 83, S. 95.
(204)　木村（2002年）「租税回避防止規定に係る方法論」ジュリスト1231号182頁；Pezzer, Heinz-Jürgen, Neuere Entwicklungen in der BFH-Rechtsprechung zu §42 AO, StbJb 2000/2001, 68ff.。
(205)　詳細は，K. Tipke, Steuerrechtsordnung, Bd. I, 2. Aufl., Köln 2000, S. 177ff.

第3章 権利濫用

してのみ位置づけている(206)。

　　所論は，二つの前記要件をもって，無限解釈論（前述）に迷い込まないように，自制すべきだとしている(207)。

所論によれば，同法42条は，一に，負担的規範の類推適用を許している。けだし，認識しうる法律目的は負担的規範の文言の背後に潜んでいるからである。二に，同条は受益的規範の目的論的縮限（限定）をも許している。けだし，その法律の目的は受益的規範の文言から掴みだされるからである(208)。次に，或る負担的租税規範がその目的上適用されなければならないにもかかわらず，その文言上は適用できない，そうした事実関係は，［同42条の存否を問わず］このような［目的論的解釈による］方法論上の道具類によって法的に解決されかつ克服されなければならない。あるいは，或る受益的規範がその目的上適用されてはならないにもかかわらずその受益的規範の法律要件（構成要件の大前提）をその文言上はみたしている，そうした事実関係は，先の方法論上の道具類によって法的に解決されかつ克服されなければならない（以上を「内在説」という。）(209)。結局のところ，その都度回避（より精確には，脱法）される租税法規範の適用が問題であるので，所論によれば当該納税義務者が濫用の故

---

(206) J. Lang in Tipke/Lang, Steuerrecht, 16 Aufl., Köln 1998, S. 121, 165, m. w. Nw.
(207) 無限解釈論に対する批判として，Rüthers（2012），Die unbegrenzte Auslegung（ナチス第三帝国における私法における，法の継続形成）；Rüthers, Bernd/C. Fischer/A. Birk, Rechtstheorieä mit juristischer Methodenlehre, 9. Aufl., München 2016, 4. Kap.; 青井秀夫（2007年）『法理学概説』279頁；小林（1954年）「悪法の理論（下）」法学協会雑誌71巻4号65-66頁；服部寛「日本の法律学方法論の史的展開に関する批判的検討―― 昨今のドイツの論争・議論状況を手がかりに ――」法哲学年報2013（2014年）244-256頁（248頁）。さらに，服部寛「20世紀の日本における法律学方法論の史的展開に関する一考察(1)(2)(3・完)」東北学院法学70号（2010年）176-254頁，72号（2011年）345-390頁，72号（2011年）101-174頁；服部寛「1953 ―― 日独の法律学方法論の転換点とその意義の再検討」松山大学論集23巻6号（2012年）179-226頁。
(208) P. Fischer, in Hübschmann/Hepp/Spitaler, Kommentar zur Abgabenordnung und Finanzgerichtsordung, §42 AO Rz. 198; Fischer, Peter, Die Steuerumgehung in der neueren Rechtsprechung des Bundesfinanzhofs, SWI 1991, 79 (82). その他，類推および目的論的縮限について，みよ，J. Lang in Tipke/Lang, Steuerrecht[16], S. 157ff. 政策減免規定における限定解釈について，今村（2015年）『租税回避と濫用法理』5頁，121-122頁。
(209) Fischer (1991), Die Steuerumgehung in der neueren Rechtsprechung des Bundesfinanzhofs, SWI 1991, 79 (80f.).

意をもって行動したかどうかは，審理する必要はない[210]。

　スイスの内在説は，ドイツの内在説と異なり，（スイス判例によって確立された）一般否認原則との併用を前提とする。それでも目的的解釈は規定の語義の限界を明らかに押しのけている。法律で定められている租税回避条項は，一部学説によって，規範修正の補助手段としてのみならず，解釈の道具としても考えられている。この見解はいわゆる内在説に従っている。内在説によれば，当該回避される規範そのものに含まれている解釈のヒント[211]が問題である。この解釈のヒントは，その規範の意味内容に即して「可能な語義の限界を超えて」拡張することを許容する。それに応じて，租税回避の留保（墺連邦租税通則法22条）は或る規範の適用範囲を確認する際に尊重されなければならない。これによって，或る租税規範の回避は，先験的に排除される。なぜなら，当該規範自体が当該特異な行動をその対象としているからである[212]。

　納税義務者の法律構成の自由の制約は，個別の租税構成要件によって加えられており，その租税構成要件の解釈はそれぞれの規定の意味と目的を斟酌されなければならない。民事法上の法律構成が租税法上許容されうるかどうかは，したがって，問題の租税規定に従って判断されなければならない[213]。民法の形式と法律構成の可能性の濫用がみられるのは，民法上の法律構成の承認が，税法規定の意味と目的に反するであろう場合である。それがそうであるかどうかは，問題の法律規定の解釈のみに依存する。回避と濫用の捕捉は，したがって，租税法においても，租税構成要件の解釈問題である。民事法上の法律構成は，経済的視点から不相当であり非日常的であるがゆえに非難されるのではなく，それが租税法律の意味と目的に反しているときに限って，非難されうる。濫用規定によって一定のケースの納税義務を経済的観察法の手法で本来の水準を超えて課税する見解は，拒絶されるべきである[214]。

　内在説は，租税回避行為の一般否認規定（独租税通則法42条）を解釈(1)及び法律の欠缺を（類推適用によって）補填すること(2)によって置き換えられるとする，この見解は，2011年まで強まってきている。Susanne Sieker はその教

---

(210) P. Fischer, in HHSp, §42 AO Rz. 107.
(211) Auslegungshinweise.
(212) Reich (2012), Steuerrecht 2, §6 N43.
(213) Gassner, Wolfgang, Interpretation und Anwendung der Steuergesetze : kritische. Analyse der wirtschaftlichen Betrachtungsweise des Steuerrechts, Wien 1972, S. 89.
(214) Gassner (1972), Interpretation und Anwendung der Steuergesetze, S. 96f.

第3章　権利濫用

授資格論文で次の結論に到達している。

> 「法律の目的論的解釈が承認され，かつ，裁判官による爾後的法形成・法の爾後形成が原則として受容されるなら，独自の回避論の必要性は消え失せる。法律回避は，法適用の問題である。そして，この法適用は，それぞれの法律規定の法的拘束力とその実行可能性に結びついている。……法現象としての法律回避の基本的理解は，法のレベルにおいて解釈と類推の手段から始まる。そうすると，回避を禁止する特別な法律規定の必要性は，なくなる。それでも存在する特別な回避禁止規定は，なんら固有の規律内容を有しておらず，それは（法律の目的論的解釈と類推を鼓舞する）アピール機能を有しているだけである。目的論的法律適用を考慮に入れるべしとの，法適用者へのアピールの他に，租税回避行為の一般否認規定（独租税通則法42条）は，負担を課す不利益な租税法規範［及び税法上の便益規定］の類推適用を許容している。」(215)（［…］内加筆は木村。けだし，2008年改正後独租税通則法42条2項参照。税法上の便益規定の類推とは，ここでは，目的論的縮限を指す。）

同様に，St. Neumann は，租税回避行為の一般否認原則（独租税通則法42条）を濫用禁止規定として理解するのではなく，解釈規定と理解すれば，満足のいく解決に達しうると説く。すなわち，同規定の内容は，納税義務者の不利な類推を解禁することに向けられているであろう(216)。

Jochen Thiel は，濫用の一般禁止規定をあきらめ，そして法律目的に基づく解釈(1)及び法律の欠缺があってもこれを法律の可能な語義の限界を超えて類推により補塡すること(2)によって濫用防止を達成できるとする(217)。

解釈補助手段規定説：P. Kirchhof は，租税回避行為の一般否認原則（独租税通則法42条）を解釈の補助手段規定として理解し，Hensel が説いたような，法律要件の拡張として理解していない。P. Kirchhof は，租税法律の適用を不利益類推に近付けるような，構成要件の補完を認めていない(218)。解釈の限界は法律目的にある。

しかしながら，以上に紹介した内在説が，租税回避行為の一般否認原則に代

---

(215) Sieker, Susanne, Umgehungsgeschäfte : typische Strukturen und Mechanismen ihrer Bekämpfung, Tübingen, 2001, S. 214. ジーカー教授の制度権利濫用論は，ゲヒタ教授の制度濫用論（Gächter (2005), Rechtsmissbrauch im öffentlichen Recht に先立って公表されている。

(216) St. Neumann, DStJG Bd. 33 (2010), 83.

(217) K. Tipke, Die Steuerrechtsordnung, Bd. 3, 2. Aufl., Köln 2012, S. 1667.

(218) P. Kirchhof, DStJG Bd. 33 (2010), 23.

わる機能を有するわけではない。内在説が，目的論的解釈法の枠内にとどまって議論される限り，法規定（又は法制度）の目的，法制度又は法規定の根底にある基本思想，価値判断に適合するように法解釈が行われるべきことにとどまる[219]。まして，規定の可能な語義の限界を超えて，類推しうる権能は内在説自体から導きだし得ない。私法上の法律行為（及び商取引）が有効かつ適法であって，仮装行為でないと認定されている場合に，法適用者が租税法上その取引について「全体として」観察して，別な事実関係に再構成する権限は，目的論的解釈自体から導きだすのではなく[220]，裁判官の事実認定権による[221]。

　スイスの通説判例は，一般否認規定がスイス連邦税法にないために，内在説を強く批判してこれに依拠しないで，租税回避行為の一般否認法理を築いている。内在説は，規定の可能な語義の限界内において，目的論的解釈方法に依拠しかろうじて解釈している。しかし，例外的には，法適用者は，目的論的解釈方法を拡張し（すなわち目的論的縮限又は目的論的拡大によって）法不適用規範を爾後的法形成により創設する。目的論的解釈の拡張と無限解釈の境界線および目的論的解釈の拡張による法律効果と事実関係を再構成しうる権限及び論拠が，内在説の弱点であろうか。

他方，スイスの通説判例が構築してきた租税回避行為の一般否認法理は，事

---

(219) 参照，谷口（2007年）民商法雑誌135巻6号1084頁（法69条の規定には，その基礎にある政策に反する外国税額控除権の目的外行使を許容しないものとする価値判断の手掛かりを見いだすことができない。もし見いだすならば，政策税制と性格づけられる税法の規定全般について，いわば不文の濫用規制要件を認めることになる。そのような「解釈」は租税法律主義のもとで許されないことは明らかである。）；橋本守次・税務事例39巻12号19頁（本判例は外国税額控除を『政策税制』と誤解して，結論を導いている。）。しかし，税法規定の根底にある基本思想（法の目的）及び法69条に定める法律規定を歴史的解釈と目的論的解釈の方法によって認識することは，可能である。もっとも，「不文の濫用規制要件」がすべての政策税制と性格づけられる税法の規定にあらかじめ暗黙裏に備わっている，と本判例は判示しているであろうか。なお，いわゆる内在説の単独適用には，問題がある，という点については，後述の通りである。
(220) 内在説自体からは，事実関係の再構成の前提要件は導きだされないことを指摘するものとして，本庄資「外国税額控除余裕枠の濫用――最二小判平成17・12・19」ジュリスト1336号（2007年）143頁（今後どのような場合にどのような要件を満たすときに各個別の契約に基づく取引を一体として捉えてみることになるかという問題を残すことになる。）；吉村（2006年）判例評論572号22頁，24頁（とくに，いかなる事情をもって各契約に基づく取引を一体視したかは，必ずしも明らかではない）。
(221) 裁判例が，自由濫用禁止の法理に基づく租税回避の一般否認法理を築くなかで，問題の権限について前提要件を明確にしていくほかない。立法府が租税回避行為の一般的否認のための価値判断を行い相応の法律規定を立法することが，最善である。

実関係を再構成しうる前提要件等を明示している。目的論的解釈方法から出発するとしても，民事法上解釈の確立している私法概念は，法的安定性を顧慮して，租税法の解釈上原則としてそのまま承継するとされている。民事法上解釈の争われている私法概念について，その概念は，租税法の解釈に当たって，目的論的解釈方法の立場から解釈される。税法が経済的概念を用いている場合には，その経済的概念は，目的論的解釈方法の立場から，経済事象（取引）の意義を計算に入れて，解釈される。

(c) 小　　括
a) 内在説・外在説

本判例最二判平成17年12月19日のとる論理構成が，法人税法69条の解釈の補助道具として，日本国憲法12条及び又は民法1条2項（自由濫用禁止の原則，又は信頼保護の原則）などを外からとりよせて，同条を解釈しているのか（外在説），又は，同法69条そのものについて，法規定（又は法制度）の目的を内在的に（すなわち，通常の目的論的法解釈方法論の枠内において）解釈しているのであろうか[222]。

本判例最二判平成17年12月19日は，法規定（または制度）の目的に著しく反して制度を利用するに当たり，法人税法69条の解釈を行うにとどまり，それに加えて，規定の可能な語義の限界を超えて，したがって，類推を行いうるとは判示していない。規定の可能な語義の限界を超えた無制限な解釈は目的論的解釈に依拠しているとは言い難く，かりに規定の可能な語義の限界を超えたところでは解釈ではなく類推が認められうるとしても，法規定の趣旨の枠内における目的論的解釈が認められると解される。これは内在説による制約である。

内在説の限界は，次に認められる。租税回避の一般的否認ルールのテクニック3つ，すなわち，1に，法規定の可能な語義の限界を超えたところでの類推を可能にする（類推禁止の解除）権限の不存在，2に，税法規定の適用に先立つ，税法上の事実関係を再構成する権限の不存在にある[223]。3は，法律効果を明

---

[222] 制度外在的論理と制度内在的論理について，吉村典久・前掲注(10) 120頁以下およびそこに掲げられた文献。ただし，内在論および外在論の概念はドイツ語圏の論者のあいだでさえ錯綜している。

[223] 第2テクニックについて，参照，金子宏『租税法〔第10版〕』（弘文堂，2005年）130頁（租税法律主義のもとで，法律の根拠なしに，当事者の選択した法形式を通常用いられる法形式に引き直し，それに対応する課税要件が充足されたものとして取り

確にし難いことである。ただし，第2の権限不存在は，裁判官の事実認定権により解消されうる。

本判例では，例えば，租税裁定行為（税法上の便益）（国内税法のショッピング）の享受のみを目的とする法適用の可否にかかる前提要件（アンチ税法ショッピング規定）を，法人税法69条は明示的には何も規定していないところ，本判例は，法（又は制度）の目的に著しく反する制度の利用は濫用だと認定している。その限りで，本判例は，規定の可能な語義の限界を越えているか否かについて，言及することなく，制度の濫用の法理を築いている。

さらに，税法上，「全体として」事実関係の再構成を行っている。こうして裁判所によって税法上擬制された事実関係は，形式的には租税構成要件（法人税法69条）に包摂されうる，ということから本判例は出発している筈である。包摂しうるのであるが，しかし，制度（又は法）の目的に著しく反した利用は税法の適用上禁止される。私法上の各法律行為及び又は取引は適法有効であることを前提として，税法適用者は，適用されようとした問題の法規定によって，税法上の事実関係の再構成をなし得る権限（事実認定権）を与えられていると解しうる。なぜなら，問題の法律規定は消極的に適用されるからである。

それでもなお，スイスでは，内在説は租税法学者によって強く批判されている[224]。

b) 制度の濫用と個人の権利濫用との相違

制度の濫用[225]のもとで，当該法がその機能上密接に結びついている法制度[226]の目的に反している，そうした法の利用が理解されている[227]。それぞれの法制度を定礎している秩序づけ政策の価値判断は，その法制度の機能能力を担保すべきものである。その価値判断が，権利行使の内在的制約として働

　　扱う権限を租税行政庁に求めることは，困難である）。この困難に直面するのがいわゆる「私法上の法律構成による否認論」である。所論はすでに最高裁判例によって克服された見解である。けだし，所論は，通謀虚偽表示に係る民法94条1項（その立法史により明確な秘匿行為）の類推適用により解決すべき事案を租税回避行為の事案だと誤って問題設定していたからである。

(224) Reich, Steuerrecht², §6 N 48 u. N 49.
(225) institutioneller Rechtsmißbrauch.
(226) Rechtsinstitut.
(227) Esser, Josef, Schuldrecht, 2. Aufl., 1960, §34, S. 116f.; Soegel/Teichmann, Bürgerliches Gesetzbuch, 12. Aufl., 1990, Bd. 2, §242 Rdnr. 14.

く⁽²²⁸⁾。例えば，個人の契約自由は，独占禁止法⁽²²⁹⁾のルール（規定）によって制限されており，その独禁法はそれ自体，経済体制の秩序構成⁽²³⁰⁾を担保し，かつ，この秩序構成の目的に即して解釈されなければならない。このようなあらかじめ確かめられる制度についての価値判断に合わない契約は，許容し難い権利の濫用として判断される⁽²³¹⁾。制度の濫用⁽²³²⁾と区別されるべきものに，個人の権利濫用がある。債務関係内部又は相手当事者に対する特別な法的拘束から引き出しうる考慮事項⁽²³³⁾に対する違反が，個人の権利濫用として特色を有する。権利行使の制度的限界と対照的に，債務法上の法的地位にかかわる個人の権利行使の制限は，具体的な法律関係及び当事者のそれぞれの利害状況から明らかになる⁽²³⁴⁾。

　　租税回避行為の一般否認原則の場合，私法上の法律行為や取引は有効かつ適法であるから，「法」又は「制定法」の濫用が問題ではなく，取引自由を求める権利（自由に法律構成を形成する権利）の行使が，租税法のレベルにおいて租税法の目的の視点から「権利の濫用⁽²³⁵⁾」として評価を受けるのである。法適用

---

(228) Esser, Peter/Schmidt, Eike, Schuldrecht Allgemeiner Teil, Band I, Teilband 1, 7. Aufl., 1992, §10 III.
(229) Das Gesetz gegen Wettbewerbsbeschränkungen (GWB).
(230) Das Ordunungsgefüge.
(231) Sieker (2001), Umgehungsgeschäfte, S. 13 およびそこに掲げられた文献。
(232) 制度の濫用について，参照，大阪地判平成13年5月18日訟月48巻5号1257頁（1370頁，1372頁）。民法395条をめぐる東京高決昭和60年4月16日判タ561号144頁。
(233) Rücksichten.
(234) Teichmann, Arndt, Venire contra factum proprium–Ein Teilaspekt rechtsmißbräuchlichen, Handelns, JA 1985, 497, 498.
(235) 用語「自由に法律構成を求める権利の濫用 Missbrauch des subjektiven Rechts auf Gestaltungsfreiheit」は，Prof. Drüen, Klaus-Diete の2013年2月6日付電子メールによるご教示。私法においては，契約自由の原則のもとで，自由に法律構成を求める権利（形成権）は，私法的性質を本来有する。この形成権の行使が，たとえ私法上適法かつ有効である場合であっても，さらに，その行使された権利が租税法にとって濫用と評価される段階において租税法上の性格を有することとなり，その権利の行使が租税法にとって濫用と評されるか否かが，租税法のレベルにおいて問われるべきである。ところが，日本やスイスの行政法の領域では，国民は国に対し権利を付与されていないと解されているため，権利の濫用は問題外となる。ドイツ租税通則法42条の定める租税回避行為否認の一般規定は，私法の回避から法の回避へと変遷し，法の濫用が議論されてきた。けだし，立法沿革の初期当時（すなわち，ワイマール憲法制定からほどない1918年当時），ドイツ人民は行政法上国に対して権利（金銭債権を除く。）を付与されていなかったのであって，1977年ドイツ行政手続法及び1977年ドイ

3 制度濫用の法理

者は,私法上契約自由の原則に基づき締結される契約など取引が有効適法である場合,租税法上も通常それを是認する(不真正の租税回避行為,適法な許容されうる租税回避行為)。ここでは納税者は私法上も税法上も法律構成の形成権を有している。しかし,例外的に,法適用者は,租税法上一定の要件のもとで,その「取引自由を求める権利」の行使を「権利の濫用」だと評価する(真正の租税回避行為,不当な租税回避行為)。租税法の法適用者が,その目的及び経済的意義によれば純粋な私法上の見解に執着することが結果として,憲法上の正義と租税法の目的に適合していないと評価する場合,この私法上の評価を背後に退けて租税法上不当な許容されえない租税回避行為として評価するのである。

これに対し,制度の濫用は,その制度によって追求されている目標の適法性に関係している(236)。この制度濫用論は,スイスでは,法の濫用とも呼ばれており,権利(公権)が,金銭債権を除いて,明確に確立されていない行政法領域(租税法,社会保障法など)において,展開されている。制度の濫用は法の濫用として性格決定されている。実質的法治国家の原則の下,とりわけ実質的租税法律主義のもとで,国民及び国・行政庁は,事実関係を課税構成要件に包摂する権利義務を有しかつ負っている。この法律適用権の行使時において,その濫用が関係人(納税者又は租税行政庁)に問われうるのである。

以上の紹介が,Gächter教授資格論文の分析と紹介であり,本判例へ適用した場合の特色である。

> 納税者等が私法の領域において経済取引につき法律構成を自由に形成しうる形成権を有する一方,租税法の領域において,当該経済取引に相応しくない法律構成を形成し,その形成権行使に基因して租税債務を不相応に減免し又は税法上の便益を不相応に享受するという形で,国との関係において信頼保護の原則を毀損する場合,そこには自由と権利の濫用がみられる。行政法上国に対する国民の権利が確立されていない国(スイス・日本)では,租税回避行為の否認原則との文脈において,権利自由の濫用に代えて,制度の濫用又法の濫用がファサードに飾られている。

ツ租税通則法の制定によりドイツ人民はようやく原則的に行政法上国に対して対等の権利を付与されるに至った(抗告訴訟の廃止)。このような歴史的経緯に照らし,ドイツ租税通則法42条の解釈は,Sieker(2001)以降,近年ようやく法律の濫用から権利の濫用へと議論が変遷し始めたのである。

(236) 参考,Sieker(2001), Umgehungsgeschäfte, S. 14 FN. 39およびそこに掲げられた文献。

第3章　権利濫用

(4)　本件への適用

(a)　制度の目的

　立法者は，外国税額控除制度のうち直接外国税額控除制度を立法するに当たり，応能負担原則を全世界所得主義との関連において具体化し，とりわけ法的二重課税を緩和すると価値判断を行い，これを制度目的とし，この制度実現のため税額控除権の道具を用いて「租税支出 tax expenditure」を行うこととした[237]。同時に，同制度は，国際経済の観点からみれば，国境を越える事業活動に対する税制の中立性を確保することもサブ目的とする[238]。本件をめぐるこの制度目的の議論は，同制度が租税優遇措置（一方的恩恵的措置）の性格を有するから，限定解釈を施しうる[239]か否[240]かに基因する。もっとも，社会

---

(237)　木村弘之亮『国際税法』（現代法律学体系　成文堂，2000年）560頁。

(238)　外国税額控除制度の性格について，参照，水野忠恒『所得税の制度と理論──「租税法と私法」論の再検討』（有斐閣，2006年）101-104頁（租税原則に基づく制度が政策的減免規定，租税優遇措置と位置づけられるのは不適当である。外国税額控除制度を課税減免規定として位置づけ，そこから限定解釈を導くことを論議しているのは，出発点を誤っている）；谷口勢津夫・民商法雑誌135巻6号1091頁注3に掲げる文献；吉村政穂・判例評論572号22頁，23頁。

(239)　中里（2002年）『タックスシェルター』230頁以下（資本輸出中立性の確保という政策目的実現のために課税を減免するという，国家による一方的な恩恵的措置），223頁；中里実「政策税制の政策目的に沿った限定解釈」税研129号（2006年）77-80頁，77頁以下（政策目的のために設けられた課税減免規定を目的的に解釈するといっても，それは，その中の借用概念を目的的に解釈するという意味ではなく，ただ，課税減免規定の射程範囲を政策目的との関連で目的的に考える。したがって，政策目的のために設けられた課税減免規定の目的的解釈と，借用概念の解釈における統一説・一体説の間には，矛盾はない）。所論は，法規定の根底にある基本思想（法の趣旨目的）を立法の沿革を斟酌せずに目的論的に限定してもよいことをなお正当化していない。具体的妥当性の尊重こそが，司法の使命だと，所論は弁明するだけである。これでは感情法学に堕する。借用概念についての統一説はここでの論点ではない。法解釈学方法論は，結論から推論を始める目的的解釈と目的論的解釈とを峻別するが，所論はまさに目的的解釈である。なお，目的論的解釈論の立場からすれば，同最判は目的論的縮限を行ったものと位置づけられる。；今村（2006年）税理49巻7号2頁，10頁注9。Tax Credit は，用語 Credit に照らせば外国税額控除権を意味しており，名宛人たる納税者にとって一方的恩恵の地位だと性格決定するなど到底受け入れがたい（結論同旨，水野（2006年）『所得税の制度と理論』103-104頁。外国税額控除制度が『恩恵的』な『政策税制』であるという考え方は，多数説でなく，少なくとも課税庁側の見解（国税庁・昭和63年度版『改正税法のすべて』381頁；国税庁・平成14年度版『改正税法のすべて』733頁）ではない（橋本（2007年）税務事例39巻12号14-19頁，18頁）。さらに北村豊「銀行による外国税額控除余裕枠の利用」国際商事法務31巻6号（2003年）852-858頁，856頁（課税減免規定の限定解釈による否認には，予測可能性につい

目的規範について，限定解釈を施すべきとする日本の学説判例と好対照なのは，ドイツの学説判例である。この関連において，限定解釈説は，国際的にみれば，確立した法理ではない。ここで本質的な問題は，解釈方法論として，借用概念[241]に固執する傾向のある形式法学（概念法学）から議論を起こすか，又は，他の法領域でもほぼ確立している目的論的解釈論の立場から，法解釈を施すかである。さらに，目的的解釈と目的論的解釈は区別されるべきであり，さらに目的論的縮小解釈から目的論的縮限は区別すべきである。

なお，本判例で争われていた政策目的とは，立法者が立法裁量上，外国税額控除制度か又は国外所得免除制度かのいずれを採用するかを指しているわけではない[242]。けだし，それは訴訟当事者の主張外の事柄だからである。

て，行為時における限定解釈の余地および立法趣旨の徹底など十分に斟酌すべきである）。

(240) 矢内一好「判批」税務弘報54巻4号（2006号）158頁以下。間接外国税額控除制度は経済的二重課税を排除するかどうか，どの程度まで緩和するかをテーマとする。他方，直接外国税額控除制度は，同一主体に対する同一所得に対する二重課税（これを「法的二重課税」という）を排除・緩和することを法的目的としており，全世界所得について応能負担原則に即する制度である。直接外国税額控除制度は，このように租税法上の基本原則，応能負担原則に基づくものであるので，納税者は直接外国税額控除制度のもとでは権利として国に対して税額控除権を有する。

(241) 参照，金子（1978年）「租税法と私法」租税法研究6号1頁，4頁（統一説。法秩序の一体性と法的安定性を基礎として，借用概念は原則として私法における同義に期すべきである，とする考え方）であり，目的適合性説は「租税法においても目的論的解釈が妥当すべきであって，借用概念の意義はそれを規定している法の目的との関連において探究すべきである，とする考え方」と説く）；谷口勢津夫「借用概念と目的論的解釈」税法学539号（1998年）105～133頁，106頁（その後1980年代以降，ドイツでは，通説および判例の立場は目的適合説に移行してきている），107-108頁（ティプケ教授の見解は独立説および統一説に反対しており，目的論的解釈の立場にあることを確認する。「勿論，民事法上の概念が経済的形成の適切な表現である場合には，それを民事法と別意に表現する場合には，それを民事法と別意に理解することは不可欠ではない，別意に解釈することを正当化するであろうような，税法特有の目的は，必ずしもも常に論証できるわけではない。また，……解釈によって規定の可能な語義の限界を越えることも，法的安定性のために許されない。」），109-115頁（ドイツにおける目的論的解釈方法が通説化していることを論証）。この谷口教授によるティプケ教授の紹介は，直接には岩崎政明「租税法における経済的観察法——ドイツにおける成立と発展」筑波法政5号（1982年）30頁，90頁および金子（1978年）「租税法と私法」租税法研究6号8頁に対する誤解をただすものである。両者の応答は，管見の限りでは，みられない。参照，木村弘之亮『租税法学』（税務経理協会，1999年）117-120頁；木村弘之亮『租税法総則』（成文堂，1998年）153-166頁。

(242) 吉村典久（2007年）「判例解説」118頁。

第3章　権利濫用

　本判例は，間接外国税額控除制度(243)ではなく，直接外国税額控除制度が問われており，後者の適用される場合では，経済的二重課税ではなく，法的二重課税がみられる。その法的二重課税は原則として全額排除されるべきであるが，しかし，税額控除に伴う日本側国庫負担を斟酌して，二重課税をどの程度まで緩和すべきか，及び，いずれの外国税を日本側における控除適用対象となる法人税と同一視すべきかなどの問題は，その範囲において，政策判断に依存する。直接外国税額控除制度は制度目的として，全世界所得主義と結びついている応能負担原則を具体化する，目的を有する制度であるところ，この制度の政策が課税の中立性との関係で議論されうる論点の1つは，「外国法人税のうち」課税標準額の50％を超える部分は，負担が高率であるとして控除の対象から除外されること（法人税法施行令142条の3第1項）を指し(244)，そして国別限度額方式又は一括限度額方式との関連において制度目的を超えることもありうる(245)。本判例は，法人税法69条の『納付することとなる場合』を限定解釈したものではなく，同条そのものを適用すべきでないとしており，「限定解釈」について言及していない(246)。目的論的論的縮限が行われている。

(b)　法律要件と法律効果：「税制度の目的に著しく反する利用」と法規定の不適用

　法人税法（平成10年法律第24号による改正前のもの）69条（外国税額控除の制度）の規定の語義と規範の意味との間隙をぬった本件取引は「本来は外国法人が負担すべき外国税額について，これを日本の銀行が，手数料その他の対価を得て引き受けて，それを自己の外国税額の余裕枠を利用して国内で納付すべき

---

(243)　平成21年改正前の法人税法69条4項，法人税法施行令147条，148条。
(244)　参照，藤本哲也『国際租税法』（中央経済社，2005年）29-31頁；志賀櫻「外国税額控除の控除余裕枠を利用する租税回避――最高裁平成17年12月19日第二小法廷判決に関連して」税務事例38巻7号（2006年）41頁。
(245)　志賀櫻・税務事例38巻7号37頁。
(246)　今村隆・税理49巻7号6頁；今村隆「租税回避についての最近の司法判断の傾向（その1）」租税研究684号（2006号）87-104頁，94頁（「納付することとなる場合」とは，正当な事業活動によって外国税額を納付した場合に限定すべし），98頁（国側の主張する立法目的による限定解釈とは，とくに資本輸出中立性の確保のもとで，日本の企業が外国で正当な事業活動をするに当たって支援しようとする。それにもかかわらず，まさか日本の外国税額控除制度を利用して，外国の企業の日本の外国税額余裕枠を分配するということは予定していないから，立法趣旨から外れる）；本庄資・ジュリスト1336号142頁。

法人税額を減らすことによって回収するものであって，外国税額控除制度の本来の趣旨目的とは全く異なる方法で同制度を利用するものであり，同制度の濫用と評価することのできるものである(247)。」最高裁調査官は，外国税額控除制度の濫用に歯止めをかける必要性を説明したのちに，本件のような事例の陸続を防止するため，平成13年に法人税法の改正が行われていると説く(248)。

本判例は，制度の単なる目的外の制度利用ではなく(249)，内在説に基づき，制度目的に著しく反した制度利用を防止する判例を構築した。そして，これは裁判官による爾後的法形成・法の爾後形成に当たると評しうる。同判決後，立法府がこの爾後的法形成・法の継続形成(250)を法人税法の改正によって追認し，立法を行ったのである。

(c) 事実関係の包摂
a) 経済的観察法：スイス学説

かつては，経済的観察法は，一部では，固有の方法論上の道具として考えられていた。この道具は，一定の前提要件又は租税回避の存在するとき，或る規範の形式的（たいていは私法上の）内容を問題にしないで，経済的所与に照準を合わせることを認めていた。

> 今日では，次が一般的に承認されているとみなされている。租税法における経済的観察法は，憲法が経済的給付能力に応じた課税の基本原則として刻印している方法である。この経済的観察法は，規範意味が事実関係の経済的内容に照準を当てることを求めている場合，常に適用されなければならない(251)。

「経済的観察法」のもとで最広義では租税法上の概念と規範を解釈する際に経

---

(247) 杉原則彦「判例解説」『平成17年度最高裁判所判例解説・民事篇〔下〕』（2008年）990頁，996頁。
(248) 参照，杉原（2008年）「判例解説」997頁注8に掲げる法改正の経緯とそれに対応する本文。
(249) 吉村典久（2007年）「判例解説」113〜125頁（121頁）。
(250) 裁判官による法発見を消極に評価するものに，谷口（2004年）租税法研究32号54頁以下；谷口（2007年）民商法雑誌135巻6号1086頁（本最二判平成17年12月19日（前出）は，正義公平の観念を重視し「制定法を越えた」法創造によって，著しい目的外利用を「濫用」とし，これに法人税法上の効果を認めなかった），1090頁；占部裕典「外国税額控除余裕枠の利用にかかる『租税回避否認』の検討（下）」金法1731号（2005年）40頁以下，44頁。
(251) Reich, Steuerrecht², §6 N 14.

第3章　権利濫用

済的事実関係を決定的に斟酌することが理解されている（これを「不真正な経済的観察法」という。）⁽²⁵²⁾。目的論的解釈の場合，租税規範の意味（ratio legis 法律の意味）が当該判定をうけるべき経済事象を把握しているということが認識されている⁽²⁵³⁾。このような目的論的解釈は経済的解釈法の元々の「プロトタイプ」である。租税立法自体は構成要件を定式化するために経済的概念（事業者，所得，収益など）を用いる場合，経済的観察法によって刻印される解釈（経済的視点に従った解釈）はごく自然に思いつく。構成要件について経済的判定規準によって性格づけられた理解は，この場合，とくに方法論上の正当化を必要としないであろう。したがって，経済的に刻印された定式が経済的に解釈されるところでは，たいてい，経済的観察法はまったく論議されない。このような類の解釈はここではいわば自明である⁽²⁵⁴⁾。

これに対して，概念について民事法の形式又は制度に結びついた租税構成要件が，経済的観察法の意味において解釈してもよいかどうかが，問題である場

---

(252) Dubs (1977), Wirtschaftliche Betrachtungsweise und Steuerumgehung, S. 569.
(253) 参照, Bydlinski (1991), Juristische Methodenlehre und Rechtsbegriff², S. 469. オーストリアの法理学教授である教授は，規定の可能な語義の限界を認めず，その限界を越えるところで行われる「類推」の禁止法理を認めない。この点で，所論は，ドイツの法哲学・民法教授である教授ラーレンツ（Larenz,Karl, Methodenlehre der Rechtswissenschaft, 6. Aufl., 1991, S. 366（§5 1）；米山隆（翻訳）『K. ラーレンツ　法学方法論』（勁草書房，1991年）558頁）およびカナリス（Canaris, Claus-Wilhelm,Systemdenken und Systembegriff in der Jurisprudenz, 2. Aufl., Berlin 1983；K.-W. カナリス／木村弘之亮（代表訳）『法律学における体系思考と体系概念──価値判断法学とトピク法学の懸け橋──』（1996 慶應義塾大学出版会））によるドイツ通説（すなわち，規定の可能な語義の限界を認め，かつ，その限界を越えるところで行われる「類推」の禁止法理を認める見解）に対峙する。
　　Bydlinski の見解（Juristische Methodenlehre und Rechtsbegriff¹, 1982）に依拠して，Gässner が内在説を提唱し，同説がオーストリア租税法学をたちまち席捲してしまった。墺連邦租税通則法 22 条の使い勝手が悪かったのであろう。
　　したがって，内在説の前提は，オーストリア解釈方法論の特性（前述）にある。顧みるに，日本の最高裁判所は，従来の判例（前出・最判昭和45年10月23日民集24巻11号1617頁）において（罪刑法定主義の強く妥当するといわれる刑法の領域においてさえ），規定の可能な語義の限界を認めず，その限界を越えるところで行われる「類推」の禁止法理を認めない傾向にある。本最二判平成17年12月19日が内在説を採用した背景には，解釈方法論の特性がオーストリアのそれに似通っているためと思われる。
　　最後に，行政法における類推禁止を否定するものとして，参照, Gern, Alfons, Analogie im Verwaltungsrecht, DÖV 1985, 558 ff. 同執筆者は Lahr/Schwarzwald 市の司法部長であり，バーデン・ビュルテンブルク州の公行政大学校講師の肩書を有する。
(254) Dubs (1977), Wirtschaftliche Betrachtungsweise und Steuerumgehung, S. 569f.

3 制度濫用の法理

合に経済的観察法が議論されている[255]。立法者が或る租税規範において民事法上の概念を用いている場合，問題が提起されうる。租税法上，或る法律の用いた私法上の法律構成（形態）に精確に即応する，そうした事実関係だけが租税規範に当てはめられうるのか，又は，それを越えて，経済的に同価値の出来事が——私法上異なる法律構成（形態）を斟酌しないで——租税規範に当てはめられるのかどうかについて，問題となりうる。

 すなわち，様々なスイスの論者が，経済的観察法を，民事法で刻印されている租税条文に適用される一般的な法律適用原則として拒絶しており，そして民事法概念が租税法においてもその民事法上の意味で理解されなければならないという見解を主張している。そのような税法規定の借用概念に，民事法と異なる税法上の意味内容を付与することはできない，と。他の税法論者は，用いられている概念に民事法上の内容をそのように結びつけることを承認しておらず，税法解釈の独自性を強く主張し，かつ，民事法により刻印された租税規範を解釈する場合にも原則として経済的観察法に門戸を開いている[256]。

 スイス連邦税法は，墺租税通則法と異なり，経済的観察法に関する法規定をおいておらず，また，租税回避を一般的に否認する法規定を定めていない。この法状態は，日本と類似している。だがしかし，スイス連邦裁判所は，学説の指導のもと，租税回避行為の一般的否認の法理を判例として築いて確立している。経済的観察法についても，真正の経済的観察法と不真正のそれを識別する。税法規定が民事法概念を取り込んで規定している場合には，法的安定性と予測可能性を斟酌して，租税法適用者は原則として民事法の概念の意味をそのまま借用する。他方，税法規定が経済概念を取り込んで規定している場合には，租税法適用者は，目的論的解釈論にたち，経済事象又は経済所与に相応しい意味をその概念に賦与する。スイス連邦裁判所によってすでに確立されている租税回避の一般的否認の法理は，濫用の禁止によって正当化されており，そして，この判例が，私法上適法かつ有効な法律構成（及び事実関係）を，租税回避の防止の目的のため，税法上それを再構成して擬制しうる権限を法適用者に付与している。このようなスイス判例のもとにおいて，内在説は必要ないものとし

---

(255) 参照，Dubs (1977), Wirtschaftliche Betrachtungsweise und Steuerumgehung, S. 570f. およびそこに掲げられた文献。
(256) 参照，Dubs (1977), Wirtschaftliche Betrachtungsweise und Steuerumgehung, S. 571 FN 4. に掲げられた文献およびこれに対応する本文。

第3章　権利濫用

て消極的に評価されている(257)。

b)　プラン全体の把握 vs. 個別取引の把握

本最二判平成17年12月19日は，本件取引が仮装行為でないと認定する(258)。したがって，私法上は，個々の本件取引すべてが適法かつ有効だと評価されている。他方で，租税法上，本件取引は，（真正の）経済的観察法に基づき，事実関係を次のように構成し直す（擬制された事実関係）。

> 「本件取引は，全体としてみれば，本来は外国法人が負担すべき外国法人税について我が国の銀行である被上告人が対価を得て引き受け，その負担を自己の外国税額控除の余裕枠を利用して国内で納付すべき法人税額を減らすことによって免れ，最終的に利益を得ようとするものであるということができる。」（本判例の一部）

このように，本最二判平成17年は，各個の法律行為ではなく「［本件事業］取引を全体として経済的に観察する方法」を採用し（真正な経済的観察法(259)），個別取引にかかる法律行為を個別に切り離して法的に観察する方法」を退けている。詳細は，吉村典久(260)と谷口勢津夫(261)の論考に譲りたい。

法人税法69条の根底にある基本思想（趣旨，法律の目的）に合目的的に解釈された規範意味は理解しうる。しかし，本最二判平成17年により適用されないと判断された同法69条の規定を適用せず，したがって同規定に依拠することなく，私法上当事者がかわした法律行為や契約から離れて，法適用者が法人税法上独自に本件商取引を再構成しうる法的根拠は裁判官の事実認定権に求められるのであろう。

独墺のように租税回避行為否認の一般規定が存在する法状態のもとでなら，

---

(257)　Reich, Steuerrecht², § 6 N 48 u. N 49.
(258)　参照，今村（2006年）税理49巻7号7頁。
(259)　ドイツ経済的観察法に倣ったとみられるイギリスのアプローチについて，参照，今村（2006年）税理49巻7号7頁（これは，イギリス上院の1981年ラム税事件にもみられる考え方であり，複合的な取引について，当事者が一体のものとしている場合には，取引全体をみて，当該取引の真実の意図や性質を決定するアプローチをいう。）。さらに，本庄資「［租税判例研究］外国税額控除余裕枠の濫用──最二小判平成17・12・19」ジュリスト1336号143頁。
(260)　参照，吉村典久「租税法における取引の一体的把握」ジュリスト1271号（2004年）103頁およびそこに掲げられている文献。
(261)　谷口（2007年）民商法雑誌135巻6号1099頁以下。

3 制度濫用の法理

税法適用者はそれらの規定により規定の可能な語義の限界を越えたところで類推を行い，その類推推論に包摂する事実関係を再構成することができ，そのうえで，税法上擬制された事実関係について，法（又は制度）の目的に著しく反する制度利用（又は法適用）を濫用だと判断することができるかもしれない。これと類似して，スイスのように，租税回避行為の一般否認原則がすでに判例によって爾後的形成されている法状態のもとでなら，税法適用者はその判例法理により規定の可能な語義の限界を越えたところで（しかし，法の目的の範囲内において）類推を行い，その比類推論に包摂する事実関係を再構成することができ，そのうえで，税法上擬制された事実関係について，法（又は制度）の目的に著しく反する制度利用（又は法適用）を濫用だと判断することもできないわけではないであろう。

しかし，日本の判例は，租税回避行為の一般否認法理を明確には確立していない。とはいえ，1に，権利金をめぐる最二判昭和45年10月23日[262]は，法

---

[262] 最二判昭和45年10月23日民集24巻11号1617頁・サンヨウメリヤス土地賃借事件（借地権設定に際し授受されるいわゆる権利金のうち，土地所有者がその使用収益権を半永久的に手離し，その対価として更地価格の極めて高い割合に当る金額を受領する場合のごとく，経済的，実質的に所有権の機能の一部を譲渡した対価としての性質をもつと認められるものは，昭和34年法律第79号による改正前の旧所得税法下においてもなお譲渡所得に当るものと類推解釈すべきであるが，右のような類推解釈は，明らかに資産の譲渡の対価としての経済的実質を有するものと認められる権利金についてのみ許されると解すべきであって，必ずしもそのような経済的実質を有するとはいいきれない，性質のあいまいな権利金については，法律の用語の自然な解釈に従い［語義の可能な限界内で］，不動産所得として課税すべきものと解するのが相当である）。同最二判は，「原判決［東京高判昭和41年3月15日民集24巻11号1638頁＝行集17巻3号279頁］（その引用する第一審判決を含む。）の確定するところによれば，第二次大戦以前においては，土地賃貸借にあたつて権利金が授受される例は少なく，また，その額も比較的低額で，これを地代の一部と解しても不合理ではないようなものであつたし，土地賃借権の売買もそれほど広く行なわれてはいなかつた，そして，昭和25年法律第71号による旧所得税法の改正によつて，再度，不動産所得という所得類型が定められた当時も，立法上特別の考慮を促すほどには権利金授受の慣行は一般化していなかつた，ところが，比較的近時において，土地賃貸借における権利金授受の慣行は広く一般化し，その額も次第に高額となり，借地法等による借地人の保護とあいまつて土地所有者の地位は相対的に弱体化し，多くの場合，借地権の譲渡の承認や期間の更新を事実上拒み得ず，土地賃借権の価格も著しく高額となつた，そして，借地権の設定にあたり借地権の価格に相当するものが権利金として授受されるという慣行が，東京近辺の都市において特に多く見られ，その額も，土地所有権の価格の半額を上廻る場合が少なくない，というのである。してみると，前記昭和25年の旧所得税法改正当時には，近時における高額の権利金のようなものは不動産所得の対

159

第 3 章　権 利 濫 用

律制定時後法適用時までのあいだに生起した事情変更の結果，法律の欠缺が認識される場合において，法律用語の可能な語義の限界を越えたところで納税者の利益に類推を行うことができると判示している。このように，最高裁は，まず，法律制定時後法適用時までのあいだに事情変更が認識される場合（これは類推禁止を解除する要件の一つである）に，租税法律主義のもとにおいて，法律用語の可能な語義の限界を越えたところで類推を行うことを肯定することによって，租税回避行為の一般否認ルールへ歩みを進めたのである。けだし，租税回避行為の一般否認ルールは，租税法律主義のもとにおいて，可能な語義の

　　　象としては予想されていなかつたものであるとともに，本件で問題とされている権利金が授受された昭和 33 年当時には，借地権の設定にあたつて授受される権利金のうちには，経済的，実質的に見れば所有権の権能の一部を譲渡する対価としての性質をもつものが存したであろうことは否定できないところであり」と歴史的事実を認定する。
　　　このような歴史的事実が法律制定後法律適用時までのあいだに生起した結果，法律の欠缺がみられるに至つた場合に，同最二判は，法律の欠缺を補填するため，「法律の用語の自然な解釈」「語義の可能な限界」を超えた類推を納税者の利益に許容する爾後的法形成（裁判官法）である。同判決は，①法律制定後に事情の変更が著顕にみられ，その結果，②『その文言に従って法律的，形式的に解釈する』方法を認めることができないから，法律の欠缺が認識されるとしたうえで，③公平な課税の実現のため，③経済的実質的にみて租税法上（法律的，形式的解釈と異なる）類推を納税者の利益になし得ることを，判示した。類推適用の結果が納税者，国庫のいずれに有利になるかといった点を考慮したものではない。その類推の限界について，その権利金が譲渡所得にあたると類推解釈すべき経済的実質を有するものと認めうると同時に，明らかにそうした経済的実質を有すると認められる場合でなければ類推解釈は許されないとして，その限界を示している。もっとも，「類推解釈」という用語は「類推」と訂正すべきである。けだし，法文の語義の可能な限界を超えたところでは，法令テクストについて解釈はできないからである。類推解釈の表現は，安易に，牧野英一の主唱する無限解釈へ転落するおそれがある。
　　　なお，「そうすると，性質の明らかでない権利金であつても，これを不動産所得とみるよりは譲渡所得とみる方が納税者のために利益であるとするならば，<u>その後の法律の改正により譲渡所得と擬制されることになつた要件を充たすようなものについては，法の改正前においても同様に譲渡所得と類推解釈するのが相当である</u>として，被上告人が訴外某会社から受領した権利金につき，その性質を確定することなく，これを譲渡所得と解した原判決には，法律の解釈を誤り，その結果審理を尽くさなかつた違法があるものといわなければならず，右の違法は判決の結論に影響を及ぼすから，結局論旨は理由があり，原判決は破棄を免れない。」同最二判が原判決の判示事項（下線強調部分）を覆したことは，納税者の利益になるか否かを問わず，遡及適用禁止の原則に鑑み，正当である。
　　　類推について，吉村典久「租税法における類推 ── 最判平成 19 年 1 月 23 日の分析」所収:木村弘之亮先生古稀記念論文集編集委員会（編）『公法の理論と体系思考』（信山社，2017 年）37-60 頁。

3　制度濫用の法理

限界を越えたところでの類推を許容する法的礎を意味するからである。さらに，2に，最一判平成16年12月16日(263)は，「事業者が，消費税法施行令50条1項の定めるとおり，法30条7項に規定する帳簿又は請求書等を整理し，これらを所定の期間及び場所において，法62条に基づく税務職員による検査に当たって適時にこれを提示することが可能なように態勢を整えて保存していなかった場合は，法30条7項にいう「事業者が当該課税期間の課税仕入れ等の税額の控除に係る帳簿又は請求書等を保存しない場合」に当たり，事業者が災害その他やむを得ない事情により当該保存をすることができなかったことを証明しない限り（同項ただし書），同条1項の規定は，当該保存がない課税仕入れに係る課税仕入れ等の税額については，適用されないものというべきである。」と判示する。同最一判16年は，「可能な語義の限界」という解釈方法論をとらずに，結論に到達することを目ざす目的的解釈を施している。かかる目的的解釈は，目的論的解釈と異なり，規定の語義は無制限に拡大（拡張）又は縮小（限定）されることとなる（無限解釈論）(264)。これら2つの最高裁判決は，独墺のよう

---

(263) 最一判平成16年12月16日民集58巻9号2458頁（「保存」とは文字通り帳簿又は請求書等が「元の状態を失わないでいること」であり，これは客観的に判断できる事実である旨の納税者の主張を，消費税法30条7項に規定する「保存」とは，単なる客観的な帳簿又は請求書等の保存と解すべきではなく，税務職員による適法な提示要求に対して，帳簿又は請求書等の保存の有無及びその記載内容を確認しうる状態におくことを含むと解するのが相当であるとして排斥した原判決が正当とされた事例。）同最一判平成16年12月16日は無限解釈の代表的悪例である。参照，富沢達・法曹時報23巻10号2792頁；木村（2002年）ジュリスト1231号180-185頁，180頁。

(264) 無限解釈論と罪刑法定種銀解消を主唱する見解として，牧野英一「刑法における自由法運動（上）（中）（下の1）（下の2・完）」警察研究5巻5号（1934年）1-18頁，6号1-22頁（22頁），7号1-22頁（14頁），8号（1934年）1-22頁（従来の概念の形式的な法律学に批判を向け，刑法に於ける自由法的立場をとり，その機能と使命を主唱する。）；牧野英一「法律の解釈の無限性 ── 『科学的自由探究と進化的解釈』のレジュメ」法学協会雑誌55巻7号（1937年）48-60頁；牧野英一「悪法論議について ──『法律の解釈は無限である』ということの意義(1)(2・完)」警察研究26巻1号（1955年）3-17頁（5頁），2号（1955年）3-18頁；牧野英一「罪刑法定主義の解消」（1935年）所収：牧野英一『刑法研究　第6巻』（法律学叢書　第34編　有斐閣，1936年）90頁以下。所論に対峙する代表的論綱として，内藤謙『刑法理論の史的展開』（有斐閣，2007年）292-293頁（牧野英一の主張した罪刑法定主義の解消，思想犯保護観察法の積極的支持，治安維持法における予防拘禁の無批判的受容，犯意など主観的要素の行為への発現があれば，原則的にひろく犯罪の成立を認める解釈論の展開，及び濃厚な国家主義的・権威主義的側面を指摘。個人の権利・自由にとって危険をもっていた。）；伊達秋雄「治安維持法の拡張解釈について裁判所側から」ジュリスト14号（1952年4-9頁）；小林直樹「悪法の理論（上）（下）」法学協会雑誌71巻3号（1953

161

な租税回避行為の一般否認原則が有する2大機能（類推禁止の解除と可能な語義の限界越え）を築き始めているのみならず，さらには，目的的解釈による無限解釈の途をも疾走し始めているとも指摘しうる（目的的解釈による無限解釈論に筆者は与しえない）。

そうだとすれば，本最二判平成17年は，「類推禁止の解除と可能な語義の限界越え」をなしうるとした上記最判の法理と並行して，法制度の目的を著しく逸脱して当該制度を利用する事例について制度濫用の法理を形成し，これによって，租税回避の試みに対抗する判例法理を構築したこととに意義を有する。同判例法理が，オーストリア税法学説の述べるように，租税回避行為の一般否認原則を不必要とする，とまで即断できない。けだし，同判例法理は内在説適用に伴う法律効果について明確にしていない。さらに，私法上有効適法に成立している当事者間の法律構成について，租税法上，あえてその法律構成の選択を不当だと評価するには，租税回避行為の一般否認原則について裁判官法（爾後的法形成・法の継続形成）または立法措置が必要であろう。

(5) 最二判平成17年12月19日の位置づけと評価
(a) 目的論的解釈：語義と規範意味の乖離

正義なき実証主義（若しくは形式法学）の桎梏から逃れられない論者は，法律規定の可能な語義の限界を越えて類推適用を行うことに躊躇するかもしれない。しかし，前掲最二判昭和45年10月23日は，法律制定後の事情変更が認められる場合に，法律規定の可能な語義の限界を越えて類推を行いうることを判示した。前述したように，同最二判は，租税回避行為の一般的原則の扉を一部開けるという意義を有する。

他方，本最二判平成17年は，別な事例群（ここでは国内税法ショッピング）について，「税負担を軽減する税収目的規範」の意味が規定の語義と食い違っている場合[265]に，その法制度の目的に（著しく）反する利用を制度の濫用は

年）32-72頁，4号（1954年）33-77頁；小林直樹「悪法について」法律のひろば7巻5号（1954年）11-15頁；服部寛「日本の法律学方法論の史的展開に関する批判的検討 —— 昨今のドイツの論争・議論状況を手がかりに ——」法哲学年報2013（2014年）244-256頁（248頁）。さらに，服部寛「20世紀の日本における法律学方法論の史的展開に関する一考察(1)(2)(3・完)」東北学院法学70号（2010年）176-254頁，72号（2011年）345-390頁，72号（2011年）101-174頁；服部寛「1953 —— 日独の法律学方法論の転換点とその意義の再検討」松山大学論集23巻6号（2012年）179-226頁。

3 制度濫用の法理

許されないと判示する。ここで用いられている解釈方法は、目的論的解釈法である。目的論的解釈方法は、「税負担を軽減する社会目的規範」については限定解釈又は拡大解釈を施しうるが、逆に、不利益（侵害）法規範（税収目的規範）について拡大解釈又は限定解釈を施すこともありうる。本最二判平成17年は、本件において、その性質上、特定の要素（構成要件メルクマール）について限定解釈を行っていない[266]。本最二判平成17年は「法制度の目的に著しく反する利用」を制度の濫用と呼ぶ。スイスでは、制度濫用は権利濫用から転義である。

目的論的縮限（目的論的制限、目的論的縮小解釈（teleologische Reduktion）ともいう。）は課税減免規定の限定解釈の名の下で認められている目的論的解釈の亜種である。最二判平成17年12月19日・外国税額控除余裕枠利用（大和銀行＝りそな銀行）事件はその例である。

> 本最二判平成17年12月19日・外国税額控除余裕枠利用（大和銀行＝りそな銀行）事件及び最一判平成18年2月23日・外国税額控除余裕枠利用（UFJ銀行）事件は、大阪高判平成14年6月14日・外国税額控除余裕枠利用（三井住友銀行）事件と異なり、制度濫用の法理（制度的権利濫用の法理）を展開する。目的論的縮限の手法により適用除外のルールがここで爾後的法形成されたのである。

(b) 外国税額控除権の存否と余裕枠の利用を求める地位

本最二判平成17年は、外国税額控除権の存在を積極的に否定しているわけではない。

> 『本件取引は、全体としてみれば、本来は外国法人が負担すべき外国法人税について我が国の銀行である被上告人が対価を得て引き受け、その負担を自己の外国税額控除の余裕枠を利用して国内で納付すべき法人税額を減らすこと』[i]

本最二判平成17年は、「外国税額控除余裕枠の利用を求める地位」が法制度の目的に照らし、法的に保護された利益又は法的に保護に値する利益として位置づけられていない点に特色を有する。この余裕枠の利用要件は、直接外国税

---

(265) 岡村忠生・租税判例百選（第5版）41頁（本最二判平成17年12月19日（前出）は、文言に拘泥しない解釈をした。しかし、少なくとも法律文言から離れた判決をするときには、立法資料等を参照して、法の趣旨目的を語るべきである）。
(266) 吉村（2008年）判例評論572号25頁。

額控除制度に必要な仕組みとして，一括限度額方式を法改正により政策的に導入しており，その限りにおいて，その利用をもとめる地位は「法的に保護に値する利益」に該当するだけではなく，「法的に保護された利益」にまで格上げされているかどうかをさらに考察する必要がある。

さらに，私法上私的自治の原則のもと契約自由の原則に基づき当事者によって選択された法律構成について，法適用者（租税行政庁。裁判所など）がその適法な選択権行使を税法上不当だと評価しうる法的根拠は，実定税法に見いだすことは容易でない。行政法及び租税法上の国に対する国民・納税者の権利は，通常の日本行政法学説及び租税法学説並びに裁判例によって否定されている。したがって，国民は，その否定されている権利を租税法の領域において濫用できるわけではない。

このため，本最二判平成17年は，私人の権利濫用アプローチではなく，制度濫用アプローチを採用したものと考えられている[267]。しかし，外国税額控除権は本来現行法人税法上 Foreign Tax Credit として文字通り肯定されている。本件では，外国税額控除権そのものではなく，外国税額控除余裕枠の利用を求める地位が問題とされている。しかし，その地位を悪用して，「法人税法上の便益を取引関係者間で分配することが目的とされる」に至っては，係争制度の目的を著しく逸脱して制度が利用されており，このような利用を，本最二判平成17年は制度の濫用だと呼んでいる。

(c) 法制度の目的に著しく反する制度濫用

純粋な内在説によれば，当該租税法規外在的な論理を混入させることなく，

---

(267) 大阪高判平成14年6月14日平成13年（行コ）第47号訟務月報49巻6号1843頁＝判例時報1816号30頁＝判例タイムズ1099号182頁（租税法律主義の見地からすると，租税法規は，納税者の有利・不利にかかわらず，みだりに拡張解釈したり縮小解釈することは許されないと解される。しかし，税額控除の規定を含む課税減免規程は，通常，政策的判断から設けられた規定であり，その趣旨・目的に合致しない場合を除外するとの解釈をとる余地もあ［る］）が，唯一，法人税法69条の制度を濫用するものとして，その適用を否定していた。本最二判平成17年はこれに倣っている。そうするものに，田中健治・平成18年度主要民事判例解説〔判例タイムズ臨時増刊1245号（2007年）〕256〜257頁（257頁）；木村（2002年）ジュリスト1231号185頁（ドイツ連邦財政裁判所の判決は民事上の事実関係を加工することなく，必要な限りで，租税法上事実関係を擬制。その際，独租税通則法42条はこの擬制をなしうる法的根拠を法適用者に賦与している。この点で，同大阪高判［および本判例］はあいまいな実質的事実認定論に終わっている）。

当該規定の趣旨目的などの法規内在的な論理だけを根拠にして法規定の適用除外ルールを形成するに留めておくべきであろう(268)。ところが、本最二判平成17年は、「著しく」という副詞を付け加えたため、その限りで内在説が変容されている。

本最二判平成17年は、「[法制度を] 本来の趣旨目的から著しく逸脱する態様で利用」という表現を用いている。法制度の目的に著しく反する態様で同制度を利用することが濫用であって、けっして、「本件取引に基づいて生じた所得に対する外国法人税を外国税額控除の対象とすることが、濫用であ[る](269)」わけではない。そこで、いかなる判定規準を定立して、法の目的に著しく反して制度を利用したと判断したかについて、その判定規準を分析しよう(270)。

これは、我が国の外国税額控除制度をその本来の趣旨目的から著しく逸脱する態様で利用して納税を免れ、『我が国において納付されるべき法人税額を減少させた（[ii-a]）上、この免れた税額を原資とする利益を取引関係者が享受する（[ii-b]）ために、取引自体によっては外国法人税を負担すれば損失が生ずるだけ（[ii-c]）であるという本件取引をあえて行う（[ii-d]）というもの』[ii] であった（本最二判平成17年の一部）。

---

(268) 谷口（2004年）租税法研究32号55頁。

(269) 田中健治（2007年）平成18年度主要民事判例解説257頁；本庄（2007年）ジュリスト1336号143頁。

(270) 本件における制度目的顕著違反利用の判断基準として、(i)行為の異常性、(ii)目的の異常性および(iii)経済的合理性の欠如をあげるものとして、本庄（2007年）ジュリスト1336号143頁（上記3要素から、行為、目的ともに異常であり、経済的合理性のない本件取引をあえて行うことによって、わが国ひいてはわが国の納税者の負担の下に）自己の税負担のみでなく、「取引関係者の利益を図るもので」あると判示する。この点が最も重要な要素である）。本稿はその最重要な要素を信義誠実の原則の観点から論じている（参照、岡村忠生・租税判例百選〔第5版〕41頁（核心））；参照、吉村（2008年）判例評論572号24頁；占部裕典「外国税額控除余裕枠の利用にかかる「租税回避否認」の検討（下）」金融法務事情1731号40頁以下；さらに、清水一夫「課税減免規定の立法趣旨による「限定解釈」論の研究──外国税額控除事件を出発点として──」税大論叢59号250頁（立法趣旨逸脱要件、客観要件および主観要件をあげる）；金子宏『租税法〔第17版〕』（弘文堂、2012年）125頁（本最二判平成17年12月19日（前出）は、外国税額控除制度の趣旨・目的にてらして規定の限定解釈を行った例である。「それは理論上、[租税回避行為の] 否認ではなく、規定の本来の趣旨・目的にそった縮小ないし限定解釈の結果である)。同判例は「租税回避の試み」を否認したのであり、「租税回避」ではない。

第3章 権利濫用

1) 当事者の国・行政庁に対する信義誠実違反

本件取引をあえて行う（[ii-d]）(271)。納税者は，租税法上の便益を取引関係者間で享受するだけの目的で，本件取引を行っており，納税者は，その地位を利用して，（その地位から派生する）法人税法上の利益（これを『租税利益』または「税法上の便益」という。）を国・行政庁から騙取し，他方で，税負担を免れるのみならず，「取引関係者の利益を図」っている（『我が国ひいては我が国の納税者の負担の下に取引関係者の利益を図るもの』[iii]である）(272)。これは，納税者と国・行政庁との間における客観的利益衡量とも解しえよう(273)が，より本質的には，納税者の国・行政庁に対する信義誠実違反を意味する。この要素[iii]をめぐって，納税者の国・行政庁に対する信義誠実原則（より正しくは，信頼保護の原則）が問われる。このように納税者は，国・行政庁に対して信義誠実に納税義務を果たすべきにもかかわらず信義誠実原則を損ない，法適用の権利自由（ひいては制度目的に著しく反する利用という自由）を濫用している。制度の濫用，自由の濫用の背後には法の一般原則たる信義誠実の原則(274)が横たわっている。本最二判平成17年は，性急に，税法上の正義公平の観念に駆け込む(275)前に，信義誠実の原則に頼っている。行為時における予測可能性は，憲法価値の1つである法的安定性に照らしても，重要視すべきである(276)が，予測可能性は，本件の場合のように，国民対国・行政庁との関係において信義誠実原則に比し，劣後することもあると判断されている(277)。

---

(271) 参照，今村（2006年）税理49巻7号7頁。
(272) 本庄（2007年）ジュリスト1336号142頁（この「取引関係者の利益を図るもの」(iii)の要素が，本判例でもっとももっとも重要な点であると指摘）；吉村政穂・判例評論572号24頁（取引目的の特殊性），25頁。
(273) 谷口（2007年）民商法雑誌135巻6号1085頁。
(274) ドイツ租税法における信義誠実の原則について，参照，中川一郎「シュピターラーの『税法における信義誠実の原則』について(1)(2)(3・完)」税法学181号（1966年）1頁（Spitaler, Treu und Glauben im Steuerrecht, StbJb. 1952, S335. を紹介），3頁（「一般的には，」信義誠実の原則が法律において全く定められていないような法域においても，この原則は適用されるのである。これは，税法においてもそのとおりである。），183号（1966年）1頁，184号（1966年）1頁。
(275) 谷口（2007年）民商法雑誌135巻6号1085頁。
(276) 北村豊「判批」国際商事法務31巻6号（2003年）855頁（行為時における予測可能性を重視）。
(277) 吉村（2006年）判例評論572号25頁。

3 制度濫用の法理

2) 税法上の便益と騙取の意図

我が国において納付されるべき法人税額を減少させ（[ii-a]），かつ取引関係者の利益を図っている（[ii-b]）。本件取引は，納税者自らの税負担を軽減させ(1)，かつ，取引関係者に税法上の便益(2)をもたらしている。税法（制度）の目的に著しく反する利用の禁止のための最後の前提要件は，税法上の便益（経済的利益）であり，これは著しい（不相当な）ものでなければならない。納税者は，税法上の経済的利益をくすねとるために，その事実関係を形成する際に風変わりに挙動してもよい。かれが税法上の便益の騙取に成功しない場合，税制度の濫用は見られない(278)。外国税額控除制度を利用する納税者Xの目的が，同制度の本来の目的（すなわち法的二重課税の緩和）ではなく，外国税額控除余裕枠を売買して利益を得ようとすることであった，旨を本最二判平成17年は指摘して，制度利用の目的と税法上の便益との目的論的関係を特定する。これが不当図利である(279)。

前提要件のもう1つは，一般に，便益騙取の意図である。便益騙取は目的を指向する行為である。納税者が具体的な法律構成（法形成）によって租税構成要件をあえてみたそうと意図したかどうか，同時に，（節税を引き起こす法律構成（法形成）の実現によって得たであろう）同じ経済的成果（税法上の便益）を達成しようと意図したかどうかが，問題である。この主観的要素は，通常，説得力をもってほとんど立証できない。普通とは違った特異な取引(280)によって，租税構成要件をあえて騙取的に適用することに納税者が実際に成功しようとしている場合，制度濫用の意図は推定される。スイス連邦裁判所判決(281)を制度濫用のケースに援用するならば，「制度濫用の意図の証明には，厳格な証明度は求められない。納税義務者によって行われた異常であり，実態に反し，余りに特異な若しくは風変わりな法律構成の選択について，税法上の便益の騙取以外の動機が認識できない場合，制度濫用の意図の立証は果たされている。」

法制度濫用の承認には，租税法律をその目的に著しく反して利用するためには，目的を指向する取引行為を必要とする。そのさい，納税者は，法制度の濫用をカムフラージュするため，しばしば多数の法律行為（契約締結）を行う。

---

(278) Markus, Steuerrecht², §6 N22.
(279) 谷口（2007年）民商法雑誌135巻6号1085頁。
(280) 本件取引の特異性について，参照，杉原（2008年）「判例解説」990頁，997頁。
(281) BGer 21. 6. 1985, ASA 55, 129ff. E. 2.

したがって，確立した判例は，納税者の（取引の経過を示している）全体計画[282]に従って（「全体としてみれば」）法律構成（法形成）の濫用を判断する。納税者の全体計画に従ってひとつの法律構成（法形成）の客観的関連性のなかで，取引及び商取引の全体が評価されなければならない。時間的関連性は必要でない。なぜなら，納税者は，法律構成（法形成）の関連性をカムフラージュするため，複数の取引間に長時間を挟み込んでいる場合であっても，法制度の濫用は存在しうるからである。原則として，取引（複数）の客観的結びつきだけが決定的に重要である。取引(複数)間の時間が短かければ，それは客観的結びつきにとって間接証拠となりうる。

3）租税裁定取引の享受だけ

取引自体によっては外国法人税を負担すれば損失が生ずるだけ（[ii-c]）である。すなわち，外国法人が負担すべき外国法人税を，納税者（内国法人）が対価を得て負担した。本最二判平成17年は，経済的裁定（逆鞘取り）取引と租税裁定取引を識別して，後者は本制度目的の趣旨目的との関連で，事業活動に該当しないと判断している[283]。本庄説[284]のように，これを「目的の異常性[285]」と「経済的合理性の欠如」に分析することもできるであろう。本最二判平成17年は，「事業目的」論に与していない。本最二判平成17年は，（法人税法69条の適用要件だと主張されることのある）「事業目的の不存在」になんら言及していない。この適用要件を暗黙の前提として，租税裁定取引の享受だけを目指す取引が行われる場合について本最二判平成17年が，論理展開し説示しているかどうかは，不詳である。

4）法　律　効　果

本最二判平成17年は，法の目的に著しく反する制度濫用の前提要件（構成要件）を具体化する試みをしている（上記）。しかし，その法律効果については明確にしていない。しかし，制度目的逸脱濫用の禁止法理は，問題の法律規定

---

(282) 参照，吉村典久（2004年）ジュリスト1271号103頁（1つの全体的プランに基づく取引全体を一体的に把握しなければならない，とする取引の一体的把握を詳論）。
(283) 詳細は，吉村（2006年）判例評論572号25頁およびそこに掲げられたアメリカ文献；さらに，岡村忠生・租税判例百選〔第5版〕41頁（一種の租税裁定が制度の趣旨目的に反すると判断された）。
(284) 本庄（2007年）ジュリスト1336号142頁。
(285) 目的の特殊性とするものに，参照，吉村政穂・判例評論572号24頁。

の適用を阻止し，その結果，同条からの法律効果を一切生じさせないものと思料される[286]。

以上の考察から，本事案と本最二判平成17年は，租税回避の一般的否認ルールの適用に基づく法律効果とは質的にも量的にも異なっている。

(d) 内 在 説

本最二判平成17年が，法制度の目的を斟酌して，(1)規定の可能な語義を越えて，規定の語義に制約されることなく（「制定法を越えて」）類推を行ったのか，又は，(2)目的論的解釈方法のもとで，法制度の目的を斟酌して，規定の語義と法規範の意味との乖離・距離を縮小すべく解釈（これを「目的論的限定解釈」ということもある。）を行ったのかについて検討しなければならない。まず，(1)について，本件は，法人税法69条の適用との関連において，同規定の可能な語義の限界は越えられていないと解されることがある[287]。しかし，本最二判平成17年はこの点についてむしろ沈黙する。(2)について，本最二判平成17年は，本件法適用が，制度の目的に著しく反した制度利用をもたらす場合に，目的論的解釈方法のもとで，法制度の目的を斟酌して，法規範の意味を縮小又は拡大すべく解釈（これを「目的論的縮小又は目的論的拡大」という。）を行っていると解される[288]。内在説は，租税回避行為の一般否認規定（又は自由濫用若しくは

---

(286) 参照，類似の事実関係にかかる事案について，最一判平成18年2月23日平成16年（行ヒ）第326号裁判所時報1406号8頁＝訟務月報53巻8号2461頁＝判例時報1926号57頁＝判例タイムズ1206号172頁は，法律効果について，「本件各取引は，外国税額控除の制度を濫用するものであり，これに基づいて生じた所得に対する外国法人税を法人税法69条の定める外国税額控除の対象とすることはできないというべきである。」と判示する。同判決は，係争各取引自体が税法（又は税制度）を濫用して法律構成を行ったものである。敷延すれば，「法の形成可能性を濫用して形成された各取引」に基づいて生じた所得に対する外国税額は，「本来は内国法人が負担すべきでない外国法人税」であり，租税減免規定を詐取的に適用できず，その結果，外国税額控除の対象とできないこととなる（同旨，谷口（2007年）民商法雑誌135巻6号1094頁以下，1099頁注48）。同判決は，内在説と別系統で，租税回避の一般的否認の法理を構築し始めている。もっとも，同判決は，租税回避の一般的否認の法理を構築しうる法的根拠（自由濫用の法理，信義誠実の原則など）を明確にしていないこと，租税回避否認の前提要件，否認権限の要件，否認の法律効果を明確にしていない。スイス連邦裁判所が長年にわたって形成してきた判例は，同判決の展望にとって，重要な参考資料である。同判決は本判例と比較して，より大きな意義を将来獲得していくと思われる。ただし，同判決は民集に登載されていない。

(287) 同旨，吉村（2007年）「判例解説」123頁。

第3章　権利濫用

権利濫用の法理）の存在しないままに，それ自体なんら法適用上類推禁止を解除しえないところ(1)，谷口説[289]は正義公平の観念から「制定法を越えて」法創造が行われたと判例批判をする。しかし，本判例は，そのような理論構成を試みたわけではなく，目的論的解釈方法に依拠して目的論的解釈を施した[290]。端的に(3)「制度（又は法）の目的に著しく反する法適用（制度利用）」を濫用と把握することにより，問題の法適用を否定することにより，同条の法律効果を生じさせなかったと解すべきであろう。日本の最高裁判所は，「規定の可能な語義の限界」に意を払っておらず[291]，その結果，類推禁止にも無頓着である嫌いはあるものの，規定の語義から無制約に乖離して解釈することまでをも許

---

(288)　結論同旨，吉村典久（2007年）「判例解説」123頁。

(289)　谷口（2007年）民商法雑誌135巻6号1086頁以下（本最二判平成17年12月19日（前出）は，正義公平の観念を重視し「制定法を越えて」法創造によって，著しい目的外利用を「濫用」とし，これに法人税法上の効果を認めなかった。しかも，納税者の不利に法創造を行った。

(290)　今村（2006年）税理49巻7号7頁。

(291)　罪刑法定主義から派生するといわれる「類推禁止」原則についてドイツ第3帝国もこれを否定した（増田豊「法発見論と類惟禁止の 原則——「可能な語義」の公式をめぐって」所収：同『語用論的意味理論と法解釈方法論』（勁草書房, 2008年）122頁）。租税回避の一般的否認規定の重要な機能のひとつは，「類推禁止」を解除することにある。そうした法思想の趨勢の下，ナチス政権時期において，同否認規定は適用されるまでもなかったのではなかろうかと憶測される。

　サックスは1953年公刊の『刑法における類推禁止』において，許容された解釈と禁止された類推（Analogir）とを原則として区別できないから，刑法において類推禁止は存在しない旨を主張し，アルトゥール・カウフマンによって賛同を得た。サックスもカウフマンも目的論的解釈などが刑法における類推の限界である，とも主張する。しかしながら，新しい動向のもとにおいて，「可能な語義」および「伝統的な類推禁止」にかかるドグマが否定されてしまったわけではない。参照，増田豊『語用論的意味理論と法解釈方法論』122-123頁。増田豊発2013年2月13日付私信のご教示によれば，次のとおりである。日本の刑事裁判では，類推禁止に関わる事案としては，旧刑法時代の電気窃盗事件があるところ，柔軟な解釈が行われ，罪刑法定主義違反とはならず，その後（現刑法では），電気は財物とみなすとする規定が置かれた。我が国では，とりあえず柔軟で自由な目的論的解釈を行い，その後法律を改正するといった手法が採られてきた。戦前のガソリンカー事件では，ガソリンカーは汽車の概念に含まれ，戦後の最高裁の旧狩猟法に関わるマガモ（クロスボー）事件でも，「捕獲」という概念に捕獲結果が生じなかった捕獲行為（未遂）も含まれるといった柔軟な解釈が採られた。その際，「可能な語義」に関するドイツ法の理論のようなものは展開されていない。ただし，明確性の原則に関わる最高裁の徳島市公安条例事件では，そこで法規の明確性が否定されたわけではないけれども，一般人の理解可能性という基準が提示され，可能な語義の理念である自由主義の原理がそこに若干示された。

容していない。

(e) 本最二判平成 17 年の射程距離

本最二判平成 17 年は，ドイツ語圏でいう内在説と類似した理論構成をとる。内在説の問題点のひとつは，当事者の形成した事実関係に代えて，法適用者が経済事情（すなわち本件取引）に相応しい事実関係（法律構成）を税法上再構成しうる権限の法的根拠を何に求めるかの点にある。この真正の経済的考察法が，経済的給付能力に応じた課税原則（応能負担原則）に対応していることに鑑み，内在説のこの弱点を克服するために援用される。内在説は，目的論的解釈の枠内において，しかし目的論的解釈を拡大（目的論的縮限）して法律規定の趣旨に適合するように法規範を意味解釈する。

内在説は，法規定の可能な語義の限界を越えるところで類推の解禁（語義の限界にこだわらず類推すること）や爾後的法形成を許容する見解(1)と，法規定の根底にある法思想・目的の枠内に限って許容する見解(2)とに分かれている。第 2 説，類推の目的論的限界説が，目的論的解釈論の立場からすれば，適切である。この限りで，内在説は，**目的論的縮限の手法により適用除外ルールを爾後的に形成しようとする**（判例法の形成）。

このため，内在説は目的論的解釈を拡張しているため，単独では妥当させがたいという理由から，スイス学説と判例は，内在説を強く批判し，裁判官による爾後的法形成・法の継続形成に基づく法理（権利濫用論に基づく租税回避の一般的否認法理）を確立している。他方，ドイツにおいては，アルトゥール・カウフマンにより精緻に理論化された目的論的解釈論に依拠した内在説が，ほぼ確立している。特定の法制度に潜む欠缺を補充するため目的論的解釈の手法（目的論的縮限又は目的論的拡張など）がまず適用される。それでも，問題が解決できない場合には，独租税通則法 42 条が適用される。同 42 条は，度重なる改正により，明確に租税債務の不当な軽減と税法の上の便益の騙取を規制対象とすることにより，実務上適用しやすくなっている。租税回避行為の一般否認原則（独租税通則法 42 条，墺連邦租税通則法 22 条，スイス連邦裁判所によって確立された判例）を本陣に構えたうえで，内在説が，法制度の目的に著しく反した制度濫用法理を明らかにし，それが裁判例・学説で是認されている。

日本の租税法の領域にあっては，グスタフ・ラートブルフの高弟，カウフマンの詳述する目的論的解釈に即して精緻な法解釈論を踏まえた上で，学説と判

第3章 権利濫用

例が制度濫用論を築き上げるべきであろう。

　最高裁判例[292]は，日本の外国税額控除を求める法的地位を積極的に公権（公法上の権利）と性質決定しているわけではなく，その控除余裕枠の利用を求める地位を権利として明確に位置づけているわけではない。本件はその利用しうる地位を争点としているかのようである。

　このため，最二判平成17年12月19日は権利濫用論を正面から見据えてこれを採用せずに[293]，法の一般原則である信義則（信義誠実原則）を前提とする（「本件取引をあえて行う」（[ii-d]）），自由濫用の禁止（憲法12条）をわかりやすく，制度濫用論として「制度の目的に著しく反する利用」の適用除外法理を創造した[294]。このように，最一判平成18年2月23日（前出）と最二判平成17年12月19日（前出）は，租税回避の否認規定が欠缺している場合であっても，「税負担を軽減する税収目的規範」にかかる事例について，係争法律規定の適用を否認しうる制度濫用法理を創造したのである[295]。その法的根拠は，1に，法の一般原則である信頼保護の原則とそれから導きだされる権利自由濫用の禁止（日本国憲法12条）であり[296]，2に，税負担の公平[297][298]に言及す

---

(292) 木村弘之亮「納税義務の承継：被合併会社の欠損金の繰越控除の可否」租税判例百選（別冊ジュリスト9号　1983年）52-53頁；木村「繰越欠損金（昭和43.5.2最高一小判）」租税判例百選〔第3版〕別冊ジュリスト120号（1992年）90-91頁。

(293) 同旨，今村（2006年）税理49巻7号7頁。

(294) 法制度の趣旨目的を引き合いに出して，課税処分取消請求事件を判断した最判として，たとえば，最判昭和60年4月23日判例時報1165号93頁。参照，木村弘之亮「特別償却の適用の否認と青色更正にかかる理由附記不備（昭和60.4.23最高三小判）」ジュリスト870号（1986年）109-112頁。さらに，結論同旨，吉村典久（2007年）「判例解説」121頁。

(295) 異説，浅妻章如「外税控除余裕枠の濫用を認めなかった事例」所収：渡辺充『検証！　国税庁情報の重要判決50』（ぎょうせい，2012年）143頁以下，148頁。

(296) 本文中に引用した本判例における，[　]内にi，ii，iiiとして付番した『　』内判文で示された行為，原告納税者の国行政庁に対する具体的な行為はいずれも信義誠実にもとる活動であり，法律制度の目的に反する当該制度の利用は信義誠実にもとる法適用だと租税法上評価される。このような制度目的に反する制度の利用が信義誠実原則に反しているので，制度の濫用として把握されるのである。したがって，制度の濫用が成立する構成要件は，制度（又は法）の目的に反する当該制度（又は当該法）の利用であり(1)，そして，制度の目的に「著しく」反する当該制度（又は当該法）の利用である(2)。「著しく」は反しない利用の場合，それはいわゆる「相当な」租税回避の試みであり，租税法上許されたる正当な行為である。他方，「著しく」反する利用の場合は，それはいわゆる「不相当な」租税回避の試みであって，租税法上許容されない不当な行為である。不確定概念「著しい」は，それぞれの文脈において目的論的に関

3 制度濫用の法理

ることにより平等原則（憲法14条）に求められている。国民が国（その行政庁）に対し，法規定（または法制度）をその目的に適合するように利用する行態，及びその目的に反するとしても著しくなく利用する行態は，法の一般原則である信頼保護原則に適合する。

他方，国民が国（その行政庁）に対し，法規定（または法制度）をその目的に著しく背反するように利用する行態は，法の一般原則である信頼保護原則に合致せず(299)，これは法適用（制度利用）に当たっての権利自由の濫用（日本国憲

係規定を法解釈して特定される。
(297) 本文中に引用した判旨における，[iv]として付番した『　』内判文。
(298) 本件では，納税者の得る利益(1)と日本国および他の納税者に与える不利益(2)とが客観的に比較衡量される。
(299) 「我が国において納付されるべき法人税額を減少させた上，この免れた税額を原資とする利益を取引関係者が享受する」および「本件取引をあえて行う」（本判例）という言辞は，納税者の国行政庁に対する信義誠実の原則（民法1条2項にいう信義則）が違背されていることを示唆する。もっとも，「いじめる，ごまかしを言う；ずるい策略を用いる」という Shikane（chicane シカーネ）の意味から，権利行使の害意性が，本判例によって認定されたとする，見解がみられる（吉村典久（2007年）「判例解説」120頁）。しかし，害意性の禁止法理の根拠は，日本国憲法秩序のもと民法規定又は法の一般原則に果たして求められうるであろうか。参照，末川博「ローマ法における権利行使に関する原則とシカーネ（若しくは権利濫用）の禁止」所収：同『権利侵害と権利濫用』（岩波書店，1970年）155頁，166頁，181頁；末川博「ドイツ民法及びスイス民法における権利濫用に関する規定の成立過程」所収：同『権利侵害と権利濫用』（岩波書店，1970年）182頁，184頁（スイス民法は，法律の適用・信義誠実の原則・善意の保護・裁判官の裁量などに関する規定とともに，この権利濫用禁止の規定に一般的な高い地位を与えて新時代の要求に副うことを企図している。），203頁（フーバーは，反対論者が権利の濫用を以て十分だからシカーネ禁止の規定は不要であるというのを避けて，権利濫用の禁止は信義誠実に関する規定の結果であるから法典上の規定を要すると説く。さらに，ロッセルは，スイス民法第2草案第3条2項について，『吾々は吾々の法典においてできるだけ私法──それは人間の利己心の総和でありすぎたといい得る──を道徳化しようと努めた積もりである。……すべての権利の明白な濫用は不法の行為であって法律上の保護が剥奪さるべき旨を定めた。……彼等[裁判所]は濫用が明白であって権利がただ不法を遂行するためにのみ行使されているときに限って第3条第2項を適用するのであろうから，この規定の適用は裁判所によって慎重な限界内にとどめられるであろう。』），204頁（草案第2条が削除された結果，1907年スイス民法典はその2条1項において「各人は，その権利の行使において及びその義務の履行において信義誠実に従って行為すべきである。」と，そして第2項において「権利の明白な濫用は法律の保護を受けぬ。」と規定する。）。スイス憲法は恣意の禁止規定をおいているので，スイス連邦裁判所は，かつて，濫用禁止および信義則の前提となる憲法根拠として恣意の禁止規定を援用してきた。シカーネの法理は，ごく少数説にとどまるのではなかろうか。今日のスイス学説と判例は信義誠実の

法12条）に該当する。したがって，制度濫用の禁止原則は，実質的法治国原則・実質的租税法律主義のもとにおいて，形式的租税法律主義（合法性の原則）を背後に退けたうえで，信義誠実の原則（法の一般原則）と権利自由濫用の禁止原則（日本国憲法12条）並びに平等原則・公平負担原則（日本国憲法14条）にその根拠を有している。

制度濫用の禁止原則について，同原則を「法律要件の大前提と法律効果」を明確にする具体化の手続きを考察してみよう。例えば，「制度（又は法律）がその目的に著しく反して利用される。」という大前提と「係争の制度（又は法）の適用は否認される」という小前提とが具体化されうるので，係争事実関係が当該大前提に包摂されるとき，法律効果が小前提のように生じる。

さらに，本最二判平成17年は，制度の目的に著しく反する利用の結果，原告とその他の納税者間における税負担の公平が損なわれるので，制度の目的に著しく反する利用は法制度の濫用をきたすと判断する[300]。税負担の公平原則について「法律要件と法律効果」を明確にする具体化の手続きを踏まなければならないことは，既述の通りである。例えば，「租税自体を目的とする取引によって，税負担が他の第三者に比し不当に軽減される。」という大前提と「制度（又は法）の適用は否認される」という小前提とが結びつけられて具体化されうる場合には，係争事実関係が当該大前提に包摂されるとき，法律効果が小前提のように生じる[301]。ただし，本最二判平成17年は，公平負担原則がそれ自体単独で法解釈原理であると一般的に承認したわけではない[302]。

原則又は信頼保護の原則から，権利濫用の禁止原則を導きだし，そしてさらにこれを具体化して，公権のない領域では，「法の目的に反する法の利用」を禁止する法理を権利濫用又は制度濫用と称して構築している。Gächter (2005), Rechtsmissbrauch im öffentlichen Recht, S. 217.

(300) 谷口（2005年）民商法雑誌135巻6号1082頁（「制度の濫用」という表現は，同制度をその趣旨目的から逸脱する態様で利用すること，すなわち，同制度の目的外利用という意味で用いられている。）本章で紹介するゲヒテは，「法制度の目的に反した利用」"zweckwidrige Verwendung eines Rechtsinstituts" (Gächter (2005), Rechtsmissbrauch im öffentlichen Recht, SS. 55, 217ff., 312, 346),「目的に反した法の利用」"zweckwidrige Rechtsverwendung" (Gächter (2005), Rechtsmissbrauch im öffentlichen Recht, SS. 4, 18, 20, 54ff., 59f., 143, 145ff., 175, 186f., 214f., 217ff., 331f., 428f., 469) という表現を用いる。本判例は，スイス判例学説に照らし，特異な理論構成を採っているわけではない。

(301) 参照，杉原則彦・ジュリスト1320号（2006年）180〜182頁（181頁）（租税自体を目的とする取引に対しては，公平負担原則に反する法理が打ち立てられた。）。

3　制度濫用の法理

　本最二判平成 17 年が，税負担減免規定について限定解釈を行ったと解されることもあるが[303][304]その意味するところは，受益的法制度（より正確に述べ

---

(302)　同旨，吉村典久（2007 年）「判例解説」119 頁。
(303)　杉原（2006 年）法曹時報 58 巻 6 号（2006 年）177～192 頁（184 頁）。
(304)　参照，吉村典久（2007）「判例解説」117 頁（本件判決は，外国税額控除制度の性質論による限定解釈ではなく，同制度の目的から直接に同制度の適用の可否を検討する目的論的縮小の手法を採用した。）。同所にいう「目的論的縮小」（本章では「目的論的縮限」と訳されている。）が teleologische Reduktion の訳語とされている（吉村典久（2007）「判例解説」118 頁）。とはいえ，目的論的縮限が目的論的解釈に言い換えられて，本最二判平成 17 年 12 月 19 日（前出）の分析が続けられているかのようである（吉村典久（2007）「判例解説」121 頁）。

　　Larenz, Karl, Methodenlehre der Rechtswissenschaft[6], S. 391（§ 5 2. c）; 米山隆（訳）『K. ラーレンツ　法学方法論』（勁草書房，1991 年）592 頁は目的論的縮小解釈と目的論的縮限を別意に説明する。制定法上の規則（ルール Regel）がその語義に反するとしても，しかし，法律の内在的目的論に即して限定を必要とする，そうした事例をわれわれは「隠れた」欠缺という。このような欠缺の補填は，（文字通りではなく）意味に即した必要な限定を付加することによって行われる。これによって，法律に含まれている，その限りで一義的な法律の語義によればあまりに広く解される規則（ルール）が，その規定の目的又は法律の意味関連にしたがってその規則（ルール）に相応しい適用範囲に還元され，縮限されるので，われわれはこれを「目的論的縮限」と呼んでいる。通常，「縮限 Restriktion」と表現されている。さらに，明確に説明して，アルトゥール・カウフマン（原著）・上田健二（訳）『法概念と法思考　附・法獲得手続きの一合理的分析』（昭和堂，2001 年）236 頁は次のように述べる。すなわち，規範の文言が狭すぎるのではなく広すぎる場合には，目的論的縮限が問題である。すなわち，法規範の中核領域さえも限定することは，もはや，「解釈」ではなく，──類推と同じように──法規範の補充，法の継続形成である。（さらに，参照，谷口勢津夫「司法過程における租税回避否認の判断構造」租税法研究 32 号（2004 年）54 頁）。かくして，目的論的縮限は，目的論的解釈論において類推の一形態として位置づけられており，目的論的縮限は，縮小解釈と異なっている。

　　なるほど，法人税法 69 条の語義からは，本件取引は同規定の適用対象であるかのようにみえる。たしかに，本判例は，外国税額控除制度を「同一の所得に対する国際的二重課税を排斥し，かつ，事業活動に対する税制の中立性を確保しようとする」であると目的論的に解釈している。しかしながら，同規定は，二重課税の緩和を目的としており，税法上の想定外の経済的利益を取引の対象となし得るかについて何も語っておらずどのように規制しようとしているかについても言及していない。立法者はその限りにおいて価値判断をしておらず，法律は欠缺状態にある。そこで，法適用者（本最二判平成 17 年 12 月 19 日）は，法律の欠缺に言及していないけれども，この法律の欠缺をマイナス方向に向かって，二重課税の緩和という中核部分を犠牲にしてでも，税法上の想定外の便益を納税者に給付しない態様で，すなわち，目的論的に縮限して本案を解決したのである（目的論的縮限）。このような縮限は，法律の目的との関係において法文の語義の可能な限界内でその意味を縮小解釈する目的論的縮小解釈と異なっている。

ると,「二重の税負担を軽減する規範」)の目的に著しく反した制度の利用(法制度の濫用)は許容されないことを指す。最高裁はこの制度の目的に著しく反する利用(制度目的顕著逸脱利用)を適用除外したにとどまる。本最二判平成17年が一般に租税法の領域における受益的法制度にかかる事例群にも適用されうるとしても,侵害規定,純粋な税収目的規範にかかる事例群(例えば,国際税法以外の国内税法の領域におけるそれ,又は,社会保障法の領域におけるそれ)に適用されうる。他方で,侵害規定,純粋な税収目的規範にかかる事例群について,納税者・国民が国(その租税行政庁)に対し課税処分その他公権力行使の取消しの訴えを提起した場合,裁判所は,信義則(信頼保護の原則,日本国憲法12条)等の理由により制度濫用の法理を援用することもあり得る。

　目的論的縮限の解釈手法により適用除外のルールが本判例により爾後的法形成されたのである。さらに,目的論的拡大の解釈手法により適用拡大のルールがここで爾後的法形成されうるであろう。
　目的論的解釈の方法は法律規定の目的に即して或る規範の意味を獲得しうるとしても,或る規定の可能な語義の限界を超えて解釈できない。
　具体の法的紛争を合理的な法的手法により解決する手法の一つとして,目的論的解釈の拡張が行われ,目的論的縮限と目的論的拡大が許容されうる。本判例もまた,名称「限定解釈」を異にするとはいえ,その好例である。

　なお,目的論的縮限は,法の欠缺を補填するための一形態であるから,次の言明は目的論的縮限にも当てはまる。すなわち,Larenz, Methodenlehre der Rechtswissenschaft[6], S. 366(§51)は次のように両者の相違を説明する(米山隆(翻訳)『K.ラーレンツ　法学方法論』558頁)は,法の発展的形成が,たとえ規定の語義を越えていても,法律の元々の構想(プラン)の枠内にある限り,それは欠缺の補填であると説明する。すなわち,「法律解釈と裁判官による法の継続形成は,本質的に異なっているようにみえるかもしれないが,しかし,同一の思考方法の相異なる段階としてのみみられうる。解釈[より正しくは,可能な語義の]の限界を越える裁判官による法の継続形成であってもなお依然として広義の解釈の方法を用いている(これは類推である)。狭義の解釈の限界としてわれわれは可能な語義の限界を認識してきている。方法論に従って法の継続形成がこの限界を越えていても,なお法律それ自体の目的論的解釈が,法律のもともとのプランの枠内にとどまっているかぎり(noch im Rahmen des ursprünglichen Plans, der Teleologise des Gesetzes selbst),そのような法の継続形成は,欠缺の補填であり,法律に内在する法の継続形成(gesetzesimmanente Rechtsfortbildung)である。」([　]内加筆は木村)。さらに,比較参照,谷口(2007年)民商法雑誌135巻6号1081頁注8。なお,法の継続形成,法の発展的形成,爾後的法形成と法の継続形成は同一内容であり,Rechtsfortbildungの訳語が異なるだけである。

3 制度濫用の法理

関係「法規範の意味」は目的論的に解釈されている。本最二判平成17年は，租税法令の適用に先立ち，税法上の事実関係の認定に際し個々の取引を孤立的に見るのではなく「全体としてみれば」という「真正の経済的観察法」を用いているのである[305]。

2008年1月1日以降の独租税通則法42条2項1文について対立する解釈論を概説しておく。まず，税法排除説によれば，同条項は，事例群(1)だけをその対象とする。目的論的解釈の方法は法律規定の目的に即して或る規範意味を獲得しうるとしても，或る規定の可能な語義の限界をこえて解釈できない。この限界を越えるところ（法律の欠缺）では，租税回避の一般的否認規定（独租税通則法42条，墺連邦租税通則法22条）が援用されて類推禁止が解除されるので，法律の欠缺が類推によって補填されうる。独同42条にいう法とは，私法と公法（税法を除く。）を指すと解されている[306]。墺同法22条は民法に限定されている。その他の事例群(2)及び(3)についても独租税通則法42条を適用する。これとの文脈において，内在説を援用する本最二判平成17年は，事例群(2)について構成要件（制度目的顕著逸脱利用）を明確にしているが，しかし，その法律効果を必ずしも明確にしていない。

最後に，「事業目的」の欠如を濫用否認要件に加えていないことは[307]，重要である。アメリカ判例理論からドイツ・スイス学説判例理論への移行がここに顕著にみられる。

本最二判平成17年は，要するに，法人税法69条に定める，外国税額控除余裕枠を売買して利益を得るため，外国税額控除制度を利用しようとする客観的意思が窺われるような取引について，それが制度の目的に著しく反する制度利用であるから（これを「制度の濫用」という。）外国税額控除の適用対象としないと判示した最初の最高裁判決である。目的論的縮限の手法により適用除外

---

(305) Ramsay v. IRC, 1981 STC 174. 参照，浅妻（2012年）「外税控除余裕枠の濫用を認めなかった事例」148頁．

(306) K. Tipke, StRO² III 2012, S. 1676; K.Tipke, Steuerrecht, 10. Aufl., 1985, S. 117. ただし，同42条1項にいう「法」は，税法を含め，公法及び私法を含むと解されることが多い．Lang in Tipke/Lang, Steuerrecht, 13. Aufl., 1991, S. 11; Englisch in Tipke/Lang, Steuerrecht21 § 5 Rz. 115, S. 199（租税法律の回避を問題とする。）．

(307) 本判例が事業目的の不存在要件（法人税法69条の適用除外要件）に言及しないことについて，参照，谷口勢津夫・民商法雑誌135巻6号1082頁；岡村忠生・租税判例百選（第5版）41頁；浅妻章如「外税控除余裕枠の濫用を認めなかった事例」（前掲注132）147頁．

第 3 章　権 利 濫 用

ルールがここで爾後的法形成されたのである。納税者が制度濫用の意図を有していることを本最二判平成 17 年は前提としている，と解されている(308)。

りそな銀行＝旧大和銀行を原告・被上告人とする本最二判平成 17 年と，ほぼ同一の事実関係の事例について，類似の論理構成の判旨を最一判平成 18 年 2 月 23 日(309)（UFJ 銀行事件＝旧三和銀行事件）が出されている。最高裁第二小法廷判決平成 17 年 12 月 19 日(310)（三井住友銀行＝旧住友銀行）もまた，ほぼ同一の事実関係の事例について，上告棄却・不受理決定を行っている。その意味で，本最一判平成 17 年の理論構成は，第二小法廷のみならず第一小法廷においても採用されており，確立された判例と評しうるとする見解がみられる(311)。

　　ドイツ税法学説・判例は，行政法と個人の権利，公権を容認しており，他方，日本及びスイスの公法学説・判例は行政法上の権利（金銭債権を除く。）を容認していないので，独租税通則法 42 条及びその理論をそのままに日本の税法に援用しがたいのかもしれない。もっとも，内閣法制局は，民主党政権下において，内閣提出法案の理由書において「公法上の権利」を公言したことがある。したがって，前出の最一判平成 18 年 2 月 23 日もまた，「余裕枠の利用」の地位を『法的に保護に値する利益』というよりむしろ，『法的に保護された利益』（すなわち，公法上の権利，公権）として理解する余地も残されている。なお，実質的法治国家原則及び実質的租税法律主義のもとにおいて，租税法上私人の権利（金銭債権のみならず実体法上の権利，手続法上の権利，訴訟法上の権利など）を全面的に否定した最高裁判例はみられないから，日本租税法上当事者が権利（「法律構成の自由を税法上も求める権利」）を有し，独租税通則法 42 条と同じレベルで，権利濫用論を展開できる事案は，今後あらわれうるであろう。しかし，確立した最高裁判例理論によって立つ限り，「外国税額控除制度の余裕枠の利用」が「法的に保護に値する利益」として把握しうるとしても，しかし，これを私人の権利として認知していない本最二判平成 17 年は，「制度の目的に著しく反する制度の利用」（制度の濫用）法理を創造している。この法理は，スイス学説では「制度の濫用」と呼ばれている。租税法における権利濫用論を閉鎖したわけではない。

---

(308)　杉原則彦・法曹時報 58 巻 6 号（2006 年）177〜192 頁；杉原則彦・ジュリスト 1320 号 182 頁；今村隆・租税研究 684 号 103 頁。
(309)　最判平成 18 年 2 月 23 日平成 16 年(行ヒ)第 326 号集民 219 号 491 頁＝裁判所時報 1406 号 8 頁＝訟務月報 53 巻 8 号 2461 頁＝判例時報 1926 号 57 頁＝判例タイムズ 1206 号 172 頁＝金融・商事判例 1253 号 30 頁＝金融法務事情 1777 号 51 頁＝税資 256 号 10330 順号。
(310)　本最二判平成 17 年 12 月 19 日。
(311)　吉村典久（2007 年）「判例解説」124 頁。

3　制度濫用の法理

　平成13年法律第6号による法人税法69条1項括弧書きの追加及び政令第135号による法人税法施行令141条1項の改正（さらに，平成21年政令第105号による改正後は法人税法施行令142条の3，平成24年政令第272号による改正後は法人税法施行令142条の2第1項）で，本件と同種の取引を，外国税額控除制度の適用対象から除外する規定を定めた。本最二判平成17年が，租税回避の否認規定に言及することなく，「制度の目的に著しく反する利用を否認」しうる法理を創造して「爾後的法形成（法律の修正）」[312][313]を行ったことをうけ，

---

(312)　谷口（2007年）民商法雑誌135巻6号1086頁（本最二判平成17年が，「制定法を越えて」，著しい目的外利用を「濫用」とする法創造である）。しかし，限定解釈は，制定法の内在的目的論的解釈を指しており（Larenz, Karl, Methodenlehre der Rechtswissenschaft[6], S. 391（§5 2. c）；米山隆（訳）（1991年）『K.ラーレンツ　法学方法論』592頁），決して，本最二判平成17年は，制定法を越えた法創造を行っているのではない。制度の目的に反する同制度の利用が「制度濫用」に当たるから，同制度を利用できず，したがって，法69条の法律効果は生じない。法規定の意味（規範意味）にしたがって，法の爾後形成が判例によって築かれているのであり，法律の修正といっても，法規定に内在する規範意味の枠内における修正である（これを「制定法内在的な法創造」ということがある。参照，谷口（2007年）民商法雑誌135巻6号1086頁注16およびそれに対応する本文）。本最二判平成17年は「租税実体法固有の領域において，しかも納税者に不利な法創造を行ったものである（谷口（2007年）民商法雑誌135巻6号1090頁）」，と批判を受けている。

　たしかに納税者の財産権に対する侵害を直視するならばその通りであろう。しかし，本件取引が，制度目的に著しく反して当該制度を利用して，日本国側の国庫に不利益をもたらすうえ，原告が租税法上の便益（税額控除余裕枠）を取引の対象とするという税法の想定しない経済的利益を一方的にあえて獲得（詐取）しようとしている。この行態は，納税者の国・行政庁に対する信義誠実の原則（民法1条2項に表現されている法の一般原則又は，日本国憲法12条の前提とする信頼保護の原則）に反するのみならず，権利自由の濫用禁止原則（憲法12条，民法1条3項）にも違背する。ところが，国は原則として行政法上国民に対し権利（金銭債権を除く）を付与していないので，司法府は，権利の濫用に代えて制度の濫用論を展開している。

(313)「法規に反した法発見」とは，裁判官による「法律の修正」（Gesetzeskorrektur），すなわち「法律に対する裁判官の反抗」（Auflehnung des Richters gegen das Gesetz）を通して実現される法獲得をいう。とはいえ，「正統化」されるのは，論理的に「法律に反した」（contra legem）ものであっても，なお「法の範囲内」（intra legem）にあると考えられるような法発見だけである。「法律の修正」が許される場合として，次の3つが考えられる。第1は，当該法規定が「憲法に違反する」と考えられる場合である。第2に，当該法規範が「制定された不法」（gesetzliches Unrecht）とみなされる場合が想定されうる。第3に，当該法規の適用不適用が，少なくとも当該事件との関係では「不公正かつ非理性的なもの」と仮定される場合である。最後に，類推禁止の支配する刑法においては，このような法発見の手続も，行為者に不利益となる場合には許容されない。詳細は，増田豊『語用論的意味理論と法解釈方法論』131-132頁

第3章　権利濫用

これらの改正法律政令は当該爾後的法形成（法の継続形成）を確認したものと位置づけられる。

しかし，上記改正後の法律規定の適用要件を免れる形で，同じような目的による取引を行うことが簡単にできると指摘されている(314)。それにもかかわらず，本最二判平成17年は，そのような「税負担を軽減する税収目的規範」の目的に著しく反する取引事例とならんで，租税特別措置法に定める社会目的規範の適用される事例群についても，「制度の目的に著しく反する利用」（制度の濫用）として，その射程距離を及ぼしうる。

最後に，租税法律主義及び予測可能性の原則が，本最二判平成17年に対する批判(315)として向けられるかもしれない。しかし，日本国憲法は，複数の基本原則と基本価値とを定立しており，それらの優先劣後は，憲法の諸規定の配備及び各文脈に照らし，最適解をえられるように衡量して，憲法解釈がなされるべきであろう。日本国憲法は，その12条2文において，権利自由の濫用禁止原則を基本的人権にかかる一群の諸規定の冒頭に配備している点に，その特色を有する。この権利自由の濫用禁止原則は，法の一般原則である信頼保護の原則（若しくは信義誠実の原則）から出発している。けだし，日本の民法1条もまた，その第2項に信義則規定を，続いて第3項に権利濫用禁止規定をおいていることに照らし，権利濫用禁止原則が信頼保護原則を前提としていることが，確認されうるからである。

租税法律主義（憲法84条）は，財産権の侵害からの保護とともに，私人に予測可能性と法的安定性を保障することを目的としているから，(1)形式的に税法規定の文言に該当しないが，適用しないことが法律規定の目的に著しく反することが明らかなときに，当該税法規定を適用すること（目的論的拡張解釈），又は(2)形式的に税法規定の文言に該当するが，その適用が法規定の目的に著しく反することが明らかなときに，当該税法規定を適用しないこと（目的論的縮限解釈）を当事者が予測すべき場合には目的論的拡張解釈又は目的論的縮限解釈は許容される(316)。本最二判平成17年は，Xが「本件取引をあえて行う」

およびそこに引用される文献。
(314) 駒宮史博「外国税額控除余裕枠の利用取引は制度の濫用にあたるか――大和銀行事件」税研148号（2009年）126～128頁（128頁）。
(315) 谷口（2007年）民商法雑誌135巻6号1084頁，1088-1089頁およびそこに掲げる文献。
(316) 類旨，中里（2002年）『タックスシェルター』223-224頁（減免規定の限定解釈に

（[ii-d]）と判示し，Xが，法規定の目的に著しく反することを認識し，外国税額控除余裕枠を利用できない可能性を認識していたのであるから，信頼保護の原則と公平負担の原則（平等原則）を優先しても，実質的租税法律主義に反しないと判断したと考えられる(317)。本最二判平成 17 年は，中里説にいう限定解釈の理論的支柱を援用せずに，正当にも，制度の濫用を根拠とする(318)。

最後に，制度濫用の法理は，ゲヒテの教授資格論文(319)に照らせば，租税法のみならず，社会保障法をはじめとする公法の領域にもその射程距離を及ぼしうるのではなかろうか。検討するに値しよう。

(f) 残された課題

本最二判平成 17 年は，本件を仮装行為に該当しない旨を明言する。したがって，本件取引にかかる法律行為と契約は私法上有効かつ適法である。このことを前提として，法適用者は，目的論的解釈の拡張手法を以て，法人税法の規定（又はその制度）の目的に著しく反する利用（制度の濫用）として本件取引を評価して，法人税法 69 条の適用を否定して本件事実関係を当てはめないこととした。スイスの通説判例は，そのために，内在説を強く批判してこれに依拠しないで，租税回避行為の一般否認法理を築いている(320)。ドイツ内在説は，法律の欠缺を補填するために，目的論的解釈方法に依拠しうると説く。

> 内在説は，法律の意味（ratio legis）に即した平等な税負担を確保するという目標が，目的論的解釈及び法律の欠缺の補填による法の爾後形成によって，達成される場合には，租税回避行為の一般否認規定に立ち返ってはならない，という法理である(321)。

よる否認説）：今村（2006 年）税理 49 巻 7 号 6 頁。
(317) 異説，占部裕典「外国税額控除余裕枠の利用にかかる「租税回避否認」の検討（下）」金法 1731 号 39-45 頁（限定解釈否定説。租税法律主義のもとで法人税法 69 条の文言を限定解釈を行うことは許されない。）。所論にいう限定解釈とは，目的論的縮減を指しているのであろうか。所論は法解釈方法論を明確にされていないので，その論証が首尾よくなされているかどうか真偽不明である。
(318) 平川雄士「外国税額控除の余裕枠の流用が制度の濫用とされ控除が否定された事例」税研 126 号 83 頁。
(319) Gächter (2005), Rechtsmissbrauch im öffentlichen Recht.
(320) Reich, Steuerrecht², §6 N48. 目的論的解釈に方法論的に信頼をおくとしても，租税回避の留保（ないし恣意濫用の禁止および権利濫用の禁止）を外在論にいう規範修正の補助道具 aussentheoritischer Korrekturbehelf として完全には捨ててしまってはならない。

第3章　権利濫用

　本最二判平成17年の1つの特徴は，本判例が，制度の目的に反する制度の利用ではなく，制度目的に「著しく」反する制度の利用を制度の濫用と定義している点にある。制度の目的を単に（すなわち著しい態様ではなく）反する利用がなされる場合は，租税回避の否認の法理（不真正の租税回避 Steuervermeidung）と類似して，租税法上非難されず不当でない（これを「不真正の制度濫用」という。）(322)。

　問題は，最高裁判所が制度目的に著しく反する制度利用（これを「真正の制度濫用」という。）の判定規準を必ずしも明確に定立していないことにある。本件取引が私法上仮装行為に当たらないことから出発すると，租税法上，真正の制度濫用は，次に掲げる前提要件を指すと考えられる。

① 　法制度の目的に著しく反する利用

　法律構成（独租税通則法42条1項にいう法の形成可能性）の濫用にかかる事例群の場合(323)と同様に，税制度の目的に著しく反する利用にかかる事例群(324)にあっては，関係者間における法律行為，商取引及び権利取引が民事法上有効かつ適法であることを前提とする。本最二判平成17年は，本件取引を私法上仮装行為でないと評価している。しかし，本判例は，本件取引を全体としてみた場合（経済的観察をしてみれば），法人税法69条の制度目的に著しく反してまで，本件取引の同法への適用を拒否する。税制度の目的に著しく反する制度利用は制度の濫用だと評価される。本判例の特色は，制度の目的に反する制度利用では足りず，「制度の本来の趣旨目的とは全く異なる方法で同制度を利用」を求めている点にみられる。

　制度とは，税法制度を指し，例えば税法以外の公法上又は私法上の制度は，本判例によって言及されていないが，ドイツ租税法と比較する場合，むしろ否定されるべきであろう(325)。

---

(321)　Englisch in Tipke/Lang, Steuerrecht^{23}, §5 Rz. 116, S. 237.
(322)　真正の制度回避と不真正の制度回避を識別しない評釈として，たとえば，谷口勢津夫・民商法雑誌135巻6号1082頁。
(323)　K. Tipke, StRO^2 III, 2012, S, 1680.
(324)　本件は，ドイツ租税通則法42条に定める租税回避の事例群と異なり，「税負担を軽減する税収目的規範」にかかる税制度の濫用を問題としている。類旨，今村隆・税理49巻7号4頁，7頁；吉村政穂・判例評論572号26頁（本判例は，租税回避とは異なる特殊性を本件取引に認めた）。
(325)　最二判平成15年12月19日民集57巻11号2292頁・一括支払いシステム東京三菱銀行事件（上告棄却）（A会社がB会社との間の継続的取引によって取得する売掛金

3　制度濫用の法理

② 税法外の理由

税法外の理由が当該選択された法律構成（法形成）の動機となっていることを主張立証するのは，納税義務者の責任である[326]。その不相当を支持する主張・立証がある場合，納税者は反証[327]を行うことができる。かれは，事情の全体像から尊重される（当該選択された法律構成（法形成）の）税法外の理由を立証できる[328]。経済理由（例えば事業目的）でも経済外の理由でもかまわない。

> 債権を担保のためX銀行に譲渡し，X銀行はA会社に対し別途締結した当座貸越契約に基づき前記売掛金債権残高を貸越極度額として貸付けを行うことなどを内容とする一括支払システムに関する契約を締結し，その中で，X銀行に担保のために譲渡された売掛金債権について，国税徴収法24条に基づく告知が発せられたときは，これを担保としたX銀行の当座貸越債権は何らの手続を要せず弁済期が到来するものとし，同時に担保のため譲渡した売掛金債権は当座貸越債権の代物弁済に充てる（譲渡担保権を実行する）ことなどを内容とする合意がなされている場合において，同条2項の告知の発出と到達との間の時間的間隔をとらえ，告知書の発出の時点で譲渡担保権者（X銀行）が譲渡担保権を実行することを納税者（A会社）とあらかじめ合意することは，同項の告知の到達後に譲渡担保権が実行されたという関係があるときにはその財産がなお譲渡担保財産として存続するものとみなすこととする同条5項の適用を回避しようとするものであるから，この合意の効力を認めることはできず，<u>無効と解する</u>。一括支払システムに関する契約において譲渡担保権者と納税者との間でされた国税徴収法24条2項による告知書の発出の時点で譲渡担保権を実行することを内容とする合意は，同条5項の趣旨に反し無効であることを［国税庁の本件告知により］主張することが信義則に反して許されないと解する余地がある。「しかしながら，本件全記録に徴す［れば，……］，本件においては，本件合意をもって明白な脱法行為であると即断するのは一面的にすぎると考えられるものの，国税庁のした本件告知が信義則に違反しているとまで認めるには足りないといわざるを得ない。」）。同最二判平成15年12月19日は，公序良俗違反と強行法違反（参照，国税徴収法24条5項，民法91条，90条）を根拠に課税処分を是認しているのであって，税制度の目的に著しく違反する利用としての制度濫用を説示していない（同旨，同判決を掲載する判時1844号44頁および判タ1141号135頁の解説記事）。

(326) Markus, Steuerrecht², §6 N21. 回避意図の問題について，参照，Böckli, Peter, Steuerumgehung : Qualifikation gegenläufiger Rechtsgeschäfte und normative Gegenprobe, in: Ernst Höhn ; Klaus A. Vallender (Hrsg.), Steuerrecht im Rechtsstaat : Festschrift für Prof. Dr. Francis Cagianut zum 65. Geburtstag, 1990, Bern, Stuttgart, Wien, S. 289（295, 304 f., 312）.

(327) Gegenbeweis.

(328) 「構成要件メルクマールではなく，事実が立証されなければならない。租税行政庁は，（税法上の経済的利益をもたらす）異常な法的形態の存在を立証する責めを負う。この立証がなされたなら，今度は，納税者は，自己の選択した法形態には重要な税法外の理由が存在することを立証しなければならない。納税者がその重要な税法外の理由の立証に成功しない場合には，納税義務が，一定の経済目標を達成するための取引観に即することを前提としての，通常の法形態の場合に成立したであろう，納税義務

納税者が検証しうる経済理由を（当該技巧的とみえる形態について）挙げることができる場合，この反証は濫用（前記第1段階）を排斥する。納税者によって反証される税法外の理由は，税法上許容されうる法律構成（法形成）から制度濫用を区別することにとって，決定的に重要である。実体法上の取引が税法上も許容されるなら，制度の目的外利用の要件（制度濫用要件）は，当該規定の根底にある基本思想，価値判断及び趣旨目的を照らし，原則として充たされることはない。

仮装行為が通謀虚偽表示若しくは心裡留保の理由で問題である場合（民法93条，94条などの準用）[329]，又は，法律行為が公序良俗違反若しくは強行規定違反の理由で無効である場合（民法90条，91条），法律行為が錯誤の理由で無効であるか詐欺又は強迫の理由で取り消された場合（民法95条，96条），無効行為にかかる課税の原則が適用され，租税回避にかかる一般的否認原則は適用されない。これらの法理に加えて，本最二判平成17年は，制度濫用の法理を示した点に，意義を有する。

> 平成27年3月31日に国会に提出された「民法改正法案」90条（公序良俗）は，「公の秩序又は善良の風俗に反する法律行為は，無効とする。」と定める[330]。」
>
> 「本民法改正案」40条1項I文は「法律行為（意思表示を含む。……）は，公の秩序又は善良の風俗に反するときは，無効とする。」と定め，続いて，その第2文は，「その他の法令中の公の秩序に関する規定に反するときも，同様とする。」と規定する。これにより，「本民法改正案」40条1項I文は，現行民法90条（公序良俗）を移動修正し，又，同第2文は，民法91条（任意規定と異なる意思表示の）の反対解釈を意味する規定を新設している。「本民法改正案」40条は，「法律行為は，法令中の公の秩序に関しない規定（…）と異なる内容のものであっても，その効力を妨げられない。」と定める。同第2項は，民法91条（任意規定と異なる意思表示）項から移動され修正されている[331]。
>
> 本民法改正案は，その39条で，私的自治の原則の下で，法律行為の効力は意

　　が法律により成立する。
(329) 通謀虚偽表示および単独虚偽表示（仮装行為）が行われる場合，併せて，租税捕脱犯が問われる。
(330) 石崎（2016年）『新民法典成立への扉』239頁。
(331) 民法改正研究会（2016年）『日本民法典改正案I』385頁。このように，本民法改正案は，公序良俗・強行規定・公序良俗の関係を整序している。
　　なお，取締規定に反する私法上の法律行為の効力については，解釈論に委ねられるべきものとして，欠缺を残すこととされている（同書387頁註182）。

思表示の内容に従って発生することを規定する。このことを踏まえて，同改正案は，その 40 条 1 項で，法律行為の無効事由を規定する。すなわち，同項第 1 文では，法律行為の自由の限界を示す，公序良俗の原則を規定する。そのうえで，同第 2 文に，強行規定違反に係る規律を配置している。さらに，本民法改正案 40 条 2 項は，意思表示が任意規定に優先するという現行民法 91 条の内容を承継する条文を規定している(332)。

なお，公序良俗違反する無効を善意・無過失の第三者に対抗できると解されるため，特別な規定はおかないこととされている(333)。

さらに，本最二判平成 17 年のもうひとつの特徴は，租税回避行為の一般否認原則が判例法として確立されていない日本において，本最二判平成 17 年は，法制度の濫用ケースにおける法律効果（ここでは税額控除の余裕枠の利用による経済的利益の金額）について考慮していないことにみられる。本最二判平成 17 年は税額控除余裕枠を利用しうる金額をまったく算定していない。例えば，少なくとも，独立当事者双方が経済関係に相応しい取引を行ったとすれば，原告 X 社がどれだけの税額控除余裕枠を利用できるか（税法上の便益の算定）について，最高裁は本件において判断を避けている。しかしながら，法制度の濫用ケースについて，法適用者は単に法制度の適用除外を宣告するだけではなく，法制度の目的に著しく反する利用がなされたとする場合の法律効果を確定すべきことも思料される。本最二判平成 17 年は，そのような法律効果の規律可能性を排除しているであろうか。もしそうだとすれば，それは制度濫用論のひとつの限界である。

  租税回避行為にかかる一般否認規定（独租税通則法 42 条）は租税構成要件の中で，大前提としての法律要件及び小前提としての法律効果を明確にする規定する(334)。日本租税法では，租税回避行為の一般否認規定が明文をもって法定されていないため，同原則の法律効果（相当な租税債務）が生じず，かえって，納税者はそのため不利の地位におかれている(335)。けだし，当事者によっ

---

(332) 民法改正研究会（2016 年）『日本民法典改正案 I』385 頁。
(333) 民法改正研究会（2016 年）『日本民法典改正案 I』389 頁註 184 及びこれに対応する本文参照。
(334) K. Tipke, StRO² III, 2012, S. 1682. もっとも。2008 年改正後の現行独租税通則法 42 条は，税法上の便益（税負担を軽減しうる規定）の詐取にも適用しうるように法文を改めている。
(335) 橋本（2007 年）税務事例 39 巻 12 号 15 頁（判旨反対．本件では TH 国において X は源泉税を課税され，支払っているのに，これを考慮しないのはむしろ違法というべきではなかろうか）。

て選択された法律構成を法人税法上，例えば独立当事者間取引における経済的に相応な法律構成又は納税者にとって最も有利な結果となる・許容されうる相応な法律構成に引き直して，相当な租税債務を認定する権限が授権されていないからである。その限りにおいて，租税回避行為の一般否認規定は，否認の要件，否認の評価規準，否認権限および法律効果を明確にすることができ，納税者の権利保護に資する側面を有する。

　本最二判平成17年は，税法規定の適用について，税法の目的に著しく反して利用された類型の事例を射程距離に収める（制度濫用の禁止法理）。課税法律構成要件規定は，租税回避行為の否認規定を除いて，なるほど，回避禁止の趣旨を含まない(336)のである。しかし，信頼保護の原則（信義則）に反してまで，法制度の目的に反する同制度の利用を許容しているわけではない。租税回避行為の一般否認原則（又はその規定）が，税法の回避を対象としていないとすれば(337)，制度濫用の法理は，税法制度の濫用をその対象とすると位置づけられよう。

　またさらに，本最二判平成17年が，事業目的の法理及び経済的実質テストなどの一般的濫用法理を採用していないことは，確認されるべきである(338)(339)。

(336) 谷口（2007年）民商法雑誌135巻6号1093頁注30。
(337) ドイツ租税通則法42条は，その構成要件を法（私法に限定せず。）の形成可能性に全面的に拡張している。したがって，公法の形成可能性をもその対象というべきである（BT-Drucks. VI/1982, S. 114, zu §45）。ただし，租税法の形成可能性もまた濫用されうる，と考えうるにもかかわらず，同条は，（たとえ文言上はその事例が対象とされているとしても，立法理由に照らせば，）そのような事例群をその対象としていない。その限りにおいて，当時の現行法（私法の形成可能性に限定）に比べて，改正はなされていない。K.Tipke, StRO^2 III 2012, S. 1676.
(338) 同旨，吉村（2006年）判例評論572号25頁以下。
(339) 本判例に反対するものとして，森下哲朗「外国税額控除の余裕枠を第三者に利用させる取引の可否」ジュリスト1240号（2003年）141-144頁，143頁（動機，意思表示，法律行為の解釈の関係を整理して仮装行為を否定した判旨は妥当である。判旨に対する3つの疑問。その第1としては，課税減免制度であれば限定解釈が許される理由は明らかでない。個々の規定の立法目的などに照らした解釈が行われるべきことと（金子宏「租税法と私法」租税法研究6号24頁）と，課税減免制度であれば限定解釈が許されるということ，との間には論理の飛躍がある。少なくとも租税法との関係では，立法により租税回避防止を図ることに限界があり，具体的妥当性を確保するために租税回避行為の濫用事案を許さないような事実認定，法律解釈をすることが司法権の使命であるとの主張（中里（2002年）『タックスシェルター』239頁，平野嘉秋「（判例評釈）外国税額控除余裕枠の利用の可否（大阪地裁 平成13.5.18判決）」税務弘報50巻4号（2007年）69頁，72頁）は，筋が違う）。

3　制度濫用の法理

　最後に，極めて重要な論点は，本最二判平成17年の示した制度の濫用法理について，その法的根拠が明示されていないことである。日本国憲法12条は権利濫用禁止と自由濫用禁止を，そして民法1条2項・3項は，信義誠実の原則と権利濫用の禁止，および信頼保護の原則（信義則）をそれぞれ明確に規定している。憲法適合解釈と体系的法解釈及び目的論的解釈に基づいて，制度濫用の法理は構築されうる。最高裁は，「制度の濫用」という用語を用いる場合には，憲法12条2文の規定の背後に控えている法の一般原則としての「信義誠実の原則」若しくは「信頼保護の原則」及び憲法12条2文に規定する「権利濫用の禁止原則」(340)を租税法にも放射することによって（照射効），「制度の目的に著しく反する利用」を（税法上国民が国に対し公権を有するならば）「権利の濫用」として把握すべきであったであろう。ここでいう「権利濫用の法理」の背後にある法の一般原則は，本最二判平成17年の示唆するように，信義誠実の原則であり，原告・被上告人はこれには違反して法人税法61条(341)の適

---

(340)　権利濫用禁止の原則について，参照，宇賀克也『行政法概説 I　行政法総論〔第5版〕』（有斐閣，2013年）53頁以下。行政手続法及び国税通則法のごとき主要な基本的な行政法を除く特殊行政法の分野では，個別に権利が承認されていると解されている。東京都情報公開条例八章の前文において都民の「知る権利」を規定し，その1条において，「公文書の開示を請求する都民の権利」を法定する。「（適正な請求及び使用）第四条　この条例の定めるところにより公文書の開示を請求しようとするものは，この条例の目的に即し，適正な請求に努めるとともに，公文書の開示を受けたときは，これによって得た情報を適正に使用しなければならない。」と定める。この規定は，申請者に適正な申請と使用を義務づけることによって，地方団体と住民との間の信頼保護原則を担保する機能を有する。適正な履行義務違反がある場合には，権利濫用の原則が働きうる。

(341)　法人税法61条1項は，平成13年度税制改正後の同項第2かっこ書の要件を定めていなかった。このため，最判17年12月19日は，あたかもそのかっこ書の要件「外国法人税……を納付することとなる場合」を爾後形成した。その後，平成21年度税制改正によって，その内容が「その外国法人税の額」に係る除外要件（第4かっこ書）へ移行した。最判17年12月19日は，解釈方法の準則のうちの1つ比較法解釈方法の適用により，法61条1項の解釈を施し，その結果，法の爾後形成（判例法の形成爾後的法形成）を行っている。法解釈の枠内で，同裁判所は正統な解釈方法論に基づき判示したのである。立法能力の乏しい立法府が，判例の後追いの形で，法改正を行った。もちろん，ここには，三権分立との関係で，司法府と立法府の間に緊張関係は見られる。この現象をもって「目的論的解釈の過形成」と評価しようとも（谷口勢津夫「租税回避と税法の解釈適用方法論──税法の目的論的解釈の『過形成』を中心に──」所収：岡村忠生（編）『租税回避研究の課題と展開』（ミネルヴァ書房，2015年）19頁），人が特定の目的をもって価値判断を行った上で，法制度を構築するのであるから，裁判官は，立法後にその法律規定に係る評価規準の枠組みの内側において合目的的に首

第3章 権利濫用

用（法適用）を主張したことが，権利濫用（制度濫用）に該当する。

制度濫用論は，日本国憲法12条2文に定める権利自由の濫用及びその前提である信頼保護の原則（民法1条に定める信義誠実の原則・信義則）にその法的根拠を求めることができ，当事者らが実定法の定める制度の目的に著しく違反して当該制度を利用する態様で，当事者が国（又はその行政庁）との間の信頼関係を毀損する場合，その制度の予定している便益は制度濫用の限りにおいて当事者に付与されない。

本最二判平成17年の確立した制度濫用の法理は，租税法のみならず，社会保障法，経済法における脱法行為（回避行為）にもその射程距離を及ぼしうる。本章で試みた分析及び理論構成を踏まえ，日瑞独墺の比較法研究に基づいてさらに精緻に理論を構築することができるであろう。

「本判決の射程を考慮する意義は小さいと考える。」との評釈[342]には，本最二判平成17年12月19日（前出）が民集に収録されている事実に照らし，与しがたい。

4 結　語

独における君主主権の憲法秩序から形式的法治国へ移行してまもなくの時期には，国民は行政法上国に対し権利を有するという，国民主権の観念に乏しかった[343]。その当時に，ドイツライヒ租税通則法が制定されたため，租税回

　尾一貫して法解釈を施し，法創造を行いうるし又行うべきであると解する（爾後的法形成）。
(342) 浅妻（2012年）「外税控除余裕枠の濫用を認めなかった事例」148頁。
(343) ドイツの租税回避防止のための最初の一般規定であるライヒ租税通則法5条の成立過程とその政治背景について，参照，清永敬次『租税回避の研究』（ミネルヴァ書房，1995年）4-5頁及びそこに引用された文献。同法は1919年12月13日に成立し，同月23日に施行されている。その直前に，ワイマール憲法は1919年8月11日に制定され，8月14日公布・施行されている。しかも，ナチ党の権力掌握後，「憲法を変更する立法」である全権委任法が成立することによって，ワイマール憲法は事実上停止状態となった。このような法状態の下では，国民が租税法の領域において，金銭債権（還付請求権など）を除く，権利を国に対し有する，といった観念は，ライヒ租税通則法5条（当時）の立法にとって前提とされ難いことであったであろう。
　もっとも，現行の独租税通則法42条は，「濫用」の態様を明確にすることによって法適用者（裁判官，租税行政庁）の濫用を阻止しようとする，との見解も成立し得よう（清永敬次『租税回避の研究』（ミネルヴァ書房，1995年）18頁に引用する文献資

4 結　語

避行為の一般否認規定は，国民が濫用する対象はその権利ではなく，当時は私法（今日は制定法の形態をとった法[344]）の濫用であると措定された。

遺憾なことに，スイスも日本も国民主権を公認する憲法秩序にありながら，国民は行政法上国・地方団体に対し権利，とりわけ行政手続法上の権利を有さない（ただし，金銭債権を除く）。

このような事情の下において，日本の租税法の領域において，本最二判平成17年12月19日は，法制度の濫用という判例理論を爾後的法形成している。同様の法理論は，それに先だち，ゲヒテによって提唱されている。

欧米諸国は，租税回避行為の一般否認規定によって，租税法についての侵害的法規の消極的回避による税負担の軽減に止まらず，受益的法規範の積極的活用による税負担の軽減若しくは経済的利益の騙取，さらには，国境をまたがるTreaty Shoppingと国内税法を組み合わせた経済的利益の騙取（Foreign Tax Credits事業の買収など）を包括的に規制し始めている。

そのような新規の包括的否認規定を定礎する基礎理論は，税負担の不当な軽減を防ぐ道具としての，権利濫用[345]又は法律の濫用に係る法理[346][347][348]である。

料参照）。
(344) Gesetzliches Recht. そうするものに，K.Tipke, StRO², III, S. 1662.
(345) 欧州司法裁判所が関税に係る輸出還付判決などにおいて権利の濫用 (abuse of rights) 概念を用いていることについて，松田直樹『租税回避行為の解明』（ぎょうせい，2009年）333-336頁。
(346) 法人税法132条の2につき，東京地判平成26年3月18日民集70巻2号331頁＝訟務月報60巻9号1857頁＝判例時報2236号25頁・ヤフー事件→最一判平成28年2月29日民集70巻2号242頁（「1　組織再編成は，その形態や方法が複雑かつ多様であるため，これを利用する巧妙な租税回避行為が行われやすく，租税回避の手段として濫用されるおそれがあることから，法132条の2は，税負担の公平を維持するため，組織再編成において法人税の負担を不当に減少させる結果となると認められる行為又は計算が行われた場合に，それを正常な行為又は計算に引き直して法人税の更正又は決定を行う権限を税務署長に認めたものと解され，組織再編成に係る租税回避を包括的に防止する規定として設けられたものである。このような同条の趣旨及び目的からすれば，同条にいう「法人税の負担を不当に減少させる結果となると認められるもの」とは，法人の行為又は計算が組織再編成に関する税制（以下「組織再編税制」という。）に係る各規定を租税回避の手段として濫用することにより法人税の負担を減少させるものであることをいうと解すべきであり，その濫用の有無の判断に当たっては，⟨1⟩当該法人の行為又は計算が，通常は想定されない組織再編成の手順や方法に基づいたり，実態とは乖離した形式を作出したりするなど，不自然なものであるかどうか，⟨2⟩税負担の減少以外にそのような行為又は計算を行うことの合理的な理由となる事業目的そ

第 3 章　権利濫用

の他の事由が存在するかどうか等の事情を考慮した上で，当該行為又は計算が，組織再編成を利用して税負担を減少させることを意図したものであって，組織再編成税制に係る各規定の本来の趣旨及び目的から逸脱する態様でその適用を受けるもの又は免れるものと認められるか否かという観点から判断するのが相当である。」

　最一判平成 28 年 2 月 29 日・ヤフー事件は法人税法 132 条の 2 に定める組織再編税制に係る濫用の判定基準について，⑴当該行為又は計算が通常は想定されない不自然なものか，⑵税負担の減少以外に合理的な理由（事業目的その他の事由）が存在するか等の客観的要件を斟酌した上で，⑶組織再編成を利用して税負担を減少させることを意図したという主観的要件をみたし，最後に⑷制度に係る規定の趣旨及び目的に反する制度適用を受け又は免れるという制度目的不適合要件を明確にする。

(347)　最二判平成 28 年 2 月 29 日民集 70 巻 2 号 470 頁・IDCF 事件（「1 組織再編成は，その形態や方法が複雑かつ多様であるため，これを利用する巧妙な租税回避行為が行われやすく，租税回避の手段として濫用されるおそれがあることから，[法人税法（平成 22 年法律第 6 号による改正前のもの）] 法 132 条の 2 は，税負担の公平を維持するため，組織再編成において法人税の負担を不当に減少させる結果となると認められる行為又は計算が行われた場合に，それを正常な行為又は計算に引き直して法人税の更正又は決定を行う権限を税務署長に認めたものと解され，組織再編成に係る租税回避を包括的に防止する規定として設けられたものである。このような同条の趣旨及び目的からすれば，同条にいう「法人税の負担を不当に減少させる結果となると認められるもの」とは，法人の行為又は計算が組織再編成に関する税制（以下「組織再編税制」という。）に係る各規定を租税回避の手段として濫用することにより法人税の負担を減少させるものであることをいうと解すべきであり，その濫用の有無の判断に当たっては，⑴当該法人の行為又は計算が，通常は想定されない組織再編成の手順や方法に基づいたり，実態とは乖離した形式を作出したりするなど，不自然なものであるかどうか，⑵税負担の減少以外にそのような行為又は計算を行うことの合理的な理由となる事業目的その他の事由が存在するかどうか等の事情を考慮した上で，当該行為又は計算が，組織再編成を利用して税負担を減少させることを意図したものであって，組織再編税制に係る各規定の本来の趣旨及び目的から逸脱する態様でその適用を受けるもの又は免れるものと認められるか否かという観点から判断するのが相当である。」2 中略

　「本件計画を前提とする本件分割は，組織再編成を利用して税負担を減少させることを意図したものであって，適格分割の要件を定める法 2 条 12 号の 11 イ及び施行令 4 条の 2 第 6 項 1 号，適格分社型分割につき譲渡損益の計上の繰延べを定める法 62 条の 3 並びに資産調整勘定の金額の損金算入等について定める法 62 条の 8 の本来の趣旨及び目的を逸脱する態様でその適用を受けるもの又は免れるものと認められるというべきである。

　そうすると，本件計画を前提とする本件分割は，組織再編税制に係る上記各規定を租税回避の手段として濫用することにより法人税の負担を減少させるものとして，法 132 条の 2 にいう「法人税の負担を不当に減少させる結果となると認められるもの」に当たると解するのが相当である。」，「法 132 条の 2 は，前述のとおり，組織再編成の形態や方法は複雑で多様であるため，これを利用する巧妙な租税回避行為が行われやすいことから設けられたものである。そして，同条は，平成 19 年法律第 6 号による改正前において，「合併等をした一方の法人若しくは他方の法人又はこれらの法人の株主

4 結　語

等である法人」を受けて「これらの法人の行為又は計算」と規定し，行為又は計算の主体である法人を更正又は決定を受ける法人に限定していなかったところ，上記改正においては，同条の適用対象となる法人の範囲が拡大され，同条各号に掲げられることとなったため，同条柱書きの「次に掲げる法人」を受けて「その法人の行為又は計算」と規定されることとなったにすぎず，上記改正が行為又は計算の主体である法人を更正又は決定を受ける法人に限定するものであったとはうかがわれない。以上のような同条の趣旨及び改正の経緯等を踏まえると，同条にいう<u>「その法人の行為又は計算」とは，更正又は決定を受ける法人の行為又は計算に限られるものではなく，「次に掲げる法人」の行為又は計算，すなわち，同条各号に掲げられている法人の行為又は計算を意味するものと解するのが相当である。</u>

したがって，本件計画を前提とする本件分割が，本件各更正処分等を受けた上告人の行為ではなく，本件分割の分割会社（同条1号）であるｂ社の行為であるからといって，同条による否認の対象とならないとはいえない」）。

本最二判平成28年2月29日・IDCF事件は，「本件計画を前提とする本件分割は，組織再編税制に係る上記各規定を租税回避の手段として濫用することにより法人税の負担を減少させるものとして，法132条の2にいう『法人税の負担を不当に減少させる結果となると認められるもの』に当たると解するのが相当である。」と説示し，これによって，税制度の濫用が，税負担の減少という目的に対する租税回避の手段である，ことを明らかにしている。

しかし，制度の濫用論では，納税者が法主体として濫用行為の帰責を背負うかべきかについて，理論的に回答し得ない。なぜなら，納税者は，租税法上国に対して法主体・権利主体と明確に位置づけられていないからである。その意味において，制度の濫用論は，行政法・租税法の領域において，国に対する服従を強いる客体として国民を位置づける見解に即応しており，決して健全な判例理論ではない。国民主権の下においては，最高裁は，制度濫用論から権利濫用論へと転換すべきである。

次ぎに，本最二判平成28年2月29日・IDF事件は，「本件計画を前提とする本件分割が，本件各更正処分等を受けた上告人の行為ではなく，本件分割の分割会社（同条1号）であるｂ社の行為であるからといって，同条による否認の対象とならないとはいえない」と説示する。最高裁は，タックスプランの全体像を経済的に観察し，そして，納税者（上告人）以外の第三者（分割会社）の行為（本件分割）を，否認の対象となると拡大解釈を示している。この説示は，法人税法132条の2（個別否認規定　SAAR）に限らず，広く，租税回避行為否認の一般原則（GAAR）にも妥当する（同旨，2008年独租税通則法42条2項）。けだし，経済取引は，一つのプロジェクトの遂行を目的として，単独の企業とその取引先との間だけではなく，多数の取引契約と多数の取引当事者によって行われるのであるから，プロジェクトの全体像を斟酌し，その登場者の行為を把握して，租税回避行為を突き止め，それを否認する必要があるからである。

（348）法人税法132条につき，最一判平成28年2月18日未公刊 D1-Law.com 判例体系・IBM・エイ・ピー・ホールディングス事件（不受理確定）（米国IBM社の100％子会社である外国法人A社によって全株を取得されたX（内国法人）は，A社を唯一の社員とする同族会社である中間持株会社であり，A社からB社（日本IBM）の発行済株式の全部の取得をし，のち，その一部を発行会社であるB社に（1株当たりの譲渡価額は本件株式購入における取得価額と同じ額）譲渡して，譲渡損失額を所得の

191

第 3 章　権利濫用

　設例：低廉譲渡に基因するみなし譲渡所得課税の規定（所得税法 59 条，所得税法施行令 169 条）は，契約当事者が，契約自由の原則のもとにおいても，その自由と法的形成権を濫用して，不動産譲渡契約による法律構成からその譲渡益に対する所得税を不当に軽減する場合に，適用される。ここでは，法律の濫用ではなく，権利自由の濫用が問われている。

　顧みるに，ワイマール憲法制定後における経済秩序及び市民社会秩序が安定せず，国民主権の法思想が確立し定着する前に，1919 年ライヒ租税通則法 5 条は租税回避行為の一般否認規定を創設し，そこでは私法の回避が問題とされ，権利の濫用ではなく，私法回避の濫用が解釈論において前景に現れた。その後，ナチス政権下において，1934 年租税調整法はその 6 条に租税回避規定を承継した。このような事情のもとで，租税通則法の領域内において，国に対する国

金額の計算上損金の額に算入し，欠損金額に相当する金額を連結所得の金額の計算上損金の額に算入して確定申告をしたところ，上記譲渡損失額の損金算入を否認する旨の更正処分等を受けたため，その取消しを求めた件につき，原告の請求を認容した第一審の判断を支持した原判決に対し，国が上告受理申立てを行ったが，不受理とされた事例。）←東京高判平成 27 年 3 月 25 日訟務月報 61 巻 11 号 1995 頁＝判例時報 2267 号 24 頁（「法人税法 132 条 1 項の趣旨に照らせば，同族会社の行為又は計算が，同項にいう「これを容認した場合には法人税の負担を不当に減少させる結果となると認められるもの」か否かは，専ら経済的，実質的見地において当該行為又は計算が純粋経済人として不合理，不自然なものと認められるか否かという客観的，合理的基準に従って判断すべきものと解される（最高裁昭和 53 年 4 月 21 日第二小法廷判決・訟務月報 24 巻 8 号 1694 頁，最高裁昭和 59 年 10 月 25 日第一小法廷判決・集民 143 号 75 頁参照）。そして，同項が同族会社と非同族会社の間の税負担の公平を維持する趣旨であることに鑑みれば，当該行為又は計算が，純粋経済人として不合理，不自然なもの，すなわち，経済的合理性を欠く場合には，独立かつ対等で相互に特殊関係のない当事者間で通常行われる取引（独立当事者間の通常の取引）と異なっている場合を含むものと解するのが相当であり，このような取引に当たるかどうかについては，個別具体的な事案に即した検討を要するものというべきである。」

「以上によれば，同族会社の行為又は計算が，法人税法 132 条 1 項にいう「これを容認した場合には法人税の負担を不当に減少させる結果となると認められるもの」か否かは，経済的合理性を欠く場合と認められるか否かという客観的，合理的基準に従って判断すべきものであり，経済的合理性を欠く場合には，独立当事者間の通常の取引と異なっている場合を含むものと解するのが相当である。」

前出の最一判平成 28 年 2 月 29 日・ヤフー事件の打ち立てた同法 132 条の 2 の濫用要件のうち，客観的要件及び主観的要件が，法 132 条の場合（参照，前出の東京高判平成 27 年 3 月 25 日・IBM・エイ・ピー・ホールディングス事件）に，不必要だと判断されうるか否か，そして，不必要だとすれば，どのように整合的に首尾一貫して判例理論を構築できるか，については，厳しい批判が向けられよう。

民の権利なき法実証主義が，法律の回避という形での租税回避行為の一般否認法理を築きえたのである[349]。

戦後，ドイツ連邦共和国は，ボン基本法のもとで，1977 年ドイツ行政手続法と同様に，1977 年租税通則法を制定し，これによって，国に対する国民の権利を明確に創定するに至った。ところが，1977 年租税通則法はその 42 条において，前身の法条の表現をほぼそのまま継承した。このため，同条は，権利の濫用ではなく，法律の濫用という表現形式をいまだに用いている。しかし，同条は，この表現形式にみる法律の濫用（若しくは法律の回避）というよりむしろ，実質的には，権利の濫用を諫め禁止しているのである。法的形成権・法律構成の選択権，契約の自由は租税法においても濫用されてはならないのである。権利・自由の濫用は，国民と国との間における双方向の信頼保護の原則の成立を前提としており，所与の経済取引に不相応な法律構成が選択（形成）され，その結果，不相応に税負担が軽減される場合には，信頼保護の原則が毀損され，それに対応して，その範囲において法適用者は，権利・自由の濫用を租税法上認識しうる。

これと類似して，租税法上の便益が，所与の経済取引に不相応な法律構成が選択（形成）され，その結果，租税法の想定する以上に不相応の便益が騙取される場合にも，信頼保護の原則が毀損され，それに対応して，その範囲において法適用者は，権利自由の濫用を租税法上認識しうる。

大多数の納税者及び租税行政庁は，比例原則及び応能負担原則に反するような，税負担を不当に軽減する租税回避行為①，及び税制度からその便益を騙取する租税回避行為②から防御すべきである。不当な租税回避の拡散防止のために，各国税務当局や OECD 財政委員会はじめ多数の各国立法者は鋭意防衛陣を張ろうと努力している（参照，租税回避行為のための一般否認規定（GAAR）に係る EU 指令）。日本国憲法は，その前文において，国際協調を謳っている。租税回避行為の一般否認規定（GAAR）が EU 加盟国をはじめ，多数の先進国で

---

[349] 第一次世界大戦でのドイツ敗戦後，租税回避行為に係る一般否認規定の成立過程から 1990 年代初めまでの学説・判例に至るまでの金字塔的業績として，清永（1995 年）『租税回避の研究』，殊に，清永敬次「西ドイツにおける租税回避行為」日税研論集 14 号（1990 年）153 頁。さらに，谷口勢津夫「ドイツ租税基本法 42 条の改正内容とその評価——濫用概念を中心として——」税研 149 号（2010 年）13-19 頁；谷口勢津夫「ドイツにおける租税回避の一般的否認規定の最近の展開」税務大学校論叢 40 周年記念論集（2008 年）237-269 頁。

第3章　権利濫用

制定されている⁽³⁵⁰⁾のであるから，憲法の国是とする国際協調規定を，死文化すべきでない。

　タイヒマン（Teichmann）⁽³⁵¹⁾が1962年に，固有の法律回避論を不要とする基本的研究を公表して以来，法律回避論の不要が承認されるべきであった⁽³⁵²⁾かもしれない。しかし，実務では，この認識はいまだ日本に於いても学説上公共財になっていない。とはいえ，日本では，ドイツ租税通則法42条に相当する法律規定は存在しない。かえって，最高裁は，制度の濫用論を判示している。問題は，日本行政法学及び行政手続法並びに国税通則法が，国に対する国民の権利を肯定していないが為に，最高裁が権利濫用論を説示できないことにある。行政法の領域において国民の国に対する権利を保障するドイツ行政手続法・行政裁判所法及び租税通則法などのもとで，2001年には，Siekerがその教授資格論文⁽³⁵³⁾に於いて，各種特殊法領域における脱法行為（回避行為）に対して制度権利濫用論を明確に提唱したのである。

　以上の考察から，租税回避を防止する法律規定を立法する能力に期待しがたい範囲に於いて，当面，最高裁判所が，各種特殊法領域における脱法行為（回避行為）に対抗して，制度濫用論さらには制度権利濫用論を爾後形成するのが次善の策であろう。租税回避行為の一般否認規定は，納税者の権利保護の機能を有する。許容されうる租税回避（不当な税負担の軽減に当たらない適法な税負担の軽減）は保護され，法規範の語義の限界を超えない法解釈は原則として保障される一方，他方で，（立法論としての）租税回避行為の一般否認規定は，許

---

(350) Lang, Michael (et al) GAARs - A Key Element of Tax Systems in the Post - BEPS Work, Amsterdam 2016. EU加盟各国の税法教授によるナショナルレポートとその総括レポートが収録されている。

(351) Teichmann, Arndt, Die Gesetzesumgehung, Göttingen, Otto Schwartz 1962 (Göttinger rechtswissenschaftliche Studienö Bd. 46). 同書は，その第1部に於いて，学説及び判例における法律回避についての従前の取扱い，第2部では，法規範の意味に反するものとしての法律違反，そして，第3部に於いて，或る法規範の意味を超えてその規範が妥当するという問題としての法律回避を詳細かつ包括的に研究する。第3部では，第6に於いて，解釈に依存しない現象（独自の制度，公序良俗，及び権利濫用）としての法律回避が，そして最後に，類推（或る規範の語義の限界を超えるその規範を適用する方法としての類推，回避行為のみられる場合の類比推論の可能性，及び，回避行為のみられる場合の類比推論の許容性）の問題としての租税回避が考察されている。必読の文献だと高く評価しうる。

(352) Sieker（2001），Umgehungsgeschäfte, Vorwort.

(353) Sieker（2001），Umgehungsgeschäfte.

4 結　語

容されない不当な租税回避に限定して，法解釈を超えて類推適用を許容する法的根拠を明確にし，租税回避行為を否認した場合の相応な税負担の課税を確定する仕方についてその法律要件と法律効果を明確にすると共に，制度権利濫用（ないし制度濫用）を抑止しようとする。

内在説による制度濫用論と平行して，スイスの場合のように，租税回避行為の一般否認原則について，判例理論が一歩ずつ着実に構築されていかなければならないであろう。

以上の如く制度濫用の法理を考察したのち，権利濫用のテーマに立ち返える。日本国憲法が要請する実質的法治国原則及び実質的租税法律主義のもとにおいて，信頼保護の原則，権利濫用の禁止，平等原則と実質的租税法律主義という憲法価値を衡量した結果，以下に，租税回避行為の一般否認規定試案を提示して，本章を閉じることとしたい。法律の濫用ではなく権利の濫用が，同試案では問題とされている。その限りにおいて，同試案は1977年独租税通則法42条の規定を根底から法思想的革新している。けだし，主権在民・国民主権を標榜する日本国憲法の下において，国民（公民）が行政法・租税法の領域において国（その行政庁）に対して対等の権利を有すべきだからである。そして，その権利の濫用が租税法上責問されるからである。

第1項：［第1文］法律構成の選択権を濫用する行為は，税法上不当だと評価される。［第2文］（租税回避行為の防止に資する，）個別税法における規定の法律要件がみたされる場合，当該条文による法律効果が［本条による法律効果に優先して］特定される。［第3文］さもなければ，第2項にいう濫用が見られるとき，当該経済取引に相応しい法律構成がなされたならば成立したであろうと同じように，納税義務が成立する。

第2項：［第1文］（相応な法律構成の場合と比較して法律上予定されていない税法上の便益を納税者又は第三者にもたらす，そうした）法律構成が選択される場合，濫用が見られる。［第2文］当該納税者が当該選択された法律構成について，当該事情の全体像に照らして税法外の理由を立証する場合は，その限りではない。

第4章　公序良俗と強行法規の違反

岸　田　貞　夫

1　公序良俗に反する行為とは

(1)　公徐良俗に反する行為とは

　民法90条は，「公の秩序又は善良の風俗に反する事項を目的とする法律行為は無効とする。」と規定している。この規定は，民法の基本的な規定であり，この趣旨につき，伝統的な学説によれば（我妻栄（補訂遠藤浩，良永和隆，）「民法」第8版153頁）（勁草書房，2007年）次のように説明されている。私法上，私的自治の原則（市民の財産取引関係はわれわれの意思によって処理されるべきであるという原理）が認められている。この各自の意思に基づき処理されることは，単に個人にとって利益であるだけではなく，社会全体の繁栄のためにも望ましいということにあるといわれている。そこで，私的自治も，社会全体の秩序と道徳によって制限を受けることは当然のことである，と解されている（内田貴教授は，社会的妥当正性の概念で説明されている［内田貴『民法Ⅰ〔第4版〕総則物件総論』281頁，東京大学出版会，2008年］）。

　この公序良俗の内容としては，イ　人倫に反するもの，ロ　正義の観念に反するもの，ハ　他人の無思慮・窮迫に乗じて不当の利を博くするもの（窮迫に乗じて高利で金を貸すもの等），ニ　個人の自由を極度に制限するもの，ホ　著しく射倖的なもの等（我妻栄・有泉亨『民法Ⅰ総則・物権法』（一粒社，1975年）128頁以下）と解されている。判例においても，配偶者のある者と将来婚姻をする旨の予約等（大判大9・5・28民録26・773），芸娼妓契約等（最判昭和30・10・7民集1616）等は無効とされている。

　ただ，無効の行為にみえても無効といえないものもある。例えば，不倫関係を継続していた女性に全遺産の3分の1を遺贈する旨の遺言は有効（最判昭61・11・20民集40・7・1167民百選Ⅰ，6版13頁）と解されている。

　また，公序良俗に反するとされる行為の内容も，常に絶対的に同一というものではなく，社会意識の変化等によって変化してくるものである。例えば，有価証券の売買取引についての損失保証契約は，かっては違法ではあるが私法上

197

有効と解されていた。その後，かかる行為は反社会性の強いものと社会的認識に至ったとして無効と解されるようになった（最判平9・9・4民集51・8・3619）ものもある。

このように公序良俗の内容及びその効果については，必ずしも確定，不動のものではない。しかし，その効果としては，一般的には，無効と解されている。税法上の効果を検討する際にも，民法上の公序良俗の内容およびその効果について，一般的な考え方を基準として検討を行う。

(2) 強行規定とは，公の秩序に関する規定であり，これに反する私法上の行為を無効ならしめるものをいう。民法上，公序良俗に反する法律行為は効力を有しないことを反対解釈の形で規定している（91条参照）。私的自治に委ねられているものは任意規定でありが，強行規定には，私的自治の前提に関するもの（法人格，能力，意思表示の効力に関するもの），基本的な社会秩序に関するもの（親族法，相続法，物権法等の大部分の規定），取引制度に関するもの（手形法，小切手法等），当事者以外の第三者を保護に関する規定（表見代理），経済的弱者保護の規定（民法349条，恩給法，農地法22条，仮当期担保法3条3項）などが含まれる。行政的取締規定は行政上の立場から一定の行為を禁止又は制限するものであるが，その内容として，行政法規に反する法律行為を私法上無効とするもの（強行規定，効力規定）と，そうでないもの［取締規定］とに分かれる。判例上，取締法規に反しても，有効とされたものとしては，食品衛生法，金融商品取引法，導入預金取取締法，独禁法19条，外国為替及び外国貿易法，外国為替令，文化財保護法などである。

強行法規と公序良俗との差異は，後者においては，倫理性，道徳性などの要素がより要求されると言える程度であろうか。民法上も，両者を特に区分して扱わっていないことから，本稿においても，特に必要のない限り，両者を区分して検討することをしない。

2 公序良俗等に反する行為の税法上の効果
―― 所得等及び費用等の一般論を中心として

ここでは税法上の問題として，所得税法及び法人税法における場合を対象とする。また，所得税法と法人税法における所得計算は若干異なるものの，基本的には同様であるので，必要のない限り，区分しては検討しない。

2 公序良俗等に反する行為の税法上の効果

(1) 公序良俗等に反する行為による経済的利益が課税対象所得になるか

(a) この種の問題につき、国税通則法の制定過程において、昭和36年7月税制調査会の答申では、課税対象とする旨を規定する方針を明らかにしている。すなわち、

「四　無効な法律行為、取消うべき法律行為等と課税との関係
1　従来から、課税の基因となるべき行為が無効なもの又は取消しうべきものである場合においても、その行為に伴って経済的効果が生じているときは、課税を行うことを妨げないと解されているが、これを明らかにする規定を設けるものとする。……
2　従来から、課税の基因となるべき行為が法令による禁止その他公序良俗に反する場合においても、課税を妨げないと解されているが、これを明らかにする規定を設けるものとする。」

旨述べられている。

この時においては、国税通則法の制定はなされなかったが、かかる行為の課税対象となる所得に含まれる旨の考え方が述べられている。

(b) その後、課税庁は、かかる利益についてその占有状況或いは事実上の利益の享受状況に応じて、課税所得の対象にするか否かを区分するようになった。

すなわち、公序良俗に反する私法上、無効な行為により得た経済的利益が課税対象となる所得となるか否か、については2つの考え方がある。

ひとつは、法律的見地を重視して、窃盗・横領による利益は、課税対象所得にならないが、詐欺・強迫による利得（民96条）や不法原因給付は所得になる、という見解が存在した。

他は、その後、経済的実質説を重視して、担税力を増加させる経済的利得を現実に支配して享受している限り、その私法上の効力にかかわらず違法所得も課税対象所得とするとする考え方である。この考え方は、収入・所得とは、純資産の増加をもたらす一切の利益を含むとする純資産増加説（源泉所得説に対するもの）とも合致するものであり、現在では、ほとんど異論のないところであろう。この見解については、別な説明もなされている。「所得税法では、違法所得を所得とすることを前提にして、それが失われた場合を想定した規定（所法51条2項、同令141条3号、152条、同令274条）が置かれている（51条2項・同令141条3号については、不法原因給付貸倒損失等事件・福岡高判平成23年

第4章　公序良俗と強行法規の違反

9月8日訟月58巻6号2471頁，不正請求診療報酬返還事件・東京高判平成23年10月6日訟月59巻1号173頁）」（谷口勢津夫『税法基本講義〔第5版〕』（弘文堂，平成28年）206頁）と，規定上からも根拠づけている。

　(c)　所得は経済的利益が発生し，享受された場合には，課税対象所得となる。すなわち，所得源泉のいかん，形式のいかん，合法性の有無にかかわらず，人の担税力を増加させる利得はすべて所得を構成すると解すべきであろう（金子宏『租税法〔第21版〕』（弘文堂，平成28年）185頁）。民法上，取消し得べき行為であっても，所得の実質主義の立場からは，取消がなされるまでは有効なものとしてあつかわれる。無効な行為も当事者が無効であることを知らないような場合（当事者間では当初有効なものとして取扱うことを前提としている場合も含む）であっても，現実に経済的成果の発生が認められ，それが取消又は無効に基づいてその所得の発生，帰属が消滅しない限り，課税所得を構成すると考えられている（注解所得税法5訂版平成23年大蔵財務協会194頁以下を参照）（最判昭和39年11月18日判決（民集18巻9号1866頁，同昭和43年11月13日判決民集22巻12号2526頁，同昭和44年11月25日民集23巻11号2137頁）。なお，利息制限法違反の超過利息部分の未収分については，所得に含めるべきではないとの納税者の主張を認め原処分を取り消した（最判昭和46年11月9日判決民集25年8号1120頁）。

　(d)　ねずみ講契約により取得した経済的利益も「課税の原因となった行為が厳密な法令の解釈適用の見地から客観的評価において不適法，無効とされる場合であっても，納税者が経済的に見てその利得を支配管理する限り，課税の対象である所得を構成する。」（熊本地判平成8年3月29日訟月42巻12号3106頁）と解されている（もっとも，かかる判決に対しても異論は存在する。北野教授は，ねずみ講による利得は不当利得であって初めから債権者に返却されるべきだから，課税される所得は存在しない（税理28巻3号114頁）と主張されている。）。

　(e)　また，譲渡行為が無効で，後に当該譲渡契約が合意により解除された場合に，譲渡価額相当の金員が契約の相手方に返還されておらず，契約によって生じた譲渡収入が現実に消滅していないときは，所得として課税対象となる（最判平成2年5月11日月報37巻6号1080頁）。また，覚醒剤の密輸入，密売に係る所得について雑所得として処分をしたことは裁決により適法とされている（国税不服審判所平成2年4月19日裁決・裁決事例集39合41頁）。

　近時においても，公序良俗に反する事件として福岡高裁平成23年9月8日

判決（月報58巻6号2471頁）は，「民法708条は，自ら反社会的・反道徳的な行為をした者が，不当利得の返還という形で法の保護を受ける結果となることを禁止する趣旨で，そのような給付者からの不当利得返還請求を禁止した趣旨であり，債権自体が消滅したものではないこと，不法原因給付に当たる給付に対し，債権者が任意に弁済をすることを考慮すると本件のような場合に債権の回収の見込みのないことが客観的に確実になったというためには，債権者においては，貸付金元本の返還請求をしない旨債務者に通知するなどその意思を明確にし，債務者においては，法律上，債権者からの貸付金元本の返還請求を拒むことができる旨明確に認識していることが必要であると解すべきである。」，として返還していない部分は収入であることを認めた。

東京高裁平成23年10月6日判決（月報59巻1号173頁）は，病院を経営する個人が不正・不法に受給した診療報酬につき，社会保険事務局から返還請求を受けていた場合に「現に生じた利得について，納税者に法律上の義務としてその返還義務が存在しても，実際に利得の返還が行われない限り，納税者が現実にその利得を支配管理し，自己のために享受している状態は何ら変動することはない。」として現実に返還されない部分について利得を認めた。

なお，課税の実務においては，違法所得（賭博による所得，売春による所得，詐欺，強迫，窃盗，横領等）による財物を取得した場合の経済的利益の増加部分も課税所得を構成する旨を明言している（所得税基本通達36-1参照）。

(2) 違法行為に係る支出の費用性等──一般論を中心として

(a) ある支出が必要経費・経費損失に該当するかについては，一般論としては，次のとおりである。所得税法では，事業所得等にかかる必要経費の計上は，支出が事業に関連性を有し，かつ，収益獲得に寄与するものでなければならない（所37条）。なお，次のものが必要経費として認められない。

ⅰ まず，罰科金等のほか賄賂については，必要経費について算入されない旨規定されている（所税45条1項6号，2項）。これらの立法趣旨につき，罰科金等（国税の延滞金，各種加算税，各種加算金，各種課徴金，科料も含む）の経費不算入の趣旨については，それらの公租・公課の必要経費への参入を認めると，その効果が減殺されてしまうので，それを防止するためである。」（金子・前述289頁，290頁）と解されている。

ⅱ 賄賂等の必要経費不算入については，従来，学説上争いがあった。平

第4章　公序良俗と強行法規の違反

成18年改正で，公務員に対する刑法198条に規定する賄賂または外国公務員に対する不正競争防止法18条1項に規定する金銭その他の利益にあたるべき金銭の額，および金銭以外の物または権利その他の経済的利益の価額は，必要経費に算入しない，旨規定された（所税45条2項）。この規定の立法経過については，平成15年10月3日にわが国が加盟，署名した「腐敗の防止に関する国際連合条約」（第164回通常国会によって承認された。）の国内法制の担保措置として，国際的協調の観点から損金不算入であることを明確化する整備を行うこととされて規定された（税法改正のすべて（平成18年度判）224頁（大蔵財務協会））。同条約の12条4項に「締結国は，……賄賂となる支出並びに適当な場合には，腐敗を助長するために要したその他の支出について，税の控除をみとめてはならない。」と規定されていることを受けて立法化されたのである。さらに，この条約の趣旨を受けて，平成18年度改正で，公務員に対する刑法198条に規定する賄賂または外国公務員に対する不正競争防止法18条1項に規定する金銭その他の利益に当たるべき金銭の額，および金銭の以外の物または権利その他経済的利益の価額は，必要経費に算入しないことが規定された（所税45条2項および，1項9号）。

なお，この平成18年度改正の内容として，賄賂等の定義につき，刑法198条（贈賄）に規定する賄賂又は不正競争防止法第18条第1項に規定する金銭その他の利益に「当たるべき金銭の額」と規定されていることから，刑事手続きにおいて実際にその支出が賄賂として認定される必要はない旨が解説されている（前述「平成18年度改正税法のすべて」228頁）。すなわち，「同条項において，刑法の賄賂という概念を引用したに過ぎないことから，税務当局において贈賄罪等の犯罪の成否自体を認定することを求めるものでもありません。税務執行当局の判断は，あくまでもある支出の損金性の有無に係るものに過ぎず，その支出の相手方の刑事責任の有無を判断するものではありません。」（同）と，説明されている。

また，法人税法の平成18年度改正において，内国法人が所得金額・欠損金額又は留保金額または課税要件事実の全部または一部の隠ぺい・仮装による税負担の減少のための費用または損失は損金に算入しない旨が定められた（法人55条）。この趣旨は，法人税以外の租税にも準用されることになっており（同2項），その意味で，所得税にかかる場合においても，準用されることになる。

その他，明文の規定がない場合に，公序良俗等に反するときにその支出の費

用性を否定できるか，見解が分かれるところであり，以下で検討する。

3 公序良俗，強行法規に反する行為にかかる支出の扱い

　税法上，公序良俗，強行法規違反行為の所得算入性は，前述のとおり特に異論はないが，かかる行為等に係る支出を必要経費，費用等として扱われるか，という問題がある。
　この問題については，学説等において損金算入説，不算入説とに分かれ，また，不算入説においても，その理由，根拠の差異により分かれている。

(1) 損金算入説
　イ　学説　　この傾向に属する見解は，脱税のための工作費等についても，法人税法上，費用等に関する一般論の適用の問題として取扱い，明文の規定がない限り，特別の考慮をすべきではないとするものである。
　武田昌輔教授は，「違法な費用の取扱は，明文の規定がない以上，法人税法にあっては企業会計原則がその中心となし，今後の判例等により中身が確定していく「公正処理基準であり，当該支出に収益対応性・事業関連性が認め得るものであれば，損金性を認めるべきである。……公正処理基準というのは，会計といういわば技術的な立場に立った倫理性のいりこまないところで，収入，支出の計算を行い，適正な利益を算出するための基準なのである。脱税経費については，法人税を免れることによって企業自体の処分可能利益を増大させ，翌期以降の，例えば受取利息の増大なといった面での収益に貢献する可能性が十分にあり，登記の収益［費用の削減］に対応，あるいは関連しないとしてその損金性を否定することは難しいと考えられる。」（武田昌輔「違法支出と税法上の経費」会計ジャーナル1983年5月号67頁以下）。とされている。
　中村利雄教授は，「「公正処理基準（法人税法22条4項）は，「必要性」及び「業務関連性」を包摂していると解される。そうすると，所得税法と大筋において一致することになるが，異なるのは，所得税法上の必要経費性の判断基準である「必要性」及び「業務関連性」は税法上明定されているから，その規定の解釈の問題となり，従って，その解釈上，法的正義論又は課税公平論等による税法的要求の介入の余地があるのに対し，法人税法上の損金性の判断基準である公正処理基準は，「必要性」及び「業務関連性」を包摂しているものの，

それは税法規定の解釈というよりは、企業会計上の費用性の判断基準であるから、法的議論又は課税公平論等の税法的要求に影響されない中立的な「一般に公正妥当」な会計処理の基準という点である。脱税工作費のように反倫理的な違法支出金でも、例えば、架空仕入れを計上するに当たり、取引先から架空の納品書、請求書の発行を受け、その対価を払ったものであるから、企業会計上は費用性を有するといわざるを得ず、従って、損金の額に算入されることになると考える。」(中村利雄「法人税の課税所得計算と企業会計(Ⅱ)」税務大学校論叢15号79頁以下)としている。

所得税法の場合について、金子宏名誉教授は、「我が国の所得税法では、アメリカの内国歳入法典162条のように「通常」の要件が規定されていないから、必要な経費であれば控除が認められると解せざるをえない。したがって、違法ないし不法な支出も、別段の定めのない限り、控除を認められることになる」(高松高判昭和50年4月24日行裁例集26巻4号594頁参照)……ただし、架空の経費を計上するための支出のようなもの(脱税工作金)は、収益を生み出すための支出ではないから、そもそも必要な経費にはあたらないと解すべきであろう。」(金子宏『租税法〔第21版〕』(弘文堂、2016年) 188, 189頁)、とされている。所得税法37条の一般的要件(業務関連性、及び収益関連性)に該当すれば費用性を認めるものであるが、脱税工作金等は、その経費性自体を否定しておられる。

田中治教授は、「一般論として考えてみても税法の目的としても、違法行為の抑制という目的が、課税所得の正しい測定という目的に常に優先すべきだということはできない。また、法秩序の一体性の確保は重要であるとしても、税法以外の法規のもとでの違法性判断を先行させて、税法の解釈はこれに従属すべきだという規範も存在しない。そもそも、税法は所得の獲得行為に関して、あらかじめ適法所得の正しい算定であって、反社会的、判道徳的な行為をした者に対する金銭による制裁ではない。」(田中治「違法所得の必要経費該当性」税務事例研究48号61頁以下, 66頁)。などがある。

ロ　判例としては、高松地裁昭和48年6月28日判決(行集24巻6・7号511頁)は、「宅地建物取引業法及び同法施行規則は、宅地等の取引の代理等について不動産仲介業者の受ける報酬の上限を定めて、不動産仲介業者が不動産取引の代理ないし仲介行為によって不当な利益を収めるのを禁止しているから、右法律に違反する報酬契約の私法上の効力いかんは問題であるとしても、現実

3 公序良俗, 強行法規に反する行為にかかる支出の扱い

に右報酬所定の報酬額以上のものが支払われた場合には, 所得税法上は, 右現実に支払われた金額を経費（右報酬の支払いを受けた不動産業者については所得）として認定すべきものである。」(同旨, 高松高裁昭和50年4月24日判決, 行集26巻4号594頁) などがある。

ハ　上記の見解が通説ではないかと思われる。しかし, 下記のとおり, この見解に反対する見解も有力である。

(2) 損金性否定説

　損金算入否定説には以下の諸説が存在する。その理由の差異により大別する (吉村典久教授「違法支出金の損金算入の可否」(財経詳報社編・戦後重要租税判例の再検証78頁以下)(財経詳報社平成15年) が, 適切に分類されておられるので, 以下それを参照としている)。

(i) 費用性否定説

　イ　学　説　　上田廣一氏 (「最近における直接国税ほ脱事犯の諸問題」法務研究報告書77集1号143頁) は, 「所得税法37条1項は……必要経費として控除できるものの範囲は, ①その年の収入金額を得るため直接要した費用の額, ②その年における販売費, 一般管理費の額, ③その他これらの所得を要すべき業務について生じた費用, の3種類とされている。したがって, 専ら脱税工作の協力を得るため支出した費用等はこの3種類の費用等に属さないから所得金額の計算上控除できない。しかし, 法人税法では, このような「必要経費」の概念はなく, ……別段の定めがある場合を除いて, 法人の資本取引以外のすべての収入を所得とする旨を規定している。そうすると, その支出金が当該法人の脱税工作のためのものであっても, 同法35条2項5号 (罰金等の損金不算入) のように, これを損金としない旨の別段の定めがない以上は, 法人の所得金額の計算上は損金とならざるをえないと述べて, 所得税法と法人税法の場合とを区別しておられる。

　また, 中村利雄教授は, 法人税の場合と区別されて, 所得税法については, 「所得税法上の必要経費性の判断基準である『必要性』及び『業務関連性』は税法上明定されているから, その規定の解釈の問題となり, したがって, その解釈上, 法的正義論又は課税公平論等による税法的要求の介入の余地がある」とされている中村利雄 (「法人税の課税所得計算と企業会計(Ⅱ)」税務大学校論叢15

第4章　公序良俗と強行法規の違反

号79頁），と区別して，扱うべきとされているように思われる。

　ロ　判　例　この傾向にある判決としては，大阪地裁昭和50年1月17日判決（税資85号152頁）は，「このような支出は，いわば，脱税協力金というべきものであって，被告会社の事業遂行上『通常かつ必要な経費（収益をえるために必要な支出）』とはとうていいいえない」として損金算入を否定している。

　東京地裁昭和56年4月6日（税資124号625頁）（純然たる脱税のための支出は，収益をえるために必要なものではなく，所得を秘するためのものに過ぎないから，これを損金に算入することはできない），東京地裁昭和58年5月28日判決（税資125号784頁），新潟地裁昭和62年1月22日判決（税資161号22頁）（脱税工作費は，正常な業務に関連して必要なものとはいえず，たとえその対価としての支払いがなされていても，経費性ひいては損金性を是認することはできない。），東京地裁平成2年3月29日判決（税資185号1421頁）なども脱税工作費は収益を得るための必要な経費ではないとして損金算入を否定している。

　ハ　この見解に対する批判　所得の計算原理に過ぎない必要性の要件や，企業会計上の計算原則は，本来，倫理性等は要求されないはずであるのに，かかる規定の趣旨をいわば，拡大，趣旨解釈しているように思われる。

　(ⅱ)　パブリック・ポリシー論（公序理論）による否定説

　イ　学　説　アメリカの，内国歳入法162条(a)の「通常かつ必要」概念の解釈を巡って討論されている「public policy」，公序（良俗）理論によって費用，損金の計上を否定する見解である。

　この見解は，当該行為が法律の規定や社会の規範というべき道徳，良好な風俗等に反するような場合には，これに係る支出の費用性を認めないというものである（この理論については，碓井光明「米国連邦所得税における必要経費控除の研究㈣」法学協会雑誌93巻8号1263頁，玉國文敏「違法所得課税をめぐる諸問題(2)」判時748号16頁，田中治「違法所得の必要経費該当性」税務事例研究48号61頁，酒井克彦「違法支出の必要経費性とパブリック・ポリシー理論」税務事例39巻3号49頁等が詳しい）とされる。

　この考え方は，内国歳入法の162条(2)の規定の解釈として判例がかかる理論を採用しているものであって，明文の規定や内容があるわけではない。支出自体又は支出の発生原因が法令や公序に違反すること等の理由によって，その支出の控除が公益を害すると認められる場合には，控除を認めない，という考え方である。

3 公序良俗，強行法規に反する行為にかかる支出の扱い

　山田二郎博士は，「違法な経費の控除を認めることは租税の負担をそれだけ軽くし，当該部分の負担を国に帰せしめることになるのであって，違法な経費を国の負担とすることは合理的な法解釈とはいえない」（山田二郎「交際費課税を巡る諸問題」雄川一郎編『田中二郎先生古稀記念論文集公法の理論下Ⅱ』（有斐閣，1977年）1927頁以下）とされている。

　すなわち，山田二郎博士は，アメリカでは，ある特定の行為を禁止している連邦又は州のパブリック・ポリシー（公共政策）に反する場合には，そのような経費控除を否認すべきであるという考え方が判例で打樹てられており，罰金のほか，脱税工作費，賄賂等がパブリック・ポリシーに反する支出としてその損金控除が否認されている。わが国にも，税法解釈上，パブリック・ポリシーの理論が導入されるべきである。税法上に実定法規がなくても，他の実定法規で禁止していることについては，実定制度の上に立って統一的に解釈を下すべきであるといえるのであり，租税法律主義に反するものではない。賄賂や脱税工作等違法な支出によって生じる税収減を，国民が甘受し，分担しなければならないというのは，不合理である旨主張されている（山田二郎「交際費課税をめぐる諸問題」雄川一郎編・同上『田中二郎先生古稀記念論文集』1927頁以下）。

　木村弘之亮教授は，所得税法上の前掲諸規定（編注：所45条1項3号・5号・6号・8号・9号等）が示しているように，租税法の価値中立性の命題は，貫徹されているわけではない。……アメリカ合州国のモデルに従って贈収賄，賄賂支出その他の支出は，それらが公序良俗又は日本法を侵害しているときに必要経費に算入し得ないならば，そのことは，租税法外の法律上の価値秩序への｛租税法｝への同調を改善することができるであろう。」（木村弘之亮「租税法学」（税務経理協会，1999年）280頁）とされている。

　ロ　判　例　この傾向に属する判例としては，以下のようである。なお，この判断は明確な基準によるものではなく，他の分類，例えば公序良俗によるものなども重複して含まれている。

　最判昭和43年11月13日は，株式会社が利益の有無にかかわらず，利益の有無にかかわらず，株主に対しあらかじめ定めた利率により金員を定期に支払うというような資金調達の方法は資本維持の原則に照らして許されないとして，「仮に，経済的・実質的には事業経費であるとしても，それを法人税法上損金に算入することが許されるかどうかは，別個の問題であり，そのような事業経費の支出自体が法律上禁止されているような場合には，少なくとも法人税法

上の取扱の上では，損金に算入することはできない」（民集22巻12号2449頁）として，他の法令による秩序違反にかかる場合を法人税法の問題としてその損金控除性を否定している。

東京地裁昭和61年11月10日（税資154号458頁）は，「架空違約金計上による課税免脱の協力金として贈与した場合，右契約は民法90条に規定する公序良俗として無効であり，損金に該当しない。」（控訴審判決である東京高判昭和62年4月30日判決（税資158号499頁も同旨）），東京地裁平成元年5月30日判決（税資170号490頁）は，個室付浴場業を営む法人が暴力団に対して支払った顧問料及び紹介料の損金性について「公序良俗に反する支出」であるとして損金性を否定している。

横浜地裁平成元年6月28日（月報35巻14号2157頁）は，「原告会社らが機密交際費の名目で支払った金員は，売春防止法違反に基づく摘発を免れるための工作資金であるから，これを課税所得計算上損金として認めることは，課税上の問題ではあるとしても法の理念からして到底許容できない。」。

東京高裁平成2年1月17日（税資177号96頁）は，「暴力団員らに支払ったとする金員は……その支出を損金に認定すると，その支出が暴力団の活動を助長する資金となるばかりではなく，その分だけ国が法人税を徴収することができなくなり，結局，国が企業を介し暴力団に経済的な助成をすることと同じ結果になるので，正規に算出された税額が確実に納入されることを期待し，その実現に罰則をもって臨んでいる法人税法の立法趣旨にもとるばかりか，そのこと自体自己矛盾であって……」としている。

ハ　この見解に対する批判　この理論については，批判的見解も少なくない。すなわち，「わが国法人税法は，損金性の一般的な判断基準を公正処理基準に委ねており，独自には定めていない。したがって，わが国法人税法においては本規定のように別段の定めで規定されない限りは，単に違法支出というだけで損金不算入になることはない。」（山本守之「体系法人税法〔平成20年度判〕」（税務会計協会，2008年）872頁）。

「わが国の法人税法は，課税所得計算を大幅に企業会計に依存しており，その解釈としてアメリカ法における「通常かつ必要性」論を採用することはできず，したがって，この解釈として判例で発展した公序の理論を援用することはできない」（中村利雄・前掲82頁以下）。

「違法支出の扱いは，同国〔著者注米国〕においてさえも，第一次的には立

3 公序良俗，強行法規に反する行為にかかる支出の扱い

法によって解決すべきことと考えられているとして，同理論を一般的に持ち込むことはできない。」(碓井光明「法人税における損金算入の制限──損金性理論の基礎的考察──」金子宏編『所得課税の研究』318頁)。

「法人税法22条が，米国の米国歳入法典162条(a)又は我が国の所得税法37条と条文の立て方が違うにもかかわらず，損金[費用]概念の中にいきなり「通常性」や「必要性」を持ち込むものであり，解釈論としては無理があるように思われる。」(青柳勤，「最高裁判所解説」平成6年9月法曹時報48巻5号186頁)。

また，小松芳明教授は，「不法ないし違法なものはもとよりのこと，不当な支出によって生じる税負担のアンバランスは，これを放置してはならない。これの是正を必要とするのであれば明文の規定をもって損金算入を規制すべきである。」(小松芳明「費用の損金算入規制」税務弘報28巻1号44頁)とされている。

「この公序良俗に基づき違法支出金の損金性を否定する見解に対しては，違法支出の扱いは公序理論が生み出された米国においてさえも立法的に解決すべきであるとされていることに鑑みれば，解釈原理として公序理論を持ち込むことは適切ではない，とする批判があることも忘れてはならない。」(吉村典久・前掲80頁)。

田中治教授(「違法支出の必要経費該当性」税務事例研究48巻61頁以下，84頁」)は，「一般的な正義の名の下で問題の経費控除を否定することは，法の解釈，適用としてはもはや行き過ぎである。この意味で，パブリック・ポリシーの理論の導入には，消極的であるべきであろう。」。

酒井克彦教授は，「解釈論にパブリックポリシー理論を持ち込むことには，慎重な検討がなされなければならないように思う。担税力に対する純粋な課税を考慮に入れた解釈があるべきという立場からも，解釈における中立性の重要性という考える立場からも，同理論の 解釈論への導入には慎重さが要請されるのではないかと思われる。」(酒井克彦「違法支出の必要経費性とパブリック・ポリシー理論」税務事例39巻3号49頁)，「抽象的な根拠によって損金算入を否定するなどは，租税法律主義の見地からも問題があろう。」(同「裁判例から見た法人税法」120頁)などの見解が有力である。

なお，碓井教授は，必要経費性を否定するにはそれを明確化のために特定の性質の支出を取り出して必要経費に算入しない旨の規定を導入すればするほど，列挙されたもの以外は必要経費に算入されるという反対解釈を生み易いという

第4章　公序良俗と強行法規の違反

皮肉な問題を内在させていることが分かる。……政策的に必要経費不算入が望ましいとしても，個別列挙方式との関係で必要経費算入を認めざるを得ない事態を生じる可能性がある。ここに必要経費立法のジレンマが存在する。そして，そのようなジレンマに直面するときに，一般的基準としてのパブリック・ポリシーによる必要経費の否定を肯定したいと思うのも，もっともなことである。」（碓井・前掲348頁）と，理解を呈しておられる。

(iii)　租税法律自己否定説

イ　学　説　碓井光明教授は，「法人税法自体の目的に対し真っ向から挑戦する脱税経費については，そのこと自体を理由に損金性を否定してよい。」（ジュリスト970号111頁（1990年））とされる。

成松洋一氏も，「ある支出の損金性の判断に当たっては，専らその支払が健全な企業会計の観点からみて，原価，費用又は損失に当たるかどうか，という点を考慮すればよい。……いわゆる脱税経費は，収益に対応する減価や費用を構成するものではないし，また，損失ともいえないであろう。むしろ，法人税法は刑罰をもって脱税を禁止しているのに，脱税経費の損金算入を認めるのは，法人税法自体の自己矛盾であり，その損金算入を認めないのは条理上当然であると考えられる。」（中村忠・成松洋一「企業会計と法人税」192頁以下，税務経理協会，1998年）。

浅沼純一郎教授は，「税法の中立性は放棄されており，法人税法には犯罪行為に対する否定的評価基準が内在しているため，脱税工作費は損金に算入できない。」（浅沼純一郎「違法支出金の損金性──税法の中立性制限試論」同志社法学283号62頁（2002年））とされている。

成松氏の見解は，脱税工作費の否定する基準を公正処理基準においているようにもいえる。

ロ　判　例　東京高裁平成2年1月17日判決は，暴力団に支払った金銭は寄付金にあたるとの主張に対し，「その支出が暴力団を助長する資金となるだけではなく，その分だけ国が法人税法を徴収できなくなり，結局，国が企業を介し暴力団に経済的な助成をすることと同じ結果になるので，正規に算出された税額が確実に納入されることを期待し，その実現に罰則をもって臨んでいる法人税法の立法趣旨に悖るばかりか，そのこと自体矛盾であって，その不当なことは明らかであるから，その支出を法人の損金に算入することを法人税法がこれを是認しているものとは到底解されない。」（税資177号96頁）と，自己

3 公序良俗，強行法規に反する行為にかかる支出の扱い

矛盾説によって損金算入を否定している。

横浜地裁平成5年8月12日判決（税資204号3483頁）は「会計処理上事業経費となるものであってもそれが法人税法上損金に算入することが許されるかどうかは企業会計処理上認められるところのみによるものではなく損金の性質を理論的に解明するのは勿論，さらに税法上の解釈の諸原則や前記各税法の規定に現れた法の政策的技術的配慮等をも併せ考察して決定すべきであって，実質上，経済的に事業経費であっても法人税法上損金に算入することが許されるどうかは別問題であり，その支出自体が法律上禁止されているとか，税法上の趣旨に反するような場合には法人税法上の取扱の上では損金に算入することは許されない。」としている。

松山地裁平成9年5月16日判決は，「法人税法が，不正行為をもって」法人税法を免れる行為を刑罰をもって禁止していることに鑑みれば，同法が不法行為及びこれに伴う一切の費用の支出を禁止していることは明らかであり，仮に脱税工作資金や脱税工作に対する謝礼金の損金算入を認めるとすれば，右は法人税法の自己否定とも言えるのであって，同法がこれを容認しているものと解することはできないし，また，法人税法22条4項が費用等について「公正妥当な会計処理基準」によるべきこととしていることからしても，結局脱税工作資金及び脱税工作に対する謝礼金の支出は同法22条1項所定の「損金」には算入されないものと解するのが相当である。」等がある。

(iv) 公序良俗違反説

この公序良俗理論は，前述のパブリック・ポリシー論と似かよった内容であることは否定できない。しかし，前述のパブリック・ポリシーは，アメリカの判例法において認められたものであるが，その内容は米国においても必ずしも確定，明確なものではない。米国においても，かかる理論を検討すべき価値はあるものの，その内容は，裁判所（判例）によるよりも議会（法律）によるべきとの議論が有力である。その内容も確定，明確なものではない。

ところで，公序良俗理論であるが，民法90条等として明文化されており，この考え方は，ひとり民法だけではなく，全法律体系においても適用されるべき基本的な考え方として認められている。税法においても，税務判例においても，判断基準として引用されているところである。

イ 学 説　木村弘之亮教授は，「強行規定違反または公序良俗違反の場合にも経済的「現実」を直視して，租税法上担税力を斟酌して法律関係を構成

第4章　公序良俗と強行法規の違反

し直すことによって、違法または恥ずべき行動が合法なまたは公序良俗に適った行動にくらべ有利にならない要請が、達成されるべきである。違法にまたは公序良俗違反で取得された所得や財産が課税されないままであるとするならば、租税法は、不法や良俗違反を優遇したり、勇気づけたりすることになるであろう。」（木村弘之亮「節税と租税回避の区別の基準」小川英明＝松沢智＝今村隆編『新・裁判実務体系租税争訟』337頁（青林書院、2005年））と主張されている。

なお、木村教授は、違法行為を類型化し、①合法的な業務に関連した法定限度超支出で、支払者の利益を保護する為に違法とされるもの、②違法な営業活動そのものの直接関連する支出（賭博開帳等）、③出損自体が犯罪行為を遂行するに際して直接用いられるもの、④合法的な業務の過程において故意になされた違法行為に直接関連する違法支出、⑤違法収入に対応する違法支出、⑥株主優待金のように配当等に該当する違法支出金、⑦違法支出による簿外預金等、⑧犯罪を構成する違法支出（脱税協力金）（木村「法人税法における違法支出と損金性」税理38巻5号13、14頁）とされている。

ロ　この理論によると思われる判決としては、次のものがある。

東京地裁昭和61年11月10日判決（税資1564号458頁）は、暴力団に対する顧問料等の支払いについて、「原告が同社に対し課税免脱の協力金として贈与したものであるとすれば、右契約は民法90条に規定する公序良俗違反として無効というべきであるから、いずれにせよ損金に該当しない。」（同旨、東京高判昭和62年4月30日税資158号499頁）。

東京地判平成元年5月30日（税資170号490頁）は、「顧問料等の支払い先の団体はいわゆる暴力団の組織であって、その支出の主たる趣旨は、右団体に関係する暴力団が原告会社の営業（個室付浴場業）を違法に妨害しないことの対価としであったということであるから、……右支出は、不法な行為をしないことの対価であり、公序良俗に反する支出というべきであるから、法人税法上損金として認める余地はない。」。

東京地裁平成元年12月5日判決（税資173号835頁）は、「個室付浴場業を営む原告会社がいわゆる暴力団組織に対し、右暴力団が営業を違法に妨害しないことの対価として、金員を支出していたとしても、右支出は公序良俗に反する支出というべきであるから、法人税法上損金として認める余地はない。」（同旨、東京地判平元・12・12税資173号896頁）。等が存在する。

ハ　批　判　　この公序良俗違反理論については、一部の判決で採用されて

いるものの，損金不算入とする根拠にはなり得ないのではないか，という批判説が有力である。「特に法人税法において，私法上の行為の有効無効は原則として課税に影響を与えないからである。したがって，脱税工作費の支出が公序良俗に反し無効であるという理由だけからその損金算入を否定するという結論を導くことには論理の飛躍が認められうるのではあるまいか。」（吉村・前掲81頁）と批判されている。

(v) 一般に公正妥当と認められる会計処理の基準

イ 学説　成松洋一氏は，「ある支出の損金性の判断に当たっては，専らその支出が健全な企業会計の慣行から見て，原価，費用又は損失に当たるかどうか，という点を考慮すればよい。……いわゆる脱税経費は，収益に対応する減価や費用を構成するものではないし，また，損失ともいえないであろう。」（中村忠・成松洋一『企業会計と法人税』（税務経理協会，1989年）192頁以下）。

青柳勤判事は，「公正処理基準は客観的規範あるいは一般社会通念に照らして公正妥当なものであるとしており，法的判断が入ることを当然の前提にしているものといえよう。……さらに判例についてみると，最一小判平成5年11月25日裁判集民事170号569頁は……「法人税法22条4項は，現に法人のした利益計算が法人税法の企図する公平な所得計算という要請に反するものでない限り，課税所得の計算上もこれを是認するのが相当であるとの見地から，収益を一般に公正妥当と認められる会計処理の基準に従って経常すべきものと定めたものと解される。」と判示されており，公正処理基準が法人税法の企図する公平な所得計算という要請と密接に結び付いたものであることを明確にしているのである。」（青柳・前掲189，190頁）。と述べておられる。

ロ 判例　この理論に基づく判決としては，例えば，最高裁平成6年9月16日判決（刑集48巻6号357頁）は，不動産売買等を目的とする会社が脱税協力者に架空の土地造成工事に関する見積書，請求書を提出させ，さらに手数料1,900万円を支払った場合に，「右手数料は，架空の経費を計上するという会計処理に協力したことに対する対価として支出されたものであって，公正処理基準に反する処理により法人税を免れるための費用というべきであるから，このような支出を費用又は損失として損金の額に算入する会計処理もまた，公正処理基準に従ったものではあるということはできないと解するのが相当である。」としている（なお，第1審裁判所（東京地判昭和62・12・15刑集48巻6号396頁）は，かかる支出は事業遂行上必要なものとは言えず，また，右不正行為を

第4章　公序良俗と強行法規の違反

行うことを禁止しているものと解されるから，法人費用としては容認しない態度を明らかにしていると解すべき，としている。控訴審東京高判昭和63・11・28判判時1309号148頁は，刑罰を設けて脱税行為を禁渇している法人税法の立法趣旨にももとるので，……その算入を是認することは法人税法の自己否定である旨，述べている）。

ハ　批　判　この見解は，法人税法の規定（法法22条4項）を内容としていることで有力な解釈基準を有しているといえる。

しかし，かかる見解は，同条項の合理的な解釈を超えて解釈されているのではないか，との批判がある。すなわち，同条項の内容は，企業会計上の計算基準を規定しているのに過ぎないのに，判決や一部の学説は，それ以上のもの，法人税法自体の理念（公平，公正）を盛り込んで解釈しているのではないか，という批判がなされている。

本来，同条項は，沿革的には課税所得の計算は，原則的に企業会計における公正処理基準によって行われるべきであること，それにより難い税法上の政策的要請が存在するときには，法人税法上別段の定めを設けることによって対応する，との構成で規定されたといえる。この場合の公正処理基準とは，課税上の公平，公正，正義を意味するものではなく，所得計算として適正であることを意味するものと考えられている。中村利雄教授は，法人税法の損金性の判断基準である公正処理基準準は，法的正義論又は課税公正論の等の税法的要求に影響されない中立的な「一般に公正妥当」な会計基準であるとする（中村・前掲80頁）。武田昌輔も同旨であると思われる（前掲67頁以下）。

法人税法の解説書においても，法人税法上の理念が企業会計上の原則，基準と異なることを予期しているときには，法人税法が別段の定めにより，明確にその旨を規定している。かかる明文の規定が存在しないときには，企業会計上の原則によるべきことになる。法人税法等が租税法律の目的，特に課税の公平という価値を考慮しなければならないとすれば，純会計学的には費用等の性質を持っていると認められる支出であるにかかわらず，それを否定するとなれば，明文の規定によることが必要になるとおもわれる。このような趣旨において昭和42年において改正，規定化されたものと理解されていた旨（「DHCコンメンタール法人税法」法人税法22条4項公正処理基準の内容1），述べられている。

この昭和42年当時の立法趣旨が現在，別異のものとして理解されているのではないかの疑問がある。すなわち，22条4項の「公正妥当と認められる会計処理の基準」は，法人税法の企図する公平な所得計算という要請と密接に結

びついたものであり（青柳・前掲150頁），特に最高裁平成5年11月25日判決（民集47巻9号5278頁）は，「法人税法22条4項は，現に法人のした利益計算が法人税法の企図する公平な所得計算という要請に反するものでない限り，課税所得の計算上もこれを是認するのが相当であるとの見地から，収益を一般に公正妥当と認められる会計処理に基準に従って計上すべきものと定めたものと解される。」と述べている。

しかし，かかる最高裁判決の如き見解に対しては，批判説が有力である。吉村典久教授は，「法人税法22条4項の立法趣旨が，できるだけ企業が行う会計処理の慣行を尊重した上で，必要最小限度の税法独自の会計処理規定（いわゆる「別段の定め」）を設けようとしたものである限り，企業の行った会計慣行上一応の合理性があると考えられる会計処理を，法人税法上の別段の定めによらないで否認することは極めて慎重でなければならない。」（吉村・前掲82頁）とされている。

基本的には，税法の所得計算は，企業会計による会計処理によって行い，かかる前提の上，法人税法上の固有な要請，立法政策によるものは，「別段の規定」においてその実現を果たす，という構成のもとに立法された，と理解すべきである。上記の最高裁判決の如き考え方によれば，公正妥当な会計処理基準と法人税法上の別段の定めとの関係が不明確となるというべきであろう（品川芳宣・税研4巻19号31頁）。

以上から，法人税法22条4項の公正処理基準は，法人税法の目的を考慮しないで，一般社会通念や企業会計上の見地から判断されるべきである（同旨，水野忠恒・ジュリスト1081号131頁）。かかる意味で，公正処理基準を理由として違法行為に係る費用・損金の否定を図る見解は賛成できるものではない。

4 現在のあるべき対応，解釈論

結論的には，強行規定，公序良俗等に反するいわゆる違法行為に基づく費用・損金の計上については，別段の規定のない限り，所得税法，および法人税法における必要経費経費・損失に係る一般原則に基づき，関連規定の解釈により行うべきである。かかる解釈に際して，拡張解釈，趣旨解釈，および類推解釈等は慎むべきである。損金等算入説によるべきである。

かかる立場に立つと思われる田中治教授は，適切な指摘をされているので，

第4章　公序良俗と強行法規の違反

その一部を紹介させていただく。

イ　違法支出の違法性を課税庁が判断する場合において，明確かつ適正な基準は存在するのか。……課税庁の存在理由は，反社会的，反道徳的な行為を規制することにあるのではなく，正しい所得の算定のもとで，所定の税収を確保することにある。税務職員に道徳的価値判断を求めるのは，過重かつ不適切な要請である（田中治・前掲 68 頁）。

ロ　課税所得算定の場面においては，違法所得に対する課税が行われていることと対比して，違法支出については，通常の課税所得計算から控除するというのでは，均衡を失するのではないか。……税法が違法所得を収入金額に含めて計算するのは，違法行為に対する制裁目的によるものではなく，もっぱらそこに所得の存在をみるものだとすれば，当然に，収入金額に対応する必要経費の計算においても，経費性の如何によって，算入の可否を決すべきことになる（69 頁）。

ハ　わが国の所得税法等は，「控除を認めると公序に反する結果を生じる」かを考慮して罰金等の経費控除の当否を判断したものではなく，それは，罰金等の制裁効果を十分に発揮させようという技術的，政策的な見地からその当否を判断したものというべきであろう（69 頁）。

ニ　所得税法は，罰金，科料，過料を必要経費に算入しない，とするのであって，罰金等の対象となる行為に関連してなされた支出を必要経費に算入しない，とするものではない。……現行所得税法が，罰金等を限定して明示したのは，立法政策の判断の結果であり，解釈論の場面で，これと異なる別の政策上の選択肢を導くことは，およそ許されるものではない（73，74 頁）。

ホ　ある行為を税法以外の別の法律で禁じることと，当該行為にかかる支出を経費控除することを禁じることは，別の次元の問題である。……経費控除を禁じることもあれば，禁じないこともありうる。それは，あげて立法部の政策判断に属すべき問題であり，通達や解釈によってこれを左右することは許されない（83 頁）。

ヘ　法が明示していないにもかかわらず，一般的な租税正義の名によって，法の「不備」，「欠陥」を補うことは許されない。……税法の基本的な視点は，行為の適法，違法の判定ではなく，担税力の正しい測定にある（83 頁）。等のご指摘は説得力のあるものである。

最後に，金子宏名誉教授は，「わが国では，損金に算入できない制裁や負担

を限定列挙する制度をとっているから，たとえその控除が政策目的を減殺するものであっても，列挙からもれている場合は，控除が認められると解せざるをえない」(金子宏・前掲376頁)。とされておられる。法の不備等があっても，それを解釈で解決するのは解釈の限界をこえるものであろう。

第 5 章　無効な法律行為
―租税法上の所得概念との関係

山　下　　学

1　はじめに

　無効な法律行為，とりわけ不法原因による所得の課税関係の議論は，先行研究も多く，古くて新しい議論である。経済的観点から，また租税法は「法」であることから法的観点から，様々な議論がなされ，様々な論議が尽くされてきている観がある。
　とはいえ，「無効な法律行為」という定義では，民法上の行為能力の欠缺による無効や，違法行為による無効等々，非常に「無効原因」は多種多様である。実際，他の分担の先生の論題で，公序良俗違反や通謀虚偽表示が取り上げられ，正直なところ，論点の絞り方が非常に難しい。
　そこで，平成30年税制改正大綱まで携わっている経験から，実は，本書の「民法総則規定の準用」について一般論としてそれが準用しうると解釈論の提言という発刊目的には賛同するにしても，最高規範たる憲法の改正すら議論に上がっている昨今，その民法自体が1986年（明治29年）に制定さていることから，「制度疲労」も目立つことを指摘することも執筆の目的としたい。なお，2017年（平成29年）5月26日に，「民法の一部を改正する法律」が成立したが，これは債権法の改正であり，施行は6月2日の公布の日から3年以内の政令で定める日とされており，施行日は2020年になるものと思われる。(以下，「年」の表示は，原則として「元号」による)

2　無効な法律行為

(1)　民法の規定する無効な法律行為

　当事者が法律行為をなすことによって当事者が意図したとおりの法律効果が発生するのが原則である。ここで，法律行為（Rechtsgeschäft）とは，広義においては，「法的権限の行使として，法律効果を生ぜしむる目的でなされる，

第5章 無効な法律行為

（統治者，官吏，単なる個人を含む）個人の意思表示である[1]」と定義されている。法律行為は一個または数個の意思表示を法律事実たる要素とし，それによって一定の法律効果を生じる行為といえるが，法律行為の概念は19世紀のドイツの概念法学の手法の所産とされ，英米法はもちろんフランス法にもみられない概念とされる[2]。また，近代市民社会の個人主義・自由主義の下では，私法上の法律関係は各人の自由な意思に基づく法律行為によって規律させることが原則であり，これを一般に「法律行為自由の原則」と呼ぶ。

かかる法律行為に基づいて発生する法律効果についてであるが，場合によっては，なんらかの理由によって，当事者が法律行為によって実現しようとした法律効果が法的な観点から認めがたい場合も生じる。かかる場合に，我が民法では，当該法律行為の効力を否定するという方法によって，その法律効果の発生を阻止することが行われる。すなわち，民法では，法律行為の効力を否定する方法として，「無効」と「取消し」という2つの制度を用意した。民法第一編第五章法律行為の，第四節無効及び取消し（民法119条以下）の節である。

そこで，まず，「無効」と「取消し」の差異から，復習していきたい[3]。

(2) 無効と取消し

無効は，法律行為の効力が当初から否定される。これに対して，取消しは，法律行為の効力が一応は認められるが，取り消されると当初に遡及して効力が否定される。

無効または取消しによって法律行為の効力が否定されると，その法律効果である権利義務は発生しなかったことになる。その結果，まだ義務を履行していない当事者は，無効または取消しを理由に，相手当事者からの請求に対してその履行を拒むことができる。また，すでに義務を履行した当事者は，相手当事者が得た利益を不当利得としてその返還を請求することができる（703条，704

---

(1) 兼子仁「行政法の公定力の理論」（東京大学出版会，1960年）268頁。
(2) 内田貴『民法Ⅰ〔第4版〕総則・物権総論』（東京大学出版会，2008年）342～343頁，参照。
(3) ここでは，民法を取り上げたが，行政法の概念でも，「瑕疵ある行政行為」に対する，「無効な行政行為」と「取消しうべき行政行為」の議論がある。行政行為は，一般に公権力の行使であるので，行政権によって行使された行為が，通説では「明白かつ重大な瑕疵」である場合を「無効」，それ以外の瑕疵ある行政行為を「取り消しうべき行為」とする。

条)。

　すなわち，一般に，無効ないし取消しという概念は，法律行為に何らかの瑕疵があるためにその効力が否定されることを意味するといえよう。一方，これとは違う意味で「無効」ないし「取消し」という語が用いられることがある。たとえば，無権代理の場合に法律行為の効果の帰属先が不確定の状態になることを講学上「無効」と表現したり，民法424条や754条において「取消し」という表現が用いられていたりする。これらの無効・取消しは，法律行為の瑕疵を原因とするものではないので，民法119条以下の規定は適用されない。

　では，どのような原因によって法律行為が無効あるいは取り消しうるものとされるのであろうか。わかりやすいように，「無効原因」あるいは「取消原因」とされるものを列挙してみると，次のとおりである[4]。

(a)　無効原因

　民法において法律行為あるいは意思表示が無効とされる場合をまとめると，次のようになる。

　(a)　公序良俗違反（90条）
　(b)　強行規定違反（91条あるいは90条）
　(c)　心裡留保において相手方が悪意または有過失の場合（93条ただし書）
　(d)　虚偽表示（94条1項）
　(e)　錯誤（95条）
　(f)　既成条件（131条1項2項）
　(g)　意思無能力
　(h)　法律行為の内容が不確定である場合
　(i)　法律行為の内容が原始的不能である場合[5]

---

[4]　「民法まとめ」と題するホームページが，読み易くまとまっていたので，参考にさせていただいた。また，無効と取消しの効果の差異の表は，そのまま引用させていただいた。以下のURLは，執筆時，2017年11月17日現在。http://www.minpou-matome.com/%E6%B0%91%E6%B3%95%E7%B7%8F%E5%89%87/%E7%84%A1%E5%8A%B9%E3%81%A8%E5%8F%96%E6%B6%88%E3%81%97/%E7%84%A1%E5%8A%B9%E3%81%A8%E5%8F%96%E6%B6%88%E3%81%97%E3%81%AE%E7%95%B0%E5%90%8C/

[5]　民法90条・131条は法律行為が無効となると規定しているが，93条・94条・95条を見ると，無効となるのは意思表示であると定めている。法律行為の無効と意思表示の無効とは，論理的には区別できるであろうが，一般には区別して扱われていない。このことは，取消原因に関しても同様である。

(b) 取消原因
　(a)　行為能力の制限（5条2項，9条本文，13条4項，17条4項）
　(b)　詐欺・強迫（96条1項）

(3) 無効と取消しの差異

無効と取消しの違いを明確にするために，前掲注4のホームページから，差異の区分表を引用させていただく。

	無効	取消し
効力	最初から当然に効力がない。（特定人の主張を要しない。）	取り消すまでは有効であるが，取り消されると行為時にさかのぼって効力を失う（遡及的無効，121条本文）。
主張権者	誰でも主張できる。	特定人のみ主張できる（120条）。
主張期間	いつでも主張できる。	追認することができる時から5年，または行為の時から20年の期間制限がある（126条）。
追認の可否	追認できない。（なお，119条ただし書参照）	取消権者の追認によって確定的に有効となる（122条）。

　※　以上のような無効の内容は，民法が本来予定しているものである。しかし，ある種の原因による無効については，その内容を変更することが解釈によって行われている。たとえば，錯誤無効（95条）については，解釈によって主張権者が表意者に限定されているし，期間制限などの点に関しても，取消しに近づけて解釈すべきであるとする考え方もある。
　　また，ある法律行為が無効の要件と取消しの要件の両方を満たす場合がありうることにも留意すべきである。たとえば，成年被後見人が意思無能力の状態で法律行為をしたり，詐欺によって動機の錯誤に陥りながら意思表示をした場合である。このように無効と取消しとが競合するような場合の学説論争では，(1)無効な行為は存在しないのであるから，取り消す余地がない無効な行為は取り消すことはできない，とする考えと，(2)無効と取消しの要件をいずれも満たす場合には，いずれかを選択的に主張することができる（無効と取消しの二重効説），とする学説が対立する。

3　無効な行為による所得の租税法上の解釈

(1)　租税法上の所得概念の解釈

　所得税法や法人税法が課税対象としている「所得」の概念自体については，後述のとおり，実定法上明文の規定がない。しかし，所得に対して課税する，

3 無効な行為による所得の租税法上の解釈

ということは，納税者の「担税力」の問題であろう。従来の租税法の入門書では，財政学の議論からもたらされた，「所得源泉説」や「純資産増加説」等の解説が必ずと言ってよいほど記載されているが，これも，租税法学的に解するなら，「担税力」と「公平負担」の問題と言って良い。

しかし，租税原則における「公平負担」は多義であり，これを水平的公平と垂直的公平で説明することが多いが，所得税法，法人税法といったいわゆる所得課税は，担税力に応じて納税ないし課税がなされなければならないので，この両者はパラレルに解釈すべきであろう。

例えば，法人税法第22条1項では，益金から損金を控除したものが所得，と積極的な所得を定義した条文はない。所得税法でも，各種所得の金額の計算を第23条から第35条で定めた上で，第22条では，第1項で「居住者に対して課する所得税の課税標準は，総所得金額，退職所得金額及び山林所得金額とする。」とし，第2項で「総所得金額は，次節（各種所得の金額の計算）の規定により計算した次に掲げる金額の合計額」という，曖昧な規定である。いうまでもなく，所得を課税標準とする所得税法や法人税法において，所得の概念はまさに基本的概念であるにも係わらず，所得の発生原因，すなわち，収入金額・益金や，必要経費・損金について，それぞれ条文を置くものの，それが経済的な概念なのか，法的な概念なのか判然としない。

一般人の理解でも，「所得」という概念は，いわゆる「儲け」，「利益」等を意味するのであろうが，それも所得の発生原因に拘らずに，単に自分の財布に入ったもの，という程度であろう。したがって，所得を課税標準とする租税法において，例えば第2条において，独自に定義規定をおいていれば問題もないわけであるが，その規定は無い。そこで，解釈で補う必要性を伴う場面が発生するのはやむを得ない，としか言いようがない。すなわち，所得概念については，実定法に定義規定がないので，租税法の体系全体をふまえて条理により解釈すべきこととなる。

(2) 不法原因等による利得——貸金業法の改正

民法上の法律行為の無効については，様々な瑕疵の発生原因があることを列挙した。このなかで，いわゆる不法行為の課税の問題をめぐって，(1)窃盗，横領等による利得が租税法上の所得たりうるかという問題，(2)無効または取消しうる行為により生じた利得に対する課税の問題は，従来から論争の中心であっ

第5章　無効な法律行為

た。(2)の問題の典型例は、利息制限法による制限利息を超過した部分の利息収入についてそれが所得を構成するか、また構成するとすればその時期はいつと解すべきかという問題であった。

利息制限法自体に関する判断としては、昭和37年6月13日の最高裁判決における判断を変更したと考えられる、最高裁昭和39年11月18日大法廷判決（民集18巻9号1868頁）が、制限超過利息を任意に支払った場合、債務者が利息に充当することを指定して支払ったとしても、元本に充当されるものとなる、との判断を示し、次いで、最高裁昭和43年11月13日大法廷判決（民集22巻12号2526頁）で、制限超過利息を元本に充当した結果、元本が完済となったとき、その後に債務の存在を知らずに支払った金額は、返還を請求できるとし、翌年には、制限超過利息と元本を共に支払った場合、特段の意思表示がない限り、元利合計を超える支払額は、不当利得として返還を請求できる（最高裁昭和44年11月25日判決、民集23巻11号2137頁）との判断を示している。

しかし、いわゆるグレーゾーン金利（利息制限法1条1項に定める上限金利を超え、出資法に定める上限金利に満たない金利帯。ただし、貸金業者は任意の支払いを認めた利息制限法1条2項や、昭和29年の同法、出資法制定時の国会会議録では、「グレーゾーン」ではなく「任意ゾーン」と呼ぶべき、としていた。）の問題は残り、利息制限法1条1項の上限金利は、意味をなさない状況にあった。かかる状態が続く中で、最高裁平成18年1月13日判決（通称「シティズ判決」、民集第60巻1号1頁）で、「法43条1項にいう『債務者が利息として任意に支払った』とは、債務者が利息の契約に基づく利息の支払に充当されることを認識した上、自己の自由な意思によってこれを支払ったことをいい、債務者において、その支払った金銭の額が利息の制限額を超えていることあるいは当該超過部分の契約が無効であることまで認識していることを要しないと解される（最高裁昭和62年（オ）第1531号平成2年1月22日第二小法廷判決民集44巻1号332頁参照）けれども、債務者が、事実上にせよ強制を受けて利息の制限額を超える額の金銭の支払をした場合には、制限超過部分を自己の自由な意思によって支払ったものということはできず、法43条1項の規定の適用要件を欠くというべきである」と、みなし弁済に関する判断をし、広島高裁判決を破棄・差戻した。

この平成18年最高裁判決を受け、貸金業の監督を行う金融庁は、平成18年2月、貸金業規制法施行規則（内閣府令）の改正を行うことを表明、政治圧力

との間で紆余曲折はあったものの，貸金業法改正法案が成立し，平成18年12月20日に公布，翌平成19年12月19日に施行された。同改正をもって，出資法の上限金利を20％に下げると共に，貸金業法の上限金利を利息制限法と同一とし，みなし弁済の廃止，日掛金融の特例金利の廃止，総量規制の導入がなされた。

そのため，超過利息の元本充当をしてもなお超過「みなし弁済」をしていた債務者の代理人として。弁護士，認定司法書士が群がり，毎日テレビコマーシャルまで流れる状態となった。その意味では，利息制限法超過利息の取り扱い，ということでは，これまでの議論[6]は解決されたかのように見える。しかし，貸金業者は，貸金業法の対象ではない銀行に目をつけ，銀行カードの信用保証という抜け道を見いだし，また，質屋に対する「出資の受入れ，預り金及び金利等の取締りに関する法律（昭和29年法律第195号）」はそのままである。

(3) 窃盗や横領等による所得
(a) 窃盗，横領等による利得について

昭和26年1月1日に国税庁が発遣した所得税基本通達148では，一時所得に関する解釈に関して，次のように行政解釈をしていた。

(i) 窃盗，強盗または横領により取得した財物については，所得税を課さない。

(ii) 詐欺または強迫により取得した財物は一応所有権が移転するものであるから，当該財物から生ずる所得については，その内容に応じ，一時所得，事業所得等として課税する。ただし，後日，裁判または契約解除により被害者に復帰した場合は，更正するものとする。

(iii) 賭博による収入は，一時所得とする。正，後日，刑事裁判により没収された場合は，更正するものとする。

この通達は，違法性・無効性の判断よりも，「所有権」の移転を担税力の源泉と解釈していたようである。この点は，後述する。

昭和38年，国税通則法の制定によって，同法第71条第2号が「申告納税方式による国税につき，その課税標準の計算の基礎となつた事実のうちに含まれ

---

[6] 多くの論者が，「無効な行為に基づく所得」として，利息制限法超過利息の問題を取り上げていた。
　例えば，松沢智『新版 租税実体法〔補正第二版〕』120頁（中央経済社，2003年）。

ていた無効な行為により生じた経済的成果がその行為の無効であることに基因して失われたこと，当該事実のうちに含まれていた取り消しうべき行為が取り消されたことその他これらに準ずる政令で定める理由に基づいてする更正（納付すべき税額を減少させる更正又は純損失等の金額で当該課税期間において生じたもの若しくは還付金の額を増加させる更正若しくはこれらの金額があるものとする更正に限る。）又は当該更正に伴い当該国税に係る加算税についてする賦課決定」について「当該理由が生じた日から3年間」という規定し，また，旧・所得税法27条の2でも，無効な行為によって得た利得が，課税後に失われたときの更正の請求の特例を置いた。

かかる規定は，無効な行為によって得た利得は，いったん課税して，その後当該利得が失われた折に，減額更正によって担税力を調整したものと考えられる[7]。そして，これらの規定が直接影響を与えたのかどうかは定かではないが，上記通達は昭和44年1月に廃止されている。

そこで，申告納税制度のなか，租税法の第一次有権解釈者である納税者（学者，実務家を含め）も，行政有権解釈権者である課税庁も，それぞれ解釈論を戦わせることとなった[8]。

(4) 主な学説の展開
(a) 法的所得の経済的把握からの学説

松沢智教授は，その著書「租税法の基本原理」[9]において，「仮装行為・私法上の法律行為に無効・取消事由が存したり，あるいは違法な取引によって所得が生じた場合の租税法上の効力をどのように解するかの問題がある。経済取引も第一次的には，民法や商法によって規律されるから，法律行為に無効・取消等の瑕疵が存した場合に，租税法上，これをどう解釈したらよいかというこ

---

(7) ほぼ同旨，茂木繁一「税法上の所得概念の解釈について──不法原因等による利得の課税をめぐって──」税務大学校，税大論叢第7号（1973年），参照。

(8) したがって，最高裁昭和38年10月29日判決，税資37号919頁の「税法の見地においては，課税の原因となった行為が，厳密な法令の解釈適用の見地から，客観的評価において不適法，無効とされるかどうかは問題でなく，租税法の見地からは課税の原因となった行為が関係当事者の間で有効のものとして取り扱われ，これにより現実に課税の要件事実がみたされていると認められる場合であるかぎり，右行為が有効であることを前捉として租税を賦課徴収することは何等妨げないものと解すべきである」との判示は，現在においては歴史的価値，としか言いようがない。

(9) 松沢智『租税法の基本原理』（中央経済社，1983年）129頁。

3 無効な行為による所得の租税法上の解釈

とにつき，議論が分かれる」とし，要旨，私法上の取引それ自体が課税対象である場合や私法上の行為の法的効果が課税対象である場合には（不動産取得税，自動車取得税などが想起される。），私法上の行為の瑕疵は，課税要件（納税要件）に直接影響するので要件の充足を欠くものの，私法上の取引によって既に生じた所得については，瑕疵ある私法取引が原因であっても，当該利得を支配し享受している限り，課税要件を充足する。たとえ違法所得であっても，経済的利益を支配し，担税力が認められうる程度に至っていれば，租税法上の所得と考えるべき，と主張される。「経済的利得の法的支配」説といえる[10]。そして，泥棒のような違法所得でも申告義務があり，ただその収入源が何かを記入しなくても差し支えない，と実務的示唆をされている。

一方，金子弘教授は，アメリカを例にとりながら，アメリカでは源泉のいかん，形式のいかん，合法性の有無にかかわらず，人の担税力を増加させる利得はすべて所得を構成するとされていることから，「我が国の所得税法の解釈としても，同じ考え方が妥当する」[11]とされる。具体的には，昭和56年法27号改正前の雇用保険法で支給された中高年齢者雇用開発給付金が，これを非課税とする規定がない限りは課税対象所得であると判じた，昭和59年3月21日神戸地裁判決[12]を注の例示にしながら，「所得はいかなる源泉から生じたものであるかを問わず，課税の対象となると解すべき」こと，また，「不法な利得は，利得者がそれを私法上有効に保有しうる場合のみでなく，私法上無効であっても，それが現実に利得者の管理支配のもとに入っている場合には，課税の対象となると解すべきであろう。」とされる[13]。そして，不法な利得が変換・没収等によって失われた場合にはじめて，納税者はその金額を資産損失にするか，更正の請求を求めることができる旨，注書きに記載されておられる。いわゆる「所得概念の法律的把握」説である。

また，注目されるのは，金子教授は，「未実現の利得」や「帰属所得」の記述部分で述べられておられるが，利得・所得を「捕捉し評価することが困難」

---

(10) 松沢智『新版租税実体法〔補正第2版〕』（中央経済社，2003年）118頁以下「経済的利得の法的支配」の節，参照。
(11) 金子宏「租税法〔第20版〕」（弘文堂，2015年）184頁。
(12) 訟務月報第30巻8号1485頁。
(13) 金子教授は，当該解釈の根拠として，注書きで，最判昭和46年11月9日民集25巻8号1120頁，最判昭和46年11月16日刑集25巻8号938頁，東京高判平成23年10月6日月報59巻1号173頁を参照判決として挙げておられる。

という問題である。この点は，私法上無効な所得の課税についても同様であると解するので，後述する。

(b) 経済的観察方法ないしは極端な法的基準からの学説

これは，違法な所得等私法上無効な所得に対し課税できるとする理論が可能なのは，法的側面から論ずる限り容認できない議論であって，国家がその行為を許容しえない，すなわち法律上有効に保有できない利得に対し課税はできない，換言すると，無効原因を主張されたら，返還しなければならない利得は課税すべきではない，という主張もある[14]。違法行為による利得も課税される場合と課税対象にならない場合とがあり，そのメルクマールとしては所有権の移転の有無が考えられているようである。法律上所有権の移転のないところに所得はないと解するのである。

そこで，租税法上の所得とは，その財物について法的に所有権を取得したものでなければならないから，窃盗や横領により財物を取得しても，その所得権は移転しないのに対し，詐欺や強迫によって財物が取得された場合には所有権の移転があり，この両者の違いにより前者は所得税を課さず，後者については課税することとしていると解する（詐欺，強迫による意思表示は，その被害者がこれを取消すことができることとされていることから，その取消しのない限りは財物の所有権は有効に移転するものと解する。民法96条1項。）。

当該見解は，画一的にかつ，形式的に判断がしやすいという利点をもっているといえ，窃盗または横領により一見利得が発生しているとみえても，他方においてその利得者はその財物の返還債務または損害賠償債務を常に負うところから，そこに「確定した」所得は発生しえないという理論構成がとられているものと解される[15]。

しかし，国税通則法が第71条2項を置いたことから考えると，法的に違法か否かという面と，租税法上の所得（課税は担税力のあるところに法的所得として納税・課税関係が生ずる）を混同している議論と言えよう。

---

[14] 玉國文敏稿「違法所得課税をめぐる諸問題」判例時報744，747，750，755，761号。また，吉良実稿「違法所得と権利確定主義」127頁以下，税法学第200号，日本税法学会。

[15] 茂木繁一・前掲注(7)は当該見解について「この考え方は，所得になるか否かをいわば法的基準で判定すべきであるとする立場」と論じているが，私見では，経済的観察方法によるものであり，「法的基準説」にはあたらない，と解する。

4　無効な所得に対する理論の成熟と実務の乖離

(1)　無効な所得に対する課税理論

　前述のとおり，いわば「所有権移転基準」による見解については，利息制限法のみなし元本充当事件にかかる最高裁判決以来，現在，租税法上の収益というのは，所有権の移転を前提としなくても，占有権も民法的に認められた権利である以上，法的に認められた担税力を持つ法的利得であり，ただ，利得者が経済的成果を享受している以上，それが無効な行為または不法行為によったものであっても，そこに担税力を認め，納税・課税すべきであるという見解が，定着しているものと解する。

　古くは，武田昌輔教授は「法人税法（理論篇）」の中で，前述の昭和26年所得税基本通達について，「窃盗をして金銭を得た場合には（－中略－）所得を構成しないとしているが，純粋に考えれば，返還する確率が少ない場合には，所得とみて差し支えないであろう。問題はそれが返還される確率が多い状態にあるかどうかということであって，所有権があるかないかの点ではないと考える。したがって，窃盗が明らかとなった時点においては，もはや返還の問題が生じ所得としては経済的に認識することができないことになろう。また，不安定な所得であることはいうまでもないので，これが課税に適した所得であるかどうかは問題である。しかし，経済的意味における所得であることはいうまでもない。」(16)と見解を示されていた。

　また，行政有権解釈として，国税庁長官は，個人の「収入金額」の解釈として，所得税基本通達36－1で「法第36条第1項に規定する『収入金額とすべき金額』又は『総収入金額に算入すべき金額』は，その収入の基因となった行為が適法であるかどうかを問わない。」という解釈を公表している。

(2)　無効な行為による所得を現実に把握しうるか──実務上の問題点

(a)　ゴルゴ13の納税義務

　筆者が，元税務職員の一員として，税務相談室に所属していた時に，先任の相談官からの「入室試験」なるものがあった。私の着任の時に出された問題が表記，「ゴルゴ13に課税をすることができるか」というものであった。もちろ

---

(16) 吉国二郎・武田昌輔『法人税法（理論篇）』「第七章不法行為による所得」（財経詳報社，1968年）。

ん，まず，ゴルゴ13はデューク東郷という日本人であり，居住者か否か，という論点もあったが，居住者として答えさせられた。これは，まず，最高裁昭和46年11月9日判決，利息制限法超過利息に対する課税事件の判決にも触れなければならない。

すなわち，本稿と同旨で，違法・不法所得に所得税を課税できるか（当時は，課税庁に属していたので，あえて「課税」，と限定する。），ということは，課税庁（ないし，国）が不法な収入を正当なものとして認めうるのか，ということであるが，利息制限法超過利息に課税できるなら（最高裁は，民法上無効な収入であっても現に返還請求がされるまでは一応当人の収入として返還されることはないことから，これを所得と認定するのに差し支えはない，と判断し，金融業者の主張を排除，課税庁の主張を認めた。），殺人請負業（？）にも，所得税を課税できるか，ということであった。

本稿の文脈からすれば，「課税できる」という答えに結び付きそうである。実際，民法の条文上からは，課税をすることは法理論的に可能である。ゴルゴ13の収入を得るための行為は，殺人罪であり，その構成要件，違法性，有責性，全て犯罪の要件を満たしている。そこで，殺人の対価は民法上，有効な収入金額を構成する金員となるか，という議論を考えさせられた。私は，無い頭脳を補うために六法全書も駆使したうえで，民法第708条（不法原因給付）「不法な原因のために給付をした者は，その給付したものの返還を請求することができない。ただし，不法な原因が受益者についてのみ存したときは，この限りでない。」の条文にたどり着き，民事上も刑事上も返還義務が発生しない収入金額として課税ができる，という結論を出した。

しかし，答えは，「✖」であった。というのは，住所地もわからず，また，ゴルゴ13に税務調査に行っても，スイス銀行団の銀行の口座は銀行調査ができないし（当時は，「BEPS課税」の議論も，まだ無かったし，資料交換の議論も無かった），逆に撃ち殺されて終わり，すなわち，理論と執行は異なる，税務相談を行うには，理論と執行の乖離を知ることが重要，というのが，出題の趣旨だった[17]。

---

[17] 課税以外に，仮にゴルゴ13が逮捕・起訴されて有罪となれば，刑法第19条1項3号で，「犯罪行為によって生じ，若しくはこれによって得た物又は犯罪行為の報酬として得た物」を国は没収することはできるが。

4 無効な所得に対する理論の成熟と実務の乖離

(b) 私法上無効な所得の捕捉——実務的問題

　第2章4節の(a)の最終段落に，金子宏教授が，「利得・所得を捕捉し評価することが困難」ということを，ご著書「租税法」に記載されておられることに関連して，後述すると記した。
　ここで，その具体的な問題をいくつか挙げてみよう。
(i) 法体系，また個別基本法の陳腐化と租税法の関係
　平成24年9月に，自由民主党では，谷垣総裁の任期満了に伴う自民党の総裁選挙が行われた。地方票を含めた1回目の投票では決まらず，1回目の投票で1位の石破茂氏と2位の安倍晋三氏との決選投票となり，その結果，安倍晋三氏が逆転して第25代自民党総裁に選ばれた。第2次安倍内閣の誕生である。安倍晋三氏が自民党総裁となって迎えた同年12月の衆議院議員総選挙で，自民党が圧勝して，民主党から政権を奪還した。これにより，第2次安倍内閣が成立したのであるが，長引くデフレをインフレ基調に戻すことを狙ったいわゆるアベノミクスは，法人税減税等景気対策に傾注し，消費税増税の第2段階，8％から10％の税率アップも2回にわたり延期してきた。
　この第2次安倍政権に先立つ，平成12年に憲法調査会が設置され，平成17年に憲法調査特別委員会を経て，平成19年の第1次安倍政権の折に，憲法改正手続きを定める国民投票法と，憲法審査会の設置を盛り込んだ改正国会法が成立した。憲法は，いうまでもなく国法の最高規範であるので，議論を尽くすのに，世論をしっかり形成して行くべきだと思う。
　しかし，民法は明治29年4月27日法律第89号，刑法は明治40年4月24日法律第45号，商法は，会社法こそ平成17年7月26日にばらばらだった法律が新会社法として成立したものの，本体は明治32年3月9日法律第48号，と，原型は全て明治時代に交付・施行されたものである。大日本帝国憲法下の行政国家から，日本国憲法の法治国家に国体が変わってから改正された刑事訴訟法（昭和23年7月10日法律第131号）も，である。むろん，最高裁判所の違憲判決等や民法の家族法も憲法改正等により，その場しのぎの改正は行われてきた。
　しかし，前記の刑事訴訟法につき，興味ある判決が出された。平成28年6月29日の名古屋高裁判決で，控訴自体は棄却したものの，愛知県警が平成25年6月から約3カ月間，被告が使用する車にGPS端末を取り付けるなどし，行動確認したと認定し，計約1,600回，GPSで位置情報を検索したことなど

231

第 5 章　無効な法律行為

は強制捜査に当たるとの判断を示して，プライバシー侵害の危険性が現実化したものであり，令状の発付を受けなかった GPS 捜査は違法と判じた。そして，同判決は GPS 捜査全般について，「過度の情報収集や GPS の位置検索精度の高度化などで，プライバシー侵害の危険性も一層高まる」と指摘したうえで，「新たな立法的措置も検討されるべき」と言及したのである[18]。

　すなわち，科学・技術の進歩に，法律，法制度は追いついていっていない。私が大学院生の講義で講義する内容は，基本的に，世の中の科学，技術，統計，推計等を念頭に入れて，30 年先を考えなさい，ということと，何事にも好奇心を持ち，好奇心を持ったら調べ，できれば実践しなさい，ということである。

　だいたい，今の若い人はほとんどの人がスマート・フォン（スマホ）を持ち，フィーチャーフォン（特色のある電話），いわゆるガラケーを持つ人を不思議に思うようであるが，スマート・フォン自体がこの世にあらわれたのはスマート・フォンの定義が明確ではないので諸説あるが，私は，2008 年の iPhone 3G の普及，同年の Android OS 搭載機の普及からだと思っている。本稿執筆時が 2017 年（平成 29 年）であるから，たかだか 8〜9 年前のことである。その間に，人々は，キーボードなしでかつインターネットに，さらに Wi-Fi 経由でもつながり，話せるコンピュータ・ツールを何の疑問もなく使用している。また，前記の GPS は，自動車の世界ではカー・ナビとして，必要不可欠なものになっている。カー・ナビの技術は，カメラ情報やセンサーと組み合わせ，自動運転技術として結びつき，レベル 0 からレベル 4 のうち，レベル 2 まで実用化されている[19]。

　しかし，その技術を悪用されても，もしくは逆に更なる発展をさせようとしても，法律の整備が追い付かない。前記の自動運転技術も，自動運転中に交通事故を起こした場合に，運転席に乗っている人か，自動車の販売者か，製造者か，はたまた AI プログラミングをした者か，明確にならない。

　租税法も，法律の中では新しいものと思われていても，所得税法が昭和 40

---

[18]　判例集未搭載のため毎日新聞のホームページから取材。http://mainichi.jp/articles/20160630/k00/00m/040/052000c　平成 28 年 8 月 31 日閲覧。

[19]　加速・操舵・制動のうち複数の操作をシステムが行う状態。アダプティブクルーズコントロール（ステアリングアシスト付き）等がこれに該当する。ドライバーは常時，運転状況を監視操作する必要がある。その為，2016 年（平成 28 年）時点で市販されているシステムはある程度の時間（10〜15 秒等），ハンドルから手を離しているとシステムが解除される等の仕様となっている。

年3月31日法律第33号，法人税法も昭和40年3月31日法律第34号，相続税法は昭和25年3月31日法律第73号，戦後初のシャウプ税制からの脱却・前進といわれた消費税法ですら昭和63年12月30日法律第108号である。

租税法は，それでも毎年，政治と政策に翻弄されながら，パッチを当てられながら，膨大な租税特別措置法と引換えに時代についていこうとしているが，本稿にも関係する総則部分の改正も含まれる民法改正案[20]は国会に提出されながら，本稿執筆時現在審議すら行われておらず，政府は成人年齢の引き下げのみ先に審議しようとしている旨のニュースが駆け巡っている。ただ，この民法改正案が成立すれば，法定利率も変わるし，債権法部分等，租税法にも大きな影響があることは知っていなければならない。一部改正されていたりはしても明治時代の法律の一般原則を無条件に援用することは，とりわけ秒速で動く経済活動の結果の所得課税において，疑問があると言わざるを得ない。

(ⅱ) 取引の国際化やインターネット取引，決済の多様化等

我が国において，インターネット元年は1992年（平成4年）と言われている。この年に，日本で初めてのインターネットサービスプロバイダ（ISP），AT&T Jens（現 SpinNet）がサービスを開始，また次いで，インターネットイニシアティブ（IIJ）が日本企業初のISPとしてサービスを開始，さらにニフティサーブ（現・ニフティ）をはじめとして，パソコン通信サービス事業者は相次いでインターネットとの相互接続サービスを開始がサービスを開始した[21]。しかし，この当時はPCの価格が高かったこともさりながら，通信速度も遅く，テキストベースのエディター（初期のワープロ），メールや表計算が精々であり，画像データの送信，やホームページを見るネットサーフィンも困難で，趣味の世界にあった。まだ，スタンド・アローンでの使用も多く，特に日本語の漢字変換には，ワープロ専用機が幅をきかせる世界であった。しかし，この転機は，早く訪れた。Windows95の発売で，パソコンソフトやブラウザをGUIで利用できるようになり，また，通信方式も電話回線のダイアルアップ

---

(20) http://www.moj.go.jp/content/001142180.pdf　平成28年8月31日閲覧。
(21) 1984年（昭和59年）に，東京大学，東京工業大学，慶應義塾大学を実験的にUUCPで結んだ"JUNET"が初めてのインターネットといえるが，UUCPでは電子メールやネットニュース等の配信をバケツリレー方式で行い，このリレーの途中にある組織のネットワークが停止すると，それらの配信がストップしてしまうという問題があった。

第 5 章　無効な法律行為

から ADSL，ISDN，光ケーブルとブロードバンド化が進み，また，日本では Yahoo! JAPAN を初めに，検索の出来るポータルサイトも多く開設された。

　すなわち，このようなインターネットが身近な世界，Web が当たり前の世界，メールや SNS が当たり前の世界になったのは，ごく最近のことであり，また我が国のインターネット人口が 85％近くになったのはまだここ 10 年以内のことである。そして，租税法も，もちろん民法も，インターネット時代，ひいては，地球の裏側とも電子商取引を行う時代を想定していない（2020 年には，10Gbps を超える通信速度の 5G のサービスが提供されるかもしない）。

　さらに，現金から銀行振込や郵便振替へと決済手段が移っていった歴史は緩やかだったが，今やクレジットカードさえ持っていれば様々な支払，決済は行えるし，まだそれほど日本では普及していないが，Bitcoin に代表される仮想通貨も，三菱東京 UFJ 銀行は，独自に開発中の仮想通貨「MUFG コイン」を平成 29 年中に，一般の利用者向けに発行すると発表している。そこで，例えば，無効な行為による取引であっても，仮想通貨で取引されれば，かかる行為による利得に対し把握，課税することは非常に困難である。国税庁でもこれに対する調査体制には無策ではなく，電子商取引専門調査チーム（PROTECT: Professional Team for E-Commerce Taxation）を各国税局に設置しているが，実態をすべて把握することは非常に困難であろう[22]。

　(iii)　更に変化するであろう商取引，決済手段

　前記のようにどこまで変化するかわからない，ICT から IoT へと進む科学・技術のスピードは，「ドッグ・イヤー」と呼ばれるほど早く，また，物の購入からコンテンツ，ないしデータの購入ということになると，その変化がどうなるのか，正直なところ想像もつかない。　しかし，電子商取引，インターネット取引もまた加速することが間違いないことだけは，確信をもって断言できる。

　実際，筆者が学生時代に悩まされた，手形・小切手法であるが，今，手形取引など建設業界などを除くと，死語ともなろうとしている。同僚の商法の教員も，そのうち教えることがなくなる，と嘆くほどである。

　公序良俗違反の取引にかかる無効な法律行為による所得に対する課税は他の

---

[22] http://www.nta.go.jp/kohyo/katsudou/shingi-kenkyu/shingikai/010409/shiryo/p17.htm　平成 28 年 8 月 31 日閲覧。なお，山下学・酒井淳「仮装通貨と税務を巡る諸問題の考察（上）(下)」税務事例第 49 巻 8 号，9 号参照。

執筆者の方の割り当てとなっているが，あえて"領海侵犯"をさせていただけば，Wikipediaで「日本のインターネット」と検索すると，「インターネット犯罪」との節が設けられ，次の記述がある[23]。「日本に限ったことではないが，インターネットの普及に伴い，ネットを利用する犯罪も増加，モラルパニックの判例（ママ）の１つになってきている。非合法な依頼を請け負う目的のウェブサイトが制作され，社会問題に発展している。撮影された画像・動画の頒布が簡単になったため日本では児童ポルノの被害が増加しており，2005年の１月から11月にかけて体を撮影された18歳未満の被害者は238人で，これは2004年同期の3.4倍である。ネットを介して流布される児童ポルノは誰でも簡単に入手してしまう事が可能なため，一部の自治体では撮影者だけでなく，児童ポルノの頒布を幇助する者や児童ポルノの単純所持者も摘発出来る条例が制定されている。

この他，違法行為を助長し合うために開設されているコミュニティサイトも数多く存在する。」「他の事柄に関しては，オークション詐欺，ワンクリック契約，架空請求詐欺，自殺サイト，Winny，サイバーテロ，誹謗中傷，ネットいじめ等を参照」とある。

すなわち，インターネットの匿名性は，様々な，違法かつ無効な法律行為による利得を生み続け，現在クレジットカードが主流の決済手段が，FinTec，またその１つの形態である仮想通貨に置き換わっていくとすれば，その違法かつ無効な法律行為による所得に対する課税を税実務の執行として考えると，非常に困難になっていくことは間違いない。なぜなら，いかにマイナンバー法（行政手続における特定の個人を識別するための番号の利用等に関する法律）を拡大しようと，違法かつ無効な法律行為により利得を得ようとするものが，マイナンバーを明らかにして取引をするはずがないからである。

5　租税法を現行法体系の中で解釈すること等の困難

(1) 税地政学

筆者は，数年前から，租税法の解釈には，地政学的視野に立った解釈が必要

---

[23] https://ja.wikipedia.org/wiki/%E6%97%A5%E6%9C%AC%E3%81%AE%E3%82%A4%E3%83%B3%E3%82%BF%E3%83%BC%E3%83%8D%E3%83%83%E3%83%88　平成28年8月31日閲覧。

であることを説いて来て，文字にもしてきた[24]。

　地政学（Geopolitics）は，地理的な位置関係が政治，国際関係に与える影響を研究する学問である。地理的な環境が国家に与える政治的，軍事的，経済的な影響を巨視的な視点で研究するものである。イギリス，ドイツ，アメリカ合衆国等で国家戦略に科学的根拠と正当性を与えることを目的としたが，今の日本の経済，ひいては「税制」も「地政学」の知識が無くては理解ができない，と私見ではそう思う。歴史学，政治学，地理学，経済学，法学，軍事学，文化学，文明，宗教学，哲学などの様々な見地から研究を行うため，広範にわたる知識が不可欠となる。

　地政学自体は決して新しい学問ではない。地政学，すなわち，地理と政治や軍事との関係性についての研究は，すでに古代ギリシアの時代，ヘロドトスの『歴史』にその起源が読み取れる。

　とはいえ，地政学という学問が，その基礎的な理論が確立され，長期間にわたる総合的な研究がまだ行われていない未熟な学問であることも注目すべき点である。また，地政学が体系化される以前から地理的な条件と政治の関係性がある程度認められることは古代から近代にかけての歴史的な事実といえよう。

　すなわち，人間の営みと地理との間に深い関係性が存在することは否定しがたい事実であり，世界各地には生存適地と資源地域が局地的・不平等に存在しており，それに関連して，人口密度も国家発展の度合いも一律ではない。人間の適応能力は限定的であるため，地域の特性は人間の行動への影響には一定の法則性が存在することは歴史をみても明らかである。近年は人口増が急速に地球規模で進み，各国の経済発展によるエネルギー需要が増加し，また，国際関係は様々な問題に直面しつつある。また，投資家やエコノミスト・アナリストも地政学的分析をもとに相場の推移を予測する解説が多い。

(2)　税地政学とは

　日本の法律学・法律制度の変遷として，明治22年2月11日に公布された「大日本帝国憲法」はドイツのプロイセン憲法を模範に，立憲君主主義，行政権優位の大陸法体系が作られた（行政国家）ことは周知の事実である。民法しかり，商法しかり，刑法しかり，ドイツ，フランス，ベルギーの時の法制をま

---

(24)　拙稿「税地政学の提唱」税経通信，2015年2号，156頁以下，参照。

5 租税法を現行法体系の中で解釈すること等の困難

ねて制定された。大日本帝国憲法は，明治から第2次世界大戦敗戦まで存続し，納税の義務も定められていたが（21条）[25]，税は天皇に捧げるものとして，賦課課税方式がとられていた。今でいう税理士は，税務代弁業から，税務代理士として，税務署（当初は税務管理局所管）の補助機関でしかなかった。

そして，昭和20年8月15日の第2次世界大戦敗戦により，日本はアメリカ合衆国の占領下に置かれ，GHQ草案に基づき，「日本国憲法」が昭和21年11月3日公布，昭和22年5月3日施行され，行政法，民法の家族法も改正された。日本国憲法では，日本国民の天皇への敬愛，そしてマッカーサーの日本統治の利便の関係もあり，国民主権を原則とするものの天皇制を残し，象徴天皇制を採用した。つまり，天皇制は変わらなかったものの主権者は天皇から国民に移り，行政法を中心とした大陸法的行政国家から，英米法体系の法制の整備による司法国家に変遷した。

租税の世界も，1947年（昭和22年）の税制改正で，所得税及び法人税に申告納税制度が導入された。納税者が急増し，新たな制度に不慣れな税務の現場は混乱，これが，昭和24年に国税庁が発足する契機ともなった。因みに，税理士制度の発足は昭和26年のことである。

税制について特筆すべきなのは，いわゆるシャウプ勧告による所得課税を中心に据えた税体系であろう。シャウプ勧告以前，戦中体制において戦費調達を目的として間接税の新設と強化が行われ，非常に多くの種類の間接税が課されていた[26]。勧告では，これらの複雑な税を整理し，簡素化することを目的とした。シャウプ勧告を元にした税制改革は昭和26年に行われたが，運用上の困難さや日本の国情等を理由に一部改廃が行われた。例えば，富裕税は運用上の困難から昭和28年に廃止され，所得税の最高税率を上げることで対応された。また，有価証券譲渡益課税も廃止された。よく，平成元年の消費税の施行をもって，シャウプ税制からの決別とさえ言われたくらい，戦後日本の税制の直接税中心主義は変わらなかった。

着目されたいのは，毎年の恒例行事のごとく改正が行われる租税法でも，畢竟，根本的な改正はほとんど行われておらず，いたずらに租税特別措置法で，

---

(25) 大日本憲法21条が天皇に対しての義務であることは，その1条前，20条が兵役の義務であったことからも明らかである。

(26) シャウプ使節団日本税制報告書では，「1946年において，約56％が直接税で，44％が間接税となっている。」としている。

政策税制を加えていって対処しているのが現状である，ということである．

　無論，国民主権主義のもと，代表制民主主義に基づく法治国家である我が国，最高法規たる憲法で租税法律主義が規定されている我が国で，新しい技術ができたから，直ちに各税法を改正することはできない．ドローンが，総理大臣官邸の屋上に落ちたから「航空法」を改正する，といったことも，たまたま国会の会期開催中に起きた出来事で対処できた．しかも，年分（暦年）課税や事業年度課税の課税期間を設ける租税法において，租税法律主義の求める予見可能性や遡及立法に制約があることは，言うまでもない．

　しかし，プラザ合意が行われたのは，1985年（昭和60年）のことで，現行法人税法の施行から20年後のことである．合意発表翌日の9月23日の1日24時間だけで，ドル円レートは1ドル235円から約20円下落した．1年後にはドルの価値はほぼ半減し，150円台で取引されるようになった．その後，公定歩合の引き下げに動いたのは翌1986年になってからだった．このため，1985年には非常に金融引き締め的な経済環境になっていたと推測され，その結果その後数年間のインフレ率は低迷した．このインフレ率の低迷と公定歩合の引き下げ長期化予想を反映して名目金利が低下したことが，貨幣錯覚を伴って不動産や株式に対する投機を促し，バブル景気をもたらしたと考えられている．

　このような，大きなエポックは，地政学的から見れば予測可能であり，経済の好況がなければ税収も伸びないことを加味すれば，租税法の解釈には，地政学的予測と見当が必要である，と考える．

(3) 法人税法を例として

(a) 法人税法と税地政学

　現在，日本では，163条からなる法人税法により，大企業・大法人と中小企業の所得課税を定めている．しかし，大法人と中小法人の税体系が同じであるのは不合理であり，上場企業と町場の一人工場と同一の租税法で規定すること自体に無理があるのであって，一例を挙げれば，法人税法132条の同族法人の行為計算否認規定と大法人相手の企業再編にかかる132条の2，連結納税にかかる132条の3が並んで規定されていること自体，無理がある．

　大法人の抱える問題と中小法人が抱える問題は同一では無い．それを，十把一絡げに全法人のうち法人税を納税しているのは30％しかない[27]，といわれるが，実質的に下請け中小企業へ受注金額の決定権を持ち，上場していれば株

5 租税法を現行法体系の中で解釈すること等の困難

主への配当を考えなければならない企業と，原材料が高騰しても，受注品の値上げどころか消費税の転嫁すらままならない中小企業とを同じ法人税法規定で課税すること自体に無理があり，そこに租税特別措置法が加わって，法人税法体系は複雑怪奇，基本通達どころか，国税庁のホームページのQ&Aが幅をきかせている。

知っておかなければいけないのは，日本は，というか日本企業の生産拠点は，かなりの割合で海外に拠点を移しており，我が国はすでに輸出立国でも，物作り大国でもないことである。大企業，とりわけ足の速い金融業等では，本社を法人税率の低い国に移すことはいとも簡単にできてしまい，拙著「国際課税における有害な税の競争──OECDレポートを中心として[28]」でも平成11年（1999年）にすでに指摘しているように，法人税率の「悪しき引き下げ競争」が問題となっていたが，足の速い産業が低税率の国に本社の移転，ないしは子会社の設立をするのは，水が高い方から低い方に流れるのと同じで，当然の経済人の行動である。

さらに，人件費の比重が高い労働集約型企業は人件費の安い国に生産拠点を移す。つまり，日本でなければならない第3次産業等を除けば，産業の空洞化が進むのは当然である。外航海運企業，特に日本郵船，商船三井，川崎汽船が日本に本社を残していることは，奇跡的なことである。何故なら，シンガポールでは海運業の法人税率は0％である。しかも，アメリカ大統領選挙の最中の円高ドル安基調のなかで，ドル高決済の外航海運会社を取り巻く環境はコンテナ定期航路の市況の低迷，韓国の韓進海運の破綻も相俟って，平成28年（2016年）10月31日上記海運大手3社が定期コンテナ船（ライナー）事業を切り離し，統合した新会社を作ることを公表した。しかし，毎日変化する物流は市況でその収入金額が左右され，また，コンテナ船部門は，売上で，3社とも3〜5割を占めるコア事業であるため，残る本体の収益に対する影響が懸念される。島国の日本で，外航海運船社の破綻は，日本の貿易産業のみならず，国民の衣・食・住環境に大きな影響を及ぼす。いかに，アベノミクスがTPPを押

---

(27) 26年6月5日の与党税制協議会で法人税改革案を決定，「法人税を納付している企業は全体の3割に過ぎず，一部の黒字企業に税負担が偏っており，より広く課税を行い，企業所得の計上に前向きな企業の負担を軽減することで，成長につなげる必要がある」とした。

(28) 拙稿・税務弘報47巻6号（中央経済社，1999年）119〜128頁。

第5章　無効な法律行為

し進めても，自由貿易物資は，何が，誰が運ぶのであろうか。日本の輸出入品の99％は外航海運が支えていることを，国民が理解するならば，島国日本の外航船社の法人税率をシンガポールと同じに，0％にしても誰も文句は言わないであろう。

　筆者は，20年程前から，この外航海運と税地政学的観点から，当時オランダ，ドイツで導入されたトン数標準税制を日本に導入すべく尽力，論文でも訴えて実現させる一翼を担ったが，規制だらけの日本のトン数標準税制では，「島国沈没」する。

　さらに，一例として携帯電話を例に取れば，日本の携帯電話は，そのままでは海外では使えない。ローミングができるキャリアがほとんどであるものの，海外ローミングパケット代は目の玉が飛び出るように高額である。それは，日本がCDMA（WCDMA）という通信方式を採っているのに対し，ほとんどの海外の国はGSM（Global System for Mobile Communications）というヨーロッパで生まれたデジタル携帯電話通信方式を採っており，主にヨーロッパやアフリカ，アジア，オセアニアなど160以上の国・地域でこの方式の携帯が採用されている。また，日本では，キャリア間でも通信方式が異なり，docomoとauでそれぞれのsimを入れ替えてもつながらない。また，便利に使っている非接触型ICカードや携帯電話のチップの規格も日本とヨーロッパでは異なる[29]。つまり，日本の先端技術の一部産業規格はガラパゴス化しているのである。当然，日本企業が海外進出を図るための障壁が存在し，韓国でも，自国ではCDMA（日本とは規格が異なるが）方式を採用しているが，海外ではGSM対応機を販売する，という柔軟な対応を行っているが，日本でも大企業にはそれができても，かかる部品の一部を作る下請け中小企業にはそれは不可能である。

　そこで，中小法人企業に移るが，中小企業に対しては，消費税の転嫁問題こそ「消費税の円滑かつ適正な転嫁の確保のための消費税の転嫁を阻害する行為の是正等に関する特別措置法」により，公正取引委員会が対応しているものの，円安ドル高による輸入原材料等の高騰と納品価格への転嫁は難しい問題である。

---

(29) 相互に規格の統一が図られてきているようではある。参考として，http://www.ntt.co.jp/journal/1211/files/jn201211058.pdf#search='%E9%9D%9E%E6%8E%A5%E8%A7%A6%E5%9E%8BIC+%E8%A6%8F%E6%A0%BC+%E5%9B%BD'　平成26年12月2日現在。

5 租税法を現行法体系の中で解釈すること等の困難

　もっとも，逆に本稿執筆時現在は，円高ドル安に悩み，長引く原油価格の安止まりも，インフレをターゲットにする政府，日本銀行の政策に逆行している。

　さらに，中小企業は大きく分けると3つのタイプに分けられると考える。1つ目は「大企業の下請けピラミッド」の中の中小企業，2つ目は「節税のための法人成り」した個人事業と変わらない中小企業，3つ目は「ベンチャー企業」として投資を集めるための中小企業，の3タイプである。法人税法は，これらの特徴を区別すること無く資本金額により区別している。1つ目のタイプは，大企業の国外転出に伴い，業態の変革を求められている一方，高度な職人技能者の高齢化，事業の継承に悩みを持つ。2つ目のタイプは，実質個人事業と変わらないので，理論的には「法人格否認の法理」を用いて，いわば「見なし個人」課税をしても良いのではなかろうか。

　さて，これからの日本の税地政学的に最も大事にしなければならないのは，3つ目のタイプである[30]。例えば，今では知らない人はいないという位のGoogleは，スタンフォード大学の博士課程に在籍していたラリー・ペイジとセルゲイ・ブリンによって1998年にベンチャー企業として設立された会社である。「世界中の情報を整理し，世界中の人々がアクセスできて使えるようにすること」に着眼し，検索エンジンの開発を行った小さなベンチャー企業であるが，2004年に株式上場により資金を調達，M&Aや150社もの企業買収を行い，今や多国籍企業である[31]。また，現在はPCメーカーとしてよりもiPhoneやiPadで有名なアップル社も，少し遡るが，1976年にスティーブ・ジョブスとスティーブ・ウォズニアックと2人で自宅のガレージからスタートしたベンチャーであり，1980年の株式公開時により巨額の資金を調達，誰もが知る大会社となっている。なぜこの2社を挙げたかというと，この2社とも自前の製造工場を持たないいわばアイディア・発想を実現する会社であるが，Googleの資産総額は，日本一の売上高を誇るトヨタの資産総額の2倍，アッ

---

(30) 平成26年11月2日，ブルームバーグ・ビューのコラムニスト，ウィリアム・ペセック氏は，要旨「アベノミクスは新しいものでも想像力に富んだものでもなく，日本が10年もしくは15年前に実施しておくべきだった。仮にアベノミクスの3本の矢の全てが実行されたとしても，日本経済の復活には恐らく十分ではないだろ」うとして，放ってほしい第4の矢として，ベンチャー企業支援（ベンチャー企業向けの優遇税制や規制緩和）」を挙げている。

(31) 世界中で多くのスマート・フォンやタブレット端末で使われているOSのAndroid（アンドロイド）もGoogleの買収したAndroid社の開発によるものである。

プル社は実に3倍である。重厚長大産業よりも，小さなベンチャー企業から発展した法人が，歴史や広大な敷地の工場を持つ会社よりも，株式資産額で比べると大きく凌いでいるのが現実である。

このように考えると，最低，「大法人法人税法」と「中小法人法人税法」に分け，大法人には，グローバル企業としての競争力のある企業として日本に拠点を残せるように，税率等のイクォール・フッティングを考えるべきである。そして，中小法人は，上記3つのタイプに応じた課税や優遇措置を行うべきであろう。

これは，本書刊行の狙いを超えた「立法論」に立ち入ったものであることは認識しているが，非常に早く動いている，経済，科学，技術等の動きを考えると，考古学的（？）な解釈論だけでは解決しないのではないか，という疑問を，付け加えさせていただいた。

6　おわりに

やはり，大事なのは租税法が法である以上「的確な租税法の解釈と適用」ができなければならない。高名な法哲学者，尾高朝雄教授は著書『法の究極にあるもの』（有斐閣，1949年）に「法は政治によって動かされ，政治は経済によって動く。しかし，政治も，政治の矩としての法に制約される」と述べておられる。私の生まれるずっと以前に，この指摘をなさっておられるのは，法の在り方を分析された名言であり，現代にも当てはまるのであり，租税法も法であることから，当然かかる法の理念に変わりは無い。ただ，1つ加えるならば，尾高教授のご活躍なさった時代は島国から外国に行くためには船でそれなりに時間のかかった時代であるが，現代は48時間で地球を一周でき，インターネットの世界ではリアルタイムで全ての情報を手にすることができる。電子商取引は，それが無効な法律行為によるものであっても，地球の反対側との取引も，リアルタイムで行える。

つまり，政治も経済も全世界的視野で微細に検討しなければ，法の制定もそして法の解釈と適用もできない。租税法は，悪魔の学問と呼ばれるほど難解な法であるが，それも租税法が国の現在のみならず，将来を左右する重要な存在であるからであり，税の世界に携わる者は，日本のみならず全世界的な様々な事象が世界経済に与える影響を知らなければ，租税法の制定も施行，解釈と適

6 おわりに

用はできない。例えば，LCC の外国人パイロットが，4週間，我が国からの路線を飛び，4週間は自国で家族と共に暮らしている，という場合（現状），「住所地ないし居住地」の概念はどう考えるべきか，それに伴い国内源泉所得の概念はどう考えるのか，パナマ文書で，そしてそれに次ぐ最近のバミューダ文書で明らかになった，タックスヘイブンでの資産運用と資産隠しの違いはどこにあり，それぞれいかなる税目で，どのように課税関係が発生するのか，租税法の適用と解釈，また民法総則等の概念からの補完で，納税者も課税庁も税実務ができうるのであろうか。

現行の法体系が現に存在している以上，その法的安定性を大事にした解釈論は必要であろうが，これまでどちらかというと学者の世界では，「立法論は逃げの理論」と軽視されていたが，逆に，立法論に立ち入るべき時代はもうすでに来ているものと信じている。

第6章　通謀虚偽表示

手塚　貴大

1　検討の視角

(1) **通謀虚偽表示と課税関係——真実の法律関係を指向する課税——**

　本稿は取引当事者の法律行為が通謀虚偽表示であるとした場合に，それを課税関係において如何にして性質決定すべきであるかを論ずる。ここで通謀虚偽表示とは，相手方と通じて行った真意でない意思表示[1]を指すとしておこう[2]。そもそも，取引当事者が効果意思を有しない意思表示に基づく法律関係は無効であって，そうした私法上の性質決定が課税関係に如何なる意味を持つか，が問題となる。

　納税者の取引が通謀虚偽表示に該当するか否かが争われたケースは既に一定数存在する[3]。ここでかような場合における租税法上の課税理論に立ち返ろう。多くの論者は，私法上の法律関係を基準として課税関係を構築するという言明を肯定するであろう。換言すれば，それは真実の法律関係への着目であり，法律関係の当事者が効果意思を有して真に欲する法律関係に基づいて生じた経済的成果に課税を行うことである。例えば，「仮装行為が存在する場合には，仮装された事実や法律関係ではなく，隠ぺいないし秘匿された事実や法律関係に従って課税が行われなければならない。これは特段の規定をまつまでもなく，

---

(1) 四宮和夫／能見善久『民法総則〔第8版〕』（弘文堂，2010年）202頁。
(2) なお，仮装行為については，木村弘之亮「節税と租税回避の区別の基準」小川英明他編著『租税争訟〔改訂版〕』（青林書院，2009年）327頁。
(3) 本稿で後に本文で検討素材とするものの他にも，例えば，東京地判平成11年12月11日 LEX／DB28081098 があり，ここでは，ゴルフ会員権を譲渡することにより，譲渡損失を作り出そうとしたが，当該ゴルフ会員権については，原告納税者が譲渡に必要な一切の書類を第三者に対して譲渡担保に供していたため，譲渡することが不可能な状態にあった。それ故，当該譲渡が通謀虚偽表示とされた。その他にも，福岡高判平成20年6月3日 LEX／DB25470829（原審：福岡地判平成19年12月20日 LEX／DB25463634），東京地判平成20年2月6日訟月56巻7号165頁（控訴審：平成21年7月30日訟月56巻7号138頁），東京高判平成15年1月26日 LEX／DB28081181（原審：東京地判平成14年4月24日 LEX／DB28081215））等がある。

第6章　通謀虚偽表示

課税要件事実は外観や形式に従ってではなく，実体や実質に従って認定されなければならないことの，当然の論理的帰結である」[4]とされたりする。さらには，「(通謀虚偽表示)のような場合，納税者はそれによって真の法律関係を形成する意思を有せず，したがって一定の経済効果(収入金額や所得の取得など)や法的効果等の発生が考えられないから，このような行為は通常課税上なんらの意義も有しない」[5]とされる。続いて，これに基づき「このような仮装行為によって当事者の真に意図した法律行為が隠されている場合は，所得税等においてはその隠されている法律行為ないしそれによって形成される法律関係が課税のための基礎をなすことになる」[6]というのである。これらを端的に約言すれば，まさに前叙のごとく，納税者が効果意思を伴いつつ形成した真実の法律関係に基づく課税がなされるべきことになる。

(2) 私法と課税理論——私法関係準拠主義の意義——

では，以上のような経済的成果を生み出す私法上の取引について，私法理論に基づいた取引の性質決定を前提に課税関係を議論するという課税理論の背景には何があるのか。について，私法関係準拠主義という概念の定立を試みる立場上がある[7]。所論を約言すれば，日本国憲法の根本原理として自由主義を挙げ，国家との関係で納税者の自由および財産を保護すべく租税法律主義が定立されたと説く。さらに，私人間の取引については私的自治の原則に基づいて私法が規律し，その中で私人は自由な取引を行い，経済的成果を創出することができると説く。以上を併せ見れば，私人の経済的自由権の行使への課税という形態を通じた国家の関与はできるだけ抑制的であるべく，それを具体化する租税制度とは私法上の取引形式を前提としつつ，その経済的成果に着目した課税を行う，ということがその含意であろう。

すなわち，私法関係準拠主義は租税法の自由主義的構造を見ることにより論証されているのである。こうした租税法を"自由主義的"に構成する立場は，侵害行政としての租税法の属性を優れて捉えていると考えられる。すなわち，侵害行政は私人の自由の領域に国家が介入するものとされ，その意味で国家か

---

(4) 金子宏『租税法〔第二十一版〕』(弘文堂，2016年) 141頁。
(5) 清永敬次『税法　新装版』(ミネルヴァ書房，2013年) 48頁。
(6) 清永・前掲注(5) 48頁。
(7) 谷口勢津夫『税法基本講義〔第5版〕』(弘文堂，2016年) 55-56頁。

らの介入を出来るだけ抑制するための法制度・法理論が求められる。私法関係準拠主義はまさにこのための一表現であろう。換言すれば，私的自治の原則を前提とする租税法律主義であると言えよう。

このような私法関係準拠主義の根拠が説くところによれば，課税庁，裁判所は納税者が選択した取引形式を無視して課税を行いえない。この点で課税は私法の規律を無視しえない。そして，通謀虚偽表示に基づく法律関係は無効であるため，課税関係を論ずる上ではそれは無視される。

以下では紙幅の都合上極めて限定された範囲ではあるが，通謀虚偽表示と課税関係について学説・判例に触れながら若干論ずることとしたい。また，本稿は現段階での筆者の一応の整理・理解であり，他の議論を排除するものではなく，さらに後日修正の可能性もあることをご了解いただきたい。

2　通謀虚偽表示と租税法解釈論との関係

(1)　租税法解釈論における通謀虚偽表示の位置づけ

通謀虚偽表示としての取引に係る課税関係は既に述べたところであり，一応明確になったと思われる。わが国で通謀虚偽表示が議論される際には，租税回避との関係に言及されるときがある。租税回避とは，納税者が，私法上の選択可能性を利用し，私的経済取引プロパーの見地からは合理的理由がないのに，通常用いられない法形式（取引）を選択することによって，結果的には意図した経済的目的ないし経済的成果を実現しながら，課税要件の充足を回避し，もって税負担の減少・排除をもたらすそうした取引形態を指す[8]。租税回避は違法ではないが，本来獲得可能な税収を喪失し，税負担の不公平が生じるため，その取引を否認することにより通常行われるべき取引を措定し，それが行われたものとして課税を実施することが求められる。

ここで，契約書の書面上の取引が通謀虚偽表示で，その背後に真実の法律関係を隠しつつ，同書面上の取引を実行することがありうる。通謀虚偽表示は契約書上の契約が無効であるため，真実の法律関係に基づいて課税すべきことになるが，租税回避はその取引自体は有効であるけれども，それを租税法上は否認するという点で違いがある[9]。とはいえ，ここでの真実の法律関係に基づ

---

[8]　金子・前掲注(4) 125頁。
[9]　例えば，木村・前掲注(2) 340頁。

第6章　通謀虚偽表示

く課税は租税回避の否認と同じような帰結をもたらす。その意味である取引が通謀虚偽表示にあたるか否かは租税法上重要なことである。次に述べる私法上の法律構成による否認とも関連するが，租税回避の否認は租税法律主義により，法律上の個別的な明文規定を要するため，そうした規定を欠いた場合には，真実の法律関係如何というように当該取引の私法上の性質決定が重要な意味を持つ。それ故課税庁が取引の性質決定を行うことが必要となる。しかし，面前の取引について通謀虚偽表示への該当可能性については，いわゆる処分証書の法理との関係が検討されねばならない。処分証書の法理とは，契約書における契約内容は契約書上の取引当事者による署名・捺印が存在する場合には，当該取引は当事者の真の意思に基づいてなされたものと認めるという証拠法上の事実認定のやり方である[10]。これによれば，通謀虚偽表示の認定可能性は相当程度に狭まる。勿論，判例上も言及があるが，「別異に解すべき特段の事情」がある（最判昭和45年11月26日最高裁判所裁判集民事101号565頁），「特段な事情の説明」がある（最判昭和39年1月23日最高裁判所裁判集民事71号237頁）という一定の要件を充足する場合に当該契約書を処分証書と扱わず，それと異なる法律関係の存在を認定することもできる。

(2)　契約の解釈に係る射程——私法上の法律構成による否認論も含めて——
(a)　契約の解釈の類型

そこで取引当事者の真意を探求すること，換言すれば，真実の法律関係の探求が必要となる。具体的には，契約の成立，契約の意味内容の探求作業が求められる[11]。これは契約の解釈の一形態であると言えよう。民法学説の整理するところによると，契約の解釈の類型として，狭義の解釈，補充的解釈，修正的解釈（契約の改訂）という識別がなされる[12]。また契約の成立も契約の解釈に含めると思われるものもある[13]。後二者は別途触れるとして，差し当たり，契約の成立および（契約の）狭義の解釈について触れることとしよう。

---

(10)　例えば，後藤正幸「租税回避行為と主張立証責任」税法学553号263頁。一般論として，参照，賀集唱「契約の成否・解釈と証書の証明力」民商法雑誌60巻2号179頁以下。
(11)　例えば，河上正二『民法総則講義』（日本評論社，2007年）249頁以下。
(12)　四宮／能見・前掲注(1) 185頁以下。
(13)　詳細は，例えば，河上・前掲注(11) 249-253頁。

(b) 契約の解釈のあり方
(i) 意思主義と表示主義

　契約に基づき当事者の法律関係が形成される場合には，その契約の意味内容が明らかにされる必要がある。特に問題になるのはその手段が契約の解釈であり，大きく分けて，意思主義と表示主義とに分かれる。そもそも，こうした「契約の解釈」論の意義としては，当事者間での契約内容に係る解釈の相違が生じた場合に契約の内容を確定する作業を行う際に適用されるという点が挙げられようが，文献上は必ずしもそれに限定されることなく，前叙のような一般的に契約の意味内容（つまるところ当事者間での真実の法律関係も含まれようか）を解明する際に用いられうる(14)。

　そして，表示主義とは契約上の客観的表示からその意味内容を解明しようとする立場であり(15)，意思主義とは，当事者の内心の意思を探求し，それを以て契約の意味内容を解明しようとする立場である(16)。表示主義に与する立場は，当事者の内心の意思を解明することは必ずしも容易ではなく，客観的表示が一致しているにも拘らず，内心の効果意思に不一致がある場合に，契約の効力を認めないと取引の安全が害される等の根拠に基づく。そして，意思主義に与する立場(17)は，意思主義は本来の文脈における意味内容は差し当たり措くとして，真実の法律関係に基づく課税という考え方に親和するとは言えそうである。すなわち，契約上に現れたものだけではなく，取引当事者間の真の意思を探求することに繋がりうるのである。

(ii) 契約の成立と通謀虚偽表示

　本稿で引用した民法学説の整理に拠りつつ，契約の成立および契約の解釈に係る一連の流れに沿いつつ，以下に通謀虚偽表示の位置づけを図ろう。1に，契約の成立が問題となる。ここでも表示主義と意思主義との対立がある。従前有力であった表示主義に与すれば，当事者の表示行為が一致していれば契約の成立が認められ(18)，その後に当該契約の効力に係る問題として，通謀虚偽表示の有無が問題となる(19)。逆に，意思主義に与すれば，当事者の内心の意思

---

(14) 山本敬三『民法講義Ⅰ総則〔第3版〕』（有斐閣，2011年）135頁に見い出されようか。
(15) 例えば，星野英一『民法概論Ⅰ（序論・総則）』（良書普及会，1971年）175頁。
(16) 例えば，星野・前掲注(15) 175頁。
(17) 平野裕之『民法総則〔第3版〕』（日本評論社，2011年）106頁。
(18) 木村・前掲注(2) 360頁。

が探求されるので[20]，直截に通謀虚偽表示の問題が扱われると考えられる。

(iii) 契約の解釈と租税法の解釈適用

次に，契約の解釈（狭義のそれ）の段階に移行するが，近時の学説では，契約上の取り決めの表示に当事者が付与した共通の意味（主観的意味）が探求されねばならず，そのためには，当事者間での従来の交渉経緯や，契約文言策定の経緯，前提とされた個別的了解事項などが斟酌されるという[21]。そして，そのような共通の主観的意味を確定できない場合には，表示のもつ合理的・客観的意味を確定しなければならないとされる[22],[23]。重要な点は，客観的解釈の名の下に，契約の両当事者が意図しない第3の意味を当該表示に与える実益はないという指摘である[24]。これを素材に，本稿の文脈に強いて活かすとすれば，いずれの立場を問わず，契約の解釈の基点は契約当事者の意思であることになろう。租税法上の契約の解釈として，ここから乖離することは許されないと見るべきであろう。この対立は契約の成否を論ずる場合にも当てはまる[25]。

---

(19) 後藤・前掲注(10) 264頁。所論は，契約の成立については表示主義に与する。論拠も含めて詳細は260頁。
(20) 木村・前掲注(2) 360頁。
(21) 河上・前掲注(11) 253-254頁。なお不明確な点はあるが，仮に，契約成立の段階で意思主義に与すれば，その段階で実質的にはこの作業も行われうるのかもしれない。
(22) 河上・前掲注(11) 254頁。また，山本・前掲注(14) 135-136頁。
(23) これを見ると，契約の解釈に意思主義および表示主義が混在しているように見える（両者が二項的な対立構造ではないことにつき，野村豊弘「法律行為の解釈」星野英一編『民法講座　第1巻　民法総則』（有斐閣，2012年）321-322頁。）。また，意思主義が第一次的に適用されるべき解釈手法に思える。なお，従前，契約の解釈は，契約上の表示行為の有する意味を明らかにすること，という表示主義が支持された（参照，我妻榮『新訂　民法総則』（岩波書店，1965年）249-250頁。）。しかし，その後，本文中に述べるように，意思主義の支持が出現した（詳細は，川島武宜／平井宜雄編『新版注釈民法 (3)』（有斐閣，2003年）56頁以下（平井宜雄執筆））。また，野村・前掲330-331頁。
(24) 河上・前掲注(11) 254頁。所論の意味は必ずしも明確ではないが，おそらくは当事者間で契約の内容につき争いがある際に，両者の意図するところではない第三の意味をそれに与えることに意味はない，ということであろうか。とするならば，租税法上の事案に係る契約の解釈は，当事者間で争いのある契約の内容を解明するのではなく，課税庁・裁判所による契約内容の解明である点で問題状況は異なる。
　　また，野村・前掲注(23) 331-332頁は，契約の解釈に係るかような限界を明確にする作業の必要性を説く。
(25) 河上・前掲注(11) 249頁。

2 通謀虚偽表示と租税法解釈論との関係

　その他にも，補充的解釈がある。ここでは，当事者が達成しようとする経済的・社会的結果だけを念頭におき，個々の問題について精密な取決めをしない場合が多いので，裁判官が当事者の表示によって明らかにされていない部分について，契約の内容を補充しなければならない[26]，すなわち，当事者の表示ないし具体的事情から導くことができない部分について，当事者間で紛争が生じた場合には，裁判所は何らかの方法で，空白部分を補充して解釈することが求められる[27]。以上によれば，この補充的解釈は通謀虚偽表示とは直接関係がなく，本稿の文脈では議論の対象外である。

　次に，修正的解釈があり，これは，狭義の解釈によって確定した契約の内容が合理的でないと考えられる場合に，合理的な内容となるように内容を修正する解釈である[28]。これは契約の改訂とも呼ばれるが，意思自由の原則に照らし無制限に行わると問題があり[29]，契約の改訂を可能とする根拠が不明であるとされる[30]。すなわち，契約の一部（または全部もあるのか）について，契約内容の修正・改訂を行うのであるが，例えば，公序良俗を根拠にその作業を行うわけである[31]。ところが，議論は進み，公序良俗違反とまでは言えない不当な契約内容の改訂を可能と見るべきかという問題点が提示されている[32]。これを租税法に引き付けて言えば，直後にも改めて触れるが，租税回避を指向する契約は不当であり，それ故改訂が許されるという立論は可能であろうか[33]。もし，これを肯定し，議論の前提とすれば，効果意思の有無は問題とならず，契約は有効であるが内容の不合理さ故に効力を否定する，と立論するものであろうか。これは直後に見る私法上の法律構成による否認と同じ帰結をもたらす。ところが，これでは租税法律上の規範ではない別の規範を以て租税回避の否認をすることに繋がり，目下の租税法理論に照らし差し当たって与しがたいように思われる[34]。しかし，以上の問題の当否は措くとして，こうし

---

(26) 四宮／能見・前掲注(1) 185-186 頁。
(27) 四宮／能見・前掲注(1) 188 頁。
(28) 四宮／能見・前掲注(1) 192 頁。
(29) 野村・前掲注(23) 325-326 頁。
(30) 四宮／能見・前掲注(1) 193 頁。
(31) 四宮／能見・前掲注(1) 193 頁。
(32) 四宮／能見・前掲注(1) 193 頁。
(33) なお，中田裕康「裁判所による契約書の訂正」中川良延他編『日本民法学の形成と課題　上』（有斐閣，1996 年）599 頁に，改訂の基準定立の意義が示される。
(34) 同旨か，末崎衛「「租税回避目的と」契約解釈——「私法上の法律構成による否認」

第6章　通謀虚偽表示

た議論は通謀虚偽表示とは異なり，本稿の検討素材とは直接的には無関係である。

(c)　私法上の法律構成による否認——租税回避論との関係——

租税回避は前叙のごとく契約自由の原則を課税関係の前提として租税法解釈論が受け入れることにより生ずると言える。そこで，租税回避行為の否認を行う，換言すれば，通常であれば採用されたであろう取引形式が行われたものとして課税するためには，法律上の，個別の取引形式が否認対象として規定された条文が必要であるとされる。もし，かような条文が配備されていない場合に，租税回避の否認を行うためには，租税回避行為である取引そのものについて私法上の性質決定を行う必要がある。学説上かような作業の理論的基盤として提示されたものが，いわゆる私法上の法律構成による否認である[35]。換言すれば，租税回避行為の私法上の性質決定を試みることにより，租税回避行為の規制を行おうとするものである。これは，そうした作業を通じて，真実の法律関係に基づいて課税するという理論である[36]。

ここで私法上の法律構成による否認の一類型として通謀虚偽表示の認定が含まれる[37]。契約書上の契約内容についてそれを通謀虚偽表示として取引当事者の内心的効果意思を欠くものとして無効とし，真実の法律関係を探求し，それに基づき課税を行うのである。こうした場面で通謀虚偽表示の適用は可能であるため，議論は如何なる要件のもとに租税法上の問題としてその適用が可能であるのかという問題に移行する（後述3において若干の例に言及し，検討する）。

次に考えられるのは，前叙の契約の解釈による法的性質決定[38]である。契約の解釈については既に見たが，所論の私法上の法律構成による否認の文脈においては，契約から真実の法律関係を探求するということになる。一例としては処分証書の法理に係るその適用除外事由の探求ということになる[39]。これは当事者の意思から乖離する別の契約を探求するというものではない。やや粗いが，一例を図式化するとすれば，当事者間の表面上の契約が特定の契約Aに

　　　論の批判的検討——」税法学560号119-120頁。
(35)　今村隆「租税回避行為の否認と契約解釈」税理42巻14号208頁。
(36)　今村・前掲注(35) 208頁。
(37)　今村・前掲注(35) 208-209頁。
(38)　今村隆「租税回避行為の否認と契約解釈 (4)」税理43巻3号208-212頁。
(39)　今村・前掲注(38) 208-209頁。

係る法律要件を充足せず，他のBのそれを充足する場合に，当事者の内心的効果意思をBと客観的に認定するということである．換言すれば，真実の法律関係はAではなく，Bであることになる[40]．とはいえ，当事者の真の効果

---

(40) このモデルも含めて，同様の整理をするものとして，中里実「課税逃れ商品に対する租税法の対応（下）」ジュリスト1171号91頁．本文中のモデルとはやや異なるかもしれないが，大阪地判平成10年10月16日訟務月報45巻6号1153頁（控訴審：大阪高判平成12年1月18日訟務月報47巻12号3767頁．なお，上告審：最判平成18年1月24日訟務月報52巻12号3656頁）は，次のような事案であった．納税者により組合（以下，本件組合）が組成されているけれども，本件組合は，映画制作会社との売買契約に基づき，映画（以下，「本件映画」）を購入している．その上で①D社との間で配給契約（以下，「本件配給契約」）を締結し，これにより，D社に対し，本件映画につき，題名を選択し又は変更すること，編集すること，全世界で封切りをすること，ビデオテープ等を作成すること，広告宣伝をすること，著作権侵害に対する措置を執ることなどの権利を与えた．そして，このようなD社の本件映画に関する権利は，本件配給契約の解除，終了等により影響を受けず，D社は，この契約上の地位等を譲渡することができ，また，本件映画に関する権利を取得することができる購入選択権を有するとされた．②他方，本件組合は，D社が本件配給契約上の義務に違反したとしても，D社が有する上記の権利を制限したり，本件配給契約を解除することはできず，また，本件映画に関する権利をD社の権利に悪影響を与えるように第三者に譲渡することはできないとさた．③本件組合が本件映画の購入に際して要した費用はE銀行からの借入によっているが，E銀行に返済すべき金額は，D社が本件配給契約に基づいて購入選択権を行使した場合に本件映画の興行収入の大小を問わず本件組合に対して最低限支払うべきものとされる金額と合致し，また，D社による同金額の支払債務の大部分については，G銀行が保証している．④さらに，納税者は，不動産業を営む会社であり，従来，映画の制作，配給等の事業に関与したことがなく，納税者が本件取引についてA社から受けた説明の中には，本件映画の題名を始め，本件映画の興行に関する具体的な情報はなかったというのである．

このとき，組合は本件映画を減価償却資産として扱えるか否かであったが，組合の法律関係につき，「……原告は，映画興行による利益と減価償却費の損金計上等によって生ずる課税上の利益を得ることを目的として，<u>単に資金提供のみを行う意思のもとに本件組合（・筆者注）に参加したものであり，本件組合（・筆者注）を通じて本件映画を所有し，その使用収益等を行う意思は有していなかったものと推認するのが相当である</u>……（傍線部は筆者による）」等とされた．裁判所は本件配給契約の実質はD社への融資であり，組合は実質において本件映画の所有権を取得していない，として減価償却資産と認めなかった．これは，通謀虚偽表示そのものではないのかもしれないが，裁判所は契約内容から真実の法律関係を導出する契約の解釈を行っている．また，判文は，組合が本件映画を取得したとする法形式はそれを減価償却資産として扱い税務上のメリットを得るための形式・文言に過ぎないとした．

なお，一審・控訴審判決の優れた評釈として，それぞれ，渕圭吾「租税判例研究」ジュリスト1165号130頁以下，藤谷武史「判例回顧」租税法研究29号165頁以下．また，東京地判平成10年5月13日訟務月報47巻1号199頁も参照．

意思を基準として課税のベースとなる法律関係を措定するという立論である点にも着目すべきであって，通謀虚偽表示とこの点では異なることはない[41]。

このような私法上の法律構成による否認の特徴として，取引当事者による租税回避目的があることは，真実の法律関係は契約上には現れていないことに係る重要な間接事実であるとする[42]。これによれば，租税回避目的の存在により，契約の解釈の余地が大いに生じることになるが，契約の解釈を通じて，こうした租税回避の否認が可能であるのか。後に見るように，契約自由の原則のもとではそうした税負担軽減を指向する取引の組成も自由であり，そこに取引当事者の内心的効果意思の欠如は認め難いようにも思われる（例えば，東京高判平成11年6月21日訟務月報47巻1号184頁。これは，周知のように，納税者の取引が売買か，交換かが争われた事案で，裁判所は，納税者が売買という法形式を選択したことについて「税負担の軽減を図るためであったことが，優に推認できるもの」とした上で，「本件取引において採用された……売買契約の法形式が仮装のものであるとすることは困難なもの」であるとした）。加えてここには処分証書の法理も適用される。とはいえ，裁判所の真実の法律関係の探求作業には，裁判所に認められた権限である契約の解釈に係る幅も関係するという[43]。租税法上の事案解決のため，当該権限をどの程度行使できるのか。民事上のそれと同じか，またはそれよりも狭いと考えるべきか，という問題に繋がる[44]。ここで，租税

---

(41) なお，木村・前掲注(2) 363頁では，私法上の法律構成による否認論の特色として，問題とされる取引について，私法上の有効・無効を問わず，当該経済的実質に沿った法形式こそが当事者が真に意図した私法上の法形式であって，その私法上の法形式に基づいて課税する点を挙げる。もし，そうであれば，これは当事者の内心的効果意思に基づくという意味での真実の法律関係に着目した課税ではなかろう。

(42) 今村・前掲注(38) 209頁。

(43) 今村・前掲注(38) 206頁以下。

(44) 民事上の紛争解決に係る契約の解釈として，必ずしも当事者が選択した契約に拘束されないとする立場がある。例えば，いわゆる複合契約がそれである（複合契約の詳細については，例えば，大村敦志『消費者法〔第3版〕』（有斐閣，2003年）209頁以下）。この複合契約の性質決定の際に，前叙のごとく，当事者の選択した契約形式に拘束されずに裁判官が複合契約の性質決定を行うとされる（大村・前掲145頁）。この根拠は，端的には，複合契約に係る取引当事者の利益調整である（詳細は，大村・前掲215頁，山田誠一「「複合契約取引」についての覚書（2・完）」NBL486号533-55頁。また，この整理については，末崎・前掲注(34) 120-121頁も同旨であろう）。とするならば，契約当事者の利益調整という目的の下に許容される裁判官による契約の"組み替え"権限はいかなる場合にも（特に租税法上のそれについて）承認されるとは軽々に言えない。

法上の事案解決のための権限行使の幅は極めて狭いと考える立場[45]はおそらくは租税法律主義の潜脱を回避するという指向を有するのであろう[46]。それ故，こうした真実の法律関係の探求は慎重になされるべきという主張[47]が説得的であるように思われる。

なお，前叙の契約の改訂の議論に立ち返るが，そこで租税回避行為を公序良俗と性質決定することは可能であろうか，裁判所が受け入れる考え方であろうか。この点なお実務上現実的な議論ではないとも考えられるし，そもそもこの考え方はわが国の租税法律主義の理解とは大いに異なるように思われる。すなわち，租税回避の否認を行う場合には，租税法律上その旨規定されるべきであるという言明がそれである。

3 通謀虚偽表示と課税に係る実例

ここで若干ではあるけれども通謀虚偽表示に係るいくつかの判例を概観，検討することとしたい。

(1) 通謀虚偽表示の認定に係るもの
(a) 名古屋地判平成17年9月29日判タ1256号81頁
　　（控訴審：名古屋地判平成18年2月23日 LEX/DB28110921）
この事案では，A社から分離した原告の所有するノウハウについて，海外の別会社（HRD）に譲渡し，HRDから譲渡代金を受け取るという内容の合意がなされたが，課税庁が，ノウハウはそもそも原告納税者に帰属せず，A社の

　　また，この複合契約に係る議論につき，必ずしも明確ではないが，もし，組み替えが当事者の意思から離れて行われる作業であるならば，それは真実の法律関係に基づく課税では最早ない。今村・前掲注(38) 207-208頁において，本注で引用する大村および山田両教授の論稿を素材として，かような作業が租税回避の否認の文脈で行いうるか否かという問題提起がなされているが，前叙のように解すれば差し当たって否定せざるを得ない。これは，木村・前掲注(2) 363頁の指摘から導ける。
(45) 例えば，谷口・前掲注(7) 51頁以下がそれか。なお，後藤・前掲注(10) 265頁は，租税回避の否認を企図して，信義則，条理等を適用し，契約解釈におけるいわゆる"意味の持ち込み"を許容するかのようである。しかし，所論は本文中のような契約解釈の余地を限定的に捉えるとは思われる。
(46) 谷口・前掲注(7) 75-76頁。
(47) 金子・前掲注(4) 132頁, 142頁。

第6章　通謀虚偽表示

ものでありそこに通謀虚偽表示があるとして否認をした事案である。課税庁はHRDから原告への支払は譲渡代金ではなく、受贈益として性質決定している。

判旨は次のように述べた。曰く、「本件における争点は、……本件資金移動が法人税法22条2項所定の受贈益に該当するか否かであり、その論理的前提問題として、本件譲渡契約が仮装された無効のものか、すなわち、原告とHRDとの間で民法94条1項の通謀虚偽表示が成立したかが争われている。

ところで、通謀虚偽表示の成立要件である、法律行為の当事者が当該法律行為（の表示行為）に対応する内心的効果意思を持たず、かつ持たないことにつき相手方と通謀したことは、それが専ら主観的な要素から構成されるため、それを推測させる客観的な事実、すなわち間接事実によって証明されることが通常である（(1)-(a)-1）……」とした上で、「……譲渡契約における目的物が譲渡人に帰属していないことは、これによって直ちに当該契約の無効を来すものではない（他人物売買も有効に成立することはいうまでもない。）ものの、そのことが前提とされて契約が締結されたなどの事情が認められない限り、一般的には不自然な契約であるといわざるを得ず、この意味で、売買契約の性質を有する本件譲渡契約によって譲渡の目的物とされた本件ノウハウ等が原告に帰属していたか否かは、有力な間接事実として、上記争点についての判断に大きな影響を与えるというべきである（(1)-(a)-2）。この意味で、被告が本件譲渡契約が仮装されたものであることを証するために、本件ノウハウ等の帰属を問題としているのは、的確な対応というべきである（そして、本件各フランチャイズ契約におけるフランチャイザーがだれかは、本件ノウハウ等の帰属についての判断に影響を与える再間接事実に位置づけられる（(1)-(a)-3）から、この問題も争点の判断に影響を与え得ると考えられる。）。」とした。

さらに「もっとも、上記争点の判断に影響を与える間接事実としては、目的物の帰属のほかにも種々考えられるところ、通謀虚偽表示は、内心的効果意思が存在しないにもかかわらず、通謀の上、あえて表示行為を行うのであるから、経験則上、そのような仮装行為をするについての動機が存在するのが通常と考えられる。すなわち、通謀虚偽表示が成立する場合には、当事者双方ないし少なくとも一方が、当該法律行為が有効に成立したという外形を作出することによって何らかの利益を得る関係が存在すると考えられ、逆にいえば、そのような動機が全く見当たらないという事実は、通謀虚偽表示の認定について、消極的な方向で作用することは当然である（(1)-(a)-4）。したがって、被告の主張

するように，租税回避等の経済的動機が存在しないからといって，直ちに本件において通謀虚偽表示が成立しないと断定できるわけではないとしても，かかる事情を無視ないし軽視することも相当とはいえない((1)-(a)-5)。」とした。

以上の判示では，特に，(1)-(a)-1において通謀虚偽表示の認定に際してのあり方が示されていると言えよう[48]。本件における間接事実としては，(1)-(a)-2（再間接事実であるが，(1)-(a)-3も）に示されている。そして，通謀虚偽表示が如何なる場合に認定されるかであるが，(1)-(a)-4において，通謀虚偽表示により獲得されるべき利益の存在が通謀虚偽表示の認定に必要である旨示されるが，逆にそれが存在しない場合にはその認定に消極的に作用し，(1)-(a)-5では，その判示を逆に解すれば租税回避等の経済的動機の存在が通謀虚偽表示の存在を推認させることになると理解できる。特に，(1)-(a)-5については，税負担軽減の意図が内心的効果意思の欠如を示すものではないという立場との整合性が問われる。確かに，税負担軽減は通常の合理的判断を行えば当然念頭に存在することになり，それを動機とした取引に効果意思が伴わないことはなかろう。とするならば，この判示は論難の対象となる。但し，(1)-(a)-5では"租税回避等"と言われている点に着目すべきである。というのも，通常の節税と言える場合には，効果意思の欠如を論ずべきではないとしても，租税回避行為には定義上異常性が伴うので，真実の法律関係の存在が別途ありうることはあるという理解があるのかもしれない。勿論，租税回避行為が常に仮装であるとまでは言い切れないが，その当否は措くとして，(1)-(a)-5の背景は以上のように理解することもできる。このことは，特に，続けて引用する(1)-(b)-3，(2)-5からも読み取られうるか否かは問題である。私見では差し当たって，接合可能と考える。

(b) 名古屋地判平成18年3月23日判タ1236号175頁

この事案は軽油引取税を当初より納税する意図がない原告納税者が，ダミー会社を介在させて，当該会社に軽油を保税転売し，自身が買戻すというダミー会社に軽油引取税の納税をさせるかのような取引を組成した（その際，両者間

---

[48] 木村弘之亮「租税判例研究」ジュリスト1378号199頁以下，203-204頁によれば，そして，かような通謀虚偽表示については，その主張立証の成功を通じて初めてそれを前提とした課税関係を論じることができることが確認されるべきかもしれない。さらに，参照，木村・前掲注(2) 333頁以下。

第6章　通謀虚偽表示

の譲渡価格と買戻し価格との差額は軽油引取税額に満たず，当事者の自由意思に基づく価格設定ではなく，金銭のやりとりもなく，軽油も原告の保税タンクに保管されたままである等の事情がある）が，そうした取引に経済的合理性を見出せず，取引の実態を直視して契約の成立にも疑義があり，仮にそれを肯定するとしても内心的効果意思を欠き無効であって，原告納税者が軽油取引の主体であるとされたものである。

　以上に基づき，判旨は，「……ところで，国民が一定の経済的目的を達成しようとする場合，私法上は複数の手段，形式が考えられる場合があるが，私的自治の原則ないし契約自由の原則が存在する以上，当該国民は，原則として，どのような法的手段，法的形式を用いるかについて，選択の自由を有するというべきである（(1)-(b)-1）。そして，憲法84条の定める租税法律主義の下においては，国民が，その判断によって特定の法的手段，法的形式を選択した場合，課税要件が充足されるか否かの判断も当該手段，形式に即して行われるべきことは当然であり，租税法の定める否認規定（所得税法157条，法人税法132条等）によらずして，課税庁が当該手段，形式を否認し，あるいはこれを引き直すことは許されないといわねばならない。」とした。この(1)-(b)-1は，後に引用する判決にも同種の言い回しが現れるが，私的自治の原則の尊重である。その上で，「もっとも，このことは，当事者が作出した手段，形式の外形をそのまま承認しなければならないということを意味するものではなく，上記外形が実体を伴わないもの，仮装されたものにすぎない場合には，その実質に従って課税要件の充足を検討すべきことは当然であり，かつ，これは事実認定の問題であるから，租税法律主義に反するものでないことも明らかである（(1)-(b)-2）。そして，当該法律行為を行った当事者の意図・目的，それに至る経緯，これによって享受することとなった効果等を総合的に検討した結果，特段の合理的理由がないのに，ある法的・経済的目的を達成するための法的形式としては著しく迂遠，複雑なものであって，社会通念上，到底その合理性を是認できないと客観的に判断される場合には，その外形的な手段，形式にかかわらず，当事者の真意がいずれにあったのかという事実認定上の問題を避けて通ることはできないというべきである（(1)-(b)-3）。」とした。

　以上の判示における(1)-(b)-1から3までの言明には特段異論はなかろう。すなわち，私的自治の原則に基づき，法律関係の形成の自由が認められるが（(1)-(b)-1），一定の場合には仮装行為として真実の法律関係に着目した課税

がなされることになり（(1)-(b)-2），それは当該取引がそれを通じて達成される目的との関係で不合理性が顕著であるときとされる（(1)-(b)-3）。この事案においても，ダミー会社に納税をさせて納税を回避するという動機はともかく，先に見た原告とダミー会社との間の取引の実態から「……本件……取引については，そもそも，契約の成立があったといえるかについて多大な疑問がある上，仮にこれを積極に解するとしても，売買契約の成立に向けた内心の効果意思があったと認めることは到底できないので，本件……取引は，通謀虚偽表示として無効というべきである」とされた。

(c) 名古屋地判平成18年12月13日LEX/DB28130438（控訴審：名古屋高判平成19年7月26日LEX/DB25463416，上告審：最決平成19年12月11日LEX/DB25463616）

これは原告納税者が土地の譲渡に係る租税特別措置の適用を受けるべく，自身による譲渡ではそれが不可能であるため，多額の繰越欠損金を抱えている子会社Dに当該土地を移転させ，それによる譲渡に見せかけたとして，課税庁による否認がなされた事案である。なお，判文上はDと原告との実質的同一性ともいうべき関係，原告が当該土地をDに移転した際の売買代金は原告からDへの貸付債権との相殺という形式が採られていること，Dが当該土地を事業の用に供する様子がうかがえなかったこと等が認定されている。

判旨は次のように言う。曰く，「原告は，前述した本件特別控除の適用を受ける利益の他，実質的に原告と一体の経営実態にあるDの繰越欠損金をもって本件土地……の売却益にかかる法人税の負担をも免れる意図，計算のもとに本件取引を企図し，実行したものであることが明らかである。

……以上のとおりの諸事情を総合して検討してみると，原告は，本件土地……を自らが売主となって……（県公社）に売却した場合には本件特別控除の適用が得られないため，不動産業を営んでおらず本件特別控除の適用が得られるDを介在させてその売却を行い，自らが売主となる場合に課されることになる法人税等の負担を免れ，また，Dの多額の繰越欠損金を利用して，上記譲渡益に掛かる法人税等の負担を免れることを企図して本件取引を行ったものであるところ，そのような実態にある本件取引は，Dの事業目的とは全く無関係に，単に同社の別法人としての外形と，同社が実質的に原告と一体の経営支配の下にあって，その経営意思を実質上決定できることを利用して，専ら本件特別控

除の適用を受けること，及び同社の繰越欠損金の利用による租税負担の回避を目的として便宜的に行われたものであることが明らかであって，それ自体本件特別控除制度の趣旨の潜脱を図るものというべきであり，私法上の取引契約としても，正常な取引契約としての実質を伴う所有権移転の効果意思を認め難いものといわざるを得ない((1)-(c)-1)。

したがって，本件取引は原告とDの間の通謀虚偽表示として無効と認めるほかはない。」と。以上の判断は前叙の認定事実を基に判断されているのであり，これが通謀虚偽表示に係る間接事実であることになろう。加えて，(1)-(c)-1では，取引が特別控除制度の潜脱的適用を受けるためにいわば便宜的に組成された旨述べられ，かような取引自体に土地の譲渡に係る効果意思はないともされる。この点につき，以下のような点の指摘が（そのいずれが正当か否かは措くとして）可能である。1に，やや苦しいが，税負担軽減効果を企図して取引を組成することも私的自治の原則により認められるという立場に立てば，判文を論難することはできるかもしれない。2に，そうではなく，判文の思考を読み取ろうとすれば，売買契約の範型を定立し，そこに所有権移転の効果意思を組み込めば，事実認定の帰結としてかような要素の欠如を認めるということはありうる，となろう。これは，契約の解釈の枠組みを越えたものとは必ずしも言えないように思われる。

続けて，判旨は，「なお，Dを売主名義人として県公社との間で締結された本件土地……の売買契約は，形式的にその名義が使用されたDから県公社に売り渡されたものではなく，真実の所有権者であって実質的な売主である原告との間で有効に成立したものと解することができ，また県公社側においてこれを問題とすべき事情は想定できないから，それをもって足るというべきである。」とするが，これが真実の法律関係であることになる。

なお，この判決では次のような判示も見られる。原告による「……本件取引の動機が税負担の軽減にあるからこそ，真の所有権移転の効果意思が存在する」という主張に対する応答である。曰く，「……原告は……，本件取引の動機が税負担の軽減にあるからこそ，真の所有権移転の効果意思が存在する旨を主張するが，本件特別控除の制度は，法の規定による資産の収用等又はそれらを前提とする買収がなされ，その対価として補償金が支払われた場合に，それによる益金に課税をすることは，譲渡法人の経営維持のための再投資である代替資産の取得を阻害する結果となって相当でないことを考慮した特例措置であ

3 通謀虚偽表示と課税に係る実例

り，その趣旨からは法人の所有する棚卸資産以外の資産について適用されるものであって，原告のような不動産業を営む法人が取得する<u>土地は棚卸資産であるから，この特別控除制度の対象とならないことが明らかである</u>((1)-(c)-2)。

原告は，本件特別控除が適用される上記の範囲を承知していたからこそ，本件取引を介在させることを企図したことが明らかであるが，それは原告が享受することが法律上許されない本件特別控除による税負担の軽減措置を，実質的に原告の経営意思によって運営できるDを利用することによって実現すべく企図したものであって，しかも，Dにおいては代替資産の取得など本件特別控除制度が趣旨目的としている前提状況はないものと認められるから，結局，原告の企図した本件取引は，本件特別控除制度の趣旨を潜脱して適用を受け，それによる利益を享受するための方便として構成されたものにすぎず，私法契約としても正常な取引契約の効果意思を認め難いものであることは前述したとおりである。

原告は，Dとの本件取引を利用した税負担の軽減措置の選択は，Dの繰越債務の件も含め，法人の一般的な経営判断として正常なものである旨を主張するが，選択可能な法形式が複数存在する場合に，その選択が経営判断として許される場合があるとしても，本件のように，<u>自社が法律上享受できない税負担の軽減措置を受けるため，別法人とその事業目的とも無関係な法律行為を作出して，実質的に許容されない軽減措置の潜脱的な適用を図ることまでが，その選択肢として許容されるものと解すべきものではない</u>((1)-(c)-3)。」と。これについては如何に理解すべきか。必ずしも明確ではないが，次の2つが考えられる。まず，前叙のごとく，効果意思の欠如に基づき通謀虚偽表示の認定がなされているわけであるが，(1)-(c)-2における特別控除制度の制度趣旨に係る判示と併せてみると，(1)-(c)-3の言明を，判文の表現からすれば，あたかも本件の原告とDとの間の取引が法的に許されないものである，換言すれば，具体的には明らかでないが，例えば何らかの制約原理に触れるという判断があるようにも読める。これは，特に，税負担軽減を企図して取引を仕組む自由が一定の場合には許されないとの立場に繋がりうる。とするならば，(1)-(c)-1における，便宜的な取引の組成に係る潜脱論（これについては(1)-(c)-3においても同じことを述べる箇所があるように思われる）と，それに続く効果意思の欠如に係る部分を分けて読む必要が出てくる。すなわち，(1)-(c)-1においては，前叙の潜脱論は，通謀虚偽表示を論証すべく示されているようにも解される

261

が，先に示した(1)−(c)−3の理解は，それに尽きない。ところが，本件で問題となっているのは通謀虚偽表示であるため，本件の結論に意味を持つのは効果意思の欠如に係る件のみである。では，(1)−(c)−3は如何なる意味を持つのか，必ずしも明確ではない。また，次に以上とは異なり，(1)−(c)−3を(1)−(c)−2およびそれに続く箇所を単に言い換えたものとも理解しうるかもしれない。私見は差し当たってこの立場である。すなわち，それはここでの特別控除制度の排除である。

(2) 契約の解釈——通謀虚偽表示と隣接するもの——
　これについては，名古屋地判平成17年12月21日判タ1270号248頁（控訴審：名古屋高判平成19年3月8日 LEX/DB28140940，上告審：最決平成20年3月27日 LEX/DB25470651）がある。事案の概要は次のごとし。民法上の組合を組成し，船舶賃貸借業を行うことを企図した納税者が，当該事業から生じる減価償却費を計上し，他の所得との損益通算をして確定申告を行ったが，納税者の組成した民法上の組合は，それとして認められず，利益配当契約であるとして課税庁に否認されたというものである。
　その上で，判旨は次のように述べた。曰く，「……ところで，国民が一定の経済的目的を達成しようとする場合，私法上は複数の手段，形式が考えられる場合があるが，私的自治の原則ないし契約自由の原則が存在する以上，当該国民は，どのような法的手段，法的形式を用いるかについて，選択の自由を有するというべきである」((2)−1)。このことは，他の法的手段，形式を選択すれば税負担を求められるのに，選択の結果，これを免れる場合であっても基本的には同様というべきである。
　もっとも，特段の合理的理由がないのに，通常は用いられることのない法的手段，形式を選択することによって，所期の経済的効果を達成しつつ，通常用いられる法律行為に対応する課税要件の充足を免れ，税負担を減少させあるいは排除する場合には，租税回避行為としてその有効性が問題となり得るが，前記の租税法律主義の観点からは，このような場合であっても，当該法的手段，形式が私法上は有効であることを前提としつつ，租税法上はこれを有効と扱わず，同一の経済目的を達成するために通常用いられる法的手段，形式に対応する課税要件が充足したものとして扱うためには，これを許容する法律上の根拠を要すると解すべきである。」と。以上の(2)−1においては，納税者の私法上

の契約形成の自由が承認されているわけであるが，続く判示においても，租税法上そうした私的自治の原則は尊重し，当該取引を租税回避行為として否認する場合には，明文の根拠規定が必要である旨述べる。これは本稿で従前引用してきた判例と同様である。

次に，判旨は以下のように続ける。曰く，「……以上の理は，原告ら及び被告らの双方共，格別異論を唱えるものではないと考えられるが，本件において問題となるのは，〔1〕当事者の締結した契約解釈の在り方，〔2〕契約書等の外形的資料から離れた「真意」の認定の可否などである。

一般論としては，法律行為の解釈とは当事者の合理的意思の所在を探求するものであるから，通常は用いられることのない契約類型の内容を把握するに当たっては，契約条項を個々的に検討するだけでなく，他の条項と関連づけて検討しなければ，契約全体としての意味を正確に理解することができない場合が稀ではなく，そのような場合には，明示的な文言にもかかわらず，これを制限的に解釈し，あるいは逆に条項と条項の「行間」に明示されていない合意内容を読み込む必要が生ずることもあり得るというべきである。((2)-2) ……また，契約書等の外形的資料は，それらが唯一絶対的な判断材料というわけではないから，隠された当事者の合意内容がどのようなものであるか（この場合，被告らの主張するとおり，契約書は処分証書としての性格を有しないことになる。)，あるいは表示行為から推測される効果意思と真の内心的効果意思との異同を明らかにする必要を生ずる場合もあり得るというべきである ((2)-3)。以上のような作業は，被告らの主張するとおり，当事者の真意の所在を明らかにするという事実認定の問題であり，これに即して課税要件の充足を検討する場合には，租税法律主義に反するものでないことは明らかである。

しかしながら，このことは，動機，意図などの主観的事情によって，通常は用いられることのない契約類型であるか否かを判断することを相当とするものではなく，まして，税負担を伴わないあるいは税負担が軽減されること……を根拠に，直ちに通常は用いられることのない契約類型と判断した上，税負担を伴うあるいは税負担が重い契約類型こそが当事者の真意であると認定することを許すものでもない。なぜなら，現代社会における合理的経済人にとって，税負担を考慮することなく法的手段，形式を選択することこそ経済原則に反するものであり，何らかの意味で税負担を考慮するのがむしろ通常であると考えられる ((2)-4) から，このような検討結果を経て選択した契約類型が真意に反

するものと認定されるのであれば，それは事実認定の名の下に，法的根拠のない法律行為の否認を行うのと異ならないとの非難を免れ難いからである。

したがって，選択された契約類型における「当事者の真意の探求」は，当該契約類型や契約内容自体に着目し，それが当事者が達成しようとした法的・経済的目的を達成する上で，社会通念上著しく複雑，迂遠なものであって，到底その合理性を肯認できないものであるか否かの客観的な見地から判断した上で，行われるべきものである（(2)－5）。」と。(2)－2においては，冒頭において法律行為の解釈は当事者の合理的意思の探究である旨述べられるが，これは契約の解釈として書かれた契約書の文言を手掛かりに当事者の意思を解明していく作業であることに加え，契約の文言という客観性ある根拠を基点とするという思考に支えられているとも解しうる。加えて，(2)－2では，あくまでも通常用いられることのない契約類型という限定を伴う判示であるが，契約書等の資料を検討する際に，文面を機械的に読了するのではなく，限定したり，明文にない条項を導出する作業が求められる旨述べられる。同じく前叙の限定を伴いつつ，(2)－3は，後に引用する(2)－7と同一の言い回しであり，つまるところ，通謀虚偽表示のケースも念頭に置かれていると言いうる。これを前提とすると，改めて言えば，通謀虚偽表示の場合には，契約書等の資料から乖離し，別の根拠に基づいた真実の法律関係の探求・認定が必要であることになる。ところが，こうした場合においても，(2)－4に示されるように，税負担回避という動機が見出されるとしても，それが契約類型の異常性を示すものではない，とされる。これは私法上の法律構成による否認の否定と考えられ，税負担回避の意図が真実の法律関係が別途存在することの重要な間接事実とは考えられないことになる。そして，それを受けて，(2)－5があるが，これは，(2)－3および(2)－4のようなケースを除いて，契約の解釈は原則として契約書の文言に忠実になされるべきであるという言明を示すかのようであり，結果として処分証書の法理との整合性が見出される。また，(2)－5からは，契約書から乖離する真実の法律関係を認定する前提として，それを根拠づける十分な間接事実が必要であることが分かろう。

そして，こうした思考に基づきつつ，この判決は民法上の組合の成立要件を充足するか否かを契約条項に基づき子細に検討しているのである。

さらにつぎのような判示がある。曰く，「……被告らは，複合的契約においては，全体を一体のものとして判断されるべきである旨主張する。

3 通謀虚偽表示と課税に係る実例

被告らの主張する「複合的契約」の意義や,「その法的実質に即して, 全体を一体のものとして判断する」が具体的にどのような作業を指すのかは必ずしも明らかでなく, 比喩以上の法的な意味があるのか疑問といわざるを得ないが, 一般論としては, 複数の契約が締結された場合に, これらが全体として共通の法的・経済的目的の実現に向けられていることがあり, その場合には, 個々の契約の内容や効力を確定するに際し, 他の契約の内容, 目的, 機能などから, 当該契約の動機がどのようなものであるかを斟酌すべき場合があることは否定できない。また, そのうちの中心的な契約が, 意図した目的を達成する上で異常な法形式と判断される場合には, 他の契約の成否, 効力にも影響を与えることがあると考えられる。

しかしながら, それぞれが契約の成立要件を満たす以上, 個々の契約の成否, 有効性は, 原則として個別的に吟味されるべきであり, 例えば, ある契約の条項によって, 他の契約の条項の機能する余地が事実上小さい (あるいは事実上ほとんど考えられない) からといって, 当該契約, 条項について合意がないとか, 効果意思がなかったと即断すべきものではなく, まして, それぞれの契約当事者が異なる場合には, かかる判断が慎重になされるべきことは, 法律行為論に照らしても明らかというべきである((2)-6)」と。この判示は, おそらくは, 問題となる事案において複数の契約が交わされ, それを踏まえて最終的な取引目的が実現されることを念頭においていると理解することもできよう。確かに, 複数の契約がある場合には, 全体としての契約の合理性を判断することが性質上適切であるとも考えられるが, (2)-6はそれを否定する。その根拠の淵源は, 2-(2)から2-(5)までにおいて大まかには示されているとも解しうる。すなわち, 必ずしも明らかではないが, 契約の解釈に際しては, 契約書の文言から乖離すべきはないという思考がそれであり, もし, 個別の契約に着目するのではなく, 全体に着目すると性質上どうしても契約書の文言から乖離し, まさに行間を読むこと, さらには契約の実現しようとする法的・経済的目的に着目することといった傾向が解釈に生じると考えられる。

なお, この事案においては, 通謀虚偽表示への該当可能性も争われている。ところが, 民法上の組合の成立要件への充足が既に認定されているため, 次のような判示がなされた。曰く, 「……被告らは, 仮に, 外形上, 本件各組合参加契約が民法上の組合契約として成立したとしても, 民法94条の通謀虚偽表示に基づくものとして, 同各契約は無効である旨主張する。……しかしなが

265

第6章　通謀虚偽表示

ら，民法94条1項に基づいて当該意思表示が無効とされるためには，表示上の（表示行為から推測される）効果意思と内心的効果意思とが一致しないことを要する((2)-7)ところ，……民法上の組合契約の成立において必要とされる効果意思は，〔1〕共同出資を行うことについての意思と，〔2〕共同の事業を営むことについての意思であり，〔2〕については，業務執行組合員を選任した場合には，解任権及び検査権を有すること並びに共同で行う事業によって当事者が利害関係を有することについての認識・合意で足りると解すべきである。そして，原告らを始めとする本件各組合の組合員らが，このような意思を有していると認められることは，既に……判示したところである。」と。

4　結　語

通謀虚偽表示と課税との関係については，内心的効果意思を伴わない表面上の法律関係ではなく，真実の法律関係に基づいて課税を行うという思考は学説および判例の中で定着していると言いうる。この課税の仕方はわが国の租税法の自由主義的構成に適合する。次の段階として問題となるのは，通謀虚偽表示の成立如何であると考えられるが，本稿の3で示したような実例から読み取る作業を継続すべきであろう。

さらに通謀虚偽表示の認定のあり方であるけれども，個々の取引に応じた結果論として通謀虚偽表示の認定はなされると理解すべきであろうけれども，それは契約書から乖離することを意味するので，1つの見方として（言い過ぎを恐れず言えば）通謀虚偽表示に基づく真実の法律関係の探求作業は判例上例外的になされることなのかもしれない。これは租税法律主義の潜脱防止に係る理論として評価できよう。またもう1つの見方としては，判例は，契約の解釈に係る厳格性を示そうと試みているかもしれない。いずれの見方も当事者の内心的効果意思を客観的に読み取ることを指向するのであろうけれども，その共通性は措くとして，差し当たって本稿では後者の見方を支持したい。すなわち，契約の解釈のあり方として，本稿で見た若干の判例は凡そ表示主義的な立場に立脚しているようにも理解しうるものもあった。

以上に関連するところを言えば，通謀虚偽表示の認定可能性は，契約の解釈に係る厳格度にも依存するように思われる。一般化して言えば，すなわち，租税回避行為についても，契約の解釈につき表示主義を徹底すれば，通謀虚偽表

4 結　語

示の認定可能性は狭まる。但しここで，重要なことは，判例の示す通謀虚偽表示に係る認定要件に当てはまる事実が存在するか否かであろう。

また，通謀虚偽表示からはややそれるが，契約の解釈（特に，修正的解釈）を通じて，租税回避の否認の手段とされる可能性がある。すなわち，契約の解釈に係る権限を広く承認すれば，契約内容の組み替えすら行われかねない。ところが本稿の議論を咀嚼すれば，それは租税法律主義との相克をもたらす。そこで，国税通則法に租税法上の契約解釈の規定を配備し，かような契約の組み替え，広くは読み替え権限を認める旨規定することにより，それが可能となるのかという問題提起はできるかもしれない。この点，租税回避の否認は，周知のように，租税回避行為（としての取引）の私法上の扱いはそのままにし，租税法上あたかも通常であれば行われたはずの取引がなされたものとして課税する，という作用であるが，契約の読み替えは当該取引の私法上の扱いそのものを変更するのであり，その実態は租税回避の否認とは異なる。とはいえ，実質的な機能は同一視することが十分可能であって，租税回避の否認論に係る基点である，法律上の個別具体的取引形態を明示する条文による否認というあり方を潜脱することになり，妥当でなかろう。換言すれば，契約読み替え権限が明文化されるとしても，その性質上如何なる場合，どのように読み替えが行われるかは法律上具体的に明文化されえないであろう。

それ故，通謀虚偽表示の場合の課税のように，真実の法律関係が別途存在することを認定し，それに着目して課税するという大前提（いわゆる法的実質主義[49]）は目下のところ崩されえないと考えられる。

本稿では極めて不十分な検討しかなしえなかったが，いずれ機会を改めてもう一度考察を行いたいと考える。

---

(49) 谷口・前掲注(7) 52 頁以下。

第 7 章　帰　　属

木村弘之亮

1　問題提起

(1)　はじめに

　任意組合等の組合財産に属する個別の目的物（資産）が各組合員に帰属するのか，又は組合財産全体に対する合有持分（資産）が各組合員に帰属するのか。任意組合に対する持分を有する各組合員は，組合財産全体に対する持分を合有するのか，又は組合財産に属する個別の目的物（資産）に対する持分を合有するるのか。類似の問題は，国境を越えた，法人格のない人的会社の持分を有する居住者又は国内法人についてもみられる[1]。さらに，物的会社持分に対する実質的権利についてその人的帰属もまた現在おおいに問題である。
　1965（昭和40）年所得税法12条及び法人税法11条（帰属）の前法について，最二判昭和37年6月29日[2]・共栄企業組合事件は，その第一審[3]と原審[4]

---

[1] Kruse, Heinlich Wilhelm. Über die Zurechnung von Beteiligungen zur gesamten Hand, StuW 1973, 215; Kruse in Tipke/Kruse. AO, TK Lfg. 95 Juli 1980, §39 Tz. 126-133; Flume,Werner, Die Gewinnverteilung in Personengesellschaften nach Gesellschaftsrecht und Steuerrecht, DB 1973, 786; Drüen in Tipke/Kruse, AO Lfg. 129 Juni 2012, Tz. 83 §39. 多数の博士論文及び裁判例が公表されている。
[2] 最二判昭和37年6月29日集刑143号1頁＝税務訴訟資料39号1頁・共栄企業組合事件。
[3] 福岡地判昭和32年2月4日刑事集12巻4号421頁（「旧所得税法3条の2，旧法人税法7条の3が，従来，条理として所得税法，法人税法に潜在していた実質所得者に対する課税の原則を明文化することにより確認的に顕在ならしめたものというべきであって，右原則を創設的に設けたものではない。」）この判示は，罪刑法定主義と遡及立法の禁止との関連において必要な言明である。
[4] 福岡高判昭和34年3月31日高刑集12巻4号337頁（「所得税法二条所定の課税対象となつている個人の所得とは，当該個人に帰属する所得を指称するものであることは勿論であるが，その所得の外見上又は法律形式上の帰属者が単なる名義人に過ぎずして，他にその終局的実質的享受者が存在する場合，そのいずれを所得の帰属者として課税すべきであるかについて問題を生ずる。思うに，国家経費の財源である租税は専ら担税能力に即応して負担させることが，税法の根本理念である負担公平の原理に合し且つは社会正義の要請に適うものであると共に，租税徴収を確保し実効あらしめ

第7章 帰　属

に続いて，次のように判断する。

　「[1953年] 昭和28年8月7日法律173号所得税法の一部を改正する法律により新たに追加された同法3条の2の規定は，従来所得税法に内在する条理として是認された右原則をそのまま成文化した確認的規定であり，これによって所得税法が初めて右原則を採用した創設的規定ではないと解するのが相当である。」と判示している。当裁判所も，原判決の右判断を相当として是認する。

　所得税法に内在されるとする条理が犯罪構成要件の法定主義に照らし刑事事件の法的解決に適用されうるかという根本問題のほか，「従来所得税法に内在する条理」が成立する過程に疑問の余地がある。その条理に影響を及ぼしたであろう学説成立史を検証することが，本章の課題の一つである。

　日本の租税法学は，ほとんど，資産の人的帰属を議論しない。上記の諸問題について，資産の人的帰属は問われることなく，いきなり，所得の人的帰属を問題としてきた。そのため，人的帰属に関する法律問題の所在及びその解決法は，把握されずそのため未解決ではなかろうか。信託関係，譲渡担保，リース取引等において移転される目的物（資産）が，いずれの者，すなわち，名義人か，単なる名義人か又は単なる名義人以外の者に帰属するかも又，重要な問題領域である。この重要な問題について，日本の租税法学では未開拓ではなかろうか。

　このような未解決な問題状況は，所得税法12条及び法人税法11条の規定それ自体及びそれらをめぐる法解釈に遠因があるかもしれない。法12条等は，条文テキストには「所得」及び「収入」といった用語を一切含んでいない。それにもかかわらず，租税法学者の多数は法12条等について実質所得者課税の

　　　る所以であつて，各種税法はこの原則に基いて組み立てられており，又これを指導理念として解釈運用すべきものと言わねばならない。さすれば，所得の帰属者と目される者が外見上の単なる名義人にしてその経済的利益を実質的，終局的に取得しない場合において，該名義人に課税することは収益のない者に対して不当に租税を負担せしめる反面，実質的の所得者をして不当にその負担を免れしめる不公平な結果を招来するのみならず，租税徴収の実効を確保し得ない結果を来す虞があるから，かかる場合においては所得帰属の外形的名義に拘ることなく，その経済的利益の実質的享受者を以つて所得税法所定の所得の帰属者として租税を負担せしむべきである。これがすなわちいわゆる実質所得者に対する課税（略して実質課税）の原則と称せられるものにして，該原則は吾国の税法上早くから内在する条理として是認されて来た基本的指導理念であると解するのが相当である。」)。ここでは，帰属のうち，所得の帰属が説示されている。

原則を説明する。

本章の課題は，法12条等が資産の人的帰属を規律するのか又は所得の人的帰属を規律することをその法律目的とするのかについて，考察することにある。第7章，結語において，法12条等の帰属規定を純化するため，改正試案12条（資産の帰属）及び14条（所得の帰属）とその提案理由を提示している。

(2) 基礎概念の概略

所得税法12条及び法人税法11条（本章では以下，所得税法12条等又は法12条等ということがある。）の立法趣旨は何であろうか。

同条は，名義人，単なる名義人，単なる名義人以外の者，資産，収益という用語を用いる。名義人は法律上の権利者（本章では以下，法的権利者ということがある。）を指す。法的権利者は，通例，法律上も経済的実質的にも権利者である。しかし，何等かの事情で，権利者が，例外的に，経済的実質的にその権利をその機能のうち重要な点で行使できない場合，その権利者は空虚な形式的な権利を有するだけであるので，法12条等はその者を単なる名義人（本章では以下，単なる法的権利者ということがある。）と表示し，名義人と単なる名義人を識別する。その関連において，権利者が法律上も経済的実質的にもその権利を法律の規定どうりに行使しうる場合，所得税法12条等はその者を名義人と称する。単なる名義人以外の者は，単なる法的権利者以外の者であるので，実質的権利者を指す。実質的権利者は，法的権利者ではないが，法的権利者の資産に対する影響力を排し，経済的実質的にその資産に対し事実上の支配権を行使しうる者をいう。

税法律用語「資産」について，民法財産編は，資産という用語を用いず，法律用語「物」を用いる。人々は私法上，賃借権や金銭債権に基づいて経済的利得を取得することもあれば，公法上，許認可された鉱業権や法的地位に基因して経済的利得を取得することもある。そこで，実定租税法は，私法上公法上の規準による権利の目的物を「資産」と呼称する。このように，資産は，債権法上及び物権法上の目的物及び行政法上の法的地位を包括する上位概念である。

実質的権利者と単なる名義人（単なる権利者）とを識別する決定的な判定規準メルクマールは何であろうか。法12条等はその決定的な判定規準メルクマールを「収益」に求めている。法12条等に定める「収益」とは，例えば，所有権の三大機能，使用・収益・処分のうちの収益を指す。実質的権利者が資

271

第7章　帰　属

産に対する権利を形式法学上は有しないとしても，何等かの事情により，法的権利者に属する資産に対する権利について，その権利の使用処分権限，更には収益権限を相当の期間のあいだ継続的に法的権利者から剥離し，みずから事実上の支配権を行使することがある。リース取引，譲渡担保，信託，自主占有の法律関係がその典型例である。法12条等は，「名義人」と「単なる名義人以外の者」との識別規準を権利の収益権限に見いだしている。これが法律用語「収益」である。

　単なる名義人以外の者（実質的権利者）が資産に対する権利のうち「収益」権限を享受する場合，その資産は実質的権利者に帰属する。

　法12条等の立法趣旨は，上述のとおり，資産の人的帰属である，と解釈すべきであろう。原則として，民法上の権利者は経済的な権利者でもある。これに対応して，法12条等に定める本則は，資産の税法上の帰属が通例，私法上の帰属に従うことを規律している。しかし，私法上の権利者以外の者が経済的に所有者のポジションを占めている場合，法12条等に定める特則によれば，その資産はこの者に帰属しなければならない。実質的権利者とは，この特則によれば，その者が私法上の権利者を相当の期間のあいだ継続して当該資産の使用について排斥できる態様で，資産に対する事実上の支配権を行使する者をいう。

　判例は特則を次のように認識している。最三判平成18年1月24日[(5)]・映画フィルムリース・パラツィーナ事件もまた，リース貸主は，所有権その他の権利を法形式上有するとしても，その収益権限のみならず処分権限さえ実質的に失われていることを理由に，［映画フィルムがリース貸主（任意組合）に帰属せず，］その結果，当該資産はリース貸主の事業の用に供する固定資産に該当せず，当該任意組合（その組合員ら）は映画フィルムについて減価償却をなしえないと判示する。

---

(5)　最三判平成18年1月24日民集60巻1号252頁。

2 所得税法12条等の歴史的・比較法的解釈

(1) 1919年独ライヒ租税通則法80条
同第80条の規定を訳出する。

> 1919年ライヒ租税通則法80条[6]（帰属）
> 　第1項　［第1文］目的物を自己に属するものとして占有する者は，租税法律の意味において所有者のように取り扱われる。［第2文[7]］別段の規定がない限り，先位相続人，先位受遺者の特定遺贈物の受遺者は所有者に同一と看做される。
> ……
> 　第2項　［第1文］或る目的物を複数の者が合有している場合，当該関係者は，それらの者が持分割合に応じて権利を有しているかのように，課税をうける。［第2文］持分割合の数値は，関係者がその財産に対し合有により権利を有している，割合に応じて算定されるか，または，当該共同体の解散に際しそれらの者に償還されるであろうものの比率に応じて算定される。

ドイツ租税法学の学祖アルベルト・ヘンゼルは，1919年ライヒ租税通則法80条（帰属）が，帰属の判定規定として「或る者の物に対する法的関係，すなわちここでは『所有権』」を用いると明言する[8]。ヘンゼルはその第3版にお

---
(6) §80 RAO 1919: Wer einen Gegenstand als ihm gehörig besitzt, wird im Sinne der Steuergesetze wie ein Eigentümer behandelt. Soweit nichts anders vorgeschrieben ist, ist der Vorerbe und Aushändigung des Vermächtnisses der Vorvermächtnisnehmer dem Eigentümer gleich zu behandeln; ebenso der Inhaber eines Fideikommisses, Leben oder Stammguts, eines Hausguts oder eines sonstigen nach landesgesetzlichen Vorschriften (Artikel 57 bis 59 des Einführungsgesetzes zum Bürgerlichen Gesetzbuch) gebundenen Vermögens.

　Steht ein Gegenstand mehreren zur gesamten Hand zu, so find die Beteiligten so zu besteuern, wie wenn sie nach Bruchteilen berechtigen wären. Die Höhe der Bruchteile ist nach den Anteilen zu bestimmen, zu denen die Beteiligten an dem Vermögen zur gesamten Hand berechtigt sind, oder nach Verhältnis dessen, was ihnen bei Auslösung der Gemeinschaft zufallen würde.

(7) 1919年租税通則法80条1項第2文に相当する規定は，その後，1934年独租税調整法11条及び1977年独租税通則法に承継されていない。

(8) Hensel, Albert, Steuerrecht, 2. Aufl. Berlin, 1927, S. 63 (Nicht selten wird die persönlich sachliche Rechtsbeziehung „Eigentum" als Zurechnungsbestimmung verwandet.); Hensel, Albert, Steuerrecht, 3. Aufl. Berlin, 1933, S. 80 (Nicht selten wird die persönlich-sachliche Rechtsbeziehung „Eigentum" als Zurechnungsbestimmung verwandet.).

　ここでヘンゼルのいう「法的に」とは実定税法を指す，という見解が支配的である

第 7 章 帰　属

いて半ハイフォンを追記することによって，より明瞭に誤解しようもなく，フレーズ "persönlich-sachlicher Rechtsbebeziehung'Eigentum'"「或る者の物に対する法的関係，すなわちここでは『所有権』」を以て資産の帰属判定規定だとコメントする。「物」（目的物）はその後「資産」と法改正されている。そのため，同条は，これを今日，資産の人的帰属と呼ばれている。

ところが，このヘンゼルの命題は次のように訳出されている。

> アルベルト・ヘンゼル（原著）杉村章三郎（訳）『獨逸租税法論』（原著第2版訳，有斐閣，1931年）130頁は，その「一」所得の帰属についての叙述に引き続いて，その「二」において<u>個人的且つ物権法的関係たる「所有権」</u>が帰属の規定として使用せらるゝことは稀ではない。」（下線強調は木村）と記す。

下線箇所の訳文では，同法80条が資産の帰属の判定規定であることを何人も理解しがたいであろう。翻訳者，杉村自身もその訳文を理解していなかった傍証は，彼のその後の著書に顕著に示されている（後述）。

そのためか，「資産の帰属」という補助概念は，国税通則法制定のための税制調査会とその小委員会におけるわずかな討議を除いて（後述），日本の租税法学において議論されていない。

ライヒ租税通則法の制定された1919年当時，同80条がどのような成立史と立法理由によるのか，そして，どのように解釈され続けるのかについて，次の段落において成立史[10]を確認しておく。

（同法80条1項1文の述部）。他方，ここにいう「法的に」とはドイツ民法を指す，という有力説（Birk/Tappe）も主張されている（同法80条1項1文の主部は独民法典872条に由来）。ヘンゼル自身は，杉村（訳）『獨逸租税法論』130頁でも「稀ではない」と訳出されているように，例外の場合についても説明する。なお，帰属を決定する規準としての所有権は，Hensel, Steuerrecht[3], S. 80 § 14における副題において経済的所有権として表示され。さらに，S. 81 FN1において経済的所有権（実質的権利）が詳説されるに至っている。その後，1934年独租税調整法11条の「資産」概念の明文化を経て，1977年独則税通則法39条に至っている。

(9) 1919年租税通則法80条のもとでは，資産 Wirtschaftgüter ではなく，目的物 Gegenstand の法律用語が用いられており，そのため目的物の帰属，または，物 Sache の帰属が問題とされていた。しかし，その後の，租税調整法及び租税通則法を通観してみれば，「資産の帰属」という説明概念を本稿では一貫して使用することとしたい。

(10) Mrozek, Alfons, Kommentar zur Reichsabgabenordnung vom 13. Dezember 1919; Handbuch des Steuerrechts in Einzelkommentaren; Abt. 1, Bd. 1 (Dr. Otto Schmidt Köln 1921), § 80. Anm. 1. SS. 318-320.

2 所得税法12条等の歴史的・比較法的解釈

［1919年ライヒ租税通則法第80条1項］第1文には，草案においては，次の内容の後半が付け加わっていた。すなわち，「その他，何人かが租税法律の意味において所有者と見なされうるか又は何がある財産に属するものとして思料されなければならないかという問題は，民事法上のメルクマールによるというよりもむしろ経済的メルクマールによって判断される。」この後半部分は，委員会において削除された。「政府草案の［80条1項1文］後半」は多くの疑問を呼び起こした。政府案の意図は，経済的意味において真実の所有者に課税する道筋をつけるこであり，そして，それゆえ，民法上の法形式に課税を密に寄りかかることを回避することであった。そこでは，課税さるべき経済取引及び事情の経済的内実がこの法的形式から遊離している。委員会の見解によれば，課税をより確実に行おうとすれば，課税は経済取引の法形式ではなく経済的内実に合っているべきであり，そして，税負担が増大するにつれ，形式主義的な取り扱いに由来する不正義も又いっそう増大する。他方，しかし，委員会は，とくにそのような規律の短所をも強調している。すなわち，何かのために扉がさらに開かれる。政府案の意図は一般に承認される。しかし，政府案の解決方法は，満足のいくものとは考えられていない。例えば，ある宗教共同体が財産を取得したい。そのために，その宗教団体が公法上理由から財産を取得するために宗教団体としてわざとらしい法形態をとりうるかどうか，または，宗教法人が宗教法人の税法上の特典の分け前をあずかるため株式会社の形式を装いうるかどうか，といった問題が提起される。さらに，納税義務のある者のみならず税額もまた，財産の帰属の結果，複数の法的所有者から単独の経済的所有者へと変更できることもまた，指摘されている。

オットマール・ビューラは，その『租税法教科書Ⅰ租税法総則』第1編「租税実体法」第3歓「課税の対象とその評価」第37章「所有権（経済的所有権）と占有」において，まず，「独租税通則法80条による経済的所有権」を詳説し，続いて，「占有」を説明する[11]。ビューラもまた，同法80条成立史及びヘンゼルと同じく，「課税の対象」のもとに資産の帰属を配置しているのであって，課税物件または所得の帰属を同80条（帰属）のもとに理解していない。ドイツ民法典の物権法の条文規定によれば，完全に有効になる所有権取得にとって，通例，物についての事実上の処分のみならず，特定の形式による同物の入手もまた必要である。同条によれば，或る物の形式的所有者が，当該所有権の経済的効果を事実上享受する者以外の者であることは，稀でない。例えば，或る物が窃盗され二度と戻ってこない者は，形式的にはなおその物に対する所有権を

---

(11) Bühler, Ottmar, Allgemeines Steuerrecht (Lehrbuch des Steuerrechts Bd. 1), Valen Berlin 1927, SS. IX-X.

第 7 章　帰　属

有するが，しかし，別の者が当該物の経済的効用を享受している。逆に，良俗に反ししたがって無効な法律行為によって或るものを取得しかつこれを効用し使用している者は，経済的にこれから利する。これに対し，法形式的には別の者［日本所得税法 11 条にいう単なる名義人に相当］が依然として所有者である。資産の帰属が，法的にではなく経済的に判断されるべきことは，稀ではない(12)。

さらに，租税法と民法との原則的関係との関連においても，信託関係，自主占有，債権担保のため移転される譲渡担保(13)などについても，資産の帰属が問題となる(14)。ここで挙げられた事例群が，のちに 1934 年独租税調整法 11 条に列挙されることになる。

租税法律は，このような事例においては形式法学的規律から離れ，そしてたとえ法的正統性がなくてもそれでもなお経済的に（法律が法律効果として租税を結びつけている）当該法律構成要件をみたす場合には，その者を捕捉しなければならない。その結果，このような領域においても租税法は事情によっては民法の概念から解放されなければならない(15)。

このようなことを 1919 年独租税通則法 81 条 1 項が基本的に考慮に入れている(16)。同条項の第 1 文は，「目的物を自己に属するものとして占有する者は，租税法の意味において所有者のように取り扱われる。」と規定する(17)。同規定が資産の帰属についての典型例として自主占有を掲げている理由は，次にあるが，自主占有以外にも前述の事例群が解釈により拡大されていた。

---

(12) Bühler (1927), Allgemeines Steuerrecht, S. 248.
(13) 商品，有価証券，債権を質入れしたものではなく，債権を保全（担保）する者に，実質的に当該目的物は棄属する。Bühler (1927), Allgemeines Steuerrecht, S. 248.
(14) Becker, Enno, Die Reichsabgabenordnung, 6. Aufl. Berlin 1928, § 80 Anm. 1；Bühler (1927), Allgemeines Steuerrecht, S. 248 f.
(15) Bühler (1927), Allgemeines Steuerrecht, S. 248.
(16) Bühler (1927), Allgemeines Steuerrecht, S. 248.
(17) 民法上の自主占有と税法上の権原を伴わない自主占有の概念について，Becher, Carl, Reichsabgabenordnung mit Stundungsordnung und Beitreibungsordnung, 2. Aufl., Berlin/ Wien 1926, S. 34（同条は，所有権の民法概念を租税法のために改変している。経済的所有権は，租税法律の意味において法的所有権と同じ地位にある。それ故，不動産が不動産登記簿上登録替えされているかどうかは重要ではない（RFH. 5, 197）。その他，信託関係等についても略説）。

すでに，プロイセン上級行政裁判所 1914 年 3 月 28 日(18)は，税法上の帰属を「自主占有」によって司法実務を行っていた。

1919 年独ライヒ租税通則法 80 条 1 項 1 文及び同一文言の 1931 年独ライヒ租税通則法 98 条は，1934 年租税調整法 11 条を経由して 1977 年独租税通則法 39 条 2 項に規律内容上承継されている。

同 80 条 1 項 1 文に関して見解が対立していた。同法の起草者 Enno Becker によれば，1919 年ライヒ租税通則法 80 条 1 項 1 文の主部 [E. Becker のいう第 1 文] は，その定式を独民法典 872（自主占有）から借用している。独民法典 872 条は，自主占有が所有者と占有者が同一者である，通常の場合を規律している(19)(20)。

もっとも，ベッカ(21)は，旧第 80 条第 1 項 1 文に，経済的観察法を命じている 1919 年独ライヒ租税通則法 4 条の適用例を見て取っている。後者の規定は，

---

(18) Preuß. OVG v. 6. 6. 1896-V 8/1896, OVGE (St) 5, 139。これは Fischer in HHS p AO, Lfg. 221 März 2013, Rz. 1, § 39 A0, Anm. 4 より引用。

(19) 1919 ライヒ租税通則法の起草者 Becker, Enno, Die Reichsabgabenordnung, 7. Aufl. Berlin 1930, § 4 Anm. 6 において，租税法律が，所有者を指定しているが，物を処分できかつ処分する者を考えており，又は物を有する所有者を考えているのであって，それを窃盗されており，かつ再びその物を取り戻せないと見込まれる横領を考えていないことは，疑いの余地がなかった。他方，Becker, Enno, Die Reichsabgabenordnung, 6. Aufl. Berlin 1928, § 80 Anm. 1 において，同法 80 条 1 項 1 文は第 4 条の適用を，同 2 文は第 4 条の例外を定めると説明する。第 1 文は独民法典 1006 条を国庫のため法律上の推定を拡張しているだけではない。異議を挟まれない占有者は反証のあるまで所有者として見なされるのみならず，さらに，そのような本権を有さない占有者を税法上端的に所有者のように取り扱われる。

この点について，ライヒ財政裁判所判決及び Hensel は，Becker と同様に説明する。ただし，Hensel は，「租税法律の意味における所有者」（ライヒ租税通則法 80 条 1 項 1 文の述部 [E. Becker のいう第 2 文]）を根拠に，民法上の所有権及びその目的物のみならず，それらを超えて，経済的所有権（実質的権利）及び経済財（資産）へと解釈を展開する（Hensel (1924), Steuerrecht^2, S. 63；Hensel (1933), Steuerrecht^3, S. 80f.）。

(20) 本文の説明は，Prof. Dieterr Birk と Prof. Henning Tappe による（2018 年 4 月 19 日付け Tappe 発私宛電子メール）による。

„IN § 80 S. 1 RAO 1919 war- ähnlich der heutigen Regelung in § 39 AO- bestimmt: "Wer einen Gegenstand als ihm gehörig besitzt, wird im Sinne der Steuergesetze wie ein Eigentümer behandelt." § 80 RAO übernahm die Formulierung aus § 872 BGB („Eigenbesitz"), die den Normalfall beschreibt, dass Eigentümer und Besitzer die selbe Person sind.

(21) Becker, RAO^7, § 80 Anm. 1.

277

第7章　帰　属

ライヒ財政裁判所による解釈の形で,「同80条1項第1文に埋め込まれた思考」に非常に幅広い根拠を与えたので, その結果,[Beckerの主張する第80条1項]「1文[第1項1文の主部]に埋め込まれている [, 民法に従属する] 思考は [第1項1文の述部] 同法4条によって克服されている。」

かくして, 旧第80条第1項1文に関するベッカ説は, 旧法4条との意味関連において, 民法解釈に厳格に従属する見解から離れる。

この点について, ライヒ財政裁判所判決及びドイツ租税法学の学祖 Albert Hensel は, より一層明確に説明する。Hensel は,「租税法律の意味における所有者」(ライヒ租税通則法80条1項1文の述部) を根拠に, 民法上の所有権及びその目的物を超えて, 経済的所有権 (実質的権利) 及び資産へと解釈を展開する[22]。

Hensel によれば, とくに「誰にも邪魔されない, 異論を唱えられない自主占有 der "unangefochtene Eigenbesitz"」する者は税法上所有者と同一視される。「税法の意味における所有者」という表現に代わる「経済的所有者 [実質的権利者]」ないしは「経済的所有権 [実質的権利]」[23]概念は, 経済的観察法の適用例として看做されたし, そして看做されている。ヘンゼル[24]は, 独民法典872条における自主占有の定義への依存を超えて, 1919年独ライヒ租税通則法80条1項の発展を次のように性格づけている。

> 同法80条1項は,「独民法典1006条に基づく法律上の推定の拡張として把握されなければならないだけはない。むしろ, 同80条1項は, 租税行政庁に, 課税の対象と経済的に密な関係にある者を税法上評価しうる納税主体として求めうる可能性を与えている。このような者は, 税負担を担えると期待しうるようである。このような関係にある自主占有という表現が, 同条項第1文に定める法的意味での規範上の所有権である。しかも, ライヒ財政裁判所は, 本来法的意味において所有者でない, 非所有権者を同条項に基づいて納税義務のある者として宣告することに疑いをもっていなかった。すなわち, このことは, 所有権のように一義的な概念が, ……, 民法以外の法領域に移植されその一義性を失う, ということを明らかに示している。」

ヘンゼル（原著）杉村章三郎（訳）『獨逸租税論』130-131頁は自主占有の概

---

(22) Hensel, Albert, Steuerrecht, 2. Aufl. Berlin, 1924, S. 63; Hensel, Steuerrecht³, S. 80f.
(23) Preuß. OVG v. 6. 6. 1986-V 8/1896, OVGE (St), 5, 139; Hensel, Steuerrecht³, S. 81 FN. 1.
(24) Hensel, Steuerrecht³, § 14.

念について，民法でいう通常の場合と並んで，所有権を伴わない占有権(25)だけからなる自主占有の場合についても例解している。このため，自主占有をする者を，あえて1919年独ライヒ租税通則法80条1項1文の述部は租税法律の意味における所有者のように取り扱うと規定する。しかも，ヘンゼル・租税法第3版では，私法上の権利に限定せず，経済的所有権（実質的権利）概念を用いて説明する(26)。

　その結果，自主占有についての通常の場合は，今日の1977年独租税通則法39条1項に定める帰属の本則に相当する。1919年ライヒ租税通則法80条1項1文の規定は，今日の1977年独租税通則法39条2項1号1文に定める帰属の特則に相当する。
　1977年独租税通則法39条2項第1号2文は「自主占有」をとくに例示する。自主占有の例は1919年ライヒ租税通則法80条1項1文（後には1934年同租税調整法11条）以来の歴史的名残である。それは，今日の独租税通則法39条2項1文の抽象的帰属規定の一例に過ぎない。その概念は民法から借用されたが，しかし，1920年代以降もはや民法のそれと同一ではない。民法にいう占有権は物に対する支配を前提とする。これに対し，1977年独租税通則法39条の概念はさらに射程距離を伸ばして，すべての資産に対する権利に拡張している(27)。

この法律構成要件（旧80条1項1文）は，占有者が，あたかも所有者のように占有する意思を以つて（"animus domini"。支配の意思，所有者の意思，自己の為めにする意思と和訳されることもある。），使用・用益をなしそして負担を負う場合に限って，みたされる(28)。旧80条1項1文の述部に規定する「税法の意味における所有者」とは，具体の場合において，単なる所有者（単なる名宛人）以外の経済的所有者（実質的権利者）（1977年独租税通則法39条2項）

---

(25) Hensel, Steuerrecht², S. 63：この［1919年独租税通則法98条1項第1］文は，独民法典872条に定める「自主占有者」の定義と縁戚関係にあるにも拘らず，しかしそれはあまりにも狭すぎるであろう。98条1項1文はただ，こう述べているだけである。すなわち，税法上の自主占有者は，［所有権者かどうかを問わず，或る目的物を自己に属するとして占有する者を］自主占有者だと述べているだけである。言い換えると，税法上の自主占有者とは，そのような目的物の占有が所有権ありと見せかけている者をいう。

(26) Hensel, Steuerrecht³, S. 81 FN. 1 においてヘンゼルは「租税法における経済的所有権（実質的権利）について文献と判例を招致して，経済的所有権にかかわる具体例を例示する。

(27) Drüen in Tipke/Kruse, AO/FGO, Lfg. 129 Jun 2012, § 39 AO, Tz. 25.

(28) BFH v. 15. 12. 2009-X R 9/08, BFH/NV 2010, 1099.

第 7 章 帰　　属

を指す（特則説）[29]。特則説によれば，1919 年独ライヒ租税通則法 80 条（帰属）は，経済的所有者 wirtschaftlicher Eigentümer［beneficial owner］の概念が従前から裁判例で用いられていたところ，「税法の意味における所有者 Eigentümer im steuerrechtlichen　Sinn」とは，まさに所有権のない自主占有者を指す（特則説）か又は本権を有する自主占有者をも含んでいる（本則＋特則説）。特則説によれば，法律学と裁判例は，規範の解釈に際し民法への密なる依存から離れ経済的所有者（実質的権利者）の意味内容を確定したのである。

　旧 80 条 1 項 1 文が特則を規律していると解釈する特則論は，1931 年独ライヒ租税通則法 98 条，1934 年独租税調整法 11 条 4 号を経由して，1977 年独租税通則法 39 条 2 項 1 号に引き継がれていると解釈する（特則説）[30]。けだし，旧 80 条 1 項 1 文にいう自主占有者は目的物（資産）に対し，所有権の伴わない占有を行う者を指すから，「租税法の意味における所有者」（同第 1 文の述部）は単なる所有者（単なる名義人）以外の経済的所有者（実質的権利者）を指す（ここでは所有権を伴わない占有権を有する者）。自主占有に関する法律要件は，占有者が，あたかも所有者かのように占有する意思をもって，使用（用益）をなしそして負担を負うときにのみ，満たされる。

　このような旧 80 条に定める帰属要件は，1977 年独租税通則法 39 条 2 項 1 号 1 文の特則と同様に，使用権者（用益権者）の側において経済的所有権（実質的権利）を根拠づける[31]。不動産の売主が固有の法的力（本権たる所有権）を欠くため取得者にその不動産に対する自主占有を全く創定できない場合，不動産売買契約の締結によってその取得者にはなんら経済的所有権も成立しない[32]。支配の意思は，1977 年独租税通則法 39 条 2 項 1 号 2 文の意味での自主占有の特例の場合にのみ法律構成要件メルクマールである。しかしながら，ヘンゼルは，既に認識していたように，自主占有のこの法律要件メルクマールはとくに，意味論上未解決の問題であった。ヘンゼル[33]は既に 1924 年に

(29)　ヘンゼルの見解に含まれている本則（通常の場合）と特則（例外の場合）が後に 1977 年独租税通則法 39 条第 1 項と第 2 項に顕現することになる。
(30)　今日では，「自主占有権」は，経済的帰属の一般原則の下位事例として考えられている。Fischer in HHSp, Lfg. 221 März 2013, Rz. 2, § 39 AO.
(31)　Fischer in HHSp, Lfg. 221 März 2013, Rz. 2, § 39 AO の引証する独連邦財政裁判所判決。
(32)　Fischer in HHSp, Lfg. 221 März 2013, Rz. 2, § 39 AO の引証する独連邦財政裁判所判決。

2　所得税法12条等の歴史的・比較法的解釈

1919年独ライヒ租税通則法80条に関して次のように叙述している。

　「［同80条1項1文の主部の］文言は，独民法典872条の「自主占有」の定義に密に依存する。［ところが，］人はまさに次のように述べることができる。［同80条1項1文の述部に定める］税法上の所有者は，［所有権を伴わない占有権を有する］自主占有者である。すなわち，税法上の所有者は，その物を占有する者，自主占有者である。法律学及び裁判例は，このような民法への緊密な依存からたびたび学び取っている。すなわち，法律学及び裁判例は，個別具体の事例において現実に民法上の自主占有［所有権の伴う自主占有］が存在するかどうかを検討するまでもなく，むしろ経済的メルクマールを前面に押し立てている。ライヒ租税通則法80条1項1文のこのような適用が法治国思考に照らしても（……）支持しうるように思われるかどうかは，依然として未確定である[34]。」
（［　］内加筆は木村）

　1919年独ライヒ租税通則法80条第1項について，上述の2つの解釈はともに「資産の帰属」を問題としている。

　1931年ライヒ租税通則法98条[35]は，文字通り，1919年ライヒ租税通則法80条（帰属）を受け継いでいる。

(2)　1934年独租税調整法11条

　1934年独租税調整法11条は，1919年租税通則法80条及び1931年98条を経由して[36]，次のように改正された。この改正訳文が，政府税制調査会は国税通則法に関する答申に先だつ審議において利用されている。

　「第11条　課税上の帰属については，別段の規定がない限り，左の規定を適用する。
　　一　担保の目的で所有権が移転された経済的財貨は，譲渡人に帰属する。
　　二　有償又は無償の信託の目的で所有権が移転された経済的財貨は，委託者に帰属する。

---

(33)　Hensel, Der Einfluss des Steuerrechts auf die Begriffsbildung des öffentlichen Rechts, VVDStRL, Bd. 3 (1927), S. 98.

(34)　引用したヘンゼルの言説のうち，最後の懐疑論は，ボン基本法のもとで制定されている1977年独租税通則法39条により，特則論は法治国原則に反しないと解されている。

(35)　Reichsabgabenordnung Vom 22. 05. 1931, Reichsgesetzbl. I S. 161.

(36)　Riewald, Alfred, Reichsabgabenordnung und Steueranpassungsgesetes（zugleich 8. Auflage des Kommentars zur Reichssabgabensnordrdnung von dr. h. c, Enno Beckerʈ), Teil 1 enthaltend das Steueranpassungsgesetz und die §§ 1 und 159 der Reichsabgabenordnung, Heymqnn Berlin 1941, § 11 StAnpG, S. 1.

281

第 7 章 帰 属

　　三　委託者の信託のため受託者が取得した経済的財貨は，委託者に帰属する。
　　四　自主占有にある経済的財貨は，自主占有者に帰属する。自主占有者とは，経済的財貨を自己に属するものとして占有する者をいう。
　　五　多数者が総有している経済的財貨は，当該総有者がその持分として権限を有する部分に応じて，総有者に帰属する。持分の額は，総有者が当該総有財産につき有する部分又は当該総有関係が解消したならば総有者に帰属する割合に応じてこれを定める。[37]」

　1934 年独租税調整法 11 条の規定は，1919 年独ライヒ租税通則法 80 条についての学説及び判例を反映している。
　リーバルト（Alfred Riewald）は，E. Becker 亡き後，ベッカの名著 Reichsabgabenordnung を引き継いだ，『ライヒ租税通則法と租税調整法』をその第 8 版として出版する。同書の租税調整法 11 条について詳細な説明を試みる。
　1934 年独租税調整法 11 条 4 号[38]は，1919 年ライヒ租税通則法 80 条 1 項 1 文と異なり，第 4 号 1 文において，所有者に限らず何人かが資産を自主占有する資産は，その自主占有者に帰属すると規定し，そして，第 4 号 2 文において，自己占有者は「租税法律の意味において所有者のように取り扱われる。」（旧 80 条 1 項第 1 文述部）という文言を削除している。同 11 条 4 号は，独民法典 872 条（自主占有）の規定から明確に遊離している。第 1 号は，譲渡担保の場合には，担保設定者（譲渡人）に，経済的にその資産は帰属する。譲渡担保の法律関係は所有権的に構成されているのではなく担保法的に構成されていることは，指摘しておくべあある。けだし，日本の国税通則法制定のための税制調査会において星野は所有権的構成によって説明しているからである。第 2 号は，基本的な信託関係の場合，信託資産は信託者に帰属すると規定する。信託

---

(37)　参照，大蔵省主税局『国税通則法資料（6・7・8）──租税法的解釈・適用の原則──』（税制調査会税制一般部会　国税通則法小委員会　昭和 35 年 3 月 26 日・4 月 9 日 23 日）13-15 頁。租税調整法 11 条の訳文は，大蔵省主税局『(税制調査会税制一般部会　国税通則法小委員会) 国税通則法資料 (I)』(昭和 35 年 1 月 28 日) 11-12 頁（3.「国税通則法の輪郭について」参考資料　第二　1 関係）。参照，中川一郎「ドイツ税法調整法の研究(5)──租税基本法制定のため──」税法学 48 号（1954 年）1 頁（独租税調整法 11 条の邦訳と解説がなされている）。

(38)　Steueranpassungsgesetz v. 16. 10. 1934, Reichsgesetzbl. I S. 925, 1934 年独租税調整法 11 条 4 号（帰属）は，その第 1 文において，独民法典 872 条（自主占有）の定義とことなり，所有者に限らず何人かが資産を自主占有する資産は，その自主占有者に帰属する，と規定する。この第 1 文は，独民法典 872 条（自主占有）からの遊離を明確にする。

者と受益者は原則として合致している，ことが前提とされている（自益信託）。受託者は典型的には弁護士，財団（Stiftung）などを想定されている。第3号は，信託者と受託者とのあいだに投資信託口座管理機関（Treuhänder［custodians］）が介在している場合，信託資産は信託者に帰属する。第4号の第1文は，本権を有する自主占有のみならず本権を有しない自主占有の場合にも，自主占有されている資産は，その自主占有者に帰属する旨を規定する。その第2文では，本権を有しない自主占有者を排除しないことを規定するから，第1文では，実は，本権を有する自主占有を排除することを鮮明にしている。このような多少なりとも並行的な規定の曖昧な態様は，1977年租税通則法80条第1項（本則）と第2項（特則）との2段階規定の態様により，改められる。第5号では，共有関係を規制対象とせず，合有のみを規制対象としており，複数の者のあいだで合有関係にある共同体の場合，合有資産は，あたかも当事者が持分割合により権利を有しているかのように，その当事者に帰属する。共有関係にある資産は，各共有者にその持分についてのみ帰属することは，第5号で規定するまでもない。

　さらに，同11条各号は，「物 Sache」に代えて，「資産 Wirtschaftgüter」概念を採用したことも特筆される[39]。とりわけ，物権法上の物のみならず，債権法上の債権もまた，権利者（実質的権利者）に帰属することがあるから，「物」の資産だけを税法は規制しているわけにはいかないからである。

　第2次世界大戦さなかの時期1943年おいて，租税調整法は，次のように理解されていた。租税法律（例えば財産税法）による課税にとって，或る目的物が誰に帰属しなければならないかが，問題である場合において，その目的物は通例，所有者（物）又は債権者（債権若しくはその他の権利）に帰属する。しかし，このような法的構成が常に決定的に基準となるわけではない。経済的事象に照らせば法的所有者又は法的債権者以外の別な者が実質的に権利を有する場合には，この経済的権利者（die wirtschaftliche Berechtigung）が法的権利者に優先する（租税調整法11条参照）[40]。担保の目的のため資産が移転され

---

(39) Riewald, Alfred, Reichsabgabenordnung und Steueranpassungsgesetes Teil. 1. (zugleich 8. Auflage des Kommentars zur Reichssabgabensnordrdnung von dr. h. c, Enno Becker†), Heymqnn Berlin 1941, § 11 Zurechnung, SS. 99-116.

(40) Barske, Kurt, Die Reichsabgabenordnung (ohne Vollstrechungsrecht und Strafrecht), 5. Aufl., Industrie Spaeth & Linde, Berlin u. Wien 1943, S. 30f. 第2次大戦後から1977独租税通則法の発行日前日までの期間における，ライヒ租税通則法

283

第7章　帰　属

る譲渡担保の場合，それは経済的実資は質権設定と同視され，したがって，移転された目的物は税法上，担保物件の取得者（今現在の法的所有者）に帰属するのではなく，担保設定者（従前の法的所有者）に帰属する（租税調整法11条1号）。受託者に移転又は取得されたものは，信託者に帰属する（租税調整法11条2号と3号）[41]。自主占有者（参照，租税調整法11条4号）は，税法上，経済的地位に即して扱われる。例えば，或る不動産の買主は，その者が法的には土地所有権譲渡の物権的合意と登記と同時に初めて当該不動産の所有者になるにもかかわらず，その不動産を引き渡しを受け保持した場合には，その不動産はその買主に帰属する。窃盗者も又自主占有者である[42]。合有権者は，持分割合による権利者のように税法上取り扱われる（租税調整法11条5号）。合有共同体の例としては，民法上の組合，商法上の［法人格なき］人的会社（合資会社と合名会社），夫婦間合有財産共同体（Gütergemeishaften），相続共同体（Erbengemeinschaft）が挙げられている[43]。

　このように第2次世界大戦のさなかであっても，資産の帰属についての解釈は，なお，理性をもって展開されていた。

　この解釈との関連において，1934年独租税調整法11条4号（自主占有者）の規定趣旨は，1977年独租税通則法39条2項1号1文の特則と異ならず，資産の使用権限（用益権限）を根拠づけている。1934年租税調整法第11条4号1文は，1977年独租税通則法39条2項1号2文の例示において，本権（所有権）をともなわない占有（権）だけの単なる自主占有者（実質的権利者）の形で承継されている（特則説）。

　同法11条[44]に列挙されていた例は，帰属特則の例として看做されるであろ

　　　について，依然として変わらぬ説明として，Barske, Kurt, Reichsabgabebordnung, 2. Aufl., Schäffer, Stuttgart 1956, S. 22 f.；Barske, Kurt, Reichsabgabebordnung, 3. Aufl., Schäffer, Stuttgart 1951, S. 22 f. さらに，Barske, Kurt, Grundriss der Reichsabgaabenordnung, Schäffer Stuttgart 1949, S. 22 f.
(41) Barske (1943), Die Reichsabgabenordnung⁵, S. 31. Hager, die Sicherungs@berreignung, DStZ 1939, S. 740 を参照させている。
(42) Barske (1943), Die Reichsabgabenordnung⁵, S. 31. 横領された目的物の帰属について，1938年2月24日ライヒ財政裁判所判決（RStBl. S. 354）を参照させている。
(43) Barske (1943), Die Reichsabgabenordnung⁵, S. 31.
(44) 1934年独租税調整法11条（帰属）　以下は木村訳。
　　課税の際の帰属については，別段の定めがない限り，次に掲げる規定が適用される。
　　一　担保の目的で移転されている資産は，譲渡人［担保設定者］に帰属する。
　　二　受託者に（有償又は無償にて）移転されている資産は，信託者に帰属する。

284

う⁽⁴⁵⁾⁽⁴⁶⁾。「所有者以外の者が（日常用語では所有権に属するであろう）経済的支配権を行使している対象の物は，課税にとって，当該所有者ではなく，当該別な者に帰属しなければならない⁽⁴⁷⁾。」Selliger は 1962 年に，経済的所有権の内容的規定について，積極的な支配権限と使用権限に基づくテーゼを建てている。

その後，この定式は，ドイツ連邦議会の財政委員会の提案に基づき 1977 年独租税通則法 39 条 2 項 1 号 1 文で成文化された。「リース判決の枠内において連邦財政裁判所によって発展されてきた見解の意味における」規範化によって，1934 年独租税調整法 11 条を規律技術上継承している政府草案と一致して，当該判例 [Selliger の消極的テーゼ，法的所有者の経済的排除のテーゼを受け容れている，ドイツ連邦財政裁判所 1979 年 1 月 26 日・リース判決] はこれまで具体化されている法概念「経済的所有権 [実質的権利] に実質的な変更を加えていない⁽⁴⁸⁾。

同租税調整法 11 条は，1977 年独租税通則法の施行日前日（1976 年 12 月 31 日）まで，有効にドイツ国内で妥当していた⁽⁴⁹⁾。

　三　投資信託口座管理機関を通して（durch einen Treuhänder [custodians]）信託者のために受託者の取得している資産は，信託者に帰属する。
　四　何人かが自主占有している資産は，その自主占有者に帰属する。自主占有者とは，或る資産を自己に属するものとして占有する者をいう。
　五　複数の者が合有している資産は，あたかも当事者が持分割合により権利を有しているかのように，その当事者に帰属する。当該持分割合の数値は，当事者が合有する当該資産に対して権利を有する持分にしたがって，または，当該共同体の解散時に当事者のものになる割合に比例して算定されなければならない。

(45)　この列挙は限定列挙ではない。Becker/Riewald/Koch⁹, § 11 StAnpG Anm, 2 (1).
(46)　第 2 次大戦後から 1977 独租税通則法の発行日前日までの期間における 1964 年租税調整法の詳細な説明について，Becker, Enno/ Riewald, Alfred/ Koch, Carl, Reichsabgabenordnung mit Nebengesetzen, Bd.1, Carl Heymanns Köln usw. 1963, Anm. 1-4, § 11 StAnpG; Kühn, Rolf, Reichsabgabebordnung. Steueranpassungsgesetz/Nebengesetz, 2. Auf., Schäffer Stuttgart 1950, § 11 StAnpG, SS. 526-531; Kühn, Rolf, Reichsabgabebordnung. Steueranpassungsgesetz/ Nebengesetz, 3. Auf., Schäffer Stuttgart 1954, § 11 StAnpG, SS. 588-594; Mattern, Gerhard/ Meßmer, Kurt, Reichtabgamenordnung. Mit Nebengesetzen einschlieülich Steuerberatungsrecht (ohne Beitreibung und Steuerstrafrecht), Wilhelm Stollfuss Bonn 1964, § 11 StAnpG Anm. 2742-2778.
(47)　BFH v. 26. 1. 1970 – IV R 144/66, BStBl. II 1970, 264.
(48)　Fischer in HHSp, Lfg. 221 März 2013, Rz. 3, FN5 § 39 AO に掲げられた租税調整法に関する立法理由と本文。
(49)　Reichabgabbenordnung, Steueranpassungsgesetz, Steuersäumnisgesetz. Textausgabe nach dem Stande vom 1. Juni 1947, Silva-Verlag Iserlonn 1947.

第7章 帰　属

　第2次世界大戦の終結後，1945年ドイツ敗戦後の分割占領したルクセンブルク政府もまた，独租税調整法第11条と同内容の法律規定を占領中も適用している(50)(51)。ナチス思想(52)を排し・限定された経済的観察法(53)及び租税調整法第11条（帰属）規定は，ファシズム法学の残滓ではない。

　　西ドイツ連邦政府は，租税調整法第1条を削除したが，その他の条項をそのまま1976年12月末日まで妥当させていたように，同11条を不合理な内容だと判断していない。田中二郎は，独租税調整法11条の例示についての議論を了知し，その例示規定を国税通則法に盛り込むように意見している(54)(55)。このよ

---

(50)　1934年ドイツ租税調整法 StAnpG は，ナチス世界観を顕現していた第1条については，占領軍よる1946年2月11日付けコントロール法（Kontrollratsgesetz Nr. 12 über Änderung der Gesetzgebung in Bezug auf Einkommensteuer, Körpserschaftsteuer und Gewinnabführung vom 11. Februar 1946）によって削除されたが，その他の条項については1976年12月31日に至るまで有効であった（Reichabgbabbenordnung, Steueranpassungsgesetz, Steuersäumnisgesetz. Textausgabe nach dem Stande vom 1. Juni 1947, Silva-Verlag Iserlonn 1947）。

　○ルクセンブルクが租税調整法を布告していた。Loi d'adaptation fiscale du 16 octobre 1934 (Steueranpassungsgesetz)：Permalink ELI： http://data.legilux.public.lu/eli/etat/leg/loi/1934/10/16/n2/jo

(51)　Loi d'adaptation fiscale du 16 octobre 1934；Permalink ELI： http://data.legilux.public.lu/eli/etat/leg/loi/1934/10/16/n2/jo

(52)　1934年租税調整法第1条がその典型例であった。同条は，第2次世界大戦後，削除された。

　　同法11条は，1933年6月28日 Vokksverratsgesetz に関する施行令（RGB l. I 413）第15条に含まれていた条文である。§ 11 StAnpG S, 36 FN. 1. Hübschmann, Walter/Hepp, Ernsst, Reichsabgabenordnung und Steueranpassungsgesetz mit Erläuterungen in Lodeblattform, Otto Schmidt Käln 1944, Lfg. 47 November 1944, § 11 StAnpG, S. 34 FN. 1，だがしかし，第11条の条文内容そのものは，1919年ライヒ租税通則法80条の下において判例・学説により1920年代にすでに広く承認されていたルールである（既述）。

(53)　Spitaler, Armin,Die Einschränkung der wirtschaftlichen Betrachtungsweise, Steuerberater-Jahresbuch 1962/63, 405-436；中川一郎「シュピターラーの『経済的観察法の制限』について(1)（2・完）」税法学157号（1964年）1-4頁，168号（1964年）1-12頁

(54)　大蔵省主税局『国税通則法小委員会　第22回総会議事録速記録』（国税通則法小委員会資料　昭和36年1月28日（土）15頁（「何か実質課税の原則的なものを，一種の例示的な説明規定というような形ででも出すと，もう少し具体的になるという感じもしますけれどもね。」（田中二郎発言）；「できるだけ工夫はしてみますけれども，自信があるかどうか……。」（志場［喜徳郎］発言））。

(55)　税制調査会「国税通則法の制定に関する答申の説明（答申別冊）」［（1961（昭和36）年7月）］19-22頁（資産の帰属の例として，信託と譲渡担保が説明されている）。た

286

うに，戦勝国ルクセンブルク占領政府，西ドイツ連邦政府も田中二郎も，1934年租税調整法11条が規定する資産の帰属原則を，削除さるべき不合理な規定だと否定的に評価していない。同規定は，さらに，1977年独租税通則法39条において本則を明確に追加して確認している。すなわち，資産の帰属原則は明文を以て本則と特別に区分され規律されている。

昭和40年所得税法12条，その前法である1953（昭和28）年所得税法3条の2[56]は，1919年独ライヒ租税通則法80条及び1934年独租税調整法11条（帰属）[57]を参考にしていると憶測される[58]。

以上のように，日本所得税法12条は，資産の人的帰属を規定する。けだし，資産の人的帰属原則の特則を規律する1919年独ライヒ租税通則法80条及び杉村章三郎（訳）『獨逸租税法論』130頁（二　資産の帰属）並びに1934年租税調整法11条が参考にされている，と憶測されるからである。上記の旧80条及び旧11条は決して所得の帰属原則[59]を規律していない。

(3) 1977年独租税通則法39条

今日の1977年独租税通則法39条は，資産の帰属原則をより一層明確に第1項本則と第2項特則とに区分して定式化している[60]。同独租税通則法39条

だし，同答申説明は，帰属について，所得の帰属と資産の帰属を峻別できていない杉村章三郎（訳）『獨逸租税法論』の轍を踏んでいる。

(56) 昭和28年8月7日号外法律第173号〔所得税法の一部を改正する法律附則三一項による改正〕。

(57) 1966年賦課年度（含む。）まで妥当していた独租税通則法11条は，経済的所有権の存在する例を列挙していた。そこで列挙されていた事例を超えて，経済的所有権の存在についての同条項は，事実上の物に対する支配（die tatsächliche Sachherrschaft）をその規準としていた。私法上の所有者の引渡し返還請求権がもはや経済的意義をもっていない態様で，私法上の所有者が継続して当該資産に対する影響力を排除されうる場合には，事実上の物に対する支配は経済的所有者のもとにいつも存在する。Tonner, Norbert, Leasing im Steuerrecht, 6. Aufl., 2014, Heidelberg usw.) Rz.12 FN12, S. 30. 同書の創設者は Dr. Arno Bordewin BFH 裁判官であった。同書 V 頁。

(58) 大蔵省主税局『国税通則法小委員会　第22回総会議事録速記録』（国税通則法小委員会資料　昭和36年1月28日）15頁。

(59) なお，1934年租税調整法は，その12条において，家族財団（Familienstiftung）の財産と所得は，その財団の設立者に帰属する旨の所得の帰属規定を置く。第11条と第12条はともに同法第1章第6節（帰属）のもとに配置されていた。

(60) 本文の説明は，Drüen in Tipke/Kruse AO, Lfg. 129 Juni 2012, Tz. 20 § 39 AO; Fischer in HHSp, Lfg. 246 Februar 2018, Rz. 7 § 39 AO; English in Tipke/Lang, Steuerrecht, 23. Aufl., Otto Schmidt, Köln 20018, Rz. 140-145 § 5; Birk/Dosens/

第7章　帰　属

2項第2文は，信託関係について，1934年独租税調整法11条3号を削除して，第2号だけを承継する。1977年独租税通則法39条の規定は，経済的観察法に基づく規律である。

　　1977年独租税通則法39条　（帰属）
　　第1項　資産は所有者に帰属するものとする[61]。
　　第2項　（第1文）第1項の例外として，次の規定が適用される。
　　第1号　[第1文] 所有者[62]以外の者が，或る資産について，その者が通常の使用期間のあいだ経済的に当該資産に及ぼす事実上の影響力を当該所有者から排除するという態様により，事実上の支配権を行使している場合[63]，当該資産はその者に帰属するものとする。[第2文] 信託関係の場合，信託者に，[債権保全の目的のため資産を移転する] 譲渡担保の場合，担保設定者[64]に，そし

　Tappe, Steuerrecht, 20. Aufl., C. F. Müller　Heidelberg 2017, Rn. 314-319　§3のほか，Prof. Dieterr Birk と Prof. Henning Tappe（2018年4月19日付け Tappe 発私宛電子メール）による。

　Der heutige § 39 AO formuliert es als Regel-Ausnahme-Verhältnis noch deutlicher:
　- Abs. 1 : Das Steuerrecht folgt der zivilrechtlichen Einordnung („Eigentum").
　- Abs. 2 : Das Steuerrecht weicht von der sachenrechtlichen Zuordnung ab und rechnet dem „wirtschaftlichen Eigentümer" zu.

(61)　1919ライヒ租税通則法の起草者 Enno Becker（RAO[7], § 4 Anm. 6）にとって，租税法律が，所有者を指定しているが，物を処分できかつ処分する者を考えており，又は物を有する所有者を考えているのであって，それを盗まれておりかつ再びその物を取り戻せないと見込んでいるような者を考えていないことは，疑いの余地がなかった。
　このような法律の曖昧さを明確にするため，独租税調整法11条の規定が，信託，譲渡担保，自主占有についての例示列挙をして，資産の人的帰属を規律することとなった。
　その後，1977年ドイツ租税通則法39条が独租税調整法11条を承継した。1977年ドイツ租税通則法39条第2項（特則）が列挙事例の外，リース取引などのケースに適用される。

(62)　Ein anderer als der nach Maßgabe des Privatrechts（auch des öff. Rchts）Berechtigte（私法（公法もまた）の規準による権利者以外の者）. Kruse in Tipke/Kruse, AO, § 39 Tz. 23.

(63)　独租税通則法39条2項1号（リース事例など）の定式は，Seeliger, Der Begriff des wirtschaftlichen Eigentums im Steuerrecht, 1962, 89 と連邦財政裁判所判決（BFHE 97, 466（483））に遡る。

(64)　比較参照，独租税通則法39条　（帰属）
　　第1項　経済財は，所有者に帰属する。
　　第2項　第1項の規定にかかわらず，次の諸規定を適用する。
　　　一　所有者以外の者が，通常の場合に通常の利用期間につき経済財に対する作用を所有者から経済的に排除できるように，経済財に対する事実上の支配をなすときは，当該経済財は当該所有者以外の者に帰属する。信託関係の場合には，当該経済財は，信託者に，譲渡担保の場合には，<u>担保権者</u>［Sicherungsgeber］に，自主

2　所得税法12条等の歴史的・比較法的解釈

て自主占有の場合は自主占有(65)にそれぞれ資産は帰属するものとする(66)。

　　　占有の場合には，自主占有者に帰属する。
　　二　2以上の者の総有に属する経済財は，分割された帰属が課税にとって必要である
　　　る限り，関与者に持分に従って帰属する。
　出典：日本税法学会運営委員会（訳）中川一郎（編）『77年AO法文集（邦訳）＝
租税基本法＝』（税法研究所，1979年）46-47頁（［…］内加筆及び下線強調は木村）
　なお，担保権者の訳語は，誤訳といわざるを得ない。けだし，「譲渡担保の設定後も，
譲渡担保設定者のみが目的物の使用・収益権を有する。」（加賀山茂『現代民法　担保
法』（現代民法シリーズ　4　信山社，2009年）643頁）この担保設定者が実質的権利
者（単なる名義人以外の者）だからである。そして，所得税法12条にみる「収益」は，
この文脈において理解できるのであって，本来，「所得」と直接の関係を有しない。
　帰属について，このような誤解又は不正解に基づいて，日本税法学会「国税通則法
制定に関する意見書」税法学131号（1961年）1-11頁（いわゆる日本税法学会意見
書）：中川一郎・須貝脩一・竹内寅太郎・三木今二・板倉宏「意見書補足説明」税法
学131号（1961年）11-18頁（その「二」において「税法解釈及び課税要件事実認定
の原則規定について（中川））」と記す。）；中川一郎「国税通則法答申の批判(3)」税
法学129号（1961年）1-4頁（4頁上段，「表見課税によるか，実質課税の原則によるか
は，私法上の概念や用法と同様に理解することにより税負担に著しい不均衡が生じず
るか生じないかによって決定されることになる。」）を公表されたのではないか，と疑
念をいだかざるを得ない。中川一郎は，むしろ，意見書補足説明「二」において実質
課税の原則の一つである「帰属」について，中川一郎「シュピターラーの『経済的観
察法の制限』について（2・完）」税法学157号168号（1964年）1-12頁（11頁）に
依拠して人的帰属原則の特則を例示すべきであったであろう。中川・税法学129号4
頁の記述と異なり，ここで問題とされている帰属原則は，信託や譲渡担保やリースの
ごとく私法上法的権利者と実質的権利者の食い違いが想定されている事例グループに
ついて，資産に対する実質的権利者に当該資産を帰属させる規定である（特則）。人的
帰属原則のうち特則は，税負担の公平を個別事案ごとに考量するよう求めるルールで
はない。また，1961年墺連邦租税通則法24条（帰属）が独租税調整法11条の規定を
概ね承継している歴史的事実についても，意見書公表当時，中川一郎は見落としてい
た（中川一郎「オーストリア租税基本法（1）―原文対照邦訳」税法学158号（1964年）
47-37頁（47頁［墺連邦租税通則法24条［帰属］））。

(65)　プロイセン上級行政裁判所の判決（vom 14. 7. 1893 PrOVGSt 5, 221 (225)）が，所
得税について自主占有者（独民法典872条）を所有者［権利者］として扱ったこと
（同様に，1919年ライヒ租税通則法80条1項1号，1977年独租税通則法39条2項
1号を2文）はよく知られている。同裁判所は，不動産を実際に占有しかつ利用し
ている者が，たとえ不動産登記簿に所有者として登記されていないとしても，所有
者［権利者］とみなした。法律の解釈及び事実関係の性格決定を手がかりとして導出
された経済的観察法は，19世紀にまで遡ることができる。Kruse, Heinlich Wilhelm,
Lehrbuch des Steuerrechts I, 1991, S. 133 f.
(66)　独租税通則法39条2項1号2文の説明及び裁判例について，Kruse, Heinlich Wil-
helm, Lehrbuch des Steuerrechts I, 1991, S. 135；Kruse in Tipke/Kruse, AO, Lfg. 95
Juli 1980, § 39 AO Anm. 41-62；Ralpf Hoffmann in Koch/Scholtz, Abgabenordnung

289

第7章 帰　属

　第2号　複数の者が合有している資産は，課税のために区分して帰属させることが必要である範囲において，その関係者間で持分に応じて帰属する。

同条(67)は，立法理由によれば，経済的観察法の法思想を表現している(68)。第2項第1号第1文に定める特則，及び，第2文に列挙された事例群，並びに，第2号（合有財産にかかる持分割合による帰属）が，特則について経済的観察法を法律上規制した適用例である(69)。

Kommentar, 4. Aufl., München 1993, § 39 Rz. 8；Schmieszek in Gosch, Dietmar (Hrg.), AO FGO mit Nebengesetzen｜EuGH-Verfahrensrecht Kommentar, 2015, !00. Erg-Lfg./Januar 2013, A § 39 AO, Rz. 83-95.

(67)　中川一郎（編）『税法学体系』〔全訂増補〕（ぎょうせい，1977 年）119-120 頁，欄外番号 45 では，「ベッカーは『経済的意義を考慮する』ということが，民法概念にあたかも wirtschaftlich　を付すことであるからのように考えている（例えば，wirtschaftlicher Kauf, wirtschaftliche Veräußerung のように）。これによっていわゆる税法上の経済概念が明確になるのであればともかく，未だその内容が明確ではないから民法概念を借用しておくというのでは，単に規定としての体裁を整えるために，仮に民法概念で表現下に過ぎないことになる。しかも，この民法概念に与えられる意味内容を，課税するときになってはじめて，税務官庁に，従って国庫に都合のよいように決定しようというのである。全く法安定性，法予測可能性を無視した法治主義に反するものであるが，なおかつこれを実践するためのからくりが，経済的観察法であったのである。すなわち，ベッカーが提唱し，30 年余にわたってドイツにおいて実践化され，わが国へも導入された経済的観察法は，国民のための税法を無視した国庫主義に徹した是無行政を合理化せんとする機能を有していたのである。」

　　Wirtschaftlicher Kauf は，リース取引における法律構成と経済的所有権の乖離を指し，そして，Wirtschaftliche Veräußerung は，譲渡担保を指す。日本でいう譲渡担保取引においても債権保全を目的として移転される資産については，債務弁済期限までのあいだ継続的に担保設定者（担保提供者ともいう。）が経済的・実質的にその担保物件を支配し収益を得る権限を有する。信託者が信託財産を受託者に信託する場合，所有権の移転が民法上肯定されるであろうが，信託法関係では，受益者と信託者が同一のとき，所有権は経済的に信託者に留保されている。ここでも，法的所有権と経済的所有権は食い違う。同様に，自主占有の場合，所有権は，資産の占有を剥奪された者に法的に帰属するが，所有権なき自主占有者は経済的・実質的にその占有物を支配し，それから収益を得る権限を有する。いずれの場合にも，資産の法的帰属と実質的帰属が食い違っている。このような例外的場合をドイツ租税通則法 39 条第 2 項は規制する。

　　以上の考察から，中川一郎は，独租税通則法 39 条の規定目的とその法解釈（誤訳を含む。）に当たり，経済的観察法についての思い込みから，重大な過誤を犯している。

(68)　Begr. BT-Drucks. VI/1882, 113; BFH BStBl. 71; Kruse, Heinlich Wilhelm, Lehrbuch des Steuerrechts I, 1991, SS. 133 f., 142 f.
(69)　Kruse in Tipke/Kruse, AO § 39 Tz. 3.

2 所得税法12条等の歴史的・比較法的解釈

(a) 条文の概要

帰属とは，民法に則した，物の所有者への帰属をいう。1977年独租税通則法39条は，帰属についてまず，私法上の所有者を判定規準とする（第1項）。私法上の所有権のもとでは，人々は，（保有者が権利を有する）或る物に対して原則として無制限な支配権を理解する。私法上の所有者だけが目的物を好きなようにする処分権限を有しており，したがって，或る物を譲渡し又は負担を負う（賃貸などする）権利を有する。

しかし，独租税通則法39条は，その2項において，一定の要件（第2項1号1文）の充足と例示列挙（第2文）によって，資産に対する「所有者」のもとで民法上の所有者に限らず，私法・公法上の規定による権利者[70]をも意味している。これを逆推論すれば，同法39条1項にいう所有者は，民法で定める「所有者」のみならず，公法私法の規準による権利者（これを法的権利者ともいう。）を意味すると解される。その結果，39条2項は，その1号にいう「所有者」から乖離して，それ以外の者，すなわち経済的所有者（実質的権利者）にその資産を帰属させている[71]。これに対応して，39条1項にいう「資産」の所有者は，民法にいう所有者に準じた，法的権利者を指すと解される。

このように，1977年独租税通則法39条に定める帰属とは，税法上の帰属が考えられている，税法上の補助概念である。税法上の資産の帰属は，租税法律が税法上の給付能力（担税力）を所有権（権利）に対する価値の所持人について又は所有権（権利）の種類に応じて把握している限りにおいて，その給付能力（担税力）を徴憑する資産の人的帰属を特定する目的を有する[72]。

税法の領域における資産の帰属は，当該資産はいかなる者又は社団に帰属するか，誰が特定の（何等かの形で，資産に対する事実上の支配権行使に基づく）租

---

(70) Ein anderer als der nach Maßgabe des Privatrechts（auch des öff. Rchts）Berechtigte（私法（公法もまた）の規準による権利者以外の者）と解釈されている。Kruse in Tipke/Kruse, AO, § 39 Tz. 23. さらに，Fischer in HHSp, Lfg. 221 März 2013, Rz. 48, § 39 AO は，"Beneficial Ownership" はドイツ法律用語では "wirtschaftliches Eigentum" 経済的所有権（実質的権利）または „Nutznießung"（使用収益（権））を意味する。同概念はOECDモデル条約10条ないし12条において配当についての税法上の正しい帰属等に資している。また，

法律概念 „beneficial owner" は，OECF-Studie の第14項（導管会社（トンネル会社Duruchganggesellscaft, conduit companies）においても用いられている。

(71) Tonne（2014）, Leasing im Steuerrecht, 2. Kapiital Rz. 12 FN12, S. 31.

(72) Fischer in HHSp, Lfg. 221 März 2013, Rz. 7, § 39 AO.

税の債務者であるか，についての確認に資する[73]。

資産は，課税に際して，典型的には，所有物の所有者に帰属する。所有権は，ドイツ民法典90条にいう物だけを対象とする。資産に対する所有権はドイツ公法私法にわって法律学において存在しない。資産に対する所有権は私法上考えられない。このことから，独租税通則法39条について次が導き出される。帰属に関する個々の法律要件は私法の意味ではなく，それ以上の非常に多数の経済的意味で理解されなければならない[74]。

1977年独租税通則法39条にいう帰属原則は，本則と特則との規範構造からなる。第1項は，通常ケースについての帰属を定めている（本則）。例外的に，第2項の例外ケースについてのみ，特則が税法上の帰属ルールとして，私法上の帰属ルールから逸脱する。もっとも，第2項は，体系違反の態様で，私法秩序を損なっているわけではない[75]。経済的所有者（実質的権利者）は，私法の所有権（法的権利）と経済的所有権（実質的権利）が合致しない場合に，後押しを求めうる権利を有する[76]。39条に列記された例外事例は，経済的観察法（日米英でいうところの実質主義）を法律で規定した適用例である[77]。

(b)　帰属の概念

(i)　通常の帰属

ドイツ民法典にいう物権は，物権の持主と物の持主とのあいだの直接的関係を創出し，たいていの場合には，当該物に対する支配権を創出する。一定の状況の下では，当該権利の持主と当該物の持主とのあいだの関係から，別な人々及び物との関係が展開される。同時に，物権の法的地位は，当該物がある特定の者に属し帰属する，ということを意味する。この帰属させる力によって，一方で，多かれ少なかれ包括的な物に対する支配が築かれる。他方では，このような組み入れ（帰属）によって，物権の権利者は，当該物に関して，法的共同体に対する責任をも課せられる。この責任は，私法上の性質も公法上の性質をも併せ有する。

---

(73)　Kruse in Tipke/Kruse, AO § 39 Tz. 2.
(74)　Kruse in Tipke/Kruse, AO § 39 Tz. 4.
(75)　BVerfGE 30, 59 [63] ; BFH BStBl. 71, 721 [723]; Kruse in Tipke/Kruse, AO § 39 Tz. 3.
(76)　BFH BStBl. 92, 944; 02, 278（確立した判例）. Kruse in Tipke/Kruse, AO § 39 Tz. 3.
(77)　Kruse in Tipke/Kruse, AO § 39 Tz. 3.

租税回避行為の否認ケースにおいて，当事者の行使した権利について税法上濫用だと評価されうる理由は，この法的共同体に対する権利者の責任が問われているのである。

これに対し，独租税通則法39条に定める帰属は，所有物の権利者への帰属（独民法典90条）のみならず，物権以外のその他の諸権利の目的物（これらを総称して「資産」という）についての権利者への帰属を指す。通常の帰属の場合には，帰属は，典型的には民法の規定に基づき判定されるとしても，一般的に述べるならば，公私法の規定に基づき判定される[78]。例外の場合には，帰属は，経済的に観察して，形式的には本権を有しないが経済的実質的に権利者（経済的所有者）とみられる者に割り当てられる。

通常の帰属ケースについて，資産は，私法公法の規準に基づき権利者に帰属するものとする。1977独租税通則法39条は，私法学と異なって規定されているので，39条に規定する資産の「所有者」とは，私法（場合によっては公法）上の規準による権利者を指す，と解釈されている。したがって，物はその所有者に，所有権を除く物権，債権と無体財産権はそれぞれの権利者に，負債は債務者に，（法人格のない）合資会社持分は有限責任社員等々に帰属する[79]。

(ii) 例外の帰属

通常の帰属の例外は，税法の外でも存在する。独租税通則法39条に比肩しうる物の帰属に関する規定は，倒産手続における保全所有についての民法上の権利，自主占有（独民法典872条）についての民法上の権利，動産（物的動産）の占有者に有利な所有権の推定（独民法典1006条）についての民法上の権利等に見られる[80]。

(c) 帰属の対象としての資産

39条が規制する帰属の対象は，収益というよりむしろ，本源的に資産である。この資産概念について，独租税通則法39条は定義をせずに用いている。判例と学説はこの概念を広く把握している。独租税通則法39条1項に定める所有

---

(78) Koch/Scholtz, Abgabenordnung, 4. Aufl. Köln usw. 1993, §39 Anm. 5.
(79) Kruse in Tipke/Kruse, AO §39 Tz.17.
(80) Kruse in Tipke/Kruse, AO §39 Tz. 13. 同所に引用されている，Seeliger, Gerhard, Der Begriff des wirtschaftlichen Eigentums im Steuerrecht, Stuttgart 1962, S. 105 ff. はその他の例をも挙げている。

者（Eigentümer）は，公私法による権利者を意味する[81]。その権利者は，物の所有者のみならず，物権法以外の諸権利，若しくは無体財産の持主又は債権の債権者などを含む。

民法上の権利の対象（例えば物）及び権利（物的会社に対する持分，合資会社持分を含む。），不動産及び不動産と土地の権利，建物及び建物附属設備，通信設備とデータ処理設備及び暖房設備のみならず，実際の状態，具体的な可能性利用権及び企業にとっての便益もまた資産である[82]。

これに対し，1977年独租税通則法39条による帰属の目的物は，各種所得ではない[83]。けだし，各種所得は原則としてこれを稼得した者に帰属するからである。消費税法による売上高も又，39条による帰属の対象でない。売上税法は，もっぱら，給付の交換をその規準としている。対価についての収入という事実にも39条は適用されない[84]。さらに，39条による帰属の目的物は，収益ではない。けだし，収益は資産の対象である所有権をはじめとする権利から生み出される（果実収取権又は果実収得権）ので，39条は収益の人的帰属を問うよりも，「物」をはじめとする資産の帰属を扱うことにしている。

またさらに，「事業」からの収益を問う前に，個人企業たる事業（又は法人企業たる事業）が収益を上げる元の資産を把握し，その資産の帰属を扱うことにしている。例えば，事業主の主宰する事業（個人企業）にかれの親族（例えば配偶者・子供・親）が労務を提供し又は及び資本（例えば，農地など現物出資，元入金）を拠出する場合，彼女らはその対価（報酬請求権や資本収益請求権）を民法上商法上会社法上取得する。これら権利は，独租税通則法39条に規定する資産に該当する。したがって，「事業」概念は人的帰属の判定規準メルクマールとして不要である，と思料される。

なお，日本の所得税法12条等における「事業」概念は「事業の用に供される固定資産についての減価償却」計上の可否にとって，及び「収益」概念は単なる名義人と実質的権利者との判定規準メルクマールとして有意義でありうる。

---

(81) Kruse in Tipke/Kruse, AO, § 39 Tz. 23.
(82) Kruse in Tipke/Kruse, AO § 39 Tz. 17；Koch/Scholtz, Abgabenordnung, 4. Aufl. Köln usw.1993, § 39 Anm. 4.
(83) Koch/Scholtz, Abgabenordnung, 4. Aufl. Köln usw. 1993, § 39 Anm. 4（各種所得や売上高の帰属は，39条ではなく，収益税法又は売上税法の一般原則により判定される。）；Kruse in Tipke/Kruse, AO § 39 Tz. 18及びそこに掲げる独連邦財政裁判所判例と文献参照．
(84) Kruse in Tipke/Kruse, AO § 39 Tz. 18及びそこに掲げる独連邦財政裁判所判例と文献参照．

2　所得税法 12 条等の歴史的・比較法的解釈

(4) 資産は権利者に帰属

独租税通則法 39 条 1 項に定める所有者（Eigentümer）は，私法・公法による権利者を意味する[85]。その権利者は，物の所有者のみならず，諸権利，債権又は無体財産の持主若しくは債権者を含む。けだし，39 条は，「物」ではなく，「資産」を対象としているからである。

経済的所有権（より正確には経済的権利・実質的権利）とは，税法の目的との関連において，民法に即した帰属ルールからの例外ルールを一般化した表現である。しかし，経済的所有権（より正確には実質的権利）の用語は，税法が独自の所有権概念（権利概念）を創造している，といった誤解に導いてはならない。そして，ここで議論されている所有権は権利と読み替えるべきである。

(5) 事実上の支配の基準性（特則のメルクマール）

資産に対する実質的権利者（経済的権利者）とは，かれによる事実上の支配が，通例，占有，危険，使用及び負担をなす者の側にある，そういう者である。

単なる使用を委ねられ又は用益関係があるだけでは，原則として，実質的権利（経済的所有権）の根拠づけには十分でない。例えば，不動産の民法上の所有権者は，通例，継続して当該不動産に対する影響力を及ぼすことを排除されていないかぎり，その者は単なる形式だけのもぬけの殻の単なる名義人として，把握されることはない。このような前提要件は，第三者がその不動産を占有し，使用し，その土地の上に建物を建築しそして，その不動産を委ねられていることによっては，まだみたされていない。また，第三者が他人の土地の上に自己の利益のためにそして自己の負担（犠牲）により建物を建築するという事実だけからでは，事実上の支配は民法上の所有権者（法的権利者）の排除を導き出せない。それにもかかわらず，このような事情は，帰属にとって有意義である[86]。

独租税通則法 39 条 2 項 1 号 1 文にいう事実上の支配は，物に対する占有を求めている「事実上の実力行使（die tatsächliche Gewalt）」（独民法 854 条［物に対する直接占有］）と異ならない。事実上の支配は，しかし，特別な態様で，確

---

(85) Kruse in Tipke/Kruse, AO, § 39 Tz. 23.
(86) Kruse in Tipke/Kruse, AO-FGO, Lfg. 95 Juli 1980, § 39 AO, Tz. 23; Drüen inTipke/Kruse, AO/FGO, Lfg. 129 Jun 2012, § 39 AO, Tz. 25（実質的処分権の排除 Aususuchlusss der wirtschaftlichen Verfügungsmacht）。

保されていなければならない。すなわち，その特別な態様とは，民法上の所有者が，通常の使用期間のあいだ資産に対する影響力行使を経済的・実質的に排除されている，という態様である。資産を譲渡し又は負担を負う（賃貸などする）ことのできる法的権限は，このような法的権限を欠く者（日本所得税法12条にいう「単なる名義人」）以外の者（実質的権利者）のもとにおける帰属を排除しない[87]。

　私法上の権利者（所有者）の継続的排除は，私法上の権利者が資産の通常の使用期間のあいだ排除されている場合に限って，実質的権利（実質的所有権）を根拠づける。減耗し尽くすまでの長きにわたる使用は，必要でない。使用権を終了させる，理論だけの可能性は顧みられない。契約形態により期待される通常の取引期間が決定的に重要である。使用期間を特定するための補助手段として減価償却表が引証されうる。その表は裁判所を拘束しなくとも，実務はその表に基づいて遂行されている。

　実質的権利者（経済的所有者）は，或る資産を占有しそして使用し，かつ，法的権利者（所有者）を通常の使用期間のあいだその影響力を経済的に排除する，ことを確保する権限（die abgesicherte Befugnis）を有する。例えば，中途解約できないリース契約の場合，或る資産の使用期間全体をとおして，その契約は締結されている。私法上の所有者（権利者）にとって，その者が事実上の支配権を行使する余地は残っていない。リース契約期間は短いが，しかし，特別に有利な条件で賃借契約を伸張するオプション（権利）が付いている場合，又は，市場価額以下での購入権オプションが付いている場合，このようなリース取引の賃貸人（リース貸主，レサー）は所有者ポジションを使い尽くし空になっている。その結果。当該資産は税法上，リース取引の賃借人（リース借主，レスィー）に帰属しなければならない。民事法上の所有権者（法的権利者）は，当該資産を賃貸期間の経過後確かに返還され取得するが，しかしこの引渡し返還請求権は，実務上価値を失っている。経済的所有者（実質的権利者）の問題に関する典型的なテスト規準は，実質的権利者に，当該権利（所有権）の経済的内実を成しているものが属しているかどうである。当該経済的所有者が，継続してその資産本体及びその収益を有していることが，決定的な判定規準である[88]。

---

(87) Tonne (2014), Leasing im Steuerrecht, 2. Kapiital Rz. 12 FN13, S. 31.
(88) Tonne (2014), Leasing im Steuerrecht, 2. Kapiital Rz. 13 FN12, S. 31 f.

3 実質所有者課税説の誕生

ちなみに，日本の判例においても，私法上の権利者が資産に対する事実上の支配から排除されている場合，課税にとって当該資産は実質的に単なる権利者（単なる名義人）以外の者に帰属するものとされている（参照，最三判平成18年1月24日）。この判断にとって，処分権限の所在及び事案に係る諸事情の全体像が決定的に重要である（参照，最三判平成18年1月24日の事実認定）。資産を使用する権限は相当の期間のあいだ継続的に借主（リース借主等）に移転している。

3　実質所得者課税説の誕生

(1)　杉村章三郎（訳）『獨逸租税法論』

アルベルト・ヘンゼル（原著）杉村章三郎（訳）『獨逸租税法論』[89]は，その第5章「帰属」のもとで，まず，「一」において所得の人的帰属（いわゆる「実質所得者課税の原則」）を，次に，「二」において資産の所有権を判定規準とする資産の人的帰属（1919年ライヒ租税通則法80条1項1文[90]）を明晰に説明する。資産の人的帰属については「或る者の物に対する法的関係」すなわちここでは所有権を，帰属判定規準として用いる[91]（木村訳）。ここで「法的」とは

---

(89)　アルベルト・ヘンゼル（原著）杉村章三郎（訳）『獨逸租税法論』（有斐閣，1931年）129-131頁。同訳書の原著は1927年の第2版である（注意3頁）。ヘンゼル教授は当時，ケーニヒスベルヒ大学に勤務（訳者序　1頁）。けだし，ヘンゼル教授は人種差別を受け，ボン大学を追放され，ケーニヒスベルク大学に移籍していた（Kruse, Albert Hensel in Memoriam, StuW 1995, 80-86）。

(90)　「目的物を自己に属するものとして占有する者は，租税法律の意味において所有者のように取り扱われる。」Wer einen Gegenstand als ihm gehörig besitzt, wird im Sinne der Steuergesetze wie ein Eigentümer behandelt.

(91)　本文の説明は，Prof. Dieterr Birk と Prof. Henning Tappe（2018年4月19日付け Tappe 発私宛電子メール）による。

„IN § 80 S. 1 RAO 1919 war – ähnlich der heutigen Regelung in § 39 AO – bestimmt: „Wer einen Gegenstand als ihm gehörig besitzt, wird im Sinne der Steuergesetze wie ein Eigentümer behandelt." § 80 RAO übernahm die Formulierung aus § 872 BGB („Eigenbesitz"), die den Normalfall beschreibt, dass Eigentümer und Besitzer die selbe Person sind.

Mit „persönlich-sachlicher Rechtsbeziehung" meint Hensel also wohl nur die rechtliche Beziehung einer Person zu einer Sache, eben das Eigentumsrecht (in Abgrenzung zu etwa dem bloßen Besitzrecht).

Und – ebenso wie der frühere § 80 RAO – regelt § 39 die Zuordnung eines Wirtschaftsgutes (einer Sache) zu einer Person, den Eigentümer im steuerrechtlichen Sinn. Dies ist entweder der rechtliche (Abs. 1) oder der wirtschaftliche Eigentümer

第7章 帰　属

民法を指している。所有権は単なる占有権と異なる。旧1919年ライヒ租税通則法80条（帰属）は，1977年独租税通則法39条（帰属）と類似して，或る者の物（資産）に対する法的関係を規律している[92]。

　　ところが，杉村章三郎による「個人的且つ物権法的関係たる「所有権」が帰属の規定として使用せらるゝことは稀でない。[93]」という訳文は原文の内容について注意深い洞察を必要とするであろう。

　ヘンゼルはその原著第2版においてすでに独民法典に定義する自主占有のみならず（本則），所有権を伴わない自主占有者を税法上の所有者と解していたが（特則），さらに，その原著第3版において「資産」の術語を用い始めている。このように，ヘンゼル『獨逸租税法論』は帰属を所得の帰属と資産の帰属とに区分し，2番目の資産の人的帰属について，本則を少しく説明した後，さらに次のようにその特則（特別の帰属判定規準）を例示して詳細に説明する[94]。

　「法律［1919年ライヒ租税通則法80条］は経済的理由により，当該目的物［1977年法にいう資産］を経済的に支配する者，とくに用益・使用をする者を租税に引き込もうとしている。そのような者から租税を一般に徴収しようとしている。しかし，この［当該資産を経済的に支配する］者が形式的な法的所有者以外の者である場合は，どうであろうか。……このような稀でない場合に，経済的支配可能性が，空虚にして形式的な法律関係に優先する。すなわち，「目的物を自己に属するものとして占有するする者は，租税法律の意味において所有者のように取り扱われる［特則。1977年独租税通則法39条2項1号1文に承継］。……租税法上の所有者は［独民法典872条に定義する通常の場合の］自主占有者に限るというのは余りに狭い解釈であろう。[95]」「同法80条2項[96]は帰属規定であって，評価規定ではない。[97]」（「　」内加筆は木村）

(Abs. 2)."
(92) ヘンゼルはフレーズ "persönlich-sachlicher Rechtsbebeziehung" を以って「或る者の物に対する法的関係，すなわちここでは所有権」をもって資産の人的帰属を考えている。
(93) ヘンゼル『獨逸租税法論』130頁。
(94) ヘンゼル『獨逸租税法論』131頁。
(95) Hensel, Albert, Steuerrecht, 2. Aufl. Berlin, 1927, S. 63；Hensel, Albert, Steuerrecht, 3. Aufl. Berlin, 1933, S. 80 f.；ヘンゼル『獨逸租税法論』130頁。第3版 S. 81 FN. 1 においてヘンゼルは「租税法における経済的所有権（実質的権利）について文献と判例を招致して，経済的所有にかかわる具体例を例示する。

3　実質所有者課税説の誕生

前掲の杉村訳文が、その後、1934 年独租税調整法 11 条及び 1977 年独租税通則法 39 条の誤解を引き起こしたのではなかろうか。事実、杉村章三郎『租税法学概論』[98]は、課税物件（所得など）と納税義務者との法律上の関連を帰属という、と定義する一方、「法律の定める帰属の要件に属し、その名義と実体が一致しない場合」に問題となる。これは、2 種類の人的帰属のうち、前半では、所得の帰属が説明され、後半では資産の帰属を問題としているのか所得の帰属を問題としているのか判然としない曖昧な記述にとどまる。杉村は資産の帰属について明瞭に説明しない。説明の不鮮明さは、先に摘示したように、資産の人的帰属についての原典読解に基因しているのではなかろうか。当時、ヘンゼルはその第 3 版において資産の帰属について改めて詳論している[99]。

(2)　杉村章三郎『租税法学概論』

杉村章三郎『租税法学概論』[100]は、まず、「課税物件とは所得、相続の事実などをいう。」(19 頁) と説明した後、「納税義務者と課税物件との法律上の関連を帰属という。」「特定の課税物件を何人に帰属せしめるのを妥当とするかにつき問題となるのは、法律の定める［所得の］帰属の要件に関し、その名義

---

(96)　「或る財産を複数の者が合有している場合、関係者は、それらの者が持分割合に応じて権利を有しているかのように、課税をうける。持分割合の数値は、その財産に対する関係者は合有により権利を有している、割合に応じて算定されるものとするか、または、当該共同体の解散に際しそれらの者に割り当てられるであろう関係に応じて算定されるものとする。」

(97)　Hensel, Albert, Steuerrecht, 2. Aufl. Berlin, 1927, S. 63　FN. 2.

(98)　杉村章三郎『租税法学概論』（有斐閣、1956 年）20 頁。

(99)　Hensel (1933), Steuerrecht, S. 81 FN. 1 に掲げられたライヒ財政裁判所判例と例解を参照。

(100)　杉村章三郎『租税法学概論』（有斐閣、1956 年）19 頁。同旨、杉村章三郎『租税法』新法学全集第 6 巻　行政法 V〔初版〕（日本評論社版、1939 年）25-27 頁。さらに、「この［租税法の］体系は大体に於いて Albert Hensel, Steuerrecht, 3. Aufl., 1933（…）による。」(9 頁注 7)。だがしかし、「帰属」については、ヘンゼルは「資産の帰属」を一義的に説明し、他方、杉村は理由を示すこともできずに蒙昧に「所得の帰属」を叙述する。その範囲に於いて、杉村はヘンゼルの体系から大きく遊離する。また、純財産増加説（純資産増加説）は Reinvermögenszugangstheorie (Reinvermögenswachstheorie) と the concept of an "accession to wealth," に相当する。同説は Georg von Schanz (1896) の定義に遡り、そして Haig (1921) und Simons (1938) のもとでさらに展開されている。純資産増加説と和訳する論者が、「資産の帰属」規定にいう「資産 Wirtschaftsgüter」のもとで純財産増加説にいう資産を理解したとすれば、それは誤解であるといわざるを得ない。

第7章　帰　属

と実体が一致しない場合である。旧行政判例に甲会社が乙会社の株式を自己の取締役の名義で所有していた事案に対し，その配当が甲会社の収入となっていた事実に基いてこれを当該取締役個人の所得でないことを判示したのであるが（昭和7.1.30行判）。これは帰属の決定に際して，名義よりはその実体に重点を置くことを示すものであり，正当と認められる。」(20頁)。引用文（20頁）は，人的帰属について，所得の人的帰属と資産の人的帰属を峻別すべきことを（参照，ヘンゼル『獨逸租税法論』の帰属の説明における2分論），十分に認識していない[101]。けだし，行判昭和7年1月30日[102]について，乙会社株式という資産がいずれの者に帰属するかについて，問われるときはじめて，資産の人的帰属が問題となる。資産の人的帰属は，所得の人的帰属にとって先決問題である。

　　1932（昭和7）年1月30日行政裁判所判決[103]が，1931年に出版された杉村（訳）『獨逸租税法論』を十分洞察した上で説示されていたならば，説示の仕方と内容を異にしていたのではなかろうか。当時，同訳書を除いて，租税法上の帰属について論じた学術書は日本に存在しなかったからである。

同行判と杉村章三郎『租税法学概論』は，資産の帰属を問うことなく，いきなり所得が個人に帰属しないと結論を急いでしまう。杉村章三郎は，日本の租税法学において，帰属（人的帰属）のもとで，もっぱら，所得の人的帰属を理解することに，誤導してしまう。

資産の人的帰属についての適切な理解は，最三判平成18年1月24日までまつことになる。

(3)　国税通則法の制定に関する昭和36年答申

国税通則法の制定に関する答申（税制調査会第2次答申　1961（昭和36）年7月）及びその説明は，実質主義を次のように認識している[104]。

　「一　実質的帰属の原則
　　税法の解釈・適用に関しては，現行法においても従来からいわゆる実質的帰

---

(101)　杉村章三郎「（紹介及批評）Albert Hensel, Steuerrecht, 1927.」国家学会雑誌43巻41号155-160頁（帰属について一切言及なし）。
(102)　行政裁判所判決昭和7年1月30日行録43輯10頁。
(103)　同上・行判昭和7年1月30日。
(104)　税制調査会『国税通則法の制定に関する答申（税制調査会第2次答申　及びその説明』（1961（昭和36）年7月）4頁（第二　実質課税の原則等　一　実質課税の原則）。

属の原則の適用があるとされ，これに基づいた具体的な規定も各税法に部分的に散見されるのであるが，国税通則法制定の機会において，各税を通ずる基本的な課税の原則として次のようにこれを明らかにするものとする。

　税法の解釈及び課税要件事実の判断については，各税法の目的に従い，租税負担の公平を図るよう，それらの経済的意義及び実質に即して行うものとするという趣旨の原則規定を設けるものとする。」

「国税通則法の制定に関する答申の説明（答申別冊）」が上記「税制調査会第二次答申」に含まれている(105)。この答申別冊は次のように記述する。法12条等は，「収益の帰属」に関する問題を規定する，と認識されている。

「第2節　実質課税の原則に関する諸問題
　この節においては，実質課税の原則に関する問題を，実質課税の原則の宣明，租税回避行為，行為計算の否認及び帰属の問題の4つに分けて検討する。
　2-1　実質課税の原則の宣明
　(2)……上記の規定［所得税法第3条の2及び法人税法第7条の2］は，収益の帰属に関する問題を中心とするもので，実質課税の原則の一側面を明らかにしたにとどまるものであるから，その他の部面につき，たとえば用語の用い方や定義等について，各税法においてできるだけの配慮を加え，所用の整備を行って，解釈上の余地を少なくすることがまず必要であると考える。(106)」

「2・4　帰属の問題
　1　帰属の問題の意味
　ここで取り扱う帰属の問題は，法律的な権利の帰属や名義のいかんにかかわらず，実質的に経済的効果が帰属する主体に課税すべきであるという原則に関する問題である。したがってこれは，実質課税の原則に関する問題の一環をなすものである。(107)」

「(1)……帰属の問題において税法上対象となる法律関係又は名義は，通常，関係人が作為したものではなく，特殊な法律制度その他の事情に由来し必然的にそのようにならざるを得ないような性格のものと認められる。……
　(2)……この帰属の問題においては，そのような租税回避の意図の存在が予想されないのが通常である。
　われわれは，このような帰属の問題のうち主要なものたる信託及び譲渡担保

---

(105) 税制調査会『国税通則法の制定に関する答申（税制調査会第2次答申　及びその説明』(1961(昭和36)年7月) 表紙に続く頁（「本書の内容」）。
(106) 税制調査会「国税通則法の制定に関する答申の説明（答申別冊）」［(1961(昭和36)年7月)］11頁。
(107) 税制調査会・同上19頁。

第7章　帰　属

の問題について、次のように検討した。(108)」

　答申別冊説明の2-1は、昭和28年所得税法3条の2・法人税法7条の3の規定する「収益」の機能を検討しておらず、「収益の帰属」と把握する。「収益の帰属」説は、後日さらに、昭和40年所得税法12条・法人税法11条に付された条文見出し「実質所得者課税の原則」へと連なっていく。しかし、旧法3条の2等はもとより法12条等もまた、その条文テキストにおいて、所得や収入に全く言及していない。

　答申別冊説明2・4は、その(1)及び(2)における説明は、信託及び譲渡担保についての「資産の帰属」を説明するのではと期待されるところであったが、そうでなく、その説明を展開しても、今日論議されている譲渡担保及び信託をめぐる資産の帰属問題を説明できないばかりでなく、例えばリースをめぐる資産の帰属問題をも把握し得ない。けだし、「資産の帰属」についての観念が日本租税法学の揺籃期にあっては成立していなかったからであろうか。

　　　法12条等は収益の帰属、実質所得者課税の原則ではなく、つとにヘンゼル『獨逸租税法論』が明確に説明しているように、「資産の帰属」を規定しているのある。租税法学の誕生期にあっては、杉村章三郎（訳）『獨逸租税法論』にとって、「所得の帰属」から峻別されるべき「資産の帰属」の観念は理解を超える問題領域であったのであろう。その上、1961(昭和36)年答申もまた、ヘンゼル『獨逸租税法論』の原典及び1919年独ライヒ租税通則法80条に立ち返って調査・検討することもなく、1934年独租税調整法11条の立法趣旨を適切に理解することもなく、法12条等を「収益の帰属」規定と誤道している。
　　　最三判平成18年1月24日映画フィルムリース・パラツィーナ事件（裁判長藤田宙晴）が、管見の限りでは、「資産の人的帰属」概念を日本ではじめて見いだしたのではなかろうか。

　この帰属に関する答申は、国税通則法にではなく、所得税法（昭和40年3月31日法律第33号）12条及び法人税法11条などに痕跡を残しているかのようである。所得税法12条の表題「実質所得者課税の原則」は、一般に、税法上のより高次の原則である「実質主義」のサブ原則すなわち「所得の帰属に関する実質主義」を指すと解されている。

---

(108)　税制調査会・同上19-20頁。

3 実質所有者課税説の誕生

(4) 条文見出しの迷走

(a) 条文見出し無し

昭和28年所得税法3条の2[109]及び同年法人税法7条の3[110]は，いずれもその条文見出しを付していない。ただし，この所得税法3条の2が追加されたのち，ほどなく，大蔵省職員は，同条項が実質課税の原則を規律する規定であり，杉村章三郎『租税法学概論』と同じく，行判昭和7年1月30日[111]を引証し所得の帰属を規制すると説明した[112]。

このように，昭和28年所得税法3条の2の規定内容は，実質課税の原則を内容とする，と立法当時から説明されていた。「所得が誰に帰属するか」を定めるに当たっては，名義の如何を問わずその実質に従って判断すべきであるという所謂「実質課税主義の原則」は，従来から所得税法課税に当たってとられてきた思考法であった。この原則は，行政裁判所判決昭和7年1月30日[113]により「株式配当金の帰属を定めるに当たっては，その名義によるべきものではなく，その実質によるべし[114]」と表現されている。このように，林大造（大蔵省主税局税制第一課　当時）は，単純に「所得が誰に帰属するか」と問題提起する。しかし，法律学に基づきこの問いに回答するには困難を覚える。

同様に，市丸吉左エ門は，行判昭和7年1月30日[115]行録43輯10頁を引証

---

(109) 所得税法の一部を改正する法律（昭和28年8月7日号外法律第173号〔所得税法の一部を改正する法律附則31項による改正〕）は，「第3条の2　資産又は事業から生ずる収益の法律上帰属するとみられる者が単なる名義人であつて，当該収益を享受せず，その者以外の者が当該収益を享受する場合においては，当該収益については，所得税は，その収益を享受する者に対して，これを課するものとする。」。

(110) 法人税法の一部を改正する法律（法律174号昭和28年8月7日）。
　　昭和28年に追加された法人税法7条の3は「資産又は事業から生ずる収益の法律上帰属するとみられる者が単なる名義人であって，当該収益を享受せず，その者以外の法人が当該収益を享受する場合においては，当該収益については，法人税は，その収益を享受する法人に対して，これを課するものとする。」と定める。

(111) 行政裁判所判決昭和7年1月30日行録43輯10頁。

(112) さらに，同条項が企業組合を規制することをもその目的とすることが説明されたが，この点は実務上役立たないことが判明し，別途，企業組合を規制する法律規定が後日定められることになった。したがって，法人税法7条の3は，当時の解釈論に従う限り，企業組合の規制問題を法的に解決できなかった。

(113) 行政裁判所判決昭和7年1月30日行録43輯10頁。

(114) 林大造「改正所得税法解説――第16国会における税制改正（4）」財政経済弘報395号昭和28年8月16日）7頁。

(115) 行政裁判所判決昭和7年1月30日行録43輯10頁。

し、「その株式」［資産］から生ずる収益に対しては［名義人・重役以外の］会社に対して課税してきたと解説し、そして、経済的実質的には匿名組合契約に類似する契約、並びに、企業組合の企業形態による税負担軽減を試みる、事例を引証しすることによって、昭和28年所得税法3条の2に意味付与を試みた[116]。その後、企業組合事件が続発しているが、そこでは不当な租税回避行為の個別的否認が問われている（最二判昭和37年6月29日[117]・共栄企業組合事件）。法12条等にいう「事業」の法解釈上の意義は、最三判平成18年1月24日映画フィルムリース・パラツィーナ事件（裁判長藤田宙靖）によってはじめて、解き明かされることとなる。

さらに、市丸は前掲行判昭和7年を「資産から生ずる収益」に対する支配権を有する権利者を会社だと理解する。市丸も又、「収益を」生ずる元の資産」が誰に帰属するかを誰何することなく、所得の人的帰属を論ずる。

またさらに、市丸は、法人の重役等の名義で保険業を営む場合において、その保険代理業が実際にその法人の事業の一部であると認められるときは、これを法人の事業として法人税を課してきたのである、と解説する[118]。「事業から生ずる収益」に対する支配権を有する権利者は会社だと把握するのが、課税実務であった。しかし、法律に基づき付与された保険代理業の営業許可という法的地位（資産）を有する権利者は、当該重役であるか又は法人であるかについて明らかにされていない。「収益の元となる資産」に対する私法上又は公法上の権利が「収益の元となる資産」に対し実質的・経済的に支配する権利と合致しない場合にはじめて、例外的に、その資産に対する実質的権利は、「単なる名義人以外の」実質的権利者（ここでは法人）に属する。以上の説明から、「事業」概念は資産の人的帰属の判断要素に不必要である。

他方、租税措置の一環として講じられた第三次再評価について、市丸吉左ェ門が［資産の］帰属の特則について説明する[119]。「信託財産については、そ

---

(116) 参照、最二判昭和37年6月29日集刑143号247頁＝税料39号1頁・共栄企業組合事件。

(117) 市丸吉左ェ門「改正法人税法解説――第16国会における税制改正(3)」財政経済弘報394号（昭和28年8月10日）1-8頁（7頁）。

(118) 市丸吉左ェ門「改正法人税法解説――第16国会における税制改正(3)」財政経済弘報394号（昭和28年8月10日）7頁。

(119) 市丸吉左ェ門「第三次再評価詳解――第16国会における税制改正(1)」財政経済弘報392号（昭和28年8月3日）1頁。

3 実質所有者課税説の誕生

の受益者がこれを有するものとみなして」資産再評価法の規定が適用される。「但し，合同運用信託の信託財産については，この限りでない。[改行] 基準日において，信託の受益者が特定していないとき，又はまだ存在していないときは，受益者がそれぞれの受けるべき利益の価額の割合に応じて信託財産を有するものとみなされる。」

　　この1953（昭和28）年措置は，所得の帰属に関する規定ではなく，信託関係について，資産の帰属を規定している。同措置は，1934年独租税調整法11条及び1962年墺連邦租税通則法24条1項c並びに1977年独租税通則法39条2項1号に例示されている信託資産の帰属特則に類似する側面を示している。

昭和28年所得税法3条の2にいう「収益」概念は，例えば所有権の機能のうち，使用・収益・処分権限のうち，収益権限を重視し，これを保有する者を「単なる名義人以外の者」と位置づけ，その実質的権利者に当該資産が帰属する，という趣旨を明らかにしていると解しうる（参照，最三判平成18年1月24日）。

とはいえ，林大造及び市丸吉左エ門の説明は，立法過程において議論の対象となった，利害の因果関係を明らかにし，規制しようとして問題の所在又は取り違えを明確に記録に残したのある。

昭和28年所得税法3条の2は，「『事業』から生ずる収益」の帰属についても規定している。その立法理由の1つは，当時紛争の頻発した企業組合を規制するためである，と主張されることがある。しかし，所得税法158条（事業所の所得の推定）の規定は，昭和28年所得税法3条の2の規定が企業組合への所得の帰属をよく規制し得ないことに鑑み，あらためて規定されている[120]。けだし，同3条の2は抑も事業から生ずる所得の人的帰属を規律することを，条文内容としておらず，したがって，立法趣旨ではないからである。

　　昭和28年8月改正の所得税法について，取り扱方通達が公表されている。同法3条の2が定めている特則について，同「昭和28年8月改正　所得税法の取扱方通達について」（通達9ないし11）は，国税通則法制定のための税制調査会の答申及びその説明で示された信託関係及び譲渡担保のような例示規定を置くといったこともなかった。

---

[120]　碓井光明「法人とその構成員をめぐる所得の帰属」自治研究51巻9号（1975年）43-64頁（47頁）。

第7章 帰　属

(b)　実質課税の原則

　昭和29年改正で，所得税法3条の2[121]及び法人税法7条の3[122]は，文言どおり，同一内容の条文テキストを継承する一方，「実質課税の原則」という条文見出しをそれぞれ追加表示した。

(c)　実質所得者課税の原則

　昭和40年全部改正の所得税法[123]12条及び法人税法[124]11条は，昭和28年所得税法3条の2及び法人税法7条の3に定める条文テキストとの同一性を継承している。条文見出しが新たに附記されている。所得税法12条は，第四章　所得の帰属に関する通則（第11条・第12条）に配置され，次の様な形式をとっている。

　　（実質所得者課税の原則）
　　第12条　資産又は事業から生ずる収益の法律上帰属するとみられる者が単なる名義人であつて，その収益を享受せず，その者以外の者がその収益を享受する場合には，その収益は，これを享受する者に帰属するものとして，この法律の規定を適用する。

　その収益を生みだす源泉である「資産」は，本則として，法的権利者（名義人）に，又は，特則として，単なる名義人（単なる権利者）以外の者（実質的権利者）に帰属する。この解釈は，アルベルト・ヘンゼル（原著）杉村章三郎（訳）『獨逸租税法論』[125]における「帰属」第二における資産の人的帰属についての原著説明に従うものである。その原著出版当時妥当していた1919年ライヒ租税通則法80条の規定は，その後，1931年独租税通則法89条を経て，1934年独租税調整法11条（帰属）によって実質的に受容され，さらに，1977年独租税通則法39条（帰属）は同11条の規定内容を実質的に変更せずに，承継している。

　条文見出しが，不存在を経て実質課税の原則から実質所得者課税の原則へと

---

(121)　所得税法の一部を改正する（法律第52号昭和29年4月1日）。
(122)　法人税法の一部を改正する法律（法律第38号昭和29年3月31日）。
(123)　昭和40年所得税法（法律第33号昭和40年3月31日）。
(124)　昭和40年法人税法（法律第34号昭和40年3月31日）。
(125)　Hensel, Albert, Steuerrecht, 2. Aufl. Berlin, 1927, S. 63; Hensel, Albert, Steuerrecht, 3. Aufl. Berlin, 1933, S. 80 f.

変更された理由は，立法理由の不詳ゆえ，明らかではない。しかし，杉村章三郎『租税法学概論』は帰属について前出の昭和7年1月30日行政裁判所判決が判示した所得の帰属事例を手がかりに説明をしている。杉村は，資産の帰属について例示しなければならなかったにもかかわらず，所得の帰属を例解してしまったのである。

さらに，昭和28年追加の所得税法3条の2の規定について，大蔵省職員は同じ轍を踏み，所得の人的帰属にかかわる昭和7年1月30日行政裁判所判決及び企業組合を例示して，解説した。本来は，かれらは同3条の2については，譲渡担保や信託関係などを例示して立法理由を説明すべきであったところ，その立法趣旨を正統に理解する比較法の知識に乏しかったのであろう，と憶測される。

また，実質課税の原則及び経済的観察法に対する日本税法学会等の批判(126)をくぐり抜けるため，立法者は条文見出しを「実質所得者課税の原則」という独自性を打ち出しているものと，憶測される。

(5) 金子宏「市民と租税」

1966（昭和41）年に公表された金子宏「市民と租税」(127)は，昭和40所得税法12条が課税物件の帰属について規定する，旨を説明する。これはいわゆる実質所得者課税の原則あるいは課税物件に関する実質主義を定めた規定であると敷衍される(128)。

しかし，金子宏の定義する「課税物件」は，概ね，杉村章三郎『租税法学概論』及びヘンゼル『獨逸租税法論』にいう帰属その1「所得の人的帰属」に従っており，課税物件は所得などを指す。先人たちは，とりわけヘンゼルは明確に所得の帰属と資産の帰属を峻別しているので，課税物件の帰属は，資産の帰属規定のもとにおいてではなく，所得の帰属規定のもとにおいて議論されるべきであった。

資産の帰属原則に関する重要性がそこでは見落とされている。所論は，昭

---

(126) 日本税法学会は「国税通則法制定に関する意見書」税法学131号（1961年11月11日）1-11頁（いわゆる日本税法学会意見書）。

(127) 金子宏「市民と租税」所収：金子宏『租税法理論の形成と解明 上巻』（有斐閣，2010年，初出，1966年）3-41頁（16-19頁）。

(128) さらに，金子宏『租税法〔第22版〕』（弘文堂，2017年）148-154頁（実質帰属者課税の原則の登場）及びそこに掲げられと文献と裁判例参照。

第7章 帰　属

和27年所得税法3条の2と昭和40年所得税法12条の条文テキストは同一であり，その間における税制調査会における討議もまた，信託及び譲渡担保をはじめとする問題を実質課税の原則の一つ（帰属）として明晰に認識している歴史的事実を無視する主張である。けだし，「資産の帰属」が「所得の帰属」にとって先決問題であることを論者は認識していないからではなかろうか。

以下において，蛇足ではあるが，所得の帰属にかかわる問題領域において，譲渡担保をめぐる名義人と単なる名義人（氏名冒用者）との関係について，民事判例の変遷と民法学説の対立を記録しておきたい。租税法学説が判例変遷に影響を及ぼしていないかどうかについては，本稿は評価を差し控える。民事判例及び民法学説が，形式法学から脱し，経済的観察法（実質主義）に基づいて展開されていることは，何人にも明瞭であろう。

最一判昭和48年4月26日[129]・冒用登記事件は，Aが，自己所有（ただし，登記簿上は第三者名義）の土地と建物につき，ほしいままに，内縁の妻の妹の夫X1名義に所有権移転登記をした上，同人名義でそれを第三者X2に売却した等の事情のある場合において，「主として登記簿の記載に拠［って］」Aに譲渡所得があるとして賦課された事案であった。課税処分が所得の人的帰属の判定に重大な過誤を犯した場合，同最一判昭和48年はその効果を次のように判断している。

> 「上告人らは，土地および建物のいずれをも所有したことがなく，その真の譲渡人はAであり，したがつて，譲渡所得はほんらい同人に帰属し，上告人らについては全く発生していないのであるから，本件課税処分は，譲渡所得の全くないところにこれがあるものとしてなされた点において，課税要件の根幹についての重大な過誤をおかした瑕疵を帯有するものといわなければならない。」（判示事項1）

　［①］課税処分に課税要件の根幹に関する内容上の過誤が存し，「［②］徴税行政の安定とその円滑な運営の要請を斟酌してもなお，不服申立期間の徒過による不可争的効果の発生を理由として被課税者に右処分による不利益を甘受させることが，著しく不当と認められるような例外的な事情[130]のある場合には，前記の過誤による瑕疵は，当該処分を当然無効ならしめるものと解するのが相当である。」（判示事項2）

---

(129) 最一判昭和48年4月26日民集27巻3号629頁・冒用登記事件。
(130) ②の例外的な事情について，最判平成16年7月13日集民214号751頁・ネズミ講事件（無限連鎖講（いわゆるねずみ講）の主宰者が税務対策の目的で設立した「法人でない社団」に対する法人税更正処分について，法人でない社団の要件を具備す

3　実質所有者課税説の誕生

　判示事項2において，課税処分の当然無効についての要件が①と②において明らかにされた。

　判示事項1において，資産（土地及び建物）は上告人らX1とX2に帰属していないこと，資産からの収益及び資産の譲渡からの収益はAに帰属し，X1とX2に帰属していないことが，認定されている。

　さらに，その理由は，傍論において次のように説示されている。

　　「真実の譲渡所得の帰属者に対して課税する余地もありうる」。「そこで，進んで本件において，Aが土地につき上告人X1名義の仮登記を，建物につき上告人X2名義の登記を経由した経緯をみるのに，Aは，昭和28年頃上告人らから30万円を借り受けたが，自己の経営する会社の事業が思わしくなかったところから，万一の場合の右借受金の担保として自己所有の（ただし，登記簿上は会社名義となつていた。）土地を上告人X1名義としておくよう内妻（上告人X2の姉）に勧められ，また一つには，名義を変えておけば会社の債権者から差押えを受けることも避けられると考えて，上告人らに無断で，昭和28年6月土地につき上告人X1名義に仮登記を経由し，また，同32年11月同様の趣旨で，自己所有の（ただし，登記簿上は第三者名義となつていた。）建物につき上告人X2名義に所有権移転登記を経由した，というのである。これによると，上告人らとAとの間には，実質上土地および建物によつて担保される債権関係があつたものということができ，これらの土地建物に対する上告人ら名義の前記の仮登記および本登記は，必ずしも上告人らに不利益なものでないことが明らかであつて，以上のような上告人らとAらとの間の事実上の親族関係および貸借関係を考慮すれば，かりに前記の各登記が，その当初において，Aが上告人らに無断でその名義を冒用することにより経由されたものであるとしても，その後上告人らにおいて，その事実を知りつつこれを容認したということも決してありえないことではなく，土地の売却によつてさきの貸金が回収されうるとすれば，上告人X1名義をもつてする売却も，必ずしもその意に反するものとは限らないこととなる筋合である。」

　本件にあっては，名義冒用による法律行為（民法93条ただし書又は表見代理類推適用）は決定的な問題として取り上げられておらず，むしろ，上記の説示は，譲渡担保に関する私法上の学説と判例を踏まえ，譲渡担保を認定している。

　　ると認定したことには合理的な理由が認められ，仮にその認定が誤りであるとしても，更正処分成立の当初から外形上客観的に明白とはいえず，また，仮に課税の根幹についての過誤があるとしても，不服申立期間の徒過による不利益を甘受させることが著しく不当と認められる例外的な事情もないとして，当然無効とはいえないとされた事例）。

すなわち，「上告人らとAとの間には，実質上土地および建物によつて担保される債権関係」が重要視され，当事者間の譲渡担保契約が認定されている。

「本民法改正案」43条（真意留保）は，民法93条の本文及びただし書を修正する。「表意者がその真意でないと知りながら意思表示をしたときは，これに基づく法律行為は，そのためにその効力を妨げられない。ただし，相手方が表意者の真意でないことを知っていたとき又は知らなかったことにつき重大な過失があったときは，その法律行為は無効とする。」本民法改正案では，真意留保による意思表示が無効となるのは，相手方が悪意又は善意・無重過失の場合に限定された。現行民法が，ただし書で，相手方が表意者の真意につき悪意又は善意・有過失のときは，例外的に無効であると規定している。この点が修正されている(131)。

ドイツ民法116条は，相手方を騙す意図の下に行った真意留保による意思表示は原則として有効であり，相手方が悪意の場合に限って無効となると規定する。

その結果，ただし書が，本民法改正案では，ドイツ民法に比し，一つ要件を追加していることとなる。

或る学説によれば，かつて譲渡担保は，所有権を譲渡するという形式が重視され，債務者と債権者の間では，担保の目的でという制限はつくものの，真に所有権の移転が行われるものとして処理されており(132)，たとえば，債権者がこれを第三者に譲渡すれば，その物の所有権は完全に第三者に帰属すると解されていた。

他方，有力説によれば，譲渡担保契約における目的物の所有権は，契約の時点で債権者に移転するわけではなく，「担保」のため，実質的にではなく形式的に移転するに過ぎない。債務者は，物の占有を債権者に移転せず，自ら目的物の使用収益を継続しながら，目的物を担保に供することができる(133)。担保の目的物は不動産や動産を引き続き手元に置いたまま担保にできる点にこの制度の最大の利点がある。

譲渡担保権に関する判例理論とされる「譲渡担保の所有権的構成」が理論的な破綻を見せ始めたのは，最一判昭和41年4月28日(134)に始まるとされている(135)。会社更生手続において，譲渡担保者（債権者）は所有権者として扱わ

(131) 民法改正研究会（2016年）『日本民法典改正案　I　第一編　総則』411-412頁。
(132) 高橋康之「譲渡担保」所収：日本大百科全書。
(133) 加賀山茂『現代民法　担保法』（信山社，2009年）659頁，635頁，646頁。
(134) 最一判昭和41年4月28日民集20巻4号900頁＝判例時報453号31頁。
(135) 加賀山（2009年）『現代民法　担保法』647頁。

3 実質所有者課税説の誕生

れず，更生担保権者に準じて優先弁済権のみが主張されうる。同最一判昭和 41 年は次ぎのように判示する。

> 「昭和 34 年 12 月 25 日本件更生手続開始当時，本件物件の所有権は，訴外株式会社（更生会社）と上告会社間の譲渡担保契約に基づき，上告会社に移転していたが，右所有権の移転は確定的なものではなく，両会社間に債権債務関係が存続していたものである。かかる場合，譲渡担保権者は，更生担保権者に準じてその権利の届出をなし，更生手続によつてのみ権利行使をなすべきものであり，目的物に対する所有権を主張して，その引渡を求めることはできないものというべく，すなわち取戻権を有しないと解するのが相当である。」

同最一判昭和 41 年 4 月 28 日後に，前掲最一判昭和 48 年 4 月 26 日・冒用登記事件が出されている。

さらに，最三判昭和 57 年 9 月 28 日[136]・建物収去土地明渡請求事件は，所有権的構成を踏まえつつも，その所有権の移転は債権担保の目的の範囲内に限定されるとして，譲渡担保設定者（債務者）に不法行為者に対する明渡請求を認める。

> 「譲渡担保は，債権担保のために目的物件の所有権を移転するものであるが，右所有権移転の効力は債権担保の目的を達するのに必要な範囲内においてのみ認められるのであつて，担保権者は，債務者が被担保債務の履行を遅滞したときに目的物件を処分する権能を取得し，この権能に基づいて目的物件を適正に評価された価額で確定的に自己の所有に帰せしめ又は第三者に売却等することによつて換価処分し，優先的に被担保債務の弁済に充てることができるにとどまり，他方，設定者は，担保権者が右の換価処分を完結するまでは，被担保債務を弁済して目的物件についての完全な所有権を回復することができるのであるから（最高裁昭和 39 年（オ）第 440 号同 41 年 4 月 28 日第一小法廷判決・民集 20 巻 4 号 900 頁，同昭和 42 年（オ）第 1279 号同 46 年 3 月 25 日第一小法廷判決・民集 25 巻 2 号 208 頁，同昭和 55 年（オ）第 153 号同 57 年 1 月 22 日第二小法廷判決・民集 36 巻 1 号 92 頁参照），正当な本権なく目的物件を占有する者がある場合には，特段の事情のない限り，設定者は，前記のような譲渡担保の趣旨及び効力に鑑み，右占有者に対してその返還を請求することができるものと解するのが相当である。」

さらに加えて，譲渡担保権に関する所有権的構成の理論を決定的に破綻させ

---

(136) 最三判昭和 57 年 9 月 28 日集民 137 号 255 頁 = 判例時報 1062 号 81 頁 = 判例タイムズ 485 号 83 頁・建物収去土地明渡請求事件。

第7章 帰　属

た裁判例は，譲渡担保に担保権の通用性である物上代位を認めた最二決平成11年5月17日(137)だと位置づけられている。けだし，所有権者が物上代位権を行使できないことは当然であるにもかかわらず，譲渡担保権者に物上代位の権利を認めたからである(138)。

最後に，譲渡担保権が設定されても，その時点では，所有権が譲渡担保権者（債権者）に移転しないことを認める帰結を導いた(139)，最二判平成18年10月20日(140)・第三者異議事件は，単純な所有権的構成に立脚していない(141)。

> 「不動産を目的とする譲渡担保において，被担保債権の弁済期後に譲渡担保権者の債権者が目的不動産を差し押さえ，その旨の登記がされたときは，設定者は，差押登記後に債務の全額を弁済しても，第三者異議の訴えにより強制執行の不許を求めることはできないと解するのが相当である。なぜなら，設定者が債務の履行を遅滞したときは，譲渡担保権者は目的不動産を処分する権能を取得するから（最高裁昭和55年(オ)第153号同57年1月22日第二小法廷判決・民集36巻1号92頁参照），被担保債権の弁済期後は，設定者としては，目的不動産が換価処分されることを受忍すべき立場にあるというべきところ，譲渡担保権者の債権者による目的不動産の強制競売による換価も，譲渡担保権者による換価処分と同様に受忍すべきものということができるのであって，目的不動産を差し押さえた譲渡担保権者の債権者との関係では，差押え後の受戻権行使による目的不動産の所有権の回復を主張することができなくてもやむを得ないというべきだからである。
> 　上記と異なり，被担保債権の弁済期前に譲渡担保権者の債権者が目的不動産を差し押さえた場合は，少なくとも，設定者が弁済期までに債務の全額を弁済して目的不動産を受け戻したときは，設定者は，第三者異議の訴えにより強制執行の不許を求めることができると解するのが相当である。なぜなら，<u>弁済期前においては，譲渡担保権者は，債権担保の目的を達するのに必要な範囲内で目的不動産の所有権を有するにすぎず，目的不動産を処分する権能を有しない</u>から，このような差押えによって設定者による受戻権の行使が制限されると解すべき理由はないからである。」（下線加筆は木村）

上記に紹介した最高裁判例の変遷に鑑み，譲渡担保契約について，債務者の弁済期前には，譲渡担保権者（債権者）は完全な法的所有権の移転を受けず，

---

(137) 最二決平成11年5月17日民集53巻5号863頁。
(138) 加賀山（2009年）『現代民法　担保法』649頁。
(139) 加賀山（2009年）『現代民法　担保法』648頁。
(140) 最二判平成18年10月20日民集60巻8号3098頁・第三者異議事件。
(141) 田髙寛貴『クロススタディ物権法』（日本評論社，2008年）291頁。

目的物の処分権を有しないから，その範囲において，譲渡担保設定者（債務者）が依然として法的所有権の大半（すなわち，使用収益権と処分権）を保持すると解することができるであろう。

> ただし，判例は，譲渡担保契約について，債務者の弁済期前には，譲渡担保権者は目的物の収益権を有しないから，その範囲において，譲渡担保設定者（債務者）が依然として法的所有権の一部を保持する，とは説示していない。

以上，考察の対象とした2006（平成18）年に至るまでの最高裁判例と民事法学説の発展と尽力によってはじめて，「これ［前掲最一判昭和48年4月26日・冒用登記事件］は，法律関係の実質に即して帰属を判定した典型的な事例である。[142]」と位置づけることができる。被担保債権の弁済期前に物（土地及び家屋）に対する所有権（殊に処分権）を有するのは，上告人X1・X2ではなくAであると解しうるからである。Aがその所有する土地及び家屋からの収益を取得したのである。このように，資産の人的帰属は所得の人的帰属にとって先決問題である。前掲最一判昭和41年4月28日が譲渡担保の所有権的構成を綻びさせた後，同一の最高裁法廷が前掲最一判昭和48年4月26日・氏名冒用事件を出している。したがって，前掲最一判昭和48年4月26日・冒用登記事件は譲渡担保の理論構成の変化を充分に検討したものと推測される。その際，同最一判昭和48年4月26日・冒用登記事件判決は，判決文から明らかなように経済的観察法によって「実質的に」事実認定と法解釈を施しているのであって，形式法学の弊に陥っていない。

(6) 通　説　化

碓井光明「租税法における課税物件について(1)(2)」[143]においても，課税物件の帰属が所得税法12条といかなる関係あるかについて，解明されていない。

岩崎政明[144]は，所得税法12条及び法人税法11条を「課税物件それ自体の帰属判定に関する規定」ではない旨を適切に指摘する[145]。それにもかかわら

---

(142) 金子（2010年）「所得の人的帰属について」536頁。
(143) 「租税法における課税物件について(1)(2)」税経通信26巻14号（1971年）59-52頁，27巻2号（1972年）48-52頁（51頁）。
(144) 岩崎政明「ファイナンス・リース課税の問題点——日独リース通達の比較研究を中心として——」ジュリスト861号（1986年）125-130頁。
(145) 岩崎（1986年）129-130頁。

第7章 帰　属

ず，「リース物件がユーザーに帰属するとしてしまえばユーザーとしては法定耐用年数による減価償却をせざるをえなくなり，課税上の問題は解決する。そこで，ここでは，課税物件の判定，すなわち誰がリース物件を経済的に支配をしているのかの判定が重視され，その判定基準として，旧租税調整法11条4項［自主占有］が援用された。(146)」（［…］内加筆，ルビ加筆及び下線強調は木村）。法人税法11条は課税物件の帰属を規律していないことは，岩崎政明が同玉稿で自認しているのであるから課税物件に代えて，「資産の帰属」と表現すべきであったろう（1977年独租税通則法39条1項・2項）。このため「判例にいわゆる経済的観察方法の内容は，契約の性質決定という方法から，経済的所有に基づく課税物件の帰属判定の方法へと推移していったことに留意されなければならないのである。」（同127頁）（ルビ加筆は木村）という誤謬を帰結している。けだし，講学上，課税物件の帰属が取り上げられるとき，その「課税物件」とは所得などを指すからである。

　さらに，下線強調箇所について，ユーザー（リース借主　レシィー）の利害とリース会社（リース貸主　レサー）の利害が反対方向に走っているのであるから，安易に「してしまえば」（下線強調箇所），課税上の問題は解決するわけではない。

　翻ってみるに，法人税法12条及び所得税法11条は，1919年独ライヒ租税通則法80条，1934年独租税調整法11条及び1977年独租税通則法39条と同じく，資産の帰属を規律している。独租税通則法39条2項の岩崎訳（同129頁）における「経済財」を「資産」に置きかえて訳し直せば（参照，法12条等），日独の「帰属」規定が同根であり「資産の帰属」を規律していることは，何人にも明らかに認識できるであろう。同39条第1項が同玉稿にて和訳されていれば，そのことは誤解しようがなかったであろう。同玉稿の公表当時1986年には既に，リース取引にかかわるリース資産の人的帰属は，1962年墺連邦租税通則法24条1項及び1977年独租税通則法39条2項1号1文により規制されている(147)のであって，1919年独ライヒ租税通則法89条1項や1934年独租

---

(146) 岩崎（1986年）127頁。自主占有を援用した理由は，1977年独租税通則法39条2項の引証を避け，ヘンゼル『獨逸租税法論』131頁の説明に依拠したものと憶測される。

(147) Kruse in Tipke/Kruse, AO, Lfg. 95 Juli 1980, §39 AO Anm. 41-62；Ralpf Hoffmann in Koch/Scholtz, Abgabenordnung Kommentar, 4. Aufl., München 1993, §39 Rz, 8及びそこに掲げられた複数のリース連邦財務省通達・文献；Schmieszek in Gosch, Dietmar (Hrg.), AO FGO mit Nebengesetzen｜EuGH-Verfahrensrecht

3　実質所有者課税説の誕生

税調整法11条4号に定める「自主占有」を持ち出すまでもない。

資産の帰属と所得の帰属は別問題である。所得の人的帰属は，各種所得を得た（取得した）者に原則として帰属する[148]。所得の人的帰属は，課税法律要件に基づいて判定される[149]。所得の課税にとって決定的なことは，課税法律要件の実現である。課税物件（Steuerobjekt）の帰属は，資産[150]（Wirtschaftsgut, Asset）の帰属とまったく異なる[151]。所得は，資産ではない。このような理由から，1965（昭和40）年法人税法11条及び所得税法12条は，条文見出しを除いて[152]，所得にも総収入金額・収入金額にも全く言及していないのである。不動産所得及び山林所得の課税法律要件は，現行所得税法26条2項及び32条2項においても収益の用語を用いず総収入金額から必要経費を控除して各所得の金額を算出させている。それにもかかわらず，通達「昭和28年8月改正所得税法の取扱方について」（昭和28年1月5日付直書1－1：国税庁長官発各国税局長宛）は，第10条において「不動産所得や事業所得ばかりでなく，山林所得，譲渡所得その他広く資産または事業から生ずる一切の所得の帰属についてされる適用されるべきものであるとの見解を示す」ほか，さらに，11条において「収益の法律上帰属するとみられる者の帰属については，所有権その他の財産

　　Kommentar, 2015, !00. Erg-Lfg./Januar 2013, A § 39 AO, Rz. 83-95; Birk/Desens/ Tappe, Steuerrecht, 20. Aufl., Heidelberg 2017, § 3 Tz. 318.

(148)　Offerhaus in Hübschmann/Hepp/Spitaler, AO Lfg. 95 Juli 1980, §§ 39 AO Anm. 5, S. 7; Drüen in Tipke/Kruse, AO § 39 AO, Tz. 18 及びそこに掲げられたドイツ連邦財政裁判所判決と学説.

(149)　木村弘之亮『租税法総則』現代法律学体系（成文堂，1998年）166頁。

(150)　Wirtschaftsgut は，財政学及び税法学の領域では，経済財と和訳されることが多く，ときに経済的財貨と和訳されることもあった（中川一郎「ドイツ税法調整法の研究(5)――租税基本法制定のため――」税法学48号（1954年）1頁（独租税調整法11条の邦訳と解説がなされている。その第2号では，「担保の目的で譲渡された経済的財貨は，譲渡人に帰属する。」）。しかし，aset は，WWirtschaftsgut に対応しており，今日では両者共に「資産」と和訳されている。

(151)　異説，碓井光明「法人とその構成員をめぐる所得の帰属」自治研究51巻9号（1975年）43-64頁（収益の帰属にもっぱら議論を集中する）。

(152)　昭和28年所得税法3条の2及び同年法人税法7条の3（法人税法の一部を改正する法律（昭和28年8月）は，いずれもその条文見出しを付しておらず，昭和29年改正で，同一内容の規定に「実質課税の原則」という条文見出しが設けられた。昭和40年所得税法12条及び同年法人税法11条は，実質的に前法と同一内容の規定にかかわらず，「実質所得者課税の原則」という条文見出しを立てている（忠佐市「租税法における実質主義の原則」法学新報86巻1・2・3号（1979年）7-37頁（8頁）；忠佐市『租税法要綱〔第10版〕』（森山書店，1981年）71頁）。

第7章 帰　属

権の名義人となり，または事業の名義人となっているなど，通常であれば，その者がその財産または事業から生ずる収益を享受する者であるとみられるものをいう」と説明されているが，そこでは所得の構成要素である収益が問われていると誤解されているためであろうか，両通達規定は論旨一貫しない不明確な規定を置く（久田重次郎「昭和28年8月改正　所得税法の取扱方通達について」税経通信1954年4月号120頁以下，124-125頁）。

　資産が誰に帰属するかは，個別税法の課税要件規定の適用にとって先決問題である(153)。資産の帰属及び固定資産としての資産の帰属は減価償却の会計処理にとって先決問題である。所得税法12条は，「所得」について言及しておらず，元来，「所得の帰属」を規制していない。

　　所得税法67条の2（リース取引に係る所得の金額の計算）及び法人税法64条の2（リース取引に係る所得の金額の計算）は，課税物件の帰属との関連において，リース取引から生じる所得について明文規定をおいている。他方で，両法律は，別途，それぞれ資産の帰属原則を明文で規定する（法12条等）。
　　本章は，所得税法12条の規制する帰属原則を歴史的解釈と比較法的解釈により，上記の諸問題を正面から解決しうることを示すことによって，自説の優位性を示そうとするものである。

　法12条等（帰属）をめぐって，資産の実質的帰属ではなく所得の法律的帰属説が通説であるかのようである。しかし，所得の法律的帰属を主張する者の大部分は，ドイツ税法に精通しない論者(154)であり，あるいは，1919年独ライヒ租税通則法80条を顧みず，そのうえ，1934年独租税調整法11条及び1977年独租税通則法39条の立法趣旨を正統に解釈しようとしない論者（中川一郎，清永敬次(155)，村井正(156)，谷口勢津夫(157)）ではなかろうか。水野忠恒(158)は，

---

(153) Drüen in Tipke/ Kruse, AO/FGO, Lfg. 129 Juni 2012, § 39 AO, Tz. 18.
(154) 例えば，金子宏「所得の人的帰属について——実質所得者課税の原則」所収：金子宏『租税法理論の形成と解明　上巻』（有斐閣，2010年）524頁以下（527頁註4に掲げられた，北野弘久・山田二郎・畠山武道＝渡辺充・忠佐市・植松守雄・今井文雄・碓井光明の作品及び同註に対応する本文参照；さらに，金子宏『租税法〔第22版〕』（2017年）173-175頁註2に掲げられた文献及びそれに対応する本文。実質帰属者課税の原則又及び実質所得者課税の原則が「第3節　課税物件の帰属」のもとで論じられている（金子『租税法』173頁）ことが，同説の特色である。
(155) 清永敬次『税法〔第6版〕』（2003年）43頁。その弟子，谷口勢津夫。
(156) 村井正『租税法——理論と政策——』（青林書院，1987年）236-259頁（実質所得者課税の原則）。

正当に，法12条等の帰属原則を本則と特則に区分して，解釈を展開する。

4 所得税法12条等の意義

(1) 資産の人的帰属にかかる現行租税法の規範構造

1977年独租税通則法39条1項に定める所有者（Eigentümer）は，私法・公法による権利者を意味する[(159)]。資産は権利者に帰属する。その権利者は，物の所有者のみならず，諸権利，債権又は無体財産の持主若しくは債権者を含む。けだし，39条は，「物」ではなく，「資産」を対象としているからである。

経済的所有権（より正確には経済的権利・実質的権利）とは，税法の目的との関連において，民法に即した帰属ルールからの例外ルールを一般化した表現である。しかし，経済的所有権（より正確には実質的権利）の用語は，税法が独自の所有権概念（権利概念）を創造している，といった誤解に導いてはならない。そして，ここで議論されている所有権は権利と読み替えるべきである。

(a) 所得税法12条等の概要

法12条等の人的帰属規定の趣旨は，次の内容を定める。収益を生みだす元になる資産が，いずれの者に又はいかなる社団・団体に帰属するかが確認されると，次の段階に移行する。資産の帰属は，所得の帰属にとって先決問題である。まずは，資産の帰属が先決である。

以上の概説から，税法における人的帰属と資産との基因関係については，典型的には，「収益を生みだす元となる資産」の「権利」（所有権など）とその対

---

(157) 谷口勢津夫「所得の帰属」所収：金子宏（編）『租税法の基本問題』（有斐閣，2007年）179-199頁（184-194頁）。

(158) 水野忠恒『租税法〔第5版〕』（2011年）292-308頁（所得の帰属と実質所得者課税の原則），297頁（「利子所得などは法律的帰属説により対応できるが，事業所得は経済的帰属説でなければ対応できないと考えられる。」），298-302頁（信託財産の帰属）。さらに，荻野豊「実質所得者課税の原則」所収：金子宏・武田昌輔・櫻井四郎・辻敢（編）『実践租税法体系・基本法編』（1981年）63頁以下。ただし，所得の帰属と資産の帰属は異なる。昭和40年改正所得税法12条は，昭和28年改正所得税法3条の2を引き継いでおり，昭和28年法の条文見出しは「実質課税の原則」であり，その母法とみられる独租税調整法11条の条文見出しは「[資産の]帰属」である。さらに，独租税調整法11条を継承している1977年独租税通則法の放題も又「[資産の]帰属」である。

(159) Kruse in Tipke/Kruse, AO, § 39 Tz. 23.

概念「実質的権利（経済的所有権など）」は基礎概念である。名義人は「権利者，法的権利者」を指し，単なる名義人は，権利者であるが，法形式的には権利者であっても経済的実質的にはその権利を行使できず，内容の空虚な権利者を指す。単なる名義人（単なる権利者）以外の者とは，名義人からその権利を実質的に剥ぎ取り，経済的実質的にその資産に対し事実上の支配権を行使しうる者であり，これを「実質的権利者」という。

収益を生み出す元となる資産が誰に帰属するかが，第1段階の基本問題である。税法の領域における資産の帰属は，当該資産がいかなる者または社団・団体に帰属するかに資する。第2段階の基本問題は，その資産の権利者の特定である。

その結果，特定された権利者に，資産は帰属する。

ただし，「資産」概念は，私法の領域，とりわけ財産法の分野で用いられていない故，帰属は，当該租税法律要件に係る法規範からほとんどたいていの場合，明らかにならない[160]。ヘンゼル以降の租税法学者と司法府・立法府・行政府が，ヘンゼルの嘆息を和らげるべく，理論構成に努め励んでいる。

> 設例7-1　個人Aが，不動産又は金融商品から生じる不動産所得又は雑所得を取得する，という例を手がかりに例解する。個人Aが特定の不動産又は金融商品といかなる関係にあらねばならないかについて，明確する必要がある。なぜなら，その者Aが収益を生みだす元となる資産に対する法的権利の持主であるか（資産の帰属本則ケース），又は例外の帰属特則ケースでは，実質的権利の持主であらねばならないからである。

(b) 沿　革

昭和40年所得税法12条の前法は昭和28年税制改正において所得税法3条の2が立法された「所得税は収益の名義上の帰属者に対してではなく，実質上の収益者に対して課税される。」旨の規定が置かれるに至ったと解説されることがある[161]。その趣旨は，こう述べられている。行政裁判所昭和7年1月30

---

(160) Hensel, Albert, Steuerrecht. Enzyklopädie der Rechts- und Staatswissenschaft; 28, 3. Aufl., Berlin 1933 (Nachdruck Herne 1986), S. 58.

(161) 林大造「改正所得税法解説——第16国会における税制改正(4)」財政経済弘報395号昭和28年8月16日）7頁。「所得が誰に帰属するかを定めるに当たっては，名義の如何を問わずその実質に従って判断すべきであるという所謂「実質課税主義の原則」は，従来から所得税法課税に当たってとられてきた資産帰属特則であった。この本則

4 所得税法 12 条等の意義

は，後掲の行政裁判所判決昭和 7 年 1 月 30 日により「株式配当金の帰属を定めるに当たっては，その名義によるべきものではなく，その実質によるべし」と表現されている。ただし，その話題は，資産の帰属でなく所得の帰属についての説示であった。林（大蔵省主税局税制第一課　当時）は，単純に「所得が誰に帰属するか」と問題提起する。しかし，法律学に基づきこの問いに回答するには困難を覚える。「名義」のいかんとは，法律行為の意思表示を指しているのか，表意者の通謀虚偽表示を指しているのであろうか。または，名義とは名義人を意味し，その者は法律行為に示された当事者のいずれか一方の名前又は名称を指しているのであろうか。

市丸吉左エ門「改正法人税法解説——第 16 国会における税制改正 (3)」財政経済弘報 394 号（昭和 28 年 8 月 10 日）1-8 頁（7 頁）は後掲の行政裁判所判決昭和 7 年 1 月 30 日（「その株式」「資産」から生ずる収益に対しては［名義人・重役以外の］会社に対して課税してきた。）及び企業組合の企業形態による税負担軽減を試みる事例（参照，最二判昭和 37 年 6 月 29 日・共栄企業組合事件）並びになどを例示して，実質課税規定にかかる立法理由を説明した。

さらに，市丸は前掲行判昭和 7 年を「資産から生ずる収益」に対する支配権を有する権利者を会社だと理解する。「収益を」生ずる元の資産」に対する権利者が誰であるかを誰何せずに，立法がなされたのかもしれない。

さらに又，市丸は，法人の重役等の名義で保険業を営む場合において，その保険代理業が実際にその法人の事業の一部であると認められるときは，これを法人の事業として法人税を課してきたのである，と立法理由を述べる（前掲 7 頁）。「事業から生ずる収益」に対する支配権を有する権利者は会社だと把握するのが，課税実務であった。しかし，法律に基づき付与された保険代理業の営業許可という資産をもつ権利者は，当該重役であるか又は法人であるかについて明らかにされていない。「収益の元となる資産」に対する私法上又は公法上の権利が「収益の元となる資産」に対し実質的・経済的に支配する権利と合致しない場合にはじめて，例外的に，その資産に対する実質的権利は，実質的権利者（ここでは法人）に属する。以上の説明から，「事業」概念は人的帰属の判断要素に不必要である。

他方，租税措置の一環として講じられた第三次評価について，市丸吉左エ門「第三次再評価詳解——第十六国会における税制改正 (1)」財政経済弘報 392 号（昭和 28 年 8 月 3 日）1 頁が帰属の特則について説明する。「信託財債については，その受益者がこれを有するものとみなして」資産再評価法の規定が適用される。「但し，合同運用信託の信託財産については，この限りでない。［改行］基準日において，信託の受益者が特定していないとき，又はまだ存在していないときは，受益者がそれぞれの受けるべき利益の価額の割合に応じて信託財産を有するものとみなされる。

この立法措置は，所得の帰属に関する規定ではないけれども，信託関係について，資産の帰属を規定している。その措置は，独租税通則法 39 条 2 項 1 号の例外の帰属規定に類似する側面をしめしているともいい得よう。

ドイツ税法が「資産の帰属」を規律し，これと類似して，日本税法は「資産の帰属」を規律しようとする。資産がいずれの権利又は法的地位であるのか，その権利等がいずれの権利者に帰属するのか。ある事案に特則が適用されるべきか，本則が適用されるべきかについての判定規準として最重要なメルクマールが「収益」権限の所在である。

日本の税法立案関係者が資産の人的帰属に関する立法理由を理論的により明確に鋭利に説明し得ていたならば，その立法理由は現行所得税法 12 条などの解釈に寄与した

319

第7章 帰　属

日判決を引き合いにだして，「実質課税主義の原則」は従来から所得税法課税に当たってとられてきた原則であると認識する一方，法人形態を仮装して所得税の課税を免れようとする者が頻発している事情に照らし，この実質課税主義を明文により規定することが適当と認められるに至った。

税法上の実質主義（これを「経済的観察法」ともいう）は，租税法の解釈適用及び事実認定に当たっては，法律テキストの文理解釈や法律行為・取引の形式的，表見的事実もさることながら，その実質（経済的実質）に基づき判断すべきであるという原則である(162)。

しかしながら，これらの説明は，資産の帰属と所得の帰属と差異を認識せず，帰属に関する杉村章三郎（訳）『獨逸租税法論』の模糊とした訳文と帰属に関する杉村章三郎『租税法学概論』の叙述を鵜呑みにしているだけではなかろうか。

(c)　資産帰属を規律する規範構造：所得税法12条等

法12条等は，明文をもって経済的観察法を是認する。「資産又は事業から生ずる収益の法律上帰属するとみられる者が単なる名義人であつて，その収益を享受せず，その者以外の者がその収益を享受する場合には，その収益は，これを享受する者に帰属するものとして，この法律の規定を適用する。」(163)資産概念は，民法財産編に定める「物」ではなく，「単なる名義人以外の者」もまた私法上の概念でないから，それら概念は法12条等の意味関連において経済的・実質的に観照して把握されなければならない。

所得税法12条は，1に，「資産又は事業から生ずる収益の法律上帰属するとみられる者［権利者］が，その収益を享受する場合」（これを「帰属本則ケース」という），及び，2に，「資産又は事業から生ずる収益の法律上帰属するとみられる者が単なる名義人(164)であつて，その収益を享受せず，その者以外の

　　　ことであろう。それができなかったのであるから，本来の，その立法趣旨に適合するような目的論的解釈が文理解釈，体系的解釈及び比較法解釈を適用して施されるべきである。
(162)　武田昌輔（編著）『DHC　コンメンタール所得税法〔第2巻〕』第4章1101頁。
(163)　法的帰属ケースに係る所得税法12条及び法人税法11条は，その者の資産から生じる課税物件である（収益）が納税者に法律上帰属することにより，相続税法1条の3第1項は，納税義務者が被相続人から移転した相続財産等を「取得する」ことにより，納税義務者と課税物件との人的帰属の関係を生じさせている。
(164)　名義人は，典型的には，「対外的に権利を有し義務を負う者」を指す。ただし，登記簿に単なる記載がなされている場合，その名義人は，真実の権利者ではない。この

4 所得税法12条等の意義

者［実質的権利者］がその収益を享受する場合」（これを「帰属特則ケース」という。）とに区分して，二元主義をもって一つの条項を規律する。法人税法11条も又，所得税法12条と同様に，両者を区別して二元アプローチを規律する(165)(166)。

「誰に或る所得について課税すべきか」という判定は，課税物件と納税者を結びつける要素に依存し，それは「資産又は事業(167)」であると説かれることがある（これは所得の帰属である。)(168)。人的帰属にとって，課税物件と納税者の関係を説明するに先だち，或る者の資産に対する法的関係が確認されるべきである（これが資産の帰属である。(169)）「収益を生みだす元となる資産」，その資産に対する「法的権利」と「実質的権利」並びにその資産に対する「権利者」と「実質的権利者」の概念が必要である。「単なる名義人以外の者（実質的権利者）」は「単なる名義人（単なる権利者）」を排除するが，法適用の順位では「名義人（権利者）」に劣後する。

民法206条は「物」は原則として所有者に帰属する旨を規定する。ここでいう所有者とは固有の所有権者を指す。所有権は民法206条にいう「所有物」に対してのみ考えられているのであって，「資産」に対する所有権は私法上考えられていない。けだし，民法典財産編は，「資産」に対する権利はじめとする法的権利及び法的地位に言及していないからである。

これと対照的に，所得税法12条は，民法206条（物）の規定，ことに果実収得権に関する民法規定を打ち破って，資産は①権利者及び②単なる名義人以外の者（これを「経済的に権利を有する者（実質的権利者）」という。）に帰属しうる旨を規定する。なお，同条項でいう「名義人」は法的権利者であるが，「単

ように，所得税法12条の規定する「法律上帰属するとみられる者が単なる名義人」とは，真実の法的権利者でないものを指す。

(165) このような規範構造の分析は，税制調査会『所得税法及び法人税法の整備に関する答申』（昭和38年12月）12頁の説明に符号する。
(166) 「問題は所得の帰属に関して法律的思考が例外なしに貫徹されると考えがえられるかどうかである。」と自省するものに，谷口勢津夫「所得の帰属」所収：金子宏（編）『租税法の基本問題』（有斐閣，2007年）190頁。
(167) 1947（昭和22）年所得税法（昭和22年法律第27号）1条2項1号は「この法律の施行地にある資産又は事業の所得を有するとき」と定める。「資産又は事業」の意義及び「所得」用語は，現行所得税法12条との関連で，注目される。
(168) ヘンゼル（原著）杉村章三郎（訳）『獨逸租税法論』（有斐閣，1931年）130頁（「二」における説明。）
(169) ヘンゼル・同上。

なる名義人」は法的権利者から除外されている（本章は単なる名義人を「単なるの権利者」ともいう。）。

収益を生ずる源泉である資産は，資産を有する者（①権利者）に帰属する（本則）。資産が単なる名義人以外の者（②実質的権利者）に帰属する場合，すなわち，前掲の帰属特則ケースについて，同条項は，ことさらに，民事法上希有に用いられるにすぎない経済的概念「(収益の) **享受**」[170]を用いる。実質的権利者は具体の契約に基づき又はその他の事情により，その資産に対する権利のうちの最低限度において収益「権限」を享受しうべきである。法12条等にいう特則は，例えば譲渡担保について述べれば，実質的権利者（担保設定者）が，その債務を担保する目的で資産を担保権者に移転する一方，他方，その資産にかかる所有権の諸機能のうち，使用権及び処分権を留保し，少なくとも収益権を享受することを前提としている。

　　問題の所在　事業から生ずる収益は，事業者による出資金の拠出と独立的労働の提供に基因している[171]ところ，独立的労働の提供が事業所得のメルクマールとしてより重視されている。もっとも，事業収益を生みだす元となる資産は，当該事業の設立のため取得される許認可等の法的地位（資産の一種）又は取得される鉱業権等の行政法上の権利（資産の一種）であるが，この資産は従来の裁判例と学説により看過されている。「収益が生ずる元の資産」は企業の営業許可（例えば，保険代理業の営業許可）という資産に対する権利，及び，当該個人企業又は事業若しくは業務についての営業許可という資産は，裁判例によっても重要視されていない。事業者が法的権利者か又は単なる名義人かは，訴訟でも争点になるケースは散見される。所得税法12条はこのようなケースに適用される。

　事業収益（事業所得）を生じる元の資産（営業許可，農地に関する許認可等）について，法律関係を明示する記録類が具体的に保存され具体的に立証される場合には，資産はその事業者たる権利者に帰属する。所得税法12条の規定する本則がその事業者たる権利者に適用される。しかし，例外的に資産の帰属特則ケースに係る12条の適用が前面にたつこともありうる（最三判平成4年4月28日[172]）。資産の人的帰属が確定されたのち，所得の帰属がは

---

(170) ただし，「享受」概念は民法537条2項（第三者のためにする契約）を除いて用いられておらず，信託法8条・9条でも用いられている。

(171) 異説，谷口（2007年）「所得の帰属」196頁（事業所得にも法律的帰属説を適用する）。

(172) 最三判平成4年4月28日税資189号401号（万博会場に出店した食堂の営業名義は納税者の妻の姉となっていても，経済的にみて，真実の営業者は納税者であると認

4 所得税法12条等の意義

じめて問われる。事業所得に関する所得税法37条に定める法律構成要件（の大前提）の充足が，問題となる。

　他方，個人企業（これを所得税法上「事業」という。）の事業者（事業主ともいう。）に対し，その親族（配偶者ら）が労務を提供しその対価として報酬請求権（賃金請求権）を取得するため，事業者とその親族との間で雇用契約を締結することできる（民法623条）。その報酬請求権（資産）は，契約が実際に履行されている限り，被雇用者たる権利者に帰属する。所得税法12条に定める本則がここに適用される。その資産が，場合によっては例外的に，単なる名義人以外の者（実質的権利者。例，事業者）帰属することもあり得る。この例外の場合には，所得税法12条に定める特則が適用される。

　あるいは，その親族らが個人企業に元入金・不動産を拠出しその対価として資本収益権を取得することができる。この資本収益権（資産）は，通常，資本拠出者たる権利者に帰属する。所得税法12条に定める本則がここに適用される。その資産が，場合によっては例外的に，単なる名義人以外の者（実質的権利者）に帰属することもあり得る。この例外の場合には，所得税法12条に定める特則が適用される。

　所得税法12条に定める「事業」とは，法人格のない個人企業で，特定の営利などの目的のため業務を遂行するものをいう。「事業」は法人格を有さず，したがって権利主体でないため，収益や所得を帰属させることはできない。

　実務ではその主宰者（で，かつ，必要な場合，営業許可等を取得した者）を事業主という。事業主は，独立して提供する労務に対する対価（事業所得）をみずから取得し，そして，通常の場合，収益を生みだす元となる資産（営業許可など）に対する権利者であり，事業から生ずる収益の法律上帰属する者（より正確に表現するならば，事業収益を生みだす元となる資産の法律上帰属する者）である。

　|任意組合|　任意組合は許認可等を必要とせず，特定の技術開発，慈善，地域共同生活の向上などの目的を遂行するため複数の組合員のあいだで組成される組織であり，法人格を有しない。組合員は任意組合（その長）に元入金その他資本を拠出し，その対価として資本収益権を取得することもできる。組合員又は第三者（被雇用者）がその任意組合に対し労務・役務を提供し，その

定された事例）。経済的帰属ケースがここでは問われている。同判決にいう「営業」名義が所得税法12条にいう「資産」に該当する。そして，「真実の営業者」は，単なる名義人以外の者，すなわち，実質的権利者に相当する。同判決は，本件資産が実質的権利者に帰属する，と認定している。

323

第7章　帰　属

対価として報酬請求権を取得することもできる。これらの金銭債権（資産）は，通常，それぞれ権利者たる当該組合員又は被雇用者に帰属する（本則）。所得税法12条又は法人税法11条の定める本則がこのような通常の場合に適用される。例外的に，前記の金銭債権（資産）が単なる名義人以外の者（実質的権利者）に帰属する場合には，所得税法12条又は法人税法11条に定める特則が適用される。

複数の組合員が国境をまたいで任意組合を組成する場合にも，国際私法の適用を度外視するならば，同様の法理が適用される。

資産の帰属から峻別される所得の帰属については，ここでは立ち入って議論しないこととする。事業所得の人的帰属について，事業の経営主体が誰であるか，又は生計を主宰しているのは誰であるかによって帰属を決めようとする[173]。しかし，夫と妻あるいは父と子の共同事業と認定すべきケースも想定されよう[174]。

(d)　資産は権利者に帰属

法12条等に規定する「資産」はひろく公私法の規準に基づく法的権利の客体を指しているから，税法上の権利の客体は公私法の規準による権利及び法的地位の目的物と合致している。法的権利を有する者（これを「法的権利者」という。単に「権利者」ともいう。）は，物の所有者のみならず，諸権利，債権又は無体財産の持主若しくは債権者並びに公法の規準に基づき設権された権利や法的地位を有する。法的権利は民法上の所有権を含むけれども，同一ではない。

以下において，税法上の収益概念を明確にするため，民法上の果実概念と比較する必要があるから，私法の基礎理論を少しく説明する。

民法上の所有権は，物を全面的に支配できる物権で，所有者が法令の制限内においてその所有物を自由に使用・収益・処分する権利を指す（民法206条，207条）。所有権は物の現実的な支配（占有）とは関係なく観念的に存在する

---

[173] 参照，最三判昭和32年4月30日民集11巻4号666頁（夫が田畑2反余を所有し，主として日雇人夫を指図して農耕に当たらせる方法により農業を営み，妻は単に夫と同居して右人のお茶くみ，食事の世話程度の仕事に従事しているに過ぎない場合には，農業経営による収入が，専ら夫の所得であって，妻は，地方税法295条1項にいう「所得を有しなかった者」に当たるものと解すべきである。）。

[174] この点について，参照，碓井光明「「共同事業と所得税の課税——任意組合方式の検討——」税理25巻6号（1982年）9頁；舟木真由美「家族従業者の税法的地位と組合課税」税理28巻6号（1985年）120頁。

(所有権の観念性)(175)。私法上の所有権（これを「法的所有権」ともいう。）は観念性をその属性とする。

　他方，租税法は，税を経済的に政府に支払いうる能力に応じて（経済的給付能力），国民を租税に服させるという応能負担原則を最上位の原則の1つとしている。このため，租税法は，観念的な所有権にとどまらず，経済的・実質的な所有権，さらには経済的・実質的な権利をも重視して，立法し法解釈を展開する。

　このため，所得税法12条は，収益を生み出す元の「資産」とそれに対する「法的権利」及びその持主である「権利者」並びに資産に対する法的権利以外の実質的権利及びその持主である「単なる名義人以外の者（実質的権利者）」を重要な変数として，資産の人的帰属について解釈されなければならない。

　以上の考察から，資産から収益を生み出す元となる資産は，原則として，帰属本則ケースについて，民法上の権利にとどまらず，上記の意味での法的権利である。

　これと類似して，実質的権利及び実質的権利者の概念が，帰属特則ケースについて，人的帰属を判定するに際し，必要かつ有用である。例外的に，資産から収益を生み出す元となる資産は，帰属特則ケースについて，民法上の権利に相応するとはいえ，しかし，上記の意味での実質的権利である。収益はその資産が「単なる名義人以外の」実質的権利者に帰属するか否かは，その資産に対する権利の機能のうち「収益」権限の存否に依存する。

(e)　帰属の対象としての資産

　帰属によって，課税物件がいずれの納税者（租税債務者）に帰属するかが定まる(176)。この課税物件と納税者との結びつきを，人的帰属（attribution, Persönliche Zurechnung）という(177)。「誰に或る所得について課税すべきか」

---

(175)　近江幸治『民法講義Ⅱ　物権〔第3版〕』（成文堂，2006年）215-216頁；遠藤浩・川井健・原島重義・広中俊雄・水本浩・山本進一『民法2　物権〔第4版〕』（有斐閣，1996年）170頁。

(176)　実質的帰属の原則が設けられた背景について，租税法研究会（編）『租税法総論』（ジュリスト選書　有斐閣，1958年）63頁以下。

(177)　課税物件の人的帰属について，アルベルト・ヘンゼル（原著）杉村章三郎（訳）『獨逸租税法論』（有斐閣，1931年）130頁（「一」における説明）；金子宏「市民と租税」所収：金子宏『租税法理論の形成と解明　上巻』（有斐閣，2010年，初出，1966

第7章 帰　属

という判定は，所得の人的帰属に左右されると説明されている。所得税法12条では，課税物件と納税者を結びつける要素は「資産又は事業[178]」であると説かれる。

　しかし，法12条等は，その条文テキストにおいて，「課税物件」，「所得」や「収入金額」といった用語を全く用いていない。

　法12条等には，「名義人，すなわち法的権利者」，「単なる名義人，すなわり，単なる法的権利者」と「単なる名義人以外の者，すなわち実質的権利者」の術語・講学上の概念を用いる外，その他に解釈に必要な媒介項を欠いている。その媒介項は「収益を生みだす源泉となる資産」，「法的権利」，「実質的権利」である。ヘンゼル（原著）『獨逸租税法論』[179]にいう「或る者の物に対する法的関係，すなわちここでは所有権」を想起する必要がある。仮説である媒介項を用いるならば，資産の人的帰属に関する問題は，明快に解析され，かつ，「収益」の役割を理解しやすくなる。ここでは，当仮説の正当さを解き明かすこととしたい。

　法12条等に規定する「資産」は，ひろく公私法の規準に基づく権利及び法的地位（法的に保護された利益）（両者を法的権利と総称する。単に「権利」ともいう。）の対象を指している。税法上の権利の対象は，通常，公私法の規準による法的権利と合致している。法的権利は民法上の所有権を含むけれども，同一ではない。けだし，税法上の「資産」概念は民法85条にいう「物」を含んでいるとしてもその外延は遙かに広がっている。「物」を客体とする民法206条にいう所有権は，税法上の「資産」を対象とする法的権利に含まれている。法的権利を有する権利者（これを「法的権利者」という。単に「権利者」ともいう。）は，物の所有者のみならず，諸権利，債権又は無体財産等々の持主若しくは債権者を含む。

　　　　年）3-41頁（16-19頁）；金子宏『租税法〔第21版〕』（弘文堂，2016年）168-176頁　碓井光明「租税法における課税物件の帰属について (1)(2)」税経通信26巻14号（1971年）59頁，27巻2号（1972年）48頁；山田二郎『税法講義──税法と納税者の権利義務〔第2版〕』（信山社，2001年）54頁（法律的実質主義及び経済的実質主義の用語を同書は用いる。）；谷口（2007年）「所得の帰属」179-199頁（189頁）。
(178)　1947（昭和22）年所得税法（昭和22年法律第27号）1条2項1号は「この法律の施行地にある資産又は事業の所得を有するとき」と定める。「資産又は事業」の意義及び「所得」用語は，現行所得税法12条との関連で，注目される。
(179)　アルベルト・ヘンゼル（原著）杉村章三郎（訳）『獨逸租税法論』130頁。

4 所得税法12条等の意義

改正　法12条等に定めるメルクマール「事業」は削除して然るべきである。

父親が事業主として業務遂行している単一の事業に子供が加わって，協働している場合の事業所得は父親（事業者）に帰属する[180]。さらに，夫が他に勤務し，同居の妻が夫の所有農地を耕作し，その収益も夫の承諾のうえで妻に帰属している場合に，農業に基づく所得は妻に帰属する[181]か，それとも夫に帰属するかの問題は，その例である。

しかしながら，実際に役務を提供し又は資本元入金を拠出した子供にいかなる各種所得が帰属するかは，彼らが，労務提供の対価としての報酬請求権又は拠出した元入金からの資本収益の分配金に対する持分割合に応じた請求権を有し，これらの権利（資産）は，原則として，権利者としての子供らに帰属する。この資産は，労務提供者及び資本拠出者たる権利者に帰属するといわなければならない。

農業従事者（夫）と共同してかれの個人企業たる農業に労務の提供及び又は資本（農地など）の拠出を行う配偶者又は子供は，近代以前の無給の徒弟見習いではなく，日本国憲法13条1文にいう「尊重される」べき個人であるから，配偶者及び若しくはは子供らの労務提供及び又は資本拠出に対する対価は，民法・商法・会社法に基づき報酬請求権又は資本収益権として性格決定されうる。これら権利は，疑いもなく，法12条等に規定する資産に該当する。

国民の自由及び幸福追求権は，「公共の福祉に反しない限り，立法その他の国政の上で，最大の尊重を必要とする。」（日本国憲法13条2文）。原則として，家族員からなる個人企業に対する所得税法による制約は排除すべきである。家族員（親族）の「専業」要件は不必要であり，「副業」として雇用契約を締結することもできる。例外的に，かりに個人企業たる農業に労務の提供及び又は資本（農地など）の拠出・貸与を行う配偶者又は子供が，個別具体的に不当な租税回避行為を行った場合には，租税行政庁がその権利濫用を阻止しうる法的根拠に基づきその行為を不当だと評価しうる規範が，立法（又は立法不作為の場合は司法）によって定立されるべきであろう。

効用　資産は通例，権利者としての家族構成員に帰属する（本則）ことが明確に一般に承認されるべきであろう。

さらに，家族経営する個人企業のケースでは，あらかじめ任意組合契約を締結して，その雇用関係・報酬・資本提供・資本収益分配などの法律関係を明らかにしておくべきであろう。そうすれば，個人企業の事業承継は現在よりも円滑に行われ，両配偶者又は子供らはそれぞれ合理的な金額の事業所得又は給与所得或いは2号雑所得（資本収益）を稼得でき，自己の稼得所得と

---

(180) 参照，東京高判平成3年6月6日訟月38巻5号878頁。
(181) 参照，広島高松江支判昭和34年3月20日行集10巻3号427頁。

第7章　帰　属

してその一部を貯蓄・投資として処分（財形貯蓄）することも消費にあてることもできる。いうまでもなく，彼女らはそれぞれに納税義務を負う。

上記の数例から明らかなように，資産とは，公私法に基づく権利，及び，法律上保護された利益（これを「法的地位」と称し，これらを権利と総称する。）の客体を指す。

(i) 資　産

実定租税法は，概念「資産」を定義していない。資産とは，前叙のとおり，公私法に基づく権利の客体を指す。

所得税法，法人税法など実定税法は，「物」概念を用いず，「資産」(asset, Wirtschaftsgut) 概念を用いる。ただし，資産の要件は法定されていない。

このため，民法上の「物」の要件[182]は，税法に規定されている「資産」の要件に合致するとは限らない。そのため，判例及び学説は，「資産」概念を民法上の「物」概念との異同を比較しつつ，しかし，基本的には公私法の対象である権利及び法的地位を包括的にカバーしうるように，資産概念を明確に解釈すべきである。

その際，法適用者は，経済的に考察しつつ，「物」要件から類比推論して資産要件について規範定立に努めるべきであり，そうすることができよう（爾後的法形成）。

　　　税法上の資産概念を明確にするため，民法上の物概念と比較する必要があるから，私法の基礎理論を概説する。
　　　民法は，その第4編第3節夫婦財産制第二款法定財産制　第760条（婚姻費用の分担）において，用語「資産」をただ1回だけ用いている。「夫婦は，その資産，収入その他一切の事情を考慮して，婚姻から生ずる費用を分担する。」民法のうち，財産法の領域においては，「資産」概念は用いられていない。
　　　民法85条に定める物（英：thing, 仏：chose, 独：Sache）とは，日本やドイツなど一部の大陸法系の法圏において，法律上，物権又は所有権の客体を示す

---

(182) 物には有体物であるほかに，支配可能性，特定性・単一性，独立性を要するとされる。川井健『民法概説　1　民法総則〔第4版〕』（有斐閣，2008年）124頁；林良平・前田達明（編著）『新版 注釈民法〈2〉総則2』（有斐閣コンメンタール　有斐閣，1991年）644頁。ただし，特定性・単一性（内田貴『民法I　総則・物権総論〔第4版〕』（東京大学出版会，2008年）358頁）の例外として，集合物譲渡担保や立木法により登記された立木がある。内田貴『民法I　総則・物権総論〔第4版〕』（東京大学出版会，2008年）358-359頁。

4 所得税法12条等の意義

概念であり，その主体である人（自然人又は法人）との対概念である。有体物に限るか無体物を含むかについては，法圏によって異なる。英米法においても，asset を類似の意味で用いる。

物とは有体物をいう（民法85条）。この規定は，所有権の客体を「全面的な支配に適する物」（原文は…強調ルビ）に限定する趣旨で置かれている。けだし，その客体を確定できないのでは困るからである。民法85条は，今日では，無体物のうえにも，所有権をはじめとする物権が成立すると認めざるを得ないと解釈されている[183]（爾後的法形成，判例法）。

物は，基本的に動産と不動産に分類される。民法は土地及びその定着物を不動産とし（民法86条1項），不動産以外の物をすべて動産としている（民法86条2項）。さらに，民法の条文上において権利の客体が物以外にも拡張されることがある（準占有につき民法205条，転抵当につき民法376条，転質権につき民法348条，権利質につき民法362条，地上権や永小作権上に設定される抵当権につき民法369条2項）[184]。著作権などの無体財産権なども無体財産に対する物権類似の権利といえる。また，自然力でも，電気の供給契約は，実質的には電気の所有権の売買といえる[185]。なお，自動車・船舶・航空機も動産であるが，これらは登録すれば法律上不動産と類似の扱いを受ける（例えば，所得税法161条1項5号[186]，法人税法138条1項5号[187]）。

無記名債権は動産とみなされる（民法86条3項）。無記名債権は，権利者（債権者）を特定せず，証券の所持者をもって権利者とする債権を指す。無記名債権は，権利の流通の簡便・安全を目的として，債権を表象する紙（証券）であるが債権としてではなく動産として規律されている。これと対照的に，債権者が特定されている通常の債権（指名債権という。）の場合には，民法の定める債権譲渡の手続を踏むことが権利の譲渡の対抗要件とされている。ただし，今日

---

(183) 内田貴『民法Ⅰ　総則・物権総論〔第4版〕』（東京大学出版会，2008年）151頁。
(184) 林良平・前田達明（編著）『新版 注釈民法〈2〉総則 2』（有斐閣コンメンタール 有斐閣，1991年）645頁。
(185) 内田貴『民法Ⅰ　総則・物権総論〔第4版〕』（東京大学出版会，2008年）354頁。
(186) 所得税法161条1項7号：国内にある不動産，国内にある不動産の上に存する権利若しくは採石法（昭和25年法律第291号）の規定による採石権の貸付け（地上権又は採石権の設定その他他人に不動産，不動産の上に存する権利又は採石権を使用させる一切の行為を含む。），鉱業法（昭和25年法律第289号）の規定による租鉱権の設定又は居住者若しくは内国法人に対する船舶若しくは航空機の貸付けによる対価
(187) 法人税法138条1項5号：国内にある不動産，国内にある不動産の上に存する権利若しくは採石法（昭和25年法律第291号）の規定による採石権の貸付け（地上権又は採石権の設定その他他人に不動産，不動産の上に存する権利又は採石権を使用させる一切の行為を含む。），鉱業法（昭和25年法律第289号）の規定による租鉱権の設定又は所得税法第2条第1項第3号（定義）に規定する居住者若しくは内国法人に対する船舶若しくは航空機の貸付けによる対価

第 7 章　帰　属

では，無記名債権も有価証券に準じて扱うべきだとされており，無記名債権に関する民法の規定は，今日ではその意味をなくしている[188]（爾後的法形成）。

租税法学説上，「資産とは，譲渡性のある所有権を全て含む観念で，動産・不動産はもとより，借地権，無体財産，許認可によって得た権利や地位などが広くそれに含まれる[189][190]。」譲渡性がそのメルクマールとされている。しかし，一身専属性のある営業許可も又譲渡性を有するとの主張を，たやすく肯首しうるわけにはいかないであろう。

法 12 条等の下では，資産とは，収益[191]を生み出す元となる権利の客体で管理支配しうるものを指す。資産は，民法上の「物」と異なり，物権をはじめ，金銭債権，無体財産，公法の規準により設権される法的地位，行政法に基づき取得される一身専属性の営業許可など許認可を内包することを含意する概念である。有体物（民法 85 条）のみならず無体物もまた「資産」のもとで理解されうる。さらに，民法の条文上において権利の客体が物以外にも拡張されている（準占有につき民法 205 条，転抵当につき民法 376 条，転質権につき民法 348 条，権利質につき民法 362 条，地上権や永小作権上に設定される抵当権につき民法 369 条 2 項）[192]。これらも又，税法上の「資産」に含まれる。

さらに，労務の提供（役務の提供）の対価である報酬請求権もまた，権利である。報酬請求権もまた，資産に該当する（「資産又は事業」：所得税法 12 条）。この資産の権利者は，労務提供者である。拠出される資本（資本元入金を含む。）の対価である資本収益請求権も又，権利であり，資産に該当する。資本拠出者

---

(188)　内田貴『民法 I　総則・物権総論〔第 4 版〕』（東京大学出版会，2008 年）355-356 頁。
(189)　民法上の「物」概念の拡張を斟酌すれば，譲渡性よりも「法律上の排他的支配の可能性」が税法上の資産要件にとっても重要ではなかろうか（独租税通則法 39 条）。私法上，海については通常は支配可能性が否定されるが，排他的支配が可能な場合には所有権の客体たる土地として所有権が認められる（最判昭 61・12・16 民集 40 巻 7 号 1236 頁）。我妻栄・有泉亨・川井健『民法 1　総則・物権法〔第 2 版〕』（勁草書房，2005 年）105 頁；川井（2008 年）『民法概論 1 民法総則』114 頁；内田貴『民法 I　総則・物権総論〔第 4 版〕』（東京大学出版会，2008 年）353-354 頁。
(190)　金子（2016 年）『租税法』240 頁。
(191)　所得税法 12 条等との関連における「収益」とは，収入若しくは利益又は譲渡益を総称する。
(192)　内田（2008 年）『民法 I　総則・物権総論』353-354 頁；川井（2008 年）『民法概論 1 民法総則』113-114 頁。

（投資家）は，資本収益請求権（配当請求権・利益分配請求権・利息請求権等）の権利者である。

憲法の照射効　法12条等の規定する「資産」は上述の意味における包括的な権利の客体を意味するから，報酬請求権を含み，その報酬請求権は労務提供者に帰属する，と解釈する（労務提供者説）のか，または，同法に規定する「事業」は個人企業の営む事業を包含するから，個人企業の事業から生ずる収益は個人企業の事業主に帰属すると解すべき（事業主説）であろうか。

　事業主説の立場から，事業主の親族（配偶者・子供など）による労務提供に基因する報酬請求権はそもそも成立せず，したがって当該労務提供者に帰属しない，かりに，報酬請求権が成立するとしても，公共の福祉（税負担軽減の防止）により制約されている（日本国憲法13条2文）のであって，その旨を所得税法56条（事業専従者控除）・57条（青色事業専従者控除）は規定する，との説明がなされうる。

　しかし，事業主説に立脚する同56条・57条及び課税実務と裁判例は，当該親族の「個人の尊厳」（憲法13条1文），幸福追求権（憲法13条2文），職業選択の自由（憲法22条1項）を必要以上に制約しているのではなかろうか。

　そうだとすれば，労務提供者説に立脚して，農業従事者や事業主の親族らは，労務提供の対価請求権（資産）を有し，その資産は各権利者（親族ら）に帰属する（本則，法12条等）。次に，この資産から生みだされる果実（各種所得）は権利者としての親族らに帰属する（憲法価値の税法への照射効）。親族らの取得する労務提供の対価としての報酬請求権（資産）が事業主に帰属するという，事業主説には説得力が乏しすぎる。

　ただし，租税負担軽減につき許容し得ないほどの不当な租税回避行為に対しては，一般的又は個別の否認規定をもって対抗立法が講じられるべきであろう。

寡婦支給金　次に掲げる2例は，遺族の受領する被相続人の報酬請求権について，その寡婦支給金の帰属する者が所得税法上問題となった事例である。

　死亡使用人Aの未亡人（寡婦。所得税法2条1項31号）が寡婦支給金を取得する事例において，この寡婦支給金は，未亡人がその収益をみずから稼いで取得したのではないにもかかわらず，給与所得としてその未亡人に帰属する。このことは，所得税法124条1項（準確定申告）から明らかになる。

　さらに，或る弁護士が生前ながくその弁護士報酬を事業所得として所得税を納税していた事例において，未収の報酬が弁護士の未亡人（より正しくは，相続人）に支給されるとき，未亡人がその収益をみずからの「労務提供」に基づき取得していないにもかかわらず，そして，彼女は相続法に基づき被相続人の報酬請求権を相続しているにもかかわらず，この寡婦支給金は事業所得として彼女に帰属するという理由からこの所得について所得課税をうけな

第7章 帰　属

ければならない（所得税法124条1項）。

　しかし，これらの事例では，それら請求権（資産）はそれぞれ相続人（権利者）に帰属する（本則。所得税法12条）。したがって，権利者はその資産の相続税だけに服すべきであろう。

(ii)　権　　利

権利[193]は，所有権（民法206条）をはじめとする物権のほか，債権，社員権，さらに著作権や特許権などの無体財産権（知的財産権），さらに，金銭債権をも含む。鉱業権や漁業権などの特別法上の権利を含む[194]。公法に基づき設権された法的地位（営業許可，認可など）もまた，法的権利に含まれる。権利の目的物が資産である。

(iii)　実質的権利

民事法においてはとりわけ私人間の法的平和の確保，なかんずく所有権者及び債権者の権利の明確さ並びにその権原（Titel）の保護が問題である。これに対し，租税法では，収益を生みだす元になる資産（目的物，経済財，経済的財貨）について，原則として帰属本則の場合，資産の人的帰属は，当該資産に対する法的権利を判定規準として，そして，例外的に帰属特則ケースの場合，資産の人的帰属は，（単なる形式だけの・もぬけの殻の権利以外の）実質的権利を判定規準として判断されうる。

実質的権利概念は税法上軽視できない。けだし，租税法では，経済的給付能力の指標を見出すことが重要な課題だからである[195]。経済的現実を課税の基礎にする，という経済的観察法は，税法が経済的給付能力に結びついていること（応能負担原則）の反射である。

法12条等は，前掲の帰属特則ケースについて，民事法からの乖離を規律している。次に，例解する。

所得税法の領域において，占有物は自主占有者に帰属する。通常は，同一の者が自主占有者でありかつ所有者である。或る資産を自己に属するものとして

---

(193)　本章にいう「権利」とは，私法の規準に基づき果実収取権をもたらす所有権をはじめとする物権及び債権，無体財産権並びに公法の規準に基づく権利及び法的地位を広く包含する。

(194)　憲法29条に規定する財産権について，樋口陽一・佐藤幸治・中村睦男・浦部法穂『注解法律学全集(2)憲法II』（青林書院，1997年）236頁。

(195)　参照，K. Tipke, Die Steuerrechtsordnung, Bd. 2 2. Aufl. Köln 2003, S. 1689.

4 所得税法12条等の意義

占有する者が，所有者と同様に取り扱われる（本則。法12条等）。しかし，例外的に，自主占有者が，所有者以外の者であることがある。この自主占有者は本権をもたないけれども経済的実質的には税法上権利者と同様に扱われる者（これを実質的権利者という。）である。その資産は実質的権利者に帰属する（特則。法12条等）。

　　所有権，地上権，質権等の権利は占有を法律上正当づける本権であるのに対し，占有（権）は物に対する事実上の支配という状態そのものに法的保護を与える法的地位（権利）である(196)。占有（権）の意義は，主として，事実上の支配状態（占有）に法的保護を与えることで社会秩序を維持するとともに取引の安全を図ることにある。ある物が窃取あるいは詐取された場合，窃取・詐取した者は本権を持たないが占有（権）を有し，窃取・詐取された者は本権を有するにもかかわらず占有権がない状態に置かれることになる(197)。

　法12条等の規定を解釈すれば，資産に属する物（例えば，不動産）を実際に占有しかつ使用・収益している者（自主占有者）がその占有物からの収益権限を事実上行使している限り，その資産はこの自主占有者に帰属する（特則）。かれがたとえ不動産登記簿上所有権者として登録されていなくても，そうである。

　この自主占有に係る考察から，いわゆる経済的所有権の概念が発達してきた。経済的考察法が事実関係に性格決定を施す結果，外形から離れた結果をもたらしうる(198)。そのため，日本の法12条等は「単なる名義人以外の者」概念を用いて，「経済的観察法による課税」又は「実質主義による課税」という観念を採用している。

　前叙の帰属特則ケースを規律する法12条等の規定は，単なる法的権利者以外の者（実質的権利者）が，ある資産に対する事実上の支配権を（その者が当該資産の通常の使用期間のあいだ継続的に法的権利者の当該資産に対する影響力を経済的に・実質的に排除しうる態様で）行使する場合，当該資産はその実質的権利者に帰属する(199)(200)。したがって，例えば，資産の移転について，実質的権

---

(196) 近江（2006年）『民法講義Ⅱ』177-179頁；遠藤浩ほか（1996年）『民法2』125頁。
(197) 我妻栄・有泉亨・川井健『民法1　総則・物権法〔第2版〕』（勁草書房，2005年）314頁；淡路剛久・原田純孝・鎌田薫・生熊長幸『民法Ⅱ　物権〔第3版〕』（有斐閣，2005年）108頁。
(198) H. W. Kruse, Lehrbuch des Steuerrechts, Bd. 1, München 1991, S. 133f.
(199) 経済的所有権［実質的所有権］の定式は，Seelinger, Gerhard, Der Begriff des

333

第7章 帰 属

利の所在がその帰属判定規準とされる。資産は、帰属特則ケースを規律する税法12条等によれば、実質的権利者に帰属する。民事法上の法秩序から遊離する経済的権利を受容するかどうかにとって、常に、諸事情の全体像が決定的に重要であろう。

原則として、資産の人的帰属を判定するうえで、民事法の規定がその基準とされうる（本則）。しかし、例外的に、帰属特則ケースについては、例えば、民事法上無効な取引又は取り消しうる取引に基づき稼得される無効所得について、その人的帰属を判定する際には、民事法の規定をその基準として適用することはできない。違法行為又は犯罪行為に基づき稼得される違法所得又は犯罪所得についても同様である。これらの場合には、帰属特則ケースを規律する法12条等は、不法原因給付を経済的・実質的に受けうる地位を実質的権利と位置づけ、「単なる名義人」にさえ該当しない者にその資産が帰属すると解している（参照、帰属特則ケースを規律しうる規定として所得税法51条2項・所得税法施行令141条3号、法人税法22条3項3号・4号、所得税法152条・所得税法施行令274条、国税通則法71条1項2号）[201]。

所得の人的帰属に関するいわゆる法律的帰属説は、無効所得並びに違法所得及び犯罪所得に適用できず[202]、汎用性に欠くから、一般理論たり得ない。

---

　wirtschaftlichen Eigentums im Steuerrecht, 1962, S. 89f. に遡る。同定式は、さらに、BFH BStBl. 1970, 264ff., 272（リース判決）でも借用されている。参照、Tipke, Klaus, Die Steuerrechtsordnung Bd. 3, 2. Aufl., Köln 2012, S. 1690 FN. 112. 水野（2006年）『所得税の制度と理論』54頁註175も又、前出のBFH BStBl. 1970, 264ff., 272（リース判決）を引用して「経済的所有権」を確認する。

(200) 東京地判平成26年5月21日判例タイムズ1412号296頁（所得税法12条の意味する「実質」は、法による枠組みを離れた犯罪行為等による収益の場合を除いては、基本的に法的な意味での実質をいう。買主とされる者が全く契約に関与しなかったような場合には、契約書や登記の外形に関わらず、その者が買主となることはないのが原則であり、会社の法律行為は代表者が行うのであるから、買主とされる各関係会社の代表者の意思も考慮する必要があるとされた事例。被告人は不動産購入契約の当事者（買主）とは認められず、本件不動産の賃貸、売却による収益が被告人に帰属するとは認められないとして、被告人に対して無罪が言い渡された事例。）。同東京地判平成26年は、所得税法12条が2種類のケース、すなわち法的帰属ケースと経済的帰属ケースをカバーすべきことを認識する一方、経済定所有者を無罪と判断した。

(201) 異説、谷口勢津夫「税法の基礎理論」税法学555号（2006年）299頁、319頁。

(202) 法律的帰属説の非汎用性を自認するものに、佐藤英明『スタンダード所得税法〔第2版〕』（弘文堂、2016年）294-295頁。

4 所得税法12条等の意義

　一般的に述べると，民事法上の所有者の包括的な処分権は，実質的権利の中に含まれる。法的権利者と（それ以外の）実質的権利者と食い違うことがある。租税法の領域では，課税法律要件（の大前提）が，帰属特則ケースについて，経済的要件要素（「名義人以外者・法人」，「享受」，「取得」など）を法定しているから，法12条等適用がある場合の外，別段の定めがある場合に限り，実質的権利者が法的権利者に優先する。

　原則として，民事法上の，法的権利者は実質的権利者と重なり合う。しかし，すべての実質的権利者が民事法上の所有権者（所有者）であるわけではない。経済的給付能力を指向している，多くの税目についての帰属主体は，原則として民事法上の権利者（本章はあえてこれを「法的所有者」ということもある。）である。しかし，法的権利者以外の者が，私法学の意味における所有者など又は債権者の法的地位と異なる経済的地位を既に租税法律要件において占めている場合には，これと異なる。所得税法12条及び法人税法11条の定める「名義人以外の者」・「名義人以外の法人」がその好例である。課税法律構成要件が税法上の効果を経済取引と所与に結びつけている場合，資産の人的帰属は，第一義的に，法の視点からではなく経済的観点から実質的に判断されなければならない，典型的なケースでは，いうまでもなく，物に対する民事法上の所有権者（金銭債権者(203)を含む。参照，民法86条3項）が，同時に，当該資産に対する

---

(203) 所得税法33条1項に定める「資産」には金銭債権を含まないとする見解として，金子宏「所得税とキャピタル・ゲイン」所収：金子宏『課税単位及び譲渡所得の研究』（有斐閣，1995年）100頁［コメント　所得税法・法人税法上の資産は，少なくとも，所得の人的帰属との関連においては，民法上の「物」概念よりも広い。金銭債権から生じる利子・経過利子は「資産からの収益」として理解されうる］；今村隆『租税回避と濫用法理──租税回避の基礎的研究』（大蔵財務協会，2015年）5頁121頁。譲渡所得は，資本性資産（不動産など）から生じる投資収益であり，取得時点と譲渡時点との異時点間（intertemporal）における経費金額を上回る収入金額の収支余剰額（売却益）を課税対象とする。譲渡所得に関する清算課税ドグマは，比喩としては理解しうるが，インフレ調整をしない租税法学にとって必要ではなかったのではなかろうか。

　最三判平成4年7月14日民集46巻5号492頁・支払利子付随費用判決，最三判平成17年2月1日集民216号279頁＝判時1893号17頁・右山事件＝ゴルフ会員権贈与事件（「［所得税］法60条1項の規定の本旨は，増加益に対する課税の繰延べにあるから，この規定は，受贈者の譲渡所得の金額の計算において，受贈者の資産の保有期間に係る増加益［①］に贈与者の資産の保有期間に係る増加益［②］を合わせたものを超えて所得として把握することを予定していないというべきである。そして，［③］受贈者が贈与者から資産を取得するための付随費用の額は，受贈者の資産の保有期間に係る増加益の計算において，「資産の取得に要した金額」（法38条1項）として収入金

第 7 章　帰　属

額から控除されるべき性質のものである。そうすると，上記付随費用の額は，法60条1項に基づいてされる譲渡所得の金額の計算において「資産の取得に要した金額」に当たると解すべきである。」納税者が父からゴルフ会員権の贈与を受けた際に支払った名義変更手数料は，当該ゴルフ会員権を取得するための付随費用に当たるものであり，納税者が当該ゴルフ会員権を譲渡したことによる譲渡所得金額の計算上，「資産の取得に要した金額」として，収入金額から控除されるべきである。）及び最一判平成18年4月20日集民220号141頁＝判時1933号76頁・土地改良区決済金事件（「譲渡所得に対する課税は，資産の値上がりによりその資産の所有者に帰属する増加益を所得として，その資産が所有者の支配を離れて他に移転するのを機会に，これを清算して課税する趣旨のものである（最高裁昭和41年(行ツ)第102号同47年12月26日第三小法廷判決・民集26巻10号2083頁，最高裁昭和47年(行ツ)第4号同50年5月27日第三小法廷判決・民集29巻5号641頁参照）。しかしながら，所得税法上，抽象的に発生している資産の増加益そのものが課税の対象となっているわけではなく，原則として，資産の譲渡により実現した所得が課税の対象となっているものである。そうであるとすれば，資産の譲渡に当たって支出された費用が所得税法33条3項にいう譲渡費用に当たるかどうかは，一般的，抽象的に当該資産を譲渡するために当該費用が必要であるかどうかによって判断するのではなく，現実に行われた資産の譲渡を前提として，客観的に見てその譲渡を実現するために当該費用が必要であったかどうかによって判断すべきものである。［改行］前記事実関係等によれば，本件売買契約は農地法等による許可を停止条件としていたというのであるから，本件売買契約においては，本件土地を農地以外の用途に使用することができる土地として売り渡すことが契約の内容となっていたものである。そして，前記事実関係等によれば，上告人が本件土地を転用目的で譲渡する場合には土地改良法42条2項及びこれを受けて制定された本件処理規程により本件決済金の支払をしなければならなかったのであるから，本件決済金は，客観的に見て本件売買契約に基づく本件土地の譲渡を実現するために必要であった費用に当たり，本件土地の譲渡費用に当たるというべきである」））は，所得税法38条1項にいう取得費，33条3項にいう譲渡費用を計算に入れて「譲渡によって納税者が得た「手許に残った」所得」に焦点を合わせて，判示する（異時点間における収支所得説，譲渡益説［佐藤英明（2016年）『スタンダード所得税法』96頁］）は，譲渡所得の計算上，取得費と並んで譲渡費用を控除しうるとする規定を根拠に，「資産の取得に要した金額」8取得価額）の構成要素として支払代金（資産の対価）と資産取得のための付随費用とを明確にした。付随費用が取得費に算入しうる要件として，取得資産の使用開始までという限定が複数の最判により付されていた。

　この時間的限定を廃したのが，最三判平成17年・右山＝右山事件＝ゴルフ会員権贈与事件である。取得資産が長年にわたり使用されたのち，同資産の贈与時に受贈者が支払った会員権名義書換料を付随費用・取得費に算入することができる，と法解釈をした。この付随費用は，当該資産の価値そのものを増加するわけではないのであって，同最三判は，明らかに，清算課税説のドグマを脱し，異時点間における収支所得説へ着実な一歩を踏み出したのである。

　さらに，最一判平成18年・土地改良区決済金事件は，譲渡費用を，具体的な資産の譲渡において客観的にその譲渡を実現するために必要な費用として把握し，一般的・抽象的に把握するドグマから解脱している。

　これら3つの最判は，いずれも，清算課税説から乖離し［佐藤英明（2016年）『ス

4 所得税法12条等の意義

包括的な経済的処分権を有する者であろう。しかし、課税法律構成要件（の大前提）が経済的要素に結節している場合、民事法上の所有権者（債権者を含む。）の地位は、資産の秩序付けのための間接証拠としてしか働かない。この場合、結局、決定的に重要なのは、経済的処分権（又は果実収得権）である(204)。

実質的権利（これを経済的所有権とも誤称する）。の概念を誤解してはいけない。実質的権利とは、税法の目的との関連において、民法に即した帰属からの例外を一般化した表現である。しかし、実質的権利の用語は、税法が独自の権利概念を知っているとの、誤解を招いてはならない。課税の目的との関連でのみ、実質的権利者が税法上所有権者として扱われるのであって、私法上の所有権者は依然としてその者であり、実質的権利者に移動するわけではない(205)。信託関係やリース関係(206)についても、同様である。所得税法12条（実質所得課税）、

タンダード所得税法』144頁]、異時点間における収支所得説に移行すると同時、取得費の計上可能期間を取得資産の開始後にまで拡張している。そこでは、資産そのものの価値増加は、議論の核心ではない。むしろ、譲渡所得は、市場における資本性資産の譲渡取引に基づく収支所得で、かつ、異時点間のおける収支余剰額を対象としているのである。

(204) Doralt/Ruppe, Steuerrecht Bd. 2, 6. Aufl., Wien, 2011, S. 90, Rz. 121. なお、Indizwirkung（間接証拠として働く、徴憑作用）の表現を用いる Ruppe の見解を紹介するものに、谷口（2007年）「所得の帰属」192頁註52。

(205) Kruse (1991), Lehrbuch des Steuerrechts, S. 134.

(206) 大阪地判平成10年10月16日民集60巻1号266頁＝訟務月報45巻6号1153頁→大阪高判平成12年1月18日民集60巻1号307頁＝訟務月報47巻12号3767頁→最三判平成18年1月24日民集60巻1号252頁・映画フィルムリース事件又はパラツィーナ事件（本件組合は、本件売買契約により本件映画に関する所有権その他の権利を取得したとしても、本件映画に関する権利のほとんどは、本件売買契約と同じ日付で締結された本件配給契約によりＤ社に移転［し、その対価として保証支払額等を取得］しているのであって、実質的には、本件映画についての使用収益権限及び処分権限を失っているというべきである。このことに、本件組合は本件映画の購入資金の約4分の3を占める本件借入金の返済について実質的な危険を負担しない地位にあり、本件組合に出資した組合員は本件映画の配給事業自体がもたらす収益についてその出資額に相応する関心を抱いていたとはうかがわれないことをも併せて考慮すれば、本件映画は、本件組合の事業において収益を生む源泉であるとみることはできず、本件組合の事業の用に供しているものということはできないから、法人税法（平成13年法律第6号による改正前のもｃの）31条1項にいう減価償却資産に当たるとは認められない。したがって、本件映画の減価償却費を損金に算入すべきではない。）
同最三判平成18年によれば、リース契約に基づいて、本件映画（すなわち、本件資産）に対する実質的な使用収益権限及び処分権限（すなわち、実質的所有権）は映画配給権（＋映画第二次配給権）と共に本件組合からＤ社に移転している結果、失われている。したがって、本件資産に対する実質的所有権は、本件組合の事業において収益を生みだす源泉とみることはできず、本件組合の事業の用に供しているものという

337

第 7 章　帰　属

13 条（信託財産にかかる帰属），67 条の 2（リース資産のみなし売買），法人税法 11 条，12 条（信託財産にかかる帰属），法人税法 64 条の 2（リース資産のみなし売買）を参照されたい。

　　プロパガンダ　「現在では，所得税における「経済的所有権」の考え方は否定されている。」と，水野（2006 年）『所得税の制度と理論』53 頁は記述し，かつ，その註 179 において．Tipke, Steuerrecht a. a. O. [10. Aufl], 191 を引用する。これは，ドイツ学説の不正確な理解であり紹介であり，フェイク・プロパガンダである。

　実質的権利（wirtschaftliches Eigentum. 経済的所有権と直訳されることもある。）(207) の肯定的な説明は，独墺瑞の代表的体系書及び確立した判例にみられ

ことはできない。よって，本件映画は法人税法 31 条 1 項にいう減価償却資産に当たるとは認められない。経済的帰属ケースについて，リース取引に実質権利者課税の原則が適用され，上告人は収益の基因となる当該資産を事業に供していないから，その資産について減価償却はできないと判断されている。その結果，上告人は本件資産（本件映画）に関する減価償却費を損金に算入すべきではない。租税回避行為の否認ケースというより，むしろ，実質権利者課税の原則との関連において，法人税法 31 条 1 項は目的論的に解釈されているかのようである（内在説）。実際には，映画フィルムリース取引において，経済的帰属ケースとして，実質権利者課税の原則が，収益を生みだしえたであろう本件資産に対する所有権に適用されている。組合が映画フィルムの所有権を形式的に取得しても，本件資産に対する実質的所有権はその後に消滅してしまい，実質的所有権の及ばない本件資産がたとえ実質的に事業の用に供されたとしても，減価償却は組合のためには認められないのである。同最三判 18 年は「真実の法律関係」論と無関係である。異説，金子（2016 年）『租税法』132 頁。
上記のほか，映画フィルムリース事件は，4 件みられる。いずれも納税者側敗訴である。
① 　大阪地判平成 10 年 12 月 18 日税資 239 号 538 頁→大阪高判平成 15 年 3 月 6 日税資 253 号 9300 順号→最二判平成 18 年 1 月 27 日
② 　東京地判平成 15 年 5 月 22 日税資 253 号 9351 順号→東京高判平成 17 年 2 月 8 日税資 255 号 9927 順号→最一判平成 18 年 1 月 26 日税資 256 号 10289 順号（不受理確定）
③ 　千葉地判平成 12 年 2 月 23 日税資 246 号 791 頁
④ 　東京地判平成 16 年 8 月 31 日訟務月報 51 巻 8 号 2211 頁
　平成 19 年度改正により，所得税法 67 条の 2 及び法人税法 64 条の 2 が新設された。立法不作為が納税義務者及び租税行政庁の双方にとって多大な法的不安定をもたらした事例の一つである。
(207) 本章で用いる税法上の法的権利は，ドイツ租税通則法 39 条が「資産は所有者に帰属するものとする」と規定するとき，資産概念は，「物」概念より広く，かつ異質である。資産概念は，物権の客体のみならず，債権の客体をも含みうるからである。金銭債権をも包含している。そうすると，独租税通則法 39 条 1 項の用語「Eigentum」は民法上の固有の所有権概念よりも広範な法律用語であり，他方，ボン憲法 14 条で保障する財産権（Eigentum）におおよそ接近する意味内容である。日本の民法は，果実収

338

る(208)。

「所有権」及び「所有者」はそれぞれ「権利」及び「権利者」と意訳すべきことは，先に説明した（本章§1.1.2.）。English,in: Tipke/Lang23,,§5 Rz.143は，こう記述する。「「独租税通則法39条2項1号1文(209)によれば，民事法上の権利者以外の者が，或る資産について，その者が通常の使用期間のあいだ経済的

取権をもたらす元の物は，所有権の客体に限定されておらず，前叙のさまざまな物権及び金銭債権をもその対象とする。これとパラレルに，ドイツ税法の用語「Eigentum」もまた，民法上の固有の所有権概念よりもその外延を広げている。ドイツ税法学説はその二義性を考慮し，固有の所有権に限定しない概念としてEigentumを理解する。そこで，ドイツ税法の用語Eigentumを財産権と翻訳しても支障ないであろうが，権利として訳語を着けることとする。若しその固有の所有権としての解釈のみがドイツ語法圏で通用しているとすれば，独租税通則法39条が法律用語「物」を避けて「資産」を用いている理由は説明できなくなるであろう。したがって，独租税通則法39条1項は，「物」を対象とする民法上の所有権①と，物以外の「資産」を対象とする権利②について，規制している，と解される。「物」を対象とする所有権か，又は物以外の資産を対象とする権利が，問われている。

次に，例外として，租税通則法39条2項はつぎのように規定する。

第1号［第1文］権利者以外の者が，或る資産について，その者が当該資産に及ぼす事実上の影響力を通常の使用期間のあいだ経済的に当該権利者を排除するという態様により，事実上の支配権を行使している場合，当該資産はその者に帰属するものとする。以下，略。§1.1.1.をみよ。

当事者間に横たわる経済的実態が彼らの法律関係及び権利の属性に相応しく反映されていない場合（39条2項に列挙する「信託関係」「）において，権利の客体である資産から生ずる収益又は金銭債権（収益）は何人に帰属すると考えるべきか，その判定規準はいかように考察し得るかが，問題となる。独租税通則法39条1項の判定規準は，「資産は権利者に帰属する。」である。日本の実定税法は，名義人（法的権利者）と単なる名義人以外の者（実質的権利者）を峻別する。日独税法の規範構造は，2段階である点で共通しており，「所有者」を前面に立てるか，権利者（名義人）に照明をあてるかの相違である。この文脈において，本章で用いる「法的権利」は，民法206条に定める「所有権」概念に限定されず，私法上広く用いられている用語「権利」におむね対応している。所有権の有する果実収取権とその自主占有権の有する果実取得権が，微細に考察するならば，問題となろう。占有権（民法180条）は，物に対する事実上の支配（占有）そのものを法律要件として生ずる物権である。その為，自主占有に基因して単なる名義人以外の者（実質的権利者）概念が生まれてくる。

(208) K. Tipke, Die Steuerrechtsordnung, Bd. 3., 2. Aufl., Köln 2012, SS. 1689-1692; English, in: Tipke/Lang23,,§5 Rz. 143; Birk, Dieeter/Desens/Tappe, Steuerrecht, 16. Aufl., Heidelberg, München, Landesberg, Frechen, Hamburg, 2013, Rn. 327, S. 99; Dorald/Ruppe, Steuerrecht II 6. Auflg., Wien, Rz. 122, S. 90; Reich, Markus, Steuerrecht, 2. Aufl., Zürich, Basel, Genf 2012, §10 N 35, S. 218（Faktizitätsprinyip）並びにそこで引用された複数のドイツ財政裁判所判例及びオーストリア行政裁判所判決並びにカントン・チューリッヒ行政裁判所判例に見られる。

(209) 独租税通則法39条2項の訳文は，本章§1.1.参照。

339

に当該資産に及ぼす事実上の影響力を当該権利者から排除しうる態様で，事実上の支配権を行使している場合，その者に帰属するものとする。この定式によって，立法者は，民事法上の自主占有の概念を考慮に入れて，民事法上の所有権を類推適用して，いわゆる実質的権利（経済的所有権）の法思考を表明したのであって，けっして租税法固有の権利概念を創造したのではなく，資産の帰属との関連において経済的観察法を特殊に適用しているに過ぎない。したがって，例えば，資産の移転の場合には，原則として実質的権利（経済的所有権）の移行がその判定規準となり，したがって，これに応じて，当該資産は，同条第2項1号1文により実質的権利者に帰属する。民事法上の秩序から乖離する実質的権利（経済的所有権）の承認にとって決定的な規準となるのは，つねに，事情の全体像である（みよ，BFH v. 1. 2. 2012 － I R 57/10, BStBl. 2012. 407）。同連邦財政裁判所判決は，実務上意味のある事例グループのためのコンセプトを具体化している。」

　K. Tipke は「独租税通則法39条は，経済的観察法から派生するものとして一般に理解されており，多数の租税に当てはまる，一般的言明である。同条項は決して一定の税目に限定されていない。……しかし，特別規定は，同法39条の一般規定に優先する。同39条に対する特別法の優先は明文で規定する必要はない。それは，特別法の条文の解釈によっても明らかになり得る[210]」ところ，例外的に「財産税の場合については，所有者以外の者が，或る資産について，その者が当該資産に及ぼす影響力を通常の使用期間のあいだ経済的に当該所有者を排除するという態様により，事実上の支配権を行使しているかどうかについて，問題となることはあまりない。……「資産」の概念は独租税通則法39条の意味において目的論的に相応に解明しなければならい[211]。」と記述する[212]。

(iv)　収　　益

　法12条等は，名義人（法的権利者），単なる名義人（単なる法的権利者），単なる名義人以外の者（実質的権利者）を識別する。その識別判定規準のうち決定的メルクマールとして，資産に対する所有権など権利の諸機能のうち，法12条は使用（権限），収益（権限），及び，処分（権限）の中でとくに収益（権限）を選択する。収益概念は，量的データを指すのではなく，質的データを指

---

(210) K. Tipke, Steuerrechtsordunung², Ⅲ, S. 1690 f. 同旨，Tipke/Kruse, AO, § 39 Tz. 5; K.Tipke, Übertragung von Einkünftsquellen, StuW 1977, S293 f.
(211) K. Tipke, Steuerrechtsordunung², Ⅲ, S. 1691f.
(212) 譲渡所得の基因となる資産について，最二決平成20年5月30日税資258号10963順号；東京高判平成27年10月14日訟務月報62巻7号1296頁；我妻純子「経営破綻銀行の未公開株式の譲渡所得の基因となる資産性」税法学576号（2016年）169頁，180頁（所得税法33条1項にかかわる資産性の有無の判断にあたり，東京高判平成27年10月14日は経済的観察法を正当に適用した，とする）。

4 所得税法12条等の意義

している。実質的権利者が少なくても収益「権限」を享受するしているかどうかが，実質的権利者を単なる名義人から判別する最重要な決定因子である。

実定税法は，12条等に定める「収益」について定義を定立していない。

収益は原則として所有物の所有者（名義人）に帰属する（民法206条）[213]。

さらに，民法上の果実概念を類比推論すれば，税法上の収益とは資産から生まれでる果実をいう。

> 民法における果実とは，物から生じる収益をいう[214]。すなわち，物の用法に従って収取される収益や物の使用の対価として受けるべき収益をいう。収益を生みだす元となる物を元物という。果実は，その生ずる態様により，天然果実と法定果実に大別される[215]。
>
> 日本の民法は，天然果実の分離時に元物の所有者に収穫の権利を求める法制（元物主義・分離主義）を採用する。天然果実は，その元物の所有者（天然果実を産出した物）から分離する時にこれを収取する権利を有する者（これを収取権者[216]という）に属する（民法89条1項。例えば，農作物の収穫時における収取権者）。分離に至るまでの未分離果実は元物の構成部分であるが，分離されると独立の物として扱われる[217]。ただし，未分離果実が独立の取引客体とされる場合（例えば，果樹立木の譲渡）には，独立した物としての地位が認められ，民法89条の適用はない（大判大5年9月20日[218][219][220]）。
>
> 法定果実とは，物の使用の対価として受けるべき金銭その他の物を意味する（民法89条2項）。条文では果実は物であると規定されているが，通説によると法定果実は有体物ではなくむしろ典型的には金銭債権である（爾後的法形成）。

---

(213) 福岡高判昭和42年10月24日行集18巻10号1370頁；広島高判昭和44年12月16日行集20巻12号1705頁（地方税法343条3項に基づき売主は建設機械の所有者として固定資産税の納税義務を負う）。

(214) 林良平・前田達明（編著）『新版 注釈民法〈2〉総則2』（有斐閣コンメンタール 有斐閣，1991年）644頁。

(215) 林良平・前田達明（編著）・同上。

(216) 収取権者は物権法その他の規定によって定まる（林・前田（1991年）『新版 注釈民法〈2〉総則2』649頁）。善意の占有者（民法189条1項），所有者（206条），地上権者（民法265条），永小作権者（民法270条），不動産質権者（356条），民法594条（借主による使用及収益），601条（賃貸借），612条（譲渡担保にかかる収益）がその例である。

(217) 林・前田（1991年）『新版 注釈民法〈2〉総則2』649頁。

(218) 大判大5年9月20日民録22輯1440頁。

(219) 我妻栄・有泉亨・川井健『民法 1 総則・物権法〔第2版〕』（勁草書房，2005年）114頁。

(220) 林・前田（1991年）『新版 注釈民法〈2〉総則2』650頁。

第 7 章　帰　　属

　　法定果実の例としては地上権や小作権という物権によって他人に土地に使用させる対価，留置権者による果実収取権（民法297条1項），消費貸借（利息付きでない消費貸借を除く）あるいは賃貸借という債権にによって他人に物を賃貸する対価などが民法に規定されている。田畑使用の対価である小作料，家屋使用の対価である家賃，宅地使用の対価である地代，金銭使用の対価である利息が好例である。法定果実は，収取権が存続する期間に応じて，日割り計算で取得される。

　　次に，法定果実の帰属について，民法には以下のような特則がある。善意の占有者は，その占有するものから生じる法定果実を収取することができる。留置権者は，留置物から生ずる果実を収取し，他の債権者に先立って自己の債権の弁済に充当することができる。とくに，法定果実は通常金銭である。

　その果実を生みだす源泉となる資産が誰に帰属するかが，問題である（資産の帰属）。

　　所有権は果実収取権を含む[221]。収取できるとは，単に果実を"取る""回収"できること指し，所有者に帰属する。ただし，特則として，善意の占有の場合における，取得できるとは，善意の占有者が収取した果実を自分のモノにできることをいう。善意の占有者は，果実を「収取」でき（民法188条（占有物について行使する権利の適法の推定）），さらにそれを「取得」できる（民法189条1項）。

　　果実の収取権は，通常は元物の所有権者に属するが，売買の目的物がまだ引き渡されていなければ，たとえ所有権の移転があっても，その果実は売主に帰属する（例えば，譲渡担保，信託関係）。委任契約においては，受任者は，委任事務を処理するに当たって受け取った金銭その他のものとならんで，その収取した果実についても委任者に引き渡さなければならない。

　果実の取得権が売主に留保されている場合，当事者間の契約内容如何に応じて，売主がその資産に対する使用権又はおよび処分権を留保することも考え得る。しかし，法12条等の定める特則は，果実の取得権（収益「権限」）を判定規準のうち最重要な決定因子として規律している。

　最後に，法12条等にいう「収益」とは，損益計算書に計上される収益を指していない。収益に対応する費用・原価及び収支計算書（出納帳）に計上される収入を指しているのではない。同条は，所得の帰属について規定していないからである。所得税法及び法人税法は，多数の各種所得について課税法律構成要件を規定するが，その課税法律要件を充足する者に所得は帰属する。

---

(221)　内田貴『民法Ⅰ　総則・物権総論〔第4版〕』（東京大学出版会，2008年）357頁。

(2) 本　　則

　原則として，私法上の権利者が，経済的実質的な権利者でもある。これに対応して，1965（昭和40）年法12条等は，通例，税法上資産が私法公法の規準による権利者に帰属に従う旨を規定する。すなわち，「資産の「名義人」への人的帰属」が行間に規定されている（本則）。法12条等は名義人と「単なる名義人」とを識別する。資産は名義人（すなわち名実共に権利者）に帰属する，という本則は，明記されていない。しかし，その本則は，「単なる名義人」から識別される「名義人」の有する資産の人的帰属ルールとして，法12条等から疑問の余地無く導き出されうる。

　1962年墺連邦租税通則法24条(222)は，本則を明文で以て規定していない。この墺連邦租税通則法24条は，昭和28年所得税法3条の2の立法当時，参照され得ないが，1965（昭和40）年法12条等の立法時には参照されていた模様である(223)。ただし，1919年独ライヒ租税通則法80条，1934年独租税調整法11条，1962年墺租税通則法24条はいずれも本則を明瞭に規定していなかったの

---

(222) 1962年墺連邦租税通則法24条（帰属）
　　第1項　資産の帰属について，税法令が別段の規定を定めていない限り，次に掲げる条文が租税の課税に当たり，適用される。
　　(a) 担保の目的で移転されている（Sicherungsübereignung）資産は，担保設定者に帰属する。
　　(b) 受託者に移転されている資産は，信託者に帰属する。
　　(c) 信託者のため［投資信託口座管理機関を通して］受託者に取得されている資産は，信託者に帰属する。
　　(d) 或る者が所有者と同じく支配権を行使する資産は，この者に帰属する。
　　(e) 複数の者が未分割で有する資産は，それらの者が持分割合に応じて権利を有するかのように，それらの者に帰属するものとする。持分割合の数値は，当該関係者がその財産に対して分割せずに権利を有する割合により算定されなければならないか，又は，その割合が確認できない場合には，当該関係者がその共同体の解散に際し明らかになるであろうものの割合により算定されなければならない。
　　第2項　第1項の規定は，1955年評価法（Bewertungsgesetz 1955, BGBl. Nr. 148）の意味における経済的単位にも適用する。
　　1962年1月1日施行。コメント：第1項(e)は自主占有を指す。
　　§ 24 BAO, idF BGBl 194/1961. 比較参照，中川一郎「オーストリア租税基本法（2）――原文対照邦訳」税法学159号（1964年）45-33頁（38頁。24条（帰属））。

(223) 中川一郎は，1961年11月11日に公表した日本税法学会意見書に対して，ある法律誌が「1961年6月28日のオーストリア租税基本法の規定を全然参照していない意見書であるという厳しい批評をしたことは，今も忘れることができない。」と述懐する。中川一郎「オーストリア租税基本法（1）――原文対照邦訳」税法学158号（1964年）47-37頁（47頁）。

第7章　帰　属

である。

1934年独租税調整法11条のテキストは，本則を明文化していないところ，1977年独租税通則法39条のテキストは，第1項において，本文を明文化している。そして，ドイツ租税法学の通説は，内容に実質的に変更を加えることなく，租税通則法39条が租税調整法11条を承継していると解釈している。

以上の比較法的考察から，法12条等は，資産の「名義人」への帰属という表現でもって本則を内包している。法12条等は，資産が名義人（法的権利者）に帰属する旨を規律する。これが本則である。

(3)　特　則

法12条等は，本則と並んで，資産が経済的実質的に「単なる名義人」以外の者（実質的権利者）に経済的実質的に帰属する場合についても，規定する（特則）。権利者（名義人）が或る資産に対する権利の諸機能のうち，最小限度，収益権限さえをも失い，その結果，単なる名義人に代わって実質的権利者がその資産に対する権利のうち収益権限を行使して，収益を享受する場合には，その資産は当該実質的権利者に帰属する（特則）。実質的権利者とは，特則によれば，その者が相当の期間のあいだ継続的に或る資産の使用について権利者を排除しうるという態様で，その資産に対し事実上の支配権を行使する者をいう。

特則は，とりわけ信託，譲渡担保，用益権及びリースにみられる所有権留保の領域にとっても，有意義である。原則として，用益権の設定により用益権者が実質的所有権を取得することにはならない。けだし，用益権者は，所有権から分離された占有の目的物たる資産ついて用益権だけを行使でき，継続して物の本体と収益を民法上の権利者から排除しないからである。ただし，会社持分の移転の場合における所有権留保付き用益権についての合意は，用益権者が会社への資本参加と結びついた本質的権利を引き続いて行使できる場合には，実質的所有権の取得者への移転を阻止することができる。

事実上の支配権の所在を判定規準とする特則は，固定資産の会計処理に当たってとりわけ有意義である。信託の設定又は譲渡担保の設定は，原則として実質的所有権の移転をもたらさない。けだし，法的所有者の地位は通例，形式的なポジションであるに過ぎないからである[224]。

---

(224)　BFH, IR 42/12, BStBl II 2015, 4:「もぬけの殻」; Birk/Desens/Tappe, Steuerrecht, 20. Aufl., Heidelberg 2017, § 3 Tz. 318.

4　所得税法12条等の意義

(4)　合有関係の場合における持分割合に応じた資産の帰属

最三判平成18年1月24日は，資産に対する権利が任意組合に帰属するかの様に説示する。しかし，いうまでもなく，法人格を有しない任意組合の場合，その組合員がその権利を有する。その資産（組合財産）は組合員間で合有により帰属する。

最三判平成18年の第一審[225]は，或る資産に対し合有による権利が成立しているケースについて，持分割合に応じた資産の帰属を判断している。その結論から出発している最三判平成18年判示2は次のように展開することができる。「複数の者が合有している資産は，課税のために，持分割合に応じて帰属させることが必要である範囲において，その関係者間で持分割合に応じて帰属する。」（参照，改正試案12条3項，1977年独租税通則法39条2項2号）

持分割合による配賦に関する判例法は，持分割合に応じた資産の複数関係者への帰属を規律する。最三判平成18年1月24日は，法人格のない任意組合自体ではなく，その合有関係にある各組合員が課税に服する，ことを理論前提として判示する。最三判平成18年を推論するならば，組合員ごとに分離した帰属が課税のために必要である範囲において，任意組合と同様に，法人格のない社団についても，或る資産は各構成員に持分割合に応じて帰属する。ただし，共有など別段の定めがある場合は，その限りではない。

(5)　固定資産税の場合における資産の帰属：特別法は一般法を廃す

地方税法は，固定資産税について，原則としてその法的所有者を納税義務者とし（本則，地方税法343条1項），例外的に，法的所有者と異なる者が，不動産登記簿に所有者として登記されている場合，その登記所有者を所有者とみなしている（特則。地方税法343条2項）[226]。

(a)　固定資産の帰属の特則

地方税法343条は，特別法として，帰属特則ケースを引き起こす契機となっ

---

[225]　大阪地判平成10年10月16日民集60巻1号266頁。
[226]　固定資産税は，固定資産の所有名義人を納税者として課税される（地方税法343条1項。法的帰属者課税の特則）この所有者の認定は，登記簿または償却資産課税台帳に所有者として登記または登録されている者を所有者とみなして行われる（地方税法343条2項）。これらの規定を憲法に違反しないとする裁判例として，最（大）判昭和30年3月23日民集9巻3号336頁。

ている。けだし，地方税法343条は，不動産登記簿に記載された不実名義である「単なる名義人」であっても，その者が，地方税法上資産の帰属者と判断されうるという「推定規定」である。不動産登記は申請主義によっているから，不動産登記簿上の名義人は不実名義人であることもあり，そのような「単なる名義人」はしばしば法的権利者又は実質的所有者と食い違うのである。

この法定のみなし推定を覆す必要性を当事者が主張する場合，不動産に対する本権を有する者（法的所有者），又は，「単なる名義人以外の者（実質的権利者）」は，当該固定資産が法的権利者に帰属する旨を請求し（地方税法343条1項），又は，法12条等に定める特則を類推し，自己に属するとものとして占有する資産を，実質的権利者として自らに帰属する旨を請求できるべきであり，そうすべきである。

　　日本の固定資産税について，所有者とみなされるものは，不動産登記簿に登録された者であり，同名義人が私法上の所有者か実質的権利者かは，徴税者の立場からあまり問題とされない。
　　しかし，形式法学に陥るべきでないとすれば，固定資産税に係る真正の租税債務者は，固定資産の所有権者であり，中間省力登記の商慣等の理由より，不動産登記簿に登録されていないこともある。登記簿上の名義人（真性の所有者とする。）が年央に不動産を譲渡する場合において，譲受人は，譲受日以降の分の固定資産税をについて，本来は真正の租税債務者であるから，譲渡人はその部分についてすでに納付した金額を譲受人から内部求償する請求権を有するといわなければならない。そうすると，譲渡人は，固定資産の譲渡日以降その年度末日まで，租税債務ではなく，むしろ，租税責任（納付責任）を負うにとどまる。その帰結として，譲渡人が固定資産税を滞納する場合には，譲受人がその執行租税債務（滞納固定資産税）のうち，譲渡日以降の分について納付責任を負うことになると解される。
　　なお，地方税法の領域では，前述したとおり，登記名義人は，当該年度の中途にその資産を譲渡した日以降の分の納付済み固定資産税の金額について，譲受人に対し求償する請求権を有する。

最大判昭和30年3月23日・固定資産税賦課取消請求上告事件[227]は，1月1日現在に土地所有者として登録されている者を固定資産税の納税義務者としている地方税法343条及び359条を，憲法に違反しない，と判示する。けだし，日本国憲法の下においては，租税を創設し，改廃するのは法律に基づいて定め

---

(227) 最大判昭和30年3月23日民集9巻3号336頁＝判例タイムズ48号40頁。

られなければならないと同時に法律に基づいて定めるところに任せられていると解すべきであるから，土地の固定資産税を設け所有権の移動が頻繁でない土地の性格と徴税の便宜に着眼してその賦課期日を定めることとしても，その当否は立法の過程において審議決定されるところに一任されているものと解すべきだからであるという。

> 批判　地方税法343条2項にいう「所有」とは，民法第2章第2節の「所有」と同義に解すべきであって，支配の全面的・包括的な支配権を有している点に特色を有するから，それを前提とすれば，固定資産の所有権者が課税をうけるべきである，として従前の台帳課税主義の表見課税実務[228]が批判を受けることもある[229]。しかし，同条1項にいう所有者と同条2項にいう所有者は異なっていることもある[230]。けだし，登記簿等に登記若しくは登録されている所有者（登記所有者）は，申請主義に基づいているため，真実の法的権利者を表示しているとは限らないからである。そうだとすれば，総有の性格を有する入会権の所有権者を法形式的に特定することは，所有権者の多人数・永年にわたる法律関係の不詳などの理由から，たとえ著しく立証が困難であるとしても，例外規定（地方税法343条2項）の適用よりもむしろ，資産帰属の本則（地方税法343条1項）の適用のため，みなし推定を覆す反証が訴訟当事者側に認められてしかるべきである。帰属特則ケースは，地方税法343条2項によって規制されている。
>
> 　最大判昭和30年は，三権分立の原則下における司法の役割を実効的に果たさないばかりか，極端な法実証主義を表明する典型である。「悪法も法なり」。克服さるべき先例の一つである（形式法学）。
>
> 立法　名義人（登記所有者）が法的権利者及び実質的権利者）と食い違うケースが，頻繁でないならば，法的権利者又は単なる名義人外の者（実質的権利者）がその食い違いを主張立証する場合には，単なる名義人課税（資産が登記所有者に帰属すると看做す課税方式）から「資産が法的権利者に帰属する，とする課税方式」（地方税法343条1項）又は「資産が実質的権利者に帰属する，とする課税方式」（法12条等に定める特則）に戻るべきである。その場合に，持分割合及び又は所有期間に応じて課税をやり直すことは，所有権者の多人数・永年にわたる法律関係の不詳などの難題を着実に解決すれば，行

---

(228) 金子宏『租税法〔第20版〕』（2015年）648頁；碓井光明『要説地方税法のしくみと法』（学陽書房，2001年）173頁（登記名義人課税）；佐々木喜久治『固定資産税〔平成3年版〕』（税務経理協会，1991年）58頁（課税技術上の便宜）；前川尚美・杉原正純『地方税——各論Ⅱ』（ぎょうせい，1977年）36頁（課税技術上の要請）。
(229) 最二判平成27年7月17日・平成26年（行ヒ）190号・裁判所ウェブサイト。
(230) 最大判昭和30年3月23日民集9巻3号336頁。

政実行可能であろう。

固定資産税の納税義務者は固定資産の所有者であるが，例外的に，土地及び家屋については，所有者とは登記簿等に所有者として登記又は登録されている者をいう（地方税法343条2項），と規定(231)する。同条項によって，固定資産の人的帰属について，資産帰属特則が優先して適用される。ただし，経済的に観察して，実質的所有者が，係争の資産が経済的実質に自己の帰属する事実を具体的に立証する場合には，みなし推定を覆して，第1項の適用を求めることができる（資産帰属本則）。

(b) 固定資産の帰属の本則

租税法，特に所得税法と法人税法は，経済的に税を租税債権者に給付することのできる能力（これを「経済的給付能力」又は「担税力」という。）に応じて，納税者の所得から納税させることを目指している（応能負担原則）。その応能負担原則を実現するためには，まず，収益を生みだす元の資産がその資産に対する権利者（納税者）に帰属することが必須である(232)。

民事法上の所有権者の包括的な処分権は，一般には，経済的処分権限と一致している。したがって，所得税法12条及び法人税法11条は，帰属本則ケースについて，「資産に対する権利者の法的関係」を帰属判定規準として，権利者課税（本則）から出発する(233)。

> 所得税法12条及び法人税法11条は，民法典90条に類似して，本則（原則規定）を規定せず，いきなり特則（例外規定）から始まっている。「これでは，理解力に優れたものですら，法典を一読しただけでは法規範の内容を理解できないであろう。法学部の授業等での，その成立と効果を含め，『法律行為とは何か』の学習が必須となるゆえんである(234)。」本章では，帰属本則ケースを規律する

---

(231) この規定を違憲でないとする裁判例として，参照，最大判昭和30年3月23日民集9巻3号336頁。
(232) 資産の人的帰属の重要性を示す裁判例として，最一判昭和48年4月26日民集27巻3号629頁（第三者に氏名を無断で使用され，土地の登記名義人にされた事案において，それを基礎とする処分は当然に無効である）。
(233) 塩崎潤ほか『所得税法の論理』（税務経理協会，1969年）158-159頁（「この条文が制定された当時これは単なる宣言規定であるといわれていましたが，その背後にはおそらく右にいう法律的な解釈が前提になっていたのではないかと思います。」）。
(234) 民法改正研究会（代表 加藤雅信）『日本民法典改正案 I 第一編 総則──立法

ルールの理解が必須である。

　固定資産が，単なる登記所有者及び単なる法的所有者以外の者（実質的所有者）に帰属する場合には，法12条等の準用が必要である。

(c)　償却資産の登記所有者への帰属
　償却資産について，納税義務者たる所有者は，償却資産課税台帳に所有者として登記されている者をいう（地方税法343条3項）。

> 設例7－4　建設機械メーカーが，建設機械を，所有権留保特約付で建設業者に割賦販売をした場合に，その資産は誰に所有者として固定資産税の納税義務を負うか？　形式的所有者である売主か，実質的権利者である買主か，登記所有者か？[235]

　設例7－4では，昭和45年改正地方税法は，当該資産を売主と買主の共有物とみなすこととし（341条3項），売主と買主が連帯納税義務を負うこととなった（10条の2第1項）。このみなし規定は，資産の帰属原則（法人税法11条）に照らし，説得力に欠ける。けだし，売主（機械メーカー）が，民法上所有権を留保している場合，その者が形式上所有者であるが，他方，所有者以外の買主（建設業者）が，その資産について，相当の使用期間のあいだ継続して経済的にその資産に及ぼす事実上の影響力をその所有者（機械メーカー）から排除するという態様により，事実上の支配権を行使している場合ならば，当該資産はその者（買主，実質的権利者）に帰属するからである（法人税法11条特則）。

5　資産帰属原則の例

(1)　資産帰属本則の例
(a)　資本性資産
　資本収益を生みだす源泉である資本性資産は，通例，その資産に対する権利者に帰属する（本則。法12条等）。
　資産の人的帰属に関する本則から次のルールが派生する。

　　提案・改正理由──』（信山社，2016年）204頁。
(235)　福岡高判昭和42年10月24日行集18巻10号1370頁（売主が所有者として固定資産税の納税義務を負う）。

第7章　帰　　属

　資本を有償により用益のために貸与するという意味における資本貸与からの果実(236)を生みだす元の「資産」は，基本的には，その法的権利者に帰属する（本則）。次いで，その者が，資本収益（資本貸与所得）を取得する。

　資本収益を生みだす元の資産には，例えば，次がある。
第1　利益持分（配当）その他の経済的利益を生みだしうる株式及び有限会社などに対する持分
　　経済的利益及び償還益を生みだしうる協同組合に対する持分
　　同様の経済的利益を生みだしうる受益権
第2　利子その他収益を生みだすあらゆる種類の資本債権。例えば，消費貸借（ローン），社債（発行割引債を含む。），不動産担保付き貸付，出資，金融機関への預貯金及び銀行法又は保険監督法に定める補充的資本，経過利子を生みだす金銭債権。
第3　手形及び小切手の割引額
第4　匿名組合としての企業に対する資本参加持分並びに匿名組合員の種類に応じた資本参加持分。

(2)　資産帰属特則の例

　資産の帰属は，信託，譲渡担保，自主占有，使用貸借，用益権，リースをめぐる取引においてしばしば税法上問題となる。そして，税務会計処理における減価償却費の計上可能性は，その資産が事業の供される固定資産に該当しなければならないから，資産の人的帰属をその先決問題とする。したがって，減価償却の人的帰属は，当該資産の人的帰属に依存する(237)。

(a)　資本性資産の持分

　資本収益を生みだす源泉である資本性資産は，例外的に，その資産に対する実質的権利者に帰属する（特則。法12条等）。
　資本性資産（例，金融商品，金融派生商品，金融資産，会社持分）が，単なる名義人（単なる権利者）以外の者（実質的権利者，場合によっては受益者）に帰

---

(236)　これを資本貸与所得，資本収益という。配当所得，利子所得，2号雑所得がその典型例。
(237)　同旨，最三判平成18年1月24日民集60巻1号252頁・映画フィルムリース・パラツィーナ事件。

350

5 資産帰属原則の例

属することがある（法12条等に定める特則）。資本性資産は，経済的に見れば，その資産に対する権利の諸機能のうち「収益」権限を有する実質的権利者（受益者）に帰属する（資産の帰属特則，法12条等）。或る資本性資産が合有の形で複数の実質的権利者に帰属する場合には，その合有資産に対する持分割合に応じて，その資産はそれぞれの実質的権利者に帰属する（参照，最三判平成18年1月24日映画フィルムリース事件；改正試案12条3項）。

株式（資産）の帰属について，株式名簿の名義にかかわらず，配当を生みだす資産（株式）は実質上の権利者に帰属することは，行政裁判所時代から多くの裁判例の判示するところである。

父親等が扶養親族の名義で行った預金債権及び利息債権の帰属について，租税債権者による主張・立証が効を奏する限り，単なる名義人以外の者（父親等，実質的権利者）に帰属する（法12条等の定める資産帰属の特則）[238]。しかしながら，父親が資産を扶養親族に贈与し，そして必要な場合には贈与税が納付されている場合には，その資産（預金及び利息債権）はその親族（権利者たる名義人）に帰属する（法12条等の定める資産帰属の本則）。その際，贈与契約とその履行についての証拠は納税者側に保存されているべきである。

国がA会社に対する滞納国税債権を回収（租税執行）するため，X1等の名義の複数の銀行預金債権を差押え，これを取り立てて，A社の滞納国税債権に充当したため，X1等が国に対して不当利得返還訴訟を提起した事案について，東京高判平成17年4月13日[239]は，それら口座はA社の借用口座である旨を認定して，滞納処分は適法である旨を判示している。

> 「X1普通預金口座は，形式的にはX1の名義であるが，債務超過に至るまで経営状態が悪化していた滞納会社Aの資金を分散させるため，同社の代表取締役Bの妻X1の名義を借用して開設されたものであって，X1普通預金口座に係る預金債権は同社に帰属する」ほか，「普通預金債権の帰属について，口座開設の時期及び経緯，預金名義人らと滞納会社代表者との身分関係，滞納会社の資産状況，口座に振り込まれた金員の流れを総合すると，<u>本件預金債権が実質的に滞納会社に帰属することは明らかで，同社は，預金名義人らの口座名義を借用していたにすぎない</u>」から，「国が滞納会社に対する滞納処分として滞納会社の代表取締役及び関連会社名義の預金口座を差し押さえたとしても，当該預金

---

(238) 東京地判昭和32年1月31日行集8巻1号108頁〔→東京高判昭和33年5月30日税資26号518頁〕；東京地判昭和33年1月18日行集9巻1号66頁。

(239) 東京高判平成17年4月13日訟務月報51巻11号3081頁。

第7章 帰　属

口座の預金債権者は滞納会社Aであると認定できることから，法律上の原因のない利得ということにはならないとされた事例」（下線強調は木村）

金融「資産」である本件預金債権は，「口座開設の時期及び経緯，預金名義人らと滞納会社代表者との身分関係，滞納会社の資産状況，口座に振り込まれた金員の流れ」などの諸事情を経済的に観察すれば，実質的に「単なる名義人の者」実質的権利者たる滞納会社に帰属する。「X1普通預金口座は，形式的にはX1の名義である」としても，「単なる名義人以外の者」すなわち実質的権利者（滞納会社）が本件資産に対する実質的権利を有する（資産帰属の本則，法11条等）。

(b)　資産としての事業

事業の営業許可（資産）の人的帰属については，営業許可を得ている者（権利者・名義人）が単なる名義人であり，そのもの以外の者（実質的権利者）が，その事業の経営方針を立てるに支配的影響力を行使し，自己の危険と計算において実際に業務を展開し，その資産に対する事実上の支配権をもっぱら行使している場合，その資産はその実質的権利者に帰属する（所得税法12条特則）。

> 設例7-5　Aが営業許可の名義人であったが，Bが，総支配人として委任され，出店契約，資金調達，営業内容，店舗設定，仕入れなどの経営管理を，すべて自己の危険と計算において行っている。
> 設例7-6　父親が単独で経営している事業に子C（30歳）が加わり，協力して1つの事業を営む。

設例7-5では，Aがその取得した営業許可という資産は，権利者（A）に法的に帰属する（所得税法12条本則）。例外的に，Bが，その資産について，その者が通常の使用期間のあいだ経済的に当該資産に及ぼす事実上の影響力を当該権利者（A）から排除するという態様により，事実上の支配権を行使している場合には，その資産（営業許可）は単なる名義人（A）以外の実質的権利者（B）に帰属する（所得税法12条特則）。

つぎに，資産の人的帰属が確定したのち，所得の帰属が判定されうる。Bがその資産の実質的権利者であり，さらに，事業所得に関する課税法律構成要件をみたしている場合には，その所得はBに租税法上帰属する[240][241]。

設例7-6では，事業所得は父親だけに帰属する[242]。子Cはその労務提供

の対価として報酬請求権を有する場合に，その資産は権利者Cに帰属する（所得税法12条本則）。ただし，子Cの個人的事情（年齢など）及び当該事業への労務提供の態様と程度などの諸事情が斟酌されるべきであろう。

例えば，酒類販売営業許可は一身専属性を有するから，その営業許可による権利及び事業（資産）は同許可を取得した権利者（名義人）に帰属する（所得税法12条等本則）。例外的に，資産（営業許可）に対する権利を実際に行使し事業を主宰した者が「単なる名義人以外の者」である場合は，その資産は実質的権利者に帰属する（所得税法12条等特則）。所得の帰属について，参照，大阪地判昭和50年5月13日[243]。

(c) 信託財産としての資産の帰属

文献：岩崎政明「信託課税の理論と運用――事業信託を利用した租税回避の防止措置について――」所収：新井誠（編）『新信託法の基礎と運用』（日本評論社，2007年）341-350頁；岩崎政明「信託税制――支え合い社会のための信託税制の展望」所収：新井誠・神田秀樹・木南敦『信託法制の展望』（日本評論

---

[240] 最三判平成4年4月28日税資189号401号（万博会場に出店した食堂の営業名義は納税者の妻の姉となっていても，真実の営業者は納税者であると認定された事例）←広島高判平成3年4月10日税資183号32頁←広島地判昭和61年11月27日税資154号738頁（「以上の認定によれば，広島更科の事業活動の基本となる出店契約の締結，開業資金の調達，営業内容，店舗設備の決定，仕入れ，売上の管理，従業員の雇入れ等は，すべて原告の責任と計算のもとに行われており，他方，[訴外]田畑きとは，原告に依頼されて名義を貸したのみで，広島更科の経営内容については全く知らず，その事業について報告を受けたり，これに対して指示，命令をするなどの経営者としての活動は一切していないのであるから，広島更科の実質的経営者は，原告であると認めるのが相当である。」）所得税法上の事業所得納税義務を負う事業主は，営業許可を取得した名義人・営業者ではなく，経済的に観察して，真実の実質的営業者である，と判断されている。；名古屋地判平成17年11月24日判例タイムズ1204号114頁（事業所得の帰属者は，自己の計算と危険の下で継続的に営利活動を行う事業者であると考えられるところ，ある者がこのような事業者に当たるか否かについては，当該事業の遂行に際して行われる法律行為の名義に着目するのはもとより，当該事業への出資の状況，収支の管理状況，従業員に対する指揮監督状況などを総合し，経営主体としての実体を有するかを社会通念に従って判断すべきである。）。いずれの裁判例も，形式法学の適用ではなく，経済的観察法により実質的に所得税法上の事業主概念を解釈し，そのようにして事実認定を行っている。

[241] 参照，水野忠恒（2003年）『租税法』269頁以下。
[242] 同旨，東京高判平成3年6月6日訟月38巻5号878頁。
[243] 大阪地判昭和50年5月13日税資81号569頁。

社，2011年）50-57頁（特別障害者扶養信託（特定贈与信託）税制の論説）；佐藤英明「信託収益課税に関する基礎的一考察」金子宏編『所得課税の研究』103頁；佐藤英明・総合税制研究1号75頁；占部裕典・総合税制研究2号20頁；佐藤英明，「投資 信託課税の日米比較（上）（下）」ジュリスト1035号（1993年）160頁，1036号（1993年）117頁；佐藤英明「REITにおける「受動性」規制の変遷——研究ノート」神戸法学雑誌45巻3号（1995年）591頁；林麻里子「信託のパス・スルー課税について—— FASIT 導入に至るまでの米国の導管制度を参考にして——」日本銀行金融研究所 IMES DISCUSSIONPAPER SERIES Discussion Paper No. 2000-J-14。

(i) 序　説

信託資産の帰属は，法12条等に定められた特則に基づき確定される。信託により受託者に移転する資産は，単なる名義人（受託者）以外の者（実質的権利者，ここでは信託者または場合によっては受益者）に帰属する。所得税法12条の趣旨は，信託財産について受託者への法的所有権の信託法上の帰属よりもむしろ，信託資産は，経済的に見れば，その資産に対する権利の機能のうち「収益」権限を有する実質的権利者（受益者）に帰属する（資産の帰属特則）。或る信託資産が複数の受益者に帰属する場合には，その資産に対する持分割合に応じて，その資産はそれぞれの受益者に帰属する（参照，最三判平成18年1月24日映画フィルムリース事件）。さらに，信託法上信託財産の「法的」所有権はなるほど，信託者（委託者）から受託者に移転する。しかし，法12条等の解釈により，「信託行為のもつ債権的効力」（後述）に鑑み，受益者が信託財産（からの受益権という資産）を経済的・実質的に保有しているから，その資産は実質的権利者としての受益者に帰属する。

> 信託財産の所有権は信託者（委託者）から受託者の名義に移転されている（信託法2条3項）ものの，信託財産は当事者から独立しており，信託目的のみに拘束されている（信託財産の独立性）。信託財産の独立性といっても，自益信託と他益信託では多少ニュアンスは異なる[244]。とはいえ，独墺租税通則法は，既述の通り，信託財産は信託者に帰属すると規定する。信託者は実質的権利者であり，場合によっては日本でいう受益者を指す。比較税法の観点からは，法12条等の定める特則が，信託財産に適用されうると解する。

---

(244) 新井誠『信託法〔第2版〕』（有斐閣，2005年）60頁。

5 資産帰属原則の例

　信託資産の人的帰属が所得税法12条等に定める特則により確定された後，次に当該資産の帰属する権利者（又は実質的権利者・受益者）が所得税法又は法人税法の課税法律要件をみたす場合，その者はその各種所得または法人税の納税義務者になる。

　信託資産の人的帰属は，その帰属から派生する効果にとって税法上も非常に有意義である。すなわち，資産の帰属する権利者（または実質的権利者）が，その資産が事業の用に供される固定資産については減価償却の会計処理をなしうるからである。場合によっては，損益通算の会計処理をなしうる。

　信託とは，(1)委託者（Settlor）が信託法上受託者（Trustee）に特定財産の名義を移転し（あるいは，「その他の処分」例えば担保物件の設定等をおこない），同時に，(2)受益者（Beneficiary）の利益となるべき一定の目的にしたがって管理処分を原則として受託者Tに排他的におこなわせ，(3)信託財産の管理運用から得られる利益を受益者Bに受けさせる契約であり（旧信託法1条，信託法2条2項1号・2号・3号，公益信託法2条），信託財産の所有権は法的・形式的に委託者から受託者に移転し，他方，信託行為の債権的効果を通して，そこから生ずる所得は原則として受益者に帰属する[245]。

　信託行為（旧信託法1条の基本構造）は，(1)「所有権の移転その他の処分」と(2)「一定の目的にしたがう管理処分」という2つの構成要素からできている。通説（債権説）[246]は，要素(1)を物権的観点から所有権の移転（その他の処分）を「信託行為のもつ物権的効力」として，そして要素(2)を債権的視点から一定の目的に従う管理処分を「信託行為のもつ債権的効力」としてそれぞれ理解する。したがって，1つの信託行為において，物権的処分（物権移転の実現）と債権的処分（債権的拘束の設定）は1セットで実現する[247]。

　通説（債権説）[248][249]では，(1)信託行為の対象となった信託財産（所有権）

---

(245) 信託の定義について，新井誠『信託法〔第4版〕』（有斐閣，2014年）107頁。
　　　信託と所得税について，参照，佐藤英明「信託収益課税に関する基礎的一考察」金子宏編『所得課税の研究』（有斐閣，1991年）103頁；佐藤英明「委託者・受益者不存在の場合の信託課税」総合税制研究1号（1992年）75頁；占部裕典「信託課税における受益者課税・委託者課税の再検討——信託所得課税の比較法的考察」総合税制研究2号（1993年）20頁；佐藤英明「REITにおける「受動性」規制の変遷——研究ノート」神戸法学雑誌45巻3号（1995年）591頁。
(246) 新井（2014年）『信託法』41頁脚注2ないし4に掲げる文献。
(247) 新井（2014年）『信託法』41頁。
(248) 新井（2014年）『信託法』40頁。

第 7 章 帰　属

の所有権は委託者から受託者へ絶対的に移転する（絶対的所有権の移転，受託者への名義をも含む完全権の移転）。他方，受託者は，(2)の債権的拘束力を通じて，信託財産の管理処分に関する制約を受け，当該信託財産をあくまで受益者の利益のために活用しなければならない。この拘束力は，受益者の受託者に対する債権的請求権という形態で顕現する(250)。他益信託も自益信託も共に信託である以上，その基本的な効果は同一である。信託法23条が規定する信託の最も基本的な法律効果（信託財産の独立性の保障）は，他益信託にも自益信託にも付与される(251)。

　　現行信託法（平成18年法律第108号）の骨子は次のとおりである。信託は，委託者の特定財産を法形式上受託者に移転し（ただし，自己信託（信託宣言）を除く。もっとも，信託法266条2項），その財産を一定の目的のために管理・処分させ，これから得られる利益を経済的に受益者（ただし，信託法8条の除外句」）に享受させる契約である（信託法2条，3条1号・2号）。受益者が特定していないとき又受益者の定めが存在していない場合（裁量信託）は，将来受益者となるべき者のために，信託ファンドが積み立てられる（信託法3条1号，258条−261条）。

　　なお，現行信託法に夾雑物をてんこ盛りした学説上の責めは，神田秀樹と能見善久に帰せられている(252)。

　信託行為（信託契約・信託遺言・信託宣言）に基づいて，委託者は，受託者に対して財産の譲渡，担保権の設定その他の財産の処分を行い，受託者は，信託の目的にしたがって受益者のために信託財産の管理又は処分及びその当該目的を達成するために必要な行為を行う。受益者は，受益権を取得して，受託者を監視・監督しながら信託の利益を享受する(253)。

　所得税法は，信託法改正の影響を受けて，その第12条（資産の帰属原則）において信託資産は民法上信託法上受託者に帰属するにもかかわらず，資産の人的帰属との関連において経済的実質的にみればその信託資産は実質的権利者と

---

(249) 現行信託法下の新債権説について，新井（2014年）『信託法』60-66頁（受益権とは信託法が創設した特殊な債権であり，民法上の債権とは異なり，債権的要素にあわせて，物権的要素をも包含する権利である。）

(250) 新井（2014年）『信託法』42頁脚注6ないし8及びそれらに対応する本文。

(251) 新井（2014年）『信託法』75頁。

(252) 新井（2014年）『信託法』64頁。

(253) 神田秀樹・折原誠『信託法講義』（弘文堂，2014年）33-34頁；新井（2014年）『信託法』66頁。

5　資産帰属原則の例

しての受益者又は場合によっては信託者に帰属する（資産帰属の特則）(254)。

|法の欠缺|　所得税法13条1項は，他益信託について多重にみなし規定を置くことによって，自益信託をほぼ対象外としている。そのために生じた，自益信託に関する法の欠缺は，同13条1項の規定の目的に即して首尾一貫するように類推適用するほかない。
　　これと類似して，「現行信託法は，他益信託の規定であり，自益信託には適用されないと考える(255)。」また「現行信託法……も同じく基本的には他益信託を想定した規定であり，自益信託への適用はほとんど意味がないというべきである(256)。」

　自益信託の場合における信託資産の帰属は，その信託資産は経済的実質的に観察すれば，実質的権利者としての信託者に帰属する（資産帰属の特則。所得税法12条）。けだし，信託者は信託契約に基づき信託財産に対する所有権を受託者に法的には移転するが，受託者はその信託財産の使用処分権限を有するとしても収益権限を有せず，信託財産の投資収益を（信託契約で指名された）信託者又は受託者に給付する義務を負う。信託目的のため最終的な処分権と共に主たる「収益権」を留保する者が，経済的実質的に「単なる名義人以外の者(257)」の判定規準のうち最重要な決定因子である（法12条等にみる「収益」の機能）。
　さらに，相続税法はその9条の2（贈与又は遺贈により取得したものとみなす信託に関する権利），9条の3（受益者連続型信託の特例），9条の4（受益者等が存しない信託等の特例）は，資産帰属の特則を規定すると同時に，従来の確立した判例と通説から離れた「みなす信託に関する権利」関係を創設した。

|相続税法第9条の3|　受益者連続型信託（信託法（平成18年法律第108号）第91条（受益者の死亡により他の者が新たに受益権を取得する旨の定めのある信託の特例）に規定する信託，同法第89条第1項（受益者指定権等）に規定する受益者指定権等を有する者の定めのある信託その他これらの信託に類するものとして政令で定めるものをいう。以下この項において同じ。）に関する権利を受益者（受益者が存しない場合にあつては，前条第五項に規定

---

(254) これに対応して，所得税法13条1項（他益信託の場合の所得の帰属特則）において，「当該信託財産に帰せられる収益」は民法上信託法上受託者に帰属するにもかかわらず，あえて，所得法上所得の人的帰属との関連においては「当該受益者の収益とみなし」ているのである（経済的所有権）。
(255) 新井（2014年）『信託法』72頁。
(256) 新井（2014年）『信託法』73頁。
(257) 単ある名義人以外の者は信託税制では受益者と呼称し，講学上実質的権利者という。

第7章 帰　属

する特定委託者）が適正な対価を負担せずに取得した場合において，当該受益者連続型信託に関する権利（異なる受益者が性質の異なる受益者連続型信託に係る権利（当該権利のいずれかに<u>収益に関する権利</u>が含まれるものに限る。）をそれぞれ有している場合にあつては，<u>収益に関する権利</u>が含まれるものに限る。）で当該受益者連続型信託の利益を受ける期間の制限その他の当該受益者連続型信託に関する権利の価値に作用する要因としての制約が付されているものについては，当該制約は，付されていないものとみなす。ただし，……。
　2　前項の「受益者」とは，受益者としての権利を現に有する者をいう。

「収益に関する権利」（下線強調箇所）は，法12条等に定める「収益」と同趣旨であり，法12条等にいう「収益」が量的データでなく権利という質的データである旨を確認するものである。第2項にいう「受益者」とは実質的権利者と同義である。

(ⅱ)　自益信託と他益信託と裁量信託の類型比較
　現行信託法は，「他益信託」類型に重きを置き立法されてしまい，自益信託及び裁量信託について同法に認識することを困難としている。しかし，後二者は，目的論的解釈により信託法及び信託財産から掘り起こして体系的に法解釈する必要がある。そこで，あらかじめ，それらの類型を説明しておく。区分するメルクマールは3点ある。「信託利益の享受主体」（主観的・目的的差異）と「委託者からの支配離脱性の有無（客観的・構造的差異）」及び「受託者の権限の許容範囲」である。

1）　他　益　信　託
　信託資産の帰属は，法12条等に定められた特則に基づき確定される。信託により受託者に移転する資産は，単なる名義人（受託者）以外の者（実質的権利者，ここでは信託者の指定する受益者）に帰属する。或る信託資産が複数の受益者に帰属する場合には，その資産に対する持分割合に応じて，その資産はそれぞれの受益者に帰属する（参照，最三判平成18年1月24日映画フィルムリース事件）。
　委託者が信託財産を受託者に譲渡し，そして受託者によって管理運用される信託財産の果実が当該信託契約に基づいて（委託者本人の利益のためでなく）それ以外の第三者である受益者（子供，離婚後の前配偶者など）に分配される。この他益信託の場合，その果実（の構成要因である収入及び支出）はその受益者に

帰属する（現行信託法23条, 88条, 15条, 99条, 164条, 165条；参照, 所得税法13条1項1号）[258]。ここでの信託財産は契約自由の原則に基づき動産に限らず不動産をもその対象となしうる。不動産を適格信託財産から除外する法的根拠は日本法に存在しない。伝統的「財産管理制度としての信託」が他益信託の好例である。

  公益信託は最も典型的な他益信託として位置づけられている[259]。けだし, 公益信託では, 委託者自身が受益者として経済的利益を享受しない（他益性）うえ, いったん設定されると, 以降の信託財産の運用は受託者に委ねられ, 委託者のコントロールは完全に及ばないからである（委託者からの支配離脱性）[260]。
  特別障害者扶養信託（これは「特定贈与信託」と呼ばれている。）も又, 他益信託の変形と位置づけることができる。特定贈与信託は, 相続税法21条の4が定める「特別障害者に対する贈与税の非課税」に基礎を置く信託である。特別障害者を受益者とする金銭・有価証券等の信託設定について, 6,000万円を限度に贈与税を非課税とする制度である。相続税法施行令4条の12は, 「委託者による受益者の変更禁止」（2号）,「受益権の譲渡禁止」（5号）,「信託の取消し・解除の原則禁止」（2号）等さまざまな委託者支配に対する制約が盛り込まれており, 他益信託の特性を強く示している[261]。

 他益信託の場合, 信託財産は経済的実質的に受益者に帰属する（特則）。資産に対する権利は法的形式的に受託者に移転し, 権利のうち使用権限と処分権限は信託契約に基づきその受託者に留保されているところ, 信託契約に基づく信託資産からの「収益」権限はもっぱら受益者に帰属する。資産の人的帰属に関する特則は, 法12条等によれば, 資産の帰属に関する判定規準のうち最重要なメルクマールは「収益権限」の存否に求める。

2）自 益 信 託

 委託者が信託財産を受託者に譲渡し, そして受託者によって管理運用された信託財産の果実が, 当該委託者本人を受益者として指定する信託契約に基づいてその者に分配される（信託法23条, 15条, 164条1項, 165条1項, 48条5項）。

---

(258) 信託財産から生ずる所得は, 以上のように受益者課税を方針としているが, 受益者が特定しているか, 又は存在しているかどうかについては, 信託財産に係る収入及び支出があった時の現況によって判定される（所税令52条）。
(259) 新井（2014年）『信託法』69頁, 70頁図表2－4及び図表に対応する本文。
(260) 新井（2014年）『信託法』70頁脚注65及びそれに対応する本文。
(261) 新井（2014年）『信託法』70-71頁脚注66及びそれに対応する本文。

第7章 帰　属

この自益信託の場合，その果実（の構成要因である収入及び支出）は委託者（＝受益者）に帰属する（参照，所得税法13条1項1号[262]）。

　　「貸付信託」は通常この形態をとる。投資家が委託者兼受益者となり，信託銀行が受託者となる。「投資としての信託」[263]の場合，投資信託委託会社などは委託者兼受益者[264]というよりむしろ，投資信託口座管理機関として機能し，信託銀行が受託者であり，その受益権を一般の投資家に小売りする。

貸付信託の場合，貸付信託契約に基づき委託者から法形式上受託者（信託銀行）に移転する資産は，経済的には実質的権利者（委託者）に帰属する（所得税法12条特則）。

投資信託の場合，投資信託契約に基づき投資信託委託会社を通して法形式上受託者が取得する信託資産は，持分割合に応じて一般投資家たる受益者（実質的権利者）に帰属する（所得税法12条等特則。参照，1962年墺連邦租税通則法24条1項c・2項）。

　　特定運用金銭信託（一般には，「特金」と呼称されている。）は，典型的な自益信託として位置づけられている。けだし，特定運用金銭信託の場合，委託者が運用方法について具体的な指図権を留保しており，受託者に裁量の余地はないからである。さらに，受託者が委託者の指図に従う義務のみを負うような特金は，「名義信託」と評価されて，信託としては無効とされることもあり得る[265]。
　　特定運用金銭信託の場合，委託者から形式上受託者に移転する資産は，経済的に委託者たる実質的権利者に帰属する。

「元本自益・収益他益型合同運用指定金銭信託」は，信託受益権を元本受益権と収益受益権に区分し，収益受益者を当初から公益法人又は社会福祉法人等とし（他益性），信託終了後に，元本を委託者に交付する（自益性）という制度である。「元本自益・収益他益型」は自益信託に比重が置かれている。他方，「元本他益・収益自益型合同運用指定金銭信託」は他益信託に比重が置かれている[266]。

---

(262)　所得租税法13条に相当する規定として，参照，法人税法12条，消費税法14条。
(263)　佐藤英明「投資信託課税の日米比較（上）（下）」ジュリスト1035号（1992年）160頁，1036号（1992年）117頁。
(264)　新井（2014年）『信託法』70頁図表2－4（財産管理制度モデルの分布図）及びそれに対応する本文。
(265)　新井（2014年）『信託法』71頁。
(266)　新井（2014年）『信託法』71頁。

資産の流動化ないし証券化のための信託スキームの場合，当初の受益者は，通例，委託者たる譲渡人となり，その後，譲渡人による信託受益権の譲渡によって受益者は当該信託受益権の譲受人となり，流動化が達成される。このため，このような信託は自益信託と考えられている[267]。

家族信託は，信託の仕組みを利用した家族への財産管理や承継のことを指すが，現行信託法（平成18年法律第108号）で，高齢者の財産管理や遺産の承継に信託を利用しやすくなった[268]。

家族信託は，委託者（親など）が老後や相続又は認知症発症に備えて，信託契約を締結することによって，受託者（信頼できる家族）に信託財産の管理・処分権限を信託することをいう。受益者は，委託者（自益信託）又は障害児など（他益信託）であることが多い。受託者は，信託契約に基づき，受益者に財産給付・分配をなす義務を負い，受託者は受益権を有する。信託監督人（第三者）は，受託者に報告を求め，受託者は同意意思を表意し，場合によっては解任することができる。

家族信託の特徴は，①信託できる財産は金銭以外でも構わないこと，②信託財産の名義は受託者名義になること，その際，贈与税に服さないこと，③受益者を変更させる原因と時期を決められることなどにある，

設例7－14　委託者（高齢母）が賃貸不動産を受託者（長女）に信託した場合，賃貸不動産の名義は長女（受託者）に移転するが，贈与にはならない。
　その信託資産は信託者に帰属する。受託者は単なる名義人（単なる所有者）であり，単なる名義人以外の者（信託者）が，信託資産について，信託契約に基づき，その者が通常の信託期間のあいだ経済的に当該資産に及ぼす事実上の影響力を当該所有者から排除するという態様により，事実上の支配権を行使している場合，当該資産はその者［信託者］に帰属する。信託関係の場合，信託者に資産は帰属する（法12条等特則）。
　高齢母は利益を得るから今まで通り確定申告を行う。賃貸不動産の名義は長女になっているものの，当該資産の信託者への帰属から派生効果が税法上生じる。信託者に属する信託資産（建物）について，その信託者（高齢母）の許において不動産所得または事業所得の金額の計算上，減価償却費や修繕費を計上することができる。その結果，減価償却費等はこの高齢母の確定申告に当たり経費扱いになる。その限りで，信託する前と書面上は何かが変わっ

---

[267] 新井（2014年）『信託法』71頁，455頁以下。
[268] 遠藤英嗣『新しい家族信託――遺言相続，後見に代替する信託の実際の活用法と文例』（新訂　日本加除出版，2016年）。

第7章 帰　属

たわけではない。

なお，受益者連続型信託が，家族信託に認められている（信託法（平成十八年法律第百八号）91条，相続税法9条の3）。

3）　裁 量 信 託

裁量信託[269]は他益信託の一種である。信託資産の帰属は，法12条等に定められた特則に基づき確定される。裁量信託については，信託により受託者に移転する資産は，単なる名義人（受託者）以外の者（実質的権利者，ここでは委託者）に帰属する。委託者が信託財産を受託者に移転し，その受託者によって管理運用される信託財産の果実を受益する者が(1)信託契約時に特定しておらず，当該契約の要件に基づいて受託者の裁量により随時特定されるか，又は(2)信託契約時にまだ受益者たりうるもの（例，将来誕生する子孫，停止条件付資格取得者［相続税法4条2項4号参照］）が存在せず，当該契約の要件に基づいて受益者の裁量により条件就成時に特定される場合，その信託資産は単なる権利者以外の実質的権利者（受益者の特定前は信託者）に帰属する。或る信託資産が複数の受益者に帰属する場合には，その資産に対する持分割合に応じて，その資産はそれぞれの受益者に帰属する（参照，最三判平成18年1月24日映画フィルムリース事件）。

(iii)　受益者等課税信託：本文信託（所得税法13条1項，法人税法12条1項）

信託資産の帰属は，法12条等に定められた特則に基づき確定される。信託により受託者に移転する資産は，単なる名義人（受託者）以外の者（実質的権利者，ここでは信託者の指定する受益者）に帰属する。

或る信託資産が複数の受益者に帰属する場合には，その資産に対する持分割合に応じて，その資産はそれぞれの受益者に帰属する（参照，最三判平成18年1月24日映画フィルムリース事件）。所得税法は，通説（債権説）・判例のいう絶対的所有権の移転にもかかわらず，法的所有権移転を税法上軽視して，経済的給付能力の所在を重視して，「信託行為のもつ債権的効力」を通じて実質的権利者として受益者を把握する（資産の人的帰属との関連における経済的観察）。当該信託の信託財産は「信託の受益者（受益者としての権利を現に有するものに限る。）」に帰属する。信託資産は受託者に帰属する（法12条等に定める特則）。

---

[269]　占部裕典「裁量信託及び受益者連続型信託の課税関係——イギリス信託課税からの示唆——」神戸学院法学25巻2号（1995年）197頁。

5　資産帰属原則の例

　信託財産は，独立の法主体性までは備えておらず，管理対象財産の名義は受託者に移転している（通説，現行信託法2条3項）。受益者等課税信託（委託者兼受益者を含む。）の場合は，信託は，財産分離による財産管理制度であるから，その信託財産は信託事務を取り扱う受託者に名義変更される（信託法2条3項）。
　本文信託に関する課税ルールは，資産の帰属さらに所得の帰属ケースに係る「特則」を具体化した好例である[270]。これを信託のパス・スルー課税[271]という。
　資産の帰属が確定された場合にはじめて，次のステップに移り，信託資産に対する収益権限を有する受託者にその所得は帰属する（所得帰属の特則。所得税法13条）。すなわち，ここでは受益者は実質的権利者であり，信託資産の帰属する実質的権利者が課税法律構成要件をみたす場合には，実質的権利者たる受益者が信託からの所得について租税債務を負う（所得帰属の特則）[272]。これは，帰属特則ケースについて資産の帰属特則をもって理解すべきことの好例であろう[273]。法12条等は「資産（に対する権利）」を判別基準に，法13条は「所得」を判別基準として用いることによって，「資産の帰属」と「所得の帰属」がそれぞれ相違なる規定目的を表現している。

　　資産の帰属からの派生効果として，信託の受益者（実質的権利者）は信託資産について，所得税法上各種所得の金額の計算上収入金額若しくは場合によって減価償却額，損益通算などを会計処理し，法人税法上法人所得の金額の計算上益金若しくは場合によっては減価償却，損益通算など会計処理を行うことができる[274]（所得税法13条1項，法人税法12条1項，地方税法24条の2・72

---

[270]　泉美之松『税法条文の読み方』（東京教育情報センター，1970年）136頁（経済的帰属説の立場から，同じ結論を導く）。他方，法律的帰属説の立場からは，本文信託に関する課税ルールは，「実質的所有者課税の原則」に対する例外である（金子宏『租税法〔第7版〕』（弘文堂，1999年）160頁。ただし，金子（2016年）『租税法』171頁）。

[271]　林麻里子「信託のパス・スルー課税について──FASIT導入に至るまでの米国の導管制度を参考にして──」日本銀行金融研究所 IMES DISCUSSIONPAPER SERIES Discussion Paper No.2000-J-14（2000），1頁。

[272]　林（2000年）「信託のパス・スルー課税について」9-14頁（受益者による実質的所有の重視及び昭和61年土地信託通達及び平成10年信託受益権が分割される土地信託通達に係る解説・批判），15頁。所論は，受益者による信託財産の所有を問題として考察するが，しかし，ここで問題とされるべきは，むしろ，受益権（資産）に対する実質的所有権である。

[273]　異説，金子（2016年）『租税法』173頁；佐藤英明『スタンダード所得税法〔第2版〕』（弘文堂，2016年）293頁。

第7章　帰　属

条の2・294条の2)。

所得税法13条の解釈により，その資産（受益権）から生みだされる所得が経済的・実質的に実質的受益権者に帰属する（所得の帰属）。収益や費用も受益者等（みなし受益者を含む）に帰属するものとみなされる（所得帰属の特則。所得税法13条1項，法人税法12条1項）。現行所得税法12条は，受益者が資産に対する受益権たる「経済的・実質的」権利を有し，その資産が受益者に帰属するものとする。

　　　通説判例に従えば，民法上信託財産の絶対的所有権は委託者から受託者に移転し，かつ，信託法上も信託財産の所有権が委託者から受託者に移転する（現行信託法2条3項）のではあるけれども，法12条等の定める特則に基づき，租税法上は信託財産の所有権は，実質的に委託者に留保されており，受託者に移転しないと解される。

(iv)　集団投資信託[275][276]：ただし書信託

集団投資信託の場合は，信託の目的のため投資信託口座管理機関（投資信託機関）を通して受託者に移転する資産は，実質的権利者たる委託（信託）者に帰属する（法12条等に定める特則。参照，1962年墺連邦租税通則法24条1項b号c号）。その委託者は複数であるから，その投資信託資産に対する持分割合に応じて合有する（参照，最三判平成18年1月24日映画フィルムリース事件。さらに，1977年独租税通則法39条2項，1962年墺連邦租税通則法24条1項c，e）。集団投資信託の資産は，多段階の法律構成の枠内において，究極的に収益権限を有する実質的権利者（委託者＝受益者）に帰属する（資産帰属の特則。法人税法11条）。

(d)　譲渡担保等

債権保全を目的として移転される資産は，通例，単なる名義人（担保権者）

---

(274)　参照，佐藤英明「わが国における投資信託税制の立法論的検討」日税研論集41号（1999年）123頁（124-125頁）。
(275)　参照，新井誠『信託法〔第2版〕』（2005年）29頁以下。集団投資信託とは，同一約款に基づく多数の委託者の信託財産たる金銭を一つにまとめて運用するものであり，日本の信託業務の中核であった。
(276)　新しい信託の類型について，新井誠（編）『キーワードで読む信託法』（有斐閣2007年）45-66頁（9種類の説明）。

以外の者（実質的権利者である担保設定者）に帰属する（法12条等の特則）。

　譲渡担保は，信託関係の特別な一形態である(277)。移転される資産は，経済的所有者としての担保設定者に帰属する。けだし，この担保設定者は，その者が彼の弁済債務を完全履行することによって，担保法上の所有者をその資産から排除することができるからである(278)。担保設定者は，自己の債務弁済期限までのあいだ担保財産の収益権限及び処分権限を留保し，その担保財産を事実上支配するから，経済的実質的に所有者である。このため，担保財産は，債務の弁済期限までのあいだ，少なくとも担保設定者（実質的所有者）に帰属する。担保設定者は，借入債務の弁済期限に至るまでのあいだ少なくとも「収益」権限を行使しうる。

　資産は，担保設定者に対する債権または場合によっては第三者に対する債権を理由に担保権者を保全するために，担保設定者（譲渡人）から担保権者（取得者）に移転する。通常の場合，担保権者は担保機能の効用で満足することができる。担保権者は民法206条にいう所有権を形式上取得し，そして担保設定者を債務法上拘束する。担保権者と担保設定者との関係には，信託関係が成立している。経済的には，譲渡担保は無占有質権の機能を有する。ただし，譲渡担保の所有者は，このような弁済期限までに完全履行されず担保の効用が開始すると同時に，法的にも実質的にも所有者になる。この時点から当該資産は担保権者に帰属する。担保権者が当該債権保全目的を超えた処分権を有する場合には，その担保物は担保権者に帰属する(279)。

　　譲渡担保契約だけでは，担保財産の所有権は資産の担保権者への移転を生じせしめない(280)。民法上は当該担保財産の所有権は前所有者（担保設定者）から担保権者へ全面的には移転しない（絶対的所有権の移転は不存在）。ただし，担保設定者である債務者が，担保権者（債権者）にその債務を完済できないときに，担保財産の所有権は完全に担保権者に移転する。

---

(277)　Drüen in Tipke/Kruse, § 39 Rz. 22; Schmieszek in Gosch, Dietmar (Hrg.), AO FGO mit Nebengesetzen｜EuGH-Verfahrensrecht Kommentar, 2015, !00. Erg-Lfg./Januar 2013, AO § 39, Rz. 129.

(278)　Schmieszek in Gosch, Dietmar (Hrg.), AO FGO mit Nebengesetzen｜EuGH-Verfahrensrecht Kommentar, 2015, !00. Erg-Lfg./Januar 2013, AO § 39, Rz. 129.

(279)　Schmieszek in Gosch, Dietmar (Hrg.), AO FGO mit Nebengesetzen｜EuGH-Verfahrensrecht Kommentar, 2015, !00. Erg-Lfg./Januar 2013, AO § 39, Rz. 129.

(280)　Vgl. BFH v. 4. 7. 2007, VIII R 68/05, BStBl II 2002, 417.

第7章 帰　属

　所得税法12条等は，民法上の所有権の無移転（又は形式的移転）と担保法上の所有権の形式的移転を比較衡量して，担保法上の所有権（ことに収益権限）の実質的無移転をより決定的に重視する（経済的観察法）。同法12条等は資産の人的帰属について判定規準を定めており，判定規準のうち，収益権限（収益）の所在を決定的に重要な指標としている。

　　その結果，所有者は担保財産の形式的移転を理由としては譲渡所得税を課せられない(281)。債務不履行により担保財産が競売され，又は債権者へ帰属した場合には，絶対的所有権の移転がそこにみられるから，所得税法はその資産の譲渡から生ずる所得を譲渡所得と性格づける(282)。

　これと類似して，買戻特約付きの財産の譲渡があった場合は，売主が取戻権を喪失したときに，その資産の権利が全面的に買主へ移転したと解される(283)。

(e)　自主占有

　占有権は，自己のためにする意思をもって物を所持［占有］することによって取得する（民法180条）。

　通常の場合，自主占有者は所有者である。彼女は，自己のためにする意思を以て物（さらには資産）を占有している。民法180条は，同一の者が所有者でありかつ自主占有者である通常の場合を規律している。

　例外の場合には，本権を有しない者が，自己のためにする意思を以て物（さらには資産）を占有する者もまた，自主占有者である。民法180条は，同一の者が本権を有しない自主占有者である例外の場合をも規律している。所有者のように物を支配する意思を有する窃盗犯もまた，自主占有者である。窃盗について知らずに故買品を取得する者は，自主占有者である。彼は所有権者でないが，自己のためにする意思を以てその物を占有する。物の窃盗犯は所有権を取得しないが，それを自己の物に属するものとして占有する。

---

(281)　結論同旨，東京地判昭和49年7月15日行集25巻7号861頁〔→東京高判昭和51年5月24日税資88号841頁〕。

(282)　結論同旨，東京高判昭和55年5月29日行集31巻5号1278頁〔←東京地判昭和54年5月14日行集30巻5号1010頁；浦和地判昭和56年9月28日判時1035号47頁。

(283)　〔最判平成元年2月21日税資169号321頁←〕大阪高判昭和63年6月30日税資164号1055頁〔←大阪地判昭和62年1月27日シュトイエル304号11頁。

占有における所持の意思の有無は，占有取得の原因たる事実によつて外形的客観的に定められるべきものであるから，賃貸借が法律上効力を生じない場合にあつても，賃貸借により取得した占有は他主占有というべきである（最一判昭和 45 年 6 月 18 日[284]）。

　自主占有は，客観的構成要素と主観的要素を有する。客観的構成要件メルクマールは，資産それ自体に対する支配である[285]。主観的構成要件メルクマールは，その資産を所有者ないし権利者のように占有する意思（"animus domini"）である[286]。占有という事実上の支配権行使の意思は，法 12 条特則に定める「名義人」の資産への影響力を排除による。

　二つの構成要件メルクマールがみたされているかどうかは，事実問題である。

　自主占有は，直接占有の場合でも間接占有の場合も可能である。家事使用人などが雇い主のためにその命令によって物を所持（占有）している場合には，これらの者は雇い主の手足とみられ，その所持［占有］は雇い主の所持［占有］とみられる（最判昭和 35 年 4 月 7 日[287]）。これと類似して，家族と同居していた者が建物に同居していた例にも当てはまる（最判昭和 28 年 4 月 7 日[288]）。なお，法人の代表者が代表機関として物を所持（占有）する場合には，法人の直接占有と考えてよく，原則として，代表者が法人とは別個の占有をもつと考える必要はない（最判昭和 32 年 2 月 15 日[289]）。

　占有者の意思が決定的に重要である。占有者が自己に属する者のようにその物を支配する意思を持っている場合，その者は自主占有者である。多数の学説は，この「自己のためにする意思」は，民法 180 条の明文上，占有取得のための要素にとどまり，占有継続のための要件ではないと説明する。その結果，占有の相続は認められる[290]。

---

[284]　最一判昭和 45 年 6 月 18 日集民 99 号 375 頁。
[285]　大刑判大正 4 年 6 月 9 日刑集 5 巻 378 頁（事実上の支配力を獲得）；大判昭和 10 年 9 月 3 日民集 14 巻 1640 頁；我妻榮・有泉亨・清水誠・田山輝明『我妻・有泉コンメンタール民法──総則・物権・債権──〔第 4 版〕』（日本評論社，2016 年）394 頁。
[286]　我妻・有泉ほか（2016 年）『コンメンタール民法──総則・物権・債権〔第 4 版〕』393 頁。
[287]　最判昭和 35 年 4 月 7 日民集 14 巻 751 頁。
[288]　最判昭和 28 年 4 月 7 日民集 7 巻 414 頁。
[289]　最判昭和 32 年 2 月 15 日民集 11 巻 270 頁。
[290]　我妻・有泉ほか（2016 年）『コンメンタール民法──総則・物権・債権〔第 4 版〕』393 頁。

第 7 章 帰　　属

　法 12 条等の定める本則は，通常の場合の自主占有に適用され，他方，特則が例外の場合の自主占有に適用される。例外の場合の自主占有者は本権を有しないが，経済的・実質的に占有権を有する実質的権利者である。

　自主占有は，資産の帰属に関する法律構成要件の中で規範化されている一般的法思想の一例であるにすぎない。すなわち，法的所有者（権利者）以外の者は，その者が経済的に事実上の支配権を行使している場合，実質的所有者（実質的権利者）である。自主占有権の法律構成要件メルクマールは，窃盗犯や横領犯などの場合に意義を有するに過ぎない。自主占有の構成要件メルクマールは，しかし，所得税法 12 条等に定める特則から離れずに，実質的権利（実質的所有権）を根拠づける[291]。

(f)　組合にかかる資産の帰属
(i)　企業組合等の事業所の収益の源泉となる資産の帰属

　企業組合の制度は，中小企業がその財産と勤労を結合して競争上大企業に対抗できるようにすることを目的として，設けられている（中小企業等協同組合法 1949（昭和 24）年法律 181 号）。しかし，多数の設立された企業組合のなかには，組合としてなんら事業活動を行わず，実際には，各組合員が自己の計算と危険において個人として事業を遂行しているにもかかわらず，所得税の負担を不当に軽減する目的のため，組合員の事業用資産と負債のすべては組合が引き継ぎ，組合員は組合から給与を受ける給与所得者であるかのごとく事実を隠ぺいするケースが多くみられた（最二判昭和 37 年 6 月 29 日[292]・共栄企業組合事件）。中小企業等協同組合法による企業組合，各種協同組合，有限会社その他の法人の中には，租税負担を回避する目的で，同業者その他の関係者で外見的に法人 A を設立している場合が見受けられる。このような場合，所得税法，法人税法は，その事業所が個人の独立経営の実態を有し，その事業所から生じた所得が法人 A に帰属しないことが明らかな場合においては，その所得の実質上の帰属者と見られる個人に対して所得税を課することを宣言したものである。したがって，法人とは名のみで，経営の実態は個人であることが明らかになれば，所得税法

---

(291)　Schmieszek in Gosch, Dietmar (Hrg.), AO FGO mit Nebengesetzen｜EuGH-Verfahrensrecht Kommentar, 2015, 100. Erg-Lfg./Januar 2013, A § 39 AO, Rz. 132.
(292)　最二判昭和 37 年 6 月 29 日集刑 143 号 1 頁＝税務訴訟資料 39 号 1 頁・共栄企業組合事件。

12条の規定が適用されると説明されている。しかし，所得税法12条の立法趣旨は，同条テキスト自体が所得の帰属について言及していないことのみならず，その法解釈に及ぼしたであろう杉村章三郎（訳）『獨逸租税法論』の不明瞭な訳文（資産の帰属）と杉村章三郎『租税法学概論』（資産の帰属についての不言及）に照らし，正統に理解されるべきであった。

山口地判昭和46年6月28日[293]・宇部式匿名組合事件は，法人税法11条に定める，資産の人的帰属に関する特則をまず適用する。次の段階で初めて，所得の帰属が問題となる。

> 「いわゆる宇部式匿名組合の頭取に帰属していた<u>投資信託2,550万円が</u>，組合の解散，組合員による会社設立の際に現物出資の趣旨で譲渡されたものであり，その現物出資が商法上は無効であっても，<u>現実に会社によって支配，運用されていたときは，［その資産は実質的に会社に帰属し，］その配当による所得は会社に帰属する</u>。現物出資はその内容が原始定款に記載されていないときは無効で，商法上会社に移転しないが，その移転行為があたかも有効になされたもののごとく履行され，譲受人においてその目的にそって経済的効果ないし利益が発生するなどして目的物が実質的に移転し，かつこのような状態が存続している場合には，譲受人に対する課税の対象とすることができる。」（[…]内加筆及び下線強調は木村）

上記下級審判決は，資産の人的帰属に関する特則を暗黙裏に肯定している点に特色を有する。その特則にかかる一般的前提要件は具体的には①「単なる名義人以外の者（ここでは会社）」による②当該資産に対する現実の支配，運用（すなわち資産に対する事実上の支配権の行使と，事実上の使用収益権限の行使）である。

> 所得税法158条は，所得の帰属に関する規定であり，租税回避行為の防止を法定することにより，所定の法律要件がみたされるときに，所得が法人Aでなくその組合員たる個人（事業所の主宰者）に帰属することの推定を認めている。ただし，この推定は反証によってくつがえされうる。
> 所得税法158条によれば，①法人に15以上の事業所があり，②その事業所の三分の二以上において，③事業の主宰者又はその特殊関係者（所得税法施行令276条）が，前に個人として同一事業を営となんでいた事実がある場合は，④その法人の各事業所の取引がすべてその法人の名称で行われているときを除いて，税務署長は，当該各事業所の主宰者が当該各事業所から生ずる収益［正しくは

---

[293] 山口地判昭和46年6月28日訟務月報17巻10号1671頁・宇部式匿名組合事件。

第7章 帰　属

所得］を享受する者であると推定して，その所長等の事業所得として所得税を課税し，更正又は決定を行うことができる[294]。

(ii)　匿名組合
ⓐ　意　義
匿名組合は団体ではなく，営業者と匿名組合員を当事者とする契約関係である。匿名組合員が，営業者に対して金銭，その他の財産による出資をし，営業者はその資本を運用して営業を行い，その営業から生ずる利益を匿名組合員に分配する，という契約である（商法535条）。

営業者は商人であることを要するが，商人である限り，法人であっても個人（自然人）であってもよい。匿名組合員の資格には何の制限もないので，個人でも，法人でも，差支えがないし，またその員数にも制限がない。

ⓑ　法的性質
匿名組合は，取引のための手段としての契約であって，匿名組合員の出資，営業者の利益分配についての合意を内容とする双務，諾成契約である。そのため，匿名組合については公示の必要がない。

匿名組合は営業上の能力があっても，資金不足の者（営業者）と資金に余裕はあるが，自分で営業をするには能力，会社的身分，法的資格等の面で制約がある者（匿名組合員）との協力体制である。

匿名組合は，共同事業組織であるとともに，事業遂行の主体である，営業者①と，営業から生ずる利益の分配を目的として営業に出資する匿名組合員②との結合であって，両者の機能が明確に分化している。その範囲において，組合員が各自出資し，共同事業を行う民法上の組合との間に制度上の相違がある。

ⓒ　匿名組合の対内関係
匿名組合員は，通常，匿名組合契約に基づく利益配当請求権（という資産）を有する。したがって，税法上，当該資産は，通常，権利者たる各匿名組合員に帰属する（法12条等の本則）。その理由を以下に説明する。

匿名組合員の出資の内容，営業者の利益分配の基準，方法などはすべて，双方の合意によって決定される。匿名組合員は営業者に対して，出資する義務を負い（商法535条，542条，150条）利益配当請求権（会社法105条1項1号（剰余金の配当を受ける権利））を有するが，通常は出資額を限度として損失分担義

---

[294]　所得税法35条2項1号，3項。

務を負い，出資が損失によって減少した場合には，その損失が補填された後でなければ利益の分配を請求することができない（商法538条）。また，出資の目的物である財産は営業者に帰属する（商法536条1項）。

　匿名組合員は，営業者の営業に関与すること（業務執行権及び代表権）はできないが，利益配当請求権を実効的であらしめるために，営業監視権すなわち，営業年度の終りにおいて，営業時間内に限り，営業者の貸借対照表の閲覧を求め，営業者の業務及び財産の検査をすることができる（商法542条，153条，156条）。

　ⓓ　匿名組合の対外関係

　出捐された資金は匿名組合たる権利者（営業者）に法的にも経済的にも帰属し，他方，匿名組合員に経済的実質的に帰属しない。けだし，匿名組合員は当該資産の運用について制限する権限を一部有しているとしても，その資産に対する収益権限及び処分権限を有していないからである（本則。法12条等）。その理由を以下に説明する。

　　匿名組合員は営業者に対して資金を供給するが，その資金は営業者の財産になる（商法536条Ⅰ）。この場合の所有権の移転は民法上絶対的であるが，運用の目的が制限されている点で，信託的譲渡である（譲渡所得の非課税）。

　匿名組合員は，その資金を運用する営業者の行為に関して，第三者との間で権利義務を生じることはないが，営業に関与する権限も有していない。外部からみれば，商人である営業者だけが権利義務の主体として現れ，匿名組合員はまったく営業者の背後に隠れている（商法536条2項）から，匿名組合といわれる。ただし，匿名組合員がその氏名・商号を営業者の商号として使用することをその営業者が許諾した場合には，その使用の時以後に生じた債務について，営業者と連帯して弁済の責任を負わなければならない（商法537条）。

　ⓔ　匿名組合における資産の営業者への帰属

　匿名組合に出捐された資産（例えば土地）は営業者たる権利者に帰属する（本則。法12条等）。続いて，匿名組合（商法535条以下）の営業者の所有する土地の譲渡から生ずる所得は，組合員でなく，営業者に帰属する（名古屋地判平成2年5月18日[295]）。

　　「[係争の]第八期分契約は，契約当事者たる原告及び第八期分出資者の共同

---

(295)　名古屋地判平成2年5月18日訟月37巻1号160頁。

事業性を定め，これに基づいて購入された第八期分土地を原告［匿名組合の営業者］及び第八期分出資者の共有とする趣旨のものではなく，第八期分出資者が原告の営業のために出資をなし，当該出資額に応じて原告の営業から生じる利益の分配を受けることを定めたものであるから，それは，民法上の組合契約ではなく，むしろ商法上の匿名組合契約（同法 535 条）に該当するものというべきである。」「第八期分契約に基づいて行われた第八期分土地の譲渡は原告自身の土地譲渡であるということができ，［租税特別］措置法 63 条の適用上は，第八期分土地の譲渡利益金額はあげて原告に帰属するものというべきである。」

このように，名古屋地判平成 2 年 5 月 18 日は，複数の出資者から出捐された資金を基にしてなされた土地の購入およびその譲渡が，民法上の組合契約ではなく，商法上の匿名組合契約に基づいて行われたものであるとして，右譲渡の名義人である営業者にその譲渡利益が帰属するとされた事例判決である。

これと類似して，匿名組合契約に基づく活動によって営業者が得る所得は，その組合員ではなく，営業者に帰属する[296]。これは所得の帰属である。

ⓕ 契約の終了

匿名組合は，営業者による事業の経営を目的とするものであるから，匿名組合契約は，本来，継続的契約であって，簡単に解約されてはならない。その反面，当事者間の特別な信頼関係を基礎とするから，その基礎が失われた場合には解消されるべきものである。

匿名組合は，次の場合に終了する。

① 契約による終了原因

契約において存続期間を何年間と定めた場合の期間の満了，契約において存続期間を当事者のいずれか一方の生存中終身と定めた場合のその当事者の死亡によって終了する。

② 契約の解除

上記のように存続期間の定めがあっても，各当事者は営業年度の終りに契約を解除することができる。但しその 6 カ月前に予告をしておかなければならない。また，存続期間の定めの有無に拘わらず，やむを得ない事由がある場合には，各当事者は，いつでも契約を解除することができる。

③ 当然の終了

組合の目的とした事業の成功又は成功不能の確定したとき，営業者の死

---

(296) 同旨，金子宏『租税法』（1998 年）155 頁。

亡又は禁治産，営業者又は匿名組合員の破産によって匿名組合契約は当然に終了する。匿名組合員が複数ある場合に，その1名が破産したときは，その破産者と営業者との間の匿名組合が終了するだけである。

匿名組合契約が終了したときは，営業者は匿名組合員に対して，その出資の価額を返還しなければならない。ただし，出資が損失によって減少しているときは，その残額を返還すればよい（商法541条）。出資が金銭以外の財産でされている場合でも返還は金銭ですればよい。

匿名組合契約の終了を以って，資産の営業者への帰属は終了する。

ⓖ 税法上の取扱い：匿名組合に準ずるもの

匿名組合における営業者は商人資格を必要とするのであるが，個人が他人から出資を集めて，これを他人への貸付や証券投資に運用して利益を稼得し，その利益を出資者に分配するという行為が，直ちに商行為にあたるともいえないので，そのような事業を目的とする契約を，税法上は「匿名組合に準ずるもの」として規定している。匿名組合についても，匿名組合に準ずるものについても，出資者が10名以上であるものについて適用する規定が，おかれている（所得税法210条，所得税法施行令327条，288条）。このような準ずる匿名組合の場合にも，法12条等の適用上，資産は営業者に帰属すると解すべきである。

なお，所定の匿名組合はその利益の分配につき支払うとき，所得税を源泉徴収する義務を負う。

匿名組合員に分配される利益は，営業者の必要経費に計上されるところ，匿名組合契約に基づいて匿名組合員が受ける利益の分配については，次の最二判平成27年6月12日[297]がある。

> 匿名組合契約に基づき匿名組合員が営業者から受ける利益の分配に係る所得は，当該契約において，［①］匿名組合員に営業者の営む事業に係る重要な意思決定に関与するなどの権限が付与されており，匿名組合員が実質的に営業者と共同して事業を営む者としての地位を有するものと認められる場合には，当該事業の内容に従って事業所得又はその他の各種所得に該当し［②］それ以外の場合には，当該事業の内容にかかわらず，その出資が匿名組合員自身の事業と

---

[297] 最二判平成27年6月12日民集69巻4号1121頁（航空機リースに関する匿名組合契約において，匿名組合員に当該リース事業に係る重要な意思決定に関与するなどの権限を付与する旨の合意があったということはできず，匿名組合員が実質的に営業者と共同して当該リース事業を営む者としての地位を有するものと認めるべき事情はうかがわれないとされた事例）。

第 7 章　帰　属

して行われているため事業所得となる場合を除き，雑所得に該当する[298]ものと解するのが相当である。

　もっとも，平成 17 年通達改正により課税庁の公的見解［所得税基本通達 36・37 共 – 21］が変更されるまでの間は，納税者において，旧通達に従って，匿名組合契約に基づき匿名組合員が営業者から受ける利益の分配につき，これが貸金の利子と同視しうるものでないかぎりその所得区分の判断は営業者の営む事業の内容に従ってされるべきものと解して所得税の申告をしたとしても，それは当時の課税庁の公的見解に依拠した申告であるということができ，それをもって納税者の主観的な事情に基づく単なる法律解釈の誤りにすぎないものということはできず，<u>本件リース事業につき生じた損失のうち本件匿名組合契約に基づく A への損失の分配として計上された金額は，平成 17 年改正前の通達（旧通達）によれば，本件リース事業の内容に従い不動産所得に係る損失に該当するといえる</u>から，本件各申告のうち旧通達に従ってされた平成 15 年分及び同 16 年分の各申告において，A が，本件リース事業につき生じた損失のうち本件匿名組合契約に基づく同人への損失の分配として計上された金額を不動産所得に係る損失に該当するものとして申告し，他の各種所得との損益通算により前記の金額を税額の計算の基礎としていなかったことについて，国税通則法 65 条 4 項にいう「正当な理由」があるものというべきであり，他方，平成 17 年通達改正後にされた平成 17 年分の申告については，同項にいう「正当な理由」があるとはいえないというべきである。

　匿名組合に関係する国際税法は，一に前述の匿名組合（匿名組合に準ずるとされるものを含む。以下同じ）の営業者による営業が国内で行われる場合には，その利益の分配による所得は国内源泉所得とされること（所得税法 161 条 12 号，所得税法施行令 288 条），二に，匿名組合の利益分配金を支払う者が，その支払を受ける者が居住者，非居住者，内国法人，外国法人であるかを問わず，その支払金額の 20 ％に相当する所得税を源泉徴収すべきこと（所得税法 210 条～214 条，175 条，179 条）を定める。なお，三に，匿名組合員の人数が 10 名未満である，匿名組合等の営業者による事業が国内で行われる場合，その利益の分配金は，国内源泉所得に該当する（所得税法 161 条 1 号，所得税法施行令 280 条 1 項 4 号，法人税法 138 条 1 号，法人税法施行令 177 条 1 項 4 号）。

　所得税法 161 条は主として所得の源泉地の判定規準を規定しているにとどま

---

(298)　匿名組合員が受ける利益が雑所得に区分される場合，匿名組合員は，当該匿名組合契約に基づき生じた船室の額を損益通算によって他の各種所得の金額から控除できない。この点は，匿名組合契約を駆使した「課税逃れ商品」にとり注意を払うべきであろう。

り，各種所得の性質決定を行っていない。国内源泉所得の性質決定は，所得税法165条を経由して，所得税法23条から35条の規定に準じて行われる。そうだとすると，匿名組合についても，「営業者」（商法536条）と「匿名組合員」（同）との間で匿名組合営業について生じた利益，損失はその計算期末において当然に両者の間で配分されるものとし，また，個人である匿名組合員の匿名組合に係る所得については，「営業者」の営業の内容に従った各種所得に性格決定している。匿名組合の組合員が当該組合の営業者から受ける利益の分配については，「当該営業者の営業の内容に従い，事業所得又はその他の各種所得とする」（所基本通達36・37共－21）。なぜなら，匿名組合は，営業者と匿名組合員との間で形成された一種の共同事業として理解されるからである。

したがって，匿名組合契約（商法35条以下）に基づく活動によって営業者が得た所得は，組合員でなく営業者に帰属するとの見解[299]は，そのような契約約款の規定が定められている場合又は仮装行為又は租税回避が立証される場合を除いて，疑問である。

(iii) 任 意 組 合
1) 任意組合の財産の帰属

民法上の契約に基づく組合（任意組合）は，二人以上の各当事者が各自出資して共同事業を営むことを各組合員相互間において契約することによって成立し（民法667条1項），団体（社団）の組織，運営に関する規約（共同事業の約定。民法670条），組合員の資格，加入，脱退，除名（民法678条ないし681条）などの規約を定めておく。

内部的には組合員が参画して業務執行の意思決定をし（多数決原理），外部的にも全組員の名で業務執行がなされることを原則とする（民法670条）。組合は権利義務の主体となり得ないから，組合と第三者との間の法律関係は，直接全組合員に帰属する。組合員の出資は財産のほか労務，信用でもよく（民法667条），また，組合財産は全組合員の共有（組合の団体的拘束を受ける合有）である（民法668条）。

2) 任意組合の会計処理

組合の事業を通じて損益が生じたときは，契約で定められた損益の分配割合

---

[299] 名古屋地判平成2年5月18日訟月37巻1号160頁；金子宏『租税法』（2005年）169頁。

第 7 章 帰　属

に応じて，各組合員に利益を分配し又は各組合員が損失を分担する（民法 674 条）。すなわち，組合事業から生じた損益は組合員に帰属する。

　「配賦」と「分配」との区分について『配賦（allocation）』とは，組合の損益の額を計算上組合員に割り当てることをいう。『分配（distribution）』とは，組合から組合員に対して現実に金銭や金銭以外の資産が譲渡されることを指す。

　まず，組合レベルでの会計において，あたかも法人又は個人企業であるかのように，組合事業所得の金額を算出して，計算上あたかも配当性向 100％で内部留保をせずに，組合員に割り当て配賦する。ただし，税法上は，組合は法人でないから，組合の事業所得は法人税を課されない。

　次に，各組合員レベルでの会計において，各組合員の分配を受けた利益の金額が，原則として，事業所得と性格づけられる。各組合員は，組合契約に応じて，出資に応じて，配当金の分配を受ければ，それは配当所得として性格づけられる。ただし，組合員が，組合との雇用契約により，労務提供の対価として給与を稼得するとき，それは給与所得として性格づけられる（最二判平成 13 年 7 月 13 日・りんご組合事件＝りんご生産組合事件[300]）。

　このような所得の帰属と計算方法は，法律に明文規定が欠缺しているけれども，下級審裁判例[301]にも浸透している。すなわち，

> 判決　　民法が規定する任意組合等に出資する組合員である納税者が，平成 15 年分から同 17 年分までの各所得税について，任意組合から生じた利益又は損失の額を所得税基本通達 36・37 共 - 20 の(3)に定める「純額方式」により納付する税額を計算してした申告に対して，課税庁は，純額方式を採用するためには，本件通達における①純額方式又は中間方式は継続適用を条件としていること，②総額方式による計算が困難であるなどの事情が存することの条件がある場合のみ認められるとして，本件通達の(1)に定める「総額方式」により納付すべき税額を計算すべきとしてした更正処分に対して，前記各条件がある場合のみ純額方式が認められることを本件通達から読み取ることは一般の納税義務者にとっては不可能であるから，本件事実関係の下では，平成 15 年分から同 17 年分までの各所得税の計算に当たり，<u>任意組合等の事業に係る利益又は損失の額については，本件通達の純額方式により計算することを認めることができる</u>として，本件更正処分等が取り消された事例において，任意組合は，法人格を有せず，組合財産が組合事業の経営という目的のために各組合員個人の他の財産と独立の存在を認められるとはいえ，<u>法形式的には，任意組合は権利義務の帰属主体になりえないため，任意組合の行う個々の事

---

[300] 最二判平成 13 年 7 月 13 日集民 202 号 673 頁・りんご組合事件＝りんご生産組合事件。

[301] 東京地判平成 23 年 2 月 4 日判例タイムズ 1392 号 111 頁→東京高判平成 23 年 8 月 4 日税資 261 号 11728 順号（原判決支持）。

業活動から生じた損益(組合損益)は,その組合員に帰属することになるから,組合損益に対する課税についても,任意組合が法人税法上の「人格のない社団等」に含まれないと解されるかぎり,これに法人税としての課税はされず,その組合員に対して所得税等が課税されることになる,と判示されている。

> 立法 　このような長期にわたる法律の欠缺は,租税法律主義に明確に違反し,立法作為義務違反である。

また,組合の第三者に対する債務は,総組合員に合有的に帰属し,組合財産を引当てとするとともに,これと並んで各組合員は,各自の個人財産を引当とする分割責任を負担する(民法675条)。

組合の事業活動の成果は,組合段階において法人税の対象となることなく,組合員に帰属するものとして課税される。組合の損益が組合組織を「通り抜ける」という意味で,これを「パス・スルー課税」[302]とよぶ。組合員が個人である場合についていえば,組合の損益は,組合員個人の損益として,所得税の対象となるのである[303]。

民法上の組合は,組合の実態や経理の状況に応じ,組合員の選択により三つの方法[304]のうちのいずれかの方法により,計算書類を配分する。第2段階として,各組合員は,これらの方法のうち①,②の方法を選択するときは,各組合員が組合から受ける所得の区分として当該組合の業務に係る所得の区分そのものを採用し,③の方法が選択されるときには,その所得区分として,当該組合の主たる事業の内容に従い,不動産所得,事業所得,山林所得又は雑所得のいずれか一の所得とする(所基本通達36・37共-20)[305]。各組合員は,右の所得区分から出発して,その各所得の金額とその他の所得金額とを統合して総合所得金額(組合員が法人である場合には,法人の当該事業年度の所得の金額)を算出する。組合の所得計算については,法令の規定はなく,通達[306]が見られる。

---

(302) 増井良啓「組合損益の出資者への帰属」税務事例研究49巻(1999年)53頁。
(303) 増井良啓・税務事例研究49巻(1999年)59頁。
(304) その基本3法とは,①損益計算書,貸借対照表の各項目をすべて各組合員に配分する方法,②損益計算書の項目のみを配分する方法,③組合による損益計算書のみを配分する方法である。
(305) 民法上の組合から組合員がうける所得の所得類型について,最判平成13年7月13日(判例評釈)山田二郎・ジュリスト1250(2003年)233頁。
(306) 所得税基本通達36・37共-19(任意組合の事業に係る利益等の帰属の時期等)
　　任意組合(民法第667条《組合契約》の規定による組合をいう。以下36・37共-

第 7 章 帰　属

任意組合の場合の不動産登記方法は，その不動産に係る出資者名義の出資割合による共有とする。

3）　任意組合とその資産の人的帰属

ⓐ　序　　説

任意組合は，合有の共同体（Gesamthandsgemeinschaften）である。合有の性質をもつ組合財産は合有財産である。私法上の合有理論は伝統的に次のように説明する。合有財産は組合員の特別財産である。合有者は合有財産に対し区分せず権利を有する。物及び権利の上位概念（資産）に対し又はその合有の各目的物に対し持分権はいずれの合有者にもない。合有財産に対する組合法上の資本参加権（持分権）は，独立した資産ではない[307]。

ⓑ　合有財産の持分割合による帰属

㋐　歴　　史

昭和 40 年法 12 条等は，複数の者が合有又は共有により有している資産の人的帰属を明文を以て規律していない。それ以前の法律も又，組合の組合員が遂行する業務について指図する法的根拠を定めていない。

1962 年墺連邦租税通則法 24 条 1 項 e 及び 1977 年独租税通則法 39 条 2 項 2 号は，もと 1919 年ライヒ租税通則法 80 条 2 項に由来する[308]。同 80 条 2 項

---

20 において同じ。）の組合員の当該組合の事業に係る利益の額又は損失の額は，当該組合の計算期間を基として計算し，当該計算期間の終了する日の属する年分の各種所得の金額の計算上総収入金額又は必要経費に算入する。ただし，当該組合が毎年 1 回以上一定の時期において組合事業の損益を計算しない場合には，その年中における当該組合の事業に係る利益の額又は損失の額を，その年分の各種所得の金額の計算上総収入金額又は必要経費に算入する。

　所得税基本通達 36・37 共－20（任意組合の事業に係る利益等の額の計算）36・37 共－19 により任意組合の組合員の各種所得の金額の計算上総収入金額又は必要経費に算入する利益の額又は損失の額は，次の(1)の方法により計算する。ただし，その者が継続して次の(2)又は(3)の方法により計算している場合には，その計算を認めるものとする。

　　(1)　当該組合の収入金額，支出金額，資産，負債等を，組合契約又は民法第 674 条《損益分配の割合》の規定による損益分配の割合（以下この項において「分配割合」という。）に応じて各組合員のこれらの金額として計算する方法

　　　　（以下略）

(307)　同じことは，ドイツ法による，法人格のない人的会社にも当てはまる。Schmieszek in Gosch, Dietmar（Hrg.），AO FGO mit Nebengesetzen | EuGH-Verfahrensrecht Kommentar, 2015, 100. Erg-Lfg./Januar 2013, A § 39 AO, Rz. 133 FN1 に掲げる文献及びこれに対応する本文参照．

は，その前史を財産法上の規定に有していた。二つの法律規定[309]は次のように規定していた。社員が当該企業の事業者（又は共同事業者）として看做される，合名会社（法人格なき社団）又はその他の営利会社の事業用財産は，その持分に比例して各持分権者に帰属する。その会社自体は所得税に服さない。このことから，1893年にはすでに，事業用財産の価額を持分割合に応じて各持分権者に帰属させる必要性が明らかであった。このような条文の後継として独評価税法3条及び独所得税法15条1項1文2号がある。

(イ) 合有の概念

民法が共有と呼んでいるもののうち，組合財産の共有（民法676条）や遺産の共有（民法897条・902条以下）は，その性質上合有とみるべきである[310]。

一つの目的物に対する合有による権利（合有権）は，一つの目的物（全体）に対する複数の者の共同体的権利である。債権の合有的帰属の場合，各債権者の権利は計算上の割合として観念されるにとどまり，独立の権利としての性質を有せず，そのため，権利者全員が共同してのみこれを処分することができ，弁済として受領したものは合有財産となる。債務の合有的帰属も又これに類似する[311]。すなわち，各合有者は，潜在的に抽象的に有する持分を自由に処分することはできず，目的物の分割請求の自由も否定されている（民法676条2項）。当該目的物全体に対する各資本参加者（又は各相続人）の権利は，その他の資本参加者（又は相続人）の対等な権利によって制限を受ける。その結果，当該合有関係の拘束が存立している限り，当該共同体的目的物に対する各資本参加者（又は相続人）の数量的持分割合は，民法上確定され得ない。共同体の目的物に対する持分割合は，当該合有共同体の解散（又は解消）後に初めて明らかになる。そのため，合有共同体は持分割合による共同体（例えば，共有）とは区別される。持分割合による共同体にあっては，今現在，当該共同体の目的物に対する各資本参加者（各共有者）の観念的持分を確定することがで

---

(308) 1919年ライヒ租税通則法80条2項の小史について，Drüen in Tipke/Kruse, AO, Lfg129 Juni 2012, § 39 AO, Tz. 80, S. 86f.
(309) § 5 Nr. 3 pr. ErgänzungsStG v. 14. 7. 1893 GesetzSammlung 1893 u. § 4 BesitzStG v. 3. 7. 13 RGBl. 524.
(310) 我妻・有泉ほか（2016年）『コンメンタール民法――総則・物権・債権〔第4版〕』464頁，1221-1222頁。
(311) 我妻・有泉ほか（2016年）『コンメンタール民法――総則・物権・債権〔第4版〕』804頁，1229頁。

きる(312)。

合有共同体は，任意組合（民法667条〜688条）(313)，共同相続人組合（共同相続人が遺産分割を目的として組成する社団であり，その代表者（相続人代表者）を決めて所轄税務署に届け出る。各相続人は相続開始後遺産分割までのあいだ遺産（合有財産）を合有する。目的が達成されたときに，相続人組合は解散する）等である。

(ウ) 持分割合による帰属

複数の者が合有している資産（合有財産（参照，民法668条(314),(315)））について，持分割合による帰属（分離帰属 eine getrennte Zurechnung）が，税法上の目的のため必要である（法12条等特則。参照，本章第7節§7.2.に掲記する所得税法改正試案第12条3項）。

合有者が合有財産に対し分割せずに権利を有する。何人も物及び権利の上位概念「資産」に対して又は合有の各目的物に対して持分権（ein Teilrecht）を有しない。合有財産に対する組合法上の資本参加権（持分権）は独立の資産ではない。これが伝統的な合有理論である。

しかしながら，課税のため分離帰属が必要である事例について，私法上の制度である合有は，「経済的に解釈される(316)」。合有財産を組合員の特別財産として観る，伝統的な合有理論は民事法上その根拠を失っている(317)(318)としても，いずれにせよ，経済生活において合有者は持分割合に応じた持分権者

---

(312) Drüen in Tipke/Kruse, AO, Lfg129 Juni 2012, § 39 AO, Tz. 81, S. 87 に掲げられた文献と財政裁判所判決及びそれに対応する本文参照．
(313) 外国法規定によっては，法人格のない合名会社，合資会社，相続人共同体もまた，合有共同体である。
(314) 民法668条にいうその他の組合財産について，参照，独民法典718条（組合財産）
　　第1項　組合員の出資，及び，組合のための業務遂行によって取得された目的物は，社員の合有財産（組合財産）になる。
　　第2項　組合財産に属する権利に基づいて，又は，組合財産に属する目的物の損壊若しくは剥奪に対する賠償として取得されたものも，組合財産とする。
(315) 組合財産の性質について，最三判昭和33年7月22日民集12巻12号1805頁。
(316) Riewald, Alfred；Koch, Carl；Becker, Enno [Begr.], §§1-159 Reichsabgabenordnung, Steueranpassungsgesetz und Steuersäumnisgesetz, 9. Aufl. Köln [u. a.] 1963, § 11 StAnpG Anm. 4, I; BFH BStBl. 82, 2 (4); 92, 543.
(317) Schmidt, Karsten, Gesellschaftsrecht, 4. Aufl., Köln [u. a.] 2002, § 8 III.
(318) 我妻・有泉ほか（2016年）『コンメンタール民法──総則・物権・債権〔第4版〕』804頁（判例は合有理論の採用に消極的である）。

5　資産帰属原則の例

(Teilhaber zu Bruchteilen) としてみられている[319]。

　持分割合に応じた帰属（分離帰属）を必要としている範囲において，当該合有財産に対する資本参加者（組合員又は相続人）に，当該合有財産が，あたかも資本参加者が持分割合に応じて権利を有しているかのように，帰属する。任意組合に対する組合持分は債権譲渡を通して処分される。資産の譲渡について，任意組合の場合にも，資本会社に対する持分についてと同様の原則が適用される[320]。

　持分割合に応じた帰属は，次の場合，常に必要である。任意組合（法人格ない社団[321]を含む）のレベルで実現する民事・商事法律構成要件が税法上のレベルでは意義を有しておらず，そのため，組合員（構成員）の許において斟酌され得ない場合には，常に必要である。この持分割合による考え方は，今日では，節税最適化スキームの基礎にするため，信託関係の法律構成と結びつければ，税法上有意であり得る[322]。

　合有財産の各資本参加者への帰属は，租税債務者が合有でない場合に限って，必要である。いつそうなのかは，個別税法から明らかになる。持分割合に応じた帰属は，とくに所得税法及び法人税法において必要である。けだし，これらの法分野では，合有共同体（組合，法人格なき会社）ではなく，組合員（社員，構成員）が税法上の権利主体（納税者）からである[323]。

ⓒ　派　生　効　果

　持分割合による帰属の考え方はさらに次を帰結する。資産の分離帰属が法12条等の特則（改正試案12条3項）に基づき課税の目的にとって必要である場合には，合有組合（任意組合，人格なき人的会社など）に対する持分の譲渡又は取得は，組合財産の（合有により結びついている）各資産に対する譲渡人の観念

---

[319] Kruse. StuW 1973, 215; Kruse in Tipke/Kruse. AO, TK Lfg. 95 Juli 1980, § 39 Tz.126-133; Flume, DB 1973, 786; Drüen in Tipke/Kruse, AO Lfg. 129 Juni 2012, Tz. 83 § 39.

[320] Schmieszek in Gosch, Dietmar (Hrg.), AO FGO mit Nebengesetzen│EuGH-Verfahrensrecht Kommentar, 2015, 100. Erg-Lfg./Januar 2013, § 39 AO, Rz. 71.

[321] 国外で設立された，法人格なき社団（例えば，独英の私法上の人的会社・Partnership）に対する会社持分について，合有財産の帰属は有意義な問題領域である。

[322] Schmieszek in Gosch, AO § 39, Rz. 133 に掲げられた脚注の引証する独連邦財政裁判所判決と学説及びそれに対応する本文参照。

[323] Schmieszek in Gosch, AO § 39, Rz. 134 に掲げられた脚注の引証する独連邦財政裁判所判決と学説及びそれに対応する本文参照。

的持分の移転である。不動産を有する或る組合（又は人格なき会社）に対する持分の譲渡は，不動産の譲渡して扱われる(324)。

改正試案12条4項（又は法12条等に定める特別の解釈）により，割増減価償却を主張できるのは，当該減価償却資産が帰属する者（人的前提要件をみたす組合員又は社員）だけである。これと類似して，資本会社に対する持分の任意組合による譲渡は，組合員のそれぞれの持分割合による，直接的かつ持分割合の譲渡として看做される。組合員が居住者である場合，所得税法35条2項2号（雑所得）の規定が適用される。

資産の人的帰属決定の派生効果として，その資産がリース貸主（単なる法的権利者，単なる名義人）に税法上に帰属しない場合には，当該資産はその者の事業の用に供される固定資産に該当せず，したがって，減価償却の対象になり得ず，又，損益通算の対象にもなり得ない。

(8) 物権法関係若しくは債権法関係又は行政法関係の枠内における実質的権利

(i) 賃貸借の場合における資産の税法上の帰属

設問　貸主が或る賃貸用鉄骨建物（居住用マンション）につき不動産賃貸借契約に基づき借主から契約締結時に権利金と毎年賃貸料を65年間にわたり受領する権利及び解約時その引渡し返還請求権を有する。その権利金の金額は，同不動産の時価の20％であり，毎年の賃貸料は金融数学に基づき契約締結時に譲渡した場合に比し経済的に不利にならない金額で設定されているとする。
　この事例では，建物の賃借人は，私法上は物に対し賃借権を有するが，税法上は資産に対する権利（実質的所有権）を有すると考えることができるであろうか。
　この問いが肯定される場合，当該資産は税法上借主に実質的に帰属する（所得税法12条）。借主のみが，当該資産の減価償却を許容される。貸し主は，私法上同不動産に対する所有権を有し，かつ，不動産登記簿に所有権を登記していても，同マンションの空室ついて，公衆に入居者募集などを行いえない。当該法的権利者は，65年間にわたり，事実上の支配権を排除されているからである。

賃貸借の場合における税法上の資産の帰属に関する問題を裁判例と学説はこ

---

(324) Schmieszek in Gosch, AO § 39, Rz. 136 に掲げられた脚注の引証する独連邦財政裁判所判決及びそれに対応する本文参照。

5 資産帰属原則の例

れまで取り扱っているが,統一的な見解は成立するに至っていない。ここでも,資産の概念が相当重要な役割を演じている。次の松山地判平成27年では,本件賃貸借建物は,リース取引の対象でなく,又売買の対象でもなく[325],賃貸借契約の目的物として資産に該当し,資産の実質的帰属が問われるべきであった。当該資産は法的には賃貸人に帰属するが,実質的経済的には賃借人に帰属するかどうかが,問われるべきであった。すなわち,

原告(医療法人・借主)と第三者(医療器具等コンサルティング株式会社・貸主)との間の建物賃貸借契約は,期間20年余,賃料月520万円(消費税別)とするものであり,法人税につき,本件建物賃貸借が法人税法64条の2第1項により売買とみなされる「リース取引」に該当することを前提にするのではなく,むしろ法11条(特則の帰属)を援用して,本件資産が税法上原告に実質的に帰属すると主張立証して,確定申告と修正申告をすべきであった(すなわち,当該資産は,第三者に法的に帰属するとしても,原告に実質的に帰属する)。これに対し,処分庁は本件建物賃貸借を「リース取引」として把握しない。けだし,建物賃貸借契約によれば当該資産及びその権利(所有権)は私法の規定どおり税法上も賃貸人に帰属するからである。

　松山地判平成27年6月9日[326][327](原告(医療法人・借主)と第三者(医療コンサルティング株式会社・貸主)との間の建物賃貸借契約は,「期間の中途

---

(325) 増井良啓「法人税法64条の2の『リース取引』に該当しないとされた事例」ジュリスト1504号(2017年)131頁以下(132頁)。「法64条の第3項のリース取引に該当しなければ,売買があったものとはされない。」

(326) 松山地判平成27年6月9日判タ1422号199頁(法64条の2第1項は,「リース取引」については売買があったものとして扱う旨を定めている。これは,資産の賃貸借の中には,その実態が売買に類するものも存することから,このような売買に類する賃貸借については,その実態に即して売買があったものとして課税するとの趣旨の規定である。もとより,賃貸借の態様は様々であり,売買に類するものといっても,その類似性の内容や程度も様々である。そこで,法64条の2第3項は,課税上,売買として扱うものと,扱わないものとを区別するため,〈1〉中途解約の可否と,〈2〉経済的利益の享受及び費用負担という2つの観点から基準(要件)を設けた。それが,〈1〉中途解約不能要件と〈2〉フルペイアウト要件である。

　このような法64条の2第1項及び第3項の趣旨並びに規定文言からすると,中途解約不能要件における「賃貸借期間の中途においてその解除をすることができない」(第3項1号前段)とは,賃貸借契約において中途解約禁止の合意がされていることをいい,「準ずるもの」(同号後段)とは,中途解約禁止の合意がされていない場合であっても,当該賃貸借契約の実態に照らし,事実上解約不能であると認められるものをいうと解するのが相当である。)

においてその解除をすることができないもの…に準ずるもの」(法人税法64条の2第3項1号)であるといえず,当該建物賃貸借が,同条第1項が規定する「リース取引」に該当しないとされた事例)。

本件取引は 私法上は建物賃貸借契約であるから,同目的物の法的所有権は賃借人へ移転しないところ,長期間にわたりその資産に対する事実上の支配権は貸主から排除されるという態様で,実質的な所有権が借主に移転しているからこそ,「売買に類する」と主張されており,この点の事実認定のため原審に差し戻すこともできたであろう。実質的に処分権が排除されている場合には,貸主は法的には所有権を有するとしても,その資産は借主に実質的に帰属する。けだし,所得税法12条は,ファイナンス・リースに関する法人税法の前提要件,〈1〉中途解約の可否と,〈2〉経済的利益の享受及び費用負担という2つの要件を法定していないからである。賃借人は通例,当該賃借した資産の実質的所有者ではない。賃借人は他主占有者である。しかし,所有者以外の者(ここでは不動産の賃借人)はその不動産を所有者として占有しているのではなく,実質的な支配力すべての保有者は相変わらず,所有者(賃貸者)である場合,当該不動産は賃貸人に属する(gehörig)。このことは,長期に継続する賃貸借関係の事例でも異ならない[328]。

賃貸借関係の場合の税法上の問題,とくに,(動産及び不動産の設備財産が賃貸されているような)企業の賃貸借について,ドイツ連邦財政裁判所は一連の裁判例でその立場を明確にしている。同裁判所は,まず,権利の問題を明確にし,これと関連のある(賃貸借の目的物である)資産を明確にする。裁判所は,賃貸人のもとにとどまっている私法上の権利を原則として決定的規準とし,そして,賃借人への帰属を独租税調整法11条4号(1977年独租税通則法39条1項2号2文)を適用する。判決では,立ち入って次のようにその理由を説示する。独民法581条以下に準じて私法上の所有権は賃貸借契約の場合に賃貸人のもとに残っており,一般に実質的権利は私法上の権利に従っている。賃借人は,原則として法的には他主占有者であり,自主占有者ではない,貸借対照法の記

---

(327) 増井良啓「法人税法64条の2の『リース取引』に該当しないとされた事例」ジュリスト1504号(2017年)131-134頁;長島弘「判批」税務事例49巻1号38頁;佐藤英明「判批」TKC税研情報26巻1号12頁。

(328) Offerhaus in Hübschmann/Hepp/Spitaler, AO Lfg.95 Juli 1980, § 39 AO Anm. 33, S.19.

帳では，当該賃貸された資産は賃貸人が借り方記帳しなければならない。賃貸人は，当該資産を一般的に自己に権利が属するものとして占有しており，原則として実質的な支配力すべての保有者でもあり続けている[329]。

「原告財団法人は郵政省等の指導等に基づき，国の事務に供される局舎を建設して提供し，その使用料を退職給付事業の運営資金としてきたのであり，局舎貸付業務は，国に対する局舎建設資金の提供とその資金回収にほかならず，法人税法施行令5条1項5号にいう「不動産貸付業」に当たらないとの原告財団法人の主張が，本件業務の内容を定める本件局舎契約は局舎に係る不動産の使用の対価を支払うことを合意したものであり，局舎の工事費等を一定の期間で分割返済すること等を合意したものとはいえないとして排斥された事例」（東京地判平成22年4月22日[330]）について，その控訴審は，法人税法11条の規定に照らし，係争目的物が税法上賃貸人（若しくはレサー）に帰属するのか又は賃借人（若しくはレスィー）に帰属するかついて説示もすることなく，当該不動産に対する法的権利者又は実質的権利者の異同を審理することもなく，本件局舎賃貸借契約はファイナンス・リース契約と認められないと判示した。本件取引がファイナンス・リースに該当しなくても，法人税法11条に基づき本件資産が原告に実質的に帰属しないと判断される余地もあったであろう。

　　　控訴審・東京高判平成23年2月24日[331]（局舎契約と，「契約書上は賃貸借とされているがその実体はファイナンス・リース契約と認められる本件宿舎契約との対比においては，本件局舎契約と本件宿舎契約については，両契約の法的性質を左右する本質的な相違が認められるというべきであって，本件宿舎契約がファイナンス・リース契約と認められるからといって，そのことが本件局舎契約を賃貸借契約と認めた前記判断を左右するものとはいえないというべきである。」［説示1］「納税義務は各種の経済活動ないし経済現象から生じるが，それらの活動ないし現象は第一次的には私法によって規律されているから，租税法の課税要件の解釈においては，租税法が私法上におけると同様の概念を用いている場合には，租税法規の明文又はその趣旨から別意に解すべきことが明らかな場合を除いて，私法上におけると同じ意義に解するのが，法的安定性の見地から妥当であるから，法人税法施行令5条1項5号所定の収益事業たる「不動産貸付」の解釈に当たっても，不動産の賃貸借契約に係る民法601条の「賃

---

(329) Offerhaus in HHSp § 39 AO Anm. 33, S.19 及びそこに引用された連邦財政裁判所判決。
(330) 東京地判平成22年4月22日税資260号11426順号。
(331) 東京高判平成23年2月24日税資261号11624順号。

第 7 章　帰　属

貸借」と同義に解すべきである。」〔説示 2〕）

(ii)　その他の使用貸借関係（とくに用益）

用益権は，物（独民法典 1030 条），移転しうる権利（独民法典 1068 条 1 項）及び財産に対し設定することができる。用益権は，一方で，負担のある目的物を占有する権利（独民法典 1036 条 1 項）及び使用収益をなしうる権利（独民保典 1030 条 1 項）を化体しており，他方で，公法上及び私法上の負担（Last）を負うべき義務をも化体している。いわゆる寄贈用益権は，用益権目的物の所有者によって用益者の有利となるように設定される。そして，留保付き用益権は，従来の権利者が別な者に当該資産を移転するが，しかしこの者の有利に当該移転される資産に対する用益権を留保する場合に，みられる(332)。

用益権者は，通例，負担のある資産の実質的権利者（経済的所有者）でない。用益権の目的物は用益権の無償譲渡に属するから，用益権者は，通常，自主占有者でなく，他主占有者である。用益権者は，その者が長期にわたって当該資産の私法上の所有者から当該負担のある資産に対する影響力をお及ぼすことを排除しようとし，かつそうすることができるという態様では，通例，支配権を行使できない。その際，留保付き用益権と贈与用益権が問題であるかどうか，及び，用益権が有償で設定されるか若しくは無償で設定されるかは，相違がない。又，用益権の法律上の制限を合意により取り除くだけでは，用益権者の実質的権利（経済的所有権）は根拠づけられない。ただし。個別の事案では区別は難しい。そうだから，用益権者がもはや他主占有右者としてではなく，自主占有者として振る舞い，そして，それ以上に，当該資産に対する単独の処分権を事実上長期にわたって有している場合には，その用益権者は実質的権利者（経済的権利者）である(333)。

用益権は，用益権者の当該委ねられている資産に対する実質的所有権に通常なんら影響を及ぼさない。追加の権利が用益権者に設定される場合に限って，例外が認められる(334)。用益権者は他主占有者であるから，その用益権者が法的所有者（名義人）から事実上の支配権を長期にわたり排除し，事実上の処分

---

(332)　Drüen in Tipke/Kruse, AO, Lfg129 Juni 2012, § 39 AO, Tz. 58, S. 78.
(333)　Drüen in Tipke/Kruse, AO, Lfg129 Juni 2012, § 39 AO, Tz. 59, S. 78.
(334)　Offerhaus in Hübschmann/Hepp/Spitaler, AO Lfg. 95 Juli 1980, § 39 AO Anm. 39, S. 21 及びそこに引用された連邦財政裁判所判決。

権を行使させない態様で（用益の対価を支払わないなど）自主占有する場合，当該資産は用益権者に実質的に帰属する。自主占有が惹起する場合，当該自主占有者だけが，税法上，実質的権利者として当該資産の減価償却を記帳しうる。

松山地判平成27年に先だって，最三判昭和43年8月27日[335]・日詰配管工事事件（市の中小企業設備合理化促進条例により使用許可を受けた機械に係る使用料につき，これを機械の売買代金の一部を構成するものとして係争事業年度における減価償却額の限度においてのみ損金計上を承認したことが相当であるとされた事例）は，当該資産（機械）の使用貸借（又は用益権）に対する対価である使用料は，その全額を法人課税所得の金額の計算上損金に計上されるべき（使用借主説）ではなく，**右使用許可の関係を所有権留保付割賦売買と解することを妨げるものではないから**，法定の減価償却限度以下の金額を計上すべきでである（買主説）。その理由は，本取引は，行政行為によって設権された公法上の使用

---

[335] 最三判昭和43年8月27日集民92号105頁・日詰配管工事事件（所論の市条例は，市内中小企業者に機械等を設置保有させて企業設備の近代化，合理化を企図するものであること，それは，機械等の使用許可を受けた者の納付すべき使用料を普通使用料，特別使用料の二種に分けて定めるが，前者は，当初納付金とともに市が使用者のために購入した機械等の買入代金としての支出額の分割弁済を意味し，後者は，右支出額の未回収部分に対する利息と認められること，それら納付金の完済までその機械等の所有権を市に留保する定めは，もっぱら市の右支出金額の回収の確保のためと解しうること，もし右使用許可が機械等の貸付であるとすれば，右条例による使用期間が機械等の耐用年限に比し一般的に短く，しかも使用期間更新のみちもなく，かつ使用料が上述のような金額であることを理解しがたいことにかんがみれば，右条例による使用許可は，市と使用者との間に機械等につきいわゆる割賦払約款売買を成立させるものとする原判決引用の第一審判決の判断は，相当といわなければならない。
論旨は，右使用許可が取り消され機械等が市に返還されたときは，既納の使用料は明らかに使用料たる性質をもつことになるといい，また，使用者の使用期間中の機械等についての損害保険を付する義務，善管義務，その滅失，損傷，亡失等による損害賠償義務，その管理の状況，生産実績の報告義務等をあげて，使用許可の法律関係を使用料等の完納を停止条件とする所有権移転契約と機械等の賃貸借契約とが同時になされた混合契約のごとく主張する。しかし，それは，賃貸借のように機械等がやがて貸主に返還されることを本来予定しているものではなく，使用許可の取消の場合にも，使用期間内に生じた機械等の減価分を既納の当初納付額，普通使用料から補償させる建前の特別な清算方法をとっているのであり，その他所論の使用者の義務も，右使用許可の関係を所有権留保付割賦売買と解することを妨げるものではない。
してみると，叙上の見解に基づき，上告人の納付した普通使用料につき，これを機械の売買代金の一部を構成するものとして使用中の機械の係争事業年度における減価償却額の限度においてのみ損金計上を承認した本件更正処分は相当であり，これを支持した原判決に所論の違法は認められず，論旨は理由がない。）

第 7 章　帰　属

許可という法的地位は原告にとって一つの資産（権利）であり，原告は相当の使用期間のあいだ継続的に当該権利（資産）を行使している。この権利に基づいて原告はその者の事業の用に供する固定資産として本件機械について会計処理を行うべきであり，その際に法定の減価償却限度以下の金額を計上すべきである。その法的根拠は法人税法 11 条（帰属）に求められるべきであった[336]。所得の帰属は問題とされていないからである。

(iii)　リース

リースとは，ある時間のあいだ，合意した・定期的に支払われるべき金額と引き換えに財産目的物を相手方にその使用を委ねることをいう。リース契約は典型的には，伝来的な賃借契約の合意から乖離する，合意をその内容とし，そして，その法的関係は購入に類似する。そのため，リース目的物について帰属問題が惹起する。リースの場合，賃借購入（Mietkauf）の場合と同様に，

財産に対する権利が実際に誰に属するかは，商法上及び税法上の会計処理の有り様を斟酌するとき決定的に重要である[337]。

6　資産の帰属原則の及ぼす派生効果

減価償却について，本則の場合における資産に対する法的権利者（名義人）又は特則における資産に対する実質的権利者（単なる名義人以外の者）のいずれか一方は，その事業の用に供する固定資産に該当する資産について，通常の使用期間のあいだ継続して減価償却の会計処理を行うことができる。

損益通算について，本則の場合における資産に対する法的権利者（名義人）又は特則における資産に対する実質的権利者（単なる名義人以外の者）のいずれか一方は，その事業の用に供する固定資産に該当する資産について，通常の使用期間のあいだ継続して損益通算の会計処理を行うことができる。ただし，実定税法が損益通算について別段の規定を定めている場合は，その限りではない。

---

[336] 異説，増井良啓「法人税法 64 条の 2 の『リース取引』に該当しないとされた事例」ジュリスト 1504 号（2017 年）133 頁（前出の最三判昭和 43 年・日詰配管興業事件はリースの課税扱いについて，賃貸借を税法上売買扱いする課税処分を是認した）。

[337] Schmieszek in Gosch, Dietmar (Hrg.), AO FGO mit Nebengesetzen｜EuGH-Verfahrensrecht Kommentar, 2015, !00. Erg-Lfg./Januar 2013, AO § 39, Rz. 83.

6　資産の帰属原則の及ぼす派生効果

(1) 原　　則

リース契約の会計処理上の取り扱い[338]は，リース契約の目的物である，資産に対する所有権（権利）――法的所有権（法的権利）か又はこれとは異なる経済的所有権（実質的権利）――が，リース貸主（レサー）に帰属するか又はリース借主（レスィー）に帰属するかに応じて異なる。

> 使用権は，私法上の権利者の継続的排除がみられない場合に，根拠づけられる。通常のケースでは使用権は，実質的権利のない場合に，根拠づけられる。又，使用権は，使用期間が長い場合には，根拠づけられない[339]。
> 他方，私法上の権利者（所有者）の継続的排除は，私法上の権利者が資産の通常の使用期間のあいだ排除されている場合に限って，実質的権利（実質的所有権）を根拠づける。減耗し尽くすまでの長きにわたる使用権は，必要でない。使用権を終了させる，理論だけの可能性は顧みられない。契約形態により期待される通常の取引期間が決定的に重要である。使用期間の特定のための補助手段として減価償却表を引証することができる。その表は裁判所を拘束しなくとも，実務はその表に基づいて遂行される[340]。

リース貸主が権利（所有権，無体財産権など）を有する場合，当該資産はリース貸主の商事会計及び税務会計において計上される。そのリース契約は，或る資産の有償による使用（用益）に関する契約として，未済取引（保留取引

---

[338] 弥永真生「ドイツにおけるリース会計」リース研究 1 号（2005 年）67 頁（税法上の取扱いを詳述）；平野裕之「西ドイツにおけるリース取引法」所収：加藤一郎・椿寿夫（編）』『リース法取引講座（上）』（金融財政事情研究会，1987 年）494-532 頁；三林宏「アメリカにおけるリース取引法」所収：加藤一郎・椿寿夫（編）』『リース法取引講座（上）』（金融財政事情研究会，1987 年）533-562 頁。ただし，International Accoounting Standars (IAS), International Financial Reporting Standards (IFRS) に国際会計原則が規律されている。さらに，Standing International Interpretaions Committee (SIC) が IAS/IFRS に加えてそのスダンダードについて行った注釈書がある。その後に設立された Intenational Financial Reporting Interpretations Committee (IFRIC) 52 にも規律されている。詳細は，Tonne (2014), Leasing im Steuerrecht, 4. Kapiital Rz. 3, SS. 155-162. US-GAAP によるリース契約の会計処理について，例えば，Tonne (2014), Leasing im Steuerrecht, 4. Kapiital Rz. 3, SS. 162-168. ドイツのおけるコンツェルン傘下にあるリース借主の商法上の帰属及びドイツ商法典によるリース会社ノ規定について，例えば，Tonne (2014), Leasing im Steuerrecht, 4. Kapiital Rz. 3, SS. 153-153.

[339] Schmieszek in Gosch, Dietmar (Hrg.), AO FGO mit Nebengesetzen｜EuGH-Verfahrensrecht Kommentar, 2015, !00. Erg-Lfg./Januar 2013, AO § 39, Rz. 27.

[340] Schmieszek in Gosch, Dietmar (Hrg.), AO FGO mit Nebengesetzen｜EuGH-Verfahrensrecht Kommentar, 2015, !00. Erg-Lfg./Januar 2013, AO § 39, Rz. 26.

389

schwebende Geschäfte）の会計原則に服する。これに対し，リース借主が実質的権利（経済的所有権）を有する場合，リース貸主が当該リース目的物を有償でリース借主に対し移転しているということから出発しなければならない[341]。

(2) リース借主が実質的権利者
(a) リース借主側における取扱
(i) 取得費を用いた，評価と借方記帳

リース借主（レスィー）が法的権利を有しない経済的所有者（実質的権利者）である場合（担保目的のリース）[342]，その者は，当該資産をかれの事業用財産の対象として商事貸借対照表にも税務貸借対照表にも借方記帳しなければならない。その他，商事貸借対照表には，当該リース物件について民法上の所有権がリース借主にないことを注記しなければならない[343]。

リース借主はその資産を取得費又は製造原価で以て評価しなければならない。しかし，リース借主がリース貸主の取得費又は製造費を了知していない場合には，その者は，そのリース目的物をリース貸主からではなく，直接に製造者又は製造者の販売会社から取得した場合の金額，又は，その取得を商事慣行により金融機関を通して資金調達した場合の金額を計上しなければならない。独連邦財政裁判所判例に依れば，リース貸主がそのリース料の計算の基礎にした，取得費又は製造原価プラスリース料に該当しない，取得費又は製造原価の合計額がリース借主の取得費又は製造原価と看做される[344]。

したがって，リース貸主によってリース料に算入される一般管理費・自己資本利子及び利益についての追加金額は，リース借主の取得費に含まれない。

---

(341) Tonne (2014), Leasing im Steuerrecht, 3. Kapiital Rz.1, S. 73.

(342) これは，USA でいうベイメント・リース（bailmennt lease）に由来する担保目的のリース（lease for security）に相当する。三林宏「アメリカにおけるリース取引法」所収：加藤一郎・椿寿夫（編）]『リース法取引講座（上）』（金融財政事情研究会，1987 年）533-562 頁（540 頁注 14 及びそれに対応する本文）。歴史的には，担保目的のリースは，偽装された割賦販売たるリース（ベイルメント・リース）及び所有権留保売買（conditional sale）に由来する（同書 540 頁）。

(343) 参照，BFH v. 18. 11. 1970 IV 144/66, BStBl. II 1970, 264（1970 年 11 月 18 日連邦財政裁判所判決・リース判決）；同判決の紹介として，諸隈性リース契約の租税上の判定に関する BFH の判例税法学 261 号（1927 年）1-18 頁（7 頁以下）；弥永真生「ドイツにおけるリース会計」リース研究 1 号（2005 年）65-81 頁，67-71 頁（リース借主（レスィー）が実質的権利者である場合）。

(344) Tonne (2014), Leasing im Steuerrecht, 3. Kapiital Rz. 42, S. 109.

リース料の配賦は，当該取引の経済的内実に即応する。リース借主が実質的権利者（経済的所有者）である場合，当該リース契約は割賦購入の機能を有しており，そして，取得費の調達又は資金調達における機能と同様に配賦されなければならない[345]。

リース借主がリース貸主の取得費又は製造原価を了知していない場合，リース借主は，取得費又は製造原価として，その借主がそのリース貸主からではなく製造者又は製造者の販売会社から直接に当該リース物件を取得したとした場合，又は，リース借主がその取得を通常の態様で金融機関から資金調達したとした場合に，その者が経費支出しなければならなかったであろう金額を，計上しなければならない。

この金額が，リース借主が他の方法で調査し確認できない場合には，リース料総計と期間と利率から割引計算して現在価値を算出する[346]。

自動車を取得したリース借主が自動車販売者に対し売り戻しオプション権を有している場合，リース借主は，無形資産（ein immaterielles Wirtschaftsgut）を，当該リース貸主の側で貸方計上されている引当金の額に対応するように，計上しなければならない。したがって，このオプション権の金額は，当該自動車の取得費ではない。当該買主がそのオプション権を行使するか又は失効させた場合には，その権利は帳簿から除外される[347]。

(ii) 減価償却，特別償却，割増償却

リース借主は，税法の規定に基づき減価償却を行う。減価償却に代えて又は減価償却と並んで，リース借主は，その都度優遇規定の前提要件と所得税法の前提要件がみたされている場合には，割増償却又は特別償却を請求することができる。当事者が錯誤によりリース貸主が実質的権利者（経済的所有者）であることから出発している場合には，リース借主は実際の実質的権利者（経済的所有者）として事後的に税額確定処分（更正決定処分）の形式的確定力の生じるまでは当該割増償却ないし特別償却を利用することができる[348]。

---

(345) Tonne（2014），Leasing im Steuerrecht, 3. Kapiital Rz. 42, S. 109.
(346) Tonne（2014），Leasing im Steuerrecht, 3. Kapiital Rz. 42, S. 109.
(347) Tonne（2014），Leasing im Steuerrecht, 3. Kapiital Rz. 42, S. 109 f.
(348) Tonne（2014），Leasing im Steuerrecht, 3. Kapiital Rz. 43, S. 110.

第 7 章　帰　属

(iii)　リース貸主に対する負債の貸方記帳

　リース借主は，借方記帳される取得費の金額をもって，リース貸主に対する負債を貸方記帳しなければならない。これは，割賦購入により履行される購入価格債務のように扱われうる[349]。

　元利均等分割償還法と類似する現在価値比較法（Barwertvergleichsmethode）にしたがって，各割賦リース料に含まれている利子分と原価分（元利均等分割償還法にいう元本分）は，次のようにして計算される。すなわち，ある事業年度のリース割賦金額の合計額が，当該事業年度の期首において貸方計上される（リース貸主に対する）負債の現在価値と，当該事業年度の期末におけるそれ（残債務）との差額だけ減額されることによって，計算される。リース借主によって借方記帳される取得費又は製造原価はリース取引の設定時点における負債の現在価値として看做される。ただし，リース借主の取得費及び製造原価が当該割賦リース金額において斟酌されていない場合は，その例外である[350]。

(b)　リース貸主側における取扱

　リース貸主が私法上の権利者であるにもかかわらず，その者が実質的に権利者（経済的に所有者）でない場合には，その者（単なる名義人）は当該資産を商事貸借対照表にも税務貸借対照表にも計上してはならない。したがって，リース貸主は，減価償却も特別償却や割増償却を求めることはできない。リース契約の締結及びリース目的物のリース借主への引渡しと同時に，売買価格の支払請求権がリース貸主に成立する。この請求権は借方記帳されなければならない。その請求権の金額は，リース割賦金額に含まれている利息分とコスト分を斟酌した現在価値と一致する。したがって，リース貸主によって借方記帳される金額は，原則として，リース借主によって貸方記帳される負債額と一致する。翌事業年度以降の期首に，その都度の残債権（又は残債務）が計上される。事業年度の期首と期末における債権額の差額は，当該債権を分割償還して収益を中立にするための金額である[351]。

---

(349)　Tonne (2014), Leasing im Steuerrecht, 3. Kapiital Rz. 44, S. 110.
(350)　Tonne (2014), Leasing im Steuerrecht, 3. Kapiital Rz. 45, S. 110.
(351)　Tonne (2014), Leasing im Steuerrecht, 3. Kapiital Rz. 47, S. 112.

6 資産の帰属原則の及ぼす派生効果

(3) リース貸主が実質的権利者

リース貸主が法的権利を有しない実質的権利者として資産に対し実質的権利を有する場合には，リース借主は，名義ばかりの権利を除いて，経済的実質的にもリース物件の所有権その他の権利を取得せず，単にこれを占有し使用する権利を取得するに過ぎない。リース貸主が，リース物件に対する実質的所有権その他の実質的権利を法的にも実質的にも有し，これを行使しうる。リース貸主はその所有権の機能のうち，使用権限をリース借主に賃貸する[352]。

(a) リース貸主の側における取扱

リース貸主が実質的権利（実質的所有権など）を有する場合，その資産はリース貸主の商事貸借対照表及び税務貸借対照表に計上される。このリース契約は，資産の有償による使用（用益）についての契約（使用賃貸借契約）として未済取引（保留取引ともいう。）の会計処理に関する原則に服する[353]。

(i) 固定資産についての計上

固定資産の計上又は流動資産の計上は，会計処理及び評価にとってのみならず，とくに特別償却と割増償却の請求などにとっても，重要である。

独商法典 247 条 2 項によれば，事業の用に継続的に供するように決済日に特定されている，財産目的物だけが，固定資産である。商法上の性格決定は，所得税法の基準性の原則を経由して，資産の税法上の判断にも妥当する。これに対し，その目的が消費にあるか又は再販にある，そうした資産は流動資産である[354]。

> 日本の法人税法 74 条は，確定した決算に基づいて申告書を作成し提出しなければならない と規定する。これは，会社法会計（会社法 438，439 条）による企業利益を基に課税所得が計算されることを意味し，確定決算主義という。確定決算主義の意義について．法人税法は，「確定決算主義」を直接的に定義した規定を定めていない。しかし，一般的に「確定決算主義」とは，①株主総会の承認等により確定した決算に基づき課税所得を計算し，確定申告を行うこと（形

---

(352) これは，USA でいう本来のリースである真正のリース（true lease）に相当する。三林宏「アメリカにおけるリース取引法」所収：加藤一郎・椿寿夫（編）『リース法取引講座（上）』（金融財政事情研究会，1987 年）533-562 頁（540 頁）。歴史的には，真正リースは，賃借目的のベイルメント（bailmento for hire）に由来する（同書 540 頁）。
(353) Tonne (2014), Leasing im Steuerrecht, 3. Kapiital Rz. 1, S. 73.
(354) Tonne (2014), Leasing im Steuerrecht, 3. Kapiital Rz. 2, S. 73.

式的意義）と，②一般に公正妥当と認められる会計処理の基準に従って課税所得を計算すること（実質的意義）の両者を意味する。

確定決算主義は，ドイツ所得税法5条1項1文に定める基準性の原則（das Maßgeblichkeitsprinzip）に対応する。その限りにおいて，確定決算主義及び基準性の原則は，ともに，商法依存主義の表れである。

固定資産又は流動資産の計上は，会計及び評価にとって意義を有するのみならず，特別減価償却と加速償却にとっても又2005年ないし2010年の独投資補助金交付法2条による投資補助金交付にとっても意義を有する。

独商法典247条2項によれば，事業遂行に継続的に資するように決算日に特定されている，財産目的物だけが，固定資産である。商法上の性格決定は，独所得税法5条1項1文の基準性の原則を経由して，資産の税法上の判断にも適用される。これに対し，その目的が使用又は再譲渡にあるそうした資産は，流動資産である[355]。

資産の使用とは，したがって消費でなく，独連邦財政裁判所の判例に従えば，資産が直接に商人の企業で用いられる場合，とくに償却の定められている財の製造のために用いられる場合に限らず，第三者に有償で使用のために委ねられる場合にも，みられる[356]。

耐久消費財（Gebrauchsgut）と消費財（Verbrauchsgut）とのあいだの相違は，本質的には，その企業での機能にある。企業が複数回その財を使用する意図を有する場合には，耐久消費財がみられる。これに対し，財産目的物が1回限りの使用，例えば資産の処分（販売など）にのみその事業に供される場合には，消費財がみられる。耐久消費財について，企業が複数回その財を使用することという要件は，独商法典247条2項にいう「継続して」概念から洞察される。「継続」概念は，その際，「常に」という時間の絶対的モメントとして理解されるべきではない。「継続的に供される」とは，企業における機能を指している[357]。

レンタカー企業のデモカーとレンタカーは，確かに，通例，賃貸の局面後に処分（販売・譲渡）されるが，しかし，それにもかかわらずリース貸主の側で

---

[355] Tonne (2014), Leasing im Steuerrecht, 3. Kapiital Rz. 2, S. 73.

[356] Tonne (2014), Leasing im Steuerrecht, 3. Kapiital Rz. 2, S. 73 及びそこに掲げられた独連邦財政裁判所判決参照．

[357] Tonne (2014), Leasing im Steuerrecht, 3. Kapiital Rz. 2, S. 74.

固定資産である。けだし，賃貸による使用の約款が最も重要だからである。同様に，完成家屋販売会社のモデル・ハウス又は卸売業若しくは小売業のモデル・キッチンもまた，それらが顧客の宣伝目的に資している限り，固定資産である。逆に，小売り業者がテレビ受信機を「テスト・賃貸借契約」の枠内において顧客に6か月のあいだ使用に委ね，そしてその期間の経過後に顧客が当該給付された賃料の金額と売買価格とを相殺した残額以下で取得することができる場合，その貸主の側でははじめから流動資産である。けだし，その事業目的は，業者の側では販売だからである[358]。

同じ原則は，リース貸主のもとにおけるリース物件の計上についても当てはまる。リース貸主の用益をさせる企業目的は目的物に向けられているから，その企業における継続的使用（用益）から出発しなければならない。このことは，疑いもなく，オペレーティング・リースに妥当する。ファイナンス・リースの場合についても，独租税行政庁は，そのリース通達において，独連邦財政裁判所の判例と一致して，当該賃貸される資産がリース貸主の固定資産に属することから，出発している[359]。

(ii) 評　　価

私法上の所有者でかつ実質的所有者であるリース貸主は，その者の固定資産に属するリース物件を会計処理する。評価は，非償却資産，例えば土地が問題である場合には，取得費又は製造原価でもって行う。建物のように償却資産の場合には，減価償却の方法により償却して減額される。その時価が安価である場合には，この時価がそのまま計上されうる[360]。

(iii) 減 価 償 却

リース契約の目的物である資産について，償却資産が問題である場合，実質的権利者としてのリース貸主が減価償却を行う。取得費又は製造原価は，当該資産の通常の使用期間（耐用年数）に配賦される。リース目的物について通常の使用期間の測定は，その目的物が例えば賃貸によって使用されうる期間によるのであって，当該実際に締結された賃貸契約の期間によるのではない。ただ

---

[358] Tonne (2014), Leasing im Steuerrecht, 3. Kapiital Rz. 2, S. 74 及び脚注に掲げられた独連邦財政裁判所裁判例。
[359] Tonne (2014), Leasing im Steuerrecht, 3. Kapiital Rz. 3, S. 74
[360] Tonne (2014), Leasing im Steuerrecht, 3. Kapiital Rz. 4, S. 75 f.

し，リース貸主の特殊な企業事情は，斟酌されるべきである[361]。

ドイツ税法上の耐用年数は，独リース通達による最低基本賃借期間及び最高基本賃借期間（40％ないし90％の限界値）にとって及び実質的権利にとって有意義である。契約締結後かつ賃借開始後に，資産市場価額の下落ないしデザイン・技術の陳腐化を理由とする応急の減価償却が必要である場合，リース貸主の経済的権利を危殆に曝さないため，これを行うことができる[362]。

(b) リース借主の側における収益税上の波及効果

リース貸主がリース物件の実質的権利者である場合，リース借主のもとにおける割賦リース料は，購入価格の割賦額ではなく，第三者に属する目的物の使用に対する反対給付である。割賦リース料は，その契約上の表示に準じて，税務会計処理上も，賃料として評価されなければならない。リース借主は，その損益を貸借対照表により計算する場合，その賃料（割賦リース料）は原則として，その支払義務が成立した事業年度において経費として把握・認識されなければならない。他方，リース借主がその利益を収支計算法によって計算する場合，その割賦リース料は，それがリース借主のもとで支払われる年度の支出である[363]。

(4) 立証責任

千葉地判昭和62年5月6日[364]は，法人税法11条との関連に於て特則の存在と意義を肯定する。同判決は，実際には，所得ではなく資産の帰属特則を明確にしている。特則に該当する事実についての立証責任は，それに利益を有する者の側にある。

> 「法人の所得の有無とその帰属を判定するについては，単に当事者によつて選択された法律的形式だけでなく，その経済的実質をも検討・吟味すべきことは当然であるが，当事者によつて選択された法律的形式が経済的実質から見て通常採られるべき法律的形式とは明らかに一致しないものであるなどの特段の事情がない限り，当事者によつて選択された法律的形式は原則として経済的実質をも表現しているものという事実上の推定が働き，右の法律的形式と経済的実

---

(361) Tonne (2014), Leasing im Steuerrecht, 3. Kapiital Rz. 5, S. 76 f.
(362) Tonne (2014), Leasing im Steuerrecht, 3. Kapiital Rz. 6, S. 78及びそこに掲げられた独連邦財務省通達を参照。
(363) Tonne (2014), Leasing im Steuerrecht, 3. Kapiital Rz. 27, S. 97.

質との不一致が明らかに立証された場合において初めて右の推定を覆し，右立証された経済的実質に従つて法人税法上の法律関係が確定されることになると解するのが相当である。これを本件についてみるに，前記㈡の(1)ないし(4)の各事実から認められる本件譲渡に係る法形式によれば，本件土地を取得し，これを譲渡した主体は明らかに原告であり，[当該資産の帰属は原告であり，]したがつて，本件譲渡に係る譲渡益は，すべて原告に帰属すべきものであることが明白に推認されるところである。」（[…]内加筆及び下線強調は木村）

千葉地判昭和62年5月6日が，「法律的形式と経済的実質との不一致が明らかに立証された場合において初めて右の推定を覆し，右立証された経済的実質に従って」資産の人的帰属が確定され，続いて，所得の人的帰属を確定するとした。この判示は，一定の場合に経済的実質により資産の人的帰属及び所得の人的帰属を判定する余地があるとする学説と同様の趣旨である。

7　結　語

(1)　本考察の帰結

法12条等の条文見出しは，「実質所得者課税の原則」を掲げている。しかし，ヘンゼル（原著）杉村章三郎（訳）『獨逸租税法論』はその「帰属」の項目において，所得の人的帰属と目的物（資産）の人的帰属とを明確に訳し分けるべきところ，ことに資産の帰属を明晰に説明できなかったのではなかろうか。さらに，杉村章三郎『租税法学概論』は，「帰属」の項目において，資産の帰属を明確に識別しないままに所得の帰属とその例としての行判とを叙述する。他方，昭和28年所得税法3条の2と法人税法7条の3は，1934年独租税調整法11条を参照して，所得の帰属ではなく，資産の帰属判定規準を規定する。同法3条の2等は，条文見出しを付していなかった。翌年昭和29年に条文見出し「実質課税の原則」が同法3条の2等に追加された。

その後，昭和40年所得税法12条及び法人税法11条は，その条文本文に実質的に変更を加えられず，同一性を保守しているにもかかわらず，条文見出しだけを「実質所得者課税の原則」に変更した。法12条等についての法解釈は，「実質所得者課税の原則」の下で「所得の帰属」について展開されてきた。

本稿の課題はその歴史的事実を摘示し，そして，資産の帰属を規律する法

---

(364)　千葉地判昭和62年5月6日税資158号503頁＝訟務月報17巻4号669頁。

第7章　帰　属

12条等を考察することにある。

(2) 資産の帰属ルールの純化案

法12条等は，又，帰属にかかる特則の前提要件を具体的に例示していない。国税通則法に関する答申作成過程における星野英一(365)及び田中二郎の発言に即した例示（参照，当時の妥当していた独租税調整法11条，さらに1977年独租税通則法39条2項）が，所得税法12条等に追加されるべきであったであろう。両条文の改正の必要性は夙に指摘されている(366)。

資産の帰属は，使用賃貸借，リース，信託，譲渡担保，自主占有等をめぐる取引においてしばしば税法上問題となる。そして，税務会計処理における減価償却の計上可能性は，資産の人的帰属をその先決問題とする。したがって，減価償却の計上可能性は，当該資産の人的帰属に依存する(367)。

所得税法12条（資産の帰属）は，次のような改正試案を提言する。

第1項　資産は権利者に帰属するものとする(368)。

第2項　第一項の例外として，次に掲げる各号の規定を適用する。

　一　単なる権利者(369)以外の者（実質的権利者）が，或る資産について，

---

(365) その当時，日本の私法学界でも，譲渡担保の場合，原則として，譲渡人に経済的所有権が帰属しノミナルな所有権は移っている，というのが多数説である。完全な意味で所有権が移転してしまうというのはきわめて少数である（大蔵省主税局『国税通則法小委員会　第22回総会議事録速記録』（国税通則法小委員会資料　昭和36年1月28日）28-29頁（星野［英一］発言）と認識されていた。

(366) 碓井光明「法人とその構成員をめぐる所得の帰属」自治研究51巻9号（1975年）51頁（「所得税法12条や法人税法11条の解釈として右のような観念［経済的実質や税法上の実質的権利若しくは経済的所有権］を認めるには，これらの条文が余りに不明確であるということである。」）。所論は，比較法的解釈を施すことなく，同規定の法解釈を綿密にせず不用意な主張である。

(367) 同旨，最三判平成18年1月24日民集60巻1号252頁・映画フィルムリース・パラツィーナ事件。

(368) 所得税基本通達12-1：「法第12条の適用上，資産から生ずる収益を享受する者がだれであるかは，その収益の基因となる資産の真実の権利者がだれであるかにより判定すべきであるが，それが明らかでない場合には，その資産の名義者が真実の権利者であるものと推定する。」同通達は本則——特則の帰属原則を本草案と異なる形で表現する。

　名義人（法的権利）は公法・私法の規準に基づいて特定され，資産は通常法的に法的権利者に帰属する（本則）。例外的に，資産は，名義人以外の者（実質的権利者）に帰属する。

(369) Ein anderer als der nach Maßgabe des Privatrechts (auch des öff. Rchts)

7 結　語

相当の使用期間のあいだ継続的に事実上の支配権を行使することによって処分権を保持している場合[370][371][372]当該資産はその者に帰属するものとする。

二　受託者に（有償又は無償により）移転されている資産は，信託者に帰属する。信託者のために　投資信託口座管理機関を通して受託者の取得している資産は，信託者に帰属する。ただし，当該資産からの収益を受益者が享受する場合は，その資産は受益者に帰属する。

三　債権保全の目的のため移転している資産は，担保設定者に帰属する。

四　所有権を伴わずに自主占有されている資産は，自主占有者に帰属する[373]。

第3項　複数の者が分割せずに有する資産は，課税のために区分して帰属させることが必要である範囲において，それらの者が持分割合に応じて権利を有するかのように，それらの者に帰属するものとする[374]。持分割合の数値は，当該関係者がその財産に対して分割せずに権利を有する割合により算定するか，又は，その割合が確認できない場合には，当該関係者が

　　Berechtigte（私法（公法もまた）の規準による権利者以外の者）と解釈されている。Kruse in Tipke/Kruse, AO, § 39 Tz. 23.

(370) 最三判平成18年1月24日。

(371) 墺連邦租税通則法24条1項d。

(372) 独税通則法39条2項1号（リース事例など）の定式は，Seeliger, Der Begriff des wirtschaftlichen Eigentums im Steuerrecht, 1962, 89 と連邦財政裁判所判決（BFHE 97, 466（483））に遡る。

(373) 独租税通則法39条2項1号2文の説明及び裁判例について，Kruse, Heinlich Wilhelm, Lehrbuch des Steuerrechts Bd. I Allgemeiner Teil , München 1991, S. 135.

(374) 国税不服審判所裁決平成27年6月19日・裁決事例集99号（請求人ほか3名が相続した不動産の共有持分から生ずる賃料収入について，当該賃料収入の全額が請求人に帰属するものである旨の原処分庁の主張を排斥した事例（平成18年分の所得税の更正処分につき全部取消）。相続開始から遺族分割までの間に協働相続に係る不動産から生ずる金銭債権たる賃料債権は，各協働相続人がその相続分に応じて分割単独債権として確定的に取得し，その帰属は，後にされた遺産分割の影響を受けない者と解するのが相当である［判示1］）から，当該賃料収入は，その金額が請求人に帰属するのではなく，法定相続分応じて請求人ほか3名の相続人らにそれぞれの割合で帰属するものと認めるのが相当である［判示3］（国税不服審判所平成27年6月19日裁決・裁決事例集99号。武田昌輔（監修）『DHCコンメンタール所得税法』（第一法規　コメ得1104）1104頁及び http://bookshop.zaikyo.or.jp/shopdetail/000000000603/ より引用。判示1が，1つの資産に対する複数の持分権者が，其の持分割合に応じて，当該資産に帰属する。

第7章　帰　属

その共同体の解散に際し明らかになるであろうものの割合により算定する。ただし，別段の定めがある場合は，その限りではない。

第4項　資産が帰属する者だけが，事業の用に供する固定資産として当該資産について減価償却を計上することができる。損益通算の計上についても，別段の定めがない限り，同様とする。

所得税法14条　（実質所得者課税の原則）

各種所得の金額は，本法に定める各課税法律要件をみたす者に帰属する。

同様の規定は，所得税法の外，法人税法，相続税法，消費税法にも規定するか，あるいは，国税通則法に同規定を統一的に置く。

(3)　その提案理由

権利者は，その有する資産に対する権利を通常，私法又は公法の規準に従って法形式的に行使する場合，そこで形成される法律関係は当該私法又は公法の規準から乖離せず即応する。このような場合，権利者は，法形式上も経済的・実質的にもその資産に対する権利を有する。したがって，資産は原則として権利者に帰属する（これを本則という）。

他方，例外的に，何等かの事情で，或る者Aがその有する権利を第三者Bに法形式上移転する場合であっても，その者Aが，当該資産を相当の使用期間のあいだ継続的に収益を享受する態様で，当該資産に対する事実上の支配権を権利者Bから失わせている場合，その資産は税法上A（実質的権利者）に帰属するものとする（これを特則という）。賃貸借契約とその後の売買契約を組み合わせた契約（買取権付賃貸借契約，購入予約権付き賃貸借契約）の場合，リース契約の場合，信託契約の場合，譲渡担保契約の場合，自主占有の場合が，その典型例である。特則の場合，法的権利者が，当該資産に対する権利（例えば，所有権，無形財産権，鉱業権など）の機能のうち，使用処分権限のみならず収益権限を実質的に失っている場合には，法的権利者に代わって実質的権利者にその資産は税法上帰属する。

最三判平成18年1月24日映画フィルムリース事件は，この特則の枠内において，法的権利者（リース貸主である任意組合の組合員）は実質的に使用収益権限のみならず処分権限さえ失い，その資産（映画フィルム）に対する事実上の支配権がリース借主によって占められている，と理論構成している。

最三判平成18年及び法12条等の改正試案は，名義人（法的権利者）から単

7 結　語

なる名義人以外の者（実質的権利者）を識別する判定規準として，権利の諸機能のうち，収益権限を最重要視しているというよりも，むしろ，処分権限を最重要な判定規準とする(375)。けだし，賃借人が局外第三者に転貸しする契約に基づいて収益を得る場合，もとの賃貸人と転貸人が同一の資産についてともに収益を取得する場合，複数の関係者が収益権を有するので，同一の資産が複数の者に帰属する結果となる。この不都合な帰結を防止するには，資産は，根源の処分権限を有する者に帰属する，との規律がより合理的であろう。前出の最三判平成 18 年 1 月 24 日の事案においても，収益権はリース貸主よりもリース借主に一層多く属している，そして，リース貸主は収益権にほとんど関心を寄せていない，と認定・説示されている。他方，リース貸主の処分権は，リース契約の特約に基づき，もっぱらリース借主らに移転している。その結果，同事案における資産（映画フィルム）がリース貸主（X）に帰属しない，とする結論にいたる。

　そうだとすれば，収益権限よりむしろ処分権限が資産の帰属についての最重要な判定規準と位置づけられるべきである，との説示は，注目に値しよう。このように，現行の法 12 条等の法律上の誤謬を訂正する爾後的法形成として，最三判平成 18 年 1 月 24 日は支持される。

　改正試案 12 条 3 項は，1962 年墺連邦租税通則法 24 条 1 項 c の規定に相当する。同規定によれば，合有されている資産（任意組合の財産など）は，税法上持分割合により帰属する(376)。

　改正試案 12 条 3 項は，各資本参加者（社員若しくは組合員又は各相続人）に帰属すべき持分の計算について，二つの規準を規定している。

　一つは，当該共同体の財産全体に対する各権利者の資本参加割合の数値（又は相続割合の数値）。ただし，別段の定めがある場合は，その限りではない。

　二つは，問題になっている評価日に当該共有関係が解消し，かつ，清算が行われるであろうときにおいて，明らかになるであろう，分配量に対する各権利者の資本参加割合の数値（又は相続割合の数値）。

　1977 年独租税通則法 39 条 2 項 2 号は，1962 年墺連邦租税通則法 24 条及び 1934 年独租税調整法 11 条 5 号と異なり，分割の規準を定めていない。そのた

---

(375) Englisch in Tipke/Lang, AO22, Köln 2015, § 5 Tz. 142.
(376) Ritz, Christoph, Bundesabgabenordnung Kommentar, 4. Aufl, Wien 2011, Tz. 16 § 24.

め，改正試案12条3項は，1962年墺連邦租税通則法24条に準じて，資産の帰属のため持分割合の規準を明確に定めている。

例えば，オーストリア企業法の［法人格なき］人的会社の場合，持分割合の数値は，まず，社員がその財産に対して分割せずに権利を有する持分（財産持分）を指向している。そのためには，会社契約の規定が決定的に重要であり，補充的に，企業法の関係規定が重要である[377][378]。原則として，任意組合の組合財産全体に対する各組合員の持分がその各組合員に持分に応じて帰属するが，例外的に，別段の定め若しくは組合契約の約款に基づき，特定の目的物は，それの合有の割合に応じてその各組合員に帰属する（参照，最三判平成18年1月24日）。

共有の場合にも，改正試案12条3項但し書きにより，分割の規準は共有についての法律（民法249条-264条）又は契約の規定に委ねる。

改正試案14条は所得の帰属を規律する。法12条等は資産の帰属に限定されており，基本的に所得の帰属をその対象としていない。

所得税法改正試案の効用は次のように顕著である。リース資産の帰属規定適用の結果は，次の通りである。すなわち，ファイナンスリースの枠内における建物リース資産の帰属の観点から，ある事件（国税不服審判所平成28年9月7日裁決）を観察するならば，リース資産の売主（F社）が所得税法上又は相続税法上実質的権利者に該当するであろう。リース資産の買主（請求人）は，同法上の単なる権利者に該当する。けだし，リース資産の買主がさらにリース資産の売主（F社）に賃貸し，F社が第三者（L社）に転貸借契約を行う。その間，リース資産の売主が，請求人の経済的支配権を排除して，同資産を実質的に処分権と収益権を確保しているからである。もっとも，同事件では消費税法上の仕入れ税額控除の能否が責問されている。

最後に，所得税法12条（改正試案）は，法12条等と同様に，直接に資産の帰属にのみかかわっており，所得の帰属を規制しない。所得の帰属には，所得税法14条（改正試案）が割り当てられている。所得の人的帰属は，資産の人

---

(377) Ritz, Christoph, Bundesabgabenordnung Kommentar, 4. Aufl, Wien 2011, Tz. 16 § 24.

(378) ドイツ商法上の（人格なき）人的会社の資産は，その社員の合有である。資産の各社員への配賦の計算方法について，Schmieszek in Gosch, Dietmar (Hrg.), AO FGO mit Nebengesetzen | EuGH-Verfahrensrecht Kommentar, 2015, !00. Erg-Lfg./Januar 2013, A § 39 AO, Rz. 141.

7 結　語

的帰属を先決問題とする。両者は峻別されるべきである。ヘンゼルは，課税物件の帰属（所得の帰属）と物の帰属（資産の帰属）との相違を明晰に説明している[379]。

　謝辞：日本大学法学部図書館，慶應義塾大学図書館，租税資料館㈶図書館，ケルン大学租税法研究所図書館，国立国会図書館を利用させていただいた。さらに，Prof. Johanna Hey, Prof.Dieter Birk, Prof.Henning Tappe 並びに彼女らの学術助手の皆さんには，本稿作成の段階において多大なご支援とご指導を賜った。記して謝意を表したい。

---

(379) Hensel, Albert, Steuerrecht, 2. Aufl. Berlin, 1927, S. 63；Hensel, Albert, Steuerrecht, 3. Aufl. Berlin, 1933, S. 80；ヘンゼル（原著）杉村章三郎（訳）『獨逸租税法論』129-131 頁。

第 8 章　租税回避否認規定と民法規定
── 一般的租税回避否認規定と包括的租税回避否認規定 ──

酒井　克彦

1　はじめに

　民法学をはじめ多くの法律学では，対象法律に対する回避についての対応が検討されている。

　租税法領域においても同様に租税回避について長らく議論されてきたところであるが，近年，租税回避論はますます活況を呈している。その理由としては，BEPS（Base Erosion and Profit Shifting；税源浸食と利益移転）をはじめとする世界的な租税回避への対応論の潮流もあるし，注目すべき租税回避事例が頻出していることにもあると思われる。

　いまこそ租税回避を正面から議論すべきであろう。租税回避とは，一般に租税法における課税要件の充足を免れることと理解されてきた。また，租税回避が，租税負担の回避を目指す行為であることに鑑みれば，それは正確にいえば，「租税回避の試み」であるといえよう[1]。かかる租税回避の試みを租税法がいかに規律するかという点が今日問われているといっても過言ではないと思われる。

　本章においては，租税回避が生じる遠因を我が国の租税法における解釈適用論に求め，それを前提とした場合に，仮に，広範囲の租税回避をターゲットとし得る租税回避否認規定を導入するとしたとき，考えられる租税回避否認規定のうち，一般的租税回避否認規定あるいは包括的租税回避否認規定がいかなる租税回避事例に機能し得るのかを考えることとしたい。なお，本章は租税回避否認規定を創設すべきとの価値判断以前の問題として，租税回避否認規定の有する性質とその効果を検討しようとするものであり，同様の規定の創設議論において克服すべき種々のハードルを無視しようとする趣旨に出たものではないことをあらかじめ付言しておきたい。

---

(1) 谷口勢津夫教授は，既にこのような視角から議論を展開されている（谷口『租税回避論──税法の解釈適用と租税回避の試み──』16 頁（清文社，2014 年）。

2　租税回避否認と濫用論

(1)　私法制度の解釈適用と租税回避

租税法律主義の下，租税法の事実認定論においては，私法を基礎とした法律関係の認定が一般に広く認識されており（以下，このことを便宜的に「事実認定における私法準拠」という。），また，法令の解釈適用論においては，文理解釈が何よりも優先されるべきであると考えられている（以下，このことを便宜的に「文理解釈優先主義」という。）。

このことを前提とした上で，租税回避が生じる遠因をあえてこれら租税法の事実認定論ないし解釈論の中に見出すことができるかについて考えてみたい。

(a)　事実認定における私法準拠の考え方

金子宏教授は，従前，租税回避について，「私法上の選択可能性を利用し，私的経済取引プロパーの見地からは合理的理由がないのに，通常用いられない法形式を選択することによって，結果的には意図した経済的目的ないし経済的成果を実現しながら，通常用いられる法形式に対応する課税要件の充足を免れ，もって税負担を減少させあるいは排除すること」と定義されてきており[2]，この定義は多くの学者が研究の基礎として引用してきた通説的理解である[3]。

この考え方は，租税法は私法上の法律関係を基礎とするという前提に立っている。すなわち，租税法の基礎とする法律関係を認定するに当たっての規範が私法であることから，選択可能な私法上の法律関係を，課税要件が充足しないように選択することによって，本来の課税要件が充足したとした場合の租税負担を軽減ないし排除することが租税回避である。例えば，後述する岩瀬事件にみるように，資産1（譲渡資産）と資産2（取得資産）の交換という法形式によると租税負担が重くなると考えた納税者が，資産1の売却と資産2の購入と

---

[2]　金子宏『租税法〔第21版〕』（弘文堂，2016年）125頁。もっとも，近年，金子教授も租税回避の定義を再考されておられ（金子『租税法〔第22版〕』（弘文堂，2017年）126頁），租税回避を巡る議論は正に大きな転換点にあるといえよう。

[3]　この租税回避の定義は，ドイツ租税法の扱う議論に非常に親和性を有するものであるといえよう（清永敬次『租税回避の研究』（ミネルヴァ書房，1994年））76頁。木村弘之亮教授は，租税回避を課税要件規定の充足を免れるものとした上で，節税を課税減免規定の要件を充足するものと整理される（木村「節税と租税回避の区別の基準」小川英明＝松澤智＝今村隆編『新・裁判実務大系 租税争訟〔改訂版〕』（青林書院，2005年）346頁）。

いった2本の売買という法形式を選択することによって、交換という法形式による租税負担を軽減することができるが、これは、交換という要件を充足しないように私法上売買という形式を選択したことによる、いわば、選択の余地を利用した私法制度の濫用によってもたらされる租税負担の軽減行為である。

租税法の事実認定を私法規律に依拠するものと考えると、私的自治による契約自由の原則下では、交換を選択するも売買を選択するも当事者の自由に決し得るところであるから、いわば私法制度の濫用により租税回避の試みが行われやすいという問題を指摘し得る。

(b) 文理解釈優先主義の考え方

ところで、租税法の解釈論においては文理解釈が重視される。そこでは、租税法律主義という文脈で、適用条文の解釈はできるだけ文理によるべきであって、安易な目的論的解釈は排除されるべきとする傾向にある。

文理解釈が優先されるべきとする理由としては、①租税法が財産権の侵害規範であることから、財産権保障を原則、租税負担による財産の拠出を例外と考え、租税法律主義の下、国民が自己同意した法律の解釈には厳格性が求められるべきとの考え方による。例えば、大阪地裁昭和37年2月16日判決（民集26巻10号2030頁）[4]が、「税法の解釈は、税法が課税を目的とするだけでなく、憲法の保障する財産権を課税の領域で保障することを目的とするものであるから、いわゆる租税法律主義の当然の帰結として認識の対象たる法規の文言を離れ、無視し、または文言を置換し、附加することは許されないのであつて、課税の目的のため恣意的にその負担の限度を拡大して解釈し、または納税義務者の利益のために縮少して解釈することは許されない。」とするとおりである。また、②租税法律主義は、納税者の予測可能性を担保することを要請しているところ、文理解釈こそがその要請に適うものと解される。この点は、名古屋地裁平成17年6月29日判決（訟月53巻9号266頁）が、「国民に義務を賦課する租税法の分野においては、国民に不測の不利益を与えぬよう、特に厳格な解釈態度が求められるというべきである。」と説示するとおりである。さらに、③行政裁量の余地を否定し、恣意的な課税を防止するためにも、④納税者が自己に都合のよい解釈をすることを許容せず公平な課税を実現するために

---

(4) 判例評釈として、吉良実・シュト9号14頁（1962年）参照。

も，文理に従った厳格な解釈が要請されているといえよう[5]。

このように，文理解釈が第一義的な解釈手法であると理解される傾向にあるが，文理解釈のみを至当とすると，租税法制度の濫用という別の問題が惹起され得る。金子宏教授は，前述の租税回避の定義に加え，「租税減免規定の趣旨・目的に反するにもかかわらず，私法上の形成可能性を利用して，自己の取引をそれを充足するように仕組み，もって税負担の軽減または排除を図る行為」についても，新たにこれを租税回避の定義に加えられている[6]。前述のとおり，従来は，木村弘之亮教授が指摘されるように，課税要件の充足を免れて租税負担の軽減を図ることを租税回避といい，課税要件の充足をさせて租税負担の軽減を図る節税とは明確に区分してきたところであるが，ここではその枠組みとは異なる整理が展開されている。

後述する，いわゆるりそな銀行事件は，外国において本来自己が負担する必要のない外国法人税を取引関係者の利益のために自ら納付することで，法人税法 69 条《外国税額の控除》の規定する外国税額控除の適用を受けようとする事例であった。文理解釈のみを優先すると，本来，自己が負担する必要のない外国法人税の納付であったとしても「納付」することに変わりはないから，同条の適用要件である「納付することとなる場合」を充足することになる。しかしながら，かような租税法制度の濫用が許容されるべきかどうかについては議論があろう。「納付することとなる場合」の意義につき目的論的解釈によって法の趣旨に限定した縮小解釈を展開することが不可能であるとすれば，租税法制度の濫用による租税負担の軽減（この場合は法の趣旨を逸脱した外国税額控除の適用）が行いやすくなるという問題があり得る。

(c) 解釈適用の特徴と 2 つの濫用形態

このように，租税法の事実認定が私法規律のみに依拠するものと考えると，私法制度の濫用という問題が起こり得る。また，文理解釈が第一義的な解釈手法であり，文理解釈のみを至当と考えると，租税法制度の濫用という問題が起こり得る[7]。

ここに，租税法律関係における 2 つの特徴的な事実認定論及び解釈論が，実

---

(5) この点については，酒井克彦『レクチャー租税法解釈入門』（弘文堂，2016 年）7 頁。
(6) 金子・前掲注(2)〔第 22 版〕，127 頁。
(7) 木村・前掲注(3)，346 頁。

は、租税回避における2つの濫用問題に接続し得ることが意識されるべきであると思われる[8]。

〔2つの租税回避論〕

```
私法準拠による事実認定論  →(否認されづらい)→  私法制度の濫用による租税回避

文理解釈による解釈論    →(否認されづらい)→  租税法制度の濫用による租税回避
```

(2) 私法制度の濫用問題

神戸地裁昭和45年7月7日判決（訟月16巻12号1513頁）は、「税法上においてその所得を判定するについては、単に当事者によつて選択された法律的形式だけでなく、その経済的実質をも検討して判定すべきであり、当事者によつて選択された法律的形式が経済的実質からみて通常採られるべき法律的形式とは一致しない異常のものであり、かつそのような法律的形式を選択したことにつき、これを正当化する特段の事情がないかぎり、租税負担の公平の見地からして、当事者によって選択された法律的形式には拘束されないと解するのが相当である」として、法律的形式、すなわち私法制度の濫用を認定し租税回避を否認している。同判決が法律の根拠なくして租税回避否認を行った課税処分を適法なものとした点については、賛否が分かれるところであるが、ここでは、「租税回避＝法律的形式の濫用」という位置付けに関心を置きたい[9]。

吉村典久教授は、「私法関係準拠主義からの脱出の試みは徐々に進展しており、取引の一体的把握の考えや租税法規の目的論的解釈（そしてそれによる租税回避行為の否認）の方法は、最高裁判所でも受け入れられるようになっている。」とした上で、「私法帝国主義からの解放の日、租税法学の再独立宣言をすべき日も近づいた」と述べられる[10]。

---

(8) 金子宏教授は、後述するりそな銀行事件のような事例も私法上の形成可能性の濫用と説明される（金子・前掲注(2)〔第22版〕、127頁）。

(9) 今村隆『租税回避と濫用法理──租税回避の基礎的研究』14頁、116頁（大蔵財務協会、2016年）参照。

(10) 吉村典久「納税者の真意に基づく課税の指向」金子宏編『租税法の基本問題』（有斐閣、2007年）246頁）。同教授は、「租税回避行為花盛りの状況を前に再び私法のくびきから租税法を解放し、横行する租税回避行為に対し反撃を企てる試み」として、

第8章 租税回避否認規定と民法規定

このように私法準拠に対する批判がある中ではあるが，既述のとおり，租税法上の事実認定は基本的に私法に準拠すべきとする見解が支配的である。そこでは，まずは私法上の判断によって事実認定が行われることとなり，ひいては，私法制度を濫用したとしても，納税者によって採用された私法形式に一応は準拠した課税関係が構築されることになるのである。

いわゆる岩瀬事件第一審東京地裁平成10年5月13日判決（訟月47巻1号199頁）は，「本件取引は本件取得資産及び本件差金と本件譲渡資産とを相互の対価とする不可分の権利移転合意」として，「交換（民法586条）であった」と認定し，更正処分を適法と判断した。このように租税回避を否認した第一審判決に対して，控訴審東京高裁平成11年6月21日判決（訟月47巻1号184頁）は，「各売買契約と本件差金の支払とが時を同じくしていわば不可分一体的に履行されることによって初めて，両者の本件取引による経済的目的が実現されるという関係にあ〔る〕」とした上で，「本件取引の法形式を選択するに当たって，……交換契約の法形式によることなく，本件譲渡資産及び本件取得資産の各別の売買契約とその各売買代金の相殺という法形式を採用することとしたのは，本件取引の結果亡H側に発生することとなる本件譲渡資産の譲渡による譲渡所得に対する税負担の軽減を図るためであったことが，優に推認できる」とした。すなわち，当事者が1本の補足金付交換契約によらずに2本の売買契約という法形式を選択したのは，租税負担を軽減するためであったと推認したのである。そして，同高裁は，「本件取引に際して，亡HとY企画の間でどのような法形式，どのような契約類型を採用するかは，両当事者間の自由な選択に任されていることはいうまでもないところである。確かに，本件取引の経済的な実体からすれば，本件譲渡資産と本件取得資産との補足金付交換契約という契約類型を採用した方が，その実体により適合しており直截であるという感は否めない面があるが，だからといって，譲渡所得に対する税負担の軽減を図るという考慮から，より迂遠な面のある方式である本件譲渡資産及び本件取得資産の各別の売買契約とその各売買代金の相殺という法形式を採用することが許されないとすべき根拠はないものといわざるを得ない。」という。

　　私法上の法律構成による否認論を位置付けられる。しかしながら，その手法は経済的実質主義（経済的観察法）に対するアレルギーによって阻まれ，また，当事者の真意を模索する手法そのものに内在する矛盾（異常な法形式の選択こそが当事者の真意そのものとも認定され得るという矛盾）を包摂したものであったことから，その試みとしては成功していないと評価される。

もっとも，隠蔽仮装により，1本の補足金付交換契約を2本の売買契約としたのであれば，本来の法形式に基づいた課税がなされることは当然であるとしながらも，租税負担を軽減するという目的を達成することこそが当事者の内心的効果意思であるとするのであれば，当事者が1本の補足金付交換契約を選択することはあり得ず，当事者の内心的効果意思は，2本の売買契約という法形式を選択することで合致したと認められるから，「本件取引において採用された右売買契約の法形式が仮装のものであるとすることは困難」とするのである。

結果として，「本件取引のような取引においては，むしろ補足金付交換契約の法形式が用いられるのが通常であるものとも考えられるところであ」るが，「いわゆる租税法律主義の下においては，法律の根拠なしに，当事者の選択した法形式を通常用いられる法形式に引き直し，それに対応する課税要件が充足されたものとして取り扱う権限が課税庁に認められているものではない」として課税処分の違法性を断じたのである[11]。

このように当事者間の契約の解釈が争点となったとしても，租税負担の軽減という目的を織り込んで契約解釈の基礎となる当事者の内心的効果意思が認定されており，私法制度上の契約解釈手法による判断が展開されているのである。このように考えると，私法準拠に基づいた事実認定がなされる限り，私法制度を濫用した租税回避を否認することには困難が伴うといっても過言ではなかろう。

(3) 租税法制度の濫用問題

近時，租税法制度の濫用事例ともいうべき租税回避事例が散見される。そのうち，いわゆるりそな銀行事件上告審最高裁平成17年12月19日第二小法廷判決（民集59巻10号2964頁）は，「本件取引は，全体としてみれば，本来は外国法人が負担すべき外国法人税について我が国の銀行である被上告人が対価を得て引き受け，その負担を自己の外国税額控除の余裕枠を利用して国内で納付すべき法人税額を減らすことによって免れ，最終的に利益を得ようとするものであるということができる。これは，我が国の外国税額控除制度をその本来の趣旨目的から著しく逸脱する態様で利用して納税を免れ，我が国において納付されるべき法人税額を減少させた上，この免れた税額を原資とする利益を取

---

[11] その後，租税行政庁側からの上告受理申立ては不受理とされた（最高裁平成15年6月13日第二小法廷決定・税資253号順号9367）。

第8章 租税回避否認規定と民法規定

引関係者が享受するために，取引自体によっては外国法人税を負担すれば損失が生ずるだけであるという本件取引をあえて行うというものであって，我が国ひいては我が国の納税者の負担の下に取引関係者の利益を図るものというほかない。そうすると，本件取引に基づいて生じた所得に対する外国法人税を法人税法69条の定める外国税額控除の対象とすることは，外国税額控除制度を濫用するものであり，さらには，税負担の公平を著しく害するものとして許されないというべきである。」と説示した。ここでは，「外国税額控除制度を濫用」したことから，同制度の根拠となる法人税法69条の規定の適用を否認した行政処分を適法なものと判断したのである。

このような事例は，旧来の講学上の租税回避事例とは性格を異にするものである。なぜなら，租税回避は課税要件の充足を免れるものであるとの理解が学説の通説であるところ，本件は，法人税法69条の課税（減免）要件である外国法人税の納付を海外で行うことにより，外国税額控除の適用を受けようとするものであるところ，課税要件の充足を免れるという行為とは反対に課税（減免）要件の充足をあえて行おうとする行為であるからである。

法の趣旨に反するような目的で課税要件が充足されたのであれば，文理解釈上の要件こそ充足していたとしても，目的論的解釈により縮小解釈を展開し対応することが可能かもしれない。上記りそな銀行事件の第一審大阪地裁平成13年12月14日判決（民集59巻10号2993頁）及び控訴審大阪高裁平成15年5月14日判決（民集59巻10号3165頁）では，かような縮小解釈（判決内においては限定解釈）が許容されるか否かが争点となっていたのであるが，最高裁は，そのような縮小解釈には触れずに上記のような判断を展開したのである。

このような最高裁の判断の法的根拠については議論のあるところである。ここにいう濫用論が権利濫用法理を意識したものであるのか否かについては判然としないが，少なくとも同最高裁は上記のとおり，権利濫用法理という表現を用いていない。目的論的解釈が許容されれば，縮小解釈（ないしは限定解釈）による解決もあり得たとは思われるが，租税法律関係においては一般的に文理解釈優先の考え方が支配的であるから，かような解釈に消極的な見解も多いところである。

同最高裁判決を離れると，文理解釈による解釈適用ルールが支配する中にあっては，租税法制度の濫用による租税回避に対する対処にも限界があるといわざるを得ないように思われる（かような意味では，同最高裁判決は極めて珍

2 租税回避否認と濫用論

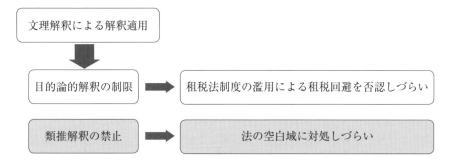

しい判断が展開されたものとして注目されている。)。

　なお，上記の問題に加えて，文理解釈優先主義は，租税法における法の空白域に対応できないという問題も併有している。すなわち，想定していないターゲットが発生した場合の対処においても，文理解釈の壁が立ちはだかる。目的論的解釈については，法目的に合致させる解釈も時にはなされ得るところであるが，後述するように類推解釈についてはこれまで消極に解されてきた。

(4) 小　　括

　いわゆる米国のグレゴリー事件（Gregory v. Helvering 293 U.S. 465（1935））の第2巡回控訴裁判所において，Hand裁判官が論じるように，「誰もが，租税を可能な限り軽減できるように自らの事業活動を調整することができる。最大の税金を負担させるような当局お勧めの雛形を選択する必要はない。さらに，自らの税金納付をわざわざ増額すべしという愛国主義的な責務を果たす必要もない。」とするとおりであって[12]，私法制度上の選択可能性を使って租税負担の軽減を図ろうとすること自体に問題はないはずである。かような意味では，納税者等が自由に選択した私法上の法律関係に準拠して租税負担が軽減されること自体には問題はなかろう。さりとて，そのことが，租税負担の在り方を論じる上で，私法制度を「濫用」し，あるいは租税制度を「濫用」して試みる租税回避行為の問題点として，指摘されるべきでないとする論拠になるとは思えない。

---

(12) 英国のウエストミンスター事件（I.R.C. v. Duke of Westminster [1936] A.C. 300）におけるトムリン卿が，「国民はみな法律の下で課せられる租税を少なくするために，可能であるだけ自らの取引に加工を加える権利を有している。」と述べているところとも通じよう。

413

第8章　租税回避否認規定と民法規定

3　同族会社等の行為計算の否認規定

(1)　一般的租税回避否認規定か包括的租税回避否認規定か

(a)　従来の学説の見解

前述のとおり，旧来の通説は租税回避を私法制度の濫用によるものを前提とした上で，課税要件の充足を免れる試みとして理解してきた。ここでは，このような理解を「旧来の講学上の租税回避」と位置付けておきたい。こうした私法制度の濫用があったとき，かかる私法制度の濫用という「行為」やそれに基づく「計算」を否認した上で課税要件の充足を租税行政庁が認定し得るとすれば，租税回避の試みは意味をなさなくなる。すなわち，これが法人税法132条，所得税法157条，相続税法64条及び地価税法32条にいう「同族会社等の行為又は計算の否認」規定である。同規定は，納税者がどのような私法上の法形式を選択したかということにかかわりなく，課税を行う権限を税務署長に付与したものであるから，同権限を行使するということは，私法制度の濫用の効果が租税法上の法律効果に影響を及ぼさないことを意味することになるのである。したがって，同族会社等の行為計算の否認規定の適用下では，私法上の法律関係を基礎とする事実認定がなされないこととなるため，かような租税回避の試みを封じることができるのである。

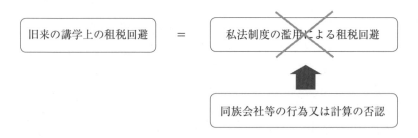

(b)　試論と検討

もっとも，前述のとおり，近年問題とされている租税負担の回避行為は旧来の講学上の租税回避にのみとどまるものではない。旧来の講学上の租税回避が「私法制度の濫用によって課税要件の充足を免れること」と整理したのに対して，りそな銀行事件は私法制度の濫用による租税回避の試みではなく，租税法制度の濫用事例であるが，仮に，それが同族会社によってなされたものであっ

たとすれば，同族会社等の行為計算の否認規定の適用によって否認され得る事案であったのであろうか。

旧来の学説は，同族会社等の行為計算の否認規定の適用に当たり，同族会社等が行った「行為」の合理性に着目をして，かかる行為の経済的合理性の有無によって判断すべきものとしてきた。すなわち，かかる規定を旧来の講学上の租税回避をターゲットとした規定であると捉えたことから，換言すれば，これを私法制度の濫用による課税要件の充足を免れることを防止する規定であると捉えたことから，その選択した法律行為に着目をして，それが果たして経済的視角からみたときに合理性を有しているか否かという点から判断して同規定を適用するとの構成を支持してきたのである。つまり，納税者が選択した私法上の法律関係を経済的視角から眺めて合理性があるか否かで，要するに，かかる私法制度の選択が濫用的か否かを判定して，かかる判定のスクリーンを通過しないものが否認の対象となると考えてきたのである。

しかしながら，ここには看過し得ない解釈論上の問題があるように思われる。

第一に，果たして納税者が選択した法形式を経済的合理性で判断することの法的根拠が奈辺にあるのかという点である。そもそも，同族会社等の行為計算の否認規定は，「税負担を不当に減少させたと認められるものがあるとき」が適用要件とされているが，文理上，納税者の「行為」にかかわらず税務署長が更正をすることができるとは規定されていても，納税者の「経済的不合理な行為」にかかわらず税務署長が更正をすることができるという規定振りとはなっていないのである。すなわち，同条は，租税負担の不当減少を要件としているのであって，納税者の選択した法形式が私法制度を濫用しているか否かについては要件化していないといわざるを得ないのである。かように，納税者の選択した行為が経済的合理性を有していなければ「税負担を不当に減少させた」といえ，経済的合理性を有していれば「税負担を不当に減少させた」とはいえないという公式が導出される論拠が必ずしも十分には明確でないのである。

次に，同規定の「不当」の解釈問題に議論をシフトすると，「不当」の意義をなぜ経済的合理性で判断するのかという素朴な疑問が生じる。この点，必ずしも経済的合理性の有無による判断を否定するわけではないが，それのみで判断する事項なのであろうか。かかる規定は「不当」としているのであって，「著しく」と規定していないことからすれば，金額の多寡のみの問題ではないともいえそうであるが，この「不当」性については，当事者が契約に至った経

緯や負担が軽減された金額の多寡，租税負担減少に係る故意性などが経済的合理性とともに総合的に判断される必要があるのではなかろうか。

　また，旧来の学説は，同族会社等の行為計算の否認規定にいう「行為」に特に着目をしているが，「計算」に対する検討が十分であったのかという疑問もある。同条項にいう「行為」だけではなく，「計算」の側面からも検討がなされるべきではなかろうか。すなわち，当事者が選択した法律関係という「行為」面で捉える規定という側面があるのと同時に，他方で，納税者の申告等において，そもそも法が想定していないような「計算」がなされた場合においても，同規定の適用が検討されるべきではないかと思われるのである。

　そこで，次のような試論を提示してみたい。すなわち，納税者の選択した私法制度の法形式としての「行為」と，納税者が適用されるとして申告した租税法制度に基づく「計算」を同族会社等の行為計算の否認規定の適用対象と捉えることが文理上可能なのではないかとの試論である。

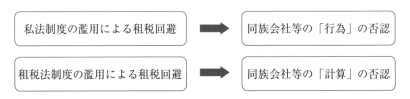

　もっとも，同族会社等の行為計算の否認規定にいう「計算」の解釈を巡っては諸見解があり，特に意味を有するものではないとする見解から，行為に包摂されるとする見解まであろう。試論としては，法律趣旨説に従い，既に相当の時間の経過した条文の解釈は，立法当時の立案者の見解に支配されるべきではないと考えるところから，今日的には，租税負担の不当減少のケースとして，租税法制度の濫用にも適用され得る規定であると解するべきではないかとの立論を提起したい。

　別言すれば，旧来の講学上の租税回避が私法制度の濫用による課税要件の充足を免れることにあったとした上で，同族会社等の行為計算の否認規定をかかる場合に適用し得るものと理解していたとしても，その考え方に拘泥される必要はなく，租税法上の同族会社等の行為計算の否認規定はかかる旧来の講学上の租税回避を否認する規定として位置付けるにとどまらず，租税法制度の濫用の場合をも射程とし得る規定であったと解することができると考えるところである。

ここで、前述のりそな銀行事件が仮に同族会社等によってなされていた事例であったとして検討してみたい。そうすると、同族会社等が行った税金の納付行為自体に経済的合理性云々を問うというのはあまりにも座りが悪いのではなかろうか。納税行為について経済的合理性云々を持ち出すこと自体に違和感を覚えるところである。上記の試論では、この場合にも、租税法の趣旨に合致しない「計算」があった場合には、同族会社等の行為計算の否認の「計算」規定で否認され得ると考えるのである。

　すなわち、申告等において各種租税法上の特典を濫用するというようなことが、不当なる租税負担軽減行為として否認の対象とすべきとの見解があるとしても、そのような租税負担の軽減が同族会社等の行為計算の否認規定の対象であると解することは、そもそもの立法経緯に合致しないように思われる。すなわち、同族会社等であるがゆえに租税回避を行いやすいという点に、同規定の当初の創設意義があったと解するのが一般的であるが、単独行為が同規定の対象と考えられていたということはその沿革からは導出し得ないように思われるのである。申告計算等によって租税負担の軽減が図られることを対象とした否認規定であるとすれば、そこには、「同族会社等」に限定して規定する意味はないからである。

　しかしながら、そのような疑問をもってしても、同条項の射程範囲から、租税制度の濫用的な「計算」によって、租税負担の不当な軽減の否認についても適用されるとする解釈論は否定し得ないのではなかろうか。かような「計算」についてのみであれば、同族会社等に限定する必要はないのかもしれないが、そうであるからといって、既存の規定で読める適用範囲をあえて狭く解釈することができるのであろうか。

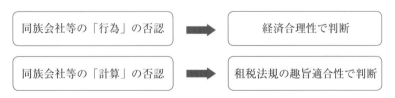

　この試論は、同族会社等の行為計算の否認規定の適用に当たって、必ずしも経済的合理性に拘泥する必要はないという意味ではなく、また「行為」の妥当性がそれによって判断されるという旧来の判断枠組みを否定するのではなく、同族会社等の採用する「計算」規定たる租税法の適用において、かかる租税法

規の趣旨適合性の観点から「税負担を不当に減少させるものと認める」場合に該当するか否かという判断枠組みについても検討されるべきであるとの所見である。後者の関心事項は、同族会社等の行為計算の否認規定の内部に「包括的租税回避否認規定」としての意味を発掘することにつながり得るのかもしれない(13)。

(c) ヤフー事件最高裁判決

ここで、法人税法132条の2《組織再編成に係る行為又は計算の否認》の規定の適用について争われたいわゆるヤフー事件がこの問題に対する考察が参考になると思われる。この事例は、合併法人の社長を欠損金を抱えた被合併法人の副社長に就任させた上で、合併法人が被合併法人を吸収合併し、法人税法57条《青色申告書を提出した事業年度の欠損金の繰越し》の特定役員引継要件を充足させることによって、被合併法人の多額の欠損金の引継ぎを狙った事例である。ここでは、被合併法人の副社長就任という欠損金引継要件を満たすだけの行為を法人税法132条の2によって否認し得るか否かが争点となった。仮に、同条を同法132条の同族会社等の行為計算の否認と同様に解釈すべきということになると、あくまでも同法132条の2は、私法上の選択「行為」を否認した上で、私法上の法律関係に従った事実認定を行うにすぎない規定であると解釈するにとどまることになる。そこで、法人税法132条の2は、旧来の講学上の租税回避に対応するための規定としての意味にとどまるのか、あるいは、包括的租税回避否認規定として、個別規定の要件を充足していたとしても、法の趣旨に合致しないと認定された場合には、個別規定をオーバーライドして形式的な個別規定の要件の充足をなかったものとする（要件が充足されていないものとして取り扱う）規定であると解釈することができるか否かという点が争点

---

(13) もっとも、この試論には次のような乗り越えなければならない解釈論上の問題が付着する。すなわち、例えば、所得税法157条や相続税法64条の適用を考えた場合、これらの規定は、同族会社等が行った「行為」や「計算」を対象としているのであって、申告者たる「納税者」ないしは「納税義務者」が対象とされているわけではないという点である。換言すれば、所得税法157条において、同族会社等が租税法制度の濫用があったといった場合に、かかる同族会社等が直接の納税者ではないという点が看過されてはならない。この点については、どのように説明されるべきであろうか。法人税法上の同族会社等の行為計算の否認規定とそれ以外の同規定との間に解釈論上の径庭を認めることは、租税法規の整合的理解の視角からは、依然として問題があるというべきであろう。本稿ではこれ以上深掘りしない。

果たして，ヤフー事件の最高裁判決は，同規定を包括的租税回避否認規定として位置付けた。すなわち，最高裁平成28年2月29日第一小法廷判決（民集70巻2号242頁）(14)は，「組織再編成は，その形態や方法が複雑かつ多様であるため，これを利用する巧妙な租税回避行為が行われやすく，租税回避の手段として濫用されるおそれがあることから，法132条の2は，税負担の公平を維持するため，組織再編成において法人税の負担を不当に減少させる結果となると認められる行為又は計算が行われた場合に，それを正常な行為又は計算に引き直して法人税の更正又は決定を行う権限を税務署長に認めたものと解され，組織再編成に係る租税回避を包括的に防止する規定として設けられたものである。このような同条の趣旨及び目的からすれば，同条にいう『法人税の負担を不当に減少させる結果となると認められるもの』とは，法人の行為又は計算が組織再編成に関する税制……に係る各規定を租税回避の手段として濫用することにより法人税の負担を減少させるものであることをいうと解すべき〔下線筆者〕」と説示し，個別規定をオーバーライドするものとして位置付けたということができよう。

同族会社等の行為又は計算の否認規定についてではあるが，金子宏教授は，個別否認規定と同規定との関係を明確に分ける立場に立たれる。すなわち，法人税法34条《役員給与の損金不算入》2項等が，同族会社にも適用されることから，「現在では，同族会社の行為・計算の否認規定の適用範囲は以前よりもせまくなってきている」旨論じられるのである(15)。この見解によれば，法人税法132条を包括的租税回避否認規定として捉える考え方に与しないことになるし，同法132条の2が132条の枝番であることからすれば，同様に考えるべきということにもなりそうである。

ヤフー事件最高裁判決のように，法人税法132条の2を包括的租税回避否認

---

(14) この事例を扱った論稿として，今村隆「ヤフー事件及びIBM事件最高裁判断から見えてきたもの(上)(下)」税弘64巻7号54頁（2016年），品川芳宣「組織再編税制における行為計算の否認──ヤフー上告審判決──」税研188号94頁（2016年），同「組織再編成税制における行為計算の否認──ヤフー事件──」T&Amaster 645号14頁（2016年），木山泰嗣「適格合併後に被合併法人の未処理欠損金の損金算入を行ったことについて組織再編成に係る行為計算否認規定（法人税法132条の2）の適用が認められた事案」税通71巻6号10頁（2016年），太田洋「ヤフー・IDCF事件最高裁判決の分析と検討」税弘64巻6号44頁（2016年）など参照。

(15) 金子・前掲注(2)〔第22版〕，501頁。

第 8 章　租税回避否認規定と民法規定

規定と理解した場合には，個別規定を文理解釈したとしても，それがセーフハーバーにはなり得ないことを意味する。したがって，前述のとおり，文理解釈優先主義を採用し続けたとしても，包括的租税回避否認規定がある限り，結局において，法の趣旨に合致させた適用のみが許容されることとなる。このことは見方を変えると，包括的租税回避否認規定によって，実質的には個別規定の目的論的解釈（縮小解釈ないし拡大解釈）による法の解釈適用と同様の効果を担保することを意味するとの観察を許容することになると思われる。

```
┌─────────────────────┐           ┌─────────────────────┐
│ 個別否認規定に対する目的論的 │    ⇒      │ 租税法制度の濫用による租税回避 │ ✕
│ 解釈の制限          │           │                     │
└─────────────────────┘           └─────────────────────┘
                                            ↑
                                  ┌─────────────────────┐
                                  │ 包括的租税回避否認規定 │
                                  └─────────────────────┘
```

　法人税法132条の2を包括的租税回避否認規定であると整理するとなると，同法132条の同族会社等の行為計算の否認規定についても，同様に包括的租税回避否認規定と捉えるべきとの見解も導き出されるように思われる。すなわち，法人税法132条は同法132条の2が枝番であることからすれば，その性質は共通するはずであるという理屈が再び顔を出すかもしれないのである。

　そのことは措くとして，目的論的解釈に対する消極的姿勢が前提とされる文理解釈優先主義の下においても，その原則的解釈姿勢は維持しつつ，租税法制度の濫用による租税回避の問題に合目的的な対処をすることができることになるという効果は看過し得ないところである。もっとも，これら同族会社等の行為計算の否認や組織再編税制における行為計算の否認の議論は，そもそもその対象が限定されており（後にみるように，SAARないしTAARとしての性質を有するものであり），かような意味からすると，同規定の性質を包括的租税回避否認規定であると位置付けたとしても，これを非同族会社にまであるいは組織再編成以外にまで適用できると理解することに結び付きはしないのは当然である。

(2)　同族会社等の行為計算の否認のターゲット

　同族会社等の行為計算の否認規定のターゲットについては，これまで長らく

420

3 同族会社等の行為計算の否認規定

議論されてきた。以前は、同規定が確認的規定であるのかあるいは創設的規定であるのかという点が論じられることが多かった。

この点、確認規定説に立つ裁判例も散見されてるが（例えば、東京地裁昭和40年12月15日判決（行集16巻12号1916頁）、広島高裁昭和43年3月27日判決（税資52号592頁）、東京高裁昭和43年8月9日判決（税資53号303頁））、同規定は創設的規定であるとする見解が有力である。金子宏教授は、「非同族会社については、その行為・計算の否認を認める規定がないから、その行為・計算が経済的合理性を欠いている場合であっても、それを否認することが認められないと解すべき」として上記東京地裁昭和40年判決等を批判される[16][17]。

数少ない古い裁判例において確認規定説が採用されたことは事実であるが、その後の圧倒的多数の判決は、創設規定説に立っており、学説の通説も確認規定説に立つ見解は少数である。また、平成18年度税制改正以後、法人税法132条の2、同法132条の3《連結法人に係る行為又は計算の否認》、同法147条の2《外国法人の恒久的施設帰属所得に係る行為又は計算の否認》と規定が創設されてきたこととの整合的理解に立てば、もはや確認規定説で説明することには限界があるといわざるを得ない。そもそも、税務署長が納税者の行為や計算を無視して課税関係を構築することができるという権限規定を確認的なものと位置付けることは難しいといわざるを得ないように思われる。されば、同族会社等の行為計算の否認規定を確認的なものと位置付けた上で、非同族会社にも適用し得ると考えることには限界を覚える。

かような理解に立った上では、同族会社についてのみかような包括的租税回避否認規定が設けられ、それ以外の非同族会社に同規定がないという点は、課税の公平を考える際に大きな問題として立ちはだかる関心事項となる。すなわち、このことは法の空白域に対する法律の解釈論の問題として関心が寄せられるべき問題を提示する。

---

(16) 金子・前掲注(2)〔第22版〕、501頁。
(17) また、創設的規定と解する見解以上に、同族会社等の行為計算の否認規定の適用対象を狭く解する試論も展開されている。例えば、相続税法64条に関するものではあるが、畠山武道教授は、同族会社等の行為計算の否認規定について、「あくまでも同族会社がする自らの法人税の軽減を防止することが目的であり、所得税や相続税法上のそれは、法人税法上の否認に伴う課税関係を調整（例えば株主への認定課税）するのが目的であって、法人税法以外の否認規定が一人歩きして、むやみに拡大解釈されるのは望ましくない」と論じられる（畠山・ジュリ778号112頁（1978年））。

第 8 章　租税回避否認規定と民法規定

　では，法の空白域にある問題に対して，現在ある規定を目的論的解釈の一手法である類推解釈によって適用することは可能であろうか。例えば，非同族会社に対して，同族会社等の行為計算の否認規定の類推適用は許容され得るのであろうか。

　この点について，いわゆるサンヨウメリヤス事件最高裁昭和 45 年 10 月 23 日第二小法廷判決（民集 24 巻 11 号 1617 頁）[18]は，借地権設定に際して土地所有者に支払われる権利金の授受につき，不動産所得の規定ではなく譲渡所得の規定を類推適用することの余地を論じている[19]。しかしながら，同最高裁判決は類推解釈一般を認めたものではない上[20]，同族会社等の行為計算の否認規定は課税権力に特別の権限付与を認めた規定であるから，類推解釈を認めることは妥当ではあるまい。

　もちろん，類推解釈を認めなくても，同族会社等の行為計算の否認規定のような限定された「同族会社」をターゲットとする規定ではなく，単なる「納税者の行為又は計算の否認」規定といった一般的租税回避否認規定があれば，租税回避は否認し得る。一般的租税回避否認規定であれば同族会社以外の者についても適用があるからである。このことは，類推解釈という目的論的解釈が許容されないとしても，一般的租税回避否認規定がその問題をクリアにすることをも意味している。

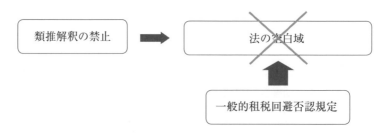

---

(18)　判例評釈として，新井隆一・ジュリ 482 号 36 頁（1971 年），村井正・租税判例百選〔第 2 版〕62 頁（1983 年），清永敬次・民商 65 巻 3 号 83 頁（1971 年），高野幸大・租税判例百選〔第 5 版〕66 頁（2014 年）など参照。

(19)　もっとも，同最高裁判決は，「その適用範囲を解釈によってみだりに拡大することは許されないところであり，右のような類推解釈は，明らかに資産の譲渡の対価としての経済的実質を有するものと認められる権利金についてのみ許されると解すべき」であるとして，あいまいな性質の対価についてまで類推解釈を許容するものではないとの立場を示している。

(20)　同最高裁は，類推解釈の余地を認めたものの慎重な態度を示している（酒井・前掲注(5)，67 頁）。

3 同族会社等の行為計算の否認規定

かように，一般的租税回避否認規定が設けられた場合，租税回避一般に対し広く適用し得る否認規定として機能することになり得るのである。

(3) 租税回避否認規定の機能

ここで，包括的租税回避否認規定と一般的租税回避否認規定の機能を整理しておくこととしよう。旧来の講学上の租税回避，すなわち私法制度の濫用事例には，同族会社等の行為計算の否認規定が適用されることによって，対象は同族会社に限定されるが，租税回避が否認される。仮に，包括的租税回避否認規定があると，租税制度の濫用事例のような個別規定の形式的適用によると妥当な結果を得られない事例においても対処することが可能となる。他方，法の空白域に対しては，よりその射程範囲の広い，一般的租税回避否認規定が機能することになる。

このように，包括的租税回避否認規定は，いわば縮小解釈等による目的論的解釈を行うことと実質的に同様の結果を招来することとなり，一般的租税回避否認規定によると，いわば類推解釈による目的論的解釈を行うことと実質的に同様の結果を導き出すことになるということが分かる。

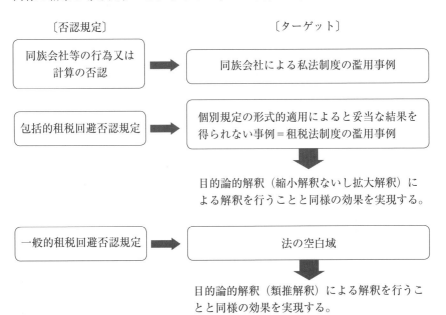

4　一般的租税回避否認規定と信義誠実の原則

(1)　信義誠実の原則

　権利行使の態様に関する積極的な規定として戦後民法典に挿入された旧民法1条2項は、「信義ニ従ヒ誠実ニ」なすべき旨を規定した。これは、そもそも義務の履行に関して規定されたものであるが、後に権利行使についても規定されるようになったという経緯を持つ。この規定はいわゆる確認的規定であると解されているが、権利行使についても適用されることから、権利濫用法理との関係が適用上問題となり得ることとなった。そこで、学説は、契約関係に立つ者の間における権利の行使については、まず信義誠実の原則を適用し、その結果、妥当でないと判断された権利の行使を権利濫用とし、契約関係外の権利行使は直ちに権利濫用の問題と解している[21]。

　ここにいう信義誠実の原則の適用場面について、星野英一教授は、民法1条《基本原則》2項は、「具体的な内容を含んでいるわけではない。」とし、2つの実際上の意義を次のように述べられる[22]。すなわち、第1に想定できない事態への対処としての意義であり、第2に、法律の規定をそのまま形式的に適用すると妥当な結果が得られない場合に妥当な結果を導くために援用されるという意義であるという[23]。

　第1の点は、契約当事者間の具体的な権利義務について、契約による取決めもなければ、法律の規定もない場合が多いという点に鑑み、我が国の場合、そもそも契約を明確にしないあるいは契約を明確に取り交わしたとしても、予想できない事態がいくらでも生じ得ることを念頭に置くと、契約の解釈・法律の解釈によってこれを埋めなければならないが、星野教授は、「あなを埋め、こういう権利・義務があるとかないとかいうときに、引き合いに出されるものがこの原則である。」とし、「千変万化の具体的事情に応じて規定の欠陥を補充するための技術である。」と説明されている[24]。すなわち、信義誠実の原則は、契約や法律の空白域に対応するための法技術であるというのである。

---

(21)　星野英一『民法概論Ｉ〔序論・総則〕』（良書普及会，1990年）77頁。
(22)　星野・前掲注(21)，78頁。
(23)　近江幸治教授は、権利の行使が信義則違反になる場合には、一般に権利濫用の禁止法理に抵触するとされる（近江『民法講義Ｉ〔民法総則〕』（成文堂，1992年）20頁。
(24)　星野・前掲注(21)，78頁。

第2の点につき，星野教授は，「法律の規定を具体的な場合にそのまま形式的に適用すると妥当な結果の得られないときに，妥当な結果を導くために援用される。つまり，契約や法律によるとこういう権利義務がある（ない）が，信義則によりそれがない（ある）とするのである。」と述べられる[25]。

(2) 信義誠実の原則と租税回避否認規定

これら，星野英一教授が論じられる第1の意義及び第2の意義を租税回避否認規定についての前述の整理に置き換えて考えてみよう。すると，ここに第1の意義とされているものは，まさしく前述の法が想定していない「法の空白域」に対する対処であることが分かるし（一般的租税回避否認規定としての意義），第2の意義とされているものは，「個別規定の形式的適用によると妥当な結果を得られない事例＝租税法制度の濫用事例」に対する対処であるとみることができそうである（包括的租税回避否認規定としての意義）。いわば，信義誠実の原則とは，上記に示した租税回避否認規定の有する2つの側面（包括的租税回避否認規定としての側面と一般的租税回避否認規定としての側面）を併有したものであるとみることも可能であろう。

なお，星野教授は，信義誠実の原則というのは，「権利義務の内容をどんなにはっきり決めてもなお欠陥の生ずる部分をうめたり，契約や法規の形式的適用ではうまくゆかないときに，これを妥当に解釈したりするための手段」として，「いわば伝家の宝刀として最後に用いるべきものであり，補充的な原則である。」と整理される[26]。

同教授の信義誠実の原則についての指摘を，租税回避否認規定の性格付けの議論にトレースすることが許されるとすると，「課税要件規定の内容をどんなにはっきり決めてもなお欠陥の生ずる部分をうめたり，個別否認規定の形式的適用ではうまくゆかないときに，これを妥当に解釈したりするための手段」として，「いわば伝家の宝刀として最後に用いるべきものであり，補充的な規定である。」と整理することができ，両者には親和性を認めることができるよう

---

[25] 星野・前掲注(21)，78頁。したがって，形式的には契約違反行為とみえるものでも，その違反の法的効果の発生を主張することが信義則に違反するときには，そのような主張が認められないという側面も有する（加藤雅信『新民法大系Ⅰ民法総則〔第2版〕』（有斐閣，2005年）40頁）。

[26] 星野・前掲注(21)，79頁。同教授は，「よく，信義則が私法の最高の理念であるなどと説かれるが，それもこの意味においてのみ正しい。」とされる（同書79頁）。

第8章 租税回避否認規定と民法規定

に思われる。

5 諸外国における GAAR

(1) 一般的租税回避否認規定：世界の潮流

EU（European Union：欧州連合）では，執行機関である EC（European Commission：欧州委員会）が，2012年12月に欧州議会に対して，「脱税及び租税回避に対する報告書（An Action Plan to Strengthen the fight against tax fraud and tax evasion 及び Commission Recommendation on aggressive tax planning）」を公表した。

その後，OECD（Organisation for Economic Co-operation and Development：経済協力開発機構）が一般に「税源浸食と利益移転への対応（Addressing Base Erosion and Profit Shifting）」と訳される BEPS 報告書を公表したのは 2013年2月12日であった。これは，その前年の6月に OECD 租税委員会本会合において，米国から BEPS により法人税収が著しく喪失されている点を憂慮している旨の問題提起がなされたことから，OECD においてプロジェクトが組まれた結果であるといわれている[27]。この報告書では，BEPS の多くが軽課税国への無形資産の移転，ハイブリッド・ミスマッチの利用等を組み合わせて，税率の低い国や地域に利益を移転することで生じている現状を分析し，それらの手法の多くが国際課税原則上合法であることから，同原則の見直しの必要性や国際的協調の重要性を指摘したものであった。また，国境を越える利益への課税に係る国内的及び国際的なルールの崩壊により，租税が正直者によって納付されるだけのものとの認識が助長されているとの指摘がなされている。その上で，同報告書は租税回避否認ルールについて触れている[28]。

---

(27) 居波邦泰『国際的な課税権の確保と税源浸食への対応──国際的二重非課税に係る国際課税原則の再考──』ⅰ頁（中央経済社，2014年）。同報告書の冒頭に BEPS によって政府が法人税収を失っている旨が記載されている点にも表れているといえよう。

(28) その後，2013年7月19日に OECD より「税源浸食と利益移転に係る行動計画（Action Plan on Base Erosion and Profit Shifting）」が公表された。これはいわゆるアクション・プランと呼ばれ，次のような15の行動計画が示されたが，そこでは租税回避の一般的否認規定については触れられていない。
行動計画1：電子商取引課税
行動計画2：ハイブリッド・ミスマッチ・アレンジメントの効果の無効化
行動計画3：外国子会社合算税制（CFC（Controlled Foreign Company）税制）の強化

さて，そこで，各国の租税回避に対する否認規定創設の取組みについて概観しておきたい。租税回避の否認規定の類型については，大きく分けて，一般的租税回避否認規定（General Anti-Abuse Rule: GAAR），限定的租税回避否認規定（Specific Anti-Tax Avoidance Rule: SAAR），特定の税目又は適用範囲における租税回避否認規定（Targeted Anti-Avoidance Rule: TAAR）の３つに分類されることがある(29)。ここでは，特に，一般的租税回避否認規定（GAAR）と呼ばれる規定形態を採用している国の状況について確認することとしよう。

(2) 各国における一般的租税回避否認規定

GAAR を導入している国は地域別に分けると次表のとおりである(30)。G20の国を概観すると，GAAR がない国は，韓国，インドネシア，サウジアラビア，メキシコ，アルゼンチン，ロシア，トルコのほか，我が国だけである(31)。なお，そのうち，韓国及びトルコでは実質主義原則の規定が法制化されているし，メキシコは，租税法律主義に関するガイドラインが公表されており，ソフトロー

行動計画 4：利子等の損金算入を通じた税源浸食の制限
行動計画 5：有害税制への対抗
行動計画 6：租税条約濫用の防止
行動計画 7：恒久的施設（PE）認定の人為的回避の防止
行動計画 8：移転価格税制（①無形固定資産）
行動計画 9：移転価格税制（②リスクと資本）
行動計画 10：移転価格税制（③他の租税回避の可能性が高い取引）
行動計画 11：BEPS の規模や経済的効果の指標の集約・分析
行動計画 12：タックス・プランニングの報告義務
行動計画 13：移転価格関連の文書化の再検討
行動計画 14：相互協議の効果的実施
行動計画 15：多国間協定の開発
　このように個別の行動計画には租税回避の否認規定の創設という検討課題が盛り込まれていないようにも思われるが，同行動計画よりも前に出された BEPS 報告書には，租税回避の否認規定が盛り込まれていたのである。
(29) Michael Lang, Alexander Rust, Josef Schuch, Claus Staringer, Jeffrey Owens, Pasquale Pistone, GAARs-A Key Element of Tax Systems in the Post-BEPS Tax World, IBFD Vol. 3, p. 13 (2016) においては，イギリスにおけるいくつかの狭い意味での SAARs は，TAARs として記述し得ると説明されている。あるいはそれは，同じ SAARs とはいっても，Anti-avoidance rules としての TAARs とも観念し得る。
(30) 矢内一好「一般否認規定の各国比較と日本への導入」租税研究 779 号 281 頁（2014 年）。
(31) 矢内・前掲注(30)，282 頁。

第8章 租税回避否認規定と民法規定

での対応がみられる。また，ロシアは，判例により導入された「不当な課税上の便益」概念を使用して租税回避に対処しているといわれている。

一般的租税回避否認規定の導入国

ヨーロッパ（13）	アイルランド，英国，イタリア，エストニア，オランダ，スイス，スウェーデン，スペイン，ドイツ，フランス，ベルギー，ポルトガル，ルクセンブルク
アジア（5）	インド，シンガポール，中国，台湾，香港
オセアニア（2）	オーストラリア，ニュージーランド
北米（2）	カナダ，米国
南米（1）	ブラジル
アフリカ（1）	南アフリカ共和国

(a) ドイツ

租税通則法42条1項は，「租税法規は，法の形成可能性の濫用によって回避することはできない。個別租税法規の租税回避防止規定の要件が充足されるときは，法律効果は，各規定によって定まる。さもなければ，2項にいう濫用が存在する場合には，租税請求権は，経済事象に適合する法的形成がなされた場合と同様に成立する。」とし，2項は，「納税義務者又は第三者を相当な形成と比べて法律に定めのない租税便益へと導くような不相当な法的形成が選択された場合に，濫用が認められる。納税義務者が選択した形成について，諸事情の全体像から相当な租税以外の理由の存在することを立証すれば，この限りではない。」と規定する。この規定は，1919年に租税通則法5条に規定され，その後種々の改正を経た後，2008年に上記のような規定振りとなったものである。

2008年改正前の判決ではあるが，連邦財政裁判所1983年12月13日判決は，「法形成が追求すべき目的に照らして相当でなく，税負担の軽減を来しており，かつ，経済的理由若しくはその他の考慮すべき租税以外の理由によって正当化されない場合」を法形成の濫用としており，また，租税回避の意図という主観的要件を必要としている。この判決の考え方は現在においても通用すると思われる。主観的要件を必要とするという点は，濫用概念を民法にいう権利濫用に近いものと捉えているといえよう。特に，ドイツ法においてはシカーネ（Schikane）として捉える権利濫用法理であるが，その考え方に親和性を有し

5 諸外国におけるGAAR

ているもののように思われる[32]。

(b) カナダ

カナダは既に1988年からGAARを導入している[33]。

所得税法245条2項は，「ある取引が租税回避取引に当たる場合，租税効果は，当該取引又は当該取引を含む一連の取引から直接又は間接に生じる租税便益を否定するよう合理的に決定される。」とし，3項において，租税回避取引を次の(a)又は(b)に当たるいかなる取引をも意味すると定義する。その上で，「(a)主として租税便益を得ること以外の真の目的のために行われたと合理的に考えられないのに，直接又は間接に租税便益を生じさせるような取引」又は「(b)主に租税便益を得ること以外の真の目的のために行われたと合理的に考えられないのに，直接又は間接に租税便益を生じさせるような一連の取引の一部」を示している。

(c) オーストラリア

オーストラリアのGAARは，1981年に改正された所得税賦課法（ITAA36）第Ⅳ編Aにおいて規定されている[34]。同規定は，過度な私法上の選択の余地を抑制し，取引から客観的に推認される目的によるテストを採用したのである。この目的テストとは，納税者が行う当該取引の主たる目的が租税便益を得ることである場合には，かかる私法上の行為を否認することができるというテストである。もっとも，この改正では，ニュートン事件枢密院判決（Newton v. FCT. [1957] 96 CLR 577）におけるデニング卿が，「租税回避目的が断定された場合にのみ旧所得税賦課法260条が適用され得る」とした考え方（断定テスト）も採用されている。

その後，ピーボディ事件（Peabody v. FTC [1992] 24 ATR 58）では，ITAA36第Ⅳ編Aの適用を否認したものの，ハート事件（Hart and Another v. Commissioner of Taxation [2002] FCAFC 222）をはじめ多くの事例では同規定が適用されている状況にある[35]。

---

(32) ibid. 29, p. 287. 今村・前掲注(9)，315頁。
(33) ibid. 29, p. 147.
(34) ibid. 29, p. 45.
(35) 今村・前掲注(9)，399頁。

第 8 章　租税回避否認規定と民法規定

(d)　米　　国

米国は，IRC7701 条(o)において，経済的実質に欠ける取引に対しては，厳格なるペナルティを課すことによって，タックスシェルターをはじめとする租税便益のみを目的とする一連の取引の発生を抑制しようとするところに特徴がある[36]。同条項は，経済的実質の法理の明確化として，経済的実質の法理が適用される取引の場合には，(A)その取引が，連邦所得税法上の効果とは別に，何らかの意義をもって納税義務者の経済的状況を変え，かつ，(B)納税義務者がその取引を行うことによって連邦所得税法上の効果とは別に実質的な目的を有しているときに限り，かかる取引は経済的実質を有するものとして取り扱われる旨規定している（7701(o)(1)）。ここでは，(A)の経済的状況の変化すなわち客観的要件と(B)実質的な目的すなわち主観的要件の 2 つの要件の二分肢テスト（two prong test）が採用されている。これらの 2 つのテストの両方を満たす必要があるのか（結合的テスト説[37]），あるいは片方だけでよいのか（非結合的テスト説[38]）という点では判例は分かれている。ところで，経済的実質の法理という用語は，取引が経済的実質を有していないか又は事業目的を欠いている場合に，その取引に関してサブタイトル A（所得税）に規定する租税便益を受けられないというコモンロー法理を意味すると規定されている（7701(o)(5)）[39]。

(e)　英　　国

財政法 207 条は，アレンジメントが租税便益を得るのが主たる目的又は主たる目的の一部である場合，それは租税調整を意味するとする（1 項）。租税調整は，以下の状況を考慮したときに「濫用」と評価されるとして，(a)アレンジメントの実質的結論が，租税法規の原則や規定が持つ政策目的と矛盾している，(b)達成しようとしている仕組まれた又は異常なステップによるものである，(c)アレンジメントが規定の空白域（不備）を利用することを企図したものであることを示している（2 項）[40]。具体的に，濫用となり得るケースを例示して

---

(36)　ibid. 29, p. 765.
(37)　Joint Committee on Taxation (JSC-02-05) 143. Klamath Strategic Investment Fund v. United States, 568 F. 3d 537 (5th Cir. 2009).
(38)　Rice's Toyota World v. Commissioner, 752 F. 2d 89, 91-92 (4th Cir. 1985).
(39)　この点について，岡村忠生「米国の新しい包括濫用防止規定について」第 62 回租税研究大会（東京大会）第 2 日報告 145 頁（2010 年）。
(40)　ibid. 29, p. 741.

いる点にも特徴がある。すなわち，①アレンジメントから得られる所得，利益，譲渡益が経済目的よりも相当程度少ない場合，②アレンジメントから得られる控除又は損失が，経済目的よりも相当程度大きい場合，③アレンジメントが還付請求権をもたらす場合が示されている（4項）。もっとも，これらのケースにおいて，関連規定の立法当時に想定されていた結果から逸脱していると認められる場合に初めて濫用と認定される。また，その際，そのようなアレンジメントに関する取引慣行が醸成されているか否かも検討されるようである。すなわち，慣行によっているだけであれば濫用には当たらないということになる（5項）。

　上記(a)及び(c)の濫用認定の考慮事項から判然とするように，英国においては，個別規定を形式的に充足するような場合，すなわち租税法制度の濫用の場合においても租税回避の試みとして捉え，GAARの適用対象としているようである。

(3) 我が国へのインプリケーション

　英国のGAARは，租税法制度の濫用をも含む形で立法化されており，既述したいわゆるりそな銀行事件のようなケースも射程範囲とし得る規定となっている。アレンジメントが濫用に当たる場合に否認され得るとする英国の法制度は，我が国にとっても参考になると思われる。とりわけ，(a)アレンジメントの実質的結論が，租税法規の原則や規定が持つ政策目的と矛盾している場合や，(c)アレンジメントが規定の空白域（不備）を利用することを企図したものである場合が問題となるが，このような「濫用」否認構成が立法によって可能となると，実質的意義としては，文理解釈優先主義の下で問題となり得る不当な租税負担の軽減の試みがなされた場合に，解釈論の原則である文理解釈優先主義の考え方に修正を加えずに，目的論的解釈におけるのと同様の結論を導出し得ることになると思われるのである。

6　結びに代えて

　過去においては，租税回避否認論の中心に実質課税の原則の問題があり，例えば，旧所得税法3条2項の適用を巡る議論が談論風発していた。その後，同条は見出しを「実質所得者課税の原則」と名を変えて残ってはいるものの（所法12），今日的に通説は，同条につき当時議論されていた経済的観察法を意味

づけるそれではなく、法律的な観察法に基づく事実認定のみが許容されると解してきており、また、現下の学説は、これを、所得の帰属に関する規定としての意味を有するだけのものと位置付けている。ここにいう「法律的」とは、原則として、私法に規律された法律関係を意味している。

　実質課税なるものがあり得るとしても、課税の安定を考えたときには、経済的実質ではなく法的実質によるべきであって、その旗標を失うことには相当の躊躇を覚えるが、しかしながら、私法判断のみを基準とする解釈論の限界についても考える必要がありはしないか。私法上の認定のみが法的基準というのではなく、租税法の認定としての法的基準はあり得ないのかという問題関心がそこには所在する。もちろん、租税法による事実認定を考えたとき、それが私法の考えからいたずらに離れて独り歩きすることには十分な予防的議論が展開されるべきであると考えはするものの、租税法が認定判断の基準を租税法的に模索すべきことが租税法研究の最も重要な要諦なのではなかろうか。これを放棄して、ただ私法に準拠するという考え方（私法準拠）のみで本当によいのであろうか。租税法は私法を参考にはしつつも、租税法の法目的に従った「法的価値基準」に基づく法的実質基準を模索すべきではなかろうか。これは経済的観察法を容認するという指向ではなく、法律的な観察法として、法適合的な事実認定論である。

　そもそも、租税回避の一般的ないし包括的否認規定の創設論を議論するに当たっては、①課税権の濫用のおそれをいかに排除するかという問題をクリアしなければなるまい。ただし、この問題は、以下に摘示する問題を乗り越えることによって解消され得ると思われる。

　そこで、検討すべき最初の問題は、②不確定概念を規定に持ち込むことによる解釈の不安定性を排除できるかという租税法律主義を脅かす論点である。とりわけ、現行法においても「不当」概念が使用されているが、このような不確定概念ではなく、より明確な規定を用意しなければ紛争が起こり得る。裁判所による判断にすべてを委ねるとすることは議会の怠慢でもある。この際、英国式に「濫用」という基準を設け、かかる「濫用」に該当するか否かについては、第三者委員会の諮問を受けるというやり方も十分に検討に値すると思われる。英国、オーストラリア、カナダ、インドにおける審査委員会制度やフランスの第三者委員会（Comité de l'abus de droit fiscal）のような制度が参考となる。

　また、③予測可能性と自由権の侵害という問題について憲法論をも射程に入

6 結びに代えて

れた検討が必要である。ここでは，アドバンス・ルーリングを活用する多くの国のうち，例えば，オーストラリアにおけるアドバンス・ルーリング（Private ruling）は，納税義務者の契約にGAARが適用されるか否かについて課税当局に照会して回答を得ることができる制度を採用している。オランダにおけるアドバンス・ルーリング（ATR）は，納税義務者と課税当局との間での事前の協議を行い合意を図る制度が構築されている。

　これらの問題をどのようにクリアするかという点は重要な論点であると考える。そして，上記問題点を乗り越えなければ，一般的租税回避否認規定の創設論には駒を進めるべきではないと考えるところである。

第9章　租税法解釈原理の再検証
―― 最高裁判例を素材として ――

山 本　敬 生

1　問題の所在

　租税法における解釈[1]とは，具体的な事実に租税法を適用するためにその内容を明確化する作用のことである。租税法の解釈に関して代表的な基本書を紐解くと，金子宏は「原則として文理解釈によるべきであり，みだりに拡張解釈や類推解釈を行うことは許されない。……ただし，文理解釈によって規定の意味内容を明らかにすることが困難な場合に，規定の趣旨目的に照らしてその意味内容を明らかにしなければならないことは，いうまでもない[2]」と主張している。清永敬次は「税法の解釈，殊に租税実体法の解釈においては，基本的には厳格な解釈が要請されることになる。この場合，法規の法文や文言がまず重視されることになろう。税法においてはある法条においてどのような文言が用いられているかが重要なのである。法規の文言や法文を通常の用語例よりも拡張したりまた縮小したりする拡張解釈や縮小解釈，また類推解釈は，原則として許されないと考えられる。もっとも，文言だけからはある解釈問題のきめ手を導きだせず，文言だけからはいくつかの解釈の可能性が考えられるような場合等においては，当該法条の趣旨・目的を参酌して解釈をしなければならないことはいうまでもない[3]」と述べている。谷口勢津夫は「税法の解釈においては，何よりもまず租税法規の法文および文言が重視されなければならない。しかもそれが日本語という自然言語で書かれている以上，その言語慣用や通常の用語法に従って，個々の法規の意味すなわち規範が解明されなければな

---

(1) 租税法の解釈に関して，玉國文敏「現代租税法の一側面」租税研究689号126頁，田中治「税法の解釈における規定の趣旨・目的の意義」税法学563号215頁，占部裕典『租税法における文理解釈と限界』(2013年)，金子宏「租税法解釈論序説」同＝中里実＝J. マーク・ラムザイヤー編『租税法と市場』(2014年)3頁，木山泰嗣「税法解釈のあり方」青山法学論集58巻2号73頁等参照。
(2) 金子宏『租税法〔第22版〕』(2017年)116-117頁。
(3) 清永敬次『税法〔新装版〕』(2013年)35頁。

第9章　租税法解釈原理の再検証

らない」とし、「もっとも、文理解釈の結果なお複数の解釈可能性が残る場合には、租税法律主義の下でも、租税法規の趣旨・目的すなわち租税立法者の価値判断を参酌して、租税法規の意味内容を一義的に確定することが許されるし、むしろ、確定しなければならない。このような法解釈の方法は一般に目的論的解釈と呼ばれる[4]」と分析している。このように、租税法に関しては原則として厳格な文理解釈によるべきであるが、一定の場合においては目的論的解釈が許容されるとする解釈原理が租税法学においては通説となっている[5]。

この多くの論文・判例評釈等においても引用されている解釈原理は判例にも多大な影響を与えており、例えば、東京高判平成19・11・1は「租税法規は、侵害規範であり、法的安定性が強く要請されることから、その解釈は、原則として文理解釈によるべきであって、文理解釈によっては規定の意味内容を明らかにすることが困難な場合に初めて、規定の趣旨目的に立ち戻って、その意味内容を明らかにするという目的的解釈が行われるべき」であると判示し、東京地判平成21・5・28は「租税法規は、多数の納税者間の税負担の公平を図る観点から、法的安定性の要請が強く働くから、その解釈は、原則として文理解釈によるべきであり、文理解釈によっては規定の意味内容を明らかにすることが困難な場合にはじめて、規定の趣旨・目的に照らしてその意味内容を明らかにする目的的解釈が行われるべきであって、みだりに拡張解釈や類推解釈を行うべきではないと解される」と判示するなど、多くの下級審においても支持されている。

そこで、本稿では、租税法解釈に関する最近の主要な判例であるレーシン

---

[4]　谷口勢津夫『税法基本講義〔第5版〕』(2016年) 39-40頁。
[5]　もっとも、田中二郎『租税法』(1990年) 125頁は「租税法律主義の原則が認められるからといって、当然に、罪刑法定主義と全く同様の意味において、文字どおりに厳格解釈が行なわれなければならない……という結論は出てこない」とし、「租税法の個々の法条の解釈に当たって注意すべきことは、個々の法条の形式とか表現とかに徒らに囚われることなく、究極においては、租税法の基本理念をふまえつつ、その法条の目的に即し、合目的的な解釈がされなければならないということである」と考察する。また、木村弘之亮『租税法総則』(1998年) 150頁は「一般には、解釈は法律文言から出発しなければならない（文理解釈）が、さらにそのほかに、法律の立法史（歴史的解釈方法）から、解釈さるべき条文のその法律における位置づけ（体系的解釈方法）から、そして解釈さるべき条文の目的（目的論的解釈方法）からも一緒に決められなければならない。しかし、これらの方法の序列は固定していない」と分析している。木村弘之亮の主張は、後掲の塩野宏が説く仕組み解釈に近いと考えられる。水野忠恒『大系租税法〔第2版〕』(2018年) も通説の解釈原理を特に主張していない。

グカー事件最高裁判決（最判平9・11・11判時1624号71頁，判タ959号150頁），ガイアックス事件最高裁判決（最判平18・6・19判時1940号120頁，判タ1218号212頁），ホステス報酬計算期間事件最高裁判決（最判平22・3・2民集64巻2号420頁，判時2078号8頁，判タ1323号77頁），養老保険契約保険料控除事件最高裁判決（最判平24・1・13日民集66巻1号1頁，判時2149号52頁，判タ1371号118頁）を素材として，この解釈原理との異同を探求し，租税法の解釈はどうあるべきかについて検討することにしたい。このことは，租税行政のあり方を考察する上で有益な示唆を与えることになると思われる。

2　通説の解釈原理の再検証

　通説は，租税法の特殊性を理由に原則として文理解釈によるべきとしている。その主な4つの理由に関して，ここでは敢えて批判的に検証してみたい。まず第1に租税法が侵害規範であることが一般的にあげられている[6]。これは租税法が財産権を侵害する法規範であることから，一般の納税者が容易に理解できることが求められるからである。しかし，納税者理解の要請は侵害規範に限られたことではないのでないだろうか。生活保護法，児童福祉法，老人福祉法，身体障害者福祉法，国民健康保険法，国民年金法，雇用保険法等の授益法規は生存権を実現する法規範であるが，このような授益法規にもまたあてはまることである。侵害規範だから文理解釈によるべきとすることは基本的には正当であるが，夜警国家から福祉国家へ移行している現代においては，強力な理由にはなりえず，幾分割り引いて考える必要があるだろう。

　もう1つの理由として，予測可能性，法的安定性の要請が主張されている[7]。これは，文理解釈は文言に忠実に解釈するもので，日本語の通常の用語法に従っているため納税者も予測可能であるし，課税庁と納税者との間に共通の客観的解釈が確立されることから法的に安定するからである。しかし，租税法において一義的かつ明確な文言が使用されることは必ずしも多くはなく，むしろ多くの場合，多義的かつ不明確な文言，すなわち不確定概念が使用されている。たとえ原則的に文理解釈を採用するにしても，予測可能性，法的安定性への貢献は限定的なものにならざるを得ないだろう。むしろ，政令，通達をはじめと

---

(6)　金子・前掲(2) 116頁，谷口・前掲(4) 39頁。

(7)　谷口・前掲(4) 40頁。

第9章　租税法解釈原理の再検証

する行政立法により適正かつ詳細な規定を設け，それを厳守する方が予測可能性，法的安定性の実現に奉仕すると考える。

　第3に租税法律主義の形骸化の防止が理由とされる場合がある[8]。これは法文から離れた自由な解釈を許容すると，解釈を通じて租税法律主義が実質的に破壊される恐れがあるからである。しかし，レーシングカー事件最高裁判決を例に出すまでもなく，文理解釈による解釈が必ずしも正当な解釈を導けるとは限らず，むしろ目的論的解釈による解釈の方が適切な解釈である場合もある。文理解釈であれ，目的論的解釈であれ，正しい解釈が導かれて初めて租税法律主義は実現する。文理解釈をとれば，租税法律主義の実質的破壊が予防されるとは必ずしも限らないだろう。この理由は一定の合理性はあるものの，必ずしも十分な論拠とはいえまい。

　第4の理由として，三権分立に反することが考えられる。課税庁あるいは裁判所が法文から離れた自由な解釈をすることは一種の立法作用であるからである。確かに文理から極端に離れた自由な解釈は権力分立の理念には反するといえるかもしれない[9]。しかし，課税庁や裁判所に解釈権が認められる以上，権力分立の原則に反するとまでは言い難い。このように4つの理由すべて一定の妥当性はあるものの，決定的な理由とまではいえないだろう。

　通説が，租税法という法的性格を強調して，法解釈原理を求めることには問題もある。本来，法的性格論は，特定の法律をその特徴により分類し体系づけることを目的にした理論であり，法解釈の指針とすることに馴染まない。法律を例えば租税法，財政法，労働法，社会保障法，国家補償法等に分類し，独自の法解釈原理を求めるものではない。租税法だからアプリオリに文理解釈を基本とすべきだとするよりも，むしろ個別の租税法ごとに法の趣旨目的，立法経過，条文及び関連法令との整合性等を参考にして解釈した方が妥当な結論を導けるのではないだろうか。

　言うまでもなく，租税法学の泰斗である金子宏等が打ち立てた解釈原理の理念は倫理的に高く評価されるべきものである。なぜならば，元来，その解釈原理の底流をなしてきたのは，行政権による専断的な課税から国民の財産を守るという思想と考えられるからである。租税法は原則として文理解釈によるべき

---

[8]　清永・前掲(3) 35頁。

[9]　同旨，中里実＝弘中聡浩＝渕圭吾＝伊藤剛志＝吉村政穂編『租税法概説〔第2版〕』（2015年）（増井良啓執筆）42頁。

とする基本的思想は法解釈原理ではなく，租税法における法道徳的な理念へと高めるべきものであると考える。

3 租税法解釈に関する最高裁判例の検討

(1) はじめに

ここでは，最近の主要な最高裁判例を検証し，最高裁が租税法を解釈する上でいかなる解釈手法を採用してきたかを分析することで，通説の解釈原理との関係を明らかにし，いかなる解釈原理が租税法学に相応しいか，そのヒントを探求することにしたい。

(2) レーシングカー事件最高裁判決[10]

【事実の概要】

X（原告，被控訴人，上告人）は競走用自動車の製造販売業者である。昭和59年から63年にかけて，XはFJ1600と呼ばれるいわゆるフォーミュラタイプに属する競争用自動車4台を製造・移出した。Y（税務署長－被告，控訴人，被上告人）は，これら本件各自動車が，旧物品税法[11]が課税物品として規定する「小型普通乗用四輪自動車」に該当するとの理由で旧物品税賦課決定処分及び無申告加算税賦課決定処分（以下，本件各処分）をした。これに対して，Xは本件各処分の取消しを求めて，本訴を提起した。

旧物品税法は，同法1条の規定に基づく別表に掲げられた物品に限って課税物件とし（掲名主義），そのうち第2種の物品についてはその製造に係る製造場から移出されたときに課税する仕組みを採用している（同法3条2項）。そして，本件各処分の対象とされた本件各自動車が製造場から移出された当時（昭和59年3月ないし昭和63年7月）の旧物品税法別表第2種7号2には，課税物品として「小型普通乗用四輪自動車」が掲げられていた。

本件各自動車は，その規格等からして，上記規定にいう「小型普通乗用四輪自動車」に該当するものであるが，その構造，装置が道路運送車両法所定の保

---

(10) 評釈として，川田剛・ジュリ1141号193頁，増田晋・租税判例百選〔第4版〕28頁等がある。

(11) 旧物品税法に代わり，新たに消費税法が制定されたので，現在，旧物品税法の解釈に関する実務上の問題は存在しない。

第9章　租税法解釈原理の再検証

安基準に適合しないため，道路を走行することができず，専ら自動車競走場における自動車競走のためにのみ使用されるものであった。

　第一審判決（京都地判平5・1・29判タ835号191頁）は，競争用のマシンとして使用されることを理由に本件各自動車は「普通乗用自動車」に該当しないとした。控訴審判決（大阪高判平6・3・30税資200号1330頁）は，人が乗用することを目的にしていることを理由に本件各自動車は「普通乗用自動車」に該当すると判示した。

【判　　旨】

　上告棄却。

　「物品税法（昭和63年法律第108号により廃止）別表課税物品表第2種の物品7号2には課税物品として小型普通乗用四輪自動車が掲げられているところ，右にいう普通乗用自動車とは，特殊の用途に供するものではない乗用自動車をいい，ある自動車が普通乗用自動車に該当するか否かは，当該自動車の性状，機能，使用目的等を総合して判定すべきものと解するのが相当である。原審の適法に確定した事実関係によれば，本件各自動車は，FJ1600と呼ばれるいわゆるフォーミュラータイプに属する競争用自動車であって，道路運送車両法所定の保安基準に適合しないため，道路を走行することができず，専ら自動車競走場における自動車競走のためにのみ使用されるものであるというのである。しかし，本件各自動車も，人の移動という乗用目的のために使用されるものであることに変わりはなく，自動車競走は，この乗用技術を競うものにすぎない。また，本件各自動車の構造，装置が道路を走行することができないものとなっているのも，右のような自動車競走の目的に適合させるべく設計，製造されたことの結果にすぎないのであって，本件各自動車は，乗用とは質的に異なる目的のために使用するための特殊の構造，装置を有するものではない。したがって，本件各自動車は，その性状，機能，使用目的等を総合すれば，乗用以外の特殊の用途に供するものではないというべきであり，普通乗用自動車に該当するものと解すべきである」

　尾崎行信裁判官の反対意見

　「およそ社会における自動車の目的は，人や物品の運搬，すなわち，ある場所から他の場所に運ぶことによる社会的，経済的効用を達成するところにある。一般に，自動車は，人が運転するのであるから，必ず人が乗用して移動する側面を有しており，本件各自動車も，この意味で人の乗用を伴うものであるが，

このこと自体で乗用自動車であるか貨物自動車であるか，さらに，普通自動車か特殊自動車かの指標とすることはできず，したがって，物品税法上課税対象となる普通乗用自動車の定義とすることはできない。そして，自動車は，その性状，機能，使用目的等からみて，達成しようとする効用の差異により，乗用自動車，貨物自動車，特殊自動車などの区別がされるのである。一般人の理解によれば，普通乗用自動車とは，人間を運搬することから得られる効用を主目的とするものであって，現行関係法規をみても同様の立場がとられている。現に物品税法基本通達（昭和41年11月24日間消4－68，徴官2－103，徴徴1－80国税局長税関長あて国税庁長官通達）は，『課税物品表に掲げる物品に該当するかどうかは，他の法令による名称及び取引上の呼称等にかかわらず，当該物品の性状，機能及び用途等を総合して判定する』といい（第1条），自動車の区分を定めるに当たっては，『7　自動車類及びその関連製品』（自動車類関係）の6において，『電波測定車，無線警ら自動車，……等特殊な構造等を有するもので，陸運事務所の登録基準により特種自動車として登録されるものは，普通乗用自動車等又は乗用兼用貨物自動車等としては取り扱わない』として，構造上の違いに基づく陸運事務所の登録を基準として普通乗用自動車と特殊乗用自動車を区別し，前者のみを物品税法上の課税対象としているのである。したがって，本件各自動車が課税対象たる『小型普通乗用四輪自動車』に該当するか否かは，人の乗用を伴うか否かのみによって判断されるべきではなく，自動車としての性状，機能，使用目的等の諸要素及び陸運事務所の登録の可否，種別を総合勘案して判断すべきである」

「本件各自動車についてこれをみるのに，その主たる使用目的は，高速走行に適合した構造や機能の開発，試験に資し，自動車その他の機械の改良，進歩，機械工業の合理化などを図るものとしての自動車競走にあり（小型自動車競走法参照），そこには，普通乗用自動車本来の，人を運搬して社会的，経済的効用を達成することは含まれていない。それゆえ，本件各自動車は，自動車競走の目的に適合させるべく，通常の安全装置が省略され，発電機やエアクリーナーの装備もなく，乗車に際してはいったんハンドルを外して上部から乗り込み運転席に着席してからハンドルを取り付ける仕組みとなっているなど，専ら自動車競走場という限定された場所における高速走行を目的とした特殊な構造，装置を備えたものであって，そもそも道路を走行することが全く予定されておらず，そのために必要な構造，装置の重要な一部を欠くものである。このよう

に，本件各自動車は，人を地点間で移動させて社会的，経済的効用を達成する目的を有しておらず，これを主たる目的とする『普通』の乗用自動車とは著しく異なる特異の性状，機能を有しており，そのため，道路運送車両法上特種用途自動車としても登録できないものである。したがって，これらの性状，機能，使用目的等を総合すれば，本件各自動車は，自動車競走場における自動車競走という特殊の用途に供するものとして，『普通』乗用自動車には該当しないと解すべきである」

「ちなみに，昭和48年法律第22号による物品税法の一部改正により同法別表課税物品表第2種7号2に小型普通乗用四輪自動車に加えて小型キャンピングカーが課税物品として新たに掲げられたところ，同法が小型キャンピングカーを小型普通乗用四輪自動車とは別個の課税物品として掲げたのは，その性状，機能，使用目的等が普通乗用自動車の範ちゅうから外れていると認めたことに他ならない。そうだとすると，人の移動という乗用目的が本件各自動車と比べてはるかに明りょうな小型キャンピングカーが普通乗用自動車に当たらない以上，本件各自動車がこれに該当しないことは，むしろ当然というべきであろう。

また，前記物品税法基本通達では，陸運事務所の登録基準により特種自動車として登録されるものは普通乗用自動車等として取り扱わず課税対象としていないのに，およそ登録基準に合致せず登録不能な本件各自動車を普通乗用自動車として課税の対象とすることは，均衡を失するものとして許されるべきではない。

さらに，税務当局は，行政解釈により遊園地専用の乗用自動車及びゴーカートを『普通乗用』自動車に該当しないとして取り扱っているのであって，本件各自動車をこれに当たるとするのは，あまりにも恣意的にすぎるというべきである」

「そもそも，物品税法は，別表課税物品表に掲げられた物品に限って課税物件とする仕組みを採用しているところ，物品税の課税対象とされる乗用自動車の範囲については，同法は，これを単に普通乗用自動車という文言で規定しているにすぎず，本件各自動車のように専ら自動車競走場における自動車競走の目的にのみ使用され，そのための構造，装置を有している自動車が特殊の用途に供するものではない普通乗用自動車に該当するとの解釈が，社会通念に照らして，少なくとも明確であるとは認められない。そうであるとすれば，課税要

件明確主義の観点からも，本件各自動車が普通乗用自動車に該当するものと解することは許されないものというべきである。本件各自動車のような競走用自動車に対する課税の必要性が高いのであれば，小型キャンピングカーのように同法の別表課税物品表中にその旨掲げれば足りるのであり，そのような立法手続が格別の困難を伴うものであるとも思われない」

【評　釈】

本件では，いわゆるフォーミュラータイプに属する競走用自動車が問題となっている。本件における唯一の争点は本件自動車が，旧物品税法所定の「普通乗用自動車」に該当するか否かである[12]。本判決の法廷意見は，まず最初に旧物品税法所定の「普通乗用自動車（小型普通乗用四輪自動車）」に関して，特殊の用途に供する乗用自動車ではないとし，当該自動車の性状，機能，使用目的等を総合して判定すべきであると説示している。旧物品税法が「普通」と規定している以上，特殊な用途のための自動車は該当しないだろうし，性状，機能，使用目的等は「乗用自動車」の判断要素として的確であることから，法廷意見が示した普通乗用自動車の判断基準は一義的明確ではないものの，妥当な基準と評価できる。法廷意見がこのような判断基準を提示したことは，法の趣旨目的，立法経過等を斟酌するのでなく，あくまで文理解釈を用いて文言のみで判断するという意思表明と理解できよう。

法廷意見は，本件各自動車について，①人の移動という乗用目的のために使用されるものであり，自動車競走はこの乗用技術を競うものにすぎないこと，②本件各自動車の構造，装置が道路を走行できないことは，自動車競走の目的に適合させるべく設計，製造された結果にすぎず，乗用とは質的に異なる目的のために使用するための特殊の構造，装置を有するものではないことを理由に普通乗用自動車に該当すると論結している。以下，この二つの理由に関して検討を加えることとする。

まず，法廷意見は，本件各自動車の使用目的は「人の移動という乗用目的」であるとする。この点，尾崎裁判官の反対意見は，本件各自動車の主たる使用目的は高速走行に適合した構造や機能の開発，試験に資し，自動車その他の機械の改良，進歩，機械工業の合理化等を図るための自動車競走であるとし，人の運搬による社会的，経済的効用の達成は含まれていないと批判している。法

---

[12] 旧物品税法は「小型普通乗用四輪自動車」に関して，特に定義をしていなかった。

第9章 租税法解釈原理の再検証

廷意見が「人の移動という乗用目的」を使用目的とすることは必ずしも誤りではないが，尾崎裁判官が指摘するように「自動車競争」を使用目的と判断する方がより本質的で正鵠を得ている。この点，判例時報の本件匿名コメントは「自動車競争という使用目的は，乗用とは質的に異なる目的であるとはいえないことになろう」と主張する。確かに「自動車競争」と「乗用」は重なる部分もあるが，本件自動車は自動車競争場しか走行できず，一般道路を走行できない以上，重複部分の割合は著しく低く，もはや異質と言っても過言ではあるまい。

次に，法廷意見は本件各自動車の構造，装置の道路走行不能性は自動車競走の目的に適合させた結果であるとし，乗用とは質的に異なる目的のための特殊の構造，装置ではないとする。これに対して，尾崎裁判官の反対意見は専ら自動車競走場における高速走行を目的とした特殊な構造，装置を備えたものであり，道路走行のために必要な構造，装置の重要な一部を欠いていると反論している。明らかに法廷意見の主張よりも尾崎反対意見の見解の方が説得的である。旧物品税法所定の「乗用」は，主に一般道路を走行することを前提にしていると解してよいと思われる。本件自動車が自動車競争場しか走行できないことは，旧物品税法所定の「乗用」に該当しない決定的な理由であるといえよう。法廷意見は，文理解釈によるアプローチをし，本件競争用自動車を「普通乗用自動車」に該当すると判断したが，不自然な解釈をしているとの印象は拭えない[13]。

なお，本件においては，前述した通り，尾崎行信裁判官が反対意見を述べている。元原利文裁判官も同調しているこの反対意見は，単に文理だけでなく，旧物品税法，旧物品税基本通達，税務当局の行政解釈との整合性，課税要件明確主義，立法手続の困難性の欠如を理由として，本件競争用自動車は「普通乗用自動車」に該当しないとの結論を下しており，大変興味深いものである。そこで，以下では，この注目すべき反対意見について，文理以外の5つの理由を中心に分析を試みたい。

---

(13) 川田・前掲(10) 194頁は「特に，物品税のような個別物品税については，同様の機能を有するものが，課税対象になるか否かで製品価格に大きな差が生じてくる。そのため，同一の機能，性状等を有する物品については，課税上も競争上のバランスを保つという観点から同種物品に対する同一取扱いという強い要請があった。本件判決はこのような実務上の要請にも十分配慮したものであり，妥当な結論と考えられる。」としながらも，「実務上の観点のみが重視されると，結果的に課税要件明確主義がないがしろにされ，納税者の予測可能性が失われて行政の透明性が失われてしまう恐れがある」と指摘している。

3 租税法解釈に関する最高裁判例の検討

　まず，尾崎反対意見は旧物品税法との不整合を理由としてあげている。というのは，旧物品税法別表課税物品表第2種7号2は小型キャンピングカーを課税物品として掲げており，「普通乗用自動車」とは別の物品とみなしているからである。この点，判例時報の本件匿名コメントは「キャンピングカーは，人の移動という乗用目的とは質的に異なる目的（キャンプ）のために使用するための特殊の構造，装置を有するものであって，本件各自動車のような競争用自動車とキャンピングカーとを同列に論ずることは必ずしも適当ではないということになろう」と主張する。しかし，キャンピングカーの目的は，敢えていえば人の乗用とキャンプの両方である。キャンプが主な使用目的としても，「人の移動という乗用目的」も含むことは否定できない。したがって，反対意見が指摘するように，小型キャンピングカーの方が競争用自動車よりも「普通乗用自動車」と解釈できる余地があると考える。旧物品税法が小型キャンピングカーを「普通乗用自動車」とみなしていない以上，本件各自動車が「普通乗用自動車」に該当すると解釈することは，旧物品税法の規定上無理がある。この反対意見の理由はある程度説得力があると考えてよいだろう。

　次に，反対意見は，旧物品税基本通達との不整合を論拠としている。しかし，法令解釈の基準として，上級行政機関が発する通達は，下級行政機関を拘束するのみで，国民や裁判所を拘束せず，外部効果を有さない。したがって，旧物品税基本通達と整合性がとれるように旧物品税法を解釈しなければいけないわけではない。この論拠は不適正である。

　尾崎裁判官の反対意見は，税務当局が行政解釈により遊園地専用の乗用自動車及びゴーカートを「普通乗用自動車」に該当しないとしたことを根拠としてあげている。確かに，遊園地専用の乗用自動車及びゴーカートは限られた場所でしか走行できないという点で競争用自動車に類似しているとも考えられる。しかし，その性状，機能，使用目的等が著しく異なることも否定できない。遊園地専用の乗用自動車及びゴーカートが「普通乗用自動車」に該当しない以上，本件各自動車も「普通乗用自動車」に該当しないという解釈は導けない。この根拠は不適切であると考える。

　尾崎裁判官は，本件各自動車が「普通乗用自動車」に該当すると解することは課税要件明確主義に反することを理由としている。課税要件明確主義とは，法律や政省令における課税要件及び租税の賦課・徴収の手続の規定は一義的で明確でなければならないとする原則である。仮に旧物品税法の「普通乗用自動

車」という文言が課税要件明確主義に反するならば無効となるわけだが，反対意見は課税要件明確主義を単なる租税立法原則ではなく，租税法の解釈原理と位置づけ，それに適合するよう解釈すべきであると主張している。この点，増田晋は「課税要件明確主義について『疑わしきは納税者の利益に』との解釈原理を表明したものとも考えられ注目に値する[14]」と分析している。課税要件明確主義を解釈原理とすることは，一定の評価はすべきだろう。

　最後に，尾崎反対意見は，競争用自動車を旧物品税法の別表課税物品表中に掲げればよく，その立法手続が格別の困難でないことを主張する。しかし，立法手続の政治的容易性は，旧物品税法解釈の問題とは別次元の問題である。この理由は妥当性を欠くと思われる。

　以上から，反対意見が提示した5つの理由の中で3つは不適格である。また，課税要件明確主義に基づく解釈の必要性も一応正当としてよいが，幾分割り引いて考えねばならないだろう。これ以外に，尾崎裁判官が見逃している点として，旧物品法が掲名主義を採用していることがあげられる。旧物品税法1条は「別表に掲げる物品には，この法律により，物品税を課する」とし，同法2条2号は「不課税物品」は「別表に掲げる物品以外の物品をいう」と規定している。このことから，掲名された課税物品に関しては拡張解釈は許されないとするのが旧物品税法の趣旨といえよう。というのは，仮に掲名された課税物品の広範な解釈が認められると，旧物品税法が掲名主義をとった意味がなくなるからである。この旧物品法の掲名主義及び2つの適切な理由を考慮すると，本件各自動車は「普通乗用自動車」に該当しないと解釈すべきである。

　法廷意見は文理解釈を採用しているが余りうまくいっていないようである。むしろ，文理解釈に拘泥し，文言しか斟酌しなかったために誤った結論を導いてしまった。法廷意見とは対照的に，尾崎反対意見は目的論的解釈を採用しており，一定の説得力を有している。なぜ，法廷意見は目的論的解釈によるアプローチをしなかったのか。推測の範囲であるが，1つには，憲法秩序維持の要諦である租税法律主義の観点から，「普通乗用自動車」という用語を不確定概念と把握し，目的論的解釈をすることに抵抗があったからだろう。もう1つは文言以外に旧物品税の目的趣旨等を勘案すると，本件各自動車を「普通乗用自動車」と解釈することが不可能であったからではないだろうか。その意味では，

---

(14) 増田・前掲(10) 29頁。

結論ありきの判決ではなかったのかという疑いが残る判決であった。

(3) ガイアックス事件最高裁判決[15]

【事実の概要】

X（原告，控訴人，上告人）は石油製品の仕入れ，販売等を目的とする株式会社であり，ガイアックスという名称の自動車用燃料（以下「本件燃料」という）の販売等をしていた。本件燃料は，炭化水素，アルコール系化合物等を成分とし，1気圧において温度15度で液状を呈するが，炭化水素の含有割合は，本件に関して採取された試料において33.7～46.8パーセントにすぎないものであった。

Y（都税事務所長－被告，被控訴人，被上告人）は，本件燃料が地方税法旧700条の3第3項及びこれを受けて定められた東京都都税条例103条の2第4項において「炭化水素油」に含まれるとされる「炭化水素とその他の物との混合物」に当たるとして，Xの平成12年3月から同年6月までの期間における本件燃料の販売及び消費について，軽油引取税決定処分及び不申告加算金賦課決定処分（以下「本件各処分」という）をした。

これに対して，Xは炭化水素を主成分としない本件燃料は地方税法旧700条の3第3項等に規定する「炭化水素とその他の物との混合物」に当たらず，その販売及び消費は軽油引取税の課税の対象にならないなどと主張して，本件各処分の取消しを求めて，本訴を提起した。

第一審判決[16]（東京地判平15・1・22判時1824号17頁）は，本件燃料は「炭化水素とその他の物との混合物」に該当しないとし，本件各処分が違法である旨のXの請求を退けた[17]。控訴審判決（東京高判平15・9・24）は，第一審判決を引用して，Xの控訴を棄却した。

【判　　旨】

上告棄却。

「地方税法（平成16年法律第17号による改正前のもの）700条の3及び東京都

---

(15) 評釈として，棚瀬誠・税61巻9号51頁，江原勲・税62巻7号36頁，中里実・税研148号45頁等がある。

(16) 評釈として，中園浩一郎・平成15年行政関係判例解説139頁，駒宮史博・ジュリ1304号198頁等がある。

(17) 但し，本件燃料の中で原動機付自転車に販売ないし消費された分については軽油引取税を課税できないとして，本件各処分の一部を取消している。

都税条例（昭和25年東京都条例第56号）103条の2は，所定の炭化水素油の販売等を軽油引取税の課税の対象としているところ，同法700条の3第3項及び同条例103条の2第4項（以下，これらの規定を併せて『本件各規定』という。）は，上記の炭化水素油について，『炭化水素とその他の物との混合物又は単一の炭化水素で，1気圧において温度15度で液状であるものを含む』と規定している。

　軽油引取税は，本来，軽油を燃料とする自動車の利用者が道路整備の受益者であることから，道路に関する費用に充てることを目的として軽油の引取りを課税の対象とするものであったところ，本件各規定は，軽油以外の『炭化水素とその他の物との混合物』であっても自動車の内燃機関の燃料とされるものについては，その販売等を軽油引取税の課税の対象とすることによって税負担の公平を図ろうとしたものである。このような本件各規定の趣旨やその文理に照らせば，本件各規定にいう『炭化水素とその他の物との混合物』とは，炭化水素を主成分とする混合物に限らず，広く炭化水素とその他の物質とを混合した物質をいうものと解するのが相当である」

【評　　釈】

　本件では，いわゆるガイアックスと称される自動車用燃料が争われている。本件の主な争点は，地方税700条の3第3項の解釈である。具体的に言えば，本件燃料が地方税700条の3第3項所定の「炭化水素とその他の物との混合物」に該当するか否かである。本判決は第一審判決，控訴審判決と同様に本件燃料は「炭化水素とその他の物との混合物」に該当しないとの立場をとっている。その根拠として，本判決は，税負担の公平を図る本件各規定の趣旨，文理をあげている。以下，考察することにしたい。

　まず，本判決は，本件各規定の趣旨は軽油以外の「炭化水素とその他の物との混合物」であっても自動車の内燃機関の燃料に関しては，その販売等を軽油引取税の課税対象とすることで，税負担の公平を図ることを理由としてあげている。当時，軽油引取税が道路に関する費用への充当を目的としており，あらゆる自動車利用者が受益者となっていた。仮に軽油の販売等のみ軽油引取税の課税対象とすると，租税負担の公平に著しく反することになることから，地方税法は軽油以外の「炭化水素とその他の物との混合物」も課税対象に加えたわけである。その視座からは，この規定を限定的に解釈することは不自然である。この理由は妥当といえよう。また，本判決は，本件各規定を解釈する上で，租

税公平主義の理念を解釈原理として用いているようにも思える。この点は注目に値する。

　次に，本判決は，その文理の観点から，本件燃料は「炭化水素とその他の物との混合物」と解釈できないことも論拠としている。この点，第一審判決は「本件規定は，『炭化水素とその他の物との混合物』と規定しているのにとどまり，その混合割合については何ら限定しているわけではないのであるから，これを常識的に理解する限り，この規定から直ちに炭化水素化合物が主成分になっていることが要求されている……と解することはできない」と判示している。このように，「炭化水素とその他の物との混合物」を炭化水素化合物が主成分である物質と限定的に解釈することは文理上余りにも不自然である[18]。この理由は正当であると評価できる。

　以上から，本判決が提示した2つの理由は的確である。また，軽油引取税の歴史はまさしく新製品に対する税制改正の歴史である[19]。本判決は触れていないが，昭和45年，第63回国会参議院地方行政委員会において，近藤隆之説明員が「この安全燃料というのが，これが軽油の規格にも該当しない，それから揮発油の規格にも該当しない。半分アルコールがまじっているわけでございます。……そういった燃料が出回り始めたということでございます。……これらのものはいろいろな形をとっておりますけれども，結局は自動車の燃料になるわけでございますので，そういう観点から，自動車の燃料になるものはすべて自動車保有者の段階においてかけるということにしたわけでございます[20]」と発言している。この近藤説明員の説明も立法経過の1つとして参考に値する。これらの要素に鑑みれば，本件燃料は「炭化水素とその他の物との混合物」に該当しないと考える[21]。本判決は適切である。

---

(18)　駒宮・前掲(16) 200頁は，より広い概念をより狭い概念に含めるという規定の仕方に問題があったため，このような解釈上の疑義が生じたと指摘する。

(19)　棚瀬・前掲(15) 62頁。

(20)　第63回国会参議院地方行政委員会会議録13号15頁。

(21)　もっとも，この点，駒宮・前掲(16) 200頁は「問題はまた，税法上の文言解釈に当たり，立法・改正当時の国会審議資料がどこまで斟酌されるべきかである。立法趣旨を知る上では国会の審議資料は確かに有効であるが，個別の事案における法律の解釈・適用においては，必ずしも立法趣旨に拘束されずに，事案の実態に即した法の解釈・適用が行われるべき場合も少なくないからである。また，立法趣旨は立法趣旨として，それがどこまで法律の文言上適切に規定されているかについての検討も必要である」と主張している。

本判決は目的論的解釈をとり，地方税法の規定の趣旨を考量し，本件燃料は「炭化水素とその他の物との混合物」に該当しないと判断している。さらに，「その文理に照らせば」と述べているように，文理解釈の見地からも簡潔に検証し，やはり「炭化水素とその他の物との混合物」には該当しないとの結論に至っている。本件においては，通説の解釈原理に従い，最初に文理解釈によるアプローチをし，本件燃料は地方税法旧700条の3第3項所定の「炭化水素とその他の物との混合物」に該当しないという結論は十分導き出せたはずだし，目的論的解釈を用いる必要性はなかった。にもかかわらず，本判決が通説の解釈原理とは異なり，最初に目的論的解釈を用い，後から文理解釈を使用するという併用型を採用したのは，文理解釈だけでは説得力のある理由が提示できず，判決に迫力がでないと考えたからではないだろうか[22]。また，本判決は目的論的解釈から判断して妥当な結論に至ったにもかかわらず，最後に軽く「文理」に触れて判断を下している。これは文理解釈を用いないと，課税要件法定主義の見地から批判されることを恐れ，アリバイ的に言及したものと推測できる。

(4) ホステス報酬計算期間事件最高裁判決[23]

【事実の概要】

Xら（原告，控訴人，上告人）はパブクラブを経営しており，毎月1日から15日まで（ただし，毎年1月は3日から15日まで）及び毎月16日から月末まで（ただし，毎年12月は16日から30日まで）をそれぞれ1期間と定め（以下，各々の期間を「本件各集計期間」という），本件各集計期間ごとに各ホステスの報酬の額を計算し，毎月1日から15日までの報酬を原則としてその月の25日に，16日から月末までの報酬を原則として翌月の10日に，各ホステスに対してそれぞれ支払っていた。

---

(22) 中里・前掲(15) 47頁は，最高裁が単に文言のみに依拠せず，軽油引取税の課税趣旨から導かれる課税の公平の確保の観点から解釈したことを「日本の司法の成熟度を示す名判決」と高く評価している。このことから，中里実もまた通説の解釈原理と必ずしも同様の立場に立っているわけではないようである。

(23) 評釈として，伊藤剛志・ジュリ1405号170頁，増田英敏・TKC税研19巻5号14頁，鎌野真敬・ジュリ1416号74頁，髙野幸大・判評625号（判時2099号）164頁，大淵博義・ジュリ1421号131頁，山畑博史・速報判例解説8号（法セ増刊）257頁，岩﨑政明・平成23年度重判解（ジュリ1440号）209頁，佐藤英明・租税判例百選〔第5版〕30頁，渕圭吾・租税判例百選〔第6版〕28頁等がある。

3 租税法解釈に関する最高裁判例の検討

　Xらは，各ホステスに対して支払う報酬の額について，「1時間当たりの報酬額」（本件各集計期間における指名回数等に応じて各ホステスごとに定まる額）に「勤務した時間数」（本件各集計期間における勤務時間数の合計）を乗じて計算した額に，「手当」（本件各集計期間における同伴出勤の回数に応じて支給される同伴手当等）の額を加算して算出し，各ホステスの報酬の額から，5,000円に本件各集計期間の全日数を乗じて計算した金額及び「ペナルティ」（各ホステスが欠勤，遅刻等をした場合に「罰金」として報酬の額から差し引かれるもの）の額を控除した残額に100分の10の税率を乗じて各月分の源泉所得税額を算出し，その金額に近似する額を各法定納期限までに納付していた。

　Yら（所轄の税務署長－被告，被控訴人，被上告人）は各ホステスの本件各集計期間中の実際の出勤日数が所得税法施行令322条の「当該支払金額の計算期間の日数」に該当するとして，Xらに対し，差額分の納税告知処分及び不納付加算税の賦課決定処分（以下，本件各処分という）をした。

　これに対して，Xらは本件各処分につき，Yらに異議申立て，国税不服審判所長に審査請求を行ったがいずれも棄却されたため，本件各処分の取消しを求めて，本訴を提起した。

　第一審判決[24]（東京地判平18・3・23民集64巻2号453頁）は所得税法施行令322条の「当該支払金額の計算期間の日数」は各実際の出勤日の日数であると判示し，Xらの請求を棄却した。控訴審判決[25]（東京高判平18・12・13民集64巻2号487頁）は，第一審判決を引用して，Xらの控訴を棄却した。

【判　旨】

破棄差戻し。

　「一般に，『期間』とは，ある時点から他の時点までの時間的隔たりといった，時的連続性を持った概念であると解されているから，施行令322条にいう『当該支払金額の計算期間』も，当該支払金額の計算の基礎となった期間の初日から末日までという時的連続性を持った概念であると解するのが自然であり，これと異なる解釈を採るべき根拠となる規定は見当たらない」

　「租税法規はみだりに規定の文言を離れて解釈すべきものではなく，原審のような解釈を採ることは，上記のとおり，文言上困難であるのみならず，ホス

---

[24] 評釈として，川田剛・ジュリ1330号173頁，鈴木雅博・税研148号219頁等がある。
[25] 評釈として，三木義一・Lexis判例速報19号117頁，佐藤孝一・TKC税研17巻1号44頁等がある。

テス報酬に係る源泉徴収制度において基礎控除方式が採られた趣旨は，できる限り源泉所得税額に係る還付の手数を省くことにあったことが，立法担当者の説明等からうかがわれるところであり，この点からみても，原審のような解釈は採用し難い。

そうすると，ホステス報酬の額が一定の期間ごとに計算されて支払われている場合においては，施行令322条にいう『当該支払金額の計算期間の日数』は，ホステスの実際の稼働日数ではなく，当該期間に含まれるすべての日数を指すものと解するのが相当である」

【評　釈】

本件では，ホステス報酬の計算期間が問われている。本件の主な争点は所得税法施行令32条所定の「当該支払金額の計算期間の日数」の解釈である。具体的には本件各集計期間の全日数と解するのか，あるいは本件各集計期間の中で各ホステスの実際の出勤日数と解するのかが争われている。本判決は，第一審判決，控訴審判決とは異なり，「当該支払金額の計算期間の日数」は本件各集計期間の全日数を意味するとの解釈を採用した。その理由として，「期間」の一般的意義，ホステス報酬に係る源泉徴収制度において基礎控除方式が採られた趣旨をあげている。以下，分析をすることにしたい。

まず，本判決は一般的に「期間」は「ある時点から他の時点までの時間的隔たりといった，時的連続性を持った概念である」とし，したがって，所得税施行令322条所定の「当該支払金額の計算期間」も「当該支払金額の計算の基礎となった期間の初日から末日まで」と解釈するのが自然であると結論づけている。このように，本判決は「期間」という用語に関して，私法の借用概念の解釈問題とする立場をとらず，一般常識に基づく言語学的な解釈により判断していた[26]。本判決の判断は合理的であると評価して良いだろう。

次に，本判決は，ホステス報酬に係る源泉徴収制度において基礎控除方式が採られた趣旨は，立法担当者の説明[27]等により，できる限り源泉所得税額に係る還付の手数の省略にあることを論拠としている。この点，第一審判決は「所得税法施行令322条の『当該支払金額の計算期間の日数』の意義についてみると，ホステス等の個人事業者の場合，その課税所得金額は，その年中の事

---

(26) 同旨，岩﨑・前掲(23) 210頁。
(27) 掃部実「所得税法の改正」国税速報2023号45頁，中橋敬次郎「所得税・法人税・租税特別措置法関係政令の改正点について」租税研究208号11頁参照。

業所得に係る総収入金額から必要経費を控除した金額（所得税法27条2項）であるから，源泉徴収においても，『同一人に対し1回に支払われる金額』から可能な限り実際の必要経費に近似する額を控除することが，ホステス報酬に係る源泉徴収制度における基礎控除方式の趣旨に合致するというべきである」と判示しているが[28]，本判決はこの見解を否定している。理に適った判決と判断できる。

以上から，本判決が提示した2つの理由は適切であり，所得税法施行令322条所定の「当該支払金額の計算期間の日数」は本件各集計期間の中で各ホステスの実際の出勤日数と解するのが適正であろう。

本判決は最初に文理解釈を採用し，一般人の常識的視点から「期間」を「ある時点から他の時点までの時間的隔たりといった，時的連続性を持った概念である」とリテラルな解釈をしている。通説の解釈原理に従えば，これで解釈作業は終了してよいことになる。しかし，その後，本判決は目的論的解釈を採用し，ホステス報酬に係る源泉徴収制度において基礎控除方式が採られた趣旨を理由に原審の解釈を否定していた。このように，本判決は，文理解釈と目的論的解釈を併用していた。この点，「もっとも，本判決は，文理解釈の原則から，原審の解釈が文言上困難であるとしているのであって，基礎控除方式の趣旨に言及しているとはいえ，必ずしも，原審のように，規定の文言からは判然としないため，当該規定の趣旨に遡るという手法を採っているというわけではないように思われる[29]」との指摘があるように，通説の解釈原理とは異なるものであった。すなわち，最初に文理解釈で結論を出して，その結論の正当性を示すために，いわば「検算」として目的論的解釈を使用していたのである[30]。あるいは，本判決も文理解釈による「期間」の一般的意義という理由だけでは十分説得的でないと考えたためか，目的論的解釈によるアプローチをすることで理由を補強したともとれる。これならば，一般常識的視点からの検証である

---

(28) 大淵・前掲(23) 134頁は「その稼動日とは無関係に発生する必要経費は，ホステス業の経費として最も多額な衣装代にかかる必要経費である。……業務稼働出勤日数説を採用した本件原審判決等は，ホステス業の必要経費発生についての理解に基礎的な誤謬があ」ると指摘している。

(29) 山畑・前掲(23) 260頁。

(30) 金子・前掲(1) 6頁も「この判決について注目されることは，文理解釈に併せて規定の立法趣旨にも論及し，文理解釈の結論が立法趣旨にも合致することを確認していることである」と分析する。

文理解釈など使用せずに，最初から目的論的解釈のみを採用し，ホステス報酬に係る源泉徴収制度において基礎控除方式が採られた趣旨を理由に結論を下してもよかったと思われる。恐らく，最高裁は，租税法律主義の精神，権力分立主義，通説の解釈原理の視座から，文理解釈を使用せずに論結することには問題があると考えたと思われる。

本判決は「租税法規はみだりに規定の文言を離れて解釈すべきものではな」いと判示し，原審を厳しく批判している[31]。この本判決の趣旨には基本的に賛成ではあるが[32]，問題点もある。このような主張をするならば，最初に租税法とは何か，厳密に定義する必要があっただろう。また，渕圭吾が「このように，他の法分野において体系的解釈が主流であることを考えると，租税法規の解釈について他の法分野における法規の解釈とは異なって規定の文言が特段に重視されるというためには，租税法規が侵害規範であるということにとどまらない正当化根拠が必要だろう[33]」と指摘するように，なぜ租税法であると，原則として規定の文言を離れた解釈が禁じられるのか，その理由を示す必要があった。各法律の法的性格はその特徴により分類したものに過ぎず，法的性格は解釈のあり方を決定するものではない。租税法だから，アプリオリに規定の文言を離れた解釈は禁じられるということでは説得力がないだろう。さらに，本判決が本件において，文理解釈だけに徹しているならば，この主張にも迫力があったが，実際には，規定の文言を離れた解釈も許容する目的論的解釈も採用している。この点，論理的な矛盾を感じざるを得ない。もっとも，本判決は「みだりに」という条件はつけているので，目的論的解釈によるアプローチをしても，原則として規定の文言を離れて解釈すべきでないという趣旨とも解せる。しかし，このようなロジックは目的論的解釈に大きな制約を課し，それを形骸化させる恐れもあることは否めない。

そもそも本判決のように，安易にこのような原則を一般的に宣言すること自体に問題があると考える。というのは，最高裁自身の自己拘束となり，事案に

---

(31) その後，最判平成27・7・17（判タ1418号86頁）も同様に「租税法律主義の原則に照らすと，租税法規はみだりに規定の文言を離れて解釈すべきものではないというべきであ」ると判示している。このことから，渕・前掲(23) 29頁は「本判決を契機に，裁判所は，租税法規については文理解釈が原則であるという立場を推し進めようとしているように見える」と考察する。

(32) 増井・前掲(9) 43頁も「文言から離れた解釈をいましめる」ものと評価する。

(33) 渕・前掲(23) 29頁。

応じた柔軟な解釈を結果的に封じることにもなりかねないからである。下級審が過敏に反応し，法の趣旨目的を軽視し，過剰に文字解釈に陥った判決を下す危険性もあるだろう。さらに，最高裁はレーシングカー事件及び後掲の養老保険契約保険料控除事件において，規定の文言からかけ離れた解釈をしている。このことからも，最高裁は論理の一貫性に欠けるとの批判は免れないだろう。その意味では問題のある説示であった。

(5) 養老保険契約保険料控除事件最高裁判決[34]
【事実の概要】
　X（原告，被控訴人，被上告人）は，株式会社A及び株式会社B（以下，両社を併せて「本件会社等」という）の代表取締役又は取締役等としてその経営をしてきた者である。本件会社等は，平成8年から同10年にかけて，生命保険会社との間で，被保険者をXら又はその親族，保険期間を3年又は5年，被保険者が満期前に死亡した場合の死亡保険金の受取人を本件会社等，被保険者が満期日まで生存した場合の満期保険金の受取人をXらとする複数の養老保険契約（以下「本件各契約」という）を締結した。
　本件会社等は，本件各契約に基づき，同各契約に係る保険料（以下「本件支払保険料」という）を支払ったが，うち2分の1の部分については，本件会社等においてXらに対する貸付金として経理処理がされた。他方，その余の部分については，本件会社等において保険料として損金経理がされた（以下，当該部分を「本件保険料経理部分」という）。そして，平成13年から同15年の間に順次到来した本件各契約の各満期日において，いずれも被保険者が生存していたため，Xらは，満期保険金及び割増保険金（以下「本件保険金等」という）の支払を受けた。
　Xらは，平成13年分から同15年分までの所得税につき，本件保険金等の金額を一時所得に係る総収入金額に算入した上で，本件支払保険料の全額が，所得税法34条2項にいう「その収入を得るために支出した金額」に当たり，一時

---

[34] 評釈として，高橋祐介・ジュリ1441号8頁，品川芳宣・税研165号90頁，渡辺裕泰・ジュリ1446号118頁，小林宏司・ジュリ1447号88頁，藤中敏弘・北海学園大学法学研究48巻2号117頁，髙野幸大・判例評論651号（判時2178号）146頁，占部裕典・平成24年度重判解（ジュリ1453号）206頁，山畑博史・速報判例解説12号（法セ増刊）201頁等がある。

第 9 章　租税法解釈原理の再検証

所得の金額の計算上控除し得るとして確定申告書を各所轄税務署長に提出した。

各所轄税務署長は，本件支払保険料のうち本件保険料経理部分はこれに当たらず，一時所得の金額の計算上控除できないなどとして，更正処分及び過少申告加算税賦課決定処分をした（以下，前者を「本件各更正処分」といい，後者を「本件各賦課決定処分」という）。

Xらは，本件各更正処分及び本件各賦課決定処分を不服として，各所轄税務署長に対する異議申立てをしたが，これを棄却する旨の決定がされ，国税不服審判所長に対する審査請求についても，これを棄却する旨の裁決がされたことから，本件各更正処分のうち申告額を超える部分及び本件各賦課決定処分の取消しを求めて，Y（国－被告，控訴人，上告人）に対して本訴を提起した。

第一審判決(35)（福岡地判平21・1・27民集66巻1号30頁，判タ1304号179頁）は，所得税法34条2項所定の「その収入を得るために支出した金額」は所得者本人以外の者が負担した保険料も含まれるとし，Xらの請求を認容した。控訴審判決(36)（福岡高判平21・7・29）も第1審を支持し，Yの控訴を棄却した。

【判　　旨】

一部破棄自判，一部破棄差戻し。

「所得税法は，23条ないし35条において，所得をその源泉ないし性質によって10種類に分類し，それぞれについて所得金額の計算方法を定めているところ，これらの計算方法は，個人の収入のうちその者の担税力を増加させる利得に当たる部分を所得とする趣旨に出たものと解される。一時所得についてその所得金額の計算方法を定めた同法34条2項もまた，一時所得に係る収入を得た個人の担税力に応じた課税を図る趣旨のものであり，同項が『その収入を得るために支出した金額』を一時所得の金額の計算上控除するとしたのは，一時所得に係る収入のうちこのような支出額に相当する部分が上記個人の担税力を増加させるものではないことを考慮したものと解されるから，ここにいう『支出した金額』とは，一時所得に係る収入を得た個人が自ら負担して支出したものといえる金額をいうと解するのが上記の趣旨にかなうものである。また，同項の『その収入を得るために支出した金額』という文言も，収入を得る主体と支出をする主体が同一であることを前提としたものというべきである。

---

(35) 評釈として，山畑博史・速報判例解説6号（法セ増刊）315頁等がある。
(36) 評釈として，岩﨑政明・ジュリ1407号173頁，増田英敏・TKC税研19号5号1頁等がある。

したがって，一時所得に係る支出が所得税法34条2項にいう『その収入を得るために支出した金額』に該当するためには，それが当該収入を得た個人において自ら負担して支出したものといえる場合でなければならないと解するのが相当である」

「なお，所得税法施行令183条2項2号についても，以上の理解と整合的に解釈されるべきものであり，同号が一時所得の金額の計算において支出した金額に算入すると定める『保険料…の総額』とは，保険金の支払を受けた者が自ら負担して支出したものといえる金額をいうと解すべきであって，同号が，このようにいえない保険料まで上記金額に算入し得る旨を定めたものということはできない。所得税法基本通達34－4も，以上の解釈を妨げるものではない」

【評　釈】

本件では，養老保険を利用したいわゆる租税回避スキームが問題となっている。本件の主な争点は，所得税法34条2所定の「その収入を得るために支出した金額」の解釈である。本判決は，第一審判決及び控訴審判決とは異なり，所得税法34条2項所定の「その収入を得るために支出した金額」は，自らが負担して支出した保険料に限定されるとの見解をとっている。その理由として，所得税法34条2項の趣旨，文言をあげている。以下，検証することにしたい。

本判決の法廷意見は，所得税法23条ないし35条の趣旨を根拠に所得税法34条2項の趣旨も一時所得に係る収入を得た個人の担税力に応じた課税を図ることであるとし，「その収入を得るために支出した金額」を一時所得の金額の計算上控除した理由は，個人の担税力を増加させていないからであると説示し，したがって「支出した金額」とは一時所得に係る収入を得た個人が自ら負担して支出した金額であると結論づけている。この点，控訴審判決は「所得税法施行令183条2項2号本文は，生命保険契約に基づく一時金が一時所得となる場合，保険料又は掛金の『総額』を控除できるものと定めており，同文言を素直に読むと，原判決が判示するとおり，所得者本人負担分に限らず保険料等全額を控除できるとする解釈に軍配を上げざるをえない」とし，「所得税基本通達34－4の文言上からは，養老保険契約に基づく満期保険金が一時所得となる場合，所得者以外の者が負担した保険料も控除できることは明白であって，所得税法，同法施行令の各規定及び上記通達を整合的に理解しようとすれば，他の解釈を容れる余地はないといわざるをえない」と判示している。これに対して，法廷意見は，所得税法施行令183条2項2号に関しても，所得税

第9章　租税法解釈原理の再検証

34条2項の解釈に整合的に解釈されるべきと論断している。この問題について，須藤裁判官の補足意見は「もとより，法規より下位規範たる政令が法規の解釈を決定付けるものではないし，いわんや一般に通達は法規の解釈を法的に拘束するものではないが，同通達は上記のような趣旨に理解されるものであって，要するに，同施行令同号も，同通達も，いずれも所得税法34条2項と整合的に解されるべきであるし，またそのように解し得るものである」と法廷意見を実質的に解説していた。恐らく，控訴審判決は予測可能性，法的安定性の見地から，所得税法施行令183条2項2号や所得税基本通達34－4を文言通りに解釈できるよう，所得税法を解釈したものと思われる。しかし，仮に控訴審判決のように政令や通達が法律の解釈指針となるロジックがまかり通れば，裁判所は法律を解釈する上で政令や通達の影響下に置かれ，単なる行政庁による解釈の追認機関になってしまう。法廷意見や補足意見が説示するように所得税法施行令183条2項2号及び所得税基本通達34－4は，所得税法34条2項を解釈する上での考慮要素にすべきではないだろう。もっとも，法廷意見や補足意見が主張するように法律の解釈自体が政令や通達の解釈指針になりうるかは疑問がないわけではない[37]。しかし，これは租税法律主義の精神を解釈原理として認めたものとして，一定の評価はしてもよいと考える。法廷意見は目的論的解釈によるアプローチをし，所得税法34条2項の趣旨を斟酌して，「その収入を得るために支出した金額」を解釈しており，首肯できる[38]。

次に，法廷意見は，所得税法34条2項の「その収入を得るために支出した金額」という文言に関しては「収入を得る主体と支出をする主体が同一であることを前提としている」と判示している。この法廷意見の説示は余りに短すぎて，その趣旨が理解し難いものがある。この点につき，控訴審判決は「その文言（なお，所得者本人が負担した金額に限るとは規定していない。）だけでは，仮に，生命保険契約等に基づく生命保険金等の一時金又は損害保険契約等に基づ

---

(37) 藤中・前掲(34) 127頁 は「政令は……その法解釈を明確化するために規定されており，本来一義的に解釈できるように規定しているものである。その解釈を整合性という解釈技術を用いて解釈すべきことを示唆しているのは，政令そのものが租税法律主義違反であることを指摘するようなものであり法解釈における循環論に陥っている」と指摘している。

(38) 高橋・前掲(34) 9頁は「実務追認的な解釈を導きやすい下級審判決のアプローチより，法の趣旨を探り，法令と通達を明確に区別する法廷意見のアプローチは，租税の民主的統制の観点及び通達の位置づけから，妥当といえる」と評価する。

3 租税法解釈に関する最高裁判例の検討

く損害保険金等の満期返戻金等が，一時所得とされる場合に，その一時所得の金額の計算上控除される保険料等は，その一時金を取得した者自身が負担したものに限られるのか，それとも，その生命保険金等又は損害保険金等の受給者以外の者が負担していたものも含まれるのかについては，法文上必ずしも明らかではないというしかない」と判示している。このように所得税法34条2項の文言を素直に解釈すれば，法廷意見のような解釈を導き出すことは困難である。なぜこのような解釈に至ったのか，法廷意見はもう少し詳細な説明をする必要があっただろう。この点，須藤裁判官の補足意見は「所得税法34条2項の『その収入を得るために支出した金額』という条文を普通に読めば，ある個人が一時所得に係るある収入を得るために負担した支出があるなら，所得税課税の対象は，その支出を差し引いた上でのその個人が稼得した経済的利得であるべきで，その収入全部に課税するのは不合理である（逆にいえば，その支出をした者が別人であれば収入金額全額が経済的利得たる所得であってその支出を差し引いた金額にしか課税しないことは不合理である）という趣旨に読まれると思われる。したがって，同条項で，収入を得た者と支出をした者が同一でなければならないとの前提が採られているという点は，一般的な常識に合致するものであろう」と本判決を敷衍している。しかし，この須藤補足意見は文理解釈を採用し，一般常識に基づいて文言を解釈したというよりも，目的論的解釈を用いて，所得税法34条2項の趣旨を勘案し解釈したものであり，あまり説得的ではない。

以上から，所得税法34条2項の趣旨のみ適切な理由といえよう。これ以外に，須藤補足意見は「法人税額算出に当たって損金経理されるという方法で保険料のうち非課税とした半額部分を，更に所得税額算出に当たっても控除されるべき金額として扱い，そのことによって重ねて非課税とする結果を生じさせるというようなことは，不合理であろう」と指摘している。この二重非課税問題も考慮要素に含めて良いだろう。これらの要素を総合的に考察すると，確かに所得税法34条2項の「その収入を得るために支出した金額」という文言からは，収入を得る主体と支出をする主体が同一であるとは解釈は導けないが，所得税法34条2項の趣旨，須藤反対意見が指摘する二重非課税が所得税法及び法人税法の趣旨に反することから，所得税法34条2項所定の「その収入を得るために支出した金額」の「支出」は，「収入を得る主体による支出」に限定されると解釈できよう。本判決の結論は妥当である。

第9章　租税法解釈原理の再検証

　本判決は，最初に目的論的解釈を採用し，所得税法34条2項の趣旨から「その収入を得るために支出した金額」を解釈している。その後，本判決は文理解釈を用いたのか定かではないが，詳しい説明もなく突然「収入を得る主体と支出をする主体が同一であることを前提としている」という解釈を提示している。恐らく，本判決は文理解釈を用いようとしたが，所得税法34条2項所定の「その収入を得るために支出した金額」の「支出」は「収入を得る主体による支出」とする解釈は到底導き出せないことから，表面的には文理解釈を使用したかのように装いをしながら，実質的に放棄したと考える。本件においては，文理解釈によるアプローチをせず，最初から目的論的解釈をとり，所得税法34条2項の趣旨，二重控除の不公正性を斟酌して解釈した方が余程的確であったと考える。

(6)　総　　括

　租税法解釈に関する最高裁判例を簡単に整理すると，次のようになる。レーシングカー事件判決では，通説の解釈原理通りに文理解釈に徹して，目的論的解釈を採用しなかったため誤った結論を導いてしまった。一方，尾崎裁判官の反対意見は目的論的解釈を使用し，妥当な結論を下していた。ガイアックス事件判決では，通説の解釈原理に従い文理解釈によるアプローチをすれば十分正しい結論を出せたにも関わらず，主に目的論的解釈をとり，最後にアリバイ的に軽く文理解釈を用いるという併用型を採用していた。ホステス報酬計算期間事件判決では，文理解釈のみで適正な結論を導き出しており，通説の解釈原理に従えば解釈作業は終了してもよいはずなのだが，引き続き目的論的解釈も使用していた。養老保険契約保険料控除事件判決では，目的論的解釈を用いて妥当な結論に至ったが，表面的には文理解釈を用いているようで，実質的には放棄していた。

　最高裁判例を検証する限り，通説の解釈原理に従っておらず，租税法の解釈手法にプリンシプルがないように見受けられる。一方で，最高裁は一貫して文理解釈を用いており，その意味では文理解釈を基本とする租税法学の通説の影響を一定程度受けているようにも思える。なぜ，最高裁は文理解釈に固執しつづけ，完全には脱却できないのだろうか。その理由は，文理解釈を形式的にでも使用しないと，権力分立の趣旨に反している，憲法84条の租税法律主義を形骸化させている，国会の意思を尊重しておらず，民主主義の精神に反してい

る等の批判を受ける恐れがあるからであろう。

　しかし，文理解釈自体がそれほど優れた解釈手法であるかといえば疑問である。先に述べた通り，確かに文理解釈は一般人の理解の容易性，共通の客観的解釈の成立，予測可能性，法的安定性の実現というメリットがあることは間違いないが，文理だけを斟酌し，法の趣旨目的，立法経過，関連法令との整合性等を考慮しないことは，誤った解釈に陥る危険性があるからである。レーシングカー事件判決は文理に拘り過ぎたため誤った結論を導いた代表的判決であり，研究者からの批判も根強くある(39)。養老保険契約保険料控除事件の第一審判決，控訴審判決は政令や通達を文理解釈によったために妥当性を欠く結論に至ってしまった。

　また，裁判官が文理解釈のみを採用した場合，課税庁や納税者を納得させられるだけの理由を示し，説得力のある判決を下せるのかという疑問もある。レーシングカー事件判決は，文理解釈に固執したために空虚な理由しか提示できなかった。ガイアックス事件判決，ホステス報酬計算期間事件判決は文理解釈だけで解決できたにも関わらず，わざわざ目的論的解釈も併用し，理由付けを補強している。逆に，養老保険契約保険料控除事件判決では，文理解釈を実質的に活用していなかったが，目的論的解釈を用いてある程度説得的な理由の提示ができていた。このように，文理解釈に拘泥する最高裁判例は，むしろ文理解釈の問題点を浮き彫りにしたと評価できよう。

4　仕組み解釈の可能性

　それでは，租税法の解釈はどうあるべきだろうか。租税法もその一分野である行政法学においては，いわゆる仕組み解釈と呼ばれる解釈手法が主張されている。行政法学者の塩野宏は「条文の解釈に当たっては，単にその条文の字句に沿った解釈を心掛けるだけでは不十分で，その法律全体の仕組みを十分理解し，その仕組みの一部として当該条文を解釈していくことが必要である。これを『仕組み解釈』と呼ぶこともできる」とし，仕組み解釈のためには「関連の

---

(39) 増田・前掲(10) 29 頁は，反対意見は他の法令・登録基準・他の自動車に関する税務当局の取扱等との整合的解釈を試みたうえ，社会通念に従った解釈を導いているのに対し，多数意見はかかる整合的解釈を行っておらず，反対意見の方が説得力があると評価している。また，金子・前掲(2) 116 頁注 1 は「一種の拡張解釈であるというべきであろう」と批判している。

他の法律」,「条文相互の技術的操作」,「当該法律が奉仕する目的ないし価値」,「憲法的価値」を斟酌に入れることを提唱している(40)。そして，この仕組み解釈(41)こそ租税法に相応しいのではないかと考える。というのは，租税法ほど入念に時間をかけて仕組みを構築し，複雑に制度設計された法律は存在しないからである。租税法だからこそ，仕組みを完全に理解した上で解釈することが求められる。すなわち，法の目的価値，憲法的価値，条文及び関連法令の整合性，立法経過(42)等を考察して租税法全体の仕組みを把握して，当該条文を解釈すべきであると考える(43)。

　法解釈手法に関して，塩野宏は「行政法規の解釈に当っては，出発点に文理解釈をとるか目的論的解釈をとるかを決めるのではなく，当該法律の奉仕する価値・目的を明らかにし，その上に立って，具体の条文についてどのような解釈方法をとるのが適合的であるかを考慮して，仕組みを明らかにしていくということになる(44)」と興味深い分析をしている。この所見は基本的に妥当であり，アプリオリに文理解釈を基本とするのでなく，租税法の仕組みを十分理解した上で，解釈手法を選択することが適確だろう。

　但し，私見によれば，文理解釈という解釈手法をとることには懐疑的であり，目的論的解釈のみで十分ではないかと考える(45)。塩野宏も「文理解釈も目的論的解釈の1つの現われということができる。つまり，目的論的解釈を目指

---

(40) 塩野宏『行政法Ⅰ〔第6版〕』(2015年) 66頁。

(41) 仕組み解釈に関しては，橋本博之『行政判例と仕組み解釈』(2009年) 参照。行政法解釈に関しては，平岡久『行政法解釈の諸問題』(2007年)，塩野宏「行政法と条文」同『法治主義の諸相』(2001年) 参照。

(42) この点，塩野・前掲(40) 67頁は「立法の経緯自体は，客観的に把握することができ，かつこれを解釈の参考にすることは有意義であるが，立法者意思に関しては，その概念規定がなお不確定であること，立法者意思に係る資料が未整備であることに鑑みると……現時点では参考資料にとどまると思われる」と述べている。立法者意思に関しては，福永実「行政法解釈と立法者意思」広島法学38巻1号114頁参照。

(43) 橋本・前掲(41) 5頁は，仕組み解釈を高く評価し，憲法的価値に基礎を置く行政法の基本原理を踏まえた精密な「仕組み解釈」の方法がとられることが重要であり，行政法学説の役割は，裁判実務による法令解釈を，憲法的価値を適切に反映させた「仕組み解釈」への向かわせることにある旨主張している。

(44) 塩野・前掲(40) 67頁。

(45) 阿部泰隆『行政法再入門上〔第2版〕』(2016年) 55頁も行政法の解釈のあり方に関して「憲法どころか，その法律全体を見ず，当該法律のなかの処分の根拠条文の文言だけを重視する判例が少なくない。それを制定法準拠主義と称するのは言いすぎで，むしろ木を見て森を見ざる方法である」と主張しており，文理解釈に否定的である。

しつつ，その具体的実行過程では，文理解釈をとることもあるわけである[46]」と認めている。ガイアックス事件最高裁判決，ホステス報酬計算期間事件最高裁判決のように，租税法において基本的に文理解釈のアプローチによる解釈が正当と認められる場合は，原則として目的論的解釈のアプローチによる解釈と一致した場合ではないだろうか。さらにいえば，文理解釈，目的論的解釈等様々な解釈手法が存在するが，講学上の概念として統一されているわけではなく，研究者や判例の見解も必ずしも一致していない[47]。解釈手法の類型に拘るよりは，仕組み解釈を用いて客観的かつ科学的に解釈すればよいと思われる。

5　結　語

　以上，検討してきたように，いわゆる仕組み解釈を新しい解釈原理として租税法学において導入すべきである。また，通説の解釈原理に関しては，文理解釈の意義を発展的に再構成して，存続させることも魅力的ではあるが，むしろ租税法における法道徳的な理念へと昇華させるべきであると思われる。仕組み解釈を取り入れるからといって，租税法解釈の独自性が否定されるわけではない。租税法学においては，憲法84条による租税法律主義，その具体的内容である課税要件明確主義，憲法14条に基づく租税公平主義等の原則があるが，これらの原則は仕組み解釈の考慮要素である「憲法的価値」に含まれると考える。実際，レーシングカー事件最高裁判決の尾崎反対意見は課税要件明確主義を，ガイアックス事件最高裁判決は租税公平主義の精神を，養老保険契約保険料控除事件最高裁判決は租税法律主義の精神を単なる租税立法原則を超えて，租税法の解釈指針として活用していた。このような租税法の原則を取り入れて解釈すれば，仕組み解釈の下でも租税法解釈の独自性は喪失することはない[48]。それどころか，より一層展開することが可能となるだろう。

---

(46) 塩野・前掲(40) 67頁。
(47) 一般的に文理解釈とは「法令の文章や用語を通常の意味に理解すること，あるいは字義どおりに解釈すること」を意味する。金子前掲 (1) 3頁参照。従来の文理解釈とは異なる，租税法に適合した文理解釈のあり方を斬新な視点で論じるものとして，占部・前掲(1) 2頁。
(48) 橋本・前掲(41) 5頁は，一見精緻な条文解釈をしているように見えても，憲法的価値が適切に反映されていない解釈方法，行政法の基本原理を踏まえていない解釈方法については，学説は厳格に批判する必要があると論断している。

463

第10章　租税法律関係と行政行為

塩入みほも

1　序　論——租税法律関係論の歴史的背景

　法治国家においては，国家（国・地方公共団体）による統治権の行使は法のもとに規律されており，そこでは国家と市民[(1)]の関係は法関係（法律関係）[(2)]として形成される。そして，租税は，国家活動に係る財政需要を充足する手段として市民にその財産の一部を無償で提供させるものであり[(3)]，国家によるその賦課・徴収は，市民の財産権に対する侵害ないし干渉の性質を有する作用

---

(1)　国との関係における「国民」と地方公共団体との関係における「住民」を包括する概念として，本稿では主として「市民」の用語を用いる。

(2)　「法律関係」の概念は，不文法秩序による規律を含む「法関係」の意味で広義に用いられる場合と，成文法秩序によって規律される関係のみを指す意味で狭義に用いられる場合がある。前者は，法秩序に属する各人が相互に当該法秩序の規律に一般的に服する関係であり，特定の具体的な権利義務の関係を意味するものではないが，後者は，制定法によって一定の内容を定められた権利義務の規律関係を意味する。租税法律主義のもとでは，租税法律関係とは後者，すなわち立法機関により制定された租税法律に基づく具体的な権利義務の規律関係をいう。本稿では「租税法律関係」を論ずる関係上，用語の混乱を避けるため，以下では不文法を含む法秩序関係を意味する場合には「法関係」を，成文法秩序の関係のみを意味する場合に「法律関係」の表現を用いることとする。

(3)　わが国では実定法上に「租税」の概念を積極的に定義した規定はないが，学説は従来，1919年のライヒ租税通則法（Reichsabgabenordnung）1条1項（「租税とは，特別の給付に対する反対給付ではなく，公法上の団体が収入を得る目的で，法律が給付義務につき定めている要件に該当するすべての者に対して課する一回限り又は継続的な金銭給付をいう。」）の定義規定を参考とし，ほぼ同様のメルクマールでこれを定義してきた。例えば，田中二郎『租税法』（法律学全集11巻）（有斐閣，1968年）1-2頁，小山廣和「租税の法的概念——その学説史上の系譜と展開」北野弘久編『日本税法体系 第1巻［税法の基本原理］』（学陽書房，1978年）3頁以下，宮沢俊義・芦部信喜『全訂日本国憲法』（日本評論社，1978年）710頁，金子宏『租税法〔第21版〕』（弘文堂，2016年）8頁等参照。なお，租税の目的については，1977年のドイツ租税通則法（Abgabenordnung）3条1項において，「収入を得ることは，これを従たる目的とすることができる。」の文言が追加されたことを受け，わが国でも今日，必ずしも財源収入の目的に限られず，政策的・誘導的目的を含む，とする考え方が一般的となっている。木村弘之亮『租税法総則』（成文堂，1998年）5頁，44頁参照。

第10章　租税法律関係と行政行為

であるから，殊に厳格に法秩序によって規律されていなければならない。それゆえ，日本国憲法は，「国民は，法律の定めるところにより，納税の義務を負ふ。」(30条)と定めている一方で，「あらたに租税を課し，又は現行の租税を変更するには，法律又は法律の定める条件によることを必要とする。」(84条。租税法律主義)と規定し，法律の存在しないところに租税関係は生じないことを明らかにしている(4)。この租税法律主義のもとに規律される国家と市民の法律関係を，とくに「租税法律関係」と呼んでいる。

「法律関係」とは，一般的には権利・義務の関係と理解される。しかし，伝統的な行政法学説は，法秩序を「公法」秩序と「私法」秩序に区分する考え方(いわゆる公法私法二元論ないし峻別論)(5)を前提に，国家と市民の法律関係を市民相互間のそれとは本質的に異なるものと捉えてきた。その考え方によれば，前者は，国家(行政)が優越的な意思の主体として相手方たる市民(6)に対峙する関係であり，形式的には「権利・義務」の表現が用いられている場合であっても，そこにいう国家の「権利」とは，厳密には「高権」ないし「権力」を意味するものであり(7)，また市民の義務とは一方的・片面的に負わされるものであって，決して対等な法主体間の権利・義務関係を意味するものではなかった。

すなわち，伝統的行政法学説は，法治国における国家(行政)と市民の関係

---

(4) 金子宏『租税法理論の形成と解明(上)』(有斐閣，2010年)92頁，北野弘久『税法講義〔第2版〕』(中央経済社，1971年)54頁参照。
(5) 公法・私法峻別論については，数多くの研究書や論文が存在しているが，初期における日本の代表的な文献として，穂積八束「新憲法ノ法理及憲法解釈ノ心得」上杉慎吉編『穂積八束博士論文集』(有斐閣，1913年)所収，美濃部達吉『公法と私法』美濃部達吉論文集第4巻(日本評論社，1935年)，柳瀬良幹『行政法に於ける公法と私法』(有斐閣，1943年)，田中二郎『行政法講義案上巻』(有斐閣，1949年)32頁以下，同『公法と私法』(有斐閣，1955年)，高柳信一「公法と私法」高橋勇治・高柳信一編『政治と公法の諸問題』(東京大学出版会，1963年)所収，以上の学説史を含む総合的研究として，塩野宏『公法と私法』(有斐閣，1989年)3頁以下(第1部 公法と私法)等参照。
(6) 正確にいえば，戦前はまだ，国民(Staatsbürger)や市民(Bürger)は「臣民(Untertan)」と呼ばれ，国家の統治権行使の「客体(Objekt)」と観念されていた。
(7) 公法・私法峻別論のもとでは，市民の公法上の権利を「公権」と呼ぶのに対応して「国家公権」の概念が用いられることがあるが，その内容は市民の公権と決して同質のものではなく，「国家高権」ないし「権限」を意味するものであることが多い。また，「行政権」「賦課権」「徴収権」のように，「○○権」という表現が用いられる場合も，それらは一般に，「権力」「権限」或いは「権能」の意味で用いられている。

は一種の法律関係であると解する一方，それは国家の統治権力に一方的に市民が服従する関係であり，市民相互間の法律関係（私法上の法律関係）とは異なる特殊な法的規律（＝公法）の適用を受けるべき関係（公法上の法律関係）であると捉え，私法上の法律行為には存しない特殊な法的効力を承認された「行政行為」を中心として権力的に形成・確定される関係であると説明してきた[8]。そして，租税法律関係とは，この国家の統治権に市民が服する公法上の法律関係の一場面であり，統治権発動の一形態である租税高権（Steuerhoheit）ないし課税権力（Steuergewalt）により，市民に対して一方的に租税納付の義務を命ずる権力関係であると把握されてきた[9]。それゆえ，伝統的行政法学は，租税法を侵害的権力作用である課税権の行使を制約する法として行政作用法の一分野に属するものと捉え，これを行政法各論において取り扱ってきた[10]。

　しかし，租税は，各種の私的経済生活上の行為や事実を対象として課されるものであり，そしてこの私的経済生活上の行為や事実は，第一次的には私法によって規律されている。したがって，租税法は，現代資本主義的・社会的法治国家の思想及び構造に照らし，法社会科学的見地からこれを分析すると，少なくとも実体法の次元では，民商法等の私的取引法と極めて密接な関連性を有しているのであり[11]，私法上の概念や規定を度外視して行政法学の枠内でのみ

---

(8)　このような行政行為を中心とする権力主義的な伝統的行政法学の体系化に大きく寄与したのは，ドイツの行政法学者オットー・マイヤーである。Vgl. Otto Mayer, Deutsches Verwaltungsrecht, 1. Aufl., Leipzig 1895.（3. Aufl., 1924）；その邦訳書として，美濃部達吉訳『獨逸行政法（第1〜4巻）』（東京法學院，1903年）（復刻版；信山社，1993年）がある。また，マイヤー行政法学を詳細に紹介・分析している文献として，参照，塩野宏『オットー・マイヤー行政法学の構造』（有斐閣，1962年）。

　わが国の公法学及び立法実務は，歴史的にドイツの学説及び立法例に大きく依存してきた経緯があるため，かかる法思想・法理論の方向性は基本的に同一である。例えば，田中二郎『行政法上巻』（有斐閣全書，1953年）95頁以下，同『要説行政法〔新版〕』（弘文堂，1972年）28頁以下参照。

(9)　Vgl. Mayer, a. a. O., Bd. Ⅰ, 3. Aufl., S. 315f., S. 320f.

(10)　Vgl. Klaus Tipke, Die Situation des Steuerrecht als rechtswissenschaftliche Disziplin, NJW 1966, S. 1885ff. わが国の状況については，参照，小山廣和「戦後日本税法学説史研究所論」法律論叢74巻2＝3号（2001年）57頁以下（73頁）。

(11)　木村・前掲注(3) 10頁以下，金子・前掲注(4) 191頁以下，385頁以下，北野・前掲注(4) 14頁，谷口勢津夫「租税法は私法?！——私法から見た租税法の『表の世界』と『裏の世界』」法学教室425号（2016年）8頁以下等参照。なお，アメリカでは，税法学はむしろ私的取引法の一部として展開されている傾向がある。畠山武道「税法学の体系に関する試論——民主主義過程における税法学の課題——」北大法学論集27巻3＝4号（1977年）381頁以下参照。

第 10 章　租税法律関係と行政行為

これを捉えることには自ずと限界がある。また，租税法は，財政法の一部でもあり，経済法や国際公法とも隣接関係にあり，租税が生活保護・公的扶助その他の社会保障給付等の財源となる点において，社会保障法とも表裏一体の関係性を有している[12]。さらに実務的な観点を加えれば，財政学，会計学等の周辺科学とも密接な関連性を有するなど[13]，租税法は極めて多面的な性格を有する特殊な法分野であるといえる。それゆえ，租税法は，私法領域と公法（行政法）領域に跨る1つの固有の法領域として，次第に行政法学からは独立し，租税法秩序に特化した法学的研究としての税法学が形成・発展されてきたという経緯がある[14]。

まさにその過渡期において，租税法律関係の性質をめぐり，これを国家権力とそれに服する納税義務者の間で行政行為を中心に規律される関係と捉える租税権力関係説と，租税債権者と租税債務者という対等な法主体間の関係と捉える租税債務関係説の論争が展開され，この議論がドイツ並びにわが国における税法学の独立及びその体系的・理論的発展に大きく貢献したことは，広く知られているところである。今日では，実定法の整備により，両説の対立における実践的論点の多くが立法的に解決されていることなどから，上記論争は今や歴史的遺産にすぎず，原理論としてはともかく，解釈論としてはあまり実益がないとする見方も存在する[15]。しかし，現行国税通則法の手続構造においては，

---

[12] 租税法と社会保障法の関係について，木村・前掲注(3) 14 頁以下参照。

[13] それゆえ，とくに財政学の分野では，法律学分野におけるよりも早く，独自に租税理論の研究が進められ，既に戦前において高い水準に達していたとされる。金子・前掲注(4) 181 頁参照。

[14] 金子・前掲注(4) 181 頁以下，北野・前掲注(4) 12 頁参照。なお，わが国で租税法が法律学の一分野として学問的に独立するに至った直接の契機は，シャウプ勧告（Report on Japanese Taxation by the Shaup Mission, vols. 1-4, 1949）である。
　　もっとも，わが国の行政法学者の間では，今日でも依然として租税法を行政法の一部と捉え，教科書等において租税法を「個別行政法」と呼んでいる例も見受けられる。傾向的には，行政法学者の間では，租税実体法と租税手続法を厳密に区別することなく，全体として公法であり行政法の一部である，とする見方が少なくないようである。この点で，行政法学者と租税法学者とでは，租税法の捉え方に幾らか差異がある。なお，兼子仁教授は，従来行政法各論として扱われてきた個別法の中には，現代における各特殊社会関係に特有な法論理の体系を形成している分野があるとして，これらを「特殊法」と呼び，租税法のほか，社会保障法，教育法，経済法，労働法等がこれにあたるとしている。兼子仁「特殊法の概念と行政法」杉村章三郎博士古稀記念『公法学研究（上）』（有斐閣，1974 年）所収，同『行政法総論』（筑摩書房，1983 年）37 頁以下，同『行政法と特殊法の理論』（有斐閣，1989 年）等参照。

納税者の権利保護の仕組みが必ずしも十分とは言えず，租税法律関係及びこれに介在する行政行為の性質をめぐる上記論争は，納税者権利の適正手続保障や私法的救済の可否を模索するうえで，なおも極めて重要な意義を有するものと思われる。また後述の通り，租税手続（租税行政手続）における民法規定の適用可否をめぐり，現に上記論争の成果が実務上少なからぬ影響を及ぼしてきた事実を看過することはできない。

以上により，本稿は，納税者権利の手続的保障及び救済手続の拡充を志向する見地から，まず租税法律関係の性質をめぐる租税権力関係説と租税債務関係説による理論的対立の概要を辿り[16]，次いでドイツ及びわが国における現在の学説並びに立法状況を参照しながら，主として租税手続における行政行為の意義及び税務行政と納税義務者の法律関係について検討を試みるものである。

2　租税権力関係説

租税権力関係説は，先述の伝統的行政法学説の考え方を基礎とし，統治主体たる国家の優越的な権力的地位（überwältigende Machtstellung）を前提として，租税法律関係を包括的な権力関係であると捉える立場である。もっとも，この

---

(15) 例えば，金子・前掲注(4) 188 頁は，「権力関係説及び債務関係説は，いずれも原理論であって，法技術的には妥当性をもちえないといえよう。また，解釈論のレベルで問題を考えた場合に，租税法律関係を一元的に権力関係として構成するか債務関係として構成するかが，具体的な解釈問題の解決にとって何らかの実益を有するであろうか。実益は殆ど認められず，答えは否定的であるように思われる。」と述べている。同旨，同・前掲注(3) 26 頁。

(16) この論争について考察・検討している先行研究はわが国に多数存在している。最も詳細な総合的研究として，須貝脩一『租税債務関係の理論』（三晃社，1961 年），同『租税債務関係の理論とその展開』（三晃社，1969 年）（なお，以下で同氏の文献を引用する場合は主として前者の掲載ページを表記する。）。そのほか，清水敬次「租税法律関係の性質」別冊ジュリスト 4 号（1965 年）65-66 頁，村井正「租税法律関係の性質」金子宏・新井隆一・広木重喜・渡部吉隆・山田二郎編『租税法講座 第 1 巻 租税法基礎理論』（帝国地方行政学会，1974 年）170 頁以下所収，同『租税法──理論と政策──』（青林書院，1987 年）12 頁以下（第 2 章「租税法律関係の構成」），図子義信『租税法律関係論──租法の構造──』（成文堂，2004 年）57 頁以下，北野・前掲注(4)『税法講義』54 頁以下，金子・前掲注(4) 184 頁以下等参照。なお，「行政法律関係」としての行政と国民の地位の対等性を論ずる観点から，「不対等説」と「対等説」として租税権力関係説と租税債務関係説の系譜を詳細に考察・分析しているものとして，参照，木村弘之亮「抗告訴訟の廃止 (1) (2・完)──行政法コンセプトに対する租税法の影響」自治研究 91 巻 7 号（2015 年）30 頁以下，91 巻 8 号 24 頁以下。

第10章　租税法律関係と行政行為

立場においても，君主の権限が強大な外見的立憲君主体制であったドイツ帝国（帝政ドイツ）のもとで展開された旧学派と，ドイツ革命を経て成立したヴァイマール共和制のもとで展開された新学派とでは，その論旨に少なからぬ相違がみられる。そこには，立憲国家体制の本質が変容したことに伴う法治国家観の変化があることはいうまでもないが，より決定的な要因は，ヴァイマール共和制成立直後の1919年12月にライヒ租税通則法（Reichsabgabenordnung）[17]が制定されたことである。同法は，「租税債務（Steuerschuld）」[18]の概念を積極的に用いたうえ，「租税債務は，法律が租税に結びつけている要件（＝課税要件）が充足されたときに成立する。租税債務を確定するために税額の決定が必要とされることは，租税債務の成立を延期しない。」（81条1項）と規定し，賦課処分（行政行為）による租税といえども，租税債務は賦課処分によって創設されるのではなく，法律によって直接に成立するものであることを明記した[19]。租税債務関係説の台頭は，このライヒ租税通則法の制定を契機とするが，とりわけ租税権力関係説にとっては，同法のもとでも通用すべく，租税債務の概念を受け容れたうえで，法実証的観点からの理論修正を図る必要が生じたのである。

---

(17)　「ドイツ租税通則法」と訳されることもあるが，現行の Abgabenordnung と区別する意味で，本稿では「ライヒ租税通則法」の訳語を用いることとした。なお，Abgabenordnung の訳語として，「租税基本法」や「公課法」の表現があてられることもある。

(18)　なお，同法79条は，「租税通則法において意味する租税義務者（Steuerpflichtiger）とは，租税法律にしたがって租税債務者（Steuerschuldner）として租税を支払わなければならない者をいう。」と定義し，租税義務と租税債務の概念を区別している。すなわち，「租税義務者」とは，租税法律の適用を受ける者を指し，課税要件に該当する場合には租税債務者となりうる地位を意味する概念であって，「租税債務者」より広く，租税債務以外の補助的義務はこれに包摂されるものと解される。参照，須貝・前掲注(16) 104頁。

(19)　ライヒ租税通則法は，従前の直接税と間接税の分類，つまり賦課処分による租税とそうでない租税の分類に代え，関税及び消費税とその他の租税とに分類し，賦課処分による租税を稀薄化した。このような規定が設けられるに至った背景には，租税債務は賦課処分によってはじめて成立するのか，言い換えると，賦課処分は創設的意義を有するのか，それとも宣言的意義を有するにすぎないのかをめぐる，当時の判例・学説上の論争に決着をつける狙いがあったとされる。Vgl. Enno Becker, Die Reichsabgabenordnung, 5. Aufl., Berlin 1926, S. 192, S. 528. なお，ライヒ租税通則法81条1項の規定は，1934年のドイツ租税調整法（Steueranpassungsgesetz）3条に移行された後，現行のドイツ租税通則法38条に受け継がれている。

2 租税権力関係説

(1) ライヒ租税通則法制定前の理論——旧学派

　ライヒ租税通則法制定前（ドイツ帝国下）における租税権力関係説の代表的論者は，ドイツ行政法学の体系的基礎を築き，わが国の行政法学の発展にも多大な影響を及ぼした，「ドイツ行政法学の父」と呼ばれるオットー・マイヤー（Otto Mayer）である[20]。マイヤーによって体系化された伝統的行政法学は，官憲主義的思想が色濃くあらわれた法治国観念によって特徴づけられる[21]。それは，「行政がなるべく司法形式をとること（tunlichste Justizförmigkeit der Verwaltung）」が法治国の要請に適うとするものである[22]。すなわち，国家と国民の統治関係（公法上の法律関係）においては，「行政行為」が法律を具体的に適用・執行するものとして司法（裁判判決）に相当する作用を営むことが，法治行政を貫く理想の統治権行使の在り方とされ，公法上の法律関係は，この行政行為を中心に形成される権力関係である，とする考え方である。言い換えると，マイヤー行政法学における公法上の法律関係の基本構造は，私法上の法律関係における「法律－裁判判決－執行行為」に代えて，「法律－行政行為－執行行為」の三段階で説明される。

　そしてマイヤーは，公法上の法律関係の中でも，典型的な権力行政と観念されてきた租税法領域については，統治権の発現形態としての「財政権力（Finanzgewalt）」[23]の概念を措定し，これを警察法領域における「警察権力」に類するものと捉え，警察法関係との対比において租税法律関係を説明する。すなわち，警察法の領域で，構成要件に該当する行為があった場合に，直ちに

---

[20] 官憲主義的な法治国家観を基盤とし，国家の優越的地位をいわば所与のものとして租税法律関係を権力関係と捉えていた旧学派の論者として，他にフリッツ・フライナー（Fritz Fleiner）やヘルンリット（Rudolf Hermann Herrnritt）が有名である。

[21] マイヤーは，「国家の全能（Allmacht des Staat）」を語り，行政行為を「個々の事案において臣民に対して何が法であるかを決定する，行政に属する官憲的宣言である。」と定義している Vgl. Mayer, a. a. O., Bd. I, 3. Aufl., S. 93, S. 104. したがってまた，その著書ではいまだ「臣民（Untertan）」の表現が用いられている。

[22] Vgl. Mayer, a. a. O., S. 62. 臣民の自由及び財産に対する典型的な権力的侵害作用であると観念されてきた警察権力及び財政権力の領域において，法治国家を貫徹する原理として，この行政の Justizförmigkeit の理論が展開されている。須貝・前掲注[16] 136 頁，村井・前掲注[16]「租税法律関係の性質」172 頁参照。

[23] Vgl. Mayer, a. a. O., 3. Aufl., S. 315ff. 課税権力は，租税の賦課・徴収の側面における権力のみを指すのに対し，財政権力の概念は，より広く国家の収入全般に向けられた権力を指すものとして用いられている。マイヤーの財政権力論については，塩野・前掲注[8] 184 頁以下参照。

第10章 租税法律関係と行政行為

刑罰権が発動されるのではなく，警察下命（Polizeibefehl）を通じて執行権及び刑罰権が発動されるのと同様に，租税法の領域においても，──印紙税等一部の例外を除き──法律の定める課税要件の充足により直ちに具体的な納税義務が発生するのではなく，査定（Veranlagung）ないし課税決定（Steuerbescheid）という行政行為（賦課処分）を通じてはじめて具体的な納税義務が発生し，この義務が履行されない場合には強制的にその執行を図り，また罰を与えるという形で財政権力は行使される，と説明する[24]。そこでは，賦課処分（査定・課税決定）は，警察下命との対比で財政下命（Finanzbefhel）と呼ばれ，市民の納税義務を創設する効果を有するものと捉えられている[25]。このように，マイヤー行政法学においては，統治権力（＝公権力）の行使について「法律の留保」の必要性が強く説かれる一方で，行政行為が裁判判決に相当する法的執行力と法的拘束力を有することは「法治国秩序の要請である」とされ，いわば超法的な公権力が観念されていることが特徴的である[26]。

ところで，マイヤーをはじめとする旧学派においても，「租税債務」の概念自体は必ずしも否定されてはいないことに留意を要する。マイヤーはむしろ，租税を「公法上の債務（öffentlichrechtliches Schuld）」であると説き，また納税義務者を「租税債務者」と呼んでいるのである[27]。但し，彼のいう「公法上

---

[24] Vgl. Mayer, a. a. O., 3. Aufl., S. 315ff., S. 320f. マイヤーによれば，財政権力は，立法・行政の連続的な段階を通じて，下命－強制－処罰という警察権力と同様の法的形式で発現するものであり，「一方的なまとまった法的制度として，警察権力と双璧を為す」と説明される（S. 315）。金子・前掲注(3) 24頁，同・前掲注(4) 184-185頁，須貝・前掲注(16) 67-68頁，村井・前掲注(16)「租税法律関係の性質」173頁等参照。

[25] Vgl.. Mayer, a. a. O., 3. Aufl., S.320f. 金子・前掲注(4) 184頁，北野・前掲注(4) 57頁参照。もっとも，マイヤーは，その著書 Deutsches Verwaltungsrecht の第1版においては，「租税の賦課は常に行政行為に基づく」が，それは納税義務を創設する効果をもつものではなく，「臣民の納税義務は直接に法律によって発生する」，すなわち「法律の定める構成要件（Tatbestand）に該当する事実が生じた時点でその義務は成立する。」と述べていた。そして，「納税義務は査定によってはじめて執行可能な状態となる」とし，この査定（行政行為）の効果は「法の欲するところを宣言するだけ」であるが，その宣言は拘束力と執行力を有している，と説明していた（Mayer, a. a. O., Bd I, 1. Aufl., S. 399）。しかし，同書第2版では，直接税に関しては，法律は賦課処分を受ける地位を生ぜしめるが，納税義務は賦課処分によってはじめて発生するとし，賦課処分に創設的意義を認めている（2. Aufl., S. 335）。ライヒ租税通則法制定後の第3版においても，その見解は固持されている。

[26] Vgl. Mayer, a. a. O., Bd. I, 3. Aufl., S. 321. 須貝・前掲注(16) 112頁，村井・前掲注(16) 173頁参照。

の債務関係」とは，後のビューラーとヘンゼルの論争において観念されているものとは異なって，権力関係の一形態として論じられており，権力関係と相対立するものとは考えられていない。すなわち，旧学派にいう「公法上の債務関係」とは，公法上の物権との制度的区別の観点から，単に人的関係を意味する概念として用いられているのである。このような考え方から，マイヤーは，警察権力及び財政権力の発動における関係を，一般的な国民的義務に対応する「一般的な債務関係」であると説明している[28]。

　マイヤー行政法学を基礎とする当時の租税権力関係論者においては，このように，租税法律関係は「公法上の債務関係」であると観念されてはいたものの，それは権力関係の中における対物・対人の区分概念として，公法上の物権との対比で論じられており，したがって租税法律関係とは，いわば権力的債務関係であると捉えられていた[29]。この点において，「債権債務関係」の概念に対する理解が，次に見るビューラーやヘンゼルの理論におけるとは大きく異なっていたのである。

---

(27) Vgl. Mayer, a. a. O., Bd. I, 1. Aufl., S. 402f. (3. Aufl., S. 326). 当時フランス行政法を研究していたマイヤーは，フランスにおいて間接税が制度的に「法定債務（obligation ex lege）」として取り扱われていることに関心を示し，その著書「フランス行政法」(Theorie des Französischen Verwaltungsrecht, Strassburg 1886) において，「公法上の債務関係」について論じている。

(28) マイヤーは，警察権力及び財政権力の法制度を「或る種の一般的な国民的義務に対応する，国家がその公権力をまったく単純且つ一方的に行使するところの債務関係の類型」(Mayer, a. a. O., Bd. I, S. 22) であるとし，これに対して，官吏の勤務関係は「特別の給付義務」に係る「特別の債務関係」であるとして，前者が一般的であるのと異なると述べている (Vgl. Mayer, a. a. O., Bd. II, S. 135. S. 243)。

　ところで，マイヤーが観念している租税権力関係の性質については，これを一般権力関係と捉える見解（例えば村井・前掲注(16)「租税法律関係の性質」173-174 頁）と，特別権力関係として説かれているものと捉える見解（例えば図子・前掲注(16) 59 頁）がある。しかし，上記の叙述からは，マイヤーは租税権力関係を一般権力関係における一側面と捉えていることは明らかであろう。なお，フライナーが租税権力関係を一般権力関係として論じていることは，その記述から明白である。Vgl., Fleiner, Institution des Deutschen Verwaltungsrecht, 3. Aufl., Tübingen 1913; 8. Aufl., 1928, S. 164f.

(29) フライナーやヘルンリットも同じく，物権との対比において，行政法上の人的関係を「公法上の債務関係」として論じている。Vgl. Fleiner, a. a. O., 8. Aufl., S. 149ff.; Herrnritt, Grundlehren des Verwaltungsrecht, Tübingen 1921, S. 428f. 参照，須貝・前掲注(16) 91 頁。

(2) ライヒ租税通則法制定後の理論——新学派

　ライヒ租税通則法制定後において，実定法構造に即した理論修正を図りながら租税権力関係説を敷衍した代表的な論者は，オットマール・ビューラー (Ottomar Bühler) である(30)。彼は，マイヤー行政法学における「統治関係＝公法関係＝権力関係」の理解を前提としつつも，租税法律関係を旧学派のようにもっぱら行政法学の枠内において一元的に把握するのではなく，一般行政法律関係とはやや性質を異にするものとして，租税法領域に特有の権力関係的構造を説く。その方法論上の相違点は，旧学派においては，租税実体法（構成要件法）と租税手続法（租税行政法）とを区分する観点が欠如していたのに対し，ビューラーは，この区分を一応認識し，前者における租税債務関係の存在自体は認めたうえで，後者の中に権力的構造＝公法関係を見出し，かつ後者を決定的に重視することにおいて，租税法律関係を全体として権力関係と捉えているということにある(31)。その理論は，概ね次のとおりである。

　ライヒ租税通則法は，「租税債務」は法律により直接成立するとし，賦課処分によって生ずるものではない旨明定していることから，ビューラーも，租税が「債務」たる性質を有することは認めざるを得ない。しかし，彼は，同法においても，税務行政庁には手続上の諸権限（消費税法における租税監視の制度や査定手続における質問検査権，書面報告を要求する権限，召喚権，帳簿提出を要求する権限等）が附与されており，対する納税者の側には，これに応ずる手続的諸義務が課されている点を強調する。すなわち，納税義務者は，単に金銭納付義務を内容とする実体的な租税債務を負うだけでなく，その租税債務が正しく履行されることを補助するための手続上の副次的義務（補助的義務）を負い，そしてこの後者の義務は，税務行政庁の上記手続的権限の行使により一方的に課される性質のものであることを指摘する(32)。かくして租税法律関係と

---

(30) 新学派に属する論者として，他にケルロイター，シュラニール，ワルター・イェリネック，カウフマン等が挙げられる。詳細については，参照，須貝・前掲注(16) 30頁以下参照。

(31) このことは，租税実定法構造の変化に伴う必然的帰結であったといえよう。もっとも，後述のように，ビューラーも租税手続法の体系に伝統的な行政法学的権力構造を見出しており，その限りにおいて，なお行政法学的観点から租税法を捉えているのであって，ヘンゼルのように行政法学から独立した租税法学として租税法律関係を論じているわけではない。

(32) ライヒ租税通則法の制定により賦課処分の創設的意義は否定されたが，ビューラーにおいては，同法によって税務行政庁の手続的権限はむしろ一層強化・拡充されたと

は，実体的な租税債務（納税義務）と手続的な補助的義務とを包括した「租税義務関係（Steuerpflichtverhältnis）」として形成されるものであり，これを一体的に捉えれば，そこには国家の優越関係（Überordnungsverhältnis）が認められる，と説くのである。このように，彼はまず，租税法律関係とは実体法上の債権債務の関係によってのみ形成されるものではなく，手続法上の関係を含むとしたうえで，手続法関係における税務行政庁の優越的権限を決定的に重視することにより，租税法律関係は，「国家に対して納税者が一方的に租税義務を負う」という権力関係と把握することが適切である，とする[33]。

　しかしそれだけでなく，さらに，実体的な租税債務関係それ自体についても，私法上の債務関係とは本質的に異なるものと捉える考え方が，行政行為の自力執行権（eigener Vollstreckungsmacht）を決定的論拠として展開されている。すなわち，私法上の債務関係においては，債務者が支払いをしない場合，債権者は裁判所に訴えて執行名義を取得し，基本的に執行官を通じて強制執行を行うこととなるのに対し，租税債務関係においては，租税債権者たる国家（税務行政庁）は，納期限の到来によって直ちに執行名義を取得し（＝執行特権），裁判所の手を借りずに自ら強制執行をなし得る権限を認められている。このように，租税法律関係においては，国家は単に債権者であるだけでなく，自力執行権を併有する地位にあり，まさにここに国家の優越的な権力的地位（überwältigende Machtstellung）を看取することができる，とする考え方である[34]。それゆえ租税法律関係を対等な債権者・債務者の関係として捉えるこ

　　認識されている。それゆえビューラーは，納税義務者に対し手続上の副次的義務（補助的義務）を命ずる行為について，なおマイヤーの財政権力論を援用し，警察下命と同質の，創設的意義を有する「財政下命」を論じているのである。須貝・前掲注(16) 30頁以下，村井・前掲注(16) 177頁参照。

(33) Vgl. Veröffentlichungen der Vereinigung der Deutschen Staatsrecht（以下VVD-StRLと略す。）Heft 3（1927），S. 102ff.; Günther Holstein, Von Aufgaben und Zielen heutigen Staatsrechtswissenschaft, Zur Tagung der Vereinigung deutscher Staatsrechtslehrer, Archiv des öffentlichen Rechts, Neue Folge, Bd. XI., Heft I, S. 1ff. また，参照，須貝・前掲注(16) 141頁以下，村井・前掲注(16)「租税法律関係の性質」175頁，木村・前掲注(16) 自治研究91巻7号34頁等。

(34) ビューラーによれば，ライヒ租税通則法において国家（税務行政庁）に認められているこうした特権的地位は，調査権と決定権を合わせたものであるから検察官及び裁判所の権限を併有するものである，と説明される。さらに，その執行特権は，単なる金銭債権の強制執行にとどまらず，警察権力と同じ強制手段（執行罰，代執行，直接強制）を認められていることが強調され，とりわけ租税徴収手続の側面における警察

第10章　租税法律関係と行政行為

とは誤りであり、包括的に権力関係と捉えることが正しい、と結論するのである。

　以上はビューラーの理論であるが、新学派に属する論者は、大方このように、国家が自力執行権をはじめ、私法上の債権者には見られない各種の特権を与えられていることに決定的な権力要素を見出し、租税法律関係を全体として権力関係と構成していることに特徴がある。論者により若干のニュアンスの違いはあるにせよ、いずれにも共通していることは、租税実体法における租税債権・租税債務の存在それ自体は認めたうえで、もっぱら租税手続法の領域における税務行政庁の権限を重視し、この手続法上の権力的要素を実体法関係に持ち込むという方法論である(35)。

　もっとも、上記思考方法の大枠は共通であるとしても、租税法律関係を全体として権力関係と捉える見解が大勢である一方、ビューラーは、少なくとも後述のヘンゼルとの討論後は、必ずしも租税法律関係の全体について権力的構造であると主張しているわけではないことに留意を要する。前者の見解にあっては、「公法関係＝権力関係」と捉える公法・私法峻別論を前提とした伝統的行政法学の思考が根強く残り、租税債務とは公法上の債務であり、したがって租税債務関係はそれ自体として権力関係であると説明される(36)。これに対し、ビューラーの理論は、手続法関係に認められる税務行政庁の優越的地位を考慮して税法関係を捉えるならば、「租税債権者－租税債務者」と表現するよりは、「税務行政－納税義務者」の権力関係と表現する方がむしろ適切である、

　　　権力関係との同質性が説かれている。Vgl. Bühler, Lehrbuch des Steuerrecht, Bd. I, Berlin, 1927, S. 6f., S. 85ff. 須貝・前掲注(16) 71-72頁、村井・前掲注(16)「租税法律関係の性質」177-178頁参照。

(35)　この点について、清水・前掲注(16) 54頁、北野・前掲注(4) 56頁、須貝・前掲注(16) 34頁、村井・前掲注(16)「租税法律関係の性質」180頁等参照。

(36)　Vgl. Erich Kaufmann, Verwaltung, Verwaltungsrecht (Wörterbuch des deutschen Staats- und Verwaltungsrechts), herausgegeben von Stengel-Fleischmann, Bd. III, Tübingen 1914, S. 710ff.; VVDStRL, Heft 3, S. 118-132. ミュンスター学会において、ケルロイター、W・イェリネック等がヘンゼルのいう「公法上の法定債務関係」について、これこそ従来権力関係と呼ばれてきたものに対する別の表現にすぎない、と述べたことにおいて、まさに「公法関係＝権力関係」の自同性の考え方が現れている。参照、須貝・前掲注(16) 33頁、95頁。但し、この見解においても、租税法領域における権力関係を一般権力関係として論じている立場（例えばカウフマン）と、特別権力関係として論じている立場（例えばW・イェリネック）とに分かれており、その「権力」ないし「権力関係」の概念は論者によって相当の相違がある。この点については後述する。なお、須貝・前掲注(16) 32頁以下参照。

2　租税権力関係説

とする趣旨を述べるものであり(37)，実体的な租税債務関係それ自体については，「執行特権の併有」という概念により対等関係ではないことを仄めかすのみで，積極的に「権力関係である」とは主張していない。本人曰く，ただ「権力関係の中で債務関係が高められる」ことを説くものである(38)。

周知のように，ビューラーは，ゲルバーやG・イェリネックによって国法学上に基礎づけられた公権論（地位論）をさらに発展させ，行政法学上に公権の概念定義（強行法規性・私益保護性・意思力附与性の三要件）を確立させた功績を有している。すなわち，彼は，市民の積極的公権（給付請求権），手続的公権（規範遵守請求権・公正手続請求権），不作為を求める公権（法律に基づかない侵害行為に対する不作為請求権）の概念を提唱し，国家に対する市民の請求権の確立・発展に大きく寄与した公権論者でもある(39)。したがってまた，彼は，その手続的公権の租税賦課処分手続における具体的発現として，納税義務者の聴聞権（Recht auf Gehör）を早期に認めていたのであり(40)，必ずしも権力主義者であったわけではない。しかしながら，ビューラーの説いた公権三要件は，伝統的な形式的法治国思想を基礎とし，規定文言に表れた立法者意思を重視するものであり，法律によって与えられた権利を観念している点において，なお国家の優越的地位が前提とされているものであることは否定できない。

以上を要するに，ビューラーを含む新学派の権力関係論者においては，国家（行政）の強力且つ優越的な地位を容認する形式的法治国家観が基盤とされて

---

(37) Vgl. Bühler, a. a. O., S. 7, S. 85ff.; O. Bühler/G. Strickrodt, Steuerrecht, Bd. Ⅰ, 3. Aufl., 1960, S. 65.

(38) Vgl. VVDStRL, Heft 3, S. 132. ビューラーは，ミュンスター学会における討論の最後に「私が権力関係を肯定したからといって，債務関係を否定しているわけではない。権力関係の中で債務関係が高められるのである。ヘンゼルも広範囲にわたり（経営検査等）権力関係を認めているのであるから，両者の違いは，さほど大きなものではない。」と述べている。この点について，須貝・前掲注(16) 38頁，村井・前掲注(16)「租税法律関係の性質」179頁，木村・前掲注(16) 自治研究91巻7号34頁参照。須貝教授も，ビューラーは「租税実体法については積極的に権力関係であることを主張せず，ただ地位の兼併ということを挙げてこれを暗示するにとどめているのである。」と指摘されている。須貝・前掲注(16) 135頁。

(39) Vgl. Bühler, Die subjektiven öffentlichen Recht und ihr Schutz in der deutschen Verwaltungsrechtsprechung, Berlin 1914, S. 223f. ビューラーの公権論については，塩入みほも「公権の生成と歴史的展開(1)——ドイツ公権論考察——」民商法雑誌112巻2号203頁以下参照。

(40) Vgl. Bühler, a. a. O. (FN34), S. 387.

477

おり，そこには行政行為の規律力に決定的な法秩序の維持機能を見出す伝統的行政法学の思想が依然として根付いていることを指摘できる。

3　租税債務関係説

　租税債務関係説は，ライヒ租税通則法の制定を機縁とし，とりわけ同法 81 条の規定を有力な論拠として台頭してきた見解であり，その最も代表的な論者はアルベルト・ヘンゼル（Albert Hensel）である[41]。租税法律関係を「公法上の債務関係」と捉える見方は，先述の通り，マイヤーに代表される旧学派の権力関係説においても既に存在していたが，それは行政法学体系の中で，「公法関係＝権力関係」の図式のもとに，「人的関係＝債務関係」と捉える考え方であった。しかし，ヘンゼルに代表される租税債務関係説は，租税法を自己完結的な法領域として承認し，行政法学から学問的に独立した「税法学」の体系を構築することを志向する立場から唱えられた見解であり，伝統的行政法学における公法関係＝権力関係（国家の優越関係）の考え方を否定し，「租税債務関係」とは対等な法主体間における債権・債務の関係であることを主張するものである。

　この租税法領域における公法概念の動揺は，当然のことながら，行政法学上の公法・私法峻別論の思想に重大な影響を及ぼすことになる。こうした背景から，1926 年 3 月にミュンスターで開催されたドイツ国法学者大会（Vereinigung der Deutschen Staatsrechtslehrer）において，「公法の概念構成に対する租税法の影響（Die Einfluss des Steuerrechts auf die Begriffsbildung des öffentlichen Rechts）」というテーマのもとに，当時の租税権力関係説を代表するビューラーと租税債務関係説を代表するヘンゼルによる報告及び各々の支持者を交えた討論がおこなわれ，両説による直接対決が繰り広げられるに至ったのである[42]。ここにおいて，両者における見解の相違は一層明確なものとなったが，同時に

---

(41) ヘンゼルの税法学を仔細に研究しているものとして，三木義一「ヘンゼル税法学の構造(1)〜(3)」民商法雑誌 72 巻 4 〜 6 号（1975 年）（同『現代税法と人権』（勁草書房，1992 年）第二章所収）参照。

(42) このミュンスター学会における報告の詳細については，vgl. VVDStRL Heft 3, S63ff. なお，須貝・前掲注(16)は，まさに当該学会におけるビューラーとヘンゼルの報告及び討論の詳細な内容を紹介・分析している文献として大いに参考になる。他に，村井・前掲注(16)「租税法律関係の性質」174 頁以下参照。

3 租税債務関係説

また，権力関係と債務関係とは絶対的に相容れないものではなく，両説の間に原理的な対立は存しないということも，双方が認めるところとなった[43]。

(1) ヘンゼルの理論

租税債務関係説は，租税実体法（構成要件法）と租税手続法（租税行政法）を明確に区分したうえで，前者を中心とし，実体法上の租税債務関係こそが基本関係であると捉えることから出発する。そして，ライヒ租税通則法81条のもとでは，租税債務は行政行為（賦課処分）とは無関係に，法律の定める課税要件（Steuertatbestand）の充足によって直接に成立するものであるから，そこに権力的要素は存在しないとし，権利者（租税債権者）と義務者（租税債務者）は対等な法主体として対峙する関係にあることを主張する立場である。この基本的な思考枠組は，租税債務関係説に属するいずれの論者にも共通しているが，ヘンゼルの理論においては，第1に，構成要件法及び実体的租税債務関係が決定的に重視され，租税法の構成要件法的構成により，租税実体法については行政法及び伝統的行政法学からの完全なる独立が提唱されていること，第2に，租税法律主義（合法性の原則）の観点から，国家の租税債権の成立及び実現は厳格に法律に服するものであることが強調され，租税実体法だけでなく租税手続法の領域についても権力関係の存在を認めず，行政と市民との地位の対等性が主張されていること，が特徴的である。もっとも，ヘンゼルも，租税手続法領域における行政権優越の構造を完全に否定していたわけではない。その論旨は，租税実体法と租税手続法の分離を前提としつつ，後者は前者に従属する関係にあると捉えることにおいて，後者の構造が主たる租税実体法の「租税債務法」たる性質に影響を及ぼすものではないと説き，また，次のような法治国家観から，国家優越的な外観を呈しているかに見える手続構造も，国家の権力的地位をなんら根拠づけるものではないことを主張するものである[44]。

---

(43) 前掲注(38)参照。なお，須貝教授は，ビューラーの理論について，必ずしも伝統的行政法学における直線的権力関係を観念するものではないとし，少なくともヘンゼルとの論争の結果，租税債務関係説と「観念的握手」をしていることなどから，「かれの権力関係説は無暗に私法規範の適用をみとめてはならないという公法性の主張であったと考えられるふしがある。」と指摘している。須貝・前掲注(16) 162頁。

(44) Vgl. VVDStRL Heft 3, S. 78ff. 後述のように，ヘンゼルは租税手続法領域における——行為規範と法的審査により秩序付けられた——官憲的優越の構造を認め，それを「権力関係的に見える」と述べているだけであり，決して行政の優越的地位ないし権力関係を認めているわけではないのだが，権力関係説の論者は，「行政の優越的地

第 10 章　租税法律関係と行政行為

　ヘンゼルの説く租税法の体系は，実質的法治国の貫徹を志向するものとして構成されている。彼のいう法治国とは，国家の統治権の行使における法規範の定立作用（立法）と，その定立された規範を適用・執行して法秩序の維持を図る作用（行政）との明確な分離を要請し，さらに，後者の活動が定立された法規範に適合しているか否かが——被侵害者の訴えに基づき——司法によって事後審査されることを要請するものである。したがってまた，国民として統治権に服する関係を意味するいわゆる一般権力関係とは，国民が国家の法秩序に服する関係であり，国家の「権力」に服するものではないことが強調される[45]。これは，租税権力関係説における租税実体法（実体的租税債務）と租税手続法（手続的補助義務）との一体的把握，すなわち，租税法体系を行政行為（賦課処分，財政下命）を中心とする一連の直線的な課税権力行使の構造と捉える考え方に対する反駁である[46]。かかる法治国家観を基盤として，ヘンゼルは，租税法体系を次のように説明している。

　まず，租税法における「構成要件の定立」（立法），「構成要件の実現」（納税義務者）及び「租税請求権の遂行」（行政）の分離構造により，租税実体法（構成要件法）と租税手続法（租税行政法）とは完全に区分されるものであることが説かれる。すなわち，国家の一般的統治権に基づく課税権の行使は，課税要件規範を定立する作用（立法）と，国家の租税請求権を遂行する作用（行政）との2つの異なる国家作用によって担われるが，行政による国家の租税請求権の遂行は，規範の定立により直ちに可能となるものではなく，定立された課税要件が具体的に実現されたときにはじめて可能となる[47]。この課税要件の実

　　　位」をもって権力関係と認識していることから，その言葉の意味を混同し，「ヘンゼルも広範囲において権力関係の存在を認めている」などと誤解している節がある（vgl. VVDStRL Heft 3, S. 132）。須貝教授も，「租税義務者と租税行政の対等関係であるとは誰も主張しなかった。」と記し（須貝・前掲注(16) 72頁），また村井教授も，「ヘンゼルも租税領域において全く権力関係が認められないとは述べておらず，むしろ特に手続法の一部については右の側面を明確に肯定しているのである。」としているが（村井・前掲注(16)「租税法律関係の性質」185頁），ヘンゼルは租税手続における行政と市民は対等の地位（Gleichordnung）である旨，明言している。同旨を指摘するものとして，木村・前掲注(16)自治研究91巻7号41頁参照。
(45)　VVDStRL Heft 3, S. 79f.; Hensel, Steuerrecht, 3. Aufl., Berlin 1933, S. 57. なお，ヘンゼルの同書第2版（1927年）の翻訳書として，杉村章三郎訳『独逸租税法論』（有斐閣，1931年）がある。
(46)　須貝・前掲注(16) 161頁参照。
(47)　ヘンゼルは，構成要件の実現（具体的事実の該当）により一定の法効果が発生する

現とは、国家の一般的統治権に服する市民（納税義務者）の経済生活上の具体的事実が課税要件に該当することであり、この要素の介入によって、国家の課税権行使における上記２つの国家作用（立法作用と行政作用）は分断され、租税法体系における租税実体法と租税手続法とが分離される、ということである(48)。

このような租税法の法治国的分離構造においては、租税実体法の領域は、租税債権者たる国家と租税債務者たる市民（納税者）との関係であるのに対し、租税手続法の領域は、税務行政庁と納税義務者との関係として形成される。そして、前者の関係は、立法者が定立した租税構成要件の具体的充足によって成立する対等な法主体間の法定債務関係であり、その成立に行政行為は関与しないのであるから命令・強制の要素は介在せず(49)、ゆえに租税実体法は行政法に属するものではないとする。これに対し、後者の関係においては、とりわけ財政下命の存在、言い換えれば、個々の租税法上の副次的義務（例えば租税監視に対する受忍義務、強制的申告義務等）に関して権力関係的と見られる官憲的優越性の存在を否定することはできず、その限りにおいて従来の行政法学が適用されうる領域であるとして、ヘンゼルは、租税手続法を「租税行政法」と表現している(50)。しかし、この領域についても、彼は必ずしも行政の「権力的地位」を認めているわけではなく、むしろそのような手続的な義務関係をもって租税法上の基本的関係を「権力関係」と構成する考え方は、法治国家理念に適うものではないと批判する(51)。しかも、租税債務の大部分は、私法上の債

という、このような構成要件と事実との関係に鑑みる限りでは、刑法との類似性を否定できないとするが、それは単に、租税法も刑法も法治国的に秩序付けられた侵害に関する法であるという点で共通していることからその仕組みが似ているというだけであり、それ以上には及ばないと述べている。Vgl. Hensel, a.a.O., 3. Aufl., S. 57.

(48) ヘンゼルによれば、「まさに租税法においてこそ、権力分立の根本理論をまじめに考える機会がある。」とされる。Vgl. VVDStRL Heft 3, S. 80. なお、ヘンゼルの説く租税法の法治国的構造については、ミュンスター学会での報告におけるその主張が、彼の後の教科書においてより詳細に敷衍されているので、本稿ではこれを併せて参照した。Vgl. Hensel, a.a.O., S. 14.

(49) 「決定的ではないにせよ、（権力関係と性格づけることに問題があるとして──筆者補注）疑われる点は、他の権力関係の特徴である行政行為が原則的な場合に欠けていることである。その代わりに登場するのが『構成要件の実現（Tatbestandsverwirklichung）』、すなわち、立法者が租税関係を基礎づけるための標準として規範的に定立した抽象的メルクマールが具体的に充足されることである。」Vgl. VVDStRL Heft 3, S. 80.

(50) Hensel, a.a.O., 1. Aufl., Berlin 1924, S. 14ff.; 3. Aufl., S. 15.

第10章　租税法律関係と行政行為

務関係と同様に債務者自身による支払いによって処理され，高権的国家は少しも顔を出すことなく片が付くのであるから，そもそも「理想的な租税債務者に対して租税行政法は必要ではない。」とさえ述べている[52]。

　ヘンゼルにおいては，租税請求権の基礎は実体的な債務関係であり，且つそれは「法定債務関係」なのであるから，租税手続法（租税行政法）は，租税実体法（構成要件法）に対して従属的な意味をもつにすぎない。したがって，賦課処分については，創設的意義が否定されることはもとより，あくまで法適用上の外観（Anschein）にすぎないものと捉えられる[53]。なぜなら，課税要件が具体的に実現された場合には，税務行政庁は成立した（抽象的）租税債務を具体的に確定する査定ないし課税決定を行わなければならず，それは租税規範に基づいて租税請求権を遂行しなければならないという行政の法遵守義務であり，行政の自由な意思によるものではないからである。財政下命及び強制徴収手続における行政作用についても同様，ヘンゼルは，それらが行為規範及び事後的な法的救済手続によって厳格に法治国的に秩序付けられていることを強調し，税務行政も市民（納税義務者）と同じく租税法秩序に服しているものとして，租税手続法領域においても，行政と市民は対等な関係で対峙していることを唱えるのである[54]。また，とりわけ租税権力関係説が国家の権力的地位の

(51)　VVDStRL Heft 3, S. 78ff. ヘンゼルの法治国的権力分立の理解によれば，租税規範の定立における国家の立法活動は，国庫的自己利益のためにではなく，国家・公共団体の負うべき任務を一般公衆の利益のために果たすという最終目的のためになされるのであり，租税構成要件の定立・形成は，納税者の利益と国家の利益との調整を図る意思に支配されていなければならない。それゆえ彼は，その法秩序の実現を図るという目的に仕えるのが行政活動であり，行政権のもつ強制力は，まさに法秩序の実現のために存するとして，これを「財政権力」や「課税権力」と呼ぶことを拒否し，一般的高権に基づく課税の「権利」ないし「権限」と表現する。そして，租税領域における納税者の服従は，課税権力への服従ではなく，租税法秩序ないし租税規範に対する服従であることを強調している。Vgl. Hensel, a.a.O., 3. Aufl., S. 14f., S. 56f.

(52)　Vgl. Hensel, a.a.O., S.15 Anm1, S. 104f. 須貝教授は，同様の観点から，「租税行政法」の関係を「いわば必要悪として考えられた関係である。」と表現している。参照，須貝・前掲注(16) 148 頁。

(53)　なお，租税権力関係説に属するシュラニールも，賦課処分に創設的意義を見出すマイヤーの見解を批判して，賦課処分は既に生じている租税債務を具体的に確認ないし宣言するという形でなされる租税請求権の行使であり，それ以外の何ものをも意味しない旨，指摘している。Vgl. Rudolf Schranil, Besteuerungsrecht und Steueranspruch, 1925, S. 121.

(54)　VVDStRL Heft 3, S. 80「Aは法律を充足したから租税を支払わなければならないのであって，行政がそれを欲するからではない。……行政は，支払義務に関しては，法

482

3 租税債務関係説

論拠とする執行特権については、彼は、私法上の請求について国家権力（裁判所）による強制執行がなされることを例に挙げ、その理解が誤りであることを指摘している。

以上に見てきたところから、ヘンゼルが「権力」と観念しているものは、法的統制を受けない行政の自由裁量ないし恣意による強制行為であると理解される。それは、次の記述からも明らかであろう。「行政法上の租税義務関係を『権力関係』と特徴づけることは、法治国的理解に適うものではない。なぜなら、行政法上の租税関係も同様に法治国的に秩序付けられているからである。このような租税関係もまた、法律上の構成要件に基づいて生ずるか、又は——いまなお一部は極めて概括的な規定の仕方ではあるが——法律の授権によってのみ具体的に設定されることができるのである。したがって、租税義務者は決して完全に税務行政庁の自由裁量や恣意のもとに委ねられているわけではない。税務行政庁もまた、法秩序によって許されたものを要求しうるにすぎない。しかも、行政上の租税義務を課し又はそれを具体化するための行政行為は、秩序付けられた権利保護手続において審査され得るのであり、とりわけ税務行政庁によって課される強制的負担に関しては、最高の権利保護機関であるライヒ財政裁判所に至るまでの権利保護手続をとることができるのである。」[55]

当時はまだ自由裁量行為に対してはおよそ司法審査が及ばないものと考えられていたのであるから、ヘンゼルのいう自由裁量とは、行政の恣意的行為とほぼ同義において観念されているといえる。法的統制を受けない行政の恣意的な命令・強制が権力であるとすると、権力関係は本質的に法律関係とは相容れないものということになる。この観点からすれば、租税実体法上の法定債務関係については、権力関係の要素を一切見出すことはできない。他方、租税手続法

　律の定めていること以外には何も欲することができない。そして、その支払請求を表明する行政意思の法律適合性が、租税義務者の申し立てる法的救済によって審査されるという原則が、租税手続法全体を支配しているのである。このことから、いずれにしても最終的には、行政と国民とは対等の地位（Gleichordnung）にあることが結論される。……この対等の地位だけが、租税法を法治国家の観点から堪えるに足るものとしているのである。この対等性によってのみ、請求の創設者（Anspruchsbegründer）及び請求の実施者（Anspruchsdurchsetzer）として国家が外見上果たす二重の役割は、堪えるに足る二元性に解消されるのである。」また、参照、村井・前掲注(16) 177-178頁。

(55) Vgl. Hensel, a. a. O., S. 106f. また、参照、須貝・前掲注(16) 80頁、木村・前掲注(16) 自治研究91巻7号37頁、41頁。

第10章　租税法律関係と行政行為

上は自由裁量の余地が認められている分野（例えば，衡平理由による免除［ライヒ租税通則法131条1項1文・3文］）が存在しており，ヘンゼルは，それが──必ずしも侵害を意味するものではないとしても，平等な租税の賦課・徴収の要請に照らし──重大な問題であると認識していた[56]。それゆえ，彼が，構成要件法を中軸とする租税法体系の法治国的構成という方法論を提唱した背景には，まさに租税法律関係におけるそうした行政庁の自由裁量の余地を排除する意図があったことが指摘されている[57]。

いずれにせよ，租税権力関係説の論者においては，主として国家（行政）の優越的地位が権力を意味するものと捉えられているのに対し，ヘンゼルにおいては，法的統制を受けない自由裁量ないし恣意が権力の本質と観念されており，租税手続法領域における「官憲的優越性」は，権力的な外観を呈していても，行為規範による規律と権利救済手続の保障によって法治国的に秩序付けられている限り，決して権力関係を意味するものではないと考えられている[58]。なお，租税権力関係説の間においても，「権力」の捉え方は論者により幾らか差異があるが，少なくともビューラーは，租税行政手続における官憲的優越構造に権力関係を見出だす一方で，ヘンゼルと同じく，合法性の原則のもとに租税の賦課・徴収手続における税務行政庁の作為義務を論じ，自由裁量の存在につ

---

(56) Vgl. Hensel, Die Abänderung der Steuertatbestandes durch freies Ermessen und der Grundsatz der Gleichheit vor dem Gesetz, VJSchrStFR 1927, S. 39. また，木村・前掲注(16)自治研究91巻7号42頁参照。

(57) 租税債務関係説は，かつてアーリア系ドイツ人とユダヤ系ドイツ人との間で，通達等による構成要件の改変により差別的取扱いが陰湿に行われていたことを批判して，税務行政庁の自由裁量を排斥すべく，主としてユダヤ系租税法学者を中心に提唱されたという歴史的事実があるとされている。参照，木村・前掲注(16)自治研究91巻7号43頁。

(58) このことは，彼が「新たな租税法の法的意義は，立法者による法治国的侵害法（rechtsstaatliches Eingriffsrecht）の形成ということにある。その最も重要な要素は，立法者による抽象的構成要件の定立──その構成要件の具体化による基本的義務関係の成立──によって，その基本的関係が義務者にとって負担的に変更されることに関しては，自由裁量により侵害が形成されうることがないということである。したがって，租税法上の基本的関係を権力関係ということはできない。」「租税債権者の租税債務者に対する官憲的優越性は，（法治国的に整序され，法的救済の保障の整った）租税手続をおこなう場合にはじめて認められるのであり，しかも専ら個々の処分庁について認められるにすぎない。」と述べているところからも，明らかであろう。Vgl. VVDStRL Heft 3, S. 63f. 村井・前掲注(16)「租税法律関係の性質」183頁参照。なお，ヘンゼルの法治国家的税法論については，vgl. Holstein, a. a. O., S. 19ff.

3 租税債務関係説

いては原則としてこれを否定している。そして，一部に認められる自由裁量事項については，それを権力の要素と見るのではなく，合法性の原則に対する例外として論じているのである[59]。このように，両説の間には，もとよりその論ずる「権力関係」の概念自体に大きな差異が存することが看取される。

ところで，ヘンゼルは，しばしば租税債務と民事法上の債務との類比性に言及しているが，それはあくまで法主体の対等性を論ずる限りにおいてであり，租税債務関係については「公法上の債務関係」の概念を用い，後述のナヴィアスキーとは異なって，私法上の債務関係とはむしろ明確に区別していることに留意を要する。すなわち，彼によれば，私法上の債務関係は，原則として債権者と債務者の「意思の合致」により給付内容等が決定され成立するのに対し，租税債務関係の場合は，「意思の合致」の要素に代わり，「法定構成要件の実現」によって成立する点に特徴があるという[60]。しかし，ヘンゼルが説くこの「公法上の債務関係」の概念に対しては，「公法関係＝権力関係」と捉える伝統的行政法学の立場から，それこそまさに権力関係を意味するものに他ならないとの反駁を加えられるのである[61]。

このように，両説における見解の相違の背景には，単に租税実体法と租税手続法のいずれを重視するかという点に違いが存するだけではなく，その前提にある法治国家観と，「公法」及び「権力」の概念における認識の齟齬が複雑に交錯していることを指摘することができる。

---

(59) Vgl. Bühler, a. a. O., Bd. Ⅰ, 2. Aufl., 1953, S. 132f. また，木村・前掲注(16)自治研究91巻7号36頁参照。

(60) これに対しては，私法上の債務にも法定債務はあるのだから，法定債務というだけでは，公法上と私法上の債務関係の区別を説く論拠とはならない，とする指摘がある。須貝・前掲注(16) 128頁参照。ヘンゼルにおいては，税法学の行政法学からの独立を意識するあまりか，「法定債務」であること以外に，行政法学上のいわゆる公法・私法峻別論において説かれているような公法的特徴は一切論じられていない。公法・私法峻別論における「権力説」の観点は，もとよりヘンゼルの採用するところではないとして，潜在的には「主体説」によっているものと推測されうるが，明示には言及されていない（なお，この点について，須貝教授は，「ヘンゼルにとってそれはおそらく興味のないことであった。」とされている）。これに対し，ナヴィアスキーは，郵便法の研究に従事していた当時，いわゆる「利益説」の観点から公法上の債務と私法上の債務の区別を論じており，租税債務についてもこの観点が前提とされている。Vgl. Hans Nawiasky, Deutsches und Österreichisches Postrecht, Wien, 1909, S. 28.

(61) 本稿2(1)及び前掲注(36)参照。

第10章　租税法律関係と行政行為

(2)　その他の租税債務関係論者

租税債務関係説に属するとされる他のドイツ国法学者としては、ミルプト (Hermann Mirbt) とナヴィアスキー (Hans Nawiasky) が知られている。但し、彼らは、租税実体法上の租税債務関係について、国家と市民の関係が債権者と債務者という対等な法主体間の関係であると捉えることにおいてはヘンゼルと同じであるが、必ずしもヘンゼルの見解を全面的に支持しているというわけではない。そこで、以下、彼らの見解についても少し言及しておくこととする。

まず、ミルプトは、租税法律関係の中核をなす金銭債務に関する限りでは、基本的にヘンゼルの見解に同調し、権利者と義務者が対等に法律に服している関係であるとする。しかしその一方で、租税法律関係は国家の一般的権力への服従関係を基盤として、租税法律により個別に成立される具体的義務関係であるとの考え方を基礎とし、税法上の義務は租税債務だけでなく、行政行為により発生する義務（一般に「財政下命義務」と呼ばれる）も存在するから、国家と租税義務者との関係全体を統一的に租税債務関係と性格付けることはできない、と説く。それゆえ、ヘンゼルの論ずる租税法体系について、彼は、租税構成要件の崇拝をなすものであり賛成できないとして、むしろ批判的な見解さえ示している[(62)]。

ミルプトのいう「行政行為により発生する義務」とは、ヘンゼルにおいては、租税実体法上の租税債務関係とは区別された租税手続法上の補助的義務に含まれるものであり、税務行政庁の法遵守義務に基づき課されるものとして論じられている。したがって、ミルプトの上記批判は、ヘンゼルの理論における実体法関係と手続法関係を明確に区分する考え方自体を否定するものか、若しくは、この区分は前提としつつも租税実体法関係を租税法律関係の中心に据える考え方を否定するものか、そのいずれかである。どちらにせよ、その論旨からは、彼が、租税手続法領域における税務行政と納税義務者の関係については、これを権力関係と捉えていることが推察されうる。そうすると、上記批判が仮に前者の意味で述べてられているのだとすれば、彼の見解は、租税手続法上の官憲的優越構造をもって租税法律関係を直線的・一体的に権力関係と捉える権力関係説とは、ただ実体的租税債務関係の捉え方において、若干の程度の差があるというにすぎない[(63)]。また、後者の意味だとすると、ミルプトのいう租税債

---

(62)　Vgl. Mirbt, Grundriß des deutschen und preußischen Steuerrecht, Leipzig 1926, S. 85ff.; VVDStRL, Heft 3, S. 120.

務関係とは，単に法実証主義的な観点から述べられているにとどまり，租税法律関係の本質を論ずる租税債務関係説とは程遠いように思われる。

次に，ナヴィアスキーの見解であるが，彼は以下のように述べている。「いわゆる国家高権は，租税債権において顕れるものではなく，租税法律においてのみ顕れる。それは，国家高権一般的に法秩序においてのみ顕現することを意味する。したがって，租税債務関係を権力関係と捉えることは誤りであり，むしろそれは債権関係（Forderungsverhältnis）というべきである。なぜなら，権利者が義務者に対して自己の恣意により請求を為しうる余地，言い換えれば，優越的な意思をもって相手方が何をすべきか又はしてはならないかを定めることができるような余地は，法秩序によって一切与えられていないからである。」(64)

敷衍すると，ナヴィアスキーの理論とは，立法者としての国家と，法秩序実現の担い手（＝法律適用者）としての国家，及び法律に基づく権利義務主体としての国家は，それぞれ区別することが必要であることを強調し，租税高権ないし課税権力は立法者としての国家については語ることができるが，租税法律が制定された後の関係においては，国家も自らその法秩序の規律に厳格に服するとして，そこに権力関係は存在しないことを唱えるものである。つまり，租税債権関係の基礎は租税高権であり，彼はこの租税高権には権力関係の側面を認めているのであるが，それは国家の法秩序に属する者との関係における一般権力関係であり，国家の法秩序への服従関係を意味するものであって，あくまで租税法規範が制定されるまでの関係であるとする。

彼は，租税法上の基本関係を何と呼ぶかは好みの問題であると述べており(65)，ヘンゼルのようにそれが「租税債務関係」であることを強調するわけではなく，むしろ「債権関係」と呼んでいるのであるが，租税法律関係における国家の権利と市民の義務はともに租税法規範に服するものとして対等な関係にあること

---

(63) ミルプトの税法学は，租税国家法，実体的租税行政法，形式的租税行政法で構成されており，租税実体法さえも行政法として位置づけられている。このことから，ミルプトは，租税金銭債務関係について権力関係の存在を否定してはいるものの，総体的には行政法学的観点から租税法を体系づけていることが分かる。それゆえ，「彼の説く租税債務関係説は，その粉飾を除けば従来の伝統的理論と隔たること遠くない。」などと指摘されている。須貝・前掲注(16) 126頁参照。

(64) Vgl. Nawiasky, Steuerrechtliche Grundfragen, München 1926, S. 35.

(65) VVDStRL Heft 3, S. 124.

第10章　租税法律関係と行政行為

を説き，租税手続法領域についても行政の優越的地位を否定している点[66]は，ヘンゼルと同様である。また，権利者が自由裁量ないし恣意によって義務者の為すべきことを自由に定めうるところに権力関係を観念し，租税法秩序においては税務官庁も厳格に法律に羈束されているのであるから権力関係は存在しない，とする考え方も，基本的にはヘンゼルと同じである[67]。

但し，ナヴィアスキーは，租税法関係は公法関係であり，したがって租税債務関係は「公法上の債務関係」であるとする一方で，その私法上の債務関係との同質性を積極的に説いている点において，ヘンゼルとは考え方を異にしている。ナヴィアスキーによれば，「請求する権利と給付する義務は，民法上の債務関係でも公法上の債務関係でも全く同じ」であり，不履行の場合の法的効果についても，国家的強制が行われることは基本的に同じである（ただその執行機関が行政か司法かの違いにすぎない），と説かれる。曰く，「租税法上の債務関係における債権者と債務者は，形式的には民法上の債務関係におけると同様に対峙する。債権者と債務者は，その権利義務に関して等しく法規範によって規律されているのである。ゆえに，民法において平等関係であるというならば，租税法においても平等の関係にあると見なければならない」。租税債務関係においては，統治主体であり立法者である国家が一方の債権者として現れるわけだが，これについて彼は，立法者としての国家と，租税法律により与えられた権利の主体としての国家は，明確に区別されるべきことを繰り返し強調している。かかる思考をもとに，後者の租税債権者としての国家は，「法規範によって自己に認められたものしか請求し得ない」として，国家が私法上の債権者と

---

(66)　ビューラーの論ずる税務行政庁の権限に基づく「国家の優越的地位」の考え方に対して，ナヴィアスキーは，そもそも立法者と法律適用者とは区別する必要があるとし，また税務行政庁が自力執行権を有するというのは訴訟法上の問題であって，租税実体法上の債権債務関係とは区別する必要がある，と批判している。そうでなければ，国家が権利者となっている私法関係は，（裁判所も法律適用者としての国家機関であるから）訴訟上すべて権力関係と扱われることになり不合理であるという。VVDStRL Heft 3, S. 124.

(67)　もっとも，ナヴィアスキー自身は，ヘンゼルは行政の活動が法的審査を受けるか否かによって権力関係の存否を論じており，その概念定義は自分とは異なるとしている（VVDStRL Heft 3, S. 124.）。しかし，ナヴィアスキーが自由裁量による命令・強制の要素を権力関係のメルクマールとし，行政の権利行使が法律に羈束されているところには権力関係は存在しないと述べているのも，結局は法的審査が及ぶか否かを基準としているのではなかろうか。なぜなら，行政が法律に羈束されているとは，その行為が法的審査に服することを意味するからである。

して現れる場合と同じく，租税債務者とは対等の関係にあることを論結するのである⁽⁶⁸⁾。

　ナヴィアスキーは，公管理法に関する自身の先行研究の一環において公法・私法の区分を論じており，その中で，債権関係（請求関係）か権力関係（優越関係）かという区別は，公法の領域だけでなく私法関係にも見られることを指摘し，それは種類や性質の違いを意味するものではなく，相手の意思を服従せうる程度ないし範囲の上での区別にすぎない，といった見解を展開している⁽⁶⁹⁾。公法が適用される関係であるとの形式的な基準によって，いわば論理必然的に私法関係との異質性を帰結するのではなく，当該関係の実質的な内容が重要であることを示唆するものである⁽⁷⁰⁾。利益説の観点から，公管理法の領域における非権力的な公法関係の存在を見出していた彼は，その論証のためにも，「公法関係＝権力関係」と捉える伝統的行政法学の思考をまずは克服することを意図していたのであり，彼にとって租税債務関係論は，まさにその絶好の題材であったということができよう。

4　ドイツ行政法学における法関係論の展開と行政行為概念の変革
　　　　　――権力関係から権利義務関係への転換――

　ドイツでは，ボン基本法の制定による憲法理念の変容と行政裁判制度の抜本的改革（主に列記主義から概括主義への移行と義務付け訴訟の法定）を契機

(68)　Vgl. Nawiasky, a. a. O., S. 34ff. また，須貝・前掲注(16) 75 頁以下参照。

(69)　Vgl. Nawiasky, Forderungs und Gewaltverhältnis, Ein Beitrag zum allgemeinen Teil des privaten und öffentlichen Rechts, Festschrift für Zietelmann, 1913, S. 1f.「請求関係及び権力関係というのは一般的な法学的カテゴリーであって，それは私法と公法のいずれにも存する。債権と父権，租税義務と警察がその例であるが，……その相互の類似性は明白である。いずれも直接に人と人との間の法的関係である。」

(70)　ナヴィアスキーは，公法上の債務関係と私法上の債務関係の同質性を説いている点で，ビューラーからは，ヘンゼルよりも極端な租税債務関係論者として位置付けられている。但し，彼は一方で，他の租税債務関係論者とは異なり，租税債務関係の成立に際して賦課処分に創設的意義を持たせることの必要性を説き，ライヒ租税通則法 81 条 1 項によって賦課処分の意義が稀薄化されたことに対して，批判的見解を顕にしていることが注目される。もっとも，それは納税義務者の権利保護を重視する観点から，専門家である税務行政庁によって賦課処分がなされるまで租税債務の成立を遅らせるべきである，とする趣旨を述べるものであり，伝統的行政法学におけるとは異なる考え方である。Vgl. Nawiasky, a. a. O. (FN64), S. 38f., この点について，須貝・前掲注(16) 116 頁以下参照。

第 10 章　租税法律関係と行政行為

とし，とりわけ公権論を中心に，国家と市民の関係を「一般権力関係」から「一般法律関係」への置き換え，公法体系を権利義務ないし請求権関係（Anspruchsbezieung）へと転換することが指向された。もっとも，当初の行政裁判所法では，いまだ行政行為がアクチオ法的意義を有していたため，暫くはそれが行政法の中心概念であることは変わらなかったが，1960 年の行政裁判所法改正において従来の抗告訴訟と当事者訴訟の区別が廃止され，行政行為以外の行為をも包括的に対象とする一般的確認訴訟及び給付訴訟が法定されたことによって，行政行為のアクチオ法的機能が大きく後退し，これを機に，権力主義的な行政行為中心の伝統的行政法学に対する批判が一気に加速したのである[71]。そして，いわばそのアンチテーゼとして，国家・市民間の対等な権利義務関係を説く「法関係論（Rechtsverhältnistheorie）」[72]が，行政法学体系における「行政行為から法関係への転換」[73]を示唆するものとして活発に論じられるようになった[74]。この伝統的行政行為概念に対する批判は，主として，

---

[71]　バドゥラによる行政法体系の目的論的変革の提唱がその代表である。Vgl. Peter Badura, Verwaltungsrecht im liberalen und im sozialen Rechtsstaat, Recht und Staat, Heft 328, 1966, S. 5ff. その紹介として，ペーター・バドゥラ（和田英夫訳）「自由主義的法治国家の行政法と社会法治国家の行政法」法律論叢 44 巻 2＝3 号（1970）1 頁以下。

[72]　ドイツにおける法関係論の詳細については，参照，人見剛「ドイツ行政法学における法関係論の展開と現状」都法 32 巻 1 号 105 頁以下，山本隆司『行政上の主観法と法関係』（有斐閣，2000 年）443 頁以下，村上武則「西ドイツにおける給付行政の法関係論について」伊藤満先生喜寿記念『比較公法学の諸問題』（八千代出版，1990 年）159 頁以下，塩入みほも「公権論の新たなる発展（3・完）——理論的新傾向とその実践的機能の考察」自治研究 72 巻 4 号 103 頁以下。

[73]　1971 年の国法学者大会において，バッホフが，従前よりヘンケや自身が公権論において展開していた「基本法秩序における行政と市民の法関係」の思想をもとに，より明確な形で「法関係論」として提唱した。これを契機として法関係論への関心が高揚したのだが，その際のバッホフの報告は，明らかに「行政行為からの転換」を示唆する内容であった。Vgl. Die Dogmatik des Verwaltungsrechts vor den Gegenwartaufgaben der Verwaltung, VVDStRL Heft30 (1972), S. 193ff., insb. S. 230ff. その紹介として，参照，塩野宏「紹介 O・バッホフ，W・ブローム『行政の現代的課題と行政法のドグマーティク』」法学協会雑誌 91 巻 2 号（1974 年）（同・前掲注(5)所収）。また，ヘンケの公権論については，vgl. Wilhelm Henke, das subjektive öffentliche Recht, Tübingen 1968; ders, Das subjektive Recht im System des öffentlichen Rechts, DÖV 1980, S. 621ff. 石川敏行「ドイツ公権論の形成と展開(4)」法学新報 85 巻 1＝2＝3 号 133 頁以下，塩入みほも「公権論の新たなる発展(2)——理論的新傾向とその実践的機能の考察」自治研究 72 巻 1 号 103 頁等参照。

[74]　バッホフによる提唱以降の法関係論の主唱者として，vgl. Norbert Achterberg, Rechtsordnung als Rechtsverhältnisordnung. Grundlegung der Rechtsverhältnistheorie,

4 ドイツ行政法学における法関係論の展開と行政行為概念の変革

それが局所的な性格を有し，複雑多様化した現代行政の多極的法関係における利害関係人（第三者）や，行政行為以外のインフォーマルな行政活動の法的把握を困難にしていること，また，その行為形式（手続的要件等）ばかりが重要視され実体法関係が軽視されている，といった点を指摘するものである。これに対し，「行政法関係」の概念は，これらの欠点をすべて克服し，多極的法関係や行政過程の全体像を包括的に把握し，第三者やインフォーマルな行政活動をすべて法的視野に取り込むことを可能にするという。

しかし，1986年の国法学者大会[75]では，「法関係」の概念は，その抽象性が問題とされ，総論上の一般的ないし上位概念としてはともかく，それ自体が行政法体系の中心概念たるに値する具体的・実践的機能を発揮しうるかが疑問視されることとなり，むしろ「行政行為」の現代的意義を再確認し又はその制度技術的な再構築を図るべきである，とする見解が多勢を占めるに至った。この見解によれば，行政行為の有する法的安定性及び手続終結の機能，そして行政手続法の適用対象となる[76]といった点が，現代的には次のように再評価されうるという。すなわち，行政行為はまず，その拘束力，存続力ならびに構成要件的効果によって，抽象的な法関係を具体化・明確化する機能を有し，これにより法的安定性の確保に仕えるという実体法的意義を有しており，また，その具体化・明確化機能により，手続法的には，複雑な行政過程を分節化して中間的な予備決定・部分決定等を導入し，段階的に手続を確定させることによって，複雑且つ動態的な行政過程の俯瞰可能性・予測可能性を確保するとともに，早期の段階における名宛人や利害関係人の権利救済を可能にするなど，現代行

1982 ; ders, Allgemeines Verwaltungsrecht, Heidelberg 1982, S. 295ff. その紹介として，間田穆「N・アハターベルクの『法律関係論』『行政法関係論』」法律時報57巻1号107頁以下参照。また，憲法適合的秩序の要請として，憲法論レベルで法関係論を展開しているものとして，vgl. Peter Häberle, Das Verwaltungsrechtsverhältnis, in: ders., Die Verfassung des Plauralismus, 1980 ; Hartmut Bauer, Geschichtliche Grundlagen der Lehre vom subjektiven öffenlichen Recht, Berlin 1986, S. 163, S. 167ff.

(75) 1986年の国法学者大会では，「給付行政における法関係」のテーマのもと，まさに租税法律関係の性質をめぐるビューラーとヘンゼルの論争の如く，法関係論がその賛否をめぐって正面から議論された。Vgl. Rechtsverhältnisse in der Leistung, VVDStRL Heft 45（1987）, S. 154ff.

(76) 1976年制定のドイツ行政手続法9条は，同法にいう行政手続を，行政行為の要件審査・準備及び発給又は行政契約の締結に向けられた，一連の対外的行政作用をいい，行政行為の発給又は行政契約の締結それ自体を含む，と定義している（9条）。すなわち，行政行為又は行政契約であることが，行政手続法の適用要件とされている。

政において極めて重要な機能を発揮しうる，ということである(77)。

かくして今日では，法関係概念と行政行為概念は決して二者択一的なものではなく，相互補完的な概念と捉えられている。行政行為は，行政の優越的地位の徴憑としてではなく，単に制度技術的な概念として，行政法関係における多種多様な行為形式の一形態に位置付けられつつ，上記の諸機能，とりわけその手続法的機能が再評価されるに至っているのである。租税行政法関係もまた，こうした趨勢において，今日では，税務行政庁と納税義務者の相互の権利義務を内容とする「協働的関係」と把握・形成されつつ，行政行為の有する具体化・明確化機能による法的安定性，及びその手続完結機能による租税法律関係の早期確定の効果が再評価され，これを積極的に介入させるとともに，一方における納税義務者の手続的権利の保障が拡充されるに至っている。

なお，憲法原理の変容に伴う伝統的な行政行為論に対する批判は，ドイツにおけるとほぼ同時期において，わが国の行政法学上にも生じている。行政行為の公定力概念ないし自力執行力における権力過剰性に対する批判(78)や，行政行為本位の伝統的行政法学体系それ自体を否定するいわゆる行政過程論(79)がそれである。わが国においても，今日の行政法教科書では，この行政過程論（ないし行為形式論）による体系化が一般的となっており，行政行為は，一連の行政過程における種々の行政活動の一形態と位置付けられ，またその概念も，かつての官憲主義的思想を反映した形而上学的なものとしてではなく，現代行政法学上の制度的概念として再定義されるに及んでいる(80)。しかし，わが国

---

(77) 乙部哲郎「行政行為の観念と種類」雄川一郎・塩野宏・園部逸夫編『現代行政法体系 第2巻』（有斐閣，1984年）100頁，人見剛「西ドイツ行政法学における行政行為概念の位置づけ」兼子仁編『西ドイツの行政行為論』（成文堂，1987年）1頁以下参照。

(78) 従来の行政行為論における公定力や自力執行力における権力過剰性に対する批判として，兼子仁『行政行為の公定力の理論』（東大出版会，1961年），広岡隆『行政法上の強制執行の研究』（法律文化社，1961年），藤田宙靖『公権力の行使と私的権利主張』（有斐閣，1973年）等参照。

(79) その代表的な論者として，遠藤博也「複数当事者の行政行為——行政過程論の試み」北法20巻3号（1969年）247頁以下，同「行政過程論の意義」北法27巻3＝4号（1977年）599頁以下，塩野宏「行政作用法論」公法研究34号（1969年）209頁，同「行政過程論総説」雄川一郎・塩野宏・園部逸夫編『現代行政法体系 第2巻』（有斐閣，1984年）1頁以下参照。

(80) 藤田宙靖『行政法学の思考形式（増補版）』（木鐸社，2002年）13頁以下，同『行政法Ⅰ（総論）〔改訂版〕』（青林書院，2005年）201頁，塩野宏『行政法Ⅰ〔第6版〕』（有斐閣，2015年）123頁以下等参照。また，訴訟法上の処分性概念とは峻別された実

では，行政行為を中核とする実定法上の「処分」概念のもとに，当事者訴訟とは区別された抗告訴訟制度，そして当該制度の前提又は論理的帰結として説明されてきた「公定力」の概念がなおも存続しており，それゆえ，行政行為ないし行政処分の概念を中心とし，且つ「権力行政」と「非権力行政」の区分を論ずる伝統的な行政法学体系それ自体は，依然として維持されている。また，法実務上も，行政行為はその実体法的及び手続法的機能より，むしろ執行法的及び訴訟法的機能(81)に決定的意義を見出されている現実があり，官憲主義的な思想が完全には克服されていない印象を拭えないのが実状といえよう。

5　わが国における行政法律関係及び租税法律関係に関する理論

わが国の行政法学は，元来，オットー・マイヤーによって構築されたドイツの伝統的行政法学に倣い，行政行為を中心とする権力的な行政法律関係を観念してきた。例えば，民権学派を代表する美濃部達吉博士でさえ，初期の教科書では，「警察権，財政権をはじめ，国家と臣民との関係が公法的なること最も明瞭なる場合は，国家が支配権者として臣民を支配する関係にある。国家は優勝なる権力の主体として臣民を支配し，これに権利を与え義務を命ずるものである。」(82)として，公法ないし行政法関係を「国家が優勝なる権力の主体とし

　　体的行為としての行政行為概念の定義を試みるものとして，畠山武道「許認可の際の同意の性質──『行政行為』概念再考の一素材として──(1)〜(4・完)」民商法雑誌69巻 (1973年) 1号，5号，70巻 (1974年) 2号，5号参照。
(81)　行政行為におけるこれらの機能については，人見・前掲注(77) 12頁以下参照。
(82)　美濃部達吉『行政法撮要〔改訂増補再版〕』(有斐閣，1927年) 45頁参照。美濃部博士は，その後の教科書でも，「行政法関係は，私法関係と異なり，不対等者間の関係であることにその特色がある。公法関係にあっては，国家は優勝の意思の主体 (potentior persona) として人民に対するものであって，その関係は不対等なる関係である。」と叙述している (同『日本行政法 (上)』(有斐閣，1936年) 84頁)。もっとも，同博士は，国家を「優越な意思の主体」と呼び，公法ないし行政法関係を不対等な関係であるとしながらも，私人を国家の支配権に服従する客体としてではなく，「公権」を有する権利主体として把握しており，「相互に権利を有し義務を負う」関係であると説明している (同書107頁参照)。しかし，当時はまだ，「国家が優越な意思の主体として有するところの権利 (国家的高権-筆者注) は，個人または法人の側で有する権利 (個人的公権-筆者注) とは性質を異にする。」と考えられていた (同『行政法序論〔初版〕』(有斐閣，1948年) 57頁)。なお，美濃部博士が後にこうした思想を改め，国民主権主義のもとに国家と国民の対等な法主体性を主張するに至ったことは，周知の通りである。参照，美濃部達吉『行政法序論〔第3版〕』(有斐閣，1950年) 30頁以下。

第 10 章　租税法律関係と行政行為

て臣民を支配する関係である」と説明していた。また，戦後の通説を代表する田中二郎博士も，公法・私法の区別に関し，「行政法上の法律関係は，優越的な意思の主体と相手方たる人民との間の命令強制の関係又は直接公共の福祉と密接に結びついた関係であることが多く，それは，対等の当事者間の単なる私的な経済的利害の調整を目的とする私法関係とは区別されるべき特色を持っている」(83)と述べており，この前者の関係，すなわち行政が優越的な意思の主体として人民に対して命令強制する関係を「支配関係又は権力関係と呼ぶことができる。」とし，これを「本来的な公法関係」であると説明している（傍点原文）(84)。

わが国では，このような考え方から，租税法領域における国家の財政権ないし課税権の行使は，従来一般に，国家の優越的な意思に基づき，私人に対して金銭給付等の義務を一方的に命令強制する権力作用であり，侵害行政の典型であると説明され(85)てきた。したがってまた，租税法律関係は，実体法関係と手続法関係とを区別することなく，全体として公法関係であり，権力関係であると捉えられてきた（公法・私法峻別論における権力説の考え方）(86)。従前はこのように，まさにオットー・マイヤー行政法学及びそれを基盤とする租税権力関係説と同様の考え方が，いわば当然のように説かれていた。

租税権力関係を否定するヘンゼルの税法学理論は，ミュンスターでの国法学

---

(83) 田中・前掲注(8)『要説行政法』31 頁参照。その後出版された著書においても，「国・地方公共団体等の行政主体は，実定法上，相手方たる人民の意思いかんにかかわらず，一方的に命令し禁止し，人民をこれに服従させ，又は一方的に法律関係を形成し変更し消滅させる公権力を有するものとされる。」「法律自らが公共の見地からそういう公権力を承認しているところに，行政法の特質を見出すことができる。」と説明している。同『新版行政法（上巻）〔全訂第二版〕』（弘文堂，1974 年）33 頁参照。

(84) 田中・前掲注(8)『要説行政法』33 頁。これに対し，後者の，国又は公共団体が公共の福祉を実現するために公の事業を経営し又は財産を管理する主体として人民に相対する関係を，「管理関係」と呼び，これを「伝来的な公法関係」であるとする。かくして，田中博士は，公法関係を「支配関係」（権力関係）と「管理関係」とに区分している。

(85) 美濃部・前掲注(82)『日本行政法（上）』85 頁，原田尚彦『行政法要論〔全訂第 6 版〕』（学陽書房，2005 年）86 頁参照。

(86) 田中・前掲注(3) 136 頁参照。なお，美濃部博士は，財政下命権は私法上の債権に類似すると述べつつ，その金銭給付請求が一方的・強制的であり，且つ自力執行権を伴うという点において，私法上の債権との異質性を説いている。その博士の当時の権力関係的把握は，マイヤーよりもビューラーの考え方に近いものと思われる。美濃部・前掲注 (82)『日本行政法（上）』119 頁，同『行政法序論〔初版〕』58 頁参照。

5 わが国における行政法律関係及び租税法律関係に関する理論

者大会における前記論争後、まもなくしてわが国に紹介されたが⁽⁸⁷⁾、その当時、わが国ではいまだ租税法は行政法の一部と観念され、且つ伝統的行政法学の思考が強く根付いていたため、ヘンゼルの租税債務関係の思想はすぐには浸透しなかった。戦後、シャウプ勧告を契機としてわが国でも租税法学が学問的に独立し、その独自の体系構築と理論的研究が進められると、ようやく「租税法学」の観点からヘンゼルの租税債務関係説が注目され、1960年以降、次第に先の論争の具体的内容がわが国に紹介されるようになる⁽⁸⁸⁾。しかしその頃には、ドイツでは議論は既に一定の方向に収束していた。すなわち、租税実体法は租税債務法であり、租税手続法は租税行政法であって、前者の関係は租税債権者たる国家と租税債務者たる市民の債権債務関係であり、後者の関係は税務行政と納税義務者の租税義務関係である、とする二元的把握が浸透していたのである⁽⁸⁹⁾。それゆえわが国では、租税法律関係論は、当初から租税権力関係説又は租税債務関係説のいずれかの立場において論じられるというより、むしろドイツにおける論争後の理論状況を客観的に考察し、それをわが国の実定法構造に反映して、租税実体法については租税債務関係的構成、租税手続法については租税権力関係説構成という二元的構成を論ずる、いわば折衷的見解が大勢を占めてきたといえる⁽⁹⁰⁾。

---

(87) 杉村・前掲注(45)参照。
(88) 前掲注(16)の文献参照。
(89) ビューラーでさえ、論争直後に著した租税法教科書では、租税実体法と租税手続法の構成に区分し、前者においては、「租税債務法」として租税債務関係を論じている。Vgl. Bühler, a. a. O., Bd Ⅰ, 1. Aufl., S. 242ff.; 2. Aufl., S. 253ff. なお、「租税義務関係」の概念は、現行ドイツ租税通則法33条1項の用語に基づくものであるが、その意味するところは相互の法遵守義務である。すなわち、それは相互に権利義務を有する法律関係を指し、租税義務者の一方的な義務のみを意味する概念ではない。Vgl. Heinrich Wilhelm Kruse, Lehrbuch des Steuerrechts, Bd Ⅰ, München 1991, S. 92.
(90) 例えば、金子・前掲注(4) 187-188頁（租税法律関係を統一的に捉えるならば、「『債権者である国の手に各種の特権の留保された公法上の債務関係』とでも定義することになるであろう。」としつつ、法技術的には「租税法律関係を一元的ないし十把からげに権力関係とか債務関係として割り切るのはむしろミスリーディングであって、おそらくそれは性質の異なる種々の法律関係の束として理解するのが、実定租税法の認識としては正しいのではないか」とする。)、北野・前掲注(4) 57頁、61頁（租税法律関係のうち実体法関係は債務関係であり、手続法関係は権力関係と一応言いうるとした上で、「租税法律関係は法実践論の視覚からは債務関係としてとらえるのが正しい。しかし法認識論の視覚からは権力関係としてとらえるのが正しいのである。」とする。)、清水・前掲注(16) 55頁（税法関係の基本的関係が債務関係であることを認める一方、

495

第 10 章　租税法律関係と行政行為

　しかし，租税実体法を租税債務法，租税手続法を租税行政法と捉える実定法構造の二元的把握それ自体はドイツにおけると同じであっても，後者の租税手続法（租税行政法）上の関係を「権力関係的構成」と捉える点は，現在のドイツに見られる理論的傾向とは大きく異なっている。確かに，論争後しばらくの間は，ドイツでもわが国におけると同様，単なる折衷的解釈を採用するにとどまる論者が少なからず存在していた[91]。しかし，その後ドイツでは，行政行為概念を中核とする古典的官憲主義的な行政法学ドグマティークに対する疑問から，行政法律関係を対等の権利主体間の関係と捉える現代的ドグマティークへの転換を志向する理論的傾向が生じたことは先述した通りであり，行政行為を含む公権力行使に係る行政法律関係を伝統的意味での「権力関係」と捉える考え方は，既に克服されている。行政法律関係は，今日，規制行政であると給付行政であるとに関わらず，すべて対等な法主体間の権利義務関係として捉える立法論及び解釈論が展開されているのである。したがって，租税手続法（租税行政法）領域における税務行政と納税義務者の関係についても，行政権優越の不対等な関係を観念して「権力関係」を論ずる見解は，今日のドイツにはおよそ見られず，双方の手続的権利義務の関係として把握・形成されるに至っている[92]。

　わが国では，租税手続法関係については権力関係（説）が妥当するとの叙述が多く見受けられるが，そこにいう「権力関係」の概念は，行政権の優越的地位ないし一方的な命令強制の関係を意味して用いられている傾向がある。例

「租税債務関係を私法上のそれと同一視することは許されず，租税法律関係のなかには行政の優越的関係が存在することも否定しえない。」とする。），村井・前掲注(16) 171頁注(2)及び 189 頁以下（「租税法律関係の全体をいずれかの法的構成で一元的に割り切るのは，必ずしも正しい認識とはいえない。」とし，現行国税通則法における「権力関係と債務関係の二元的構成」を論ずる。），水野忠恒『体系租税法』（中央経済社，2015 年）20 頁（「租税法律関係は権力関係と債務関係の両方の束からなる。」）等。

(91)　ミルプトの見解も，租税債務関係説というより，どちらかと言えば折衷的思考であると思われる。Vgl. Mirbt, a. a. O., S. 85ff. その他，租税法体系及び租税法律関係の二元的・折衷的構成を説いているものとして，vgl. Wilhelm Merk, Steuerschuldrecht, 1926; Bühler/Strikrodt, a. a. O., Bd Ⅰ, 3. Aufl.；Heinrich Wilhelm Kruse, Steuerrecht 1, Allgemeiner Teil, München 1966 usw.

(92)　Vgl. Kruse, a. a. O. (FN89), S.92f.; Klaus Tipke / Joachim Lang, Steuerrecht, 22. Aufl., Köln 2015, §21（insb. Rz. 9ff., 153), S. 1150ff. また，木村・前掲注(16)自治研究91 巻 7 号 44 頁以下，同「租税債務説論争の終着駅：租税法は倒産法と不対等でよいのか」税務弘報 63 巻 6 号（2015 年）150 頁以下参照。

えば,「租税法律関係においては,債権者である国家が優越性をもち,その限りで租税法律関係は不対等な関係として現れる。更正・決定を通じて租税債務の内容を確定する権限,更正・決定の補助手段としての質問・検査権,裁判所の手を借りずに自らの手で徴収を図るための自力執行権,滞納処分に際して租税債権に認められる一般的優先権等は,いずれも,租税の強い公益性ならびに公平・確実かつ迅速な確定と徴収の必要性にかんがみ認められた制度であって,私法上の債務関係においては認められていないものである。」[93]との叙述や,「租税手続法は,租税債権の実現の過程を規律する法として,租税債権者又はその機関たる行政庁に対して,優越的地位ないし権力的手段を与えている。その限りにおいて,権力性を認識できるであろう。」[94]といった叙述には,まさにそうした思想が顕著に現れている[95]。

今日では,わが国においても公法・私法峻別論は克服され,伝統的行政法学の思考のままに「公法関係＝権力関係」と短絡的に捉える見解はもはや存在しないものと思われるが,行政行為を中心とするオットー・マイヤー行政法学の思想及び理論体系は,わが国行政法学上はなお基本的には受け継がれていることを指摘できる[96]。行政行為を含む（狭義の）公権力が介入する法律関係については,行政権優越の権力構造を観念してこれを「権力行政」と呼び,これに対して,行政と市民との対等関係の領域を「非権力行政」と呼んでいるのは,まさにその顕れであろう。このような用語法が戦前から継承されて今なお用いられているがゆえに,行政法律関係に行政権優越の不対等な関係を観念する思想が克服されずに残存しているのである。もっとも,先述の通り,行政行為概念を中心とする伝統的行政法学の体系に疑問を呈し,権力関係の存在を否定する見解も今日では少なからず提唱されているが,完全には克服できていないのが実状である。いずれにせよ,租税手続法領域においては,行政行為を含む公権力作用が関与し,租税行政法として行政法理論の適用があることから[97],

---

(93) 金子・前掲注(3) 29 頁。
(94) 薄井光明「課税要件法と租税手続法との交錯」租税法研究 11 号 23 頁参照。
(95) 前掲注(90)の各文献においても同様である。
(96) 例えば,小早川光郎『行政法（上）』(弘文堂,1999 年) は,「権力説を基本として公法私法を区別するドイツ行政法学の立場は,ほぼそのまま戦前の日本の行政法学の立場でもあり,そこから導かれた種々の帰結は今日にまで継承されている。」(30 頁) とした上で,「人民とは,国・地方公共団体の権力に服すべき立場にある個人および団体を指す」(傍点筆者) と定義している (10 頁)。

第10章　租税法律関係と行政行為

行政法学上に残る行政権優越の観念が依然として支配的な傾向にあるのだといえよう。

　他方，税法学の領域では，租税法律関係を二元的構成で捉え，租税手続法関係については租税権力関係説が妥当するとしている見解においても，それはあくまで法実証的ないし法認識論的な観点からの評価にとどめ，――行政法学から独立した――独自の税法学理論体系としては，法実践的な観点から，租税法律関係を全体として租税債務関係的構成で捉えるべきことを提唱する立場も少なくない(98)。それらは，わが国の現行国税通則法上，租税法律関係の本質が租税債務関係であることを明示した規定がなく，租税手続はむしろ行政行為を含む強制的行為を中心に構成され，したがってまた，わが国行政法学に定着している「公権力」及び「公定力」の概念が支配しているという現状，そして，税務行政庁による違法な公権力行使に対する訴えは原則的に行政不服審査及び抗告訴訟に限定されるなど，納税者の権利救済に極めて不十分な仕組みとなっている現状を問題視し，主として私法的救済の法理を構築することを試みようとするものである。

　以上を要するに，わが国の行政法学上は，なお一部に行政権優越の権力的思考が残存しているのに対し，税法学上は，かつての一元的な権力関係的把握はおよそ克服されており，租税法律関係を基本的には二元的構成で把握しながらも，その本質は租税債務関係であると捉えることにより租税法体系の私法的構成（私法規定及び一般法原理の適用）を手続法領域を含めて認めるべきとする見解が，今日では有力となっている(99)。

---

(97)　なお，租税実体法についても行政法と捉える立場はある。参照，図子・前掲注(16) 134頁。「税務行政庁が更正・決定の行為をするに当たって，租税実体法はその行為の基準となっており，その基準に即しているか否かが行為の違法か否かを決める裁判規範ともなっている。その意味で，租税実体法は税務行政庁を規律していると考える。したがって，行政法を行政を規律する法であると定義するならば，租税実体法は行政法であるといえる。」

(98)　例えば，北野・前掲注(4) 57頁，61頁，村井・前掲注(16)「租税法律関係の性質」192頁，薄井・前掲注(94) 25頁参照。なお，金子教授も，当初は「権力関係説及び債務関係説はいずれも原理論であって，法技術的には妥当性をもちえない」とし，解釈論としては実益が殆ど認められないとしていたが（金子・前掲注(4) 188頁。当該章は公法研究34号（1972年）掲載論文が所収されたものである。），後に，「租税法律関係は，原理的には，債務関係として構成することかできる。その意味で，学問としての租税法は，『租税債務』の観念を中心して体系化するのが適当であろう。」と述べ，見解をやや修正されている。参照，金子・前掲注(3) 27頁。

498

6 「権力」概念の多義性

　先述したように，権力ないし権力関係の概念は極めて多義的であり，ヘンゼルとビューラー，さらには租税権力関係論者及び租税債務関係論者の間でさえ，その論ずる権力関係の意義・内容には多かれ少なかれ食い違いがあったことを指摘できる。権力関係の概念のもとに，例えば，ビューラーやミルプトは，行政権の優越的権限が法律によって附与されている関係を観念し，ヘンゼルは，法的審査に服さない行政の恣意ないし自由裁量を観念し，またナヴィアスキーは，法秩序を形成する立法者たる国家とその法秩序に服する国民との関係（一般権力関係）を，ブルーメンシュタインは，法秩序が形成される前段階の事実上の勢力関係（領土高権）のみを，それぞれ観念している。そして，後三者においては，権力関係は法律関係とは相容れない概念と捉えられているのに対し，ビューラーにおいては，行政の権力的地位はあくまで法律の授権に基づくものであり，権力関係は法律関係の一形態として法治国原理のもとで理解されているのである。

　ブルーメンシュタインとは，ドイツで租税権力関係説と租税債務関係説の論争が表面化した頃には既に独自の税法学体系を確立していた，スイスの税法学者である。それゆえ，ヘンゼルとビューラーの論争については傍観するといった様子で，いずれかの説を支持する立場を表明しているわけではないため，その理論への詳細な言及は割愛するが，「権力関係」の概念に関する彼の理解について，ここに少しだけ言及しておく[100]。

　ブルーメンシュタインによれば，「権力関係」とは，ある者が特定の領土（国・地方公共団体）に所属するという事実上の勢力的地位に基づき，その領土高権に服するという外部的事情を意味する。そこに観念されるのは，いわゆる赤裸々な権力である。しかし，法治国家は，そのような事実上の領土高

---

(99) なお，租税実体法上は債務関係であり租税手続法上は権力関係である，とする二元的構成の考え方自体を否定し，租税手続法についても行政権と納税義務者の関係の対等性を唱える見解として，木村・前掲注(16) 91巻8号30頁以下（相互の権利義務関係と捉える。），新井隆一『課税権力の本質』（成文堂，1972年）11頁（国の課税義務と納税者の履行義務という「義務と義務の関係」と捉える。）参照。

(100) Vgl. Ernst Blumenstein, Die Steuer als Rechtsverhältnis, in Festgabe Georg von Schanz, Bd. II, 1928, 1ff.; ders, System des Steuerrechts, 1951, S. 8f., S. 301.

499

権の具体的発現（権力的・強制的干渉）をも法的限界内に閉じ込めるのであり，領土高権に服する関係が税法上の所属性を示す基準とはなるが，ひとたび租税立法がなされた後は，領土高権（租税高権）における権力的契機は完全に背後に退き，国家と個人の関係は，双方が法秩序に服する「法律関係」になるという。すなわち，彼の思想においては，「権力関係」は前法治国的な関係として，「法律関係」の概念と対置される。そして，権力的契機が排除された租税法律関係の中で，租税債務関係（実体法関係）と賦課手続関係（手続法関係）が論じられており，租税債務関係と租税権力関係が相対立するものと捉えられているわけではない。とりわけ注目すべきは，彼が，後者の賦課手続関係について，個人は賦課処分により一方的に義務を負わされるのではなく，賦課手続に参加して自己の利益を擁護・防御する権利を有する旨，論じていることである。かかる思想は，租税債務関係説というより[101]，むしろ先述の法関係説に近い（もしくはその先駆）というべきであろう。

このように，「権力」が語られるとき，その概念の把握及び用法は極めて多様である。わが国の学説上も，「権力関係」の概念は，一般権力関係であり，行政権の地位ないし判断の優越であり，或いは国家的法秩序への服従であったりと，様々な意味において論じられてきた。また，とりわけ昨今では，講学上の分類概念として用いられてきた「権力行政」「非権力行政」の区別をもって，単に法技術的に前者を権力関係とカテゴライズする立場も少なくない[102]。しかし，後述するように，「権力」の表現は，たとえ単なる法技術的・形式的な道具概念として用いる場合であっても，それを越えて地位の優劣を意味する権力関係を観念させる危険性を孕んでいることを否定できない。講学上の道具概念であるとしても，「権力」の語に代え，「拘束的」，「規律的」或いは「強行的」といった用語で表現することが適切ではないかと思われる。

---

(101) なお，須貝・前掲注(16) 157 頁は，ブルーメンシュタインを「実質上は，租税債務関係論者」であるとしている。
(102) 金子・前掲注(4) 188 頁が「法技術的には，国が一方の当事者となっている法律関係を，権力関係として規律することも非権力関係として規律することも可能である，という意味における権力関係のこと——行政不服審査法・行政事件訴訟法に即していえば『公権力の行使』に当る関係のこと——であって……」と述べているのは，まさにこの意味にいう用語法を示唆している。

7　国税通則法の債務関係的構成と現状

わが国の現行国税通則法の制定に際する税制調査会第二次答申（昭和36年7月5日「国税通則法の制定に関する答申」）及び政府の国税通則法要綱では，「租税債権」の用語が使用されていたが[103]，制定された国税通則法では，最終的に「租税債務」及び「租税債権」の概念は明記されず，前者に代えて「納税義務」や「納付する義務」の用語が，後者に代えて「国税の徴収権」の用語が用いられている。その当時，租税法律関係の基本が債権債務関係であるということは，税法学上はほぼ通説となっていたとみられるが[104]，こうした規定文言に修正されることとなった背景には，租税行政を権力行政と捉えていた当時の行政法学上の伝統的解釈が大きく影響し，或いは，租税行政手続に関しては行政法体系における整合性を考慮する必要があることから，解釈の余地を残す形で税法学との理論的妥協点を探る思惑があったものと，推測される[105]。

しかし，その用語法をともかくとすれば，国税通則法の規定には，当時のライヒ租税通則法及び租税債務関係説の思考が多く反映されており，納税義務（租税債務）は，法律の定める課税要件の充足によって直接的に成立するもの

---

[103]　税制調査会第二次答申では，「第三　租税債権の期間制限」の項目において，「租税債権は，更正，決定その他税務官庁が租税債権を確定する処分をすることができる権利（以下「賦課権」という。）と徴収権とに区分される」として，租税債権の内容は賦課権と徴収権であることが明記されている。すなわち，課税要件の充足により成立する抽象的納税義務（抽象的租税債務）には賦課権が対応し，確定後の具体的納税義務（具体的租税債務）には徴収権が対応するものと観念されている。なお，この第二次答申では，租税債務に関する明確な説明はないが，国税通則法の立案に携わった大蔵省及び内閣法制局職員により作成された国税通則法精解では，納税義務は「租税債務」であると解説されている。

[104]　ヘンゼルの租税債務関係論は，杉村章三郎博士によって昭和6年にわが国に紹介されていたが（前掲注(45)参照），租税債務の概念が定着してきたのは戦後のようである。遅くとも昭和25年頃出版の税法教科書等では租税債権ないし租税債務の概念が散見され，それ以降，多くの教科書等で租税債権債務の概念が用いられるに至っている。金子一平『租税法概論』（大蔵財務協会，1950年）30頁等，大蔵省主税局調査課『税の辞典（上）』（高文社，1950年）449頁，渡辺宗太郎『改訂日本国行政法要論・下巻』（有斐閣，1952年）284頁等参照。

[105]　なお，当時わが国ではまだ租税権力関係説と租税債務関係説の決着がついていなかったことを主たる理由と見て，債務とは異なる「公法上の特殊の給付義務」と解する可能性を残すべく，「租税債務」の用語の使用が回避されたことを指摘する見解もある。参照，図子・前掲注(16) 81頁, 191頁。

第10章　租税法律関係と行政行為

とされ（＝法定債務），これを具体的に実現するためには税額の確定（申告納税方式，賦課課税方式，自動確定方式）を必要とする仕組みが採用されている(106)。わが国では申告納税制度が基調とされており，この制度のもとでは，納税義務者が自ら正しく申告し且つその正しい税額を自発的に納付すれば，それで租税債務の履行は完了し，公権力が介入することはない。しかし，すべての納税義務者が常に自発的且つ正確に租税債務を履行することは期待できないため，租税債権の確実且つ迅速な実現を担保する手段が必要であり，その手段として，国家の租税債権の執行機関たる税務行政庁に一定の強制的介入の権限が附与されている。具体的には，租税債務（具体的税額）の確定手続における質問検査権及び賦課権，確定権（更正・決定），また確定された税額が納期限までに納付されない場合の滞納処分手続における自力執行権，第二次納税義務者への告知等の権限，さらに一般的優先権及び刑罰権等がそれである。質問・検査（税務調査）は事実行為ではあるが，罰則により強制力を担保され，また賦課処分，更正・決定処分，滞納処分並びに第二次納税義務者への告知は，公定力を有する行政行為たる性格を与えられている。

　租税債権の実現に関しては，私法上の債権の場合とは異なり，こうした行政権による強制的介入が予定されていることから，租税手続法は租税行政法と呼ばれているのであるが，いずれにせよ，実体法関係は対等な租税債権債務の関係である以上，租税債務の履行は第一次的には納税義務者の積極的な協働に委ねられ，行政権による強制的実現はあくまで副次的ないし補充的な意義を有するにすぎないのが原則である(107)。なお，国税通則法72条は，「国税の徴収

---

(106)　学説上は，国税通則法15条1項による納税義務の成立とは「抽象的納税義務」の成立を意味し，この抽象的納税義務に含まれる申告義務の履行（＝納税申告）又は賦課処分による確定手続を経て，はじめて具体的な納税義務＝租税債務が発生する，との解釈が一般的ではあるが，租税債務の成立時期に関しては，抽象的納税義務の成立によって税額未確定の「抽象的租税債務」が成立すると解する立場と，税額確定後の具体的納税義務の成立が租税債務の成立を意味する，と解する立場がある。但し，田中二郎『租税法〔第三版〕』（有斐閣，1990年）184頁参照（国税通則法15条にいう納税義務の成立は，単に国に賦課権を与えるにすぎないものと解する。）。「抽象的納税義務」及び「具体的納税義務」と「（抽象的・具体的）租税債務」の概念区分，並びにこれらの用語法に関する諸見解について，詳細は，図子・前掲注(16) 159頁以下参照。
(107)　したがって，更正・決定処分は確認的ないし宣言的意義を有するにすぎない。ここには，ヘンゼルの租税債務関係説の思考が投影されている。但し，申告納税制度のもとでも，納税義務者の申告行為はそれ自体が税額確定の効果を有するのではなく，その最終的な判断は行政庁の確定権・賦課権に留保されているとして，行政権の優越

権」の消滅時効について,「別段の定めがあるものを除き,民法の規定を準用する。」(3項)と規定し,同法42条は,民法423条(債権者代位)及び424条(詐害行為の取消し)の規定は国税の徴収に関して準用されることを定め,また同法122条は,国税と国に対する金銭債権との相殺に関する原則的禁止を定めているが,これらの規定は,いずれも国税の徴収権が金銭債権であることを前提としている。

一方で,賦課権の行使たる更正・決定については,これも租税債権(確定前の金銭債権)の具体的発現ではあるが,消滅時効ではなく,原則3年の除斥期間が定められている(同法70条)[108]。これとの関連で,申告納税制度のもとに租税債権債務の確定について主位的意義を与えられているはずの納税義務者による申告も,上記除斥期間内である限り,その内容(税額)の最終的な確定が税務行政庁の更正処分に留保される形となり,申告内容の瑕疵に対する救済は「修正申告」(同法19条)又は「更正の請求」(同法23条)の制度の排他的管轄に属するものとされ,また更正・決定に関する争いは行政不服審査及び抗告訴訟の排他的管轄に属するものとされ,一部の例を除いては[109],民法規定の適用ないし民事訴訟による救済が一般的に排除されてきた[110]。

　　　性ないし賦課処分の形成的効果を認める見解もある。参照,租税法研究会編『租税法総論』(有斐閣,1958年)178頁以下(田中二郎発言),清水敬次『税法』(ミネルヴァ書房,2013年)59頁,村井・前掲注(16)「租税法律関係の性質」189頁参照。

(108)　更正・決定処分は行政行為として公定力を承認されているため,消滅時効における時効中断の効果に親しまないとの理由による,と説明されている。税制調査会第二次答申33頁,村井・前掲注(16)「租税法律関係の性質」190頁参照。

(109)　誤納金については,過納金と異なり,そもそも租税債権が存在しないことから,直接の不当利得返還請求が従来から一般に認められている(最判昭和49年3月8日民集28巻2号186頁等)。また,更正処分及び過少申告加算税の賦課決定に対する取消請求において,民法95条に基づく修正申告における(要素の)錯誤の主張を認めた事例として,最判平成2年6月5日民集44巻4号612頁がある。これに対し,最判昭和62年11月10日税資160号599頁は,更正の請求における(動機の)錯誤の主張を否定しているが,両判決で民法95条の適用の可否が分かれた理由は,前者が修正申告であり,後者が更正の請求の事案であるという点ではなく,要素の錯誤か,動機の錯誤かという点にある。後掲注(110)の最高裁判決が留保した「その錯誤が客観的に明白かつ重大」であり,「納税義務者の利益を著しく害すると認められるような特段の事情」として,要素の錯誤がこれにあたると判断されたものと解される。その他,信義則の適用可能性に関する一般論を述べたものとして,最判昭和62年10月30日訟月34巻4号853頁参照。

(110)　例えば,最判昭和39年10月22日民集18巻8号1762頁(「その錯誤が客観的に明白かつ重大」というべき特段の事情がない限り,民法95条は適用されないとして,

第10章　租税法律関係と行政行為

　租税滞納処分については，課税処分等とは異なり，既に成立している租税債権の強制的実現にすぎず，民事強制執行における差押債権者の立場と基本的に異ならないことから，学説だけでなく判例上も，民法規定の適用が比較的緩やかに認められてきたようではあるが(111)，その他の「公権力の行使」に関しては，更正・決定処分に関すると同様，公定力概念のもとに，従来一般に民法規定の適用は排除され，本来の債務関係的思考による私法的救済の途は閉ざされてきた傾向にある。

　このように，租税手続法においては，確定権，調査権，自力執行権等の私法上の債務関係にはみられない各種の権限が債権者たる国家（行政）に与えられており，そのこと自体は，租税の高い公共性や租税手続の大量反復性に鑑みれば，公正且つ確実な税徴収の必要性及び租税法律関係の早期確定の要請に基づく立法政策として，十分に正当化され得よう。しかし，わが国では現行法上，国家の上記諸権限に対して，納税義務者は各種の義務（申告義務，税務調査の受忍義務，帳簿の作成・保存義務等）を片面的に負うという構造になっており，納税義務者の手続的権利の保障には欠け(112)，ドイツにおけるような双方の権利義務の協働関係（賦課手続における納税者の参加・協働）の構造とはなってい

　　　納税申告書の記載内容の過誤につき，民法95条による錯誤の主張を否定した事例)。なお，更正の請求（国税通則法23条）及びそれによる減額更正又は課税処分の取消等により生じた過納金の還付制度（同法56条）については，学説上，民法の不当利得の特則を定めたものであり，不当利得の規定の適用を排除する趣旨であるとする見解と，両制度は不当利得の返還について簡易な手続を定めているにすぎず，不当利得返還請求又は国家賠償請求を排斥しないとする見解が対立しているが，判例上は前者の見解が大勢である。

(111)　例えば，最判昭和35年3月31日民集14巻4号663頁（差押について民法177条の適用を認めたリーディングケース），最判昭和44年11月14日民集23巻11号2023頁，東京地判平成4年4月14日判時1425号61頁（民法94条2項の適用を認めた事例：前者は差押債権である手形の名義人の「善意」，後者は国の「悪意」により，いずれも差押処分の無効を認めた。)，最判昭和45年6月24日民集24巻6号587頁（第三債務者の納税者に対する反対債権と被差押債権との相殺を認めた事例），東京高判昭和35年1月27日判時215号23頁（充当行為につき民法703条に基づく抵当権者の不当利得返還請求を認めた事例），最判平成13年11月22日民集55巻6号1056頁（差押に対して民法467条2項の適用を認めた事例）等。
(112)　憲法の適正手続保障（31条）は租税行政手続にも適用されるが，そこから導き出されるのは抽象的な適正手続請求権であり，その請求を認めるか否かは行政庁の裁量判断に委ねられることになる。したがって，納税義務者がこれを具体的且つ実効的に行使しうるためには，聴聞権をはじめとする具体的な手続参加権・公正手続請求権が明文をもって定められることが望まれる。

ない。そして，先述のように，申告行為の瑕疵や違法な課税処分等に対する納税義務者の権利救済においても，それが「公法行為」であり又は「公権力の行使」であることを理由に，私法上の救済方法及び法理の適用は一般的に制限ないし排斥されてきたという状況にある。こうした状況が権力的外観を呈しているがゆえに，租税行政は「権力行政（作用）」と呼ばれ，そしてこの「権力行政」の概念の使用によって，租税手続法関係は権力関係であるとの認識がいまだ完全には克服されずにいるのである。また，国税通則法が租税債権や租税債務の概念を用いず，国の徴収権や納税義務といった用語を使用していることも，租税手続法領域における法律関係を一方的な義務の関係であり，国家（行政権）優越の権力関係的構成であると誤解させる要因の1つとなっていることを指摘できよう。

8 総　　括

　租税行政における租税高権ないし課税権の行使は，納税者の権利保障が不十分であった形式的法治国たる官憲的国家においては，確かに，私有財産権への一方的干渉ないし侵害作用であり，権力的作用であったといいうる。しかし，国民主権に立脚する現代民主主義的・社会的法治国においては，国家の課税権は，国民の信託に基づき，議会による租税立法という形で行使され[113]，その法律の定める課税要件の充足によって成立する租税法律関係（租税債権債務関係）においては，債権者たる国家と債務者たる市民（納税義務者）は対等な法主体の関係として顕れる。そして，そこにおける租税行政作用は，金銭行政作用として，とりわけ給付行政における社会保険関係の作用と同様の性質を有しており，且つ租税が各種の社会保障給付その他社会福祉活動のための財限となるという意味では，給付行政と表裏一体の関係にあるといいうる[114]。したがって，その――狭義の，すなわち講学上の「権力行政作用」を意味する――公権力性は，単に，大量事務の公正・確実且つ迅速な遂行を確保すべき必要性から法律により附与されているものにすぎず（いわゆる形式的行政行為），警察行政や規制行政の領域における法治国秩序を維持するために不可欠の要請として

---

(113) 金子・前掲注(4) 92 頁参照。
(114) 所得税と社会保障給付の関係及びその統合システムについて，参照，木村弘之亮『所得支援給付法』（信山社，2010 年）。

第10章　租税法律関係と行政行為

承認され得る公権力性とは，本質的に異なるというべきである。

　租税法律関係は，私法秩序における経済的活動や事実を対象として形成されるものであるから，租税債務者の権利救済に際して，手続法上の形式的な「公権力」の行使，とりわけその公定力を理由として私法的救済の途を排除することは，実体法関係が租税債務関係であることを看過するものであり，憲法適合的解釈（憲法32条：裁判を受ける権利）の観点からは正当とはいえない[115]。もとより租税法は，民法上の債務法に対する特別法という位置づけにあり，租税法規に定めがなく又は定めがあってもそれが実効的に機能しない場合には，民法規定の適用を排除する明文の規定若しくはそれを排除すべき特段の事由がない限り，一般法である民法規定が適用されると解するべきであろう[116]。

　また，租税手続は，行政による公権力の行使が介入するため，適正手続の法理が働く分野でもあり，租税手続法は行政手続法の一種（＝租税行政手続法）として，単に確実且つ迅速な税徴収を目的とするだけでなく，租税債務の確定手続及び滞納処分手続における行政権発動の適正を確保し，納税義務者の権利利益を事前に保護する目的をも有している[117]。租税法律主義及び課税要件明確主義のもとに，現行法上，租税手続における行政権の諸権限の行使に関する要件は比較的明確に定められてはいるが，一定の不確定概念に関する税務行政庁の解釈通達による優先的解釈や，課税要件事実の優先的認定，第二次納税義務者の選択における広範な裁量権などが認められているのも事実である。これらの行政権限の行使に対して実効的に対峙・防御しうる納税義務者の手続的権利

---

(115) 例えば，課税処分の取消訴訟は，処分の取消し自体が目的なのではなく，過納金の返還こそが目的とされているのであり，その過納金は本来の租税債権の金額を超えて受領しているものであるから，まさに租税債権者の不当利得にあたるというべきである。最判平成22年6月3日民集64巻4号1010頁は，固定資産税の違法な課税処分につき，取消訴訟によらずに国家賠償請求を行うことが可能であるとしたが，かかる判断の根底には，それが不当利得に該当するとの見方があるといえよう。租税債権に関する不当利得返還の法理の適用については，参照，中里実「租税債権の私法的構成」村井正先生喜寿記念論文集『租税の複合的構成』（清文社，2012年）151頁以下所収。

(116) 租税法律関係の基本が租税債権債務の関係であることを重視し，私法的救済の可能性を論じているものとして，参照，金子・前掲注(4)103頁，中里・前掲注(115)151頁以下，村井正『現代租税法の課題』（東洋経済新報社，1973年）147頁以下，同「国税徴収権の消滅時効中断と民法153条」民商法雑誌60巻2号104頁，荻野豊「所得の認定を争う訴訟について」税大論叢1号195頁以下等。

(117) 園部逸夫「租税行政と公権力の行使」金子宏・新井隆一・山田二郎・広木重喜編『租税法講座 第3巻（租税行政法）』1頁以下参照。

の充実を図り，租税行政手続法においても，租税法律関係の実体が租税債務関係であることを前提に，双方の協働的な権利義務関係と構成することが強く望まれる[118]。

---

(118) 木村・前掲注(16)自治研究91巻8号30頁，37頁参照。

あ と が き

　国税通則法の制定過程において，政府税制調査会は同法の総則部分について，とくに信義誠実，遡及立法の禁止，違法又は無効な法律行為に基因する所得，心裡留保と通謀虚偽表示による税法上の法律問題，資産の帰属，租税回避行為の一般的否認等について，鋭意慎重に検討された。同調査会は，いずれの問題についても答申を行い，説明を詳細に加えている（大蔵省主税局『国税通則法資料（6・7・8）──租税法的解釈・適用の原則──』（税制調査会税制一般部会　国税通則法小委員会　昭和35年3月26日・4月9日23日）13-15頁。租税調整法11条の訳文は，大蔵省主税局『（税制調査会税制一般部会　国税通則法小委員会）国税通則法資料（I）』（昭和35年1月28日）11-12頁（3.「国税通則法の輪郭について」参考資料　第二　1関係）。税制調査会『国税通則法の制定について』（昭和36年12月1日））。しかし，それらの重要な課題はいずれも立法されず，学説と判例に委ねられることとなった。行政行為や租税法の解釈方法論についても，いまだに議論は深まっているとは言いがたい。58年間という長年にわたる租税立法の不作為は，三権分立の緊張関係のなかとはいえ，許されない。租税法学もまた停滞しているわけにはいかない。

　本書は，これら諸問題のうち，いくつかを取り上げることによって，租税正義を一歩ずつ実現し，租税法学を新たな極みに導くとともに，租税立法と租税判例に大きなインパルスを与えるであろうと，執筆者一同，自負している。

　租税資料館さんは，本書出版に当たり，出版助成を賜った。厚く御礼を申し上げる。信山社さん，その編集作業に携わってくださった皆様，ことに袖山貴氏並びに稲葉文子氏には，多大なご苦労をおかけし，ご尽力をいただいた。深甚の謝意を表する。

　2018（平成30）年7月26日

木村弘之亮
酒井　克彦

Tax Justice and General Part of The Tax Proceeding Law by Konosuke Kimura and Katsuhiko Sakai (ed.): Sozei-Seigi to Kokuzeitsusokuho-Sousoku
Publisher : Shinzansha
Place of Publication Tokyo
September 2018 & Year of Publication

租税正義と国税通則法総則

2018年（平成30年）9月30日　第1版第1刷発行
5694:P528　¥12000E-012-030-010

編　者	木　村　弘之亮
	酒　井　克　彦
発行者	今井 貴・稲葉文子
発行所	株式会社 信 山 社
	編集第2部

〒113-0031 東京都文京区本郷 6-2-9-102
Tel 03-3818-1019　Fax 03-3818-0344
info@shinzansha.co.jp
笠間才木支店　〒309-1611 茨城県笠間市笠間 515-3
Tel 0296-71-9081　Fax 0296-71-9082
笠間来栖支店　〒309-1625 茨城県笠間市来栖 2345-1
Tel 0296-71-0215　Fax 0296-72-5410
出版契約 No.2018-5694-9-01011　Printed in Japan

Ⓒ木村弘之亮・酒井克彦, 2018　印刷・製本／ワイズ書籍(Y)・牧製本
ISBN978-4-7972-5694-9 C3332　分類323.944

JCOPY 《(社)出版者著作権管理機構 委託出版物》
本書の無断複写は著作権法上での例外を除き禁じられています。複写される場合は、
そのつど事前に、(社)出版者著作権管理機構（電話03-3513-6969、FAX03-3513-6979、
e-mail: info@jcopy.or.jp）の許諾を得てください。

公法の理論と体系思考 ― 木村弘之亮先生古稀記念

木村弘之亮先生古稀記念論文集編集委員会 編

所得支援給付法（増補版）

木村弘之亮 著

フラット税率の所得税と社会保障システムの組合せからなる所得支援給付法。増補第3部「税率論とその歳入予測」では新たに累進税率を用い、線形累進税額表と消去率付き所得支援給付の組合せモデルを提示。また申告納税者のデータベースから歳入を予測し所得支援給付総額を推計。プログラムとグラフで可視化した著者渾身の増補版。

税法の課題と超克 ― 山田二郎先生古稀記念

石島弘・木村弘之亮・碓井光明・玉國文敏 編

日本立法資料全集シリーズ

行政手続法制定資料〔平成5年〕 塩野宏・小早川光郎 編著
国家賠償法〔昭和22年〕 宇賀克也 編著

宇賀克也 編　　木村琢麿・桑原勇進・中原茂樹・横田光平

ブリッジブック行政法（第2版）

木村琢麿 著　◇プラクティスシリーズ

プラクティス行政法

行政法研究　宇賀克也 責任編集

信山社